本项成果得到中国语言资源保护工程和华中师范大学语言与语言教育研究中心、中国语言文学国家"双一流"建设学科的资助

中国语言资源集

湖北

汪国胜 主编

口头文化卷 二

中国社会科学出版社

天 门 市

天　门

一　歌谣

0001 歌谣

想起往日苦啊，[ɕiaŋ³¹ tɕʰi³¹ uaŋ³¹ ɯ²⁴ kʰu³¹ a⁰]

两眼泪汪汪啊。[liaŋ³¹ ien³¹ lei⁵³ uaŋ⁴⁵ uaŋ⁴⁵ a⁰]

家破那个泪汪汪，[tɕia⁴⁵ pʰo⁵³ la⁵³ kɤ⁵³ lei⁵³ uaŋ⁴⁵ uaŋ⁰]

好凄凉唉咳唷。[xau³¹ tɕʰi⁴⁵ liaŋ²¹³ ai⁰ xai⁰ yo⁰] 好：很。唉咳唷：衬词

哎嗨穷人啦好凄凉哎哟。[ai⁰ xai⁰ tɕʰyoŋ²¹³ ən²¹³ la⁰ xau³¹ tɕʰi⁴⁵ liaŋ²¹³ ai⁰ yo⁰]

意译：想起过去的苦，两眼泪汪汪。家里破破烂烂两眼泪汪汪，非常凄凉。穷人很凄凉。

0002 歌谣

鸦鹊子喳几喳耶，[ia⁴⁵ tɕʰyo³¹ tsɿ⁰ tɕia⁵³ tɕi³¹ tɕia⁵³ ie⁴⁵] 鸦鹊子：喜鹊。喳几喳：喜鹊的叫声

老鸹哇几哇耶，[lau³¹ ua⁴⁵ ua⁵³ tɕi³¹ ua⁵³ ie⁴⁵] 老鸹：乌鸦。哇几哇：乌鸦的叫声

人家的女婿多么大，我的妈妈子舍，[ən²¹³ ka⁰ ti⁰ y³¹ ɕy⁵³ to⁴⁵ mo³¹ ta⁵³, o³¹ ti⁰ ma⁴⁵ ma⁰ tsɿ⁰ tsʰɤ³¹] 人家：别人。女婿：丈夫。我的妈妈子舍：衬词

我的女婿一滴尕耶。[o³¹ ti⁰ y³¹ ɕy⁵³ i²¹³ ti⁴⁵ kʰa⁴⁵ ie⁴⁵] 一滴尕：很小

说起他一滴尕耶，[so²⁴ tɕʰi³¹ tʰa⁴⁵ i²⁴ ti⁴⁵ kʰa⁴⁵ ie⁴⁵]

他人小鬼又大耶，[tʰa⁴⁵ ən²¹³ ɕiau³¹ kuei³¹ iəu⁵³ ta⁵³ ie⁴⁵]

我与那旁人说闲话，我的妈妈子舍，[o³¹ y³¹ lo⁰ pʰaŋ²¹³ ən²¹³ so²⁴ ɕien²¹³ xua⁵³, o³¹ ti⁰ ma⁴⁵ ma⁰ tsɿ⁰ tsʰɤ³¹] 我的妈妈子舍：衬词

他横睛鼓眼煞耶。[tʰa⁴⁵ xuən²¹³ mei²¹³ ku³¹ ien³¹ sa²⁴ ie⁴⁵]

站在那踏板上啊,［tsan⁵³ tsai⁵³ la⁵³ tʰa²¹³ pan³¹ saŋ⁵³ a⁰］踏板：旧时卧房床前放鞋的木板

冇得两尺长呃,［mau⁵³ tɤ⁰ liaŋ³¹ tsʰʅ²⁴ tsʰaŋ²¹³ ɤ⁰］冇得：没有

我把他拖出去喂豺狼,我的妈妈子舍,［o³¹ pa³¹ tʰa⁴⁵ tʰo⁴⁵ tsʰu²⁴ tɕy⁵³ uei⁵³ tsʰai²¹³ laŋ²¹³, o³¹ ti⁰ ma⁴⁵ ma⁰ tsʅ⁰ tsʰɤ³¹］

他吓得象鬼汪呃。［tʰa⁴⁵ xɤ²⁴ ti⁰ tɕiaŋ⁴⁵ kuei³¹ uaŋ⁴⁵ ɤ⁰］汪：叫

睡到那鸡子叫啊,［suei⁵³ tau⁵³ la⁵³ tɕi⁴⁵ tsʅ⁰ tɕiau⁵³ a⁰］

他扯起来一趴尿呃,［tʰa⁴⁵ tsʰɤ³¹ tɕʰi³¹ lai²¹³ i²⁴ pʰa⁴⁵ liau⁵³ ɤ⁰］

把我的花被褥都屙湿了,我的妈妈子舍,［pa³¹ o³¹ ti⁰ xua⁴⁵ pei⁵³ u³¹ təu⁴⁵ o⁴⁵ sʅ²⁴ liau⁰, o³¹ ti⁰ ma⁴⁵ ma⁰ tsʅ⁰ tsʰɤ³¹］屙湿：尿湿

真是他娘个急着宝呃。［tsən⁴⁵ sʅ⁵³ tʰa⁴⁵ liaŋ²¹³ ko⁵³ tɕi²⁴ tso²¹³ pau³¹ ɤ⁰］

我越想越有气耶,［o³¹ ye⁵³ ɕiaŋ³¹ ye⁵³ iəu³¹ tɕʰi⁵³ ie⁴⁵］

自己打主意耶,［tsʅ⁵³ tɕi³¹ ta³¹ tɕy³¹ i⁵³ ie⁴⁵］

坚决与他打脱离,我的妈妈子舍,［tɕien⁴⁵ tɕye²¹³ y³¹ tʰa⁴⁵ ta³¹ tʰo²⁴ li²¹³, o³¹ ti⁰ ma⁴⁵ ma⁰ tsʅ⁰ tsʰɤ³¹］打脱离：离婚

不要这小女婿耶。［pu²⁴ iau⁵³ tsɤ⁵³ ɕiau³¹ y³¹ ɕy⁵³ ie⁴⁵］

意译：喜鹊叽叽喳喳,乌鸦"哇哇"叫,别人的丈夫那么大,我的妈妈子舍(衬词),我的丈夫很小。说起他那么小,他人小鬼大,我和旁人说闲话,我的妈妈子舍(衬词),他横眉鼓眼地生气。站在那卧房床前放鞋的木板上,没有两尺长,我把他拖出去喂豺狼,我的妈妈子舍(衬词),他吓得像鬼一样喊叫。睡到鸡叫的时候,他猛地一泡尿,把我的花被褥都尿湿了,我的妈妈子舍(衬词),他真是一个急着宝。我越想越生气,自己拿主意,坚决与他离婚,我的妈妈子舍(衬词),不要这小丈夫。

0003 歌谣

太阳啊一出啊笑啊呵呵喂,［tʰai⁵³ iaŋ¹³ a⁰ i²⁴ tsʰu²⁴ a⁰ ɕiau⁵³ a⁰ xo⁴⁵ xo⁴⁵ uei⁰］

笑啊呵呵喂。［ɕiau⁵³ a⁰ xo⁴⁵ xo⁴⁵ uei⁰］

开口就唱幸啦福歌哇幸啦福歌哇,［kʰai⁴⁵ kʰəu³¹ tɕiəu⁵³ tsʰaŋ⁵³ ɕin⁵³ la⁰ fu²⁴ ko⁴⁵ ua⁰ ɕin⁵³ la⁰ fu²⁴ ko⁴⁵ ua⁰］

天上星星千啦万朵,［tʰien⁴⁵ saŋ⁰ ɕin⁴⁵ ɕin tɕʰien⁴⁵ la⁰ uan⁵³ to³¹］

村里喜事比星多喂。［tsʰuən⁴⁵ li⁰ ɕi³¹ sʅ⁵³ pi³¹ ɕin⁴⁵ to⁴⁵ uei⁰］

呀嗬伊嗬,呀嗬伊嗬,呀嗬伊嗬嗬。［ia³¹ xo⁰ i⁴⁵ xo⁰, ia³¹ xo⁰ i⁴⁵ xo⁰, ia³¹ xo⁰ i⁴⁵ xo⁰ xo⁰］呀嗬伊嗬(嗬)：衬词

太阳啊一出啊笑啊呵呵喂,［tʰai⁵³ iaŋ¹³ a⁰ i²⁴ tsʰu²⁴ a⁰ ɕiau⁵³ a⁰ xo⁴⁵ xo⁴⁵ uei⁵³］

笑啊呵呵喂。[ɕiau⁵³a⁰xo⁴⁵xo⁰uei⁵³]

婆婆无牙也呀学歌哇也呀学歌哇，[pʰo²¹³pʰo⁰u²¹³ia²¹³ie³¹ia⁰ɕyo²¹³ko⁴⁵ua⁰ie³¹ia⁰ɕyo²¹³ko⁴⁵ua⁰]

天上的星星千啦万朵，[tʰien⁴⁵saŋ⁰ti⁰ɕin⁴⁵ɕin⁰tɕʰien⁴⁵la⁰uan⁵³to³¹]

婆婆无牙也学歌喂。[pʰo²¹³pʰo⁰u²¹³ia²¹³ie³¹ɕyo²¹³ko⁴⁵uei⁵³]

呀嗬伊嗬，呀嗬伊嗬，呀嗬伊嗬嗬。[ia³¹xo⁰i⁴⁵xo⁰，ia³¹xo⁰i⁴⁵xo⁰，ia³¹xo⁰i⁴⁵xo⁰xo⁰]

意译：太阳一出来笑呵呵，笑呵呵。开口就唱幸福歌，天上星星千万朵，村里喜事很多呀。呀嗬伊嗬，呀嗬伊嗬，呀嗬伊嗬嗬。太阳一出来笑呵呵，笑呵呵。老婆婆没有牙齿也跟着学歌，天上星星千万朵，老婆婆没有牙齿也跟着学歌。呀嗬伊嗬，呀嗬伊嗬，呀嗬伊嗬嗬。

0004 歌谣

清早把门啦开，扯把红绣啊鞋。[tɕʰin⁴⁵tsau³¹pa³¹mən²¹³la⁰kʰai⁴⁵，tsʰɤ³¹pa³¹xoŋ²¹³ɕiəu⁵³a⁰xai²¹³]

低头我捡起书信啦来呀啊。[ti⁴⁵tʰəu²¹³o³¹tɕien³¹tɕʰi³¹ɕy⁴⁵ɕin⁵³la⁰lai²¹³ia⁰a⁰]

打开书信来看，打开书信来瞧。[ta³¹kʰai⁴⁵ɕy⁴⁵ɕin⁵³lai²¹³kʰan⁵³，ta³¹kʰai⁴⁵ɕy⁴⁵ɕin⁵³lai²¹³tɕʰiau²¹³]

原来是情哥要荷包啊，[yen²¹³lai²¹³ʂɿ⁵³tɕʰin²¹³ko⁴⁵iau⁵³xo²¹³pau⁴⁵a⁰]

原来是情哥要荷包啊。[yen²¹³lai²¹³ʂɿ⁵³tɕʰin²¹³ko⁴⁵iau⁵³xo²¹³pau⁴⁵a⁰]

意译：清早打开门，扯了一下红绣鞋。低头捡起书信。把书信打开一看，原来是情哥要荷包，原来是情哥要荷包。

二 规定故事

0021 牛郎和织女

从前了，就有个小伙子，他，他的，[tsʰoŋ²¹³tɕʰien²¹³lɤ⁰，tɕiəu⁵³iəu³¹ko⁵³ɕiau³¹xo³¹tsɿ⁰，tʰa⁴⁵，tʰa⁴⁵ti⁰]

很早哩他的爸爸妈妈哩都死哒去哒。[xən³¹tsau³¹li⁰tʰa⁴⁵ti⁰pa⁵³pa⁰ma⁴⁵ma⁰li⁰təu⁴⁵sɿ³¹ta⁰kʰɯ⁵³ta⁰] 哒：了

都死哒去哒哩，就太造孽吔。[təu⁴⁵sɿ³¹ta⁰kʰɯ⁵³ta⁰li⁰，tɕiəu⁵³tʰai³¹tsau⁵³ie²⁴ie³¹]
太：非常。造孽：可怜

太造孽哩，[tʰai³¹tsau⁵³ie²⁴li⁰]

屋里随隐⁼家都没得。[u²⁴ ti⁰ sei²¹³ in³¹ tɕia⁴⁵ təu⁴⁵ mei²¹³ tɤ²⁴] 屋里：家里。隐⁼家：什么。没得：没有

就只有一头老牛哩就跟他作伴。[tɕiəu⁵³ tsʅ³¹ iəu³¹ i²⁴ tʰəu²¹³ lau³¹ iəu²¹³ li⁰ tɕiəu⁵³ kən⁴⁵ tʰa⁴⁵ tsəu⁵³ pʰan⁵³]

那头老牛跟他作伴哩，[lɤ⁴⁵ tʰəu²¹³ lau³¹ iəu²¹³ kən⁴⁵ tʰa⁴⁵ tsəu⁵³ pʰan⁵³ li⁰]

就呃，他太勤快。[tɕiəu⁵³ ɤ⁰, tʰa⁴⁵ tʰai³¹ tɕʰin²¹³ kʰuai⁵³]

他太勤快哩，就，天天就耕地呀。[tʰa⁴⁵ tʰai³¹ tɕʰin²¹³ kʰuai⁵³ li⁰, tɕiəu⁵³, tʰien⁴⁵ tʰien⁴⁵ tɕiəu⁵³ kən⁴⁵ ti⁵³ ia⁰]

呃，就的话，两⁼个⁼老牛就过生活。[ɤ⁰, tɕiəu⁵³ ti⁰ xua⁵³, liaŋ³¹ ko⁵³ lau³¹ iəu²¹³ tɕiəu⁵³ ko⁵³ sən⁴⁵ xo²¹³] 两⁼个⁼：和

老牛看倒他太造孽哩，[lau³¹ iəu²¹³ kʰan⁵³ tau⁰ tʰa⁴⁵ tʰai³¹ tsau⁵³ ie²⁴ li⁰]

就的话，太心疼他。[tɕiəu⁵³ ti⁰ xua⁵³, tʰai³¹ ɕin⁴⁵ tʰən²¹³ tʰa⁴⁵]

就说呃，那个，[tɕiəu⁵³ ɕye²⁴ ɤ⁰, lɤ⁵³ kɤ⁵³]

就想跟他找一个姑娘。[tɕiəu⁵³ ɕiaŋ³¹ kən⁴⁵ tʰa⁴⁵ tsau³¹ i²⁴ ko⁵³ ku⁴⁵ liaŋ²¹³] 跟：给。姑娘：妻子

想跟他找个姑娘哩，就，[ɕiaŋ³¹ kən⁴⁵ tʰa⁴⁵ tsau³¹ kɤ⁵³ ku⁴⁵ liaŋ²¹³ li⁰, tɕiəu⁵³]

又会不倒时间。[iəu⁵³ xuei⁵³ pu²⁴ tau⁰ sʅ²¹³ tɕien⁴⁵] 会不倒：遇不到

会不倒时间哩，有一天哩，[xuei⁵³ pu²⁴ tau⁰ sʅ²¹³ tɕien⁴⁵ li⁰, iəu³¹ i²⁴ tʰien⁴⁵ li⁰]

老牛哩就突然哩开口说话。[lau³¹ iəu²¹³ li⁰ tɕiəu⁵³ tʰəu²⁴ an²¹³ li⁰ kʰai⁴⁵ kʰəu³¹ ɕye²⁴ xua⁵³]

开口说话哩，他还不相信。[kʰai⁴⁵ kʰəu³¹ ɕye²⁴ xua⁵³ li⁰, tʰa⁴⁵ xai²¹³ pu²⁴ ɕiaŋ⁴⁵ ɕin⁵³]

老牛开口跟他说话哩，就说：[lau³¹ iəu²¹³ kʰai⁴⁵ kʰəu³¹ kən⁴⁵ tʰa⁴⁵ ɕye²⁴ xua⁵³ li⁰, tɕiəu⁵³ ɕye²⁴]

"嗯的话，呃，梦见哒那个山下哩，[ən⁰ ti⁰ xua⁵³, ɤ⁰, moŋ⁵³ tɕien⁰ ta⁰ lo²⁴ ko⁵³ san⁴⁵ ɕia⁵³ li⁰]

就那个，有一个仙女湖。[tɕiəu⁵³ lo⁴⁵ ko⁵³, iəu³¹ i²⁴ ko⁵³ ɕiən⁴⁵ y³¹ xu²¹³]

那湖里来哒七个仙女。[lo⁴⁵ xu²¹³ li⁰ lai²¹³ ta⁰ tɕʰi²⁴ ko⁵³ ɕien⁴⁵ y³¹]

七个仙女哩，就是，有一个哩就，就，[tɕʰi²⁴ ko⁵³ ɕien⁴⁵ y³¹ li⁰, tɕiəu⁵³ sʅ⁵³, iəu³¹ i²⁴ ko⁵³ li⁰ tɕiəu⁵³, tɕiəu⁵³]

就可以，就是他的姑娘。[tɕiəu⁵³ kʰo³¹ i³¹, tɕiəu⁵³ sʅ⁵³ tʰa⁴⁵ ti⁰ ku⁴⁵ liaŋ²¹³] 姑娘：妻子

就说哩，就说，要他去，[tɕiəu⁵³ ɕye²⁴ li⁰, tɕiəu⁵³ ɕye²⁴, iau⁵³ tʰa⁴⁵ kʰɯ⁵³]

就跟牛郎说哩，就说，呃，要你，[tɕiəu⁵³ kən⁴⁵ iəu²¹³ laŋ²¹³ ɕye²⁴ li⁰, tɕiəu⁵³ ɕye²⁴, ɤ⁰, iau⁵³ li³¹]

就说要牛郎哩，就说去那个呃，[tɕiəu⁵³ ɕye²⁴ iau⁵³ iəu²¹³ laŋ²¹³ li⁰, tɕiəu⁵³ ɕye²⁴ kʰɯ⁵³lo⁴⁵ko⁵³ɤ⁰]

山脚下的那个仙女湖里头哩，[san⁴⁵tɕyo²⁴ɕia⁵³ti⁰lo⁴⁵ko⁵³ɕien⁴⁵y³¹xu²¹³li³¹tʰəu⁰li⁰]

就去那个呃，[tɕiəu⁵³kʰɯ⁵³lo⁴⁵ko⁵³ɤ⁰]

把那个粉红色的衣服哩拿到以后哩，[pa³¹lo⁴⁵ko⁵³fən³¹xoŋ²¹³sɤ²⁴ti⁰i⁴⁵fu²¹³li⁰la²¹³tau⁵³i³¹xəu⁵³li⁰]

就快尕跑起回去。[tɕiəu⁵³kʰuai⁵³kʰa⁰pʰau³¹tɕʰi³¹xuei²¹³kʰɯ⁵³] 快尕：快点儿

就那个，那，那个，[tɕiəu⁵³lo²⁴ko⁵³，lo²⁴，lo²⁴ko⁵³]

那个粉红色的那个，那件衣服的，[lo²⁴ko⁵³fən³¹xoŋ²¹³sɤ²⁴ti⁰lo²⁴ko⁵³，lo⁴⁵tɕien⁵³i⁴⁵fu²¹³ti⁰]

那个姑娘哩就是他的姑娘。[lo⁴⁵ko⁵³ku⁴⁵liaŋ²¹³li⁰tɕiəu⁵³sɿ⁵³tʰa⁴⁵ti⁰ku⁴⁵liaŋ²¹³] 姑娘：妻子

那个牛郎哩就还不太相信了。[lɤ⁴⁵kɤ⁵³iəu²¹³laŋ²¹³li⁰tɕiəu⁵³xai²¹³pu²⁴tʰai³¹ɕiaŋ⁴⁵ɕin⁵³lɤ⁰]

不太相信哩，但是哩，[pu²⁴tʰai³¹ɕiaŋ⁴⁵ɕin⁵³li⁰，tan⁵³sɿ⁵³li⁰]

他就说："我还是去看一下去。"[tʰa⁴⁵tɕiəu⁵³ɕye²⁴：o³¹xai²¹³sɿ⁵³kʰɯ⁵³kʰan⁵³i²⁴xa⁰kʰɯ⁵³]

他就第二天早晨哩，就，[tʰa⁴⁵tɕiəu⁵³ti⁵³ɯ⁵³tʰien⁴⁵tsau³¹sən⁰li⁰，tɕiəu⁵³]

太早就起来地，就，[tʰai³¹tsau³¹tɕiəu⁵³tɕʰi³¹lai²¹³ti⁰，tɕiəu⁵³]

阴倒哩就到那树那些一瞄啊，[in⁴⁵tau⁰li⁰tɕiəu⁵³tau⁵³lo⁴⁵ɕy⁵³lo⁴⁵ɕie⁴⁵i²⁴miau⁴⁵a⁰] 阴倒：偷偷地。那些：那里。瞄：看

真的有七个仙女在那个湖里在的洗澡。[tsən⁴⁵ti⁰iəu³¹tɕʰi²⁴ko⁵³ɕien⁴⁵y³¹tsai⁵³lo⁴⁵ko⁵³xu²¹³ti⁰tsai⁵³ti⁰ɕi³¹tsau³¹]

他就看倒那件粉红色的衣服哩，[tʰa⁴⁵tɕiəu⁵³kʰan⁵³tau⁰lo⁴⁵tɕien⁵³fən³¹xoŋ²¹³sɤ²⁴ti⁰i⁴⁵fu²¹³li⁰]

就拿哒就抱倒就往屋里跑。[tɕiəu⁵³la²¹³ta⁰tɕiəu⁵³pʰau⁵³tau⁰tɕiəu⁵³uaŋ³¹u²⁴ti⁰pʰau³¹]

一跑起回去啊，[i²⁴pʰau³¹tɕʰi³¹xuei²¹³kʰɯ⁵³a⁰]

半夜时间哩，就那个的话，[pan⁵³ie⁰sɿ²¹³tɕien⁴⁵li⁰，tɕiəu⁵³lo⁴⁵ko⁵³ti⁰xua⁵³]

就有一个仙女哩就进去他的屋里去哩，[tɕiəu⁵³iəu³¹i²⁴ko⁵³ɕien⁴⁵y³¹li⁰tɕiəu⁵³tɕin⁵³kʰɯ⁵³tʰa⁴⁵ti⁰u²⁴li⁰kʰɯ⁵³li⁰]

就跟他成啊夫妻。[tɕiəu⁵³kən⁴⁵tʰa⁴⁵tsʰən²¹³a⁰fu⁴⁵tɕʰi⁴⁵]

跟他成啊夫妻哩，就是，[kən⁴⁵tʰa⁴⁵tsʰən²¹³a⁰fu⁴⁵tɕʰi⁴⁵li⁰，tɕiəu⁵³sɿ⁵³]

这个仙女哩就是织女。[tsɤ²⁴ko⁵³ɕien⁴⁵y³¹li⁰tɕiəu⁵³sɿ⁵³tsɿ²⁴y³¹]

就，就是织女哩，就呃，[tɕiəu⁵³, tɕiəu⁵³ sʅ⁵³ tsʅ²⁴ y³¹ li⁰, tɕiəu⁵³ ɤ⁰]
两=个=他哩就过生活。[liaŋ³¹ ko⁵³ tʰa⁴⁵ li⁰ tɕiəu⁵³ ko⁵³ sən⁴⁵ xo²¹³] 两=个=他：和他
织女织布啊，牛郎耕田啦。[tsʅ²⁴ y³¹ tsʅ²⁴ pu⁵³ a⁰, iəu²¹³ laŋ²¹³ kən⁴⁵ tʰien²¹³ la⁰]
就呃，快快乐乐地在生活哩。[tɕiəu⁵³ ɤ⁰, kʰuai⁵³ kʰuai⁵³ lo²⁴ lo²⁴ ti⁰ tsai⁵³ sən⁴⁵ xuo²¹³ li⁰]
一年以后哩，就生哒两个伢儿。[i²⁴ lien²¹³ i³¹ xəu⁵³ li⁰, tɕiəu⁵³ sən⁴⁵ ta⁰ liaŋ³¹ ko⁵³ a²¹³ ɯ²¹³] 伢儿：小孩
呃，生哒个儿子伢，一个女伢。[ɤ⁰, sən⁴⁵ ta⁰ kɤ⁵³ ɯ²¹³ tsʅ⁰ a²¹³, i²⁴ kɤ⁵³ y³¹ a²¹³] 儿子伢：男孩。女伢：女孩
刚好只过哒一年啦，[kaŋ⁴⁵ xau³¹ tsʅ²⁴ ko⁵³ ta⁰ i²⁴ lien²¹³ la⁰]
就尽那个玉皇大帝哩，[tɕiəu⁵³ tɕin³¹ lo⁴⁵ ko⁵³ y²⁴ xuaŋ²¹³ ta⁵³ ti⁵³ li⁰] 尽：让
就突然醒来哩，就下发现哒。[tɕiəu⁵³ tʰəu²⁴ an²¹³ ɕin³¹ lai²¹³ li⁰, tɕiəu⁵³ xa³¹ fa²⁴ ɕien⁵³ ta⁰] 下：一下子
发现哒，就派的天兵天将就来抓，[fa²⁴ ɕien⁵³ ta⁰, tɕiəu⁵³ pʰai⁵³ ti⁰ tʰien⁴⁵ pin⁴⁵ tʰien⁴⁵ tɕiaŋ⁵³ tɕiəu⁵³ lai²¹³ tɕya⁴⁵]
抓就只有回去。[tɕya⁴⁵ tɕiəu⁵³ tsʅ²⁴ iəu³¹ xuei²¹³ kʰɯ⁵³]
抓只有回去哩，就，[tɕya⁴⁵ tsʅ²⁴ iəu³¹ xuei²¹³ kʰɯ⁵³ li⁰, tɕiəu⁵³]
牛郎哩就急得没得办法。[iəu²¹³ laŋ²¹³ li⁰ tɕiəu⁵³ tɕi²⁴ ti⁰ mei²¹³ tɤ²⁴ pan⁵³ fa²⁴]
急得没得办法的话哩，[tɕi²⁴ ti⁰ mei²¹³ tɤ²⁴ pan⁵³ fa²⁴ ti⁰ xua⁵³ li⁰]
这个时候哩，老牛哩又开始说话。[tsɤ²⁴ kɤ⁵³ sʅ²¹³ xəu⁵³ li⁰, lau³¹ iəu²¹³ li⁰ iəu⁵³ kʰai⁴⁵ sʅ³¹ so²⁴ xua⁵³]
说："牛郎，牛郎，你不要着急。[ɕye²⁴: iəu²¹³ laŋ²¹³, iəu²¹³ laŋ²¹³, li³¹ pu²⁴ iau⁵³ tso²¹³ tɕi²⁴]
嗯的话呃，你把我的这角拿下来哩，嗯，[ən⁰ ti⁰ xua⁵³ ɤ⁰, li³¹ pa³¹ o³¹ ti⁰ tsɤ⁴⁵ ko²⁴ la²¹³ ɕia⁵³ lai²¹³ li⁰, ən⁰]
就可以把，把你的一双，两个儿女，[tɕiəu⁵³ kʰo³¹ i³¹ pa³¹, pa³¹ li³¹ ti⁰ i²⁴ ɕyaŋ⁴⁵, liaŋ³¹ ko⁵³ ɯ²¹³ y³¹]
装起上去哒以后哩，[tɕyaŋ⁴⁵ tɕʰi³¹ saŋ⁵³ kʰɯ⁵³ ta⁰ i³¹ xəu⁵³ li⁰]
就可以去天上去。[tɕiəu⁵³ kʰo³¹ i³¹ kʰɯ⁵³ tʰien⁴⁵ tsaŋ⁰ kʰɯ⁵³]
呃，把织女赶下回来。"[ɤ⁰, pa³¹ tsʅ²⁴ y³¹ kan³¹ xa⁰ xuei²¹³ lai²¹³]
牛郎哩就，就，[iəu²¹³ laŋ²¹³ li⁰ tɕiəu⁵³, tɕiəu⁵³]
就不狠心下它的这两个角。[tɕiəu⁵³ pu²⁴ xən³¹ ɕin⁴⁵ ɕia⁵³ tʰa⁴⁵ ti⁰ tsɤ⁵³ liaŋ³¹ ko⁵³ ko²⁴]
但是他，他不狠心啦，[tan⁵³ sʅ⁵³ tʰa⁴⁵, tʰa⁴⁵ pu²⁴ xən³¹ ɕin⁴⁵ la⁰]

这个老牛哩自己就把那角拿下来哒。［tsɤ⁴⁵ kɤ⁵³ lau³¹ iəu²¹³ li⁰ tsʅ⁵³ tɕi³¹ tɕiəu⁵³ pa³¹ lo⁴⁵ ko²⁴ la²¹³ ɕia⁵³ lai²¹³ ta⁰］

拿下来哒哩，就变成啊两个箩筐。［la²¹³ ɕia⁵³ lai²¹³ ta⁰ li⁰，tɕiəu⁵³ pien⁵³ tsʰən²¹³ a⁰ liaŋ³¹ ko⁵³ lo²¹³ tɕʰiaŋ⁰］

变成啊两个箩筐哩就，［pien⁵³ tsʰən²¹³ a⁰ liaŋ³¹ ko⁵³ lo²¹³ tɕʰiaŋ⁰ li⁰ tɕiəu⁵³］

牛郎哩就把两个，两个伢儿哩就一，［iəu²¹³ laŋ²¹³ li⁰ tɕiəu⁵³ pa³¹ liaŋ³¹ ko⁵³，liaŋ³¹ ko⁵³ a²¹³ ɯ²¹³ li⁰ tɕiəu⁵³ i²⁴］

一头架的个哩就，［i²⁴ tʰəu²¹³ ka⁵³ ti⁰ ko⁵³ li⁰ tɕiəu⁵³］架：放。个：一个

架的扁担哩就挑倒哩，［ka⁵³ ti⁰ pien³¹ tʰan⁰ li⁰ tɕiəu⁵³ tʰiau⁴⁵ tau⁰ li⁰］架：用。挑倒：挑着

恰恰一上，一上肩了，那个呃就，［kʰa²⁴ kʰa⁰ i²⁴ saŋ⁵³，i²⁴ saŋ⁵³ tɕien⁴⁵ lɤ⁰，lo⁴⁵ ko⁵³ ɤ⁰ tɕiəu⁵³］恰恰：刚刚

它自然哩就腾云驾雾哩就，［tʰa⁴⁵ tsʅ⁵³ an²¹³ li⁰ tɕiəu⁵³ tʰən²¹³ yin²¹³ tɕia⁵³ u⁵³ li⁰ tɕiəu⁵³］

就的话，往天上飞起去哒。［tɕiəu⁵³ ti⁰ xua⁵³，uaŋ³¹ tʰien⁴⁵ saŋ⁰ fei⁴⁵ tɕʰi³¹ kʰɯ⁵³ ta⁰］

就，就，快哒赶到，快，［tɕiəu⁵³，tɕiəu⁵³，kʰuai⁵³ ta⁰ kan³¹ tau⁵³，kʰuai⁵³］

刚快哒赶到那个织女啊。［kaŋ⁴⁵ kʰuai⁵³ ta⁰ kan³¹ tau⁵³ lo⁴⁵ ko⁵³ tsʅ²⁴ y³¹ a⁰］

就，王母娘娘也发现哒去哒。［tɕiəu⁵³，uaŋ²¹³ moŋ³¹ liaŋ²¹³ liaŋ⁰ ie³¹ fa²⁴ ɕien⁵³ ta⁰ kʰɯ⁵³ ta⁰］

王母娘娘发现哒去哒哩，［uaŋ²¹³ moŋ³¹ liaŋ²¹³ liaŋ⁰ fa²⁴ ɕien⁵³ ta⁰ kʰɯ⁵³ ta⁰ li⁰］

她就把她脑壳上的那个金钗拿下来哩。［tʰa⁴⁵ tɕiəu⁵³ pa³¹ tʰa⁴⁵ lau³¹ kʰo²⁴ saŋ⁰ ti⁰ lo⁴⁵ ko⁵³ tɕin⁴⁵ tsʰai⁴⁵ la²¹³ ɕia⁵³ lai²¹³ li⁰］

就对倒天上一划，［tɕiəu⁵³ tei⁵³ tau⁰ tʰien⁴⁵ saŋ⁰ i²⁴ xua⁵³］

就划成哒一条天河。［tɕiəu⁵³ xua⁵³ tsʰən²¹³ ta⁰ i²⁴ tʰiau²¹³ tʰien⁴⁵ xo²¹³］

划成哒一条天河哩，［xua⁵³ tsʰən²¹³ ta⁰ i²⁴ tʰiau²¹³ tʰien⁴⁵ xo²¹³ li⁰］

就把牛郎两═个═织女哩就隔开哒。［tɕiəu⁵³ pa³¹ iəu²¹³ laŋ²¹³ liaŋ³¹ ko⁵³ tsʅ²⁴ y³¹ li⁰ tɕiəu⁵³ kɤ²⁴ kʰai⁴⁵ ta⁰］

隔开哒的话哩，呃，［kɤ²⁴ kʰai⁴⁵ ta⁰ ti⁰ xua⁵³ li⁰，ɤ⁰］

牛郎两═个═织女哩就望倒天河哩，［iəu²¹³ laŋ²¹³ liaŋ³¹ ko⁵³ tsʅ²⁴ y³¹ li⁰ tɕiəu⁵³ maŋ⁵³ tau⁰ tʰien⁴⁵ xo²¹³ li⁰］

就流泪哒，就哭。［tɕiəu⁵³ liəu²¹³ lei⁵³ ie³¹，tɕiəu⁵³ kʰu²⁴］

就哭的话哩就呃，就，这个的，［tɕiəu⁵³ kʰu²⁴ ti⁰ xua⁵³ li⁰ tɕiəu⁵³ ɤ⁰，tɕiəu⁵³，tsɤ²⁴ ko⁵³ ti⁰］

感动哒这个呃喜鹊。［kan³¹ toŋ⁵³ ta⁰ tsɤ²⁴ ko⁵³ ɤ⁰ ɕi³¹ tɕʰyo²⁴］

这喜鹊哩就非常同情他们。［tsɤ⁴⁵ ɕi³¹ tɕʰyo²⁴ li⁰ tɕiəu⁵³ fei⁴⁵ tsʰaŋ²¹³ tʰoŋ²¹³ tɕʰin²¹³ tʰa⁴⁵ mən²¹³]

很同情他们，就的话，[xən³¹ tʰoŋ²¹³ tɕʰin²¹³ tʰa⁴⁵ mən²¹³，tɕiəu⁵³ ti⁰ xua⁵³]

就到哒七月七号的时候哩，[tɕiəu⁵³ tau⁵³ ta⁰ tɕʰi²⁴ ye²⁴ tɕʰi²⁴ xau⁵³ ti⁰ sʅ²¹³ xəu⁰ li⁰]

就全呃，全，全，全部，[tɕiəu⁵³ tɕʰyen²¹³ ɤ⁰，tɕʰyen²¹³，tɕʰyen²¹³，tɕʰyen²¹³ pu⁵³]

全部天上的喜鹊，[tɕʰyen²¹³ pu⁵³ tʰien⁴⁵ saŋ⁰ ti⁰ ɕi³¹ tɕyo²⁴]

就是说全世界的这个喜鹊哩，[tɕiəu⁵³ sʅ⁵³ so²⁴ tɕʰyen²¹³ sʅ⁵³ tɕie⁵³ ti⁰ tsɤ⁴⁵ ko⁵³ ɕi³¹ tɕʰyo²⁴ li⁰]

就飞，都飞的那天上哩，[tɕiəu⁵³ fei⁴⁵，təu⁴⁵ fei⁴⁵ ti⁰ lo⁴⁵ tʰien⁴⁵ saŋ⁰ li⁰]

那条天河去哩，[lo⁴⁵ tʰiau²¹³ tʰien⁴⁵ xo²¹³ kʰɯ⁵³ li⁰]

就架起一座那个，这个鹊桥。[tɕiəu⁵³ tɕia⁵³ tɕʰi³¹ i²⁴ tso⁵³ lo⁴⁵ ko⁵³，tsɤ⁴⁵ ko⁵³ tɕʰyo²⁴ tɕʰiau²¹³]

一个含一个的尾巴哩就架，[i²⁴ ko⁵³ xan²¹³ i²¹³ ko⁵³ ti⁰ uei³¹ pa⁰ li⁰ tɕiəu⁵³ tɕia⁵³]

架起个鹊桥哩。[tɕia⁵³ tɕʰi³¹ ko⁵³ tɕʰyo³⁵ tɕʰiau²¹³ li⁰]

就把这个呃，[tɕiəu⁵³ pa³¹ tsɤ⁴⁵ ko⁵³ ɤ⁰]

就尽牛郎哩两⁼个⁼织女哩就每年哩见一次面。[tɕiəu⁵³ tɕin³¹ iəu²¹³ laŋ²¹³ li⁰ liaŋ³¹ ko⁵³ tsʅ²⁴ y³¹ li⁰ tɕiəu⁵³ mei³¹ lien²¹³ li⁰ tɕien⁵³ i²⁴ tsʰʅ⁵³ mien⁵³] 尽：让。两⁼个⁼：跟

见一次面哩的话哩就，[tɕien⁵³ i²⁴ tsʰʅ⁵³ mien⁵³ li⁰ ti⁰ xua⁵³ li⁰ tɕiəu⁵³]

他们就每年就快快乐乐的就见一次面的话。[tʰa⁴⁵ mən²¹³ tɕiəu⁵³ mei³¹ lien²¹³ tɕiəu⁵³ kʰuai⁵³ kʰuai⁵³ lo²⁴ lo⁰ ti⁰ tɕiəu⁵³ tɕien⁵³ i²⁴ tsʰʅ⁵³ mien⁵³ ti⁰ xua⁵³]

呃，就，这就是我们这个，呃，[ɤ⁰，tɕiəu⁵³，tsɤ⁵³ tɕiəu⁵³ sʅ⁵³ o³¹ mən⁰ tsɤ⁴⁵ ko⁵³，ɤ⁰]

中国的这个乞巧节哩。[tsoŋ⁴⁵ ko²⁴ ti⁰ tsɤ⁴⁵ ko⁵³ tɕʰi²⁴ tɕʰiau³¹ tɕie²⁴ li⁰]

就是牛郎织女呃，会，会，会，会一次面，[tɕiəu⁵³ sʅ⁵³ iəu²¹³ laŋ²¹³ tsʅ²⁴ y³¹ ɤ⁰，xuei⁵³，xuei⁵³，xuei⁵³，xuei⁵³ i²⁴ tsʰʅ⁵³ mien⁵³]

就这个乞巧节，[tɕiəu⁵³ tsɤ⁴⁵ ko⁵³ tɕʰi²⁴ tɕʰiau³¹ tɕie²⁴]

就，就是像这来的。[tɕiəu⁵³，tɕiəu⁵³ sʅ⁵³ tɕʰiaŋ⁴⁵ tsən³¹ lai²¹³ ti⁰]

意译：从前，有个小伙子，他的爸爸妈妈很早就去世了。他很可怜。家里什么都没有。只有一头老牛跟他作伴。

他非常勤快。他每天耕地。他和老牛一起生活。老牛看他可怜，就很心疼他。就想给他找一个老婆，但没遇到好机会。有一天，老牛突然开口说话。他刚开始还不相信。老牛开口对他说，梦见山下有一个仙女湖，湖里来了七个仙女，七个仙女其中有一个会成为他的老婆。就跟牛郎说，要牛郎去山脚下仙女湖那

儿，拿到那件粉红色的衣服后，就快点跑回家。穿粉红色衣服的那个姑娘就是他的老婆。牛郎不太相信。他说："我还是去看一下。"第二天他一大早就起来了，偷偷地从树后一看，真的有七个仙女在那个湖里洗澡。他看到那件粉红色的衣服后，拿起来就往家里跑。到了半夜，有一个仙女就进了他的家，跟他成了夫妻。这个仙女就是织女。织女就和他一起生活了。织女织布，牛郎耕田。就快快乐乐地生活在一起了。一年以后生了两个小孩。生了一个儿子，一个女儿。

刚好只过了一年，就让玉皇大帝，就突然醒了，就一下子发现了。发现后就派天兵天将来抓，织女只好回去。牛郎急得毫无办法。这时候，老牛又开始说话了。说："牛郎，牛郎，你别着急。你把我的角拿下来，就可以把两个儿女装上去了，然后就可以上天了。把织女追回来。"牛郎不狠心取下它的两个角。老牛就自己把自己的角拿了下来。角拿下来后就变成了两个箩筐。牛郎就把两个小孩一个筐里放一个，用扁担挑上肩，那个箩筐就飞上天了。快追到织女了。王母娘娘也发现了。她把头上的金钗拿下来，对着天上一划，就划成了一条天河。把牛郎和织女隔开了。隔开后，牛郎和织女就望着天河流泪、哭泣。他们的哭声感动了喜鹊。

喜鹊非常同情他们。到了七月初七的时候，天上所有的喜鹊都飞到天河上架起了一座鹊桥。喜鹊一个含着一个的尾巴，架起了一座鹊桥。就让牛郎和织女每年见一次面。他们就每年都快快乐乐地见一次面。这就是我们中国的乞巧节。就是牛郎织女会一次面的乞巧节，就是这么来的。

三 其他故事

0022 其他故事

话说天门很早之前，[xua⁵³ ɕye²⁴ tʰien⁴⁵ mən²¹³ xən³¹ tsau³¹ tsɿ⁴⁵ tɕʰien²¹³]

天门朝西的这个方向的城郊，[tʰien⁴⁵ mən²¹³ tsʰau²¹³ ɕi⁴⁵ tiº tsɤ⁵³ kɤ⁵³ faŋ⁴⁵ ɕiaŋ⁵³ tiº tsʰən²¹³ tɕiau⁴⁵]

有一个像锅一样的井。[iəu³¹ i²⁴ ko⁵³ tɕʰiaŋ⁴⁵ ko⁴⁵ i²⁴ iaŋ⁵³ tiº tɕin³¹]

这个井里的井水的话哩人家说可以治百病。[tsɤ⁵³ ko⁵³ tɕin³¹ li³¹ tiº tɕin³¹ ɕyei³¹ tiº xua⁵³ liº ən²¹³ kaº ɕye²⁴ kʰo³¹ i³¹ tsɿ⁵³ pɤ²⁴ pin⁵³]

有一次的话哩，[iəu³¹ i²⁴ tsʰɿ⁵³ tiº xua⁵³ liº]

皇帝哩路过这附近县城的时候，[xuaŋ²¹³ tʰi⁵³ liº ləu⁵³ ko⁵³ tsɤ⁵³ xu⁵³ tɕin⁵³ ɕien⁵³ tsʰən²¹³ tiº sɿ²¹³ xəuº]

不是来我们天门来啊，[pu²⁴ sɿ⁵³ lai²¹³ oº mənº tʰien⁴⁵ mən²¹³ lai²¹³ aº]

他就听到，[tʰa⁴⁵ tɕiəu⁵³ tʰin⁴⁵ tau⁰]

陡然的话他自己有尕不好呃，[təu³¹ an²¹³ ti⁰ xua⁵³ tʰa⁴⁵ tsɿ⁵³ tɕi³¹ iəu³¹ kʰa⁰ pu²⁴ xau³¹ ɤ⁰] 有尕：有点儿。不好：不舒服

不好的话，就，人家这里的传说，[pu²⁴ xau³¹ ti⁰ xua⁵³，tɕiəu⁵³，ən²¹³ ka⁰ tsɤ⁵³ li³¹ ti⁰ tɕʰyan²¹³ ɕye²⁴]

说是天门有个那锅底井的那水的话，[ɕye²⁴ sɿ⁵³ tʰien⁴⁵ mən²¹³ iəu³¹ ko⁵³ lo⁴⁵ ko⁴⁵ ti³¹ tɕin³¹ ti⁰ lo⁴⁵ ɕyei³¹ ti⁰ xua⁵³]

可以治百病。[kʰɤ³¹ i³¹ tsɿ⁵³ pɤ²⁴ pin⁵³]

他就要他底下的这臣子们傻⁼的，[tʰa⁴⁵ tɕiəu⁵³ iau⁵³ tʰa⁴⁵ ti³¹ xa⁰ ti⁰ tsɤ⁴⁵ tsʰən²¹³ tsɿ³¹ mən⁰ səu³¹ ti⁰] 臣子们傻⁼：臣子们

快马加鞭的话的就去那里，去天门，[kʰuai⁵³ ma³¹ tɕia⁴⁵ pien⁴⁵ ti⁰ xua⁵³ ti⁰ tɕiəu⁵³ kʰɯ⁵³ lo⁵³ ti⁰，kʰɯ⁵³ tʰien⁴⁵ mən²¹³]

来天门来的话的，就舀哒一碗水，[lai²¹³ tʰien⁴⁵ mən²¹³ lai²¹³ ti⁰ xua⁵³ ti⁰，tɕʰiəu⁵³ iau³¹ ta⁰ i²⁴ uan³¹ ɕyei³¹]

舀哒碗水的话的，[iau³¹ ta⁰ uan³¹ ɕyei³¹ ti⁰ xua⁵³ ti⁰]

可能在路上的话的，那天道太热呃它，[kʰo³¹ lən²¹³ tsai⁵³ ləu⁵³ saŋ⁵³ ti⁰ xua⁵³ ti⁰，lo⁴⁵ tʰien⁴⁵ tau⁰ tʰai³¹ ɤ²⁴ ɤ⁰ tʰa⁴⁵]

这个臣子忍不住呃，他把它喝哒去哒。[tsɤ⁵³ kɤ⁵³ tsʰən²¹³ tsɿ⁰ ən³¹ pu²⁴ tɕy⁵³ ɤ⁰，tʰa⁴⁵ pa³¹ tʰa⁴⁵ xo²⁴ ta⁰ kʰɯ⁵³ ta⁰]

他喝哒以后的话，他后来，[tʰa⁴⁵ xo²⁴ ta⁰ i³¹ xəu⁵³ ti⁰ xua⁵³，tʰa⁴⁵ xəu⁵³ lai²¹³]

就快了，临近皇帝那位置的时候的话的，[tɕiəu⁵³ kʰuai⁵³ liau⁰，lin²¹³ tɕin⁵³ xuaŋ²¹³ tʰi⁵³ lo⁴⁵ uei⁵³ tsɿ⁵³ ti⁰ sɿ²¹³ xəu⁰ ti⁰ xua⁵³ ti⁰]

他就舀哒一，一碗水。[tʰa⁴⁵ tɕʰiəu⁵³ iau³¹ ta⁰ i²⁴，i²⁴ uan³¹ ɕyei³¹]

因为囊⁼的，皇帝是微服私访，[in⁴⁵ uei²¹³ laŋ³¹ ti⁰，xuaŋ²¹³ tʰi⁵³ sɿ⁵³ uei²¹³ fu²¹³ sɿ⁴⁵ faŋ³¹] 囊⁼：什么

来这鬼江南玩地啊，[lai²¹³ tsɤ⁴⁵ kuei³¹ tɕiaŋ⁴⁵ lan²¹³ uan²¹³ ti⁰ a⁰]

舀起去的以后的话的，[iau³¹ tɕʰi³¹ kʰɯ⁵³ ti⁰ i³¹ xəu⁵³ ti⁰ xua⁵³ ti⁰]

皇帝的话以为说这水可以治百病，[xuaŋ²¹³ tʰi⁵³ ti⁰ xua⁵³ i³¹ uei²¹³ ɕye²⁴ tsɤ⁴⁵ ɕyei³¹ kʰɤ³¹ i³¹ tsɿ⁵³ pɤ²⁴ pin⁵³]

就把它喝哒。[tɕʰiəu⁵³ pa³¹ tʰa⁴⁵ xo²⁴ ta⁰]

喝哒以后，不但病没有好啊，[xo²⁴ ta⁰ i³¹ xəu⁵³，pu²⁴ tan⁵³ pin⁵³ mei²¹³ iəu³¹ xau³¹ a⁰]

还加重哒去哒。[xai²¹³ tɕia⁴⁵ tsoŋ⁵³ ta⁰ kʰɯ⁵³ ta⁰]

皇帝呃太恼火。[xuaŋ²¹³ tʰi⁵³ ɤ⁰ tʰai³¹ lau³¹ xo³¹]

皇帝就后来的话一言九鼎，[xuaŋ²¹³ tʰi⁵³ tɕʰiəu⁵³ xəu⁵³ lai²¹³ ti⁰ xua⁵³ i²⁴ ien²¹³ tɕiəu³¹ tin³¹]

就要跟我把那个井的话跟我把它封它。[tɕʰiəu⁵³ iau⁵³ kən⁴⁵ o³¹ pa³¹ lo⁴⁵ ko⁵³ tɕin³¹ ti⁰ xua⁵³ kən⁴⁵ o³¹ pa³¹ tʰa⁴⁵ foŋ⁴⁵ tʰa⁴⁵]

那臣民肯定不敢违抗的，[lo⁴⁵ tsʰən²¹³ min²¹³ kʰən³¹ tin⁵³ pu²⁴ kan³¹ uei²¹³ kʰaŋ⁵³ tɤ⁰]

就做啊太大的个锅盖子，[tɕiəu⁵³ tsəu⁵³ a⁰ tʰai³¹ ta⁵³ ti⁰ ko⁵³ ko⁴⁵ kai⁵³ tsɿ⁰]

就来天门了把这个鬼锅，锅底井的这个东西的话，[tɕiəu⁵³ lai²¹³ tʰien⁴⁵ mən²¹³ lɤ⁰ pa³¹ tsɤ⁴⁵ ko⁵³ kuei³¹ ko⁴⁵，ko⁴⁵ ti³¹ tɕin³¹ ti⁰ tsɤ⁴⁵ ko⁵³ toŋ⁴⁵ ɕi⁰ ti⁰ xua⁵³]

就把它一下盖哒去哒。[tɕʰiəu⁵³ pa³¹ tʰa⁴⁵ i²⁴ xa⁰ kai⁵³ ta⁰ kʰɯ⁵³ ta⁰]

盖哒以后的话的，[kai⁵³ ta⁰ i³¹ xəu⁵³ ti⁰ xua⁵³ ti⁰]

不赏=过啊太多年数以后的话的，[pu²⁴ saŋ³¹ ko⁵³ a⁰ tʰai³¹ to⁴⁵ lien²¹³ səu³¹ i³¹ xəu⁵³ ti⁰ xua⁵³ ti⁰] 不赏=：不知怎么的

那井里的水哋直接漫上来哒去哒，[lo⁴⁵ tɕin³¹ li⁰ ti⁰ ɕyei³¹ ie³¹ tsɿ²¹³ tɕie²⁴ man⁵³ saŋ⁵³ lai²¹³ ta⁰ kʰɯ⁵³ ta⁰]

漫得哋后来的话，[man⁵³ ti⁰ ie³¹ xəu⁵³ lai²¹³ ti⁰ xua⁵³]

变成太大的个湖哒去哒。[pien⁵³ tsʰən²¹³ tʰai³¹ ta⁵³ ti⁰ ko⁵³ xu²¹³ ta⁰ kʰɯ⁵³ ta⁰]

变成湖以后的话的，[pien⁵³ tsʰən²¹³ xu²¹³ i³¹ xəu⁵³ ti⁰ xua⁵³ ti⁰]

那个的旁边的那芦苇呀东西呀，[lo⁴⁵ ko⁵³ ti⁰ pʰaŋ²¹³ pien⁴⁵ ti⁰ lo⁴⁵ ləu²¹³ uei³¹ ia⁰ toŋ⁴⁵ ɕi⁰ ia⁰]

都长太多，[təu⁴⁵ tsaŋ³¹ tʰai³¹ to⁴⁵]

就是那湖中间的话的随囊=都不长，[tɕiəu⁵³ sɿ⁵³ lo⁴⁵ xu²¹³ tsoŋ⁴⁵ tɕien⁴⁵ ti⁰ xua⁵³ ti⁰ sei²¹³ laŋ³¹ təu⁴⁵ pu²⁴ tsaŋ³¹] 随囊=：无论怎样

旁边的长的藕啊荷花呀，[pʰaŋ²¹³ pien⁴⁵ ti⁰ tsaŋ³¹ ti⁰ əu³¹ a⁰ xo²¹³ xua⁴⁵ ia⁰]

就是随啊[什么]的有，[tɕiəu⁵³ sɿ⁵³ sei²¹³ a⁰ soŋ³¹ ti⁰ iəu³¹]

就是那湖中间的话的永远都不长东西。[tɕiəu⁵³ sɿ⁵³ lo⁴⁵ xu²¹³ tsoŋ⁴⁵ tɕien⁴⁵ ti⁰ xua⁵³ ti⁰ yoŋ³¹ yen³¹ təu⁴⁵ pu²⁴ tsaŋ³¹ toŋ⁴⁵ ɕi⁰]

人家后来的话有太多人的话说，[ən²¹³ ka⁰ xəu⁵³ lai²¹³ ti⁰ xua⁵³ iəu³¹ tʰai³¹ to⁴⁵ ən²¹³ ti⁰ xua⁵³ ɕye²⁴]

把它抽干哒的话看抽抽干？[pa³¹ tʰa⁴⁵ tsʰəu⁴⁵ kan⁴⁵ ta⁰ ti⁰ xua⁵³ kʰan⁵³ tsʰəu⁴⁵ tsʰəu⁴⁵ kan⁴⁵] 抽抽干：抽不抽得干

后来尽抽都抽不干。[xəu⁵³ lai²¹³ tɕin³¹ tsʰəu⁴⁵ təu⁴⁵ tsʰəu⁴⁵ pu²⁴ kan⁴⁵] 尽：一直

为[什么]事的？因为囊=的，[uei⁵³ soŋ³¹ sɿ⁵³ ti⁰？in⁴⁵ uei²¹³ laŋ³¹ ti⁰]

人家传说中的话说，[ən²¹³ ka⁰ tɕʰyan²¹³ ɕye²⁴ tsoŋ⁴⁵ ti⁰ xua⁵³ ɕye²⁴]

是这锅底井里头的话的，[sɿ⁵³ tsɿ⁴⁵ ko⁴⁵ ti³¹ tɕin³¹ li³¹ tʰəu²¹³ ti⁰ xua⁵³ ti⁰]

有太粗的条，黄桶粗的条蛇[iəu³¹ tʰai³¹ tsʰəu⁴⁵ ti⁰ tʰiau²¹³，xuaŋ²¹³ tʰoŋ³¹ tsʰəu⁴⁵ ti⁰ tʰiau²¹³ sɤ²¹³]

相当一条龙呃，[ɕiaŋ⁴⁵ taŋ⁴⁵ i²⁴ tʰiau²¹³ loŋ²¹³ ɤ⁰]

它的这个井的话的，[tʰa⁴⁵ ti⁰ tsɤ⁴⁵ ko⁵³ tɕin³¹ ti⁰ xua⁵³ ti⁰]

是直接通到东海的，[sɿ⁵³ tsɿ²¹³ tɕie²⁴ tʰoŋ⁴⁵ tau⁵³ toŋ⁴⁵ xai³¹ ti⁰]

那地下河流取不尽的这水，[lo⁴⁵ ti⁵³ ɕia⁵³ xo²¹³ liəu²¹³ tɕʰy³¹ pu²⁴ tɕin⁵³ ti⁰ tsɤ⁴⁵ ɕyei³¹]

后来的话，[xəu⁵³ lai²¹³ ti⁰ xua⁵³]

时间长哒以后的话的，[sɿ²¹³ tɕien⁴⁵ tsʰaŋ²¹³ ta⁰ i³¹ xəu⁵³ ti⁰ xua⁵³ ti⁰]

就这锅底湖的话的，就人家，[tɕʰiəu⁵³ tsɤ⁴⁵ ko⁴⁵ ti³¹ xu²¹³ ti⁰ xua⁵³ ti⁰，tɕiəu⁵³ ən²¹³ ka⁰]

就直接把它喊成西湖哒去哒[tɕiəu⁵³ tsɿ²¹³ tɕie²⁴ pa³¹ tʰa⁴⁵ xan³¹ tsʰən²¹³ ɕi⁴⁵ xu²¹³ ta⁰ kʰɯ⁵³ ta⁰]

西湖后来的话，[ɕi⁴⁵ xu²¹³ xəu⁵³ lai²¹³ ti⁰ xua⁵³]

过哒一段时间的话的，[ko⁵³ ta⁰ i²⁴ tan⁵³ sɿ²¹³ tɕien⁴⁵ ti⁰ xua⁵³ ti⁰]

人家就到这些的话就做哒一个桥，[ən²¹³ ka⁰ tɕiəu⁵³ tau⁵³ tsɤ³¹ ɕi⁴⁵ ti⁰ xua⁵³ tɕiəu⁵³ tsəu⁵³ ta⁰ i²⁴ ko⁵³ tɕʰiau²¹³] 这些：这里

为了啊，[uei²¹³ liau³¹ a⁰]

锅[什么]那些的话的，[ko⁴⁵ soŋ³¹ lo³¹ ɕi⁴⁵ ti⁰ xua⁵³ ti⁰] 那些：那里

就长期那些有太多这大雁啦，[tɕiəu⁵³ tsʰaŋ²¹³ tɕʰi⁴⁵ lo³¹ ɕi⁴⁵ iəu³¹ tʰai³¹ to⁴⁵ tsɤ⁴⁵ ta⁵³ ien⁵³ la⁰]

都到那些吃虾吃鱼呀，[təu⁴⁵ tau⁵³ lo³¹ ɕi⁴⁵ tɕʰi²⁴ ɕia⁴⁵ tɕʰi²⁴ y²¹³ ia⁰]

就在那个桥的话的，[tɕiəu⁵³ tsai⁵³ lo⁴⁵ ko⁵³ tɕʰiau²¹³ ti⁰ xua⁵³ ti⁰]

那桥的那中间的话的就告⁼石头啊，[lo⁴⁵ tɕʰiau²¹³ ti⁰ lo⁴⁵ tsoŋ⁴⁵ tɕien⁴⁵ ti⁰ xua⁵³ ti⁰ tɕiəu⁵³ kau⁵³ sɿ²¹³ tʰəu²¹³ a⁰] 告⁼：用

就掺哒个龙头[tɕiəu⁵³ tsʰan⁴⁵ ta⁰ ko⁵³ loŋ²¹³ tʰəu²¹³]

那龙头的话的就朝倒西起的，[lo⁴⁵ loŋ²¹³ tʰəu²¹³ ti⁰ xua⁵³ ti⁰ tɕiəu⁵³ tsʰau²¹³ tau⁰ ɕi⁴⁵ tɕʰi³¹ ti⁰]

那尾巴的话的朝啊东起的，[lo⁴⁵ uei³¹ pa⁰ ti⁰ xua⁵³ ti⁰ tsʰau²¹³ a⁰ toŋ⁴⁵ tɕʰi³¹ ti⁰]

因为囊⁼的，[in⁴⁵ uei²¹³ laŋ³¹ ti⁰]

它这是朝啊东海起的这边的水呗，[tʰa⁴⁵ tsɤ⁵³ sɿ⁵³ tsʰau²¹³ a⁰ toŋ⁴⁵ xai³¹ tɕʰi³¹ ti⁰ tsɤ⁴⁵ pien⁴⁵ ti⁰ ɕyei³¹ ie³¹]

过地这边来的，[ko⁵³ ti⁰ tsɤ⁴⁵ pien⁴⁵ lai²¹³ ti⁰]

必须是这条龙的话的在中间起作用。[pi²⁴ ɕy⁴⁵ sŋ⁵³ tsɤ⁴⁵ tʰiau²¹³ loŋ²¹³ ti⁰ xua⁵³ tsai⁵³ tsoŋ⁴⁵ tɕien⁴⁵ tɕʰi³¹ tso²⁴ yoŋ⁵³]

后来就形成哒天门的西湖。[xəu⁵³ lai²¹³ tɕiəu⁵³ ɕin²¹³ tsʰən²¹³ ta⁰ tʰien⁴⁵ mən²¹³ ti⁰ ɕi⁴⁵ xu²¹³]

意译：很早以前的天门城郊西边，有一口像锅一样的井。人们传说井里的水可以治百病。

有一次皇帝路过天门附近，不是来天门。他听说了，突然觉得自己身体有些不适。传说天门锅底井的水，可以治百病。他就让臣子快马加鞭去天门，取了一碗水。舀了一碗水后，可能半路上天气太热，那个臣子忍不住把那碗水喝了。他喝完后，快到皇帝处，他就随便舀了一碗水。因为皇帝是微服私访来江南玩，看到臣子舀来的水，皇帝以为是可以治百病的井水，就喝了它。喝完后，不仅病没有好，还加重了。皇帝非常生气。皇帝后来一言九鼎，要把那口井封了。臣民都不敢违抗，就做了很大一个锅盖子来天门，把锅底井盖上了。盖上后，过了很多年后，井里的水漫了上来，漫到后来，变成了一个很大的湖。变成湖以后，湖边长了很多芦苇之类的。只是湖中间一直没长，旁边长了藕、荷花，什么都有。但湖中间一直都没长东西。人们就想抽水看能不能把湖抽干，但是怎么抽也抽不干。为什么呢？人们传说锅底井里有一条很粗的蛇，像一条龙一样，这口井是直接通东海的，地下河水取之不尽。后来时间长了，人们就把锅底湖叫成了西湖。

后来，西湖过了一段时间，人们在上面建了一座桥，锅底湖那儿有很多大雁到那儿去吃虾吃鱼，人们就在桥中间用石头做了个龙头。那个龙头是朝西的，尾巴是朝东的，因为什么呢，它是面朝东海的水流到这儿来的，一定是这条龙在起作用，后来就形成了天门的西湖。

0023 其他故事

我这起要跟大家讲的这个故事的话哩，[o³¹ tsɤ²⁴ tɕʰi⁰ iau⁵³ kən⁴⁵ ta⁵³ tɕia⁴⁵ tɕiaŋ³¹ ti⁰ tsɤ²⁴ ko⁵³ ku⁵³ sŋ⁵³ ti⁰ xua⁵³ li⁰] 这起：现在

是陆羽先生的出生。[sŋ⁵³ ləu²⁴ y³¹ ɕien⁴⁵ sən⁴⁵ ti⁰ tɕʰy²⁴ sən⁴⁵]

至于说陆羽先生以后哩，[tsŋ⁵³ y²¹³ ɕye²⁴ ləu²⁴ y³¹ ɕien⁴⁵ sən⁴⁵ i³¹ xəu⁵³ li⁰]

成哒茶神以后的话哩，[tsʰən²¹³ ta⁰ tsʰa²¹³ sən²¹³ i³¹ xəu⁵³ ti⁰ xua⁵³ li⁰]

那是以后的话。[luo⁵³ sŋ⁵³ i³¹ xəu⁵³ ti⁰ xua⁵³]

出哒名以后举世无双。[tɕʰy²⁴ ta⁰ min²¹³ i³¹ xəu⁵³ tɕy³¹ sŋ⁵³ u²¹³ ɕyaŋ⁴⁵]

就是天门的话哒，[tɕiəu⁵³ sŋ⁵³ tʰien⁴⁵ mən²¹³ ti⁰ xua⁰ ie³¹]

太多至⁼游客，[tʰai³¹ to⁴⁵ tsŋ⁵³ iəu²¹³ kʰɤ²⁴] 太多至⁼：非常多

新加坡啊、日本啦、马来西亚呀、印度尼西亚，[ɕin⁴⁵tɕia⁴⁵pʰo⁴⁵a⁰、ɯ²⁴pən³¹la⁰、ma³¹lai²¹³ɕi⁴⁵ia⁵³ia⁰、in⁵³təu⁵³li²¹³ɕi⁴⁵ia⁵³]

太多至＝。[tʰai³¹to⁴⁵tsʅ⁵³]

周边国家的，[tsəu⁴⁵pien⁴⁵ko²⁴tɕia⁴⁵ti⁰]

都来天门来参观这陆羽先生。[təu⁴⁵lai²¹³tʰien⁴⁵mən²¹³lai²¹³tsʰan⁴⁵kuan⁴⁵tsɤ⁴⁵ləu²⁴y³¹ɕien⁴⁵sən⁴⁵]

为了这样的话哩，[uei²¹³liau³¹tsɤ²⁴iaŋ⁵³ti⁰xua⁵³li⁰]

现在我们都，政府的话哩，[ɕien⁵³tsai⁵³o³¹mən²¹³təu⁴⁵，tsən⁵³fu³¹ti⁰xua⁵³li⁰]

就到西湖的话哩，[tɕiəu⁵³tau⁵³ɕi⁴⁵xu²¹³ti⁰xua⁵³li⁰]

专门做哒个陆羽像。[tɕyan⁴⁵mən²¹³tsəu⁵³ta⁰ko⁵³ləu²⁴y³¹ɕiaŋ⁵³]

还跟他做哒一个八九层高的那茶经楼。[xai²¹³kən⁴⁵tʰa⁴⁵tsəu⁵³ta⁰i²⁴kuo⁵³pa²⁴tɕiəu³¹tsʰən²¹³kau⁴⁵ti⁰luo⁴⁵tsʰa²¹³tɕin⁴⁵ləu²¹³]

这东西的话就说，[tsɤ²⁴toŋ⁴⁵ɕi⁰ti⁰xua⁵³tɕiəu⁵³ɕye²⁴]

陆羽以后成长的这事情的话哩，[ləu²⁴y³¹i³¹xəu⁵³tsʰən²¹³tsaŋ³¹ti⁰tsɤ⁴⁵sʅ⁵³tɕʰin²¹³ti⁰xua⁵³li⁰]

有一个历史的写照的。[iəu³¹i²⁴ko⁵³li²⁴sʅ³¹ti⁰ɕie³¹tsau⁵³ti⁰]

这我不谈，[tsɤ⁵³o³¹pu²⁴tʰan²¹³]

我只谈陆羽的出生哈，从现在开始。[o³¹tsʅ²⁴tʰan²¹³ləu²⁴y³¹ti⁰tɕʰy²⁴sən⁴⁵xa⁰，tsʰoŋ²¹³ɕien⁵³tsai⁵³kʰai⁴⁵sʅ³¹]

陆羽的话哩，[ləu²⁴y³¹ti⁰xua⁵³li⁰]

最早之前的话哩，[tsei⁵³tsau³¹tsʅ⁴⁵tɕʰien²¹³ti⁰xua⁵³li⁰]

他的母亲的话哩是一个不守妇道的人。[tʰa⁴⁵ti⁰moŋ³¹tɕʰin⁴⁵ti⁰xua⁵³li⁰sʅ⁵³i²⁴ko⁵³pu²⁴səu³¹fu⁵³tau⁵³ti⁰ən²¹³]

照那时候来说是伤风败俗。[tsau⁵³lo²⁴sʅ²¹³xəu⁰lai²¹³ɕye²⁴sʅ⁵³saŋ⁴⁵foŋ⁴⁵pai⁵³səu²⁴]

就说，生陆羽的时候不是太正当的。[tɕiəu⁵³ɕye²⁴，sən⁴⁵ləu²⁴y³¹ti⁰sʅ²¹³xəu⁰pu²⁴sʅ⁵³tʰai³¹tsən⁵³taŋ⁴⁵ti⁰]

在我们天门来说的话，[tsai⁵³o³¹mən²¹³tʰien⁴⁵mən²¹³lai²¹³ɕye²⁴ti⁰xua⁵³]

就是个私生子，一个私伢，啊。[tɕiəu⁵³sʅ⁵³ko⁵³sʅ⁴⁵sən⁴⁵tsʅ³¹，i²⁴ko⁵³sʅ⁴⁵a²¹³，a⁰] 私伢：私生子

就说他自己晓得这事情啦，[tɕiəu⁵³ɕye²⁴tʰa⁴⁵tsʅ⁵³tɕi³¹ɕiau³¹tɤ⁰tsɤ⁴⁵sʅ⁵³tɕʰin²¹³la⁰]

就太不好意思的话。[tɕiəu⁵³tʰai³¹pu²⁴xau³¹i⁵³sʅ⁴⁵ti⁰xua⁵³]

还没有亮之前的话哩，[xai²¹³mei²¹³iəu³¹liaŋ⁵³tsʅ⁴⁵tɕʰien²¹³ti⁰xua⁵³li⁰]

她就把这伢的话哩，生哒以后的话，[tʰa⁴⁵ tɕiəu⁵³ pa³¹ tsɤ⁴⁵ a²¹³ ti⁰ xua⁵³ li⁰，sən⁴⁵ ta⁰ i³¹ xəu⁵³ ti⁰ xua⁵³]

就丢的这西湖边下这芦苇荡的哒去哒。[tɕiəu⁵³ tiəu⁴⁵ ti⁰ tsɤ⁴⁵ ɕi⁴⁵ xu²¹³ pien⁴⁵ xa⁰ tsɤ⁴⁵ ləu²¹³ uei³¹ taŋ⁵³ ti⁰ ta⁰ kʰɯ⁵³ ta⁰]

边下芦苇荡的话哩，[pien⁴⁵ xa⁰ ləu²¹³ uei³¹ taŋ⁵³ ti⁰ xua⁵³ li⁰]

就有哭声，不啊出鬼吔。[tɕiəu⁵³ iəu³¹ kʰu²⁴ sən⁴⁵，pu²⁴ a⁰ tɕʰy²⁴ kuei³¹ ie³¹]

一个鹿的话哩，[i²⁴ ko⁵³ ləu²⁴ ti⁰ xua⁵³ li⁰]

听倒那，那伢在哭啊，[tʰin⁵³ tau⁰ lo⁴⁵，lo⁴⁵ a²¹³ tsai⁵³ kʰu²⁴ a⁰] 伢：小孩

他就觉得这伢儿的话哩，[tʰa⁴⁵ tɕiəu⁵³ tɕyo²⁴ tɤ⁰ tsɤ⁴⁵ a²¹³ ɯ²¹³ ti⁰ xua⁵³ li⁰]

肯定是太饿哒去哒，[kən³¹ tin⁵³ sɿ⁵³ tʰai³¹ o⁵³ ta⁰ kʰɯ⁵³ ta⁰]

就给妈他吃。[tɕiəu⁵³ kɤ³¹ ma⁴⁵ tʰa⁴⁵ tɕʰi²⁴] 妈：奶，乳汁

给他妈，给他妈吃以后的话哩，[kɤ³¹ tʰa⁴⁵ ma⁴⁵，kɤ³¹ tʰa⁴⁵ ma⁴⁵ tɕʰi²⁴ i³¹ xəu⁵³ ti⁰ xua⁵³ li⁰]

他走哒去哒。[tʰa⁴⁵ tsəu³¹ ta⁰ kʰɯ⁵³ ta⁰]

走哒以后哩，过哒一段时间哩，[tsəu³¹ ta⁰ i³¹ xəu⁵³ li⁰，ko⁵³ ta⁰ i²⁴ tan⁵³ sɿ²¹³ tɕien⁴⁵ li⁰]

又下太大的雨。[iəu⁵³ ɕia⁵³ tʰai³¹ ta⁵³ ti⁰ y³¹]

那坑的那大雁了，[lo⁴⁵ kʰən⁴⁵ ti⁰ lo⁴⁵ ta⁵³ ien⁵³ lɤ⁰]

就飞起去这伢的这旁边哒去哒。[tɕiəu⁵³ fei⁴⁵ tɕʰi³¹ kʰɯ⁵³ tsɤ⁴⁵ a²¹³ ti⁰ tsɤ⁴⁵ pʰaŋ²¹³ pien⁴⁵ ta⁰ kʰɯ⁵³ ta⁰]

这旁边的话哩，[tsɤ⁴⁵ pʰaŋ²¹³ pien⁴⁵ ti⁰ xua⁵³ li⁰]

看倒它下太大的雨的话哩，[kʰan⁵³ tau⁰ tʰa⁴⁵ ɕia⁵³ tʰai³¹ ta⁵³ ti⁰ y³¹ ti⁰ xua⁵³ li⁰]

就架那翅膀的话哩，就跟他遮雨。[tɕiəu⁵³ ka⁵³ lo⁴⁵ tsɿ⁵³ paŋ³¹ ti⁰ xua⁵³ li⁰，tɕiəu⁵³ kən⁴⁵ tʰa⁴⁵ tsɤ⁴⁵ y³¹] 架：用。跟：给

后来的话哩，那旁边，[xəu⁵³ lai²¹³ ti⁰ xua⁵³ li⁰，lo⁴⁵ pʰaŋ²¹³ pien⁴⁵]

那个西湖边下哩一个池塘的话哩，[lo²⁴ ko⁵³ ɕi⁴⁵ xu²¹³ pien⁴⁵ xa⁰ li⁰ i²⁴ ko⁵³ tsʰɿ²¹³ tʰaŋ²¹³ ti⁰ xua⁵³ li⁰]

就那和尚们傻⁼的话哩，[tɕiəu⁵³ lo⁴⁵ xo²¹³ saŋ⁰ mən⁰ səu³¹ ti⁰ xua⁵³ li⁰]

听倒一个伢儿在哭啊，[tʰin⁴⁵ tau⁰ i²⁴ ko⁵³ a²¹³ ɯ²¹³ tsai⁵³ kʰu²⁴ a⁰] 伢儿：小孩

那大雁汪的炸炸神。[lo⁴⁵ ta⁵³ ien⁵³ uaŋ⁴⁵ ti⁰ tsa⁵³ tsa⁵³ sən⁰] 汪：叫

后来的话，我们的话，[xəu⁵³ lai²¹³ ti⁰ xua⁵³，o³¹ mən⁰ ti⁰ xua⁵³]

天门有个这居民委员会的话，[tʰien⁴⁵ mən²¹³ iəu³¹ ko⁵³ tsɤ⁴⁵ tɕy⁴⁵ min²¹³ uei³¹ yen²¹³ xuei⁵³ ti⁰ xua⁵³]

都叫的是呃雁叫街。[təu⁴⁵ tɕiau⁵³ ti⁰ sʅ⁵³ ɣ⁰ ien⁵³ tɕiau⁵³ kai⁴⁵]

那和尚一去啊，一看啦一个伢儿，[lo⁴⁵ xo²¹³ saŋ⁰ i²⁴ kʰɯ⁵³ a⁰，i²⁴ kʰan⁵³ la⁰ i²⁴ ko⁵³ a²¹³ ɯ²¹³]

伢儿那旁边的话哩咂，[a²¹³ ɯ²¹³ lo⁴⁵ pʰaŋ²¹³ pien⁴⁵ ti⁰ xua⁵³ li⁰ ie³¹]

看到一个鹿在给妈他吃，啊。[kʰan⁵³ tau⁵³ i²⁴ ko⁵³ ləu²⁴ tsai³¹ kɣ³¹ ma⁴⁵ tʰa⁴⁵ tɕʰi²⁴，a⁰]

下雨的话哩，[ɕia⁵³ y³¹ ti⁰ xua⁵³ li⁰]

又给他架翅膀的话哩，给他躲雨。[iəu⁵³ kɣ³¹ tʰa⁴⁵ ka⁵³ tsʅ⁵³ paŋ³¹ ti⁰ xua⁵³ li⁰，kɣ²⁴ tʰa⁴⁵ to³¹ y³¹]

后来的话，那寺庙的话，[xəu⁵³ lai²¹³ ti⁰ xua⁵³，lo⁴⁵ tsʰʅ²¹³ miau⁵³ ti⁰ xua⁵³]

看这伢太造孽啊，[kʰan⁵³ tsʅ⁴⁵ a²¹³ tʰai³¹ tsau⁵³ ie²⁴ a⁰] 造孽：可怜

就把它一下弄进寺庙的去哒。[tɕiəu⁵³ pa³¹ tʰa⁴⁵ i xa⁰ loŋ⁵³ tɕin⁵³ tsʰʅ²¹³ miau⁵³ ti⁰ kʰɯ⁵³ ta⁰]

弄进寺庙的话哩，[loŋ⁵³ tɕin⁵³ tsʰʅ²¹³ miau⁵³ ti⁰ xua⁵³ li⁰]

就过哒段时间的话哩，[tɕiəu⁵³ ko⁵³ ta⁰ tan⁵³ sʅ²¹³ tɕien⁴⁵ ti⁰ xua⁵³ li⁰]

那方丈的话哩就跟他改哒个名字。[lo⁴⁵ faŋ⁴⁵ tsaŋ⁵³ ti⁰ xua⁵³ li⁰ tɕiəu⁵³ kən⁴⁵ tʰa⁴⁵ kai³¹ ta⁰ ko⁵³ min²¹³ tsʅ⁵³]

就说："鹿给妈他吃呀，[tɕiəu⁵² ɕye²⁴：ləu²⁴ kɣ³¹ ma⁴⁵ tʰa⁴⁵ tɕʰi²⁴ ia⁰]

那大雁架翅膀的话哩哈，跟他遮雨呀，[lo⁴⁵ ta⁵³ ien⁵³ ka⁵³ tsʅ⁵³ paŋ³¹ ti⁰ xua⁵³ li⁰ xa⁰，kən⁴⁵ tʰa⁴⁵ tsɣ⁴⁵ y³¹ ia⁰]

就改成陆羽哒算哒。"[tɕiəu⁵³ kai³¹ tsʰən²¹³ ləu²⁴ y³¹ ta⁰ san⁵³ ta⁰]

就是这个来说啊。[tɕiəu⁵³ sʅ⁵³ tsɣ²⁴ ko⁵³ lai²¹³ ɕye²⁴ a⁰]

意译：我现在要给大家讲的这个故事是陆羽先生的身世。至于陆羽先生后来成了茶神的事那是后话。出了名后举世无双。天门有很多游客：有新加坡、日本、马来西亚、印度尼西亚等非常多。周边国家的人都来参观陆羽先生。为了人们参观，政府特地在西湖做了个陆羽像。还给他做了一个八九层高的茶经楼。陆羽成名后的事历史上有记载。这些我不谈，我只谈陆羽的身世，从现在开始。

陆羽的母亲是一个不守妇道的人。按那时候的说法叫伤风败俗。她生陆羽的时候，不是很正当。用天门话说，叫私生子。她母亲非常不好意思。天还没亮，她就把小孩扔到了西湖边的芦苇荡了。旁边芦苇荡里有哭声。一头鹿听到小孩在哭，觉得小孩肯定是饿了，就给奶他吃。喂完奶后，鹿就走了。鹿走后，过了一会儿，又下起了大雨。池塘里的大雁就飞到这个小孩身边去了。大雁看到雨下得那么大，就用翅膀给小孩遮雨。后来，西湖边上的和尚听到一个小孩在哭，大雁

在他旁边大叫。后来天门有个居民委员会叫的是雁叫街。和尚去一看有一个小孩，小孩旁边有一头鹿正在给他喂奶。下雨的时候大雁又用翅膀帮他挡雨。后来和尚就把这个小孩带进了寺庙。

过了段时间，方丈就给这个小孩取了个名字。就说："鹿给奶他吃，大雁用翅膀给他遮雨，就改成陆羽算了。"就是这么个来历。

0024 其他故事

话说天门很早以前，[xua⁵³ ɕye²⁴ tʰien⁴⁵ mən²¹³ xən³¹ tsau³¹ i³¹ tɕʰien²¹³]

有一个徐狗三。[iəu³¹ i²⁴ ko⁵³ ɕy²¹³ kəu³¹ san⁴⁵]

就说这个故事的话哩，[tɕiəu⁵³ ɕye²⁴ tsɤ²⁴ ko⁵³ ku⁵³ sʅ⁵³ ti⁰ xua⁵³ li⁰]

是徐狗三的，逗县太爷的散黄。[sʅ⁵³ ɕy²¹³ kəu³¹ san⁴⁵ ti⁰，təu⁵³ ɕien⁵³ tʰai⁵³ ie²¹³ ti⁰ san³¹ xuaŋ²¹³] 逗散黄：整蛊

这话是从哪些说起哩？[tsɤ⁴⁵ xua⁵³ sʅ⁵³ tsʰoŋ²¹³ la²⁴ ɕie⁴⁵ ɕye²⁴ tɕʰi³¹ li⁰] 哪些：哪儿

就从在这县里衙门的，[tɕiəu⁵³ tsʰoŋ²¹³ tsai²¹³ tsɤ⁴⁵ ɕien⁵³ ti⁰ ia²¹³ mən²¹³ ti⁰]

跟县太爷做事的一个，一个衙丁，[kən⁴⁵ ɕien⁵³ tʰai⁵³ ie²¹³ tsəu⁵³ sʅ⁵³ ti⁰ i²⁴ ko⁵³，i²⁴ ko⁵³ ia²¹³ tin⁴⁵] 衙丁：衙役

啊，就是，[a⁰，tɕiəu⁵³ sʅ⁵³]

他跟徐狗三是隔壁三家。[tʰa⁴⁵ kən⁴⁵ ɕy²¹³ kəu³¹ san⁴⁵ sʅ⁵³ kɤ²⁴ pi⁵³ san⁴⁵ tɕia⁴⁵] 隔壁三家：邻居

因为囊⁼的？[in⁴⁵ uei²¹³ laŋ³¹ ti⁰] 囊⁼：什么

他的话哩，[tʰa⁴⁵ ti⁰ xua⁵³ li⁰]

就长期在那些上班的时候的话哩，[tɕiəu⁵³ tsʰaŋ²¹³ tɕʰi⁴⁵ tai³¹ lo³¹ ɕie⁴⁵ saŋ⁵³ pan⁴⁵ ti⁰ sʅ²¹³ xəu⁰ ti⁰ xua⁵³ li⁰]

那县太爷老给小孩子他穿啦。[lo⁴⁵ ɕien⁵³ tʰai⁵³ ie²¹³ lau³¹ kɤ³¹ ɕiau³¹ xai²¹³ tsʅ⁰ tʰa⁴⁵ tɕʰyan⁴⁵ la⁰] 老：总是。给小孩子他穿：整他

老要他哈，做事啊，[lau³¹ iau⁵³ tʰa⁴⁵ xa⁰，tsəu⁵³ sʅ⁵³ a⁰]

总是随样[什么]的都摆杠他。[tsoŋ³¹ sʅ⁵³ sei²¹³ iaŋ⁵³ soŋ²⁴ ti⁰ təu⁴⁵ pai³¹ kaŋ⁵³ tʰa⁴⁵] 摆杠：整

他这狗日的就怀恨在心，说：[tʰa⁴⁵ tsɤ⁴⁵ kəu³¹ ɯ²⁴ ti⁰ tɕiəu⁵³ xuai²¹³ xən⁵³ tsai⁵³ ɕin⁴⁵，ɕye²⁴]

"既然这样呢，老子呃，只巴⁼，[tɕi⁵³ an²¹³ tsən²⁴ iaŋ⁵³ lɤ⁰，lau³¹ tsʅ³¹ ɤ⁰，tsʅ²⁴ pa⁰]

告诉我旁边的，住的邻居徐狗三，[kau⁵³ su⁵³ o³¹ pʰaŋ²¹³ pien⁴⁵ ti⁰，tɕy⁵³ ti⁰ lin²¹³ tɕy⁴⁵ɕy²¹³kəu³¹san⁴⁵]

来逗下他的散黄的哈。"[lai²¹³təu⁵³xa⁰tʰa⁴⁵ti⁰san³¹xuaŋ²¹³ti⁰xa⁰]

徐狗三是太出名的一个人。[ɕy²¹³kəu³¹san⁴⁵sʅ⁵³tʰai³¹tɕʰy²¹³min²¹³ti⁰i²⁴kɤ⁵³ən²¹³]

他呃，是一个足智多谋呀，呃，是呃，[tʰa⁴⁵ie³¹，sʅ¹²⁴ko⁵³tsəu²⁴tsʅ⁵³to⁴⁵mo²¹³ia⁰，ie³¹，sʅ⁵³ɤ⁰]

就说，照人家来，老百姓来说的话哩，[tɕiəu⁵³ɕye²⁴，tsau⁵³ən²¹³ka⁰lai²¹³，lau³¹po²⁴ɕin⁵³lai²¹³ɕye²⁴ti⁰xua⁵³li⁰]

就说，他的这个人的话哩，[tɕiəu⁵³ɕye²⁴，tʰa⁴⁵ti⁰tsɤ⁴⁵ko⁵³ən²¹³ti⁰xua⁵³li⁰]

太逗散黄。[tʰai³¹təu⁵³san³¹xuaŋ²¹³]

其实他是有勇，勇，有谋的个人。[tɕʰi²¹³sʅ²¹³tʰa⁴⁵sʅ⁵³iəu³¹yoŋ³¹，yoŋ³¹，iəu³¹məu²¹³ti⁰kɤ⁵³ən²¹³]

就跟他说的话哩，就说，[tɕiəu⁵³kən⁴⁵tʰa⁴⁵ɕye²⁴ti⁰xua⁵³li⁰，tɕiəu⁵³ɕye²⁴]

说："狗三啊，今昝有尕事找你下，[ɕye²⁴：kəu³¹san⁴⁵a⁰，tsən⁴⁵tsan³¹iəu³¹kʰa⁴⁵sʅ⁵³tsau³¹li³¹xa⁰]今昝：今天。有尕：有点儿

跟我把这县太爷跟我办下。"[kən⁴⁵o³¹pa³¹tsɤ⁴⁵ɕien⁵³tʰai⁵³ie²¹³kən⁴⁵o³¹pan⁵³xa⁰]跟：给

啊，就说："逗下他散黄。"[a⁰，tɕiəu⁵³ɕye²⁴：təu⁵³xa⁰tʰa⁴⁵san³¹xuaŋ²¹³]

就说穿哒哩，就逗下他散黄。[tɕiəu⁵³ɕye²⁴tsʰuan⁴⁵ta⁰li⁰，tɕiəu⁵³təu⁵³xa⁰tʰa⁴⁵san³¹xuaŋ²¹³]说穿：说到底

那县太爷的话，本身就眼睛不好。[lo⁴⁵ɕien⁵³tʰai⁵³ie²¹³ti⁰xua⁵³，pən³¹sən⁴⁵tɕiəu⁵³ien³¹tɕin⁰pu²⁴xau³¹]

在我们这里说的话就是，的话哩，[tsai⁵³o³¹mən⁰tsɤ⁵³ti⁰ɕye²⁴ti⁰xua⁵³tɕiəu⁵³sʅ⁵³，ti⁰xua⁵³li⁰]

就是个眨巴眼。[tɕiəu⁵³sʅ⁵³ko⁵³tsa³¹pa⁰ien³¹]

照那书上说的话哩，就是个斗鸡眼。[tsau⁵³lo⁴⁵ɕy⁴⁵saŋ⁰ɕye²⁴ti⁰xua⁵³li⁰，tɕiəu⁵³sʅ⁵³ko⁵³təu⁵³tɕi⁴⁵ien³¹]

他随看[什么]东西的话哩，[tʰa⁴⁵sei²¹³kʰan⁵³soŋ³¹toŋ⁴⁵ɕi⁰ti⁰xua⁵³li⁰]

就那重影太多。[tɕiəu⁵³lo⁴⁵tsʰoŋ²¹³in³¹tʰai³¹to⁴⁵]

就是两个，一看东西就是两个。[tɕiəu⁵³sʅ⁵³liaŋ³¹ko⁵³，i²⁴kʰan⁵³toŋ⁴⁵ɕi⁰tɕiəu⁵³sʅ⁵³liaŋ³¹ko⁵³]

他就说："好。[tʰa⁴⁵tɕiəu⁵³ɕye²⁴：xau³¹]

既然这样呢，[tɕi⁵³an²¹³tsən²⁴iaŋ³¹lɤ⁰]

我来跟尔郎哈，想个办法。"[o³¹lai²¹³kən⁴⁵n̩³¹laŋ⁰xa⁰，ɕiaŋ³¹ko⁵³pan⁵³fa²⁴]尔郎：

您

就商量以后的话哩，徐狗三的话哩，[tɕiəu⁵³saŋ⁴⁵liaŋ⁵³i³¹xəu⁵³ti⁰xua⁵³li⁰，ɕy²¹³kəu³¹san⁴⁵ti⁰xua⁵³li⁰]

就架那干子的话哩，那臭干子一发，[tɕiəu⁵³ka⁵³lo⁴⁵kan⁴⁵tsʅ⁰ti⁰xua⁵³li⁰，lo⁴⁵tsʰəu⁵³kan⁴⁵tsʅ⁰i²⁴fa²⁴] 架：用。发：油炸

再就是架那蛋啦东西，把它一调。[tsai⁵³tɕiəu⁵³sʅ⁵³ka⁵³lo⁴⁵tan⁵³la⁰toŋ⁴⁵ɕi⁰，pa³¹tʰa⁴⁵i²⁴tʰiau²¹³] 架：用

调哒的话一蒸，[tʰiau²¹³ta⁰ti⁰xua⁵³i²⁴tsən⁴⁵]

蒸哒以后的话哩，[tsən⁴⁵ta⁰i³¹xəu⁵³ti⁰xua⁵³li⁰]

就高头架哒尕芝麻。[tɕiəu⁵³kau⁴⁵tʰəu⁰ka⁵³ta⁰kʰa⁴⁵tsʅ⁴⁵ma²¹³] 高头：上面。架：放。尕：一点儿

他就架那县太爷的那衙门的那桌子高头起的。[tʰa⁴⁵tɕiəu⁵³ka⁵³lo⁴⁵ɕien⁵³tʰai⁵³ie²¹³ti⁰lo⁴⁵ia²¹³mən²¹³ti⁰lo⁴⁵tsuo²⁴tsʅ⁰kau⁴⁵tʰəu⁰tɕʰi³¹ti⁰]

第二天的话哩，每天的话，[ti⁵³ɯ⁵³tʰien⁴⁵ti⁰xua⁵³li⁰，mei³¹tʰien⁴⁵ti⁰xua⁵³]

这个衙门的这个衙丁的话哩，[tsɤ²⁴ko⁵³ia²¹³mən²¹³ti⁰tsɤ²⁴ko⁵³ia²¹³tin⁴⁵ti⁰xua⁵³li⁰]

就去的太早。[tɕiəu⁵³kʰɯ⁵³ti⁰tʰai³¹tsau³¹]

要囊⁼哩？[iau⁵³laŋ³¹li⁰] 囊⁼：干什么

是县太爷专门要他天天早晨去，[sʅ⁵³ɕien⁵³tʰai⁵³ie²¹³tɕyan⁴⁵mən²¹³iau⁵³tʰa⁴⁵tʰien⁴⁵tʰien⁴⁵tsau³¹sən⁰kʰɯ⁵³]

跟我打扫卫生啦，[kən⁴⁵o³¹ta³¹sau³¹uei⁵³sən⁴⁵la⁰]

把随哪些的东西都搞好。[pa³¹sei²¹³la³¹ɕie⁴⁵ti⁰toŋ⁴⁵ɕi⁰təu⁴⁵kau³¹xau³¹] 随哪些：到处

他就一去的话哩，去哒以后的话哩，[tʰa⁴⁵tɕiəu⁵³i²⁴kʰɯ⁵³ti⁰xua⁵³li⁰，kʰɯ⁵³ta⁰i³¹xəu⁵³ti⁰xua⁵³li⁰]

好，县太爷去哒。[xau³¹，ɕien⁵³tʰai⁵³ie²¹³kʰɯ⁵³ta⁰]

县太爷去哒的话哩，[ɕien⁵³tʰai⁵³ie²¹³kʰɯ⁵³ta⁰ti⁰xua⁵³li⁰]

就看倒那桌子咔⁼哩，[tɕiəu⁵³kʰan⁵³tau⁰lo⁴⁵tsuo²⁴tsʅ⁰kʰa⁴⁵li⁰] 咔⁼：上面

架的一尕东西。[ka⁵³ti⁰i²⁴kʰa⁴⁵toŋ⁴⁵ɕi⁰] 一尕：一点儿

那县太爷一闻呢，太胖臭呃，臭呃。[lo⁴⁵ɕien⁵³tʰai⁵³ie²¹³i²⁴uən²¹³lɤ⁰，tʰai³¹pʰaŋ⁴⁵tsʰəu⁵³ɤ⁰，tsʰəu⁵³ɤ⁰] 胖臭：很臭

说："这哪个搞的啊？"[ɕye²⁴：tsɤ⁵³la²⁴ko⁵³kau³¹ti⁰a⁰] 哪个：谁

那个衙丁的话就说：[lo²⁴ko⁵³ia²¹³tin⁴⁵ti⁰xua⁵³tɕiəu⁵³ɕye²⁴]

"这还有别哪个，[tsɤ⁵³xai²¹³iəu²¹³pie²¹³la²⁴ko⁵³]

总不是徐狗三吧。"[tsoŋ³¹pu²⁴sʅ⁵³ɕy²¹³kəu³¹san⁴⁵pa⁰]

"把徐狗三喊下来。"[pa⁵³ ɕy²¹³ kəu³¹ san⁴⁵ xan³¹ xa⁰ lai²¹³]

徐狗三就去哒，[ɕy²¹³ kəu³¹ san⁴⁵ tɕiəu⁵³ kʰɯ⁵³ ta⁰]

去哒以后的话哩，一去哒就说：[kʰɯ⁵³ ta⁰ i³¹ xəu⁵³ ti⁰ xua⁵³ li⁰，i²⁴ kʰɯ⁵³ ta⁰ tɕiəu⁵³ ɕye²⁴]

"这桌子这是哪个的？"[tsɤ⁴⁵ tso²⁴ tsɿ⁰ tsɤ⁵³ sɿ⁵³ la²⁴ ko⁵³ ti⁰]

他说："是我弄的啊，拿下尔郎吃的。"[tʰa⁴⁵ ɕye²⁴：sɿ⁵³ o³¹ loŋ⁵³ ti⁰ a⁰，la²¹³ xa⁰ n̩³¹ laŋ⁰ tɕʰi²⁴ ti⁰]

他说："这胖臭的东西呢，[tʰa⁴⁵ ɕye²⁴：tsən³¹ pʰaŋ⁴⁵ tsʰəu⁵³ ti⁰ toŋ⁴⁵ ɕi⁰ lɤ⁰]

你拿来我吃啊，你跟我吃它。"[li³¹ la²⁴ lai²¹³ o³¹ tɕʰi²⁴ a⁰，li³¹ kən⁴⁵ o³¹ tɕʰi²⁴ tʰa⁴⁵]

他就呃，吃的有滋有味呃。[tʰa⁴⁵ tɕiəu⁵³ ɤ⁰，tɕʰi²⁴ ti⁰ iəu³¹ tsɿ⁴⁵ iəu³¹ uei⁵³ ɤ⁰]

其实那臭豆腐呃，发⁼哒以后呃太香。[tɕʰi²¹³ sɿ²¹³ lo⁴⁵ tsʰəu⁵³ təu⁵³ fu³¹ ɤ⁰，fa²⁴ ta⁰ i³¹ xəu⁵³ ɤ⁰ tʰai³¹ ɕiaŋ⁴⁵]

吃得呃有滋有味呃，太好吃啊。[tɕʰi²⁴ ti⁰ ɤ⁰ iəu³¹ tsɿ⁴⁵ iəu³¹ uei⁵³ ɤ⁰，tʰai³¹ xau³¹ tɕʰi²⁴ a⁰]

太好吃的话哩，后来的话，[tʰai³¹ xau³¹ tɕʰi²⁴ ti⁰ xua⁵³ li⁰，xəu⁵³ lai²¹³ ti⁰ xua⁵³]

那县太爷的话，就问那个衙丁，[lo⁴⁵ ɕien⁵³ tʰai⁵³ ie²¹³ ti⁰ xua⁵³，tɕiəu⁵³ uən⁵³ lo⁴⁵ ko⁵³ ia²¹³ tin⁴⁵]

徐狗三走哒以后说：[ɕy²¹³ kəu³¹ san⁴⁵ tsəu³¹ ta⁰ i³¹ xəu⁵³ ɕye²⁴]

"他这吃的[什么]的啊？"[tʰa⁴⁵ tsɤ⁵³ tɕʰi²⁴ ti⁰ soŋ³¹ ti⁰ a⁰]

"人家那吃的霞⁼好东西啊。"[ən²¹³ ka⁰ lo⁵³ tɕʰi²⁴ ti⁰ ɕia²¹³ xau³¹ toŋ⁴⁵ ɕi⁰ a⁰]霞⁼：非常

他说是，吃的是臭豆腐蛋糕，[tʰa⁴⁵ ɕye²⁴ sɿ⁵³，tɕʰi²⁴ ti⁰ sɿ⁵³ tsʰəu⁵³ təu⁵³ fu⁰ tan⁵³ kau⁴⁵]

啊，是臭豆腐蛋糕。[a⁰，sɿ⁵³ tsʰəu⁵³ təu⁵³ fu⁰ tan⁵³ kau⁴⁵]

他就听哒这话的话哩，[tʰa⁴⁵ tɕiəu⁵³ tʰin⁴⁵ ta⁰ tsɤ⁴⁵ xua⁵³ ti⁰ xua⁵³ li⁰]

就第二天的话哩就说：[tɕiəu⁵³ ti⁵³ ɯ⁵³ tʰien⁴⁵ ti⁰ xua⁵³ li⁰ tɕiəu⁵³ ɕye²⁴]

"这样，我今昝半夜时间去屙趴屁屁到那桌子高头去，[tsən²⁴ iaŋ⁵³，o³¹ tsən⁴⁵ tsan⁰ pan⁵³ ie³¹ sɿ²¹³ tɕien⁴⁵ kʰɯ⁰⁴⁵ pʰa⁴⁵ pa³¹ pa⁰ tau⁵³ lo⁴⁵ tso²⁴ tsɿ⁰ kau⁴⁵ tʰəu⁰ kʰɯ⁵³]

架尕纸啊，屙趴屁屁到那高头哒的话哩，[ka⁵³ kʰa⁴⁵ tsɿ³¹ a⁰，o⁴⁵ pʰa⁴⁵ pa³¹ pa⁰ tau⁵³ lo⁴⁵ kau⁴⁵ tʰəu⁰ ta⁰ ti⁰ xua⁵³ li⁰]屙：拉。趴：坨。屁屁：大便

你就明昝就晏尕去。"[li³¹ tɕiəu⁵³ mən²¹³ tsan⁰ tɕiəu⁵³ an⁵³ kʰa⁰ kʰɯ⁵³]明昝：明天。晏尕：晚一点

那县太爷的话哩就那天一去啊，[lo⁴⁵ ɕien⁵³ tʰai⁵³ ie²¹³ ti⁰ xua⁵³ li⁰ tɕiəu⁵³ lo⁴⁵ tʰien⁴⁵ i²⁴ kʰɯ⁵³ a⁰]

上班哒去看那衙丁还没有先来，说：[saŋ⁵³ pan⁴⁵ ta⁰ kʰɯ⁵³ kʰan⁵³ lo⁴⁵ ia²¹³ tin⁴⁵ xai²¹³ mei²¹³ iəu³¹ ɕien⁴⁵ lai²¹³，ɕye²⁴]

"咿呀，这桌子高架的又是跟昨日一样的弄的啊。"[i⁴⁵ ia⁰，tsɤ⁴⁵ tso²⁴ tsɿ⁰ kau⁴⁵ ka⁵³ ti⁰ iəu⁵³ sɿ⁵³ kən⁴⁵ tsʰo²¹³ ɯ⁰ i²⁴ iaŋ⁵³ ti⁰ loŋ²⁴ ti⁰ a⁰] 高：上。架：放

他郎就以为是真的。[tʰa⁴⁵ laŋ⁰ tɕiəu⁵³ i³¹ uei²¹³ sɿ⁵³ tsən⁴⁵ ti⁰] 他郎：对"他"的尊称

其实他扁啊尼尼以后架的尕，架的，[tɕʰi²¹³ sɿ²¹³ tʰa⁴⁵ o⁴⁵ a⁰ pa³¹ pa¹ i³¹ xəu⁰ ka⁵³ ti⁰ kʰa⁴⁵，ka⁵³ ti⁰]

用芝麻在那高头验⁼哒下。[yoŋ⁵³ tsɿ⁴⁵ ma²¹³ tai³¹ lo⁴⁵ kau⁴⁵ tʰəu⁰ ien⁵³ ta⁰ xa⁰] 高头：上面。验⁼：洒

县太爷一口一吃吔，[ɕien⁵³ tʰai⁵³ ie²¹³ i²⁴ kʰəu⁰ i²⁴ tɕʰi²⁴ ie³¹]

连了昨日吃的东西，[lien²¹³ lɤ⁰ tsʰo²¹³ ɯ⁰ tɕʰi²⁴ ti⁰ toŋ⁴⁵ ɕi⁰]

那黄水下呕哒去哒。[lo⁴⁵ xuaŋ²¹³ ɕyei³¹ xa³¹ əu³¹ ta⁰ kʰɯ⁵³ ta⁰] 下：全部

怎个说呢，磕颗牙齿往肚子里吞的哈，[tsən²⁴ kɤ⁵³ ɕye²⁴ lɤ⁰，kʰo²⁴ kʰo³¹ a²¹³ tsʰɿ³¹ uaŋ³¹ təu³¹ tsɿ⁰ ti⁰ tən⁴⁵ ti⁰ xa⁰]

他就又不好说哪听的哩。[tʰa⁴⁵ tɕiəu⁵³ iəu⁵³ pu²⁴ xau³¹ ɕye²⁴ la²⁴ tʰin⁴⁵ ti⁰ li⁰] 哪：谁

第二天的话哩，那个一去说：[ti⁵³ ɯ⁵³ tʰien⁴⁵ ti⁰ xua⁵³ li⁰，lo²⁴ ko⁵³ i²⁴ kʰɯ⁵³ ɕye²⁴]

"啥你今昝啥上班上晏哒去哒？"[sa³¹ li³¹ tsən⁴⁵ tsan⁰ sa³¹ saŋ⁵³ pan⁴⁵ saŋ⁵³ an⁵³ ta⁰ kʰɯ⁵³ ta⁰] 啥：为什么

他说：[tʰa⁴⁵ ɕye²⁴]

"我今昝有，屋里有尕事啊，[o³¹ tsən⁴⁵ tsan⁰ iəu³¹，u²⁴ ti⁰ iəu³¹ kʰa⁰ sɿ⁵³ a⁰] 屋里：家里

上班上晏哒去哒，[saŋ⁵³ pan⁵³ saŋ⁵³ an⁵³ ta⁰ kʰɯ⁵³ ta⁰]

没有来跟尔郎打招呼啊。"[mei⁵³ iəu³¹ lai²¹³ kən⁴⁵ n̩³¹ laŋ⁰ ta³¹ tsau⁴⁵ xu⁴⁵ a⁰] 尔郎：您

他就，后来的话，[tʰa⁴⁵ tɕiəu⁵³，xəu lai²¹³ ti⁰ xua⁵³]

这县太爷的话就晓得，说：[tsɤ⁴⁵ ɕien⁵³ tʰai⁵³ ie²¹³ ti⁰ xua⁵³ tɕiəu⁵³ ɕiau³¹ tɤ⁰，ɕye²⁴]

"肯定是他两个串通哒来，[kʰən³¹ tin⁵³ sɿ⁵³ tʰa⁴⁵ liaŋ³¹ ko⁵³ tɕʰyan⁵³ tʰoŋ⁴⁵ ta⁰ lai²¹³]

贴⁼服⁼来摆弄我啊，[tʰie²¹³ fu⁰ lai²¹³ pai³¹ loŋ⁵³ o³¹ a⁰] 贴⁼服⁼：故意

来做的这尕事情。"[lai²¹³ tsəu⁵³ ti⁰ tsɤ⁴⁵ kʰa⁴⁵ sɿ⁵³ tɕʰin²¹³]

后来的话哩，这县太爷的话，[xəu⁵³ lai²¹³ ti⁰ xua⁵³ li⁰，tsɤ⁴⁵ ɕien⁵³ tʰai⁵³ ie²¹³ ti⁰ xua⁵³]

以后的话哩，[i³¹ xəu⁵³ ti⁰ xua⁵³ li⁰]

就对这个，[tɕiəu⁵³ tei⁵³ tsɤ⁴⁵ ko⁵³]

这县衙门的这个衙丁哩就好些哒去哒。[tsɤ⁵³ ɕien⁵³ ia²¹³ mən²¹³ ti⁰ tsɤ⁵³ ko⁵³ ia²¹³ tin⁴⁵li⁰tɕiəu⁵³xau³¹ɕie⁴⁵ta⁰kʰɯ⁵³ta⁰]

这事情就是个这事情，啊，[tsən²⁴sɿ⁵³tɕʰin²¹³tɕiəu⁵³sɿ⁵³kɤ⁵³tsən²⁴sɿ⁵³tɕʰin²¹³，a⁰]

就逗哒下县太爷的散黄。[tɕiəu⁵³təu⁰ta⁰xa⁰ɕien⁵³tʰai⁵³ie²¹³ti⁰san³¹xuaŋ²¹³]

意译：话说天门很早以前，有一个叫徐狗三的人。这个故事讲的是徐狗三整县太爷的事。这该从哪儿说起呢？就从县衙门里一个衙役说起，他和徐狗三是邻居。因为什么呢？他在衙门工作的时候，县太爷老是整他。总让他做事，总是什么事都整他。他就怀恨在心，说："既然这样，那我就告诉徐狗三来惩治一下他。"

徐狗三是很出名的一个人。他是一个足智多谋的人，按老百姓的说法，他是一个会整人的人。其实他是一个有勇有谋的人。就对他说："狗三，今天有点事找你，帮我惩治一下县太爷。"就说："惩治他一下。"说到底就是要惩治县太爷。县太爷眼睛不太好。用我们这儿的话就叫眨巴眼。用书面语，叫斗鸡眼。他无论看什么东西都是很多重影。他一看东西就是两个。他就说："好，既然如此，我来替您想个办法。"商量好后，徐狗三把臭豆腐用油一炸，再用蛋等调味。调好后，把臭豆腐一蒸，蒸好后又在臭豆腐上面撒上芝麻。他就放在县太爷衙门的桌子上面了。第二天衙门里的这个衙役去得很早，他每天都去得很早。为什么呢？是县太爷特地让他每天早点去，把所有的东西都整好。他去了以后，县太爷去了。县太爷去后，看到桌子上面放着一点东西。县太爷一闻，很臭。说："这是谁干的？"那个衙丁就说："这还有其他人，只能是徐狗三。""把徐狗三叫来。"徐狗三就去了。去了以后，县太爷就说："这桌子上这东西是谁的？"他说："是我弄的啊，拿来给您吃的。"他说："这么臭的东西你拿来给我吃，你给我吃了。"徐狗三就吃得有滋有味。其实臭豆腐用油一炸后非常香。徐狗三吃得有滋有味，非常好吃。后来徐狗三走了以后，县太爷就问那个衙役："他这吃的什么啊？""人家吃的不知道是多美味的东西。"他说吃的是臭豆腐。徐狗三听到县太爷的问话后，第二天他就对衙役说："这样，我今天半夜，去拉大便到那张桌子上，用点纸垫着，你明天就晚点去。"县太爷那天一去，看到那个衙役还没去。说："咿呀，这桌子上放的又是跟昨天一样的东西。"他以为是真的跟前一天一样的东西。其实是徐狗三拉大便后，在上面撒了点芝麻。县太爷一口咬下去后，连前一天吃的东西都吐出来了。他就只好打落牙了往肚子里吞，也不好说给别人听。第二天那个衙役一去衙门，县太爷问："你今天怎么来这么晚？"他说："我今天家里有点事，上班来晚了，没有来跟您打招呼。"后来这县太爷就知道了，说："肯定是他们俩串通起来，故意做这个事来整治我。"

后来，这个县太爷就对这个衙役就好些了。这就是徐狗三惩治县太爷的故事。

四　自选条目

0031 自选条目

匍倒打屁——天门。[pʰu²¹³ tau⁰ ta³¹ pʰi⁵³——tʰien⁴⁵ mən²¹³] 匍倒：趴着

意译：趴着放屁——天门（地名）。

0032 自选条目

麻子照镜子——个人观点。[ma²¹³ tsʅ⁰ tsau⁵³ tɕin⁵³ tsʅ⁰——ko⁵³ ən²¹³ kuan⁴⁵ tien³¹]

意译：麻子照镜子——自己的观点。

0033 自选条目

腿子高绑锅铲——蹦起来神。[tʰei³¹ tsʅ⁰ ka⁰ paŋ³¹ ko⁴⁵ tsʰan³¹——poŋ⁵³ tɕʰi⁰ lai⁰ sən²¹³] 高：上。神：神气

意译：腿子上绑锅铲——蹦起来神气（喻神气得不得了）。

0034 自选条目

夜蚊子含秤砣——嘴噤。[ie⁵³ mən²¹³ tsʅ⁰ xan²¹³ tsʰən⁵³ tʰo²¹³——tsei³¹ tɕin⁵³] 夜蚊子：蚊子，有别于饭蚊子（苍蝇）

意译：蚊子含着秤砣——嘴巴闭着（指无法开口说话）。

0035 自选条目

肩膀高扛锄头——薅脑。[tɕien⁴⁵ paŋ³¹ ka⁰ kʰaŋ²¹³ tsʰəu²¹³ tʰəu⁰——xau⁴⁵ lau³¹] 高：上。薅：锄

意译：肩膀上扛着锄头——锄到后脑勺了（喻心里不痛快）。

0036 自选条目

棺材高点蜡烛——照（躁）屎（死）人。[kuan⁴⁵ tsʰai²¹³ ka⁰ tien³¹ la²⁴ tsəu²⁴——tsau⁵³ sʅ³¹ ən²¹³] 高：上。照（躁）：烦

意译：棺材上点蜡烛——照（躁）屎（死）人，使人心烦。

0037 自选条目

茅厕里点灯——寻屎（死）。[mau²¹³ sʅ⁴⁵ ti⁰ tien³¹ tən⁴⁵——ɕin²¹³ sʅ³¹] 寻：找

意译：厕所里点着灯——寻屎（死），自己找死。

0038 自选条目

麻子上讲台——群众观点。[ma²¹³ tsʅ⁰ saŋ⁵³ tɕiaŋ³¹ tʰai²¹³——tɕʰyin²¹³ tsoŋ⁵³ kuan⁴⁵ tien³¹]

意译：麻子在讲台上——下面的群众都在观看他脸上的麻点（喻大家的观点）。

0039 自选条目

黄泥巴落的裤裆里——不是屎都是屎。[xuaŋ²¹³ li²¹³ pa⁰ lo²⁴ ti⁰ kʰu⁵³ taŋ⁴⁵ ti⁰——pu²⁴ sʅ⁵³ sʅ³¹ təu⁴⁵ sʅ⁵³ sʅ³¹]

意译：黄泥巴掉到裤裆里——不是屎也是屎（喻受到误解却又有口难辩）。

0040 自选条目

桐油灯盏——拨一下亮一下。[tʰoŋ²¹³ iəu²¹³ tən⁴⁵ tsan³¹——po²⁴ i²⁴ xa⁰ liaŋ⁵³ i²⁴ xa⁰]

意译：桐油灯盏——要拨一下才亮一下（指人要不停地点拨才能开窍）。

0041 自选条目

满罐子不荡，半罐子隔＝荡隔＝荡。[man³¹ kuan⁵³ tsʅ⁰ pu²⁴ taŋ⁵³，pan⁵³ kuan⁵³ tsʅ⁰ kɤ²⁴ taŋ⁵³ kɤ²⁴ taŋ⁵³]

意译：满罐子水不荡——半罐子水一荡一荡的（喻浅薄的人反而喜欢炫耀）。

0042 自选条目

脱哒裤子打屁——多此一举。[tʰo²⁴ ta⁰ kʰu⁵³ tsʅ⁰ ta³¹ pʰi⁵³——to⁴⁵ tsʰʅ³¹ i²⁴ tɕy³¹]

意译：脱了裤子放屁——多此一举。

0043 自选条目

鸡巴日的。[tɕi⁴⁵ pa⁰ ɯ²⁴ ti⁰]

意译：詈语。

0044 自选条目

姑娘们聊天——无鸡（稽）之谈。[ku⁴⁵ liaŋ⁰ mən⁰ liau²¹³ tʰien⁴⁵——u²¹³ tɕi⁴⁵ tsʅ⁴⁵ tʰan²¹³]

意译：女孩们聊天——无鸡（稽）之谈。

0045 自选条目
抽乱经的。[tsʰəu²⁴ lan⁵³ tɕin⁴⁵ ti⁰]
意译：詈语，乱抽经的人。

0046 自选条目
臭卖屄的。[tsʰəu⁵³ mai⁵³ pʰi⁴⁵ ti⁰]
意译：詈语，出卖身体的人。

0047 自选条目
你这个垩洋箱盒子的。[li³¹ tsɤ⁴⁵ ko⁰ tsəu²⁴ iaŋ²¹³ ɕiaŋ⁴⁵ xo²¹³ tsɿ⁰ ti⁰] 垩：塞
意译：你这个进棺材的（诅咒之语）。

0048 自选条目
你这抽乱筋的，血跶一噗的。[li³¹ tsɤ⁴⁵ tsʰəu²⁴ lan⁵³ tɕin⁴⁵ ti⁰, ɕie²⁴ ta⁰ i²⁴ pʰu⁴⁵ ti⁰]
意译：你这个不停抽筋的，一摔跤就出很多血的（诅咒之语）。

0049 自选条目
爹爹认衫许婚姻，[tie⁴⁵ tie⁰ ən⁵³ san⁴⁵ ɕy³¹ xuən⁴⁵ in⁴⁵]
不与美蓉半毫分。[pu²⁴ y³¹ mei³¹ yoŋ²¹³ pan⁵³ xau²¹³ fən⁴⁵]
自从你我花墙站，[tsɿ⁵³ tsʰoŋ²¹³ li³¹ o³¹ xua⁴⁵ tɕʰiaŋ²¹³ tsan⁵³]
美蓉早许杨玉春。[mei³¹ yoŋ²¹³ tsau³¹ ɕy³¹ iaŋ²¹³ y⁵³ tsʰuən⁴⁵]
你曾讲天长地久心不变，[li³¹ tsʰən²¹³ tɕiaŋ³¹ tʰien⁴⁵ tsʰaŋ²¹³ ti⁵³ tɕiəu³¹ ɕin⁴⁵ pu²⁴ pien⁵³]
我曾说花好月圆人常青。[o³¹ tsʰən²¹³ so²⁴ xua⁴⁵ xau³¹ ye²⁴ yen²¹³ ən²¹³ tsʰaŋ²¹³ tɕʰin⁴⁵]
实指望三更花园赠金银，[sɿ²¹³ tsɿ³¹ uaŋ⁵³ san⁴⁵ kən⁴⁵ xua⁴⁵ yen²¹³ tsən⁵³ tɕin⁴⁵ in²¹³]
又谁知春香惨死灾难临。[iəu⁵³ suei²¹³ tsɿ⁴⁵ tsʰuən⁴⁵ ɕiaŋ⁴⁵ tsʰan³¹ sɿ³¹ tsai⁴⁵ lan⁵³ lin²¹³]
只望团圆反遭祸，[tsɿ³¹ uaŋ⁵³ tʰuan²¹³ yen²¹³ fan⁵³ tsau⁴⁵ xo⁵³]
郎君啊，[laŋ²¹³ tɕyin⁴⁵ la⁰]
棒打鸳鸯两离分。[pan⁵³ ta³¹ yen⁴⁵ iaŋ⁴⁵ liaŋ³¹ li²¹³ fən⁴⁵]
意译：爹爹认衫不认人许婚姻，美蓉不知其中情。自从你我站花墙后，美蓉、杨玉春早已私定终身。你曾说天长地久心不变，我曾说花好月圆人常青。实

指望半夜在花园赠送金银,又谁知道春香惨死,灾难降临。只盼望着团圆,却反遭横祸,郎君啊,被迫分离。

0050 自选条目

扬鞭催马去访故友,[iaŋ²¹³ pien⁴⁵ tsʰuei⁴⁵ ma³¹ tɕʰy⁵³ faŋ³¹ ku⁵³ iəu³¹]

心驰神往奔月州。[ɕin⁴⁵ tsʰʅ²¹³ sən²¹³ uaŋ³¹ pən⁴⁵ ye²⁴ tsəu⁴⁵]

一去二三里春风一路,[i²⁴ tɕʰy⁵³ ɯ⁵³ san⁴⁵ li³¹ tsʰuən⁴⁵ foŋ⁴⁵ i²⁴ ləu⁵³]

人只四五家,马不停留。[ən²¹³ tsʅ²⁴ sʅ⁵³ u³¹ tɕia⁴⁵,ma³¹ pu²⁴ tʰin²¹³ liəu²¹³]

楼台六七座,用目观景。[ləu²¹³ tʰai²¹³ ləu²⁴ tɕʰi²⁴ tso⁵³,yoŋ⁵³ moŋ²⁴ kuan⁴⁵ tɕin³¹]

八九十枝花啊喂呀,[pa²⁴ tɕiəu³¹ sʅ¹³ tsʅ⁴⁵ xua⁴⁵ a⁰ uei⁰ ia⁰]

到了祝家的庄头[tau⁵³ liau⁰ tsəu²⁴ tɕia⁴⁵ ti⁰ tsuaŋ⁴⁵ tʰəu²¹³]

下马来整冠绸带拂尘抖袖。[ɕia⁵³ ma³¹ lai²¹³ tsən³¹ kuan⁴⁵ tsʰəu²¹³ tai⁵³ fu²¹³ tsʰən²¹³ təu³¹ ɕiəu⁵³]

梁山伯轻摇白扇[liaŋ²¹³ san⁴⁵ po²¹³ tɕʰin⁴⁵ iau²¹³ po²¹³ san⁵³]

要把这祝家庄的美景风光细观重头。[iau⁵³ pa³¹ tsɤ⁵³ tsəu²⁴ tɕia⁴⁵ tɕyaŋ⁴⁵ ti⁰ mei³¹ tɕin³¹ foŋ⁴⁵ kuaŋ⁴⁵ ɕi⁵³ kuan⁴⁵ tsʰoŋ²¹³ tʰəu²¹³]

府门外,立旗杆,陡上加陡。[fu³¹ mən²¹³ uai⁵³,li²⁴ tɕʰi²¹³ kan³¹,təu³¹ saŋ⁵³ tɕia⁴⁵ təu³¹]

屋顶上,琉璃瓦。[u²⁴ tin³¹ saŋ⁵³,liəu²¹³ li²¹³ ua³¹]

羊角兽头,有一对玉石狮子府门把守啊。[iaŋ²¹³ ko²⁴ səu⁵³ tʰəu²¹³,iəu³¹ i²⁴ tuei⁵³ y²⁴ sʅ²¹³ sʅ⁴⁵ tsʅ⁰ fu³¹ mən²¹³ pa³¹ səu³¹ a⁰]

品行方,三个大字悬挂门楼。[pʰin³¹ ɕin²¹³ faŋ⁴⁵,san⁴⁵ kuo⁵³ ta⁵³ tsʅ⁵³ ɕyen²¹³ kua⁵³ mən²¹³ ləu²¹³]

抬头看又只见山清水秀。[tʰai²¹³ tʰəu²¹³ kʰan⁵³ iəu⁵³ tsʅ³¹ tɕien⁵³ san⁴⁵ tɕʰin⁴⁵ suei³¹ ɕiəu⁵³]

一河水往东角缓缓东流。[i²⁴ xo²¹³ suei³¹ uaŋ³¹ toŋ⁴⁵ ko²⁴ xuan³¹ xuan⁰ toŋ⁴⁵ liəu²¹³]

山上桑榆郁郁葱葱,枝繁叶茂。[san⁴⁵ saŋ⁰ saŋ⁴⁵ y²¹³ y²⁴ y⁰ tsʰoŋ⁴⁵ tsʰoŋ⁰,tsʅ⁴⁵ fan²¹³ ie²⁴ mau⁵³]

水里鱼落落悠悠四处漫游,[suei³¹ ti⁰ y²⁴ lo²⁴ lo⁰ iəu⁴⁵ iəu⁰ sʅ⁵³ tsʰu⁵³ man⁵³ iəu²¹³]

塘里荷花塘边游。[tʰaŋ²¹³ li²¹³ xo²¹³ xua⁴⁵ tʰaŋ⁴⁵ pien⁴⁵ iəu²¹³]

院内桃杏院外走,[yen⁵³ lei²⁴ tʰau²¹³ ɕin⁵³ yen⁵³ uai⁵³ tsəu³¹]

祝家庄果然是得天独厚,[tsəu²⁴ tɕia⁴⁵ tsuaŋ⁴⁵ ko³¹ an²¹³ sʅ⁵³ tɤ²⁴ tʰien⁴⁵ təu²¹³ xəu⁵³]

依山傍水地灵人杰美不胜收,[i⁴⁵ san⁴⁵ paŋ⁵³ suei³¹ ti⁵³ lin²¹³ ən²¹³ tɕie²⁴ mei³¹ pu²⁴ sən⁵³ səu⁴⁵]

怪不得我的祝九贤弟他在学中曾对兄常夸海口，[kuai⁵³ pu²⁴ tɤ⁰ o³¹ ti⁰ tsəu²⁴ tɕiəu³¹ ɕien²¹³ ti⁵³ tʰa⁴⁵ tsai⁵³ ɕyo²¹³ tsoŋ⁴⁵ tsʰən²¹³ tei⁵³ ɕyoŋ²¹³ tsʰaŋ²¹³ kʰua⁴⁵ xai³¹ kʰəu³¹]

说他的座府不是王侯胜似王侯，[so²⁴ tʰa⁴⁵ ti⁰ tso⁵³ fu³¹ pu²⁴ sʅ⁵³ uaŋ²¹³ xəu²¹³ sən⁵³ sʅ⁵³ uaŋ²¹³ xəu²¹³]

风景美，美如画，人在画中走啊！[foŋ⁴⁵ tɕin³¹ mei³¹，mei³¹ y²¹³ xua⁵³，ən²¹³ tsai⁵³ xua⁵³ tsoŋ³¹ təu³¹ a⁰]

怪不得我的祝九贤弟他他他他聪明过人，[kuai⁵³ pu²⁴ tɤ⁰ o³¹ ti⁰ tsəu²⁴ tɕiəu³¹ ɕien²¹³ ti⁵³ tʰa⁴⁵ tʰa⁴⁵ tʰa⁴⁵ tʰa⁴⁵ tsʰoŋ⁴⁵ min²¹³ ko⁵³ ən²¹³]

才华出众，[tsʰai²¹³ xua²¹³ tsʰu²⁴ tsoŋ⁵³]

貌俊美品端正，潇洒风流，[mau⁵³ tɕyin⁵³ mei³¹ pʰin³¹ tan⁴⁵ tsən⁵³，ɕiau⁴⁵ sa³¹ foŋ⁴⁵ liəu²¹³]

山伯有幸与他结为友，[san⁴⁵ po²¹³ iəu³¹ ɕin⁵³ y³¹ tʰa⁴⁵ tɕie²⁴ uei²¹³ iəu³¹]

更有心与他的九妹结为蓝绸，[kən⁵³ iəu³¹ ɕin⁴⁵ y³¹ tʰa⁴⁵ ti⁰ tɕiəu³¹ mei⁵³ tɕie²⁴ uei²¹³ lan²¹³ tsʰəu²¹³]

想到此，心冲冲，叫声四九，[ɕiaŋ³¹ tau⁵³ tsʰʅ³¹，ɕin⁴⁵ tsʰoŋ⁴⁵ tsʰoŋ⁴⁵，tɕiau⁵³ sən⁴⁵ sʅ⁵³ tɕiəu³¹]

与你的大相公快把贴投。[y³¹ li³¹ ti⁰ ta⁵³ ɕiaŋ⁵³ koŋ⁴⁵ kʰuai⁵³ pa³¹ tʰie²⁴ tʰəu²¹³]

意译：扬鞭催马去访故友。心驰神往奔月州。一路春风行了二三里，人只有四五家，马没有停留，六七座楼台，用眼观景，看到八九枝花。到了祝家的庄头，下马来整理了一下衣衫。梁山伯轻轻摇着白扇子，仔细欣赏着祝家庄的美景。府门外，立着旗杆，陡上加陡。屋顶上，铺的琉璃瓦。门前有羊角兽头，还有一对玉石狮子在府门把守着大门。门楼上悬挂着"品行方"三个大字。抬头又看见山清水秀。一河水往东缓缓流去。山上桑榆郁郁葱葱，枝繁叶茂。水里鱼慢慢悠悠四处漫游，池塘边上长满了荷花，院内的桃树杏树长得高高的，已经伸到院外了，祝家庄果然是得天独厚，依山傍水地灵人杰美不胜收，怪不得我的祝九贤弟他在学校常常对我夸海口，说他的座府不是王侯胜似王侯，风景美，美如画，人就像在画中走啊！怪不得我的祝九贤弟他聪明过人，才华出众，容貌俊美，品行端正，潇洒风流，山伯有幸与他结好为友，更有心与他的九妹结为夫妻，想到这里，心里激动，叫了声四九，快给你的大相公换庚帖。

荆门市

荆 门

一 歌谣

0001 歌谣

三岁的伢子会放牛。[san⁴⁵ sei³³ ti⁰ a²⁴ r̩⁰ xuei³³ ɸuaŋ³³ iou²⁴] 伢子：小孩

三岁的伢子会放牛，[san⁴⁵ sei³³ ti⁰ a²⁴ r̩⁰ xuei³³ ɸuaŋ³³ iou²⁴]

一放放哒个花牯牛。[i²⁴ ɸuaŋ³³ ɸuaŋ³³ ta⁰ kɛ⁰ xua⁴⁵ ku⁵⁵ iou²⁴] 哒：了。牯牛：公牛

么子花耶，缎子花。[mo⁵⁵ r̩⁰ xua⁴⁵ iɛ⁰，tan³³ r̩⁰ xua⁴⁵]

么子缎呢，辣椒段。[mo⁵⁵ r̩⁰ tan³³ nɛ⁰，na²⁴ tɕiau⁴⁵ tan³³]

么子辣耶，胡椒辣。[mo⁵⁵ r̩⁰ na²⁴ iɛ⁰，xu²⁴ tɕiau⁴⁵ na²⁴]

么子胡呃，洞庭湖。[mo⁵⁵ r̩⁰ xu²⁴ ɛ⁰，toŋ³³ tʰin²⁴ xu²⁴]

么子洞呃，仙人洞。[mo⁵⁵ r̩⁰ toŋ³³ ɛ⁰，ɕian⁴⁵ ən²⁴ toŋ³³]

意译：三岁的小孩会放牛。三岁的小孩会放牛，一放放了头花公牛。什么花啊，缎子花。什么缎啦，辣椒段。什么辣啊，胡椒辣。什么胡哇，洞庭湖。什么洞啊，仙人洞。

0002 歌谣

张打铁。[tʂaŋ⁴⁵ ta⁵⁵ tʰiɛ²⁴]

张打铁，李打铁，[tʂaŋ⁴⁵ ta⁵⁵ tʰiɛ²⁴，ni⁵⁵ ta⁵⁵ tʰiɛ²⁴]

打把剪子送姐姐。[ta⁵⁵ pa⁵⁵ tɕian⁵⁵ tsɿ⁰ soŋ³³ tɕiɛ⁵⁵ tɕiɛ⁰]

姐姐留我我不歇，[tɕiɛ⁵⁵ tɕiɛ⁰ niou²⁴ uo⁵⁵ uo⁵⁵ pu²⁴ ɕiɛ²⁴]

我要回家学打铁。[uo⁵⁵ iau³³ xuei²⁴ tɕia⁴⁵ ɕyɛ²⁴ ta⁵⁵ tʰiɛ²⁴]

意译：张打铁。张打铁，李打铁，打把剪子送姐姐。姐姐留我我不歇，我要回家学打铁。

0003 歌谣

小老鼠，上灯台。[ɕiau⁵⁵ nau⁵⁵ ʂu⁰，ʂaŋ³³ tən⁴⁵ tʰai²⁴]

小老鼠，上灯台，[ɕiau⁵⁵ nau⁵⁵ ʂu⁰，ʂaŋ³³ tən⁴⁵ tʰai²⁴]

偷油吃，下不来。[tʰou⁴⁵ iou²⁴ tɕʰi²⁴，ɕia³³ pu²⁴ nai²⁴]

叫姐姐，她不来，[tɕiau³³ tɕiɛ⁵⁵ tɕiɛ⁰，tʰa⁴⁵ pu²⁴ nai²⁴]

叽里咕噜滚下来。[tɕi⁴⁵ ni⁰ ku⁴⁵ nu⁰ kuən⁵⁵ ɕia³³ nai²⁴]

意译：小老鼠，上灯台。小老鼠，上灯台，偷油吃，下不来。叫姐姐，她不来，叽里咕噜滚下来。

0004 歌谣

背背驮。[pei⁴⁵ pei⁴⁵ tʰuo²⁴]

背背驮，换酒喝。[pei⁴⁵ pei⁴⁵ tʰuo²⁴，xuan³³ tɕiou⁵⁵ xuo²⁴]

酒冷哒，我不喝，[tɕiou⁵⁵ nən⁵⁵ ta⁰，uo⁵⁵ pu²⁴ xuo²⁴]

还是要我的背背驮。[xai²⁴ ʂʅ³³ iau³³ uo⁵⁵ ti⁰ pei⁴⁵ pei⁴⁵ tʰuo²⁴]

意译：背背驮。背起我的宝贝驮，背出去换酒喝。酒冷了，我不喝，我还是要我的宝贝驮。

0005 歌谣

风来了。[foŋ⁴⁵ nai²⁴ na⁰]

风来了，[foŋ⁴⁵ nai²⁴ na⁰]

雨来了，[y⁵⁵ nai¹³ na⁰]

和尚背的鼓来了。[xuo²⁴ ʂaŋ³³ pei⁴⁵ ti⁰ ku⁵⁵ nai²⁴ na⁰]

意译：风来了。风来了，雨来了，和尚背的鼓来了。

0006 歌谣

黄泥巴甩过河。[xuaŋ²⁴ ni²⁴ pa⁵⁵ ʂuai⁵⁵ kuo³³ xuo²⁴]

黄泥巴，甩过河。[xuaŋ²⁴ ni²⁴ pa⁵⁵，ʂuai⁵⁵ kuo³³ xuo²⁴]

接媳妇，管婆婆。[tɕiɛ²⁴ ɕi²⁴ fu³³，kuan⁵⁵ pʰo²⁴ pʰo⁰]

意译：黄泥巴甩过河。黄泥巴，甩过河。接个媳妇，来管婆婆。

0007 歌谣

蛤蟆子歌[kʰɛ²⁴ ma⁰ r̩⁰ kuo⁴⁵] 蛤蟆子：青蛙

一个蛤蟆子隆噔，[i²⁴kɛ⁰kʰɛ²⁴ma⁰r̩⁰noŋ²⁴tən⁰]
一张嘴啦嘛唪噔，[i²⁴tʂaŋ⁴⁵tʂuei⁵⁵na⁰ma⁰foŋ⁴⁵tən⁰]
两只眼睛隆噔唪噔，[niaŋ⁵⁵tʂʅ⁴⁵ian⁵⁵tɕin³³noŋ²⁴tən⁰foŋ⁴⁵tən⁰]
唪隆噔啦四条腿啦嘛唪噔。[foŋ⁴⁵noŋ²⁴tən⁴⁵na⁰sʅ³³tʰiau²⁴tʰuei⁵⁵na⁰ma⁰foŋ⁴⁵tən⁰]
两只蛤蟆子隆噔，[niaŋ⁵⁵tʂʅ⁴⁵kʰɛ²⁴ma⁰r̩⁰noŋ²⁴tən⁰]
两张嘴啦嘛唪噔，[niaŋ⁵⁵tʂaŋ⁴⁵tʂuei⁵⁵na⁰ma⁰foŋ⁴⁵tən⁰]
四只眼睛隆噔唪噔，[sʅ³³tʂʅ⁴⁵ian⁵⁵tɕin³³noŋ²⁴tən⁰foŋ⁴⁵tən⁰]
唪隆噔啦八条腿啦嘛隆噔。[foŋ⁴⁵noŋ²⁴tən⁴⁵na⁰pa²⁴tʰiau²⁴tʰuei⁵⁵na⁰ma⁰noŋ²⁴tən⁰]
三只蛤蟆子隆噔，[ʂan⁴⁵tʂʅ⁴⁵kʰɛ²⁴ma⁰r̩⁰noŋ²⁴tən⁰]
三张嘴啦嘛唪噔，[ʂan⁴⁵tʂaŋ⁴⁵tʂuei⁵⁵na⁰ma⁰foŋ⁴⁵tən⁰]
六只眼睛隆噔唪噔，[niou²⁴tʂʅ⁴⁵ian⁵⁵tɕin³³noŋ²⁴tən⁴⁵foŋ⁴⁵tən⁰]
唪隆噔啦十二条腿啦嘛隆咚。[foŋ⁴⁵noŋ²⁴tən⁴⁵na⁰sʅ²⁴ɯ³³tʰiau²⁴tʰuei⁵⁵na⁰ma⁰noŋ²⁴tən⁰]
四只眼睛隆噔，[sʅ³³tʂʅ⁴⁵ian⁵⁵tɕin³³noŋ²⁴tən⁰]
四张嘴啦嘛隆噔，[sʅ³³tʂaŋ⁴⁵tʂuei⁵⁵na⁰ma⁰noŋ²⁴tən⁰]
八只眼睛隆噔唪噔，[pa²⁴tʂʅ⁴⁵ian⁵⁵tɕin³³noŋ²⁴tən⁴⁵foŋ⁴⁵tən⁰]
唪隆噔啦十六条腿啦嘛隆咚。[foŋ⁴⁵noŋ²⁴tən⁴⁵na⁰sʅ²⁴niou²⁴tʰiau²⁴tʰuei⁵⁵na⁰ma⁰noŋ²⁴tən⁰]
五张蛤蟆子隆噔，[u⁵⁵tʂaŋ⁴⁵kʰɛ²⁴ma⁰r̩⁰noŋ²⁴tən⁰]
五张嘴啦嘛隆噔，[u⁵⁵tʂaŋ⁴⁵tʂuei⁵⁵na⁰ma⁰noŋ²⁴tən⁰]
十只眼睛隆噔唪噔，[sʅ²⁴tʂʅ⁴⁵ian⁵⁵tɕin³³noŋ²⁴tən⁴⁵foŋ⁴⁵tən⁰]
唪隆噔啦二十条腿啦嘛隆噔。[foŋ⁴⁵noŋ²⁴tən⁴⁵na⁰ɯ³³sʅ²⁴tʰiau²⁴tʰuei⁵⁵na⁰ma⁰noŋ²⁴tən⁰]

意译：青蛙歌。一只青蛙啊，一张嘴，两只眼睛啊，四条腿。两只青蛙啊，两张嘴，四只眼睛啊，八条腿。三只青蛙啊，三张嘴，六只眼睛啊，十二条腿。四只青蛙啊，四张嘴，八只眼睛啊，十六条腿。五只青蛙啊，五张嘴，十只眼睛啊，二十条腿。

0008 歌谣
小女婿。[ɕiau²⁴ny²¹ɕy³³]
鸦鹊子叫几叫呀，[ia⁴⁵tɕʰio²⁴r̩⁰tɕia⁵⁵tɕi²¹tɕia⁵⁵ia⁰] 鸦鹊子：喜鹊
老鸹哇几哇呀，[nau²¹ua³³ua³³tɕi²¹ua³³ia⁰] 老鸹：乌鸦
人家的女婿伢子多么大呀，[zən²⁴ka⁰ti⁰ny⁵⁵ɕy³³a²⁴r̩⁰tuo⁴⁵mo⁰ta³³ia⁰]

我的妈妈子耶，[uo²¹ti⁰ma⁴⁵ma⁰r̩⁰iɛ⁰]

我的女婿一滴尕耶。[uo²¹ti⁰ny²¹ɕy⁵⁵i²⁴ti²⁴kʰa⁰iɛ⁰] 一滴尕：一丁点，很小

睡到那半夜更啦，[ʂuei³³tau³³na³³pan³³iɛ²¹kən⁴⁵na⁰]

好像蚂蟥叮啦，[xau²¹ɕiaŋ³³ma²¹xuaŋ²⁴tin⁴⁵na⁰]

叮到那不到半寸身啦，[tin⁴⁵tau³³na³³pu²⁴tau³³pan³³tsʰən³³ʂən⁴⁵na⁰]

我的妈妈子哟，[uo²¹ti⁰ma⁴⁵ma⁰r̩⁰io⁰]

真是急死人呢。[tʂən⁴⁵ʂɿ³³tɕi²⁴sɿ²⁴zən²⁴nɛ⁰]

睡到那鸡子叫呃，[ʂuei³³tau³³na³³tɕi⁴⁵tsɿ²¹tɕiau³³ɛ⁰]

扯起一泡尿啊，[tʂʰɛ²¹tɕʰi²¹i²⁴pʰa²⁴niau³³ɛ⁰] 扯起：猛地，突然

把我的花卧单屙湿了啊，[pa²¹uo²¹ti⁰xua⁴⁵uo³³tan³³uo⁴⁵sɿ²⁴niau⁰a⁰] 卧单：床单

我的妈妈子耶，[uo²¹ti⁰ma⁴⁵ma⁰r̩⁰iɛ⁰]

真是个急着宝呃。[tʂən⁴⁵ʂɿ³³kɛ⁰tɕi²⁴tʂuo²⁴pau⁵⁵ɛ⁰] 急着宝：缺德鬼

意译：小女婿。喜鹊叫呀叫，乌鸦呱呀呱，人家的女婿多么大呀，我的妈哟，我的女婿才丁点大。睡到那半夜更，好像蚂蟥叮，叮到不到半寸身啦，我的妈哟，他真是急死人。睡到那公鸡叫，他猛撒一泡尿，把我的花床单屙湿了啊，我的妈哟，他真是个缺德鬼啊。

0009 歌谣

九岭十八冈。[tɕiou²¹nin⁵⁵ʂɿ²⁴pa²⁴kaŋ⁴⁵]

九岭十八冈呃，[tɕiou²¹nin⁵⁵ʂɿ²⁴pa²⁴kaŋ⁴⁵ɛ⁰]

幺妹子把坡上呃，[iau⁴⁵mei³³r̩⁰pa⁵⁵pʰo⁴⁵ʂaŋ³³ɛ⁰]

欢迎树下呀歇阴凉呃。[xuan⁴⁵in²⁴ʂu³³ɕia³³ia⁰ɕiɛ²⁴in⁴⁵niaŋ²⁴ɛ⁰]

欢迎树下坐耶，[xuan⁴⁵in²⁴ʂu³³ɕia³³tʂuo³³iɛ⁰]

忙把汗衫脱耶，[maŋ²⁴pa⁵⁵xan³³ʂan⁴⁵tʰuo²⁴iɛ⁰]

双手捧起耶凉水喝耶。[ʂuaŋ⁴⁵ʂou²¹pʰoŋ⁵⁵tɕʰi⁰iɛ⁰niaŋ²⁴ʂuei⁵⁵xuo²⁴iɛ⁰]

意译：九岭十八冈。九岭十八冈，小妹妹把坡上，欢迎树下歇阴凉。欢迎树下坐，快把外衫脱，双手捧起那凉水喝。

二　规定故事

0021 牛郎和织女

从前啦有个小伙子，[tsʰoŋ²⁴tɕʰian²⁴na⁰iou⁵⁵kɛ⁰ɕiau⁵⁵xuo⁵⁵r̩⁰]

他的老头子老娘呃走的早。[tʰa⁴⁵ti⁰nau⁵⁵tʰou²⁴r̩⁰nau⁵⁵niaŋ²⁴ɛ⁰tsou⁵⁵ti⁰tsau⁵⁵] 走：

去世，婉称

一个人啦孤苦伶仃，[i²⁴kɛ⁰ən²⁴na⁰ku⁴⁵kʰu⁵⁵nin²⁴tin⁴⁵]

屋里呃，除了一头老牛，[u²⁴ti⁰ɛ⁰，tsʰu²⁴nɛ⁰i²⁴tʰou²⁴nau⁵⁵iou²⁴]

什么子都没得。[sən²⁴ma⁰r̩⁰tou⁴⁵mei³³tɛ⁰]

他的呃，大家都，都叫他叫牛郎。[tʰa⁴⁵ti⁰ɛ⁰，ta³³tɕia⁴⁵tou⁴⁵，tou⁴⁵tɕiau³³tʰa⁴⁵tɕiau³³iou²⁴naŋ²⁴]

牛郎和那头老牛呃，[iou²⁴naŋ²⁴xuo²⁴nɛ³³tʰou²⁴nau⁵⁵iou²⁴ɛ⁰]

他们都是以耕田耕地为生，[tʰa⁴⁵mən²⁴tou⁴⁵sʅ³³i⁵⁵kən⁴⁵tʰian²⁴kən⁴⁵ti³³uei²⁴sən⁴⁵]

在一起相依为命。[tsai²⁴i²⁴tɕʰi⁰ɕiaŋ⁴⁵i⁴⁵uei²⁴min³³]

他屋里这头老牛呃，[tʰa⁴⁵u²⁴ti⁰tsɛ³³tʰou²⁴nau⁵⁵iou²⁴ɛ⁰]

其实不是一头普通的牛呃，[tɕʰi²⁴sʅ³³pu²⁴sʅ³³i²⁴tʰou²⁴pʰu⁵⁵tʰoŋ⁴⁵ti⁰iou²⁴ɛ⁰]

它是那天上的那金牛星变的。[tʰa⁴⁵sʅ³³nuo⁴⁵tʰian⁴⁵saŋ³³ti⁰nuo⁴⁵tɕin⁴⁵iou²⁴ɕin⁴⁵pian³³ti⁰]

它非常喜欢牛郎，[tʰa⁴⁵fei⁴⁵tsʰaŋ²⁴ɕi⁵⁵xuan⁴⁵iou²⁴naŋ²⁴]

因为牛郎啊，他勤劳善良，[in⁴⁵uei²⁴iou²⁴naŋ²⁴a⁰，tʰa⁴⁵tɕʰin²⁴nau²⁴san³³niaŋ²⁴]

所以它想帮助他，[suo⁵⁵i⁵⁵tʰa⁴⁵ɕiaŋ⁵⁵paŋ⁴⁵tsu³³tʰa⁴⁵]

帮助他找个老巴子成个家。[paŋ⁴⁵tsu³³tʰa⁴⁵tsau⁵⁵ko⁰nau⁴⁵pa³³r̩⁰tsʰən²⁴ko⁰tɕia⁴⁵] 老巴子：妻子，老婆

有一天，金牛星得到一个消息，[iou⁵⁵i²⁴tʰian⁴⁵，tɕin⁴⁵iou²⁴ɕin⁴⁵tɛ²⁴tau³³i²⁴ko⁰ɕiau⁴⁵ɕi²⁴]

听说那天上的仙女们啦，[tʰin⁴⁵suo²⁴nuo⁴⁵tʰian⁴⁵saŋ³³ti⁰ɕian⁴⁵ny⁵⁵mən²⁴na⁰]

会到那东边的那山脚下，[xuei³³tau³³nuo⁴⁵toŋ⁴⁵pian⁴⁵ti⁰nuo⁴⁵san⁴⁵tɕio²⁴xa⁰]

那湖各里抹澡去。[nuo⁴⁵xu²⁴kɛ⁰ti⁰ma⁵⁵tsau⁵⁵kʰɯ³³] 各里：里面。抹澡：洗澡

它蛮高兴，[tʰa⁴⁵man²⁴kau⁴⁵ɕin³³] 蛮：很

它想把这个消息呃告诉牛郎。[tʰa⁴⁵ɕiaŋ⁵⁵pa⁵⁵tsɛ³³ko⁰ɕiau⁴⁵ɕi²⁴ɛ⁰kau³³su³³iou²⁴naŋ²⁴]

然后它就托个，给牛郎托个梦，[an²⁴xou⁰tʰa⁴⁵tɕiou³³tʰuo²⁴kɛ⁰，kɛ⁵⁵iou²⁴naŋ²⁴tʰuo²⁴kɛ⁰moŋ³³]

它梦里告诉牛郎，[tʰa⁴⁵moŋ³³ni⁵⁵kau³³su⁴⁵iou²⁴naŋ²⁴]

你明天早上，[ni⁵⁵min²⁴tʰian²⁴tsau⁵⁵saŋ³³]

到那，那东边的那个湖里面啦，[tau³³nuo⁴⁵，nuo⁴⁵toŋ⁴⁵pian⁴⁵ti⁰nuo⁴⁵ko⁰xu²⁴ni⁵⁵mian³³na⁰]

你看，有，有仙女在里面抹澡。[ni⁵⁵kʰan³³，iou⁵⁵，iou⁵⁵ɕian⁴⁵ny⁵⁵tsai³³ni⁵⁵mian³³ma⁵⁵tsau⁵⁵]

你就会，你就去偷偷地，［ni⁵⁵ tɕiou³³ xuei³³，ni⁵⁵ tɕiou³³ kʰɯ³³ tʰou⁴⁵ tʰou⁴⁵ ti⁰］

把那树杈上的那些子，那个衣服啊，［pa⁵⁵ nuo⁴⁵ su³³ tsʰa³³ saŋ³³ ti⁰ nuo⁴⁵ ɕiɛ⁴⁵ r̩⁰，nuo⁴⁵ ko⁰ i⁴⁵ fu²⁴ a⁰］

一件粉红色的一件褂子啊，［i²⁴ tɕian³³ fən⁵⁵ xoŋ²⁴ sɛ²⁴ ti⁰ i²⁴ tɕian³³ kua³³ r̩⁰ a⁰］

你跟她拿起走，［ni⁵⁵ kən⁴⁵ tʰa⁴⁵ na²⁴ tɕʰi⁰ tsou⁵⁵］

不要回头，往屋里跑。［pu²⁴ iau³³ xuei²⁴ tʰou²⁴，uaŋ⁵⁵ u²⁴ ti⁰ pʰau⁵⁵］

跑屋里话，［pʰau⁵⁵ u²⁴ ti⁰ xua³³］

你就会得到个美丽的个，［ni⁵⁵ tɕiou³³ xuei³³ tɛ²⁴ tau³³ ko⁰ mei⁵⁵ ni³³ ti⁰ ko⁰］

可以找到个美丽的老，老巴子。［kʰuo⁵⁵ i⁰ tsau⁵⁵ tau³³ kɛ³³ mei⁵⁵ ni³³ ti⁰ nau⁵⁵，nau⁵⁵ pa³³ r̩⁰］

然后牛郎第二天早上一觉醒来，［an²⁴ xou³³ iou²⁴ naŋ²⁴ ti³³ ɯ³³ tʰian⁴⁵ tsau⁵⁵ saŋ³³ i²⁴ tɕiau³³ ɕin⁵⁵ nai²⁴］

诶，他心里想，［ɛ⁴⁵，tʰa⁴⁵ ɕin⁴⁵ ti⁰ ɕiaŋ⁵⁵］

我昨天做的个梦是真是假哩？［uo⁵⁵ tsuo²⁴ tʰian⁴⁵ tsou³³ ti⁰ ko⁰ moŋ³³ sɿ³³ tsən⁴⁵ xai²⁴ sɿ³³ tɕia⁵⁵ ni⁰］

他半信半疑地呀，［tʰa⁴⁵ pan³³ ɕin³³ pan³³ i²⁴ ti⁰ ia⁰］

就按照它，［tɕiou³³ an³³ tsau³³ tʰa⁴⁵］

就是金牛星跟他托的个梦的方向呃，［tɕiou³³ sɿ³³ tɕin⁴⁵ iou²⁴ ɕin⁴⁵ kən⁴⁵ tʰa⁴⁵ tʰuo²⁴ ti⁰ kɛ⁰ moŋ³³ ti⁰ faŋ⁴⁵ ɕiaŋ³³ ɛ⁰］

就找起去哒。［tɕiou³³ tsau⁵⁵ tɕʰi⁰ kʰɯ³³ ta⁰］

诶，在远处看，真的呢。［ɛ⁴⁵，tsai³³ yan⁵⁵ tsʰu³³ kʰan³³，tsən⁴⁵ ti⁰ niɛ⁰］

那湖各里，真的有几个美丽的仙女们啦，［nuo⁴⁵ xu²⁴ kɛ⁰ ti⁰，tsən⁴⁵ ti⁰ iou⁵⁵ tɕi⁵⁵ kɛ⁰ mei⁵⁵ ni³³ ti⁰ ɕian⁴⁵ ny⁵⁵ mən²⁴ na⁰］

在各里戏水，在各里玩。［tsai³³ kɛ⁰ ti⁰ ɕi³³ suei⁵⁵，tsai³³ kɛ⁰ ti⁰ uan⁵⁵］

他就轻轻地走过去，［tʰa⁴⁵ tɕiou³³ tɕʰin⁴⁵ tɕʰin⁴⁵ ti⁰ tsou⁵⁵ kuo⁰ kʰɯ³³］

把那树杈上子挂的一件那个红色的一个那褂子，［pa⁵⁵ nɛ³³ su³³ tsʰa³³ saŋ³³ r̩⁰ kua³³ ti⁰ i²⁴ tɕian³³ nɛ³³ kɛ⁰ xoŋ²⁴ sɛ³³ ti⁰ i²⁴ kɛ⁰ nɛ³³ kua³³ r̩⁰］

拿起就跑，拿回去哒，［na²⁴ tɕʰi⁵⁵ tɕiou³³ pʰau⁵⁵，na²⁴ xuei²⁴ kʰɯ³³ ta⁰］

拿回去哒以后，到半夜的时候，［na²⁴ xuei²⁴ kʰɯ³³ ta⁰ i⁵⁵ xou³³，tau³³ pan³³ iɛ³³ ti⁰ sɿ²⁴ xou³³］

突然外头传来了敲门的声音。［tʰu²⁴ an²⁴ uai³³ tʰou²⁴ tsʰuan²⁴ nai²⁴ nɛ⁰ kʰau⁴⁵ mən²⁴ ti⁰ sən⁴⁵ in⁴⁵］

咚咚咚地，他门一打开耶，［toŋ⁴⁵ toŋ⁴⁵ toŋ⁴⁵ ti⁰，tʰa⁴⁵ mən²⁴ i²⁴ ta⁵⁵ kʰai⁴⁵ iɛ⁰］

真的是一个美丽的仙女，[tsən⁴⁵ ti⁰ sʅ³³ i²⁴ kɛ⁰ mei⁵⁵ ni³³ ti⁰ ɕian⁴⁵ ny⁵⁵]

这个仙女呀她就是织女。[tsɛ³³ kɛ⁰ ɕian⁴⁵ ny⁵⁵ ia⁰ tʰa⁴⁵ tɕiou³³ sʅ³³ tsʅ²⁴ ny⁵⁵]

然后他们两个就成为了一对恩爱的夫妻。[an²⁴ xou³³ tʰa⁴⁵ mən²⁴ niaŋ⁵⁵ ko⁰ tɕiou³³ tsʰən²⁴ uei²⁴ nɛ⁰ i²⁴ tuei³³ ən⁴⁵ ai³³ ti⁰ fu⁴⁵ tɕʰi⁴⁵]

时间过的蛮快，[sʅ²⁴ tɕian⁴⁵ kuo³³ ti⁰ man²⁴ kʰuai³³]

一晃呃时间就过哒两三年哒。[i²⁴ xuaŋ⁵⁵ ɛ⁰ sʅ²⁴ tɕian⁴⁵ tɕiou³³ kuo³³ ta⁰ niaŋ⁵⁵ san⁴⁵ nian²⁴ ta⁰]

他们两个呢就生了两个伢子，[tʰa⁴⁵ mən²⁴ niaŋ⁵⁵ ko⁰ nɛ⁰ tɕiou³³ sən⁴⁵ nɛ⁰ niaŋ⁵⁵ ɛ⁰ a²⁴ ɻ̍⁰]

伢子：孩子

嗯，一个儿子，一个姑娘。[ən³³, i²⁴ kɛ⁰ ɯ²⁴ ɻ̍⁰, i²⁴ kɛ⁰ ku⁴⁵ niaŋ⁵⁵]

他们这一家，[tʰa⁴⁵ mən²⁴ tsɛ³³ i²⁴ tɕia⁴⁵]

一家人呢幸福开心地生活，[i²⁴ tɕia⁴⁵ ən²⁴ nɛ⁰ ɕin³³ fu²⁴ kʰai⁴⁵ ɕin⁴⁵ ti⁰ sən⁴⁵ xuo²⁴]

都过的蛮好。[tou⁴⁵ kuo³³ ti⁰ man²⁴ xau⁵⁵]

不知道怎么回事，有一天，[pu²⁴ tsʅ⁴⁵ tau³³ tsən⁵⁵ mɛ⁵⁵ xuei²⁴ sʅ³³, iou⁵⁵ i²⁴ tʰian⁴⁵]

逤织女私自下凡的事情啦被玉皇大帝知道嘚，[niɛ³³ tsʅ²⁴ ny⁵⁵ sʅ⁴⁵ tsʅ³³ ɕia³³ fan²⁴ ti⁰ sʅ³³ tɕʰin²⁴ na⁰ pei³³ y³³ xuaŋ²⁴ ta³³ ti⁰ tsʅ⁴⁵ tau³³ tɛ⁰] 逤：这

他非常恼火。[tʰa⁴⁵ fei⁴⁵ tsʰaŋ²⁴ nau⁵⁵ xuo⁵⁵]

有一天，他就雷雨交加啊，[iou⁵⁵ i²⁴ tʰian⁴⁵, tʰa⁴⁵ tɕiou³³ nei²⁴ y⁵⁵ tɕiau⁴⁵ tɕia⁴⁵ a⁰]

又刮风，又下雨，[iou³³ kua²⁴ foŋ⁴⁵, iou³³ ɕia³³ y⁵⁵]

然后织女突然就不见嘚，[an²⁴ xou³³ tsʅ²⁴ ny⁵⁵ tʰu²⁴ an²⁴ tɕiou³³ pu²⁴ tɕian³³ tɛ⁰]

找不倒去哪去哒，[tsau⁵⁵ pu²⁴ tau³³ kʰɯ⁴⁵ na⁵⁵ kʰɯ³³ ta⁰] 找不到：不知道

到处寻都寻不到。[tau³³ tsʰu³³ ɕin²⁴ tou⁴⁵ ɕin²⁴ pu²⁴ tau⁵⁵]

伢子就，就找不到妈妈了嘛，[a²⁴ ɻ̍⁰ tɕiou³³, tsau⁵⁵ pu²⁴ tau³³ ma⁴⁵ ma⁰ nɛ⁰ ma⁰]

那肯定就哭吵，哭啊，叫啊，[na³³ kʰən⁵⁵ tin³³ tɕiou³³ kʰu²⁴ sɛ⁰, kʰu²⁴ a⁰, tɕiau³³ a⁰]

叫妈妈啊，我要妈妈。[tɕiau³³ ma⁴⁵ ma⁰ a⁰, uo⁵⁵ iau³³ ma⁴⁵ ma⁰]

牛郎呃急的不知道怎么搞好，[iou²⁴ naŋ²⁴ ɛ⁰ tɕi² ti⁰ pu²⁴ tsʅ⁴⁵ tau³³ tsən⁵⁵ mɛ⁵⁵ kau⁵⁵ xau⁵⁵]

焦头烂额地呀，在他急的团团转，[tɕiau⁴⁴ tʰou²⁴ nan³³ ɛ²⁴ ti⁰ ia⁰, tsai³³ tʰa⁴⁵ tɕi² ti⁰ tʰan²⁴ tʰan²⁴ tsuan³³]

找不到怎么搞的时候，诶，[tsau⁵⁵ pu²⁴ tau³³ tsən⁵⁵ mɛ⁵⁵ kau⁵⁵ ti⁰ sʅ²⁴ xou³³, ɛ²⁴]

那他们屋里的那头老牛呃突然开口说话哒。[nɛ⁴⁵ tʰa⁴⁵ mən²⁴ u²⁴ ti⁰ na³³ tʰou²⁴ nau⁵⁵ iou²⁴ ɛ⁰ tʰu²⁴ an²⁴ kʰai⁴⁵ kʰou⁵⁵ suo⁰ xua³³ ta⁰]

老牛说，牛郎啊，牛郎，[nau⁵⁵ iou²⁴ suo²⁴, iou²⁴ naŋ²⁴ a⁰, iou²⁴ naŋ²⁴]

你不要难过，[ni⁵⁵ pu²⁴ iau³³ nan²⁴ kuo³³]

你把我脑壳上的这两对，[ni⁵⁵ pa⁵⁵ uo³³ nau⁵⁵ kʰuo²⁴ saŋ³³ ti⁰ tsɛ³³ niaŋ⁵⁵ tei³³]

这一对牛角啊，你拿下来，[tsɛ³³ i²⁴ tei³³ iou²⁴ kuo²⁴ a⁰, ni⁵⁵ na²⁴ ɕia³³ nai²⁴]

它会变成两个箩筐子，[tʰa⁴⁵ xuei³³ pian³³ tsʰən²⁴ niaŋ⁵⁵ kɛ⁰ nuo²⁴ kʰuaŋ⁴⁵ r̩⁰]

然后你把你两个伢子装的各里，[an²⁴ xou³³ ni⁵⁵ pa⁵⁵ ni⁵⁵ niaŋ⁵⁵ ɛ⁰ a²⁴ r̩⁰ tsuaŋ⁴⁵ ti⁰ kɛ⁰ ti⁰]

装的各里呃，它们会，就会带你，[tsuaŋ⁴⁵ ti⁰ kɛ⁰ ti⁰ ɛ⁰, tʰa⁴⁵ mən²⁴ xuei³³, tɕiou³³ xuei³³ tai³³ ni⁵⁵]

可以去带你到天空上去，[kʰuo⁵⁵ i⁵⁵ kʰu³³ tai³³ ni⁵⁵ tau³³ tʰian⁴⁵ kʰoŋ⁴⁵ saŋ³³ kʰɯ³³]

找织女去。[tsau⁵⁵ tsʅ²⁴ ny⁵⁵ kʰɯ³³]

这时牛郎正奇怪，诶，[tsɛ³³ sʅ²⁴ iou²⁴ naŋ²⁴ tsən³³ tɕʰi²⁴ kuai³³, ɛ²⁴]

忽然那牛，牛角真的掉到地下来哒。[xu²⁴ an²⁴ nuo⁴⁵ iou²⁴, iou²⁴ kuo²⁴ tsən⁴⁵ ti⁰ tiau³³ tau³³ ti³³ xa⁰ nai²⁴ ta⁰]

掉的地下来哒，他一看，[tiau³³ ti⁰ ti³³ xa⁰ nai²⁴ ta⁰, tʰa⁴⁵ i²⁴ kʰan³³]

真的变成了两个箩筐子。[tsən⁴⁵ ti⁰ pian³³ tsʰən²⁴ nɛ⁰ niaŋ⁵⁵ ko⁰ nuo²⁴ kʰuaŋ⁴⁵ r̩⁰]

然后他就把他两个伢子一个箩筐子各里装一个，[an²⁴ xou³³ tʰa⁴⁵ tɕiou³³ pa⁵⁵ tʰa⁴⁵ niaŋ⁵⁵ ɛ⁰ a²⁴ r̩⁰ i²⁴ ɛ⁰ nuo²⁴ kʰuaŋ⁴⁵ r̩⁰ ɛ ti⁰ tsuaŋ⁴⁵ i²⁴ kuo³³]

拿起扁担一挑，[na²⁴ tɕʰi⁰ pian⁵⁵ tan³³ i²⁴ tʰiau⁴⁵]

挑起来以后，突然一，[tʰiau⁴⁵ tɕʰi⁰ nai²⁴ i⁵⁵ xou⁰, tʰu²⁴ an²⁴ i²⁴]

一阵清风吹过，[i²⁴ tsən³³ tɕʰin⁴⁵ foŋ⁴⁵ tsʰuei⁴⁵ kuo³³]

箩筐子像长了翅膀子一样地，[nuo²⁴ kʰuaŋ⁴⁵ r̩⁰ ɕiaŋ⁴⁵ tsaŋ⁵⁵ ɛ⁰ tsʰʅ³³ paŋ⁰ r̩⁰ i²⁴ iaŋ³³ ti⁰]

就飞起来嗻，飞的天上去嗻。[tɕiou³³ fei⁴⁵ tɕʰi³³ nai²⁴ tɛ⁰, fei⁴⁵ ti⁰ tʰian⁴⁵ saŋ³³ kʰɯ³³ tɛ⁰]

飞，飞飞飞，飞哒好远，[fei⁴⁵, fei⁴⁵ fei⁴⁵ fei⁴⁵, fei⁴⁵ ta⁰ xau⁵⁵ yan⁵⁵]

眼看啦就马上就要，[ian⁵⁵ kʰan³³ na⁰ tɕiou³³ ma⁵⁵ saŋ³³ tɕiou³³ iau³³]

就要赶倒织女哒。[tɕiou³³ iau³³ kan⁵⁵ tau³³ tsʅ²⁴ ny⁵⁵ ta⁰]

不知道怎么回事，[pu²⁴ tsʅ⁴⁵ tau³³ tsən⁵⁵ ma⁵⁵ xuei²⁴ sʅ³³]

被王母娘娘发现哒。[pei³³ uaŋ²⁴ mu⁵⁵ niaŋ²⁴ niaŋ²⁴ fa²⁴ ɕian³³ ta⁰]

她就把她脑壳上的那金钗子一拔下来呀，[tʰa⁴⁵ tɕiou³³ pa⁵⁵ tʰa⁴⁵ nau⁵⁵ kʰuo²⁴ saŋ³³ ti⁰ tɕin⁴⁵ tsʰai⁴⁵ r̩⁰ i²⁴ pa²⁴ ɕia³³ nai²⁴ ia⁰]

在牛郎和织女中间使劲地一划，[tsai³³ iou²⁴ naŋ²⁴ xuo³³ tsʅ²⁴ ny³³ tsoŋ⁴⁵ tɕian⁴⁵ sʅ⁵⁵ tɕin³³ ti⁰ i²⁴ xua²⁴]

噢，立刻就出现了一道波涛滚滚的一道天河。[ou⁰, ni²⁴ kʰɛ²⁴ tɕiou³³ tsʰu²⁴ ɕian³³ nɛ⁰ i²⁴ tau³³ po⁴⁵ tʰau⁴⁵ kuən⁵⁵ kuən⁵⁵ ti⁰ i²⁴ tau³³ tʰian⁴⁵ xuo²⁴]

那个天河啊，真的是宽啦，[uo³³ kuo³³ tʰian⁴⁵ xuo²⁴ a⁰，tsən⁴⁵ ti⁰ sʅ³³ kʰuan⁴⁵ na⁰]
特＝么特＝么宽啦，[xɛ⁵⁵ ma⁰ xɛ⁵⁵ ma⁰ kʰuan⁴⁵ na⁰] 特＝么特＝：特别特别
宽的呃一望无际，望不到天际呀。[kʰuan⁴⁵ ti⁰ ɛ⁰ i²⁴ uaŋ³³ u²⁴ tɕi³³，uaŋ³³ pu²⁴ tau³³ tʰian⁴⁵ tɕi³³ ia⁰]
牛郎和织女就这样就不能相见哒。[iou²⁴ naŋ²⁴ xɛ²⁴ tsʅ²⁴ ny⁵⁵ tɕiou³³ tsɛ³³ iaŋ³³ tɕiou³³ pu²⁴ nən²⁴ ɕiaŋ⁴⁵ tɕian³³ ta⁰]
鸦鹊子呢就是看在，[ia⁴⁵ tɕʰio²⁴ r̩⁰ nɛ⁰ tɕiou³³ sʅ³³ kʰan³³ tsai³³]
就蛮同情牛郎哩，[tɕiou³³ man²⁴ tʰoŋ²⁴ tɕʰin²⁴ iou²⁴ naŋ²⁴ ni⁰]
它非常非常同情他。[tʰa⁴⁵ fei⁴⁵ tsʰaŋ²⁴ fei⁴⁵ tsʰaŋ²⁴ tʰoŋ²⁴ tɕʰin²⁴ tʰa⁴⁵]
然后哩每年的七月初七的时候啊，[an²⁴ xou³³ ni⁰ mei⁵⁵ nian²⁴ ti⁰ tɕʰi²⁴ yɛ²⁴ tsʰu⁴⁵ tɕʰi²⁴ ti⁰ sʅ²⁴ xou³³ a⁰]
就成千上万的那鸦鹊子啊，[tɕiou³³ tsʰən²⁴ tɕʰian⁴⁵ saŋ³³ uan³³ ti⁰ nuo⁴⁵ ia⁴⁵ tɕʰio²⁴ r̩⁰ a⁰]
就飞到那天河上头去啊，[tɕiou³³ fei⁴⁵ tau³³ nuo⁴⁵ tʰian⁴⁵ xuo²⁴ saŋ³³ tʰou²⁴ kʰɯ³³ a⁰]
飞上去哒以后，它们就是，[fei⁴⁵ saŋ³³ kʰɯ ta⁰ i⁵⁵ xou³³，tʰa⁴⁵ mən²⁴ tɕiou³³ sʅ³³]
一只衔着另外一只的尾巴，[i²⁴ tsʅ⁴⁵ xan²⁴ tsuo⁰ nin³³ uai²⁴ i²⁴ tsʅ⁴⁵ ti⁰ i⁵⁵ pa³³]
就搭成了一座那鹊桥，[tɕiou³³ ta²⁴ tsʰən²⁴ nɛ⁰ i²⁴ tsuo³³ nuo⁴⁵ tɕʰio²⁴ tɕʰiau²⁴]
就让他牛郎和织女呀，[tɕiou³³ aŋ³³ tʰa⁴⁵ iou²⁴ naŋ²⁴ xuo²⁴ tsʅ²⁴ ny⁵⁵ ia⁰]
就让他们团聚和相见。[tɕiou³³ aŋ³³ tʰa⁴⁵ mən²⁴ tʰuan²⁴ tɕy³³ xɛ²⁴ ɕiaŋ⁴⁵ tɕian³³]
所以从古到今流传着，[suo⁵⁵ i³³ tsʰoŋ²⁴ ku⁵⁵ tau³³ tɕin⁴⁵ niou²⁴ tsʰuan²⁴ tsɛ⁰]
这，一个这样的一个故事，[tsɛ³³，i²⁴ kɛ⁰ tsɛ³³ iaŋ³³ ti⁰ ku³³ sʅ³³]
就是，以后每年的农历七月初七的时候啊，[tɕiou³³ sʅ³³，i⁵⁵ xou³³ mei⁵⁵ nian²⁴ ti⁰ noŋ²⁴ ni²⁴ tɕʰi²⁴ yɛ²⁴ tsʰu⁴⁵ tɕʰi²⁴ ti⁰ sʅ²⁴ xou³³ a⁰]
就是鹊桥相会的时候，[tɕiou³³ sʅ³³ tɕʰio²⁴ tɕʰiau²⁴ ɕiaŋ⁴⁵ xuei³³ ti⁰ sʅ²⁴ xou⁰]
就是牛郎和织女相见的时候。[tɕiou³³ sʅ³³ iou²⁴ naŋ²⁴ xɛ²⁴ tsʅ²⁴ ny⁵⁵ ɕiaŋ⁴⁵ tɕian³³ ti⁰ sʅ²⁴ xou⁰]

意译：从前有个小伙子，他父母去世的早。他一个人孤苦伶仃，家里除了一头老牛，什么都没有。大家都叫他叫牛郎。牛郎和那头老牛，他们都是靠耕地为生，在一起相依为命。他家里这头老牛，其实不是一头普通的牛，它是那天上的那金牛星变的。它非常喜欢牛郎，因为牛郎勤劳善良，所以它想帮助他，帮助他找个妻子成个家。

有一天，金牛星得到一个消息，听说天上的仙女们会到那东边山脚下的湖里来洗澡。它很高兴，就想把这个消息告诉牛郎。它就给牛郎托了个梦，它在梦里

告诉牛郎说,你明天早上到那东边的那个湖里,你看到有仙女在里面洗澡呢,你就偷偷地把那树杈上的那件衣服,一件粉红色的褂子,你给她拿走,不要回头,然后往屋里跑。跑回去的话,你就会得到个美丽的妻子。牛郎第二天早上一觉醒来,心想,我昨天做的个梦是真是假呢?他半信半疑地,就按照金牛星跟他托的那个梦里的方向找过去。从远处看,真的看见那湖里有几个美丽的仙女,在湖里戏水玩。他就轻轻地走过去,把那树杈上挂的一件红色的褂子拿起就跑,拿回去了。拿回去了以后,到半夜时候,突然外头传来了敲门的声音。他打开门一看,真的是一个美丽的仙女,这个仙女就是织女。然后他们两个就成了一对恩爱的夫妻。

时间过得很快,转眼就过去两三年了。牛郎织女生了两个孩子,一个儿子,一个女儿。他们一家人幸福开心地生活着。不知怎么回事,有一天,织女私自下凡的事情被玉皇大帝知道了,他非常恼火。有一天,雷雨交加,织女突然就不见了,牛郎到处都找不到。两个孩子找不到妈妈了就肯定哭啊叫啊,叫着要妈妈。牛郎急得不知怎么办才好。就在他焦头烂额、急得团团转、不知怎么办的时候,他们家里的那头老牛突然开口说话了。老牛说,牛郎啊牛郎,你不要难过,你把我脑袋上的这一对牛角拿下来,它会变成两个箩筐,然后你把你两个孩子装在这筐里,它们就会带你到天上去找织女。这时牛郎正奇怪,忽然那牛角真的掉到了地下。掉到地下来了,牛郎一看,真的变成了两个箩筐。然后牛郎就把两个孩子,一个箩筐各装一个,拿起扁担一挑。挑起来以后,突然一阵清风吹过,箩筐像长了翅膀一样地,就飞起来了,飞到天上去了。飞了好远好远,眼看马上就要赶上织女了。不知道怎么回事,被王母娘娘发现了。王母娘娘就把她头上的金钗子一拔下来,在牛郎和织女中间使劲地一划,立刻就出现了一道波涛滚滚的天河。那个天河啊,真的是宽啊,特别特别宽,宽的一望无际,望不到天际。这样牛郎和织女就不能相见了。喜鹊们看到这个情况,就非常同情牛郎。以后每年七月初七的时候,就有成千上万的喜鹊,飞到天河上边。飞上去以后,它们一只衔着另外一只的尾巴,就搭成了一座鹊桥,就让牛郎和织女团聚和相见。所以从古到今流传着这样的一个故事,就是以后每年农历七月初七的时候,就是鹊桥相会的时候,就是牛郎和织女相见的时候。

三 其他故事

0022 其他故事

好,我说的这个是六七十年代发生的事情。[xau^{55},uo^{55} ʂuo^{24} ti^{0} tʂɛ^{33} ə^{0} ʂʅ^{33} nou^{24}

tɕʰi²⁴ʂʅ²⁴nian²⁴tai³³ɸua²⁴sən⁴⁵ti⁰ʂʅ³³tɕʰin²⁴]

呃，在荆门呢，[ɛ⁰，tsai³³tɕin⁴⁵mən²⁴nɛ⁰]

那就是六七十年代，[na³³tɕiou³³ʂʅ³³nou²⁴tɕʰi²⁴ʂʅ²⁴nian²⁴tai³³]

当时是属于荆门县，[taŋ⁴⁵ʂʅ²⁴ʂʅ³³su⁵⁵y²⁴tɕin⁴⁵mən²⁴ɕian³³]

县下头哩就是区，区下头是公社。[ɕian³³ɕia³³tʰou⁰ni⁰tɕiou³³ʂʅ³³tɕʰy⁴⁵，tɕʰy⁴⁵ɕia³³tʰou⁰ʂʅ³³koŋ⁴⁵ʂɛ³³]

那个时候不像现在的乡镇，[nɛ⁴⁵kɛ³³ʂʅ²⁴xou³³pu²⁴ɕiaŋ⁴⁵ɕian³³tsai³³ti⁰ɕiaŋ⁴⁵tsən³³]

现在的乡镇都是原来的公社，[ɕian³³tsai³³ti⁰ɕiaŋ⁴⁵tsən³³tou⁴⁵ʂʅ³³yan²⁴nai²⁴ti⁰koŋ⁴⁵ʂɛ³³]

人民公社。[zən²⁴min²⁴koŋ⁴⁵ʂɛ³³]

那个时候哩，[nɛ⁴⁵kɛ³³ʂʅ²⁴xou³³ni⁰]

他们每个公社每个大队呀，[tʰa⁴⁵mən²⁴mei⁵⁵kɛ³³koŋ⁴⁵ʂɛ³³mei⁵⁵kɛ³³ta³³tei³³ia⁰]

都要有宣传队呃，[tou⁴⁵iau³³iou⁵⁵ɕyan⁴⁵tʂʰuan²⁴tei³³ɛ⁰]

毛泽东思想宣传队。[mau²⁴tsɛ²⁴toŋ⁴⁵ʂʅ⁴⁵ɕiaŋ⁵⁵ɕyan⁴⁵tʂʰuan²⁴tei³³]

差不多每个生产大队每个公社都有。[tsʰa⁴⁵pu⁰tuo⁴⁵mei⁵⁵kɛ³³sən⁴⁵ʂan⁵⁵ta³³tei³³mei⁵⁵kɛ³³koŋ⁴⁵ʂɛ³³tou⁴⁵iou⁵⁵]

都属于业余和半业余的，[tou⁴⁵ʂu⁵⁵y²⁴iɛ²⁴y²⁴xɛ²⁴pan³³iɛ²⁴y²⁴ti⁰]

忙的时候呢，种田呐，[maŋ²⁴ti⁰ʂʅ²⁴xou³³nɛ⁰，tsoŋ³³tʰian²⁴nɛ⁰]

农闲的时候呢，就在一起排节目。[noŋ²⁴ɕian²⁴ti⁰ʂʅ²⁴xou³³nɛ⁰，tɕiou³³tsai³³i²⁴tɕʰi⁵⁵pʰai²⁴tɕiɛ²⁴mu³³]

每一年呢，[mei⁵⁵i²⁴nian²⁴nɛ⁰]

县里都要搞一次文艺汇演呃。[ɕian³³ni⁰tou²⁴iau³³kau⁵⁵i²⁴tsʰʅ³³uən²⁴i³³xuei³³ian⁵⁵ɛ⁰]

在一，有一次汇演的时候哩，[tsai³³i²⁴，iou⁵⁵i²⁴tsʰʅ³³xuei³³ian⁵⁵ti⁰ʂʅ²⁴xou³³ni⁰]

当时哩，汇演呢，[taŋ⁴⁵ʂʅ²⁴ni⁰，xuei³³ian⁵⁵nɛ⁰]

演出的时候呢，都是报幕员，[ian⁵⁵tʂʰu²⁴ti⁰ʂʅ²⁴xou³³nɛ⁰，tou⁴⁵ʂʅ³³pau³³mu²⁴yan²⁴]

不像现在是主持人。[pu²⁴ɕiaŋ⁴⁵ɕian³³tsai³³ʂʅ³³tsu⁵⁵tʂʰʅ²⁴zən²⁴]

那个时候都要报幕呃，[nɛ⁴⁵kɛ³³ʂʅ²⁴xou³³tou⁴⁵iau³³pau³³mu³³ɛ⁰]

上哪个节目上哪个节目，[ʂaŋ³³na⁵⁵kɛ³³tɕiɛ²⁴mu³³ʂaŋ³³na⁵⁵kɛ³³tɕiɛ²⁴mu³³]

都要由报幕员来报呃。[tou⁴⁵iau³³iou²⁴pau³³mu³³yan²⁴nai²⁴pau³³ɛ⁰]

当时呢报幕员哩，[taŋ⁴⁵ʂʅ²⁴nɛ⁰pau³³mu⁴⁵yan²⁴ni⁰]

都属普通话说得比较好的，[tou⁴⁵ʂu⁵⁵pʰu⁵⁵tʰoŋ⁴⁵xua³³ʂuo²⁴tɛ⁰pi⁵⁵tɕiau⁵⁵xau⁵⁵ti⁰]

当时哩，他报幕的时候呢就说，[taŋ⁴⁵ʂɿ²⁴ni⁰，tʰa⁴⁵pau³³mu³³ti⁰ʂɿ²⁴xou³³tɕiou³³ʂuo²⁴]

毛李公社，毛李大队，[mau²⁴ni⁵⁵koŋ⁴⁵ʂɛ³³，mau²⁴ni⁵⁵ta³³tei³³]

毛泽东思想宣传队，[mau²⁴tʂɛ²⁴toŋ⁴⁵sɿ⁴⁵ɕiaŋ²¹ɕyan⁴⁵tʂʰuan²⁴tei³³]

现在向全县人民汇报演出，[ɕian³³tsai³³ɕiaŋ³³tɕʰyan²⁴ɕian³³zən²⁴min²⁴xuei³³pau²⁴ian⁵⁵tʂʰu²⁴]

架式，架式架式架式！[ka³³ʂɿ³³，ka³³ʂɿ³³ka³³ʂɿ³³ka³³ʂɿ³³] 架式：开始

好，当时呢，[xau⁵⁵，taŋ⁴⁵ʂɿ²⁴ni⁰]

他本来应该说"开始"的，[tʰa⁴⁵pən⁵⁵nai²⁴in⁴⁵kai⁴⁵ʂuo²⁴kʰai⁴⁵ʂɿ²¹ti⁰]

他说了"架式"，因为他是荆门人呢。[tʰa⁴⁵ʂuo²⁴na⁰ka³³ʂɿ³³，in⁴⁵uei²⁴tʰa⁴⁵ʂɿ³³tɕin⁴⁵mən²⁴zən²⁴nɛ⁰]

在当时的情况下，[tsai³³taŋ⁴⁵ʂɿ²⁴ti⁰tɕʰin²⁴kʰuaŋ³³ɕia³³]

结果台上台下一下一噗，[tɕiɛ²⁴kuo⁵⁵tʰai²⁴ʂaŋ³³tʰai²⁴ɕia³³i²⁴ɕia³³i²⁴pʰu³³]

一片欢呼声，[i²⁴pʰian³³xuan⁴⁵xu⁴⁵ʂən⁴⁵]

呃，形成了共鸣。[ɛ⁰，ɕin²⁴tʂʰən²⁴nɛ⁰koŋ³³min²⁴]

台上的锣鼓一敲呃，架式架式！[tʰai²⁴ʂaŋ³³ti⁰nuo²⁴ku⁵⁵i²⁴tɕʰiau⁴⁵ɛ⁰，ka³³ʂɿ³³ka³³ʂɿ³³]

下面的老百姓也喊"架式架式"。[ɕia³³mian³³ti⁰nau⁵⁵po²⁴ɕin³³iɛ⁵⁵xan⁵⁵ka³³ʂɿ³³ka³³ʂɿ³³]

这样哩，从此以后呃，[tsɛ³³iaŋ³³ni⁰，tsʰoŋ²⁴tsʰɿ⁵⁵i⁵⁵xou³³ɛ⁰]

这个"架式"哩，就在荆门呢，[tsɛ⁴⁵kɛ³³ka³³ʂɿ³³ni⁰，tɕiou³³tsai³³tɕin⁴⁵mən²⁴nɛ⁰]

深深地，震动哒，全县的老百姓。[ʂən⁴⁵ʂən⁴⁵ti⁰tsən³³toŋ³³ta⁰，tɕʰyan²⁴ɕian³³ti⁰nau⁵⁵po²⁴ɕin³³]

凡是说到什么事的时候，[ɸuan²⁴ʂɿ³³ʂuo²⁴tau³³ʂən⁵⁵mɛ⁰ʂɿ³³ti⁰ʂɿ²⁴xou³³]

要开始的时候，[iau³³kʰai⁴⁵ʂɿ⁵⁵ti⁰ʂɿ²⁴xou³³]

大家都会说"毛李公社"。[ta³³tɕia⁴⁵tou⁴⁵xuei³³ʂuo²⁴mau²⁴ni⁵⁵koŋ⁴⁵ʂɛ³³]

意思就是：架式。[i³³sɿ⁴⁵tɕiou³³ʂɿ³³：ka³³ʂɿ³³]

凡是什么要找毛李公社，[ɸuan²⁴ʂɿ³³ʂən³²mo⁰iau³³tsau⁵⁵mau²⁴ni⁵⁵koŋ⁴⁵ʂɛ³³]

就说，也是"架式"。[tɕiou³³ʂuo²⁴，iɛ⁵⁵ʂɿ³³ka³³ʂɿ³³]

就说，"架式"和"毛李公社"，[tɕiou³³ʂuo²⁴，ka³³ʂɿ³³xuo²⁴mau²⁴ni⁵⁵koŋ⁴⁵ʂɛ³³]

和"毛李"两个词哩，[xuo²⁴mau²⁴ni⁵⁵niaŋ⁵⁵kɛ³³tsʰɿ²⁴ni⁰]

形成了一个同一个内容，[ɕin²⁴tʂʰən²⁴nɛ⁰i²⁴kɛ³³tʰoŋ²⁴i²⁴kɛ³³nei³³zoŋ²⁴]

它们是分不开的。[tʰa⁴⁵mən⁰ʂʅ³³ɸuən⁴⁵pu⁰kʰai⁴⁵tɛ⁰]

凡是到荆门去哒，[ɸuan²⁴ʂʅ³³tau³³tɕin⁴⁵mən²⁴kʰɯ³³ta⁰]

你只要说"架式"，[ni⁵⁵tʂʅ²⁴iau³³ʂuo²⁴ka³³ʂʅ³³]

人家都知道说的是"毛李"。[zən²⁴ka⁴⁵tou²⁴tʂʅ⁴⁵tau³³ʂuo²⁴ti⁰ʂʅ³³mau²⁴ni⁵⁵]

凡你说"毛李"，[ɸuan²⁴ni⁵⁵ʂuo²⁴mau²⁴ni⁵⁵]

人家都是说的是"架式"。[zən²⁴ka⁴⁵tou⁴⁵ʂʅ³³ʂuo²⁴ti⁰ʂʅ³³ka³³ʂʅ³³]

这就是到现在，这几十年来，[tʂɛ³³tɕiou³³ʂʅ³³tau³³ɕian³³tʂai³³，tʂɛ³³tɕi⁵⁵ʂʅ²⁴nian²⁴nai²⁴]

一直被荆门人人知晓。[i²⁴tʂʅ²⁴pei³³tɕin⁴⁵mən²⁴zən²⁴zən²⁴tʂʅ⁴⁵ɕiau⁵⁵]

人人都觉得是一种乐趣，[zən²⁴zən²⁴tou⁴⁵tɕio²⁴tɛ⁰ʂʅ³³i²⁴tʂoŋ⁵⁵nuo²⁴tɕy³³]

也就大家形成了一种共识。[iɛ⁵⁵tɕiou³³ta³³tɕia⁴⁵ɕin²⁴tʂʰən²⁴nɛ⁰i²⁴tʂoŋ⁵⁵koŋ³³ʂʅ²⁴]

我说的就是"毛李"和"架式"共识，[uo⁵⁵ʂuo²⁴ti⁰tɕiou³³ʂʅ³³mau²⁴ni⁵⁵xuo²⁴ka³³ʂʅ³³koŋ³³ʂʅ²⁴]

和"架式"的这么一个来历。[xuo²⁴ka³³ʂʅ³³ti⁰tʂɛ³³mo⁰i²⁴kɛ⁰nai²⁴ni⁰]

意译：我说的这个是六七十年代发生的事。在荆门，那是六七十年代，当时还属于荆门县，县下边是区，区下边是公社。那个时候不像现在的乡镇，现在的乡镇都是原来的公社，人民公社。那个时候，每个公社每个大队都要有宣传队，毛泽东思想宣传队。差不多每个大队每个公社都有。他们都属于业余或半业余的，忙的时候种田，农闲的时候就在一起排练节目。每一年，县里都要组织一次文艺汇演。

有一次汇演时，当时的汇演，演出都是报幕员，不像现在是主持人。那个时候都要报幕，上哪个节目都要由报幕员来报幕。当时的报幕员都是属于普通话较好的。当时报幕员报幕的时候说："毛李公社毛李大队毛泽东思想宣传队，现在向全县人民汇报演出，架式，架式架式架式！"当时呢，他本来应该说"开始"的，他却说的"架式"，因为他是荆门人。在当时情况下，结果台上台下一片欢呼声，形成了共鸣。台上的锣鼓一敲，架式架式，下面的老百姓也喊"架式架式"。

这样，从此以后，这个"架式"一词就在荆门深深地震动了全县的老百姓。凡是说到什么事情要开始的时候，大家都会说"毛李公社"，意思就是"架式"（开始）。凡是什么事要找毛李公社，就说的也是"架式"，就是说，"架式"和"毛李公社""毛李"形成了同一个内容，它们是分不开的。凡是到荆门了，你只要说"架式"，人家都知道说的是"毛李"，凡是你说"毛李"，人家都知道你说的是"架式"。这就是到现在，这几十年来，一直被荆门人人知晓（的原因）。

人人都觉得是一种乐趣，大家也就形成了一种共识。以上我说的就是"毛李"和"架式"形成共识，和"架式"的这么一个来历。

0023 其他故事

讲个我们当地发生的故事。［tɕian⁵⁵ kɤ³³ uo⁵⁵ mən²⁴ taŋ⁴⁵ ti³³ ɸua²⁴ ʂən⁴⁵ ti⁰ ku³³ ʂʅ³³］

刚解放的时候，［kaŋ⁴⁵ kai⁵⁵ ɸuaŋ³³ ti⁰ ʂʅ²⁴ xou³³］

也就是五六十年代，［iɛ⁵⁵ tɕiou³³ ʂʅ³³ u⁵⁵ nou²⁴ ʂʅ²⁴ nian²⁴ tai³³］

到处是在大兴水利建设。［tau³³ tʂʰu³³ ʂʅ³³ tsai³³ ta³³ ɕin²⁴ ʂuei⁵⁵ ni³³ tɕian³³ ʂɛ³³］

荆门呢，修了不小的，［tɕin⁴⁵ mən²⁴ ni⁰，ɕiou⁴⁵ nɛ⁰ pu²⁴ ɕiau⁵⁵ ti⁰］

不少的水库，［pu²⁴ ʂau⁵⁵ ti⁰ ʂuei⁵⁵ kʰu³³］

其中漳河水库啊，［tɕʰi²⁴ tʂoŋ⁴⁵ tsaŋ⁴⁵ xuo²⁴ ʂuei⁵⁵ kʰu³³ a⁰］

就是全省都是有名的大水库。［tɕiou³³ ʂʅ³³ tɕʰyan²⁴ ʂən⁵⁵ tou⁴⁵ ʂʅ³³ iou⁵⁵ min²⁴ ti⁰ ta³³ ʂuei⁵⁵ kʰu³³］

各个地方哩修，也来修小水库，［kuo²⁴ kuo³³ ti³³ ɸuaŋ⁴⁵ ni⁰ ɕiou⁴⁵，iɛ⁵⁵ nai²⁴ ɕiou⁴⁵ ɕiau⁵⁵ ʂuei⁵⁵ kʰu³³］

其中哩，有个叫五里公社的，［tɕʰi²⁴ tʂoŋ⁴⁵ ni⁰，iou⁵⁵ kɤ⁰ tɕiau³³ u⁵⁵ ni⁵⁵ koŋ⁴⁵ ʂɛ³³ ti⁰］

五里人民公社也修了个小水库。［u⁵⁵ ni⁵⁵ zən²⁴ min²⁴ koŋ⁴⁵ ʂɛ³³ iɛ⁵⁵ ɕiou⁴⁵ nɛ⁰ kɤ⁰ ɕiau⁵⁵ ʂuei⁵⁵ kʰu³³］

这个水库哩，叫杨垱水库。［tʂɛ⁴⁵ kɤ⁰ ʂuei⁵⁵ kʰu³³ ni⁰，tɕiau³³ iaŋ²⁴ taŋ³³ ʂuei⁵⁵ kʰu³³］

但是这个水库修完了以后哩，［tan³³ ʂʅ³³ tʂɛ⁴⁵ kɤ⁰ ʂuei⁵⁵ kʰu³³ ɕiou⁴⁵ uan²⁴ nɛ⁰ i⁵⁵ xou³³ ni⁰］

就形成了一种笑话，［tɕiou³³ ɕin²⁴ tʂʰən²⁴ nɛ⁰ i²⁴ tʂoŋ⁵⁵ ɕiau³³ xua³³］

就是"五里人民修水库——上杨垱（洋当）"。［tɕiou³³ ʂʅ³³ u⁵⁵ ni⁵⁵ zən²⁴ min²⁴ ɕiou⁴⁵ ʂuei⁵⁵ kʰu³³，ʂaŋ³³ iaŋ²⁴ taŋ³³］

后来哩，大家就形成了一种共识，［xou³³ nai²⁴ ni⁰，ta³³ tɕia⁴⁵ tɕiou³³ ɕin²⁴ tʂʰən²⁴ nɛ⁰ i²⁴ tʂoŋ⁵⁵ koŋ³³ ʂʅ²⁴］

把它当做一个笑话，［pa⁵⁵ tʰa⁴⁵ taŋ⁴⁵ tsuo³³ i²⁴ kɤ⁰ ɕiau³³ xua³³］

也是一种乐趣。［iɛ⁵⁵ ʂʅ³³ i²⁴ tʂoŋ⁵⁵ nuo³³ tɕʰy³³］

凡是碰到被骗的事，［ɸuan²⁴ ʂʅ³³ pʰoŋ³³ tau³³ pei³³ pʰian³³ ti⁰ ʂʅ³³］

或者说，被别人上当的事情，［xuo²⁴ tsɛ⁵⁵ ʂuo²⁴，pei³³ piɛ²⁴ zən²⁴ ʂaŋ³³ taŋ³³ ti⁰ ʂʅ³³ tɕʰin²⁴］

吃亏的事情，［tɕʰi²⁴ kʰuei⁴⁵ ti⁰ ʂʅ³³ tɕʰin²⁴］

都用"五里人民修水库"这个词来形容。［tou⁴⁵ ioŋ³³ u⁵⁵ ni⁵⁵ zən²⁴ min²⁴ ɕiou⁴⁵

ʂuei⁵⁵ kʰu³³ tʂɛ⁴⁵ kɛ⁰ tʂʅʰ²⁴ nai²⁴ ɕin²⁴ zoŋ²⁴]

也就是说，[iɛ⁵⁵ tɕiou³³ ʂʅ³³ ʂuo²⁴]

自己好像上了当啊受了骗，[tsʅ³³ tɕi⁵⁵ xau⁵⁵ ɕiaŋ⁴⁵ ʂaŋ³³ nɛ⁰ taŋ³³ a⁰ ʂou³³ nɛ⁰ pʰian³³]

凡事形成了这么一种共识。[ɸuan³³ ʂʅ³³ ɕin²⁴ tʂʰən²⁴ nɛ⁰ i²⁴ tʂoŋ⁵⁵ koŋ³³ ʂʅ²⁴]

现在哩，在荆门呢，[ɕian³³ tsai³³ ni⁰, tsai³³ tɕin⁴⁵ mən³⁴ nɛ⁰]

基本上就形成了这么一种口头禅呢，[tɕi⁴⁵ pən⁵⁵ ʂaŋ³³ tɕiou³³ ɕin²⁴ tʂʰən²⁴ nɛ⁰ tʂɛ⁴⁵ mo⁰ i²⁴ tʂoŋ⁵⁵ kʰou³³ tʰou²⁴ tʂʰan²⁴ nɛ⁰]

凡是哪个吃了亏呀上了当啊，[ɸuan²⁴ ʂʅ³³ na⁵⁵ kɛ⁰ tɕʰi²⁴ nɛ⁰ kʰuei⁴⁵ ia⁰ ʂaŋ³³ nɛ⁰ taŋ³³ a⁰]

都是"五里人民修水库"。[tou⁴⁵ ʂʅ³³ u⁵⁵ ni⁵⁵ zən²⁴ min²⁴ ɕiou⁴⁵ ʂuei⁵⁵ kʰu³³]

这就是当时修水库到现在留下的一种传说，[tʂɛ³³ tɕiou³³ ʂʅ³³ taŋ⁴⁵ ʂʅ²⁴ ɕiou⁴⁵ ʂuei⁵⁵ kʰu³³ tau³³ ɕian³³ tsai³³ niou²⁴ ɕia³³ ti⁰ i²⁴ tʂoŋ⁵⁵ tʂʰuan²⁴ ʂuo²⁴]

或者说一种共识，[xuo²⁴ tʂɛ⁵⁵ ʂuo²⁴ i²⁴ tʂoŋ⁵⁵ koŋ³³ ʂʅ²⁴]

这就是一种地方特色的习惯。[tʂɛ³³ tɕiou³³ ʂʅ³³ i²⁴ tʂoŋ⁵⁵ ti³³ ɸuaŋ⁴⁵ tʰɛ²⁴ sɛ²⁴ ti⁰ ɕi²⁴ kuan³³]

意译：讲个我们当地发生的故事。刚解放的时候，也就是五六十年代，到处都是在开展大兴水利建设。荆门修了不少的水库，其中漳河水库就是全省都有名的大水库。各个地方也来修小水库，其中有个叫五里公社的，五里人民公社也修了个小水库。这个水库叫杨垱水库。但是这个水库修完之后，就形成了一种笑话，就是："五里人民修水库——上杨垱（洋当）"。后来，大家就形成了一种共识，把它当做一个笑话，也是一种乐趣。凡是碰到被骗的事，或者说，被别人上当的事情，吃亏的事情，都用"五里人民修水库"这个词来形容。也就是说，来表示自己好像上了当啊受了骗，凡事形成了这么一种共识。现在在荆门，基本上就形成了这么一种口头禅，凡是哪个吃了亏上了当，都是用"五里人民修水库"来表达。这就是当时修水库到现在留下的一种传说，或者说一种共识，这就是一种地方特色的语言习惯。

四　自选条目

0031 自选条目

鸡子鸭子鹅巴子，[tɕi⁴⁵ r̩⁰ ia²⁴ r̩⁰ uo²⁴ pa³³ r̩⁰] 鹅巴子：鹅

坛子罐子，酒瓶子，[tʰan²⁴ r̩⁰ kuan³³ r̩⁰, tɕiou⁵⁵ pʰin²⁴ r̩⁰]

猫子狗子土猪子，[mau⁴⁵ r̩⁰ kou⁵⁵ r̩⁰ tʰu⁵⁵ tʂu⁴⁵ r̩⁰]

呃，梨子桃子，银杏子，[ɛ⁰, ni²⁴ r̩⁰ tʰau²⁴ r̩⁰, in²⁴ xən³³ r̩⁰]

刺鸡子，蛤蟆子，叽油子，[tʂʰɿ³³ tɕi⁴⁵ r̩⁰, kʰɛ²⁴ ma⁰ r̩⁰, tɕi⁴⁵ iou²⁴ r̩⁰] 刺鸡子：刺猬。叽油子：跳蚤

牯牛子，蚱蜢子，[ku⁵⁵ iou²⁴ r̩⁰, tsɛ²⁴ moŋ⁵⁵ r̩⁰] 牯牛子：天牛

还有个沙撮子。[xai²⁴ iou⁵⁵ ɛ⁰ ʂa⁴⁵ tʂʰuo²⁴ r̩⁰] 沙撮子：炒炒米时用的小撮箕

还有个能吃的，[xai²⁴ iou⁵⁵ ɛ⁰ nən²⁴ tɕʰi²⁴ ti⁰]

叫鸡头包梗子。[tɕiau³³ tɕi⁴⁵ tou³³ pau⁴⁵ kən⁵⁵ r̩⁰] 鸡头包梗子：芡实

意译：鸡、鸭、鹅、坛子、罐子、酒瓶、猫、狗、土猪、梨、桃、银杏，刺猬、青蛙、跳蚤、天牛、蚱蜢，还有个沙撮箕。还有个能吃的，叫鸡头包梗子。（这些名词在荆门话里都用弹音）

0032 自选条目

娶进门的老婆，叫媳妇子，[tɕʰy²¹ tɕin³³ mən²⁴ ti⁰ nau⁵⁵ pʰo²⁴, tɕiau³³ ɕi²⁴ ɸu³³ r̩⁰]

生出来的宝宝，叫洋娃子。[ʂən⁴⁵ tʂʰu²⁴ nai²⁴ ti⁰ pau⁵⁵ pau⁵⁵, tɕiau³³ iaŋ²⁴ ua²⁴ r̩⁰]

年纪大一点，叫小伙子，[nian²⁴ tɕi³³ ta³³ i²⁴ tian⁵⁵, tɕiau³³ ɕiau⁵⁵ xo⁵⁵ r̩⁰]

年纪老哒，叫老头子。[nian²⁴ tɕi³³ nau⁵⁵ ta⁰, tɕiau³³ nau⁵⁵ tʰou²⁴ r̩⁰]

意译：娶进门的老婆，叫媳妇；生出来的宝宝，叫洋娃。年纪大一点，叫小伙子；年纪老了，叫老头子。（这些称谓名词都用弹音）

0033 自选条目

盘子，筷子，[pʰan²⁴ tʂɿ⁰, kʰuai³³ tʂɿ⁰]

勺子，酒杯子，[ʂuo²⁴ tʂɿ⁰, tɕiou⁵⁵ pei⁴⁵ tʂɿ⁰]

好吃的菜摆了一大桌子。[xau⁵⁵ tɕʰi²⁴ ti⁰ tʂʰai³³ pai⁵⁵ nɛ⁰ i·²⁴ ta³³ tʂuo²⁴ tʂɿ⁰]

男伢子，女伢子，[nan²⁴ a²⁴ tʂɿ⁰, ny⁵⁵ a²⁴ tʂɿ⁰] 伢子：孩子

小伢子，老头子，老巴子，[ɕiau⁵⁵ a²⁴ tʂɿ⁰, nau⁵⁵ tʰou²⁴ tʂɿ⁰, nau⁵⁵ pa³³ tʂɿ⁰] 老巴子：老婆婆

来吃饭的坐满一屋子。[nai²⁴ tɕʰi²⁴ ɸuan³³ ti⁰ tsuo³³ man⁵⁵ i²⁴ u²⁴ tʂɿ⁰]

鸡子鸭子，狗子猪子，[tɕi⁴⁵ tʂɿ⁰ ia²⁴ r̩⁰, kou⁵⁵ tʂɿ⁰ tʂu⁴⁵ tʂɿ⁰]

鹅巴子，牛伢子，[uo²⁴ pa³³ r̩⁰, iou²⁴ a²⁴ r̩⁰]

满满地站了一院子。[man⁵⁵ man⁵⁵ ti⁰ tʂan³³ na⁰ i·²⁴ yan³³ tʂɿ⁰]

外头有人在喊："收破烂哦——[uai³³ tʰou²⁴ iou⁵⁵ zən²⁴ tsai³³ xan⁵⁵, ʂou⁴⁵ pʰo³³ nan³³ uo³³]

乌龟壳子，牙，塑料袋子，[u⁴⁵ kuei⁴⁵ kʰuo²⁴ tʂɿ⁰, ia²⁴, ʂu³³ niau³³ tai³³ tʂɿ⁰]

牙膏皮子，换钱啰！"［ia²⁴kau⁴⁵pʰi²⁴tʂʅ⁰，xuan³³tɕʰian²⁴nuo⁰］

吃完饭哒，［tɕʰi²⁴uan²⁴ɸuan³³ta⁰］

老巴子开门来收拾桌子，［nau⁵⁵pa³³ɹ̩⁰kʰai⁴⁵mən²⁴nai²⁴ʂou⁴⁵ʂʅ²⁴tʂuo²⁴ɹ̩⁰］

嚇哒老巴子一冏啊！［xɛ²⁴ta⁰nau⁵⁵pa³³tʂʅ⁰i²⁴tɕioŋ²⁴a⁰］嚇：吓。一冏：一跳

金龙泉的酒瓶子，［tɕin⁴⁵noŋ²⁴tɕʰyan²⁴ti⁰tɕiou⁵⁵pʰin²⁴tʂʅ⁰］

黄鹤楼的烟盒子，［xuaŋ²⁴xuo³³nou²⁴ti⁰ian⁴⁵xuo²⁴ɹ̩⁰］

盘龙菜的菜盘子，［pʰan²⁴noŋ²⁴tʂʰai³³ti⁰tʂʰai³³pʰan²⁴tʂʅ⁰］

还有漳河虹鳟鱼的鱼架子，［xai²⁴iou⁵⁵tʂaŋ⁴⁵xuo²⁴xoŋ²⁴tʂuən⁴⁵y²⁴ti⁰y²⁴tɕia³³ɹ̩⁰］

栗溪板栗的空壳子，［ni²⁴ɕi⁴⁵pan⁵⁵ni²⁴ti⁰kʰoŋ⁴⁵kʰuo²⁴ɹ̩⁰］

花生壳子，骨头渣子，瓜籽壳子，［xua⁴⁵ʂən⁴⁵kʰuo²⁴ɹ̩⁰，ku²⁴tʰou²⁴tʂa⁴⁵tʂʅ⁰，kua⁴⁵tʂʅ⁰kʰuo²⁴ɹ̩⁰］

呃，还有哪个掉的个钱夹子哦！［ei³³，xai²⁴iou⁵⁵na⁵⁵ko⁰tiau³³ti⁰kuo³³tɕʰian²⁴tɕia²⁴ɹ̩⁰uo³³］

意译：盘子，筷子，勺子，杯子，好吃的菜摆了一大桌子。男孩，女孩，小娃娃，老头，老婆婆，来吃饭的坐满了一屋子。鸡鸭狗猪鹅，还有小牛犊，满满地站了一院子。外面有人在喊："收破烂啰——乌龟壳，塑料袋，牙膏皮，换钱啰！"吃完饭，老婆婆开门收拾桌子，吓了老婆婆一跳呐！只见金龙泉的酒瓶，黄鹤楼的烟盒，盘龙菜的菜盘，还有漳河虹鳟鱼的鱼骨架，栗溪板栗的空壳，花生壳，骨头渣，瓜子壳。哎呦，还有哪个丢失的钱包哟！

0034 自选条目

脑壳，颈晃，鼻孔，［nau⁵⁵kʰuo⁰，tɕiou⁵⁵xuaŋ⁴⁵，pi²⁴kʰoŋ⁵⁵］颈晃：颈脖子

耳朵，眼睛珠子，［ɯ⁵⁵tʰoŋ⁰，ian⁵⁵tɕin³³tʂu⁴⁵ɹ̩⁰］

胯裆，磕膝包罗子，［kʰa³³taŋ⁰，kʰɛ⁰tɕʰi²⁴pau⁴⁵nuo²⁴ɹ̩⁰］胯裆：两腿之间，裆。磕膝包罗子：膝盖

臁巴肚子，后包足子。［nian²⁴pa³³tu⁵⁵ɹ̩⁰，xou³³pau⁴⁵tʂuo²⁴ɹ̩⁰］臁巴肚子：腿肚子

意译：脑袋，颈脖，鼻孔，耳朵，眼珠，裆，膝盖，小腿肚子，脚后跟。

0035 自选条目

扬叉打兔子，掐的空里搞。［iaŋ²⁴tʂʰa⁴⁵ta⁵⁵tʰu³³ɹ̩⁰，kʰa²⁴ti⁰kʰoŋ³³ti⁰kau²¹］扬叉：Y形农具，用来翻扬谷草等

意译：扬叉打兔子，专对着空处打。意指工具或方法不对，只会徒劳无功。

0036 自选条目

瞎子打婆娘，捉倒一回是一回。[ɕia²⁴ tʂʅ³³ ta⁵⁵ pʰo²⁴ niaŋ²⁴, tʂuo²⁴ tau⁰ i²⁴ xuei²⁴ ʂʅ³³ i²⁴ xuei²⁴]

意译：瞎子打老婆，抓住一回是一回。意指机会难得，得到便不放过。

0037 自选条目

石头掉到茅坑里，又硬又臭。[ʂʅ²⁴ tʰou²⁴ tiau³³ tau⁰ mau²⁴ kʰən⁴⁵ ti⁰, iou³³ ən³³ iou³³ tʂʰou³³] 茅坑：厕所

意译：石头掉进厕所坑，又硬又臭。语义双关，"又硬又臭"喻指又固执又不讨人喜欢。

0038 自选条目

屁股头挎炸弹，响不得。[pʰi³³ ku⁰ tʰou²⁴ kʰua⁴⁵ tʂa³³ tan³³, ɕiaŋ⁵⁵ pu²⁴ tɛ⁰]

意译：屁股头挎炸弹，千万别响。意指情况很危险，或谐音双关，指"想不得，别想"。

0039 自选条目

夜蚊子衔秤砣，[iɛ³³ uən²⁴ tʂʅ⁰ xan²⁴ tʂʰən³³ tʰuo²⁴] 夜蚊子：蚊子，有别于饭蚊子（苍蝇）
就是一张嘴劲。[tɕiou³³ ʂʅ³³ i²⁴ tʂaŋ⁴⁵ tsuei⁵⁵ tɕin³³]

意译：夜蚊子衔秤砣，就一张嘴有劲。讽刺只会说大话，并无真能耐的人。

0040 自选条目

南桥的包子，[nan²⁴ tɕʰiau²⁴ ti⁰ pau⁴⁵ tsʅ⁰] 南桥：地名
吃哒也悔，不吃也悔。[tɕʰi²⁴ ta⁰ iɛ⁵⁵ xuei⁵⁵, pu²⁴ tɕʰi²⁴ iɛ⁵⁵ xuei⁵⁵] 哒：了

意译：南桥的包子，吃了后悔，不吃也后悔。意指某些事情无论做与不做，都会后悔。

0041 自选条目

老鼠子拖葫芦，[nau⁵⁵ ʂu⁵⁵ r̩⁰ tʰuo⁴⁵ xu²⁴ nu⁰]
大头子还在后头。[ta³³ tʰou²⁴ tsʅ⁰ xai²⁴ tsai³³ xou³³ tʰou⁰]

意译：老鼠拖葫芦，只能拉住葫芦的小头，大头拖在后边。语义双关，"大头子还在后头"意指重要的、关键的部分还在后面。

0042 自选条目

黄瓜泥巴掉到裤裆里，[xuaŋ²⁴ kua⁰ ni²⁴ pa³³ tiau³³ tau⁰ kʰu³³ taŋ⁴⁵ ni⁰]

不是屁屁就是屎。[pu²⁴ ʂʅ³³ pa⁵⁵ pa⁰ tɕiou³³ ʂʅ³³ ʂʅ⁵⁵] 屁屁："屎"的另一种说法

意译：黄泥巴掉到裤裆里，不是屎也会被认为是屎。谐音双关，意指有些事情一旦被误会，便无法辩解。

0043 自选条目

虰虰吃尾巴，自吃自。[tin⁴⁵ tin⁰ tɕʰi²⁴ i⁵⁵ pa³³，tsʅ³³ tɕʰi²⁴ tsʅ³³] 虰虰：蜻蜓

意译：蜻蜓吃尾巴，自己吃自己。语义双关，意指自己害自己。

0044 自选条目

王木匠的锯子——不锉（错）。[uaŋ²⁴ mu³³ tɕiaŋ³³ ti⁰ tɕy³³ ɻ̩⁰——pu²⁴ tsʰuo³³]

意译：王木匠的锯子，从不锉磨。"不锉"谐音"不错"，意指事情还行。

0045 自选条目

剃头佬的挑子，一头热。[tʰi³³ tʰou²⁴ nau⁵⁵ ti⁰ tʰiau⁴⁵ ɻ̩⁰，i²⁴ tʰou²⁴ zɛ²⁴] 挑子：担子

意译：剃头匠挑的担子，有一头放小火炉，是热的。语义双关，"一头热"意指一方情愿，另一方不情愿。

0046 自选条目

荷叶包鳝鱼，溜之鳅之。[xuo²⁴ iɛ²⁴ pau⁴⁵ ʂan³³ y²⁴，niou⁴⁵ tsʅ⁴⁵ tɕʰiou⁴⁵ tsʅ⁴⁵]

意译：用荷叶包鳝鱼，都是滑溜溜的，鳝鱼容易溜走。意指偷偷溜走或逃避工作。

0047 自选条目

被窝里放屁，两头臭。[pei³³ uo⁴⁵ ti⁰ ɸuaŋ³³ pʰi³³，niaŋ⁵⁵ tʰou²⁴ tsʰou³³]

意译：被窝里放屁，两头都有臭味。意指两方面都受害。

0048 自选条目

大河有水小河满，[ta³³ xuo²⁴ iou⁵⁵ ʂuei⁵⁵ ɕiau⁵⁵ xuo²⁴ man⁵⁵]

大河无水小河干。[ta³³ xuo²⁴ u²⁴ ʂuei⁵⁵ ɕiau⁵⁵ xuo²⁴ kan⁴⁵]

意译：大河有水小河就能满，大河无水小河就会干。意指个人利益依赖于集

体利益。

0049 自选条目
命里只有八合米，[min³³ ni⁰ tʂʅ⁵⁵ iou⁵⁵ pa²⁴ kɛ⁰ mi⁵⁵]
走满天下不满升。[tsou⁵⁵ man⁵⁵ tʰian⁴⁵ ɕia³³ pu²⁴ man⁵⁵ ʂən⁴⁵]
意译：命里如果注定只有八合米的福分，即便走满天下也不会满一升。意指命中注定的事情不可改变。宿命论观点。

0050 自选条目
生意不好扯柜台。[ʂən⁴⁵ i³³ pu²⁴ xau⁵⁵ tʂʰɛ⁵⁵ kuei³³ tʰai²⁴] 扯：牵扯，怪罪
意译：生意不好怪柜台有问题。意指迁怒于他人。

0051 自选条目
死猪子不怕开水烫。[sʅ⁵⁵ tsu⁴⁵ tsʅ⁰ pu²⁴ pʰa³³ kʰai⁴⁵ ʂuei⁵⁵ tʰaŋ³³]
意译：死猪不怕开水烫。喻指脸皮厚，不怕别人的指责。

0052 自选条目
买不尽的田和地，[mai⁵⁵ pu²⁵ tɕin³³ ti⁰ tʰian²⁴ xɛ²⁴ ti³³]
爱不尽的美貌妻。[ai³³ pu²⁵ tɕin³³ ti⁰ mei⁵⁵ mau³³ tɕʰi⁴⁵]
意译：田地是买不尽的，娇妻是爱不尽的。意指好事无穷，享乐无尽，要适可而止。

0053 自选条目
借的牯牛力气大。[tɕiɛ³³ ti⁰ ku⁵⁵ niou²⁴ ni²⁴ tɕʰi³³ ta³³] 牯牛：公牛
意译：借来的公牛力气更大。意指别人的东西总比自己的好。

0054 自选条目
买的不同卖的心。[mai⁵⁵ ti⁰ pu²⁵ tʰoŋ²⁴ mai³³ ti⁰ ɕin⁴⁵]
意译：买家的心思和卖家是不同的。意指人各有心思。

0055 自选条目
好打架的狗子没得一张好皮。[xau³³ ta⁵⁵ tɕia³³ ti⁰ kou⁵⁵ tsʅ⁰ mei²⁴ tɛ²⁴ i²⁴ tsaŋ⁴⁵ xau⁵⁵ pʰi²⁴]

意译：好打架的狗子没有一张好皮。意指为恶者不会有好下场。

0056 自选条目

将钱学艺，学艺赚钱。[tɕiaŋ⁴⁵ tɕʰian²⁴ ɕio²⁴ i³³，ɕio²⁴ i³³ tʂuan³³ tɕʰian²⁴]

意译：拿钱去学艺，学艺了再去赚钱。指付出与回报间的辩证关系，或指要舍得投资。

0057 自选条目

出门看天色，进门观脸色。[tʂʰu²⁴ mən²⁴ kʰan³³ tʰian⁴⁵ ʂɛ³³，tɕin³³ mən²⁴ kuan⁴⁵ nian⁵⁵ ʂɛ³³]

意译：出门要先看天色，进门要先看脸色。指要会察言观色，见机行事。

0058 自选条目

你妈的真不是东西。[ni⁵⁵ ma⁴⁵ ti⁰ tʂən⁴⁵ pu²⁴ ʂɻ³³ kɛ⁰ toŋ⁴⁵ ɕi⁴⁵]

意译：詈语，意指"你不是个东西"。

0059 自选条目

你个狗日的。[ni⁵⁵ kɛ⁰ kou⁵⁵ ʐɻ²⁴ ti⁰]

意译：詈语，意同"你这个狗日的"。

0060 自选条目

你个臭婊子养的。[ni⁵⁵ kɛ⁰ tʂʰou³³ piau⁵⁵ tsɻ³³ iaŋ⁵⁵ ti⁰]

意译：詈语，意为"你这个臭婊子养的"。

0061 自选条目

李白，早发白帝城。[ni⁵⁵ po²⁴，tsau⁵⁵ fa²⁴ po²⁴ ti³³ tsʰən²⁴]

朝辞白帝彩云间，[tsau⁴⁵ tsʰɻ²⁴ pai²⁴ ti³³ tsʰai⁵⁵ yən²⁴ tɕian⁴⁵]

千里江陵一日还。[tɕʰian⁴⁵ ni⁵⁵ tɕiaŋ⁴⁵ nin²⁴ i²⁴ ʐɻ³³ xuan²⁴]

两岸猿声啼不住，[niaŋ⁵⁵ an³³ yan²⁴ ʂən⁴⁵ ti²⁴ pu²⁴ tʂu³³]

轻舟已过万重山。[tɕʰin⁴⁵ tsou²⁴ i⁵⁵ kuo³³ uan²⁴ tsʰoŋ²⁴ san⁴⁵]

意译：李白《早发白帝城》。朝辞白帝彩云间，千里江陵一日还。两岸猿声啼不住，轻舟已过万重山。

0062 自选条目

杜牧，山行。[tu³³ moŋ²⁴，ʂan⁴⁵ ɕin²⁴]

远上寒山石径斜，[yan⁵⁵ ʂaŋ³³ xan²⁴ ʂan⁴⁵ ʂʅ²⁴ tɕin³³ ɕiɛ²⁴]

白云深处有人家。[po²⁴ yən²⁴ ʂən⁴⁵ tʂʰu³³ iou⁵⁵ zən²⁴ tɕia⁴⁵]

停车坐爱枫林晚，[tʰin²⁴ tʂʰɛ⁴⁵ tsuo³³ ai³³ foŋ⁴⁵ nin²⁴ uan⁵⁵]

霜叶红于二月花。[ʂuaŋ⁴⁵ iɛ³³ xoŋ²⁴ y²⁴ ɯ³³ yɛ²⁴ xua⁴⁵]

意译：杜牧《山行》。远上寒山石径斜，白云深处有人家。停车坐爱枫林晚，霜叶红于二月花。

0063 自选条目

李白，黄鹤楼送孟浩然之广陵。[ni⁵⁵ po²⁴，xuaŋ²⁴ xuo³³ nou²⁴ soŋ³³ moŋ³³ xau³³ zan²⁴ tʂʅ⁴⁵ kuaŋ⁵⁵ nin²⁴]

故人西辞黄鹤楼，[ku³³ zən²⁴ ɕi⁴⁵ tʂʰʅ²⁴ xuaŋ²⁴ xɛ³³ nou²⁴]

烟花三月下扬州。[ian⁴⁵ xua⁴⁵ ʂan⁴⁵ yɛ²⁴ ɕia³³ iaŋ³³ tsou⁴⁵]

孤帆远影碧空尽，[ku⁴⁵ ɸuan²⁴ yan⁵⁵ in⁵⁵ pi²⁴ kʰoŋ⁴⁵ tɕin³³]

唯见长江天际流。[uei²⁴ tɕian³³ tʂʰaŋ²⁴ tɕiaŋ⁴⁵ tʰian⁴⁵ tɕi³³ niou²⁴]

意译：李白《黄鹤楼送孟浩然之广陵》。故人西辞黄鹤楼，烟花三月下扬州。孤帆远影碧空尽，唯见长江天际流。

钟　祥

一　歌谣

0001 歌谣

喜洋洋来喜洋啊洋啊，[ɕi⁵³ iaŋ³¹ iaŋ³¹ nai³¹ ɕi⁵³ iaŋ³¹ a⁰ iaŋ³¹ a⁰]

敲锣打鼓进花呀堂啊。[tɕʰiau²⁴ nuo³¹ ta⁵³ ku⁵³ tɕin²¹⁴ xua²⁴ ia⁰ tʰaŋ³¹ a⁰]

才子佳人是配成双，[tsʰai³¹ tsʅ⁵³ tɕia²⁴ zən³¹ ʂʅ²¹⁴ pʰəi²¹⁴ tʂʰən³¹ ʂuaŋ²⁴]

亲朋好友送吉呀祥啊，[tɕʰin²⁴ pʰəŋ³¹ xau⁵³ iəu⁵³ soŋ²¹⁴ tɕi³¹ ia⁰ tɕʰiaŋ³¹ a⁰]

哎嗨哟哎嗨哎嗨哟。[ai⁰ xai⁰ io⁰ ai⁰ xai⁰ ai⁰ xai⁰ io⁰]

总管先生你管得呀宽啊，[tsoŋ⁵³ kuan⁵³ ɕien²⁴ ʂən²⁴ ni⁵³ kuan⁵³ tə³¹ ia⁰ kʰuan²⁴ a⁰] 总管先生：全盘筹划婚礼的人

世世代代做高啊官啊，[ʂʅ²¹⁴ ʂʅ²¹⁴ tai²¹⁴ tai²¹⁴ tsou²¹⁴ kau²⁴ a⁰ kuan²⁴ a⁰]

总管先生你管得全，[tsɔŋ⁵³ kuan⁵³ ɕien²⁴ sən²⁴ ni⁵³ kuan⁵³ tə³¹ tɕʰyen³¹]

你发财发到万万啊年啊，[ni⁵³ fa³¹ tsʰai³¹ fa³¹ tau²¹⁴ uan²¹⁴ uan²¹⁴ a⁰ nien³¹ a⁰]

哎嗨哟哎嗨哎嗨哟。[ai⁰ xai⁰ io⁰ ai⁰ xai⁰ ai⁰ xai⁰ io⁰]

喜洋洋来喜洋啊洋啊，[ɕi⁵³ iaŋ³¹ iaŋ³¹ nai³¹ ɕi⁵³ iaŋ³¹ a⁰ iaŋ³¹ a⁰]

拜哒总管拜厨啊房啊，[pai²¹⁴ ta⁰ tsɔŋ⁵³ kuan⁵³ pai²¹⁴ tʂʰu³¹ a⁰ faŋ³¹ a⁰]

厨子师傅是正在忙，[tʂʰu³¹ ʂʅ²⁴ fu⁰ ʂʅ²¹⁴ tsən²¹⁴ tsai²¹⁴ maŋ³¹]

走进厨房就闻进了香啊，[tsou⁵³ tɕin²¹⁴ tʂʰu³¹ faŋ³¹ tɕiəu²¹⁴ uən³¹ tɕin²¹⁴ niau⁰ ɕiaŋ²⁴ a⁰]

哎嗨哟哎嗨哎嗨哟。[ai⁰ xai⁰ io⁰ ai⁰ xai⁰ ai⁰ xai⁰ io⁰]

意译：喜洋洋啊喜洋洋，敲锣打鼓进花堂。才子佳人配成双，亲朋好友送吉祥，哎嗨哟哎嗨哎嗨哟。总管先生你管得宽，世世代代做高官。总管先生你管得全，你发财发到万万年，哎嗨哟哎嗨哎嗨哟。喜洋洋啊喜洋洋，拜了总管拜厨房，厨子师傅正在忙，走进厨房就闻到了香，哎嗨哟哎嗨哎嗨哟。

0002 歌谣

喜洋洋来笑哈呀哈呀，[ɕi⁵³ iaŋ³¹ iaŋ³¹ nai³¹ ɕiau²¹⁴ xa²⁴ ia⁰ xa²⁴ ia⁰]

一对新人成了哇家呀，[i³¹ təi²¹⁴ ɕin²⁴ zən³¹ tʂʰən³¹ niau⁵³ ua⁰ tɕia²⁴ ia⁰]

先要感谢爹和妈，[ɕien²⁴ iau²¹⁴ kan⁵³ ɕie²¹⁴ tie²⁴ xuo³¹ ma²⁴]

再来感谢亲朋和大呀家呀，[tsai²¹⁴ nai³¹ kan⁵³ ɕie²¹⁴ tɕʰin²⁴ pʰəŋ³¹ xuo³¹ ta²¹⁴ ia⁰ tɕia²⁴ ia⁰]

哎嗨哟哎嗨哎嗨哟。[ai⁰ xai⁰ io⁰ ai⁰ xai⁰ ai⁰ xai⁰ io⁰]

喜洋洋来喜洋啊洋啊，[ɕi⁵³ iaŋ³¹ iaŋ³¹ nai³¹ ɕi⁵³ iaŋ³¹ a⁰ iaŋ³¹ a⁰]

这才子佳人配成了双啊，[tsə²¹⁴ tsʰai³¹ tsʅ⁵³ tɕia²⁴ zən³¹ pʰəi²¹⁴ tsʰən³¹ na⁰ ʂuaŋ²⁴ a⁰]

我们的演出是不咋样，[uo⁵³ mən⁰ ti⁰ ien⁵³ tʂʰu³¹ ʂʅ²¹⁴ pu³¹ tsa⁵³ iaŋ²¹⁴]

还望老板多原哪谅啊，[xai³¹ uaŋ²¹⁴ nau⁵³ pan⁵³ tuo²⁴ yen³¹ na⁰ niaŋ²¹⁴ a⁰]

哎嗨哟哎嗨哎嗨哟。[ai⁰ xai⁰ io⁰ ai⁰ xai⁰ ai⁰ xai⁰ io⁰]

喜洋洋来笑盈哪盈哪，[ɕi⁵³ iaŋ³¹ iaŋ³¹ nai³¹ ɕiau²¹⁴ in³¹ na⁰ in³¹ na⁰]

一对新人成了哇亲哪，[i³¹ təi²¹⁴ ɕin²⁴ zən³¹ tʂʰən³¹ niau⁵³ ua⁰ tɕʰin²⁴ na⁰]

亲朋在这儿赶了情，[tɕʰin²⁴ pʰəŋ³¹ tsai²¹⁴ tsər²¹⁴ kan⁵³ niau⁵³ tɕʰin³¹] 赶情：送礼金

您麻将桌子上再去啊赢哪，[nia⁵³ ma³¹ tɕiaŋ²¹⁴ tsuo³¹ ʂʅ⁰ ʂaŋ²¹⁴ tsai²¹⁴ kʰə²¹⁴ a⁰ in³¹ na⁰]

哎嗨哟哎嗨哎嗨哟。[ai⁰ xai⁰ io⁰ ai⁰ xai⁰ ai⁰ xai⁰ io⁰]

意译：喜洋洋呀笑哈哈，一对新人成了家，先要感谢爹和妈，再来感谢亲朋和大家，哎嗨哟哎嗨哎嗨哟。喜洋洋呀喜洋洋，才子佳人配成了双，我们的演出不怎么样，还希望老板多原谅，哎嗨哟哎嗨哎嗨哟。喜洋洋呀笑盈盈，一对新人

成了亲，亲朋在这儿送了礼金，您麻将桌上再去赢，哎嗨哟哎嗨哎嗨哟。

二　规定故事

0021 牛郎织女

　　在古时候有一个年轻的男的，[tʂai²¹ ku⁵⁵ ʂʅ³¹ xəu²¹ iəu⁵⁵ i³¹ kə²¹ nien³¹ tɕhin²¹ ti⁵⁵ nan³¹ ti⁰]

　　他的名字叫牛郎。[tha²¹ ti⁵⁵ min³¹ ɻ⁰ tɕiau²⁴ niəu³¹ naŋ³¹]

　　牛郎的父母在他很年轻的时候都已经双亡哒，[niəu³¹ naŋ³¹ ti⁰ fu²¹ mu⁵⁵ tʂai²¹ tha²¹ xən⁵⁵ nien³¹ tɕhin²¹ ti⁵⁵ ʂʅ³¹ xəu²¹ təu²¹ i⁵⁵ tɕin⁵⁵ ʂuaŋ²⁴ uaŋ³¹ ta⁰] 哒：助词，同"了"

　　所以他一个人很可怜。[ʂuo⁵⁵ i³¹ tha²⁴ i³¹ kə²¹ zən³¹ xən⁵⁵ khə⁵⁵ nien³¹]

　　牛郎养了一头耕牛，[niəu³¹ naŋ³¹ iaŋ⁵⁵ na⁰ i³¹ thəu³¹ kən²⁴ niəu³¹]

　　这头耕牛跟牛郎一直相依为命，[tʂə²¹ thəu³¹ kən²⁴ niəu³¹ kən²⁴ niəu³¹ naŋ³¹ i³¹ tʂʅ³¹ ɕiaŋ²⁴ i²⁴ uəi³¹ min²¹⁴]

　　其实这头耕牛是天上的金牛星下凡人间，[tɕhi³¹ ʂʅ³¹ tʂə²¹ thəu³¹ kən²⁴ niəu³¹ ʂʅ²¹ thien²⁴ ʂaŋ²¹ ti⁰ tɕin²⁴ niəu³¹ ɕin²⁴ ɕia²¹ fan³¹ zən³¹ tɕien²⁴]

　　变的一头耕牛在他身边，[pien²¹ ti⁰ i³¹ thəu³¹ kən²⁴ niəu³¹ tʂai²¹ tha²⁴ ʂən²⁴ pien²⁴]

　　是一个神仙。[ʂʅ²¹ i³¹ kə²¹ ʂən³¹ ɕien⁰]

　　金牛星看牛郎每天都很造孽，[tɕin²¹ niəu⁵⁵ ɕin²⁴ khan²¹ niəu³¹ naŋ³¹ məi⁵⁵ thien²⁴ təu²¹ xən⁵⁵ tsau²⁴ ie³¹] 造孽：可怜

　　又能吃苦，[iəu²¹ nən⁵⁵ tɕhi³¹ khu⁵⁵]

　　人品也好，[zən³¹ phin⁰ ie⁵⁵ xau⁵⁵]

　　但是就是一个人孤苦伶仃，[tan²⁴ ʂʅ²¹ tɕiəu²¹ ʂʅ²¹ i³¹ kə²¹ zən³¹ ku²¹ khu⁵⁵ nin³¹ tin²⁴]

　　所以金牛星想跟牛郎找一个老婆，[ʂuo⁵⁵ i⁵⁵ tɕin²¹ niəu⁵⁵ ɕin²⁴ ɕiaŋ⁵⁵ kən²⁴ niəu³¹ naŋ³¹ tsau⁵⁵ i³¹ kə²¹ nau⁵⁵ phɔ³¹]

　　让他成一个家。[zaŋ²¹ tha²¹ tʂhən⁵⁵ i³¹ kə²¹ tɕia²¹]

　　在某一天，[tʂai²¹ məu⁵⁵ i³¹ thien²⁴]

　　金牛星听说天上的七仙女会下凡人间，[tɕin²¹ niəu⁵⁵ ɕin²⁴ thin²⁴ ʂuo³¹ thien²¹ ʂaŋ⁵⁵ ti⁰ tɕhi³¹ ɕien²¹ ny⁵⁵ xuəi²¹ ɕia²¹ fan³¹ zən³¹ tɕien²⁴]

　　到村东边的一个山脚下的湖边玩水。[tau²¹ tʂhuən²⁴ tɔŋ²⁴ pien²⁴ ti⁰ i³¹ kə²¹ ʂan²⁴ tɕio³¹ ɕia²¹ ti⁰ xu³¹ pien²⁴ uan³¹ ʂuəi⁵⁵] 玩水：戏水

　　于是当天晚上金牛星就跟牛郎托梦，[y³¹ ʂʅ²¹ taŋ²¹ thien²⁴ uan⁵⁵ ʂaŋ²¹ tɕin²⁴ niəu³¹ ɕin²¹ tɕiəu²¹ kən²⁴ niəu³¹ naŋ³¹ thuo²⁴ məŋ²¹⁴]

说明天早上有七个非常漂亮的女孩子会从天上下凡，[ʂuo³¹ min³¹ tʰien²¹ tsau⁵⁵ ʂaŋ²¹ iəu⁵⁵ tɕʰi³¹ kə²¹ fəi²⁴ tʂʰaŋ³¹ pʰiau²¹ niaŋ²¹ ti⁰ ny⁵⁵ xai³¹ tʂʅ⁰ xuəi²¹ tʂʰɔŋ³¹ tʰien²¹ ʂaŋ⁵⁵ ɕia²⁴ fan³¹]

到你东边的村东边的山脚的湖边玩水，[tau²¹ ni⁵⁵ tɔŋ²⁴ pien²¹ ti⁰ tʂʰuən²⁴ tɔŋ²⁴ pien²¹ ti⁰ ʂan²⁴ tɕio³¹ ti⁰ xu³¹ pien⁰ uan²¹ ʂuəi⁵⁵]

你要早点儿过去，[ni⁵⁵ iau²¹ tsau⁵⁵ tier⁵⁵ kuo²¹ kʰə²⁴]

然后从里面偷一件衣服，[zan³¹ xəu²¹ tʂʰɔŋ³¹ ni⁵⁵ mien⁵⁵ tʰəu²¹ i³¹ tɕien²¹ i²¹ fu⁵⁵]

那么你就会有个老婆哒。[na²¹ mə⁰ ni⁵⁵ tɕiəu²¹ xuəi²¹ iəu⁵⁵ kə²¹ nau⁵⁵ pʰɔ³¹ ta⁰] 哒：助词，同"了"

牛郎第二天醒了以后半信半疑，[niəu³¹ naŋ³¹ ti²¹ ər²¹ tʰien²⁴ ɕin⁵⁵ na⁰ i⁵⁵ xəu²¹⁴ pan²⁴ ɕin²¹ pan²⁴ i³¹]

有点儿不相信，[iəu⁵⁵ tier²¹ pu³¹ ɕiaŋ²⁴ ɕin²¹⁴]

但是还是抱着试一试的态度很早就跑过去哒。[tan²⁴ ʂʅ²¹ xai³¹ ʂʅ²¹ pau²¹ tʂə⁰ ʂʅ⁵⁵ i³¹ ʂʅ²¹ ti⁰ tʰai²⁴ tu²¹⁴ xən⁵⁵ tsau⁵⁵ tɕiəu²¹ pʰau²¹ kuo²¹ kʰə²¹ ta⁰]

他一直在湖边等，[tʰa²⁴ i²¹ tʂʅ³¹ tsai²¹ xu³¹ pien²⁴ tən⁵⁵]

没过多久突然之间真的有七个美丽的女子从天上下凡。[məi³¹ kuo²¹ tuo²⁴ tɕiəu⁵⁵ tʰu²¹ zan³¹ tʂʅ²¹ tɕien⁵⁵ tʂən²⁴ ti⁰ iəu⁵⁵ tɕʰi³¹ kuo²¹ məi⁵⁵ ni²¹ ti⁰ ny⁵⁵ tʂʅ⁵⁵ tʂʰɔŋ³¹ tʰien²¹ ʂaŋ⁵⁵ ɕia²⁴ fan³¹]

这个时候牛郎非常地开心，[tʂə²¹ kə²¹ ʂʅ³¹ xəu²¹ niəu³¹ naŋ³¹ fəi²⁴ tʂʰaŋ³¹ ti⁰ kʰai²⁴ ɕin²⁴]

他等这七个女子在湖边玩水的时候，[tʰa²¹ tən⁵⁵ tʂə²¹ tɕʰi³¹ kə²¹ ny⁵⁵ tsʅ⁵⁵ tsai²⁴ xu³¹ pien⁰ uan⁵⁵ ʂuəi⁵⁵ ti⁰ ʂʅ³¹ xəu²¹]

悄悄儿地跑过去，[tɕʰiau²⁴ tɕʰiaur²⁴ ti⁰ pʰau³¹ kuo²¹ kʰə²¹⁴]

从里面偷了一件衣服，[tʂʰɔŋ³¹ ni⁵⁵ mien²¹ tʰəu²⁴ na⁰ i³¹ tɕien²¹ i²¹ fu⁵⁵]

然后马上都跑哒，[zan³¹ xəu²¹ ma⁵⁵ ʂaŋ²¹ təu⁰ pʰau³¹ ta⁰]

这件衣服就是织女的衣服。[tʂə²¹ tɕien²¹ i²¹ fu⁵⁵ tɕiəu²¹ ʂʅ²¹ tʂʅ⁵⁵ ny⁵⁵ ti⁰ i²¹ fu⁵⁵]

织女和七个和其他的仙女把水玩完啊以后，[tʂʅ³¹ ny⁵⁵ xə³¹ tɕʰi³¹ kə³¹ xə³¹ tɕʰi³¹ tʰa⁵⁵ ti⁰ ɕien²¹ ny⁵⁵ pa⁵⁵ ʂuəi⁵⁵ uan³¹ uan³¹ a⁰ i³¹ xəu²¹⁴]

发现自己的衣服不见哒，[fa²¹ ɕien²¹ tsʅ²¹ tɕi⁵⁵ ti⁰ i²¹ fu⁵⁵ pu³¹ tɕien²¹ ta⁰]

于是就找自己的衣服，[y³¹ ʂʅ²¹ tɕiəu²¹ tsau⁵⁵ tsʅ²¹ tɕi²¹ ti⁰ i²¹ fu⁵⁵]

她找啊找啊找到牛郎的家里，[tʰa²¹ tsau⁵⁵ a⁰ tsau⁵⁵ a⁰ tsau⁵⁵ tau⁵⁵ niəu³¹ naŋ³¹ ti⁰ tɕia²¹ ti⁵⁵]

发现牛郎人品很好，[fa³¹ ɕien²¹ niəu³¹ naŋ³¹ zən³¹ pʰin⁵⁵ xən⁵⁵ xau⁵⁵]

于是他们就成为了夫妻。[y³¹ ʂʅ²¹ tʰa²⁴ mən⁰ tɕiəu²¹ tʂʰən³¹ uəi³¹ na⁰ fu²⁴ tɕʰi²⁴]

牛郎和织女在一起幸福地生活了三年，[niəu³¹ naŋ³¹ xuo³¹ tʂʅ³¹ ny⁵⁵ tsai²¹ i³¹ tɕʰi⁵⁵ ɕin²⁴ fu³¹ ti⁰ ʂən²⁴ xuo³¹ na⁰ ʂan²⁴ nien³¹]

这三年当中织女为牛郎生哒一儿一男一女两个伢子，[tʂə²¹ ʂan²⁴ nien³¹ taŋ²⁴ tʂoŋ²⁴ tʂʅ³¹ ny⁵⁵ uəi³¹ niəu³¹ naŋ³¹ ʂən²¹ ta⁵⁵ i³¹ ər³¹ i³¹ nan³¹ i³¹ ny⁵⁵ niaŋ⁵⁵ kə²¹ a³¹ ʅ⁰] 伢子：孩子

生活可谓是非常的幸福美满。[ʂən²⁴ xuo³¹ kʰə⁵⁵ uəi²¹ ʂʅ²¹ fəi²⁴ tʂʰaŋ³¹ ti⁰ ɕin²⁴ fu³¹ məi⁵⁵ man⁵⁵]

但是有一天天庭的玉皇大帝，[tan²⁴ ʂʅ²¹ iəu⁵⁵ i³¹ tʰien²⁴ tʰien²⁴ tʰin³¹ ti⁰ y²¹ xuaŋ³¹ ta²⁴ ti²¹⁴]

晓得织女私自下凡人间，[ɕiau⁵⁵ tə³¹ tʂʅ³¹ ny⁵⁵ sʅ²⁴ tsʅ²¹ ɕia²¹ fan²¹ zən³¹ tɕien²¹] 晓得：知道

并和凡人结婚的消息以后，[pin²¹ xə⁵⁵ fan³¹ zən³¹ tɕie³¹ xuən²¹ ti⁵⁵ ɕiau²¹ ɕi⁵⁵ i⁵⁵ xəu²¹⁴]

特别地愤怒，[tʰə³¹ pie³¹ ti⁰ fən²⁴ nu²¹⁴]

特别恼火儿，[tʰə³¹ pie³¹ nau⁵⁵ xuor⁵⁵]

于是就把织女召回天庭，[y³¹ ʂʅ²¹ tɕiəu²¹ pa²¹ tʂʅ²¹ ny⁵⁵ tsau²⁴ xuəi³¹ tʰien²⁴ tʰin³¹]

要对她进行惩罚。[iau²¹ tuəi²¹ tʰa²⁴ tɕin²¹ ɕin³¹ tʂʰən⁵⁵ fa³¹]

这个时候，[tʂə²¹ kə²¹ ʂʅ³¹ xəu²¹]

牛郎发现自己的老婆突然不见哒，[niəu³¹ naŋ³¹ fa³¹ ɕien³¹ tsʅ²¹ tɕi²¹ ti⁵⁵ nau⁵⁵ pʰɔ³¹ tʰu²¹ zan³¹ pu³¹ tɕien²¹ ta⁰]

非常着急，[fəi²¹ tʂʰaŋ⁵⁵ tʂuo²⁴ tɕi³¹]

就找到金牛星。[tɕiəu²¹ tʂau⁵⁵ tau³¹ tɕin²⁴ niəu³¹ ɕin²⁴]

金牛星告诉牛郎不要着急，[tɕin²⁴ niəu³¹ ɕin²⁴ kau²¹ ʂu³¹ niəu³¹ naŋ³¹ pu³¹ iau²¹ tʂuo²⁴ tɕi³¹]

他说你把我头上的两个角摘下来，[tʰa²¹ ʂuo⁵⁵ ni⁵⁵ pa³¹ uo⁵⁵ tʰəu³¹ ʂaŋ³¹ ti⁰ niaŋ⁵⁵ kə²⁴ kuo³¹ tʂə³¹ ɕia²¹ nai³¹]

它们就会变成两个箩筐，[tʰa²¹ mən⁵⁵ tɕiəu²¹ xuəi²¹ pien²¹ tʂʰən³¹ niaŋ⁵⁵ kə²¹ nuo³¹ kʰuaŋ²⁴]

然后你把你两个伢子分别放入箩筐之中，[zan³¹ xəu²¹ ni⁵⁵ pa³¹ ni⁵⁵ niaŋ⁵⁵ kə²¹ a³¹ ʅ⁰ fən²⁴ pie³¹ faŋ²¹ zu³¹ nuo³¹ kʰuaŋ²⁴ tʂʅ²⁴ tʂoŋ²⁴]

这两个箩筐就会带着你和你的伢子飞向天庭寻找织女。[tʂə²¹ niaŋ⁵⁵ kə²¹ nuo³¹ kʰuaŋ²⁴ tɕiəu²¹ xuəi²¹ tai²¹ tʂə⁰ ni⁵⁵ xə³¹ ni⁵⁵ ti⁰ a³¹ ʅ⁰ fəi²⁴ ɕiaŋ²¹ tʰien²⁴ tʰin³¹ ɕyn³¹ tʂau⁵⁵ tʂʅ³¹ ny⁵⁵]

话还没说完，[xua²¹ xai³¹ məi²¹ ʂuo²⁴ uan³¹]

金牛星的两个角就自己掉下来哒，[tɕin²⁴ niəu³¹ ɕin²⁴ ti⁰ niaŋ⁵⁵ kə²⁴ kuo³¹ tɕiəu²¹ tsʅ²¹ tɕi⁵⁵ tiau²¹ ɕia²¹ nai³¹ ta⁰]

牛郎把自己的儿子姑娘分别放入两个箩筐里面,［niəu³¹ naŋ³¹ pa⁵⁵ tʂʅ²¹ tɕi⁵⁵ ti⁵⁵ ər³¹ tʂʅ⁰ ku²¹ niaŋ⁵⁵ fən²⁴ pie³¹ faŋ²¹ zu²¹ niaŋ⁵⁵ kə²¹ nuo³¹ kʰuaŋ²⁴ ni⁵⁵ mien⁰］姑娘：女儿

然后挑着箩筐,［zan³¹ xəu²¹ tʰiau²¹ tʂə⁵⁵ nuo³¹ kʰuaŋ²⁴］

这两个箩筐就像长哒翅膀一样突然往天上飞,［tʂə²¹ niaŋ⁵⁵ kə²¹ nuo³¹ kʰuaŋ²⁴ tɕiəu²¹ ɕiaŋ²¹ tʂaŋ⁵⁵ ta⁵⁵ tʂʰʅ²¹ paŋ⁵⁵ i³¹ iaŋ²¹⁴ tʰu³¹ zan³¹ uaŋ⁵⁵ tʰien²¹ ʂaŋ⁵⁵ fəi²⁴］

飞呀飞呀,［fəi²⁴ ia⁰ fəi²⁴ ia⁰］

眼看马上就要追上织女,［ien⁵⁵ kʰan²¹ ma⁵⁵ ʂaŋ²¹ tɕiəu²¹ iau²¹ tʂuəi²¹ ʂaŋ⁵⁵ tʂʅ³¹ ny⁵⁵］

马上就要飞到天庭的时候,［ma⁵⁵ ʂaŋ²¹ tɕiəu²¹ iau²¹ fəi²⁴ tau²¹ tʰien²⁴ tʰin³¹ ti⁰ ʂʅ³¹ xəu²¹］

这个时候王母娘娘发现哒,［tʂə²¹ kə²¹ ʂʅ³¹ xəu³¹ uaŋ²¹ mu⁵⁵ niaŋ³¹ niaŋ³¹ fa²⁴ ɕien²¹ ta⁰］

于是王母娘娘把自己头上的金钗拿下来,［y³¹ ʂʅ²¹ uaŋ²¹ mu⁵⁵ niaŋ³¹ niaŋ³¹ pa⁵⁵ tʂʅ²¹ tɕi²⁴ tʰəu³¹ ʂaŋ⁰ ti⁰ tɕin²⁴ tʂʰai²¹ na³¹ ɕia²¹ nai³¹］

在牛郎和织女中间一划,［tʂai²¹ niəu³¹ naŋ³¹ xə³¹ tʂʅ³¹ ny⁵⁵ tʂɔŋ²⁴ tɕien²⁴ i²⁴ xua³¹］

这个时候,［tʂə²¹ kə²¹ ʂʅ³¹ xəu²¹］

牛郎和织女中间就变成了一条非常宽的河——天河,［niəu³¹ naŋ³¹ xə³¹ tʂʅ³¹ ny⁵⁵ tʂɔŋ²⁴ tɕien²⁴ tɕiəu⁵⁵ pien²¹ tʂʰən⁵⁵ na⁰ i³¹ tʰiau³¹ fəi²⁴ tʂʰaŋ²¹ kʰuan²¹ ti⁵⁵ xuo³¹——tʰien²⁴ xuo³¹］

天河越变越宽,［tʰien²⁴ xuo³¹ ye³¹ pien²¹ ye³¹ kʰuan²⁴］

牛郎和织女之间的距离也越来越远,［niəu³¹ naŋ³¹ xə³¹ tʂʅ³¹ ny⁵⁵ tʂʅ²⁴ tɕien²⁴ ti⁰ tɕy²¹ ni⁵⁵ ie⁵⁵ ye³¹ nai³¹ ye³¹ yen⁵⁵］

牛郎啊他就哭啊,［niəu³¹ naŋ³¹ a⁰ tʰa²¹ tɕiəu⁵⁵ kʰu³¹ a⁰］

没得法,［məi²¹ tə⁵⁵ fa³¹］没得法：没办法

织女也很难受。［tʂʅ³¹ ny⁵⁵ ie⁵⁵ xən²¹ nan³¹ ʂəu²¹⁴］

天边的喜鹊看到了这个情况,［tʰien²⁴ pien²⁴ ti⁰ ɕi⁵⁵ tɕʰye²¹ kʰan²⁴ tau³¹ na⁰ tʂə²¹ kə²¹ tɕʰin³¹ kʰuaŋ²¹］

也为牛郎和织女感到伤心难过,［ie⁵⁵ uəi³¹ niəu³¹ naŋ³¹ xə³¹ tʂʅ³¹ ny⁵⁵ kan⁵⁵ tau³¹ ʂaŋ²¹ ɕin⁵⁵ nan³¹ kuo²¹⁴］

于是成千上万的喜鹊分别嘴衔着嘴,［y³¹ ʂʅ²¹ tʂʰən³¹ tɕʰien²⁴ ʂaŋ²⁴ uan²¹⁴ ti⁰ ɕi⁵⁵ tɕʰio³¹ fən²⁴ pie³¹ tsuəi⁵⁵ xan³¹ tʂə⁰ tsuəi⁵⁵］

身体衔着身体,［ʂən²¹ ti⁵⁵ xan³¹ tʂə⁰ ʂən²¹ ti⁵⁵］

组成了一个鹊桥,［tsu⁵⁵ tʂʰən³¹ na⁰ i³¹ kə³¹ tɕʰye²⁴ tɕʰiau³¹］

横在天河中间,［xən³¹ tʂai²¹ tʰien²⁴ xuo³¹ tʂɔŋ²⁴ tɕien²⁴］

这样牛郎和织女就可以踏着鹊桥见面了,［tʂə²¹ iaŋ²¹ niəu³¹ naŋ³¹ xə³¹ tʂʅ³¹ ny⁵⁵

tɕiəu²¹ kʰə⁵⁵ i³¹ tʰa²¹ tʂə⁰ tɕʰye²⁴ tɕʰiau³¹ tɕien²⁴ mien²¹ na⁰〕

于是牛郎和织女就通过鹊桥见了一面。〔y³¹ ʂʅ²¹ niəu³¹ naŋ³¹ xə³¹ tʂʅ³¹ ny⁵⁵ tɕiəu²¹ tʰɔŋ²¹ kuo⁵⁵ tɕʰye²⁴ tɕʰiau³¹ tɕien²¹ na⁰ i³¹ mien²¹〕

但是他们每年只能见一天，〔tan²⁴ ʂʅ²¹ tʰa²¹ mən⁵⁵ məi⁵⁵ nien³¹ tʂʅ³¹ nən³¹ tɕien²¹ i³¹ tʰien²⁴〕

这一天就是七月七号，〔tʂə²¹ i³¹ tʰien²⁴ tɕiəu²¹ ʂʅ²¹ tɕʰi³¹ ye⁵⁵ tɕʰi³¹ xau²¹〕

它就是中国的七夕节。〔tʰa² tɕiəu²¹ ʂʅ²¹ tʂoŋ²¹ kuo³¹ ti⁰ tɕʰi³¹ ɕi²⁴ tɕie³¹〕

意译：在古时候有一个年轻的男的，他的名字叫牛郎。牛郎的父母在他很年轻的时候都已经双亡了，所以他一个人很可怜。牛郎养了一头耕牛，这头耕牛跟牛郎一直相依为命，其实这头耕牛是天上的金牛星下凡变的一头耕牛在他身边，是一个神仙。金牛星看牛郎每天都很可怜，又能吃苦，人品也好，但是就是一个人孤苦伶仃，所以金牛星想给牛郎找一个老婆，让他成一个家。

在某一天金牛星听说天上的七仙女会下凡，到村东边的一个山脚下的湖边玩水。于是当天晚上金牛星就给牛郎托梦，说明天早上有七个非常漂亮的女孩子会从天上下凡，到你们村东边的山脚的湖边玩水，你要早点儿过去，然后从里面偷一件衣服，那么你就会有个老婆了。牛郎第二天醒了以后半信半疑，有点儿不相信，但是还是抱着试一试的态度很早就跑过去了。他一直在湖边等，没过多久突然之间真的有七个美丽的女子从天上下凡。这个时候牛郎非常地开心，他等这七个女子在湖边玩水的时候，悄悄儿地跑过去，从里面偷了一件衣服，然后马上就跑了，这件衣服就是织女的衣服。她找啊找啊找到牛郎的家里，发现牛郎人品很好，于是他们就成了夫妻。

牛郎和织女在一起幸福地生活了三年，这三年中织女为牛郎生了一儿一女两个孩子，生活可谓是非常的幸福美满。但是有一天天庭的玉皇大帝，知道织女私自下凡并和凡人结婚的消息以后，特别地愤怒，特别恼火儿，于是就把织女召回天庭，要对她进行惩罚。这个时候牛郎发现自己的老婆突然不见了，非常着急，就找到金牛星。金牛星告诉牛郎不要着急，他说你把我头上的两个角摘下来，它们就会变成两个箩筐，然后你把你两个孩子分别放入箩筐之中，这两个箩筐就会带着你和你的孩子飞向天庭寻找织女。话还没说完金牛星的两个角就自己掉下来了，牛郎把自己的儿子和女儿分别放入两个箩筐里面，然后挑着箩筐，这两个箩筐就像长了翅膀一样突然往天上飞，飞呀飞呀，眼看马上就要追上织女，马上就要飞到天庭的时候，这个时候被王母娘娘发现了，于是王母娘娘把自己头上的金钗拿下来，在牛郎和织女中间一划，这个时候牛郎和织女中间就变出了一条非常宽的河——天河，天河越变越宽，牛郎和织女之间的距离也越来越远，牛郎他就哭啊，没有办法，织女也很难受。

　　天边的喜鹊看到了这个情况，也为牛郎和织女感到伤心难过，于是成千上万的喜鹊分别嘴衔着嘴，身体衔着身体，组成了一个鹊桥，横在天河中间，这样牛郎和织女就可以踏着鹊桥见面了，于是牛郎和织女就通过鹊桥见了一面。但是他们每年只能见一天，这一天就是七月七号，它就是中国的七夕节。

三　其他故事

0022 其他故事

跟你们讲一个故事，[kən²⁴ni⁵³mən⁰tɕiaŋ⁵³i³¹kuo²¹⁴ku²¹⁴ʂʅ²¹⁴]

故事的名字叫《狼来哒》。[ku²¹⁴ʂʅ²¹⁴ti⁰min⁰tʂʅ²¹⁴tɕiau²¹⁴naŋ³¹nai³¹ta⁰] 哒：助词，同"了"

从前有一个小伢子，[tʂʰɔŋ³¹tɕʰien³¹iəu⁵³i³¹kuo²¹⁴ɕiau⁵³a³¹ɻ̍⁰] 伢子：孩子

他养了一群羊子，[tʰa²⁴iaŋ⁵³niau⁵³i³¹tɕʰyn³¹iaŋ³¹ɻ̍⁰] 羊子：羊

然后咧他就在山上放羊子，[zan³¹xəu²¹⁴nie⁰tʰa²⁴tɕiəu²¹⁴tsai²¹⁴ʂan²⁴ʂaŋ⁰faŋ²¹⁴iaŋ³¹ɻ̍⁰]

有一天咧他咧就多无聊儿，[iəu⁵³i³¹tʰien²⁴nie⁰tʰa²⁴nie⁰tɕiəu²¹⁴tuo²⁴u³¹niaur³¹]

他咧就在底下山底下喊，[tʰa²⁴nie⁰tɕiəu²¹⁴tsai²¹⁴ti⁵³ɕia⁰ʂan²⁴ti⁵³ɕia⁰xan⁵³]

喊："狼来哒！狼来哒！"[xan⁵³：naŋ³¹nai³¹ta⁰！naŋ³¹nai³¹ta⁰]

然后咧那周围的居民啊村民啊就下听逗⁼哒，[zan³¹xəu²¹⁴nie⁰nə²¹⁴tsəu²⁴uəi³¹ti³¹tɕy²⁴min³¹a⁰tsʰuən²⁴min³¹a⁰tɕiəu²¹⁴xa²¹⁴tʰin²⁴təu⁰ta⁰] 下：都。逗⁼：到

听逗啊之后咧，[tʰin²⁴təu⁰a⁰tʂʅ²⁴xəu²¹⁴nie⁰]

那些叔叔伯伯呀婶婶啊，[nə²¹⁴ɕie²⁴su³¹su⁰pə³¹pə⁰ia⁰ʂən⁵³ʂən⁰a⁰]

他们咧就拿的镰刀哇锹哇铲刀子啊棍子啊下赶过来哒，[tʰa²⁴mən⁰nie⁰tɕiəu²¹⁴na³¹ti⁰nien³¹tau⁰ua⁰tɕʰiau⁰ua⁰tʂʰan⁵³tau²⁴ɻ̍⁰a⁰kuən²¹⁴ɻ̍⁰a⁰xa²¹⁴kan⁵³kuo²¹⁴nai³¹ta⁰]

赶过来哒来打狼的，[kan⁵³kuo²¹⁴nai³¹ta⁰nai³¹ta⁵³naŋ³¹ti⁰]

结果他们到啊之后咧，[tɕie³¹kuo⁵³tʰa²⁴mən⁰tau²¹⁴a⁰tʂʅ²⁴xəu²¹⁴nie⁰]

这个伢子咧就说：[tsə²¹⁴kuo²¹⁴a³¹ɻ̍⁰nie⁰tɕiəu²¹⁴ʂuo³¹]

"哈哈哈，[xa⁰xa⁰xa⁰]

我是开玩笑儿的，[uo⁵³ʂʅ²¹⁴kʰai²⁴uan³¹ɕiaur²¹⁴ti⁰]

狼没有来，[naŋ³¹məi³¹iəu⁵³nai³¹]

我只是无聊儿哒。"[uo⁵³tʂʅ³¹ʂʅ²¹⁴u³¹niaur³¹ta⁰]

所以这来的这些子村民咧，[ʂuo⁵³i⁵³tsə²¹⁴nai³¹ti⁰tsə²¹⁴ɕie²⁴ɻ̍⁰tsʰuən²⁴min³¹nie⁰]

他们咧就特别生气，[tʰa²⁴mən⁰nie⁰tɕiəu²¹⁴tʰə³¹pie³¹ʂən²⁴tɕʰi²¹⁴]
然后咧他们就回去哒。[ʐan³¹xəu²¹⁴nie⁰tʰa²⁴mən⁰tɕiəu²¹⁴xuəi³¹kʰə²¹⁴ta⁰]
又过啊一天哪，[iəu²¹⁴kuo²¹⁴a⁰i³¹tʰien²⁴na⁰]
这个伢子他又喊，[tʂə²¹⁴kuo²¹⁴a³¹r̩⁰tʰa²⁴iəu²¹⁴xan⁵³]
又喊：＂狼来哒！狼来哒！＂[iəu²¹⁴xan⁵³：naŋ³¹nai³¹ta⁰！naŋ³¹nai³¹ta⁰]
其实这个伢子他也是多无聊儿，[tɕʰi³¹ʂɻ̩³¹tʂə²¹⁴kuo²¹⁴a³¹r̩⁰tʰa²⁴ie⁵³ʂɻ̩²¹⁴tuo²⁴u³¹niaur³¹]
他没啊事儿做，[tʰa²⁴məi³¹a⁰ʂɻ̩²¹⁴tsəu²¹⁴]
他又这样喊，[tʰa²⁴iəu²¹⁴tʂə²¹⁴iaŋ²¹⁴xan⁵³]
喊啊咧，[xan⁵³a⁰nie⁰]
那周围的村民咧又听逗哒，[nə²¹⁴tʂəu²⁴uəi³¹ti⁰tʂʰuən²⁴min³¹nie⁰iəu²¹⁴tʰin²⁴təu⁰ta⁰]
听到啊之后咧，[tʰin²⁴tau⁰a⁰tʂɻ̩²⁴xəu²¹⁴nie⁰]
他们又拿的刀哇镰刀哇铲刀子啊锹哇棍子啊棒子啊，[tʰa²⁴mən⁰iəu²¹⁴na³¹ti⁰tau²⁴ua⁰nien³¹tau²⁴ua⁰tʂʰan⁵³tau²⁴r̩⁰a⁰tɕʰiau²⁴ua⁰kuən²¹⁴r̩⁰a⁰paŋ²¹⁴r̩⁰a⁰]
拿啊不少的东西，[na³¹a⁰pu³¹ʂau⁵³ti⁰toŋ²⁴ɕi⁰]
他们拿啊来咧打狼的，[tʰa²⁴mən⁰na³¹a⁰nai³¹nie⁰ta⁵³naŋ³¹ti⁰]
结果他们下赶下来哒，[tɕie³¹kuo⁵³tʰa²⁴mən⁰xa²¹⁴kan⁵³ɕia²¹⁴nai³¹ta⁰]
还冒哒一身的汗赶下来哒，[xai³¹mau²¹⁴ta⁰i³¹ʂən²⁴ti⁰xan²¹⁴kan⁵³ɕia²¹⁴nai³¹ta⁰]
然后咧这个伢子又说：[ʐan³¹xəu²¹⁴nie⁰tʂə²¹⁴kuo²¹⁴a³¹r̩⁰iəu²¹⁴ʂuo³¹]
"哈哈哈哈，[xa⁰xa⁰xa⁰xa⁰]
我还是开玩笑儿的，[uo⁵³xai³¹ʂɻ̩²¹⁴kʰai²⁴uan³¹ɕiaur²¹⁴ti⁰]
狼没有来。＂[naŋ³¹məi³¹iəu⁵³nai³¹]
然后咧他们咧又多生气，[ʐan³¹xəu²¹⁴nie⁰tʰa²⁴mən⁰nie⁰iəu²¹⁴tuo²⁴ʂən²⁴tɕʰi²¹⁴]
他们恼火死哒，[tʰa²⁴mən⁰nau⁵³xuo⁵³ʂɻ̩⁵³ta⁰]
恨不得想给这个伢子打一顿，[xən²¹⁴pu³¹tə³¹ɕiaŋ⁵³kə⁵³tʂə²¹⁴kuo²¹⁴a³¹r̩⁰ta⁵³i³¹tən²¹⁴]
看到这个伢子还蛮小啊，[kʰan²¹tau²¹⁴tʂə²¹⁴kuo²¹⁴a³¹r̩⁰xai³¹man³¹ɕiau⁵³a⁰]
还是个小朋友啊，[xai³¹ʂɻ̩²¹⁴kuo²¹⁴ɕiau⁵³pʰəŋ³¹iəu⁵³a⁰]
还是个小伢子啊，[xai³¹ʂɻ̩²¹⁴kuo²¹⁴ɕiau⁵³a³¹r̩⁰a⁰]
然后他们咧就又回去哒。[ʐan³¹xəu²¹⁴tʰa²⁴mən⁰nie⁰tɕiəu²¹⁴iəu²¹⁴xuəi³¹kʰə²¹⁴ta⁰]
然后咧第三回，[ʐan³¹xəu²¹⁴nie⁰ti⁵³ʂan²⁴xuəi³¹]
结果这个伢子在放羊的时候，[tɕie³¹kuo⁵³tʂə²¹⁴kuo²¹⁴a³¹r̩⁰tsai²¹⁴faŋ²¹⁴iaŋ³¹ti⁰ʂɻ̩³¹

xəu⁰]

真的来哒一头狼，[tʂən²⁴ti⁰nai³¹ta⁰i³¹tʰəu³¹naŋ³¹]

来哒一头多大的狼，[nai³¹ta⁰i³¹tʰəu³¹tuo²⁴ta²¹⁴ti⁰naŋ³¹]

然后这伢子咧又喊，[zan³¹xəu²¹⁴tʂə²¹⁴a³¹ɻnie⁰iəu²¹⁴xan⁵³]

这伢子又看到真的狼来哒，[tʂə²¹⁴a³¹ɻiəu²¹⁴kʰan²⁴tau²¹⁴tʂən²⁴ti⁰naŋ³¹nai³¹ta⁰]

然后就着急哒，[zan³¹xəu²¹⁴tɕiəu²¹⁴tʂuo³¹tɕi³¹ta⁰]

就又喊："狼来哒！狼来哒！"[tɕiəu²¹⁴iəu²¹⁴xan⁵³：naŋ³¹nai³¹ta⁰！naŋ³¹nai³¹ta⁰]

好，那周围的村民咧也下听逗哒，[xau⁵³，nə²¹⁴tʂəu²⁴uəi³¹ti⁰tʂʰuan²⁴min³¹nie⁰ie⁵³xa²¹⁴tʰin²⁴təu⁰ta⁰]

听到啊他们就想：[tʰin²⁴tau²¹⁴a⁰tʰa²⁴mən⁰tɕiəu²¹⁴ɕiaŋ⁵³]

诶，这个伢子已经骗啊我两回哒，[ai⁰，tʂə²¹⁴kuo²¹⁴a³¹ɻi⁵³tɕin²⁴pʰien²¹⁴a⁰uo⁵³niaŋ⁵³xuəi³¹ta⁰]

骗啊我们两回哒，[pʰien²¹⁴a⁰uo⁵³mən⁰niaŋ⁵³xuəi³¹ta⁰]

这回肯定是又是他吃啊没啊事做，[tʂə²¹⁴xuəi³¹kʰən⁵³tin²¹⁴ʂʅ²¹⁴iəu²¹⁴ʂʅ²¹⁴tʰa²⁴tɕʰi³¹a⁰məi³¹a⁰ʂʅ²¹⁴tʂəu²¹⁴]

太无聊儿哒，[tʰai²¹⁴u³¹niaur³¹ta⁰]

所以咧，[ʂuo⁵³i⁵³nie⁰]

他们就下不来哒，[tʰa²⁴mən⁰tɕiəu²¹⁴xa²¹⁴pu³¹nai³¹ta⁰]

就没有人来哒，[tɕiəu²¹⁴məi³¹iəu⁵³zən³¹nai³¹ta⁰]

然后这个小伢子咧就着急哒，[zan³¹xəu²¹⁴tʂə²¹⁴kuo²¹⁴ɕiau⁵³a³¹ɻnie⁰tɕiəu²¹⁴tʂuo³¹tɕi³¹ta⁰]

喊啊半天没有一个人来，[xan⁵³a⁰pan²¹⁴tʰien²⁴məi³¹iəu⁵³i³¹kuo²¹⁴zən³¹nai³¹]

结果这个狼真的轰下来，[tɕie³¹kuo⁵³tʂə²¹⁴kuo²¹⁴naŋ³¹tʂən²⁴ti⁰xɔŋ³¹ɕia²¹⁴nai³¹]

给这个伢子啊，[kə⁵³tʂə²¹⁴kuo²¹⁴a³¹ɻa⁰]

还有给这个伢子喂的所有的羊，[xai³¹iəu⁵³kə⁵³tʂə²¹⁴kuo²¹⁴a³¹ɻuəi²¹⁴ti⁰ʂuo⁵³iəu⁵³ti⁰iaŋ³¹] 喂：喂养

全部一下给他吃哒，[tɕʰyen³¹pu²¹⁴i³¹xa²¹⁴kə⁵³tʰa²⁴tɕʰi³¹ta⁰]

所以咧这个故事咧，[ʂuo⁵³i⁵³nie⁰tʂə²¹⁴kuo²¹⁴ku²¹⁴ʂʅ²¹⁴nie⁰]

就告诉我们一个道理，[tɕiəu²¹⁴kau²¹⁴su²¹⁴uo⁵³mən⁰i³¹kuo²¹⁴tau²¹⁴ni⁵³]

就是小伢子们咧要诚实，[tɕiəu²¹⁴ʂʅ²¹⁴ɕiau⁵³a³¹ɻmən⁰nie⁰iau²⁴tʂʰən³¹ʂʅ³¹]

不能撒谎，[pu³¹nən³¹ʂa⁵³xuaŋ⁵³]

要不然当你真的遇到啊事的时候儿，[iau²⁴pu³¹zan³¹taŋ²⁴ni⁵³tʂən²⁴ti⁰y²¹⁴tau²¹⁴a⁰ʂʅ²¹⁴ti⁰ʂʅ³¹xəur³¹]

就没得人来帮你和救你哒。[tɕiəu²¹⁴ məi³¹ tə⁰ zən³¹ nai³¹ paŋ²⁴ ni⁵³ xuo³¹ tɕiəu²¹⁴ ni⁵³ ta⁰] 没得：没有

意译：跟你们讲一个故事，故事的名字叫《狼来了》。从前有一个小孩子，他养了一群羊，然后他就在山上放羊，有一天他就很无聊，他就冲山底下喊："狼来了！狼来了！"然后那周围的居民啊、村民啊就都听到了，听到之后呢，那些叔叔伯伯呀、婶婶啊，他们就拿着镰刀、锹、铲子、棍子都赶过来了，赶过来打狼，结果他们到了之后，这个孩子就说："哈哈哈，我是开玩笑儿的，狼没有来，我只是无聊。"所以来的这些村民他们就特别生气，然后他们就回去了。

又过了一天，这个孩子他又喊，又喊"狼来了！狼来了！"其实这个孩子他也是太无聊，他没事儿做，他又这样喊，喊啊喊，那周围的村民又听见了，听到之后呢，他们又拿的刀、镰刀、铲子、锹、棍子、棒子，拿了不少的东西，他们拿来打狼的，结果他们都赶来了，还冒着一身的汗赶来了，然后这个孩子又说："哈哈哈哈，我还是开玩笑的，狼没有来。"然后他们又很生气，他们非常恼火，恨不得想把这个孩子打一顿，看到这个孩子还很小，还是个小朋友啊，还是个小孩子啊，然后他们就又回去了。

然后第三回，结果这个孩子在放羊的时候真的来了一头狼，来了一头很大的狼，然后这孩子又喊，这孩子又看到真的狼来了，然后就着急了，就又喊："狼来了！狼来了！"好，那周围的村民也都听见了，听到了他们就想，诶，这个孩子已经骗了我两回了，骗了我们两回了，这回肯定是又是他吃饱了没事儿做，太无聊，所以呢，他们就都不来了，就没有人来，然后这个小孩子就着急了，喊了半天了没有一个人来，结果这个狼真的冲下来，把这个孩子，还有这个孩子喂的所有的羊，全部吃了。所以这个故事就告诉我们一个道理，就是小孩子要诚实，不能撒谎，要不然当你真的遇到麻烦的时候，就没有人来帮你和救你了。

0023 其他故事

从前，[tʂʰɔŋ³¹ tɕʰien³¹]

有一个大兔子，[iəu⁵³ i³¹ kuo²¹⁴ ta²¹⁴ tʰu²¹⁴ ʅ⁰]

它下哒几个儿，[tʰa²⁴ ɕia²¹⁴ ta⁰ tɕi²⁴ kuo²¹⁴ ər³¹] 下：生

小兔儿。[ɕiau⁵³ tʰu²¹⁴ ər³¹]

这个大兔子下了这个儿，[tʂə²¹⁴ kuo²¹⁴ ta²¹⁴ tʰu²¹⁴ ʅ⁰ ɕia²¹⁴ niau⁵³ tʂə²¹⁴ kuo²¹⁴ ər³¹]

这小兔子它要吃东西啗，[tʂə²¹⁴ ɕiau⁵³ tʰu²¹⁴ ʅ⁰ tʰa²⁴ iau²⁴ tɕʰi³¹ tɔŋ²⁴ ɕi⁰ ʂa⁰]

大兔子啊它每次就要出去打食，[ta²¹⁴ tʰu²¹⁴ ʅ⁰ a⁰ tʰa²⁴ məi⁵³ tʂʰʅ²¹⁴ tɕiəu²¹⁴ iau²⁴ tʂʰu³¹ kʰə²¹⁴ ta⁵³ ʂʅ³¹] 打食：觅食

来喂养这个小兔子，[nai³¹ uəi²¹⁴ iaŋ⁵³ tʂə²¹⁴ kuo²¹⁴ ɕiau⁵³ tʰu²¹⁴ f̩⁰]

但是这个山上咧狼比较多，[tan²¹⁴ ʂʅ²¹⁴ tʂə²¹⁴ kuo²¹⁴ ʂan²⁴ ʂaŋ⁰ nie⁰ naŋ³¹ pi⁵³ tɕiau²¹⁴ tuo²⁴]

小兔子咧随时都有生命危险，[ɕiau⁵³ tʰu²¹⁴ f̩⁰ nie⁰ suəi³¹ ʅ³¹ təu²⁴ iəu⁵³ ʂən²⁴ min²¹⁴ uəi³¹ ɕien⁵³]

然后这个大兔子咧，[ẓan³¹ xəu²¹⁴ tʂə²¹⁴ kuo²¹⁴ ta²¹⁴ tʰu²¹⁴ f̩⁰ nie⁰]

就跟小兔子对暗号儿，[tɕiəu²¹⁴ kən²⁴ ɕiau⁵³ tʰu²¹⁴ f̩⁰ təi²¹⁴ an²¹⁴ xaur²¹⁴]

它跟它对的暗号儿，[tʰa²⁴ kən²⁴ tʰa²⁴ təi²¹⁴ ti⁰ an²¹⁴ xaur²¹⁴]

每次出去咧它就说呀，[məi⁵³ tʂʰʅ²¹⁴ tʂʰu³¹ kʰə²¹⁴ nie⁰ tʰa²⁴ tɕiəu²¹⁴ ʂuo³¹ ia⁰]

等我个这个暗号儿说啊咧，[tən⁵³ uo⁵³ ka⁵³ tʂə²¹⁴ kuo²¹⁴ an²¹⁴ xaur²¹⁴ ʂuo³¹ a⁰ nie⁰] 个：同介词"把"

你们就开门，[ni⁵³ mən⁰ tɕiəu²¹⁴ kʰai²⁴ mən³¹]

结果这个暗号就是咧：[tɕie³¹ kuo⁵³ tʂə²¹⁴ kuo²¹⁴ an²¹⁴ xau²¹⁴ tɕiəu²¹⁴ ʂʅ²¹⁴ nie⁰]

小兔子乖乖，[ɕiau⁵³ tʰu²¹⁴ f̩⁰ kuai²⁴ kuai²⁴]

快把门开开，[kʰuai²¹⁴ pa⁵³ mən³¹ kʰai²⁴ kʰai²⁴]

快点儿快点儿把门开开，[kʰuai²¹⁴ tienr⁵³ kʰuai²¹⁴ tienr⁵³ pa⁵³ mən³¹ kʰai²⁴ kʰai²⁴]

我要进来。[uo⁵³ iau²⁴ tɕin²¹⁴ nai³¹]

就这个调儿一对逗，[tɕiəu²¹⁴ tʂə²¹⁴ kuo²¹⁴ tiaur³¹ i³¹ təi²¹⁴ təu⁰] 逗：上

暗号儿对逗啊咧，[an²¹⁴ xaur²¹⁴ təi²¹⁴ təu⁰ a⁰ nie⁰]

那个小兔子就开门，[nə²¹⁴ kuo²¹⁴ ɕiau⁵³ tʰu²¹⁴ f̩⁰ tɕiəu²¹⁴ kʰai²⁴ mən³¹]

每次这样出去啊咧，[məi⁵³ tʂʰʅ²¹⁴ tʂə²¹⁴ iaŋ²¹⁴ tʂʰu³¹ kʰə²¹⁴ a⁰ nie⁰]

回来就这样对暗号儿，[xuəi³¹ nai³¹ tɕiəu²¹⁴ tʂə²¹⁴ iaŋ²¹⁴ təi²¹⁴ an²¹⁴ xaur²¹⁴]

每次出去就这样对暗号儿。[məi⁵³ tʂʰʅ²¹⁴ tʂʰu³¹ kʰə²¹⁴ tɕiəu²¹⁴ tʂə²¹⁴ iaŋ²¹⁴ təi²¹⁴ an²¹⁴ xaur²¹⁴]

这旁边儿咧就有一只狼，[tʂə²¹⁴ pʰaŋ³¹ pienr²⁴ nie⁰ tɕiəu²¹⁴ iəu⁵³ i³¹ tʂʅ³¹ naŋ³¹]

它天天儿在这儿瞅，[tʰa²⁴ tʰien²⁴ tʰienr²⁴ tsai²¹⁴ tʂər²¹⁴ tɕʰiəu⁵³] 瞅：盯梢

天天儿在这儿瞅，[tʰien²⁴ tʰienr²⁴ tsai²¹⁴ tʂər²¹⁴ tɕʰiəu⁵³]

它就想吃那个小兔子，[tʰa²⁴ tɕiəu²¹⁴ ɕiaŋ⁵³ tɕʰi³¹ nə²¹⁴ kuo²¹⁴ ɕiau⁵³ tʰu²¹⁴ f̩⁰]

天天儿瞅咧，[tʰien²⁴ tʰienr²⁴ tɕʰiəu⁵³ nie⁰]

那个大兔子跟小兔子对暗号儿咧，[nə²¹⁴ kuo²¹⁴ ta²¹⁴ tʰu²¹⁴ f̩⁰ kən²⁴ ɕiau⁵³ tʰu²¹⁴ f̩⁰ təi²¹⁴ an²¹⁴ xaur²¹⁴ nie⁰]

它慢慢儿慢慢儿下学会哒，[tʰa²⁴ man²¹⁴ manr²¹⁴ man²¹⁴ manr²¹⁴ xa²¹⁴ ɕio³¹ xuəi²¹⁴ ta⁰] 下：都

学会啊以后咧，[ɕio³¹xuəi²¹⁴a⁰i⁵³xəu²¹⁴nie⁰]

有一次那个大兔子出去打食去哒，[iəu⁵³i³¹tʂʰʅ²¹⁴nə²¹⁴kuo²¹⁴ta²¹⁴tʰu²¹⁴f̩⁰tʂʰu³¹kʰə²¹⁴ta⁵³ʂʅ³¹kʰə²¹⁴ta⁰] 打食：觅食

那个狼咧就走近哒，[nə²¹⁴kuo²¹⁴naŋ³¹nie⁰tɕiəu²¹⁴tʂəu⁵³tɕin²¹⁴ta⁰]

这个小兔子的这个门的旁边走近来，[tʂə²¹⁴kuo²¹⁴ɕiau⁵³tʰu²¹⁴f̩⁰ti³¹tʂə²¹⁴kuo²¹⁴mən³¹ti³¹pʰaŋ³¹pien²⁴tʂəu⁵³tɕin²¹⁴nai³¹]

走近来啊咧，[tʂəu⁵³tɕin²¹⁴nai³¹a⁰nie⁰]

它也学着这个大兔子的那个声音，[tʰa²⁴ie⁵³ɕio³¹tʂuo⁰tʂə²¹⁴kuo²¹⁴ta²¹⁴tʰu²¹⁴f̩⁰ti³¹nə²¹⁴kuo²¹⁴ʂən²⁴in²⁴]

也说："小兔子乖乖，[ie⁵³ʂuo³¹：ɕiau⁵³tʰu²¹⁴f̩⁰kuai²⁴kuai²⁴]

快个门开开，[kʰuai²¹⁴ka⁵³mən³¹kʰai²⁴kʰai²⁴] 个：同介词"把"

快点儿快点儿把门开开，[kʰuai²¹⁴tienr⁵³kʰuai²¹⁴tienr⁵³pa⁵³mən³¹kʰai²⁴kʰai²⁴]

我要进来。"[uo⁵³iau²⁴tɕin²¹⁴nai³¹]

诶，小兔子一听哪，[əi²⁴，ɕiau⁵³tʰu²¹⁴f̩⁰i³¹tin²⁴na⁰]

不对啊，[pu³¹təi²¹⁴a⁰]

这像不是我们的妈的声音哪，[tʂə²¹⁴tɕʰiaŋ²¹⁴pu³¹ʂʅ²¹⁴uo⁵³mən⁰ti³¹ma²⁴ti³¹ʂən²⁴in²⁴na⁰]

就说："不开不开，[tɕiəu²¹⁴ʂuo³¹：pu³¹kʰai²⁴pu³¹kʰai²⁴]

你不是我们的妈妈，[ni⁵³pu³¹ʂʅ²¹⁴uo⁵³mən⁰ti³¹ma²⁴ma⁰]

不开，[pu³¹kʰai²⁴]

不要你进来。"[pu³¹iau²⁴ni⁵³tɕin²¹⁴nai³¹]

啊，这个狼咧又没得办法，[a⁰，tʂə²¹⁴kuo²¹⁴naŋ³¹nie⁰iəu²¹⁴məi³¹tə³¹pan²¹⁴fa³¹]

它说："你看你看，[tʰa²⁴ʂuo³¹：ni⁵³kʰan²¹⁴ni⁵³kʰan²¹⁴]

我把我的尾巴伸进来你们看，[uo⁵³pa⁵³uo⁵³ti⁰uəi⁵³pa⁰ʂən²⁴tɕin²¹⁴nai³¹ni⁵³mən⁰kʰan²¹⁴]

你看这就是妈妈的尾巴。"[ni⁵³kʰan²¹⁴tʂə²¹⁴tɕiəu²¹⁴ʂʅ²¹⁴ma²⁴ma⁰ti³¹uəi⁵³pa⁰]

小兔子一看哪，[ɕiau⁵³tʰu²¹⁴f̩⁰i³¹kʰan²¹⁴na⁰]

这哪是它妈妈的尾巴咧，[tʂə²¹⁴na⁵³ʂʅ²¹⁴tʰa²⁴ma²⁴ma⁰ti³¹uəi⁵³pa²⁴nie⁰]

那完全就是狼的尾巴啊。[nə²¹⁴uan³¹tɕʰyen³¹tɕiəu²¹⁴ʂʅ²¹⁴naŋ³¹ti⁰uəi⁵³pa²⁴a⁰]

结果咧，[tɕie³¹kuo⁵³nie⁰]

它就把那个小兔子咧，[tʰa²⁴tɕiəu²¹⁴pa⁵³nə²¹⁴kuo²¹⁴ɕiau⁵³tʰu²¹⁴f̩⁰nie⁰]

几个咧就联合起来，[tɕi²⁴kuo²¹⁴nie⁰tɕiəu²¹⁴nien³¹xuo³¹tɕʰi⁵³nai³¹]

把那个狼的尾巴给他一下扯逗，[pa⁵³nə²¹⁴kuo²¹⁴naŋ³¹ti⁰uəi⁵³pa²⁴kə⁵³tʰa²⁴i³¹xa²¹⁴ tʂʰə⁵³ təu⁰] 逗ᵉ：住

尾巴扯逗，[uəi⁵³ pa²⁴ tʂʰə⁵³ təu⁰]

结果大兔子回来哒，[tɕie³¹ kuo⁵³ ta²¹⁴ tʰu²¹⁴ f̥⁰ xuəi³¹ nai³¹ ta⁰]

一回来咧，[i³¹ xuəi³¹ nai³¹ nie⁰]

就大兔子和几个小兔子联合起来，[tɕiəu²¹⁴ ta²¹⁴ tʰu²¹⁴ f̥⁰ xuo³¹ tɕi⁵³ kuo²¹⁴ ɕiau⁵³ tʰu²¹⁴ f̥⁰ nien³¹ xuo³¹ tɕʰi⁵³ nai³¹]

把豺狼给打哒，[pa⁵³ tʂʰai³¹ naŋ³¹ kə⁵³ ta⁵³ ta⁰]

打死哒。[ta⁵³ sʅ⁵³ ta⁰]

这个故事就说明么什咧？[tʂə²¹⁴ kuo²¹⁴ ku²¹⁴ sʅ²¹⁴ tɕiəu²¹⁴ ʂuo³¹ min³¹ mə⁵³ sʅ²¹⁴ nie⁰] 么什：什么

就说明哪我们哪要搞好团结，[tɕiəu²¹⁴ ʂuo³¹ min³¹ na⁰ uo⁵³ mən⁰ na⁰ iau²¹⁴ kau⁵³ xau⁵³ tʰan³¹ tɕie³¹]

你们说是不是的呀。[ni⁵³ mən⁰ ʂuo³¹ sʅ²¹⁴ pu³¹ sʅ²¹⁴ ti⁰ ia⁰]

意译：从前，有一个大兔子，它生了几个小兔子。这个大兔子生了小兔子，这小兔子它要吃东西啊，大兔子它每次就要出去觅食，来喂养这个小兔子，但是这个山上狼比较多，小兔子随时都有生命危险，然后这个大兔子就跟小兔子对暗号儿，每次出去大兔子就说，等我说这个暗号儿你们就开门，这个暗号就是：小兔子乖乖，快把门开开，快点儿快点儿把门开开，我要进来。暗号儿一对上，那个小兔子就开门，每次这样出去，回来就这样对暗号儿，每次出去就这样对暗号儿。

这旁边儿就有一只狼，它天天儿在这儿盯着，它就想吃那个小兔子，天天儿盯着，那个大兔子跟小兔子对暗号儿，它慢慢儿慢慢儿学会了，学会以后，有一次那个大兔子出去觅食了，狼就走近这个小兔子的门的旁边，走近后，它也学着大兔子的声音说："小兔子乖乖，快把门开开，快点儿快点儿把门开开，我要进来。"诶，小兔子一听，不对啊，这不像是我们妈妈的声音，就说："不开不开，你不是我们的妈妈，不开，不要你进来。"啊，这个狼没有办法，它说："你看你看，我把我的尾巴伸进来你们看，你看这就是妈妈的尾巴。"小兔子一看，这哪是它妈妈的尾巴啊，那完全就是狼的尾巴。结果，几个小兔子就联合起来，把那个狼的尾巴扯住，结果大兔子回来，一回来大兔子和几个小兔子就联合起来把豺狼给打死了。

这个故事就说明了什么呢？就说明我们要团结，你们说是不是的呀。

0024 其他故事

我正昝子跟大家讲一个故事，[uo⁵³ tʂən²¹ tʂan⁵³ f̥⁰ kən²⁴ ta²¹⁴ tɕia²⁴ tɕiaŋ⁵³ i³¹ kuo²¹⁴ ku²¹⁴ʂʅ²¹⁴] 正咍子：现在

这个故事的名字叫《醉汉》。[tʂə²¹⁴kuo²¹⁴ku²¹⁴ʂʅ²¹⁴ti⁰min³¹tsʅ²¹⁴tɕiau²¹⁴tʂuəi²¹⁴xan²¹⁴]

有一天哪，[iəu⁵³i³¹tʰien²⁴na⁵³]

一个老头子跑到他亲戚家里去喝酒，[i³¹kuo²¹⁴nau⁵³tʰəu³¹ɿ⁰pʰau⁵³tau²¹⁴tʰa²⁴tɕʰin²⁴tɕʰi²¹⁴tɕia²⁴ni⁰kʰə²¹⁴xuo²⁴tɕiəu⁵³]

这个酒喝多哒以后，[tʂə²¹⁴kuo²¹⁴tɕiəu⁵³xuo²⁴tuo²⁴ta⁰i⁵³xəu²¹⁴]

他就歪歪倒倒地回去屋底去，[tʰa²⁴tɕiəu²¹⁴uai²⁴uai²⁴tau⁵³tau⁵³ti⁰xuəi³¹kʰə²¹⁴u³¹ti⁵³kʰə²¹⁴]屋底：家里

走到公路边儿的一个树旁边儿，[tʂəu⁵³tau²¹⁴koŋ²⁴nu²¹⁴pienr²⁴ti⁰i³¹kuo²¹⁴ʂu²¹⁴pʰaŋ³¹pienr²⁴]

他就吐哒，[tʰa²⁴tɕiəu²¹⁴tʰu⁵³ta⁰]哒：助词，同"了"

吐哒以后咧，[tʰu⁵³ta⁰i⁵³xəu²¹⁴nie⁰]

可能是这个酒喝多哒，[kʰuo⁵³nən³¹ʂʅ²¹⁴tʂə²¹⁴kuo²¹⁴tɕiəu⁵³xuo²⁴tuo²⁴ta⁰]

迷迷糊糊地就睡着哒，[mi³¹mi³¹xu³¹xu³¹ti⁰tɕiəu²¹⁴ʂuəi²¹⁴tʂuo³¹ta⁰]

到那个下半夜啊，[tau²¹⁴nə²¹⁴kuo²¹⁴ɕia²¹⁴pan²¹⁴ie²¹⁴a⁰]

一个狗子来哒，[i³¹kuo²¹⁴kəu⁵³ɿ⁰nai³¹ta⁰]

狗子来哒以后咧，[kəu⁵³ɿ⁰nai³¹ta⁰i⁵³xəu²¹⁴nie⁰]

闻到他那个吐的东西都香得很，[uən³¹tau⁰tʰa²⁴nə²¹⁴kuo²¹⁴tʰu⁵³ti⁰toŋ²⁴ɕi⁰təu²⁴ɕiaŋ²⁴tə⁰xən⁵³]

都是肉啊鱼啊鸡子，[təu²⁴ʂʅ²¹⁴zəu²¹⁴a⁰y³¹a⁰tɕi²⁴ɿ⁰]

所以就把它吃哒，[ʂuo⁵³i⁵³tɕiəu²¹⁴pa⁵³tʰa²⁴tɕʰi³¹ta⁰]

吃哒以后又舔他的嘴，[tɕʰi³¹ta⁰i⁵³xəu²¹⁴iəu²¹⁴tʰien⁵³tʰa²⁴ti⁰tʂuəi⁵³]

舔他的嘴咧，[tʰien⁵³tʰa²⁴ti⁰tʂuəi⁵³nie⁰]

他把那个手啊一拿起来，[tʰa²⁴pa⁵³nə²¹⁴kuo²¹⁴ʂəu⁵³a⁰i³¹na³¹tɕʰi⁵³nai³¹]

把那个狗子那个嘴巴一推起去说：[pa⁵³nə²¹⁴kuo²¹⁴kəu⁵³ɿ⁰nə²¹⁴kuo²¹⁴tʂuəi⁵³pa⁰i³¹tʰəi²⁴tɕʰi⁵³kʰə²¹⁴ʂuo³¹]

"哎呀，你亲么什哟！[ai⁰ia⁰，ni⁵³tɕʰin²⁴mo⁵³ʂʅ²¹⁴io⁰]么什：什么

你亲么什哟，[ni⁵³tɕʰin²⁴mo⁵³ʂʅ²¹⁴ʂa⁰]

算哒，[ʂuan²¹⁴ta⁰]

今儿喝啊酒。"[tɕinr²⁴xuo²⁴a⁰tɕiəu⁵³]

结果咧，[tɕie³¹kuo⁵³nie⁰]

这个狗子咧就慢慢儿慢慢儿吃啊那个东西，[tʂə²¹⁴kuo²¹⁴kəu⁵³ɿ⁰nie⁰tɕiəu²¹⁴

man²¹⁴manr²¹⁴man²¹⁴manr²¹⁴tɕʰi³¹a⁰nə²¹⁴kuo²¹⁴tɔŋ²⁴ɕi⁰]

以后也醉倒哒，[i⁵³xəu²¹⁴ie⁵³tʂuəi²¹⁴tau⁵³ta⁰]

一下儿睡啊他旁边儿哒，[i³¹xar²¹⁴ʂuəi²¹⁴a⁰tʰa²⁴pʰaŋ³¹pienr²⁴ta⁰]

后来那个狗子睡着哒，[xəu²¹⁴nai³¹nə²¹⁴kuo²¹⁴kəu⁵³f̥⁰ʂuəi²¹⁴tʂuo³¹ta⁰]

他也睡着哒，[tʰa²⁴ie⁵³ʂuəi²¹⁴tʂuo³¹ta⁰]

慢慢儿他酒醒哒以后，[man²¹⁴manr²¹⁴tʰa²⁴tɕiəu⁵³ɕin⁵³ta⁰i⁵³xəu²¹⁴]

他就要喝水，[tʰa²⁴tɕiəu²¹⁴iau²¹xuo²⁴ʂuəi⁵³]

要喝水他就一摸咧，[iau²¹⁴xuo²⁴ʂuəi⁵³tʰa²⁴tɕiəu²¹⁴i³¹mo²⁴nie⁰]

狗子身上是热的，[kəu⁵³f̥⁰ʂən²⁴ʂaŋ⁰ʂʅ²¹⁴zə³¹ti⁰]

他以为是他的老八子，[tʰa²⁴i⁵³uəi³¹ʂʅ²¹⁴tʰa²⁴ti⁰nau⁵³pa³¹f̥⁰] 老八子：老婆

他就说：“老八子，[tʰa²⁴tɕiəu²¹⁴ʂuo³¹：nau⁵³pa³¹f̥⁰]

我这喝哒酒的要喝点儿水，[uo⁵³tʂə²¹⁴xuo²⁴ta⁰tɕiəu⁵³ti³¹iau²¹xuo²⁴tienr⁵³ʂuəi⁵³]

你跟我去端点儿水来。"[ni⁵³kən²⁴uo⁵³kʰə²¹⁴tan²⁴tienr⁵³ʂuəi⁵³nai³¹]

一推咧那个狗子也不动，[i³¹tʰəi²⁴nie⁰nə²¹⁴kuo²¹⁴kəu⁵³f̥⁰ie⁵³pu³¹tɔŋ²¹⁴]

两推咧那个狗子也不动，[niaŋ⁵³tʰəi²⁴nie⁰nə²¹⁴kuo²¹⁴kəu⁵³f̥⁰ie⁵³pu³¹tɔŋ²¹⁴]

结果咧他说，[tɕie³¹kuo⁵³nie⁰tʰa²⁴ʂuo³¹]

这老八子今儿是怎么回事儿啊，[tʂə²¹⁴nau⁵³pa³¹f̥⁰tɕinr²⁴ʂʅ²¹⁴tʂən⁵³mə⁰xuəi³¹ʂʅr²¹⁴a⁰]

跟老子水都不跟我端哒。[kən²⁴nau⁵³f̥⁰ʂuəi⁵³təu²⁴pu³¹kən²⁴uo⁵³tan²⁴ta⁰]

又过哒两个小时，[iəu²¹⁴kuo²¹⁴ta⁰niaŋ⁵³kuo²¹⁴ɕiau⁵³ʂʅ³¹]

天蒙蒙亮哒，[tʰien²⁴məŋ³¹məŋ⁰niaŋ²¹⁴ta⁰]

他就爬起来一看，[tʰa²⁴tɕiəu²¹⁴pʰa³¹tɕʰi⁵³nai³¹i³¹kʰan²⁴]

妈嘢，我还以为是我老八子咧，[ma²⁴ie⁰，uo⁵³xai³¹i⁵³uəi³¹ʂʅ²¹⁴uo⁵³nau⁵³pa³¹f̥⁰nie⁰]

搞哒半天一个狗子在陪到我在。[kau⁵³ta⁰pan²¹⁴tʰien²⁴i³¹kuo²¹⁴kəu⁵³f̥⁰tsai²¹⁴pʰəi³¹tau⁰uo⁵³tsai²¹⁴]

意译：我现在给大家讲一个故事，这个故事的名字叫《醉汉》。有一天，一个老头跑到他亲戚家里去喝酒，酒喝多以后他就歪歪倒倒地回家去，走到公路边儿的一个树旁边儿他就吐了，吐了以后，可能是这个酒喝多了，迷迷糊糊地就睡着了，到了下半夜，一只狗来了，狗来了以后闻到他吐的东西都很香，都是肉啊、鱼啊、鸡啊，所以就吃了，吃了以后又舔他的嘴，舔他的嘴的时候，他把手抬起来，把狗嘴巴推开说："哎呀，你亲什么呀！你亲什么呀，算了，今天喝了酒。"结果，这只狗吃了他吐的东西以后也醉倒了，一下儿睡在他旁边儿了，后

来狗睡着了，他也睡着了，慢慢儿他酒醒了以后他就要喝水，要喝水他就一摸，狗身上是热的，他以为是他的老婆，他就说："老婆子，我喝了酒的要喝点儿水，你去给我端点儿水来。"一推那只狗也不动，再推那只狗也不动，结果他说这老婆子今天是怎么回事儿啊，都不给老子端水。又过了两个小时，天蒙蒙亮了，他就爬起来一看，妈呀，我还以为是我家老婆子呢，弄了半天一只狗在陪着我。

四　自选条目

0031 自选条目

七律《拾童趣》：[tɕʰi³¹ ni³¹ ʂʅ³¹ tʰoŋ³¹ tɕʰy²¹⁴]

月上三杆白云稀，[ye³¹ ʂaŋ²¹⁴ ʂan²⁴ kan²⁴ pə³¹ yn³¹ ɕi²⁴]

笑看耳贴阳沟底。[ɕiau²¹⁴ kʰan²⁴ ər⁵³ tʰie³¹ iaŋ³¹ kəu²⁴ ti⁵³]

全神贯注拆堆砖，[tɕʰyen³¹ ʂən³¹ kuan²¹⁴ tʂu²⁴ tʂʰai³¹ təi²⁴ tʂuan²⁴]

扒出蝈蝈装瓶底。[pa²⁴ tʂʰu³¹ kə³¹ kə⁰ tʂuaŋ²⁴ pʰin³¹ ti⁵³]

瓶底蟋蟀对眼急，[pʰin³¹ ti⁵³ ɕi²⁴ ʂuai²¹⁴ təi²¹⁴ ien⁵³ tɕi³¹]

时时豁出要归去。[ʂʅ³¹ ʂʅ³¹ xuo²¹ tʂʰu³¹ iau²⁴ kuəi²⁴ tɕʰy²¹⁴]

不畏被困围城里，[pu³¹ uəi²¹⁴ pəi²¹⁴ kʰuən²¹⁴ uəi³¹ tʂʰən³¹ ni⁵³]

只笑狗儿满嘴泥。[tʂʅ³¹ ɕiau²¹⁴ kəu⁵³ ər³¹ man⁵³ tʂuəi⁵³ ni³¹]

意译：七律《拾童趣》：月上三杆白云稀，笑看耳贴阳沟底。全神贯注拆堆砖，扒出蝈蝈装瓶底。瓶底蟋蟀对眼急，时时豁出要归去。不畏被困围城里，只笑狗儿满嘴泥。（描写儿童抓蟋蟀的场景）

0032 自选条目

《格子》：[kə³¹ ʅ⁰] 格子：类似笼屉的蒸食品的器具，也代指各种蒸菜

青竹横枝排成行，[tɕʰin²⁴ tʂu²⁴ xuən³¹ tʂʅ²⁴ pʰai³¹ tʂʰən³¹ xaŋ³¹]

秋木做材围成房。[tɕʰiəu²⁴ məŋ³¹ tʂəu²¹⁴ tʂʰai³¹ uəi³¹ tʂʰən³¹ faŋ³¹]

山野四蔬拌细米，[ʂan²⁴ ie⁵³ ʂʅ²¹⁴ ʂu²⁴ pan²¹⁴ ɕi²¹⁴ mi⁵³]

鸡鸭鱼肉坐上床，[tɕi²⁴ ia³¹ y³¹ zəu²¹⁴ tʂuo²¹⁴ ʂaŋ²¹⁴ tʂʰuaŋ³¹]

香馐浓郁何处取，[ɕiaŋ²⁴ ɕiəu²⁴ noŋ³¹ y²¹⁴ xuo³¹ tʂʰu⁵³ tɕʰy⁵³]

柴草烧锅蒸旺旺。[tʂʰai³¹ tʂʰau⁵³ ʂau²⁴ kuo²⁴ tʂən²⁴ uaŋ²¹⁴ uaŋ²¹⁴]

曾经几何常醉君，[tsʰən³¹ tɕin²⁴ tɕi⁵³ xuo³¹ tʂʰaŋ³¹ tʂuəi²¹⁴ tɕyn²⁴]

此要出自我钟祥。[tʂʰʅ⁵³ iau²⁴ tʂʰu⁵³ tsʅ²¹⁴ uo⁵³ tʂoŋ²⁴ ɕiaŋ³¹]

意译：《格子》：青竹横枝排成行，秋木做材围成房。山野四蔬拌细米，鸡鸭

鱼肉坐上床。香馐浓郁何处取,柴草烧锅蒸旺旺。曾经几何常醉君,此要出自我钟祥。(描写钟祥的地方特色食品"格子"。"格子"本意是指蒸食物时所使用的、类似蒸笼笼屉的竹制器具,也代指各种蒸菜食品,比如说"吃蒸笼格子",就是指吃各类蒸菜)

0033 自选条目

《无题》:[u³¹ tʰi³¹]

古韵远去县门坡,[ku⁵³ yn²¹⁴ yen⁵³ kʰə²¹⁴ ɕien²¹⁴ mən³¹ pʰɔ²⁴] 县门坡:钟祥的一处历史文化街区

布瓦灰墙曾蹉跎。[pu²¹⁴ ua⁵³ xuəi²⁴ tɕʰiaŋ³¹ tsʰən³¹ tsʰuo²⁴ tʰuo³¹]

名城此处残垣见,[min³¹ tʂʰən³¹ tsʰɿ⁵³ tʂʰu²¹⁴ tʂʰan³¹ yen³¹ tɕien²¹⁴]

历史印记没长河。[ni³¹ ʂɿ⁵³ in²⁴ tɕi²¹⁴ mɔ²⁴ tʂʰaŋ³¹ xə³¹]

意译:《无题》:古韵远去县门坡,布瓦灰墙曾蹉跎。名城此处残垣见,历史印记没长河。(描写钟祥的历史文化街区县门坡)

0034 自选条目

春雨惊春清谷天,[tsʰuən²⁴ y⁵³ tɕin²⁴ tsʰuən²⁴ tɕʰin²⁴ ku³¹ tʰien²⁴]

夏满芒夏暑相连,[ɕia²¹ man⁵³ maŋ²⁴ ɕia²¹⁴ ʂu⁵³ ɕiaŋ³¹ nien³¹]

秋处露秋寒霜降,[tɕʰiəu²⁴ tʂʰu⁵³ nu³¹ tɕʰiəu²⁴ xan³¹ ʂuaŋ²⁴ tɕiaŋ²¹⁴]

冬雪雪冬小大寒。[toŋ²⁴ ɕye³¹ ɕye³¹ toŋ²⁴ ɕiau⁵³ ta²¹ xan³¹]

每月两节无变更,[məi⁵³ ye³¹ niaŋ⁵³ tɕie³¹ u³¹ pien²¹ kən²⁴]

最多相差一两天,[tʂuəi²¹ tuo²⁴ ɕiaŋ³¹ tʂʰa²⁴ i³¹ niaŋ⁵³ tʰien²⁴]

上半年是七二幺,[ʂaŋ²⁴ pan²¹ nien³¹ ʂɿ²¹ tɕʰi³¹ ər²¹ iau²⁴]

下半年是八二三。[ɕia²⁴ pan²¹ nien³¹ ʂɿ²¹ pa³¹ ər²¹ ʂan²⁴]

意译:春雨惊春清谷天,夏满芒夏暑相连,秋处露秋寒霜降,冬雪雪冬小大寒。每月两节无变更,最多相差一两天,上半年是七二幺,下半年是八二三。

0035 自选条目

北门湖里割马草——特为你。[pə³¹ mən⁵⁵ xu³¹ ni⁰ kuo³¹ ma⁵³ tsʰau²¹——tʰə³¹ uəi²¹⁴ ni⁵³] 北门湖:钟祥著名景点,又名"北湖""莫愁湖"

意译:北门湖里割马草——特地为你(喻专为某人做某事)。

0036 自选条目

王大妈卖瓜——自卖自夸。[uaŋ³¹ ta²¹ ma²¹ mai²¹ kua²⁴——tsɿ²¹ mai²¹ tsɿ²¹ kʰua²⁴]

意译：王大妈卖瓜——自卖自夸。

0037 自选条目

王大妈的裹脚布是又臭又长。[uaŋ³¹ta²¹⁴ma²⁴ti⁰kuo⁵³tɕio³¹pu²¹⁴ʂʅ²¹⁴iəu²¹⁴tʂʰəu²¹⁴iəu²¹⁴tʂʰaŋ⁵³]

意译：王大妈的裹脚布又臭又长。

0038 自选条目

黄泥巴子掉啊裤裆里——不是屎也是屎。[xuaŋ³¹ni³¹pa⁰ɿ⁰tiau²¹⁴a⁰kʰu²¹⁴taŋ²⁴ni⁵³——pu³¹ʂʅ²¹⁴ʂʅ⁵³ie⁵³ʂʅ²¹⁴ʂʅ⁵³]

意译：黄泥巴掉到裤裆里——不是屎也是屎（喻被误解，且难以澄清）。

0039 自选条目

癞蛤蟆爬在脚背上——不咬人也有点恶怵。[nai²¹⁴kʰə³¹ma⁰pʰa³¹tʂai²¹⁴tɕio³¹pəi²¹⁴ʂaŋ⁰——pu³¹au⁵³zən³¹ie⁵³iəu⁵³tien⁵³u²¹⁴ʂu²⁴]

意译：癞蛤蟆爬在脚背上——不咬人也有点恶心（喻伤害性不大，但却让人心生厌恶）。

0040 自选条目

美的妈哭哒半夜——美死哒。[məi⁵³ti⁰ma²⁴kʰu³¹ta⁰pan²¹⁴ie²¹⁴——məi⁵³ʂʅ⁵³ta⁰]

意译：美的妈哭了半夜——美死了（喻做白日梦）。

0041 自选条目

石麻雀子还想学凤凰叫——不自量力。[ʂʅ³¹ma³¹tɕʰio³¹ɿ⁰xai³¹ɕiaŋ⁵³ɕio³¹fəŋ²¹⁴xuaŋ⁰tɕiau²¹⁴——pu³¹tsʅ²¹⁴niaŋ³¹ni³¹]

意译：麻雀想学凤凰叫——不自量力。

0042 自选条目

狗鼻子插葱——装象（相）。[kəu⁵³pi³¹ɿ⁰tʂʰa³¹tsʰɔŋ²⁴——tʂuaŋ²⁴ɕiaŋ²¹⁴（ɕiaŋ²¹⁴）]

意译：狗鼻子插葱——装象（相）。

0043 自选条目

孙猴子再厉害打不过如来佛的手板心。[ʂən²⁴xəu³¹ɿ⁰tsai²¹⁴ni²¹⁴xai²¹⁴ta⁵³pu³¹

kuo²¹⁴ zu̠³¹ nai³¹ fu³¹ ti⁰ ʂəu⁵³ pan⁵³ ɕin²⁴]

意译：孙猴子再厉害翻不出如来佛的手掌心。

0044 自选条目

是乌鸦总扮不成凤凰。[ʂʅ²¹⁴ u²⁴ ia²⁴ tsɔŋ⁵³ pan²¹⁴ pu³¹ tʂʰən³¹ fəŋ²¹⁴ xuaŋ⁰]

意译：是乌鸦总扮不成凤凰（喻外表的伪装无法改变人或事物的本质）。

0045 自选条目

米汤盆子里洗澡——稀里糊涂的。[mi⁵³ tʰaŋ²⁴ pʰən³¹ tsʅ⁰ ni⁰ ɕi⁵³ tsau⁵³——ɕi²⁴ ni⁰ xu³¹ tʰu³¹ ti⁰]

意译：米汤盆子里洗澡——稀里糊涂的。

0046 自选条目

养了个儿子当了和尚——白搞哒一场。[iaŋ⁵³ niau⁵³ kə⁰ ər³¹ tsʅ⁰ taŋ²⁴ niau⁵³ xuo³¹ ʂaŋ⁰——pə³¹ kau⁵³ ta⁰ i³¹ tʂʰaŋ⁵³]

意译：养了个儿子当了和尚——白干了一场。

0047 自选条目

驴子鸡巴打鼓——狠锤儿。[ny³¹ tsʅ⁰ tɕi²⁴ pa⁰ ta⁵³ ku⁵³——xən⁵³ tsʰuər³¹]

意译：驴子鸡巴打鼓——狠锤儿（喻狠角色）。

0048 自选条目

瘫子赶强盗——坐在那儿喊。[tʰan²¹ tsʅ⁰ kan⁵³ tɕʰiaŋ³¹ tau²¹⁴——tsuo²¹⁴ tai²¹⁴ nar³¹ xan⁵³] 瘫子：瘫痪的人

意译：瘫子赶强盗——坐在那儿喊（喻光说不做）。

0049 自选条目

两个哑巴睡一头——没得话说。[niaŋ⁵³ kuo²¹⁴ ia⁵³ pa⁰ ʂuei²¹⁴ i³¹ tʰəu³¹——məi³¹ tə⁰ xua²¹⁴ ʂuo³¹]

意译：两个哑巴睡一头——没有话说。

0050 自选条目

癞蛤蟆想吃天鹅肉——痴心妄想。[nai²¹⁴ kʰə³¹ ma⁰ ɕiaŋ⁵³ tɕʰi³¹ tʰien²⁴ uo³¹ zəu²¹⁴

——tsʰʅ²⁴ɕin²⁴uaŋ²¹⁴ɕiaŋ⁵³]

意译：癞蛤蟆想吃天鹅肉——痴心妄想。

0051 自选条目

天上下雨地下流，[tʰien²⁴ʂaŋ⁰ɕia²¹⁴y⁵³ti²¹⁴ɕia²¹⁴niəu³¹]

小两口吵架不记仇。[ɕiau⁵³niaŋ⁵³kʰəu⁵³tʂʰau⁵³tɕia²¹⁴pu³¹tɕi²¹⁴tʂʰəu³¹]

意译：天上下雨地下流，小两口吵架不记仇。

0052 自选条目

低低的羊栏关不住四蹄翻腾的骏马。[ti²⁴ti²⁴ti⁰iaŋ³¹nan³¹kuan²⁴pu³¹tʂu²¹⁴sʅ²¹⁴tʰi³¹fan²⁴tʰən³¹ti⁰tɕyn²¹⁴ma⁵³]

意译：低低的羊栏关不住四蹄翻腾的骏马（喻小天地关不住胸怀大志的人）。

0053 自选条目

虎落平阳被犬欺，[xu⁵³nuo³¹pʰin³¹iaŋ³¹pəi²¹⁴tɕʰyen⁵³tɕʰi²⁴]

龙到浅滩被虾戏。[nɔŋ³¹tau²¹⁴tɕʰien⁵³tʰan²¹⁴pəi²¹⁴ɕia²⁴ɕi²¹⁴]

意译：虎落平阳被犬欺，龙到浅滩被虾戏。

0054 自选条目

命里只有八合米，[min²¹ni⁵³tʂʅ²¹iəu²¹pa²¹kuo²¹mi⁵³] 合：容量单位，十合为一升

走遍天下不满升。[tsəu⁵³piən²¹tʰien²⁴ɕia²¹pu³¹man⁵³ʂən²⁴]

意译：命里只有八合米，走遍天下不满升（喻命运不济，怎么努力都无法改变）。

0055 自选条目

一个老翁五十五，[i³¹kuo²¹⁴nau⁵³ɔŋ²⁴u⁵³ʂʅ³¹u⁵³]

放起屁来如擂鼓。[faŋ²¹⁴tɕʰi⁵³pʰi²¹⁴nai³¹zu³¹nəi³¹ku⁵³]

三千天兵来听屁，[ʂan²⁴tɕʰien²⁴tʰien²⁴pin²⁴nai³¹tʰin²⁴pʰi²¹⁴]

一屁打过太阳系。[i³¹pʰi²¹⁴ta⁵³kuo²¹⁴tʰai²¹⁴iaŋ⁰ɕi²¹⁴]

意译：一个老翁五十五，放起屁来如擂鼓，三千天兵来听屁，一屁打过太阳系。

0056 自选条目

走进食堂的门，[tsəu⁵³tɕin²¹⁴ʂʅ³¹tʰaŋ³¹ti⁰mən³¹]

稀粥一大盆。[ɕi²⁴tʂu³¹i³¹ta²¹⁴pʰən³¹]
旁边打淌淌，[pʰaŋ³¹pien²⁴ta⁵³tʰaŋ⁵³tʰaŋ⁰] 打淌淌：游泳
中间淹死人。[tʂoŋ²⁴tɕien²⁴an²⁴ʂʅ⁵³zən³¹]
哎呀我的妈，[ai⁰ia⁰uo⁵³ti⁰ma²⁴]
照见我的魂。[tʂau²¹⁴tɕien²¹⁴uo⁵³ti⁰xuən³¹]

意译：走进食堂的门，稀粥一大盆。旁边能游泳，中间淹死人。哎呀我妈，照见我的魂。

0057 自选条目
老八子喝稀粥——无齿（耻）下流。[nau⁵³pa³¹r̩⁰xuo²⁴ɕi²⁴tʂu³¹——u³¹tʂʰʅ⁵³（tʂʰʅ⁵³）ɕia²¹⁴niəu³¹] 老八子：老太婆

意译：老太婆喝稀粥——无齿（耻）下流。

0058 自选条目
叫花子卖铺陈——人瓤货也弱。[kau²¹⁴xua²⁴r̩⁰mai²¹⁴pʰu²⁴tʂʰən³¹——zən³¹zaŋ³¹xuo²¹⁴ie⁵³zuo³¹] 铺陈：铺盖。瓤：差

意译：叫花子卖铺盖——人差货也弱。

0059 自选条目
鸭子死哒——嘴壳子是硬的。[ia³¹r̩⁰ʂʅ⁵³ta⁰——tʂuəi⁵³kʰuo³¹r̩⁰ʂʅ²¹⁴ən²¹⁴ti³¹]
意译：鸭子死了——嘴是硬的。

0060 自选条目
黄鹤楼上看翻船——幸灾乐祸。[xuaŋ³¹xuo³¹nəu³¹ʂaŋ⁰kʰan²⁴fan²⁴tʂʰuan³¹——ɕin²¹⁴tsai²⁴nuo³¹xuo²¹⁴]
意译：黄鹤楼上看翻船——幸灾乐祸。

0061 自选条目
半天云里拍巴掌——高手。[pan²¹⁴tʰien²⁴yn³¹ni⁵³pʰə³¹pa²⁴tʂaŋ⁰——kau²⁴ʂəu⁵³]
意译：半天云里拍巴掌——高手。

0062 自选条目
鼠有鼠道，蛇有蛇窝——各有各的门道。[ʂu⁵³iəu⁵³ʂu⁵³tau²¹⁴，ʂə³¹iəu⁵³ʂə³¹

uo²⁴——kuo³¹ iəu⁵³ kuo³¹ ti³¹ mən³¹ tau⁰]

意译：鼠有鼠道，蛇有蛇窝——各有各的门道。

0063 自选条目

桌子底下放风筝——出手就不高。[tʂuo³¹ ʐ̩⁰ ti⁵³ ɕia²¹⁴ faŋ²¹⁴ fəŋ²⁴ tʂhən⁰——tʂhu³¹ ʂəu⁵³ tɕiəu²¹⁴ pu³¹ kau²⁴]

意译：桌子底下放风筝——出手就不高（喻手段低劣）。

0064 自选条目

看戏流眼泪——替古人担忧。[kʰan²⁴ ɕi²¹⁴ niəu³¹ ien⁵³ nəi²¹⁴——tʰi²¹⁴ ku⁵³ zən³¹ tan²⁴ iəu²⁴]

意译：看戏流眼泪——替古人担忧（喻为不必要的事情担忧）。

0065 自选条目

屁股上画眉毛——脸盘子大。[pʰi²¹⁴ ku⁰ ʂaŋ⁰ xua²¹⁴ məi³¹ mau³¹——nien⁵³ pʰan³¹ ʐ̩⁰ ta²¹⁴]

意译：屁股上画眉毛——脸盘子大（喻自以为很有脸面）。

0066 自选条目

水缸里的瓢——漂不到好远的。[ʂuəi⁵³ kaŋ²⁴ ni⁵³ ti⁰ pʰiau³¹——pʰiau²⁴ pu³¹ tau²¹⁴ xau⁵³ yen⁵³ ti⁰]

意译：水缸里的瓢——漂不到好远的（喻前景不好）。

0067 自选条目

三十的晚上借粗皮——不是时候。[ʂan²⁴ ʂʅ³¹ ti³¹ uan⁵³ ʂaŋ⁰ tɕie²¹⁴ tʂhu²⁴ pʰi³¹——pu³¹ ʂʅ²¹⁴ ʂʅ³¹ xəu³¹] 粗皮：笼屉

意译：三十的晚上借蒸笼——不是时候。

0068 自选条目

无病吃药——自讨苦吃。[u³¹ pin²¹⁴ tɕhi³¹ io³¹——tʂʅ²¹⁴ tʰau⁵³ kʰu⁵³ tɕhi³¹]

意译：无病吃药——自讨苦吃。

0069 自选条目

哑巴吃汤圆——心里有数。[ia⁵³ pa⁰ tɕhi³¹ tʰaŋ²⁴ yen³¹——ɕin²⁴ ni⁵³ iəu⁵³ ʂu⁵³]

意译：哑巴吃汤圆——心里有数。

0070 自选条目

要生铁打破锅——因小失大。[iau^{24}ʂən^{24}tʰie^{31}ta^{53}pʰɔ^{214}kuo^{24}——in^{24}ɕiau^{53}ʂʅ^{31}ta^{214}]

意译：要生铁打破锅——因小失大。

0071 自选条目

茶壶里头煮饺子——肚子里有，倒不出来。[tʂʰa^{31}xu^{31}ni^{53}tʰəu^{0}tʂu^{53}tɕiau^{53}ɿ^{0}——tu^{53}ɿ^{0}ni^{53}iəu^{53}，tau^{214}pu^{31}tʂʰu^{31}nai^{31}]

意译：茶壶里头煮饺子——肚子里有，倒不出来。

宜昌市

宜 昌

一 歌谣

0001 歌谣

说日白，就日白，［suo¹³ ʐʅ¹³ pɤ¹³，tɕiəu³⁵ ʐʅ¹³ pɤ¹³］日白：吹牛
日起白来了不得。［ʐʅ¹³ tɕʰi³³ pɤ¹³ lai¹³ liau³³ pu¹³ tɤ¹³］
一夜睡到亮，［i¹³ ie³⁵ suei³⁵ tau³⁵ liaŋ³⁵］
一天跑到黑。［i¹³ tʰiɛn⁵⁵ pʰau³³ tau³⁵ xɤ¹³］
早晨在四川，［tsau³³ sən¹³ tsai³⁵ sʅ³⁵ tsʰuan⁵⁵］
晚上到湖北。［uan³³ saŋ⁰ tau³⁵ xu¹³ pɤ²¹］
四川辣椒辣，［sʅ³⁵ tsʰuan⁵⁵ la²¹ tɕiau⁵⁵ la²¹］
湖北莲米白。［xu¹³ pɤ¹³ liɛn¹³ mi³³ pɤ²¹］
说日白，就日白，［suo¹³ ʐʅ¹³ pɤ¹³，tɕiəu³⁵ ʐʅ¹³ pɤ¹³］
日起白来了不得。［ʐʅ¹³ tɕʰi³³ pɤ¹³ lai¹³ liau³³ pu¹³ tɤ²¹］
五月六月下大雪，［u³³ ye²¹ ləu²¹ ye²¹ ɕia³⁵ ta³⁵ ɕye²¹］
十冬腊月割大麦。［sʅ¹³ toŋ⁵⁵ la¹³ ye¹³ kuo¹³ ta³⁵ mɤ¹³］
大麦田里一条蛇，［ta³⁵ mɤ¹³ tʰiɛn¹³ li³³ i¹³ tʰiau¹³ sɤ¹³］
一打打啦七八截。［i¹³ ta³³ ta³³ la⁰ tɕʰi¹³ pa¹³ tɕie¹³］
三十六人抬不起，［san⁵⁵ sʅ¹³ ləu¹³ zən¹³ tʰai¹³ pu¹³ tɕʰi³³］
四十二人抬一截。［sʅ³⁵ sʅ¹³ ɚ³⁵ zən¹³ tʰai¹³ i¹³ tɕie¹³］
说日白，就日白，［suo¹³ ʐʅ¹³ pɤ¹³，tɕiəu³⁵ ʐʅ¹³ pɤ¹³］
日起白来了不得。［ʐʅ¹³ tɕʰi³³ pɤ¹³ lai¹³ liau³³ pu¹³ tɤ¹³］
三十晚上大月亮，［san⁵⁵ sʅ¹³ uan³³ saŋ⁰ ta³⁵ ye¹³ liaŋ³⁵］
贼娃子起来偷尿缸，［tsɤ¹³ ua³³ tsʅ⁰ tɕʰi¹³ lai¹³ tʰəu⁵⁵ liau³⁵ kaŋ⁵⁵］贼娃子：小偷

聋子听到脚板响，[loŋ⁵⁵ tsɿ⁰ tʰin⁵⁵ tau³⁵ tɕio¹³ pan³³ ɕiaŋ³³]
瞎子看到翻院墙，[ɕia¹³ tsɿ⁰ kʰan³⁵ tau⁰ fan⁵⁵ yɛn³⁵ tɕʰiaŋ¹³]
跛子跟着撵一趟，[po³³ tsɿ⁰ kən⁵⁵ tsɤ⁰ liɛn³³ i¹³ tʰaŋ³⁵]
哑巴一路喊出房，[ia³³ pa⁰ i¹³ lu⁵⁵ xan³³ tsʰu¹³ faŋ¹³]
礤子出来一把抓，[tsʰua³⁵ tsɿ⁰ tsʰu¹³ lai¹³ i¹³ pa³³ tsua⁵⁵] 礤子：手有残疾的人
呆子升堂问端详。[tai⁵⁵ tsɿ¹ sən⁵⁵ tʰaŋ¹³ uən³⁵ tuan⁵⁵ ɕiaŋ¹³]

意译：说吹牛，就吹牛，吹起牛来不得了。一夜睡到天亮，一天跑到晚上。早晨在四川，晚上到湖北。四川辣椒辣，湖北莲米白。说吹牛，就吹牛，吹起牛来不得了。五月六月下大雪，十冬腊月割大麦。大麦田里一条蛇，一打打了七八截。三十六人抬不起，四十二人抬一截。说吹牛，就吹牛，吹起牛来不得了。三十晚上月亮大，小偷起来偷夜壶，聋子听到脚步声，瞎子看到小偷翻院墙，跛子跟着小偷一路追，哑巴跑出房跟着喊了一路，手有残疾的人出来一把抓，傻瓜升堂问端详。

0002 歌谣

推磨，拐磨，[tʰuei⁵⁵ mo³⁵，kuai³³ mo³⁵] 推磨：大磨。拐磨：小磨
推的粑粑甜不过。[tʰuei⁵⁵ tɤ⁰ pa⁵⁵ pa⁰ tʰiɛn¹³ pu¹³ kuo³⁵] 粑粑：饼
我跟奶奶学推磨，[uo³³ kən⁵⁵ lai¹³ lai⁰ ɕio¹³ tʰuei⁵⁵ mo³⁵]
推的粑粑白不过。[tʰuei⁵⁵ tɤ⁰ pa⁵⁵ pa⁰ pɤ¹³ pu¹³ kuo³⁵]
推粑粑，接家家，[tʰuei⁵⁵ pa⁵⁵ pa⁰，tɕie¹³ ka⁵⁵ ka⁰] 家家：外婆
家家不吃酸粑粑。[ka⁵⁵ ka⁰ pu¹³ tɕʰi¹³ suan⁵⁵ pa⁵⁵ pa⁰]
推豆腐，接舅妈，[tʰuei⁵⁵ təu³⁵ fu⁰，tɕie¹³ tɕiəu³⁵ ma⁵⁵]
舅妈不吃酸豆腐。[tɕiəu³⁵ ma⁵⁵ pu¹³ tɕʰi¹³ suan⁵⁵ təu³⁵ fu⁰]
推汤圆儿，接幺姨儿，[tʰuei⁵⁵ tʰaŋ⁵⁵ yər⁰，tɕie¹³ iau⁵⁵ iər⁰] 幺姨：小姨
幺姨儿不吃酸汤圆儿。[iau⁵⁵ iər⁰ pu¹³ tɕʰi¹³ suan⁵⁵ tʰaŋ⁵⁵ yər⁰]

意译：推磨，拐磨，推出来的饼非常甜。我跟奶奶学推磨，推出来的饼非常白。推饼子，接外婆，外婆不吃酸饼子。推豆腐，接舅妈，舅妈不吃酸豆腐。推汤圆，接小姨，小姨不吃酸汤圆。

0003 歌谣

城门城门几丈高？[tsʰən¹³ mən¹³ tsʰən¹³ mən¹³ tɕi³³ tsaŋ⁵⁵ kau⁵⁵]
三十六丈高。[san⁵⁵ sɿ¹³ ləu¹³ tsaŋ⁵⁵ kau⁵⁵]
骑大马，挎把刀，[tɕʰi⁵⁵ ta³⁵ ma³³，kʰua³³ pa³³ tau⁵⁵]

走进城门瞧一瞧。[tsəu³³ tɕin³³ tsʰən¹³ mən¹³ tɕʰiau¹³ i⁰ tɕʰiau¹³]
城门城门几丈高？[tsʰən¹³ mən¹³ tsʰən¹³ mən¹³ tɕi³³ tsaŋ⁵⁵ kau⁵⁵]
三十六丈高。[san⁵⁵ sɿ¹³ ləu¹³ tsaŋ⁵⁵ kau⁵⁵]
骑白马，坐轿轿儿，[tɕʰi⁵⁵ pɤ¹³ ma³³, tsuo³⁵ tɕiau³⁵ tɕiaur³⁵]
走进城门砍一刀。[tsəu³³ tɕin³³ tsʰən¹³ mən¹³ kʰan³³ i¹³ tau⁵⁵]
意译：城门几丈高？三十六丈高。骑大马，腰间挎一把刀，走进城门瞧一瞧。城门几丈高？三十六丈高。骑白马，坐轿子，走进城门砍一刀。

0004 歌谣
铁路坝，鬼打架；[tʰie¹³ lu³⁵ pa³⁵, kuei³³ ta³³ tɕia³⁵]
宝塔河，鬼打锣；[pau³³ tʰa¹³ xuo¹³, kuei³³ ta³³ luo¹³]
通惠路，鬼挡路；[tʰoŋ⁵⁵ xuei¹³ lu³⁵, kuei³³ taŋ³³ lu³⁵]
伍家岗，鬼算账；[u³³ tɕia⁵⁵ kaŋ³⁵, kuei³³ suan³⁵ tsaŋ³⁵]
樵湖岭，鬼吊颈；[tɕʰiau¹³ xu¹³ lin³³, kuei³³ tiau³⁵ tɕin³³]
乌龟碑，鬼点灯；[u⁵⁵ kuei⁵⁵ pei³³, kuei³³ tiɛn³³ tən⁵⁵]
东山寺，鬼写字；[toŋ⁵⁵ san³³ sɿ³⁵, kuei³³ ɕie³³ tsɿ³⁵]
艾家嘴，鬼倒水。[ai³⁵ tɕia⁵⁵ tsuei³³, kuei³³ tau³⁵ suei³³]
意译：铁路坝，鬼打架；宝塔河，鬼打锣；通惠路，鬼挡路；伍家岗，鬼算账；樵湖岭，鬼吊颈；乌龟碑，鬼点灯；东山寺，鬼写字；艾家嘴，鬼倒水。

0005 歌谣
天皇皇，地皇皇，[tʰiɛn⁵⁵ xuaŋ¹³ xuaŋ⁰, ti³⁵ xuaŋ¹³ xuaŋ⁰] 皇皇：拟声词
我家有个好哭郎。[uo³³ tɕia⁵⁵ iəu³³ kɤ³⁵ xau³⁵ kʰu¹³ laŋ¹³]
过路君子念一遍，[kuo³⁵ lu³⁵ tɕyn⁵⁵ tsɿ⁰ liɛn¹³ i¹³ piɛn³⁵]
一夜不哭到天亮。[i¹³ ie³⁵ pu³ kʰu¹³ tau³⁵ tʰiɛn⁵⁵ liaŋ³⁵]
天皇皇，地皇皇，[tʰiɛn⁵⁵ xuaŋ¹³ xuaŋ⁰, ti³⁵ xuaŋ¹³ xuaŋ⁰]
我家有个夜哭郎。[uo³³ tɕia⁵⁵ iəu³³ kɤ³⁵ ie³⁵ kʰu¹³ laŋ¹³]
过路君子念一遍，[kuo³⁵ lu³⁵ tɕyn⁵⁵ tsɿ⁰ liɛn¹³ i¹³ piɛn³⁵]
一觉睡到大天亮。[i¹³ tɕiau³⁵ suei³⁵ tau³⁵ ta³⁵ tʰiɛn⁵⁵ liaŋ³⁵]
意译：天皇皇，地皇皇，我家有个爱哭的小孩。过路的君子念一遍，一夜不哭直到天亮。天皇皇，地皇皇，我家有个晚上爱哭的小孩。过路的君子念一遍，一觉睡到天亮。

0006 歌谣

一拍拍手，二拍拍胸，[i¹³ pʰɤ¹³ pʰɤ¹³ səu³³，ɤ³⁵ pʰɤ¹³ pʰɤ¹³ ɕioŋ⁵⁵]

三绞绞，四拉弓，[san⁵⁵ tɕiau³³ tɕiau³³，sɿ³⁵ la⁵⁵ koŋ⁵⁵]

五搓绳儿，六打钟。[u³³ tsʰuo⁵⁵ sər¹³，ləu¹³ ta³³ tsoŋ⁵⁵]

意译：一拍手，二拍胸，三做绞手游戏，四拉开弓，五搓麻绳，六打钟。

0007 歌谣

妖精妖怪，猪油炒菜，[iau⁵⁵ tɕin⁵⁵ iau⁵⁵ kuai³⁵，tsu⁵⁵ iəu¹³ tsʰau³³ tsʰai³⁵]

先炒妖精，后炒妖怪。[ɕiɛn⁵⁵ tsʰau³³ iau⁵⁵ tɕin⁵⁵，xəu³⁵ tsʰau³³ iau⁵⁵ kuai³⁵]

妖精妖怪，下河洗菜，[iau⁵⁵ tɕin⁵⁵ iau⁵⁵ kuai³⁵，ɕia³⁵ xuo¹³ ɕi³³ tsʰai³⁵]

河底没得水，妖精变成鬼。[xuo¹³ ti⁰ mei³³ tɤ⁰ suei³³，iau⁵⁵ tɕin⁵⁵ piɛn³⁵ tsʰən¹³ kuei³³]

意译：妖精妖怪，猪油炒菜，先炒妖精，后炒妖怪。妖精妖怪，下河洗菜，河里没有水，妖精变成鬼。

0008 歌谣

敲钹儿，点钹儿，[tɕʰiau⁵⁵ por¹³，tiɛn³³ por¹³] 钹：锣

一两胭脂二两粉，[i¹³ liaŋ³³ iɛn⁵⁵ tsɿ³³ ɤ³⁵ liaŋ³³ fən³³]

来到南津关，[lai¹³ tau³⁵ lan¹³ tɕin⁵⁵ kuan⁵⁵]

折啦大本。[sɤ¹³ la⁰ ta³⁵ pən³³]

王婆婆儿请开门，[uaŋ¹³ pʰo¹³ pʰor⁰ tɕʰin³³ kʰai⁵⁵ mən¹³]

你是哪儿人？[li³³ sɿ³⁵ la³⁵ ɤ⁰ zən¹³]

我是天上掉下来的黄种人。[uo³³ sɿ³⁵ tʰiɛn⁵⁵ saŋ⁰ tiau³⁵ ɕia³⁵ lai¹³ ti⁰ xuaŋ¹³ tsoŋ³³ zən¹³]

吃不吃烟？[tɕʰi¹³ pu⁰ tɕʰi¹³ iɛn⁵⁵]

不吃你的烟。[pu¹³ tɕʰi¹³ li³³ ti⁰ iɛn⁵⁵]

喝不喝茶？[xuo¹³ pu⁰ xuo¹³ tsʰa¹³]

不喝你的茶，[pu¹³ xuo¹³ li³³ ti⁰ tsʰa¹³]

只问你的瓜有多大？[tsɿ³³ uən³⁵ li³³ ti⁰ kua⁵⁵ iəu³³ tuo⁵⁵ ta³⁵]

意译：敲钹，打钹，一两胭脂二两粉，来到南津关，亏了好大的本。王婆婆请开门，你是哪里的人？我是天上掉下来的黄种人。抽不抽烟？不抽你的烟。喝不喝茶？不喝你的茶，只问你的瓜有多大？

0009 歌谣

新滩两道峡，天天把风刮，[ɕin⁵⁵tʰan⁵⁵liaŋ³³tau³⁵ɕia¹³，tʰiɛn⁵⁵tʰiɛn⁵⁵pa³³foŋ⁵⁵kua¹³]

十天半个月，不是上刮就是下刮。[sʅ¹³tʰiɛn⁵⁵pan³⁵kɤ³⁵ye¹³，pu¹³sʅ³⁵saŋ³⁵kua¹³tɕiəu³⁵sʅ³⁵ɕia³⁵kua¹³]

意译：新滩有两道峡，每天都刮风，十天半个月，不是往上刮就是往下刮。

0010 歌谣

一脶儿穷，二脶儿富，[i¹³luor¹³tɕʰioŋ¹³，ɚ³⁵luor¹³fu³⁵] 脶：呈圆圈状的指纹

三脶儿四脶儿住瓦屋，[san³³luor¹³sʅ³⁵luor¹³tsu¹³ua³³u¹³]

五脶儿六脶儿打草鞋，[u³³luor¹³ləu¹³luor¹³ta³³tsʰau³³xai¹³]

七脶儿八脶儿挑屎卖，[tɕʰi¹³luor¹³pa¹³luor¹³tʰiau⁵⁵sʅ³³mai³⁵]

九脶儿当天官，[tɕiəu³³luor¹³taŋ⁵⁵tʰiɛn⁵⁵kuan⁵⁵]

十脶儿中状元。[sʅ¹³luor¹³tsoŋ⁵⁵tsuan³⁵yɛn¹³]

十个笸箕有饭吃。[sʅ¹³kɤ³⁵sau⁵⁵tɕʰi⁰iəu³³fan³⁵tɕʰi¹³]

意译：有一个脶的人贫穷，有两个脶的人富有，有三、四个脶的人住瓦房，有五、六个脶的人织草鞋，有七、八个脶的人挑粪去卖，有九个脶的人当天官，有十个脶的人中状元。有十个笸箕的人有饭吃。

0011 歌谣

想去玩，坐洋船。[ɕiaŋ³³kʰɤ³⁵uan¹³，tsuo³⁵iaŋ¹³tsʰuan¹³]

洋船不转弯，到巫山。[iaŋ¹³tsʰuan¹³pu¹³tsuan³³uan⁵⁵，tau³⁵u⁵⁵san⁵⁵]

巫山不下客，到湖北。[u⁵⁵san⁵⁵pu¹³ɕia³⁵kʰɤ¹³，tau³⁵xu¹³pɤ¹³]

湖北姑娘儿，皮肤白又白。[xu¹³pɤ¹³ku³³liaŋ¹³ɚ¹³，pʰi¹³fu⁰pɤ¹³iəu³⁵pɤ¹³]

想去玩，坐木船。[ɕiaŋ³³kʰɤ³⁵uan¹³，tsuo³⁵mu¹³tsʰuan¹³]

木船不转弯，直接到青滩。[mu¹³tsʰuan¹³pu¹³tsuan³³uan⁵⁵，tsʅ¹³tɕie¹³tau³⁵tɕʰin⁵⁵tʰan⁵⁵]

青滩姐，皮肤白，[tɕʰin⁵⁵tʰan⁵⁵tɕie¹³，pʰi¹³fu⁰pɤ¹³]

青滩的汉子黑又黑。[tɕʰin⁵⁵tʰan⁵⁵ti⁰xan³⁵tsʅ⁰xɤ¹³iəu³⁵xɤ¹³]

意译：想去玩，坐洋船。洋船不转弯，到巫山。到巫山没有客人，下船到湖北。湖北的姑娘皮肤白又白。想去玩，坐木船。木船不转弯，直接到青滩。青滩的姑娘皮肤白，青滩的汉子黑又黑。

0012 歌谣

好哭佬儿,卖灯草,[xau³⁵ kʰu¹³ laur³³,mai³⁵ tən⁵⁵ tsʰau³³]灯草:草本植物,又称灯芯草

卖到河里狗子咬。[mai³⁵ tau³⁵ xo¹³ li⁰ kəu³³ tsɿ⁰ au³³]

狗子狗子你莫咬,[kəu³³ tsɿ⁰ kəu³³ tsɿ⁰ li¹³ mo¹³ au³³]

屙屁屁把你过早。[uo³⁵ pʰa³³ pa³³ pa⁰ li¹³ kuo³⁵ tsau³³]屙:拉。屁屁:粪便

意译:喜欢哭的人,卖灯草,卖到河里被狗咬,狗你不要咬,拉坨屎给你当做早餐。

0013 歌谣

推磨郎,拐磨郎,[tʰuei⁵⁵ mo¹³ laŋ¹³,kuai³³ mo¹³ laŋ¹³]

三斤糕,四斤糖,[san⁵⁵ tɕin⁵⁵ kau⁵⁵,sɿ³⁵ tɕin⁵⁵ tʰaŋ¹³]

送姐姐,到绣房,[soŋ³⁵ tɕie¹³ tɕie⁰,tau³⁵ ɕiəu³⁵ faŋ¹³]

送哥哥,到书房,[soŋ³⁵ kuo⁵⁵ kuo⁰,tau³⁵ su⁵⁵ faŋ¹³]

一考考到啦状元郎。[i¹³ kʰau³³ kʰau³³ tau¹³ la⁰ tsuaŋ³⁵ yɛn⁰ laŋ¹³]

意译:推磨的人,拐磨的人。三斤糕,四斤糖,送姐姐,到绣房,送哥哥,到书房,一考考上了状元郎。

0014 歌谣

三匹马,在吃草,[san³³ pʰi¹³ ma³³,tsai³⁵ tɕʰi¹³ tsʰau³³]

三个人在说话,[san⁵⁵ kɤ³⁵ zən¹³ tsai³⁵ suo¹³ xua³⁵]

两个蚊子在打架,[liaŋ³³ kɤ³⁵ uən¹³ tsɿ⁰ tsai³⁵ ta³³ tɕia³⁵]

小媳妇儿躲在床底下,[ɕiau³³ ɕi¹³ fuər³⁵ tuo³³ tsai³⁵ tsʰuaŋ¹³ ti³³ xa⁰]

王婆婆儿出来骂一骂。[uaŋ¹³ pʰo¹³ pʰor⁰ tsʰu¹³ lai¹³ ma³⁵ i⁰ ma³⁵]

意译:三匹马,在吃草,三个人在说话,两只蚊子在打架,小媳妇躲在床下面,王婆婆出来骂一骂。

0015 歌谣

张打铁,李打铁,[tsaŋ⁵⁵ ta³³ tʰie¹³,li¹³ ta³³ tʰie¹³]

打把剪刀送姐姐。[ta³³ pa³³ tɕiɛn¹³ tau⁵⁵ soŋ³⁵ tɕie¹³ tɕie⁰]

姐姐留我歇,我不歇,[tɕie¹³ tɕie⁰ liəu¹³ uo³³ ɕie¹³,uo¹³ pu¹³ ɕie¹³]歇:住宿

我要回去打毛铁。[uo¹³ iau³⁵ xuei¹³ kʰɤ³⁵ ta³³ mau¹³ tʰie¹³]毛铁:尚未加工的铁

毛铁没打起，[mau³³ tʰie¹³ mei⁵⁵ ta³³ tɕʰi³³]

妈把我耳朵揪个缺。[ma⁵⁵ pa³³ uo³³ ɚ³³ tuo⁰ tɕieu³³ kɤ³⁵ tɕʰye¹³]

毛铁打啦三斤半，[mau³³ tʰie¹³ ta³³ la⁰ san³³ tɕin⁵⁵ pan³⁵]

娃娃婆娘都来看。[ua¹³ ua⁰ pʰo⁵⁵ liaŋ⁰ təu⁵⁵ lai¹³ kʰan³⁵]

意译：张打铁，李打铁，打一把剪刀送姐姐。姐姐留我住宿，我不住，我要回去打毛铁。毛铁没打完，妈妈把我耳朵揪个缺口。毛铁打了三斤半，孩子女人都来看。

0016 歌谣

一见南津关，[i¹³ tɕiɛn³⁵ lan¹³ tɕin⁵⁵ kuan⁵⁵]

两眼泪不干。[liaŋ³³ iɛn³³ lei³⁵ pu¹³ kan⁵⁵]

心想回四川，[ɕin⁵⁵ ɕiaŋ³³ xuei¹³ sɿ³⁵ tsʰuan⁵⁵]

难上又加难。[lan¹³ san³⁵ iəu³⁵ tɕia⁵⁵ lan¹³]

一见南津关，[i¹³ tɕiɛn³⁵ lan¹³ tɕin⁵⁵ kuan⁵⁵]

两眼泪不干。[liaŋ³³ iɛn³³ lei³⁵ pu¹³ kan⁵⁵]

要想见爹娘，[iau³⁵ ɕiaŋ³³ tɕiɛn³⁵ tie¹³ liaŋ¹³]

真比登天难。[tsən⁵⁵ pi¹³ tən⁵⁵ tʰiɛn⁵⁵ lan¹³]

意译：一见南津关，两眼泪不干。想要回四川，难上又加难。一见南津关，两眼泪不干。要想见爹娘，真比登天还难。

0017 歌谣

坐船下瞿塘，[tsuo³⁵ tsʰuan¹³ ɕia³⁵ tɕʰy¹³ tʰaŋ¹³]

夔门锁大江。[kʰuei¹³ mən¹³ suo³³ ta³⁵ tɕiaŋ⁵⁵]

巫峡云雨中，[u⁵⁵ ɕia¹³ yn¹³ y³³ tsoŋ⁵⁵]

要看十二峰。[iau³⁵ kʰan³⁵ sɿ¹³ ɚ¹³ foŋ⁵⁵]

船到西陵峡，[tsʰuan¹³ tau³⁵ ɕi⁵⁵ lin¹³ ɕia¹³]

闯滩要胆大。[tsʰuaŋ³³ tʰan⁵⁵ iau³⁵ tan³³ ta³⁵]

意译：坐船去瞿塘峡，夔门锁大江。巫峡云雨中，要看十二峰。船到西陵峡，闯滩要胆子大。

0018 歌谣

三轮儿车，跑得快，[san³³ luər¹³ tsʰɤ³³，pʰau¹³ ti⁰ kʰuai³⁵]

上面坐了个老婆婆儿。[saŋ³⁵ miɛn⁰ tsuo³⁵ lɤ⁰ kɤ³⁵ lau³³ pʰo¹³ pʰor⁰]

要五角，给一块，[iau³⁵ u³³ tɕio¹³，kɤ³³ i¹³ kʰuai³⁵]

你说奇怪不奇怪。[li³³ suo¹³ tɕʰi¹³ kuai³⁵ pu¹³ tɕʰi¹³ kuai³⁵]

意译：三轮车，跑得快，上面坐了个老婆婆。要五角，给一块，你说奇怪不奇怪。

0019 歌谣

五月五，端午到，[u³³ ye¹³ u³³，tuan⁵⁵ u¹³ tau³⁵]

划龙船，真热闹。[xua¹³ loŋ¹³ tsʰuan¹³，tsən⁵⁵ zɤ¹³ lau³³]

吃粽子，挂香包，[tɕʰi¹³ tsoŋ³⁵ tsʅ⁰，kua³⁵ ɕiaŋ⁵⁵ pau⁵⁵]

蚊子不到身边闹。[uən¹³ tsʅ⁰ pu¹³ tau³⁵ sən⁵⁵ piɛn⁵⁵ lau³⁵]

意译：五月五，端午到，划龙船，真热闹。吃粽子，挂香包，蚊子不在身边吵。

0020 歌谣

有一个人，真邋遢，[iəu³³ i¹³ kɤ³⁵ zən¹³，tsən⁵⁵ la³³ tʰa⁵⁵]

洗脚的水，煎粑粑，[ɕi³³ tɕio¹³ ti⁰ suei³³，tɕiɛn⁵⁵ pa⁵⁵ pa⁰] 粑粑：饼

一家人吃得笑哈哈。[i¹³ tɕia⁵⁵ zən¹³ tɕʰi¹³ ti⁰ ɕiau³⁵ xa⁵⁵ xa⁰]

意译：有一个人，真邋遢，洗脚的水，煎饼子，一家人吃了笑哈哈。

二 规定故事

0021 牛郎和织女

古时候，有个小伙子，[ku³³ sʅ¹³ xəu³⁵，iəu³³ kɤ³⁵ ɕiau³³ xuo³³ tsʅ⁰]

父母都去世了，蛮造孽，[fu³⁵ mu³³ təu⁵⁵ tɕʰy³³ sʅ³⁵ liau⁰，man¹³ tsau³⁵ ie¹³] 造孽：贫困

家里就只有一头老牛，[tɕia⁵⁵ li⁰ tɕiəu³⁵ tsʅ³³ iəu³³ i¹³ tʰəu¹³ lau³³ liəu¹³]

大家都叫他牛郎。[ta³⁵ tɕia⁵⁵ təu⁵⁵ tɕiau⁵⁵ tʰa⁵⁵ liəu¹³ laŋ¹³]

牛郎和老牛相依为命，[liəu¹³ laŋ¹³ xɤ³⁵ lau³³ liəu¹³ ɕiaŋ⁵⁵ i⁵⁵ uei¹³ min³⁵]

靠老牛耕地为生。[kʰau³⁵ lau³³ liəu¹³ kən⁵⁵ ti³⁵ uei¹³ sən⁵⁵]

老牛其实是天上的金牛星下凡，[lau³³ liəu¹³ tɕʰi¹³ sʅ¹³ sʅ³⁵ tʰiɛn⁵⁵ saŋ⁰ ti⁰ tɕin⁵⁵ liəu¹³ ɕin⁵⁵ ɕia³⁵ fan¹³]

他喜欢牛郎的勤劳善良，[tʰa⁵⁵ ɕi¹³ xuan⁵⁵ liəu¹³ laŋ¹³ ti⁰ tɕʰin¹³ lau¹³ san³⁵ liaŋ¹³]

所以想帮牛郎成个家。[suo³³ i¹³ ɕiaŋ³³ paŋ⁵⁵ liəu¹³ laŋ¹³ tsʰən¹³ kɤ³⁵ tɕia⁵⁵]

有一天，［iəu³³i¹³tʰiɛn⁵⁵］

金牛星晓得天上的仙女，［tɕin⁵⁵liəu¹³ɕin⁵⁵ɕiau³³tɤ¹³tʰiɛn⁵⁵saŋ⁰tɤ⁰ɕyɛn⁵⁵ly³³］

要到村东边，［iau³⁵tau³⁵tsʰən⁵⁵toŋ⁵⁵piɛn⁵⁵］

山脚下的湖里去洗澡。［san⁵⁵tɕio¹³ɕia³⁵ti⁰xu¹³li⁰tɕʰy³⁵ɕi³³tsau³³］

他就托梦给牛郎，［tʰa⁵⁵tɕiəu³⁵tʰuo¹³moŋ⁵⁵kei³³liəu³³laŋ¹³］

要牛郎，到湖边，［iau³⁵liəu¹³laŋ¹³，tau³⁵xu¹³piɛn⁵⁵］

取走一件仙女挂在树上的衣裳，［tɕʰy³³tsəu³³i¹³tɕiɛn³⁵ɕyɛn⁵⁵ly³³kua³³tsai³⁵su³⁵saŋ⁰ti⁰i⁵⁵saŋ⁰］

然后跑回来，这样，［ʐan¹³xəu³⁵pʰau³³xuei¹³lai¹³，tsɤ³³iaŋ³⁵］

他就可以得到一位美丽的仙女做妻子。［tʰa⁵⁵tɕiəu³⁵kʰɤ³³i¹³tɤ¹³tau⁰i¹³uei³⁵mei³³li³⁵ti⁰ɕyɛn⁵⁵ly³³tsuo³⁵tɕʰi⁵⁵tsɿ⁰］

第二天早晨，［ti³³ɚ³⁵tʰiɛn⁵⁵tsau³³sən¹³］

牛郎半信半疑，［liəu¹³laŋ¹³pan³⁵ɕin¹³pan³⁵i¹³］

来到湖边，果然，［lai¹³tau³⁵xu¹³piɛn⁵⁵，kuo³³ʐan¹³］

在朦胧中他看到有一些仙女在湖里洗澡，［tsai³⁵moŋ¹³loŋ¹³tsoŋ⁵⁵tʰa⁵⁵kʰan³⁵tau⁰iəu³³i¹³ɕie⁵⁵ɕyɛn⁵⁵ly³³tsai³⁵xu¹³li⁰ɕi³³tsau³³］

牛郎立即跑过去，［liəu¹³laŋ¹³li¹³tɕi¹³pʰau³³kuo³³tɕʰy³⁵］

取下一件挂在树上的粉红色的衣裳，［tɕʰy³³ɕia³⁵i¹³tɕiɛn³⁵kua³⁵tsai³⁵su³⁵saŋ⁰ti⁰fən³³xoŋ¹³sɤ¹³ti⁰i⁵⁵saŋ⁰］

飞快地跑回家。［fei⁵⁵kʰuai³⁵ti⁰pʰau³³xuei¹³tɕia⁵⁵］

这个被取走衣服的仙女就是织女。［tsɤ³³kɤ³⁵pei³⁵tɕʰy¹³tsəu³³i⁵⁵fu¹³ti⁰ɕyɛn⁵⁵ly¹³tɕiəu³⁵sɿ³⁵tsɿ¹³ly¹³］

当天夜里，［taŋ⁵⁵tʰiɛn⁵⁵ie³⁵li¹³］

她就到啦牛郎的家里，［tʰa⁵⁵tɕiəu³⁵tau³⁵la⁰liəu¹³laŋ¹³tɤ⁰tɕia⁵⁵li¹³］

于是，就和牛郎成啦夫妻。［y¹³sɿ³⁵，tɕiəu³⁵xɤ¹³liəu¹³laŋ¹³tsʰən¹³la⁰fu⁵⁵tɕʰi⁵⁵］

一转眼三年过去了，［i¹³tsuan³³iɛn³³san³³liɛn¹³kuo³⁵tɕʰy³⁵liau⁰］

他们有啦一对可爱的儿女，［tʰa⁵⁵mən⁰iəu³³la⁰i¹³tuei³⁵kʰɤ³³ai³⁵ti⁰ɚ¹³ly¹³］

一家人过着幸福的生活。［i¹³tɕia⁵⁵ʐən¹³kuo³⁵tsɤ⁰ɕin¹³fu¹³ti⁰sən⁵⁵xuo¹³］

但是，［tan³⁵si³⁵］

织女下凡的事情被玉皇大帝知道啦。［tsɿ¹³ly¹³ɕia³⁵fan³³ti⁰sɿ³⁵tɕʰin¹³pei³⁵y³⁵xuaŋ¹³ta⁵⁵ti⁰tsɿ⁵⁵tau³⁵la⁰］

他非常生气，［tʰa⁵⁵fei⁵⁵tsʰaŋ¹³sən⁵⁵tɕʰi³⁵］

一天夜里，［i¹³tʰiɛn³⁵ie³⁵li¹³］

雷电交加，[lei¹³ tiɛn³⁵ tɕiau⁵⁵ tɕia⁵⁵]
大雨倾盆，[ta³⁵ y³³ tɕʰyn⁵⁵ pʰən¹³]
突然刮起啦一阵风，[tʰu¹³ ʐan¹³ kua¹³ tɕʰi³³ la⁰ i¹³ tsən³⁵ foŋ⁵⁵]
织女不见了，[tʂʅ¹³ ly¹³ pu¹³ tɕiɛn³⁵ liau⁰]
两个孩子急得直哭，[liaŋ³³ kɤ³⁵ xai¹³ tsʅ⁰ tɕi¹³ tɤ⁰ tsʅ¹³ kʰu¹³]
牛郎也不知道怎么办。[liəu¹³ laŋ¹³ ie³³ pu¹³ tsʅ⁵⁵ tau³⁵ tsən³³ mɤ⁰ pan³⁵]
正在这个时候，[tsən⁵⁵ tsai⁵⁵ tsɤ³³ kɤ³⁵ sʅ¹³ xəu³⁵]
老牛突然说话啦，[lau³³ liəu¹³ tʰu¹³ ʐan¹³ suo¹³ xua³⁵ la⁰]
它说："别着急，[tʰa⁵⁵ suo¹³：pie¹³ tsuo¹³ tɕi¹³]
你把我头上的角取下来，[li³³ pa³³ uo³³ tʰəu¹³ saŋ³⁵ ti⁰ tɕio¹³ tɕʰy¹³ ɕia³⁵ lai¹³]
变成两个箩筐，[piɛn³⁵ tsʰən¹³ liaŋ³³ kɤ³⁵ luo¹³ kʰuaŋ⁵⁵]
带上孩子去找织女吧，[tai³³ saŋ³⁵ xai¹³ tsʅ⁰ tɕʰy³⁵ tsau³³ tsʅ¹³ ly¹³ pa⁰]
这样你就可以到天宫上面去了。"[tsɤ³⁵ iaŋ⁵⁵ li³³ tɕiəu³⁵ kʰɤ³³ i¹³ tau³⁵ tʰiɛn⁵⁵ koŋ⁵⁵ saŋ³⁵ miɛn⁰ tɕʰy³⁵ liau⁰]
话音刚落，[xua³⁵ in⁵⁵ kaŋ⁵⁵ luo¹³]
两只牛角就掉到啦地上，[liaŋ³³ tsʅ⁵⁵ liəu¹³ tɕio¹³ tɕiəu³⁵ tiau³³ tau³⁵ la⁰ ti³⁵ saŋ⁰]
变成啦两个箩筐。[piɛn³⁵ tsʰən¹³ la⁰ liaŋ³³ kɤ³⁵ luo¹³ kʰuaŋ⁵⁵]
牛郎把两个孩子放在箩筐里，[liəu¹³ laŋ¹³ pa³³ liaŋ³³ kɤ³⁵ xai¹³ tsʅ⁰ faŋ³³ tsai³⁵ luo¹³ kʰuaŋ⁵⁵ li⁰]
一阵清风吹过来，[i¹³ tsən³⁵ tɕʰin⁵⁵ foŋ⁵⁵ tsʰuei⁵⁵ kuo³⁵ lai⁰]
箩筐被吹上啦天，[luo¹³ kʰuaŋ⁵⁵ pei³⁵ tsʰuei⁵⁵ saŋ³⁵ la⁰ tʰiɛn⁵⁵]
牛郎追啊追，[liəu¹³ laŋ¹³ tsuei⁵⁵ a⁰ tsuei⁵⁵]
眼看着就要追上织女啦，[iɛn³³ kʰan³⁵ tsɤ⁰ tɕiəu³³ iau³⁵ tsuei⁵⁵ saŋ³⁵ tsʅ¹³ ly¹³ la⁰]
这个时候，[tsɤ³³ kɤ³⁵ sʅ¹³ xəu³⁵]
被王母娘娘发现啦，[pei³⁵ uaŋ¹³ mu³³ liaŋ¹³ liaŋ⁰ fa¹³ ɕiɛn³⁵ la⁰]
她拔下头上的金钗，[tʰa⁵⁵ pa³³ ɕia³⁵ tʰəu¹³ saŋ⁰ tɤ⁰ tɕin⁵⁵ tsʰai⁵⁵]
在牛郎和织女中间划啦一条河，[tsai³⁵ liəu¹³ laŋ¹³ xɤ¹³ tsʅ¹³ ly¹³ tsoŋ⁵⁵ tɕiɛn⁵⁵ xua³⁵ la⁰ i¹³ tʰiau¹³ xɤ¹³]
一条波涛汹涌的河，[i¹³ tʰiau¹³ po⁵⁵ tʰau⁵⁵ ɕioŋ⁵⁵ ioŋ¹³ ti⁰ xɤ¹³]
把牛郎和织女隔在啦两岸，[pa³³ liəu¹³ laŋ¹³ xɤ¹³ tsʅ¹³ ly¹³ kɤ¹³ tsai³⁵ la⁰ liaŋ³³ an³³]
他们无法相聚。[tʰa⁵⁵ mən⁰ u¹³ fa¹³ ɕiaŋ⁵⁵ tɕy³⁵]
喜鹊很同情牛郎和织女。[ɕi³³ tɕʰye³⁵ xən¹³ tʰoŋ¹³ tɕʰin¹³ liəu¹³ laŋ¹³ xɤ¹³ tsʅ¹³ ly¹³]
每年农历七月初七，[mei³³ liɛn¹³ loŋ¹³ li¹³ tɕʰi¹³ ye¹³ tsʰu⁵⁵ tɕʰi¹³]

一只又一只的喜鹊飞到天河上，[i¹³tsʅ⁵⁵iəu³⁵i¹³tsʅ⁵⁵tɤ⁰ɕi³³tɕʰye³⁵fei⁵⁵tau³⁵tʰiɛn⁵⁵xɤ¹³saŋ³⁵]

一只衔着一只的尾巴，[i¹³tsʅ⁵⁵ɕiɛn¹³tsɤ⁰i¹³tsʅ⁵⁵tɤ⁰uei³³pa⁰]

搭成一座鹊桥，[ta¹³tsʰən¹³i¹³tsuo³⁵tɕʰye³⁵tɕʰiau¹³]

让牛郎和织女相会。[ʐaŋ³⁵liəu¹³laŋ¹³xɤ¹³tsʅ¹³ly¹³ɕiaŋ⁵⁵xuei³⁵]

意译：古时候，有一个小伙子，父母都去世了，家里只有一头老牛，大家都叫他牛郎。牛郎与老牛相依为命。靠老牛耕地为生，老牛其实是天上的金牛星，所以想帮他成家。

有一天，金牛星得知天上的仙女要到村东边山脚下的湖里洗澡。它就托梦给牛郎，要牛郎到湖边，取走一件仙女挂在树上的衣裳，然后跑回家。这样，他就可以得到一位美丽的仙女做妻子。第二天早晨，牛郎半信半疑来到湖边，果然，在朦胧中他看到有一些仙女在湖里洗澡，牛郎立即跑过去，取下一件挂在树上的粉红色的衣裳，飞快地跑回家。这个被取走衣服的仙女就是织女。

当天夜里，她就到了牛郎的家里，于是就和牛郎成了夫妻。一转眼三年过去了，他们有了一对可爱的儿女，一家人过着幸福的生活。但是，织女下凡的事情被玉皇大帝知道了。他非常生气，一天夜里雷电交加，大雨倾盆，突然刮起了一阵风，织女不见了，两个孩子急得直哭，牛郎急得不知如何是好。这时，老牛突然说话了，它说："别着急，你把我头上的角取下来，变成两个箩筐，带上孩子去找织女吧，这样你就可以到天宫上面去了。"话音刚落，两只牛角就掉到了地上，变成了两个箩筐。牛郎把两个孩子放在箩筐里，一阵清风吹过来，箩筐被吹上了天，牛郎追啊追，眼看着就要追上织女了，这个时候，被王母娘娘发现了，她拔下头上的金钗，在牛郎和织女中间划了一条河，一条波涛汹涌的河，把牛郎和织女隔在了两岸，他们无法相聚。喜鹊很同情牛郎和织女。每年农历七月初七，一只又一只的喜鹊飞到天河上，一只衔着一只的尾巴，搭成一座鹊桥，让牛郎和织女相会。

三　其他故事

0022 其他故事

在我们宜昌西陵二路，[tsai³⁵uo³³mən⁰i¹³tsʰaŋ⁵⁵ɕi⁵⁵lin¹³ɚ³⁵lu³⁵]

靠北门外正街一头的北边儿的，[kʰau³⁵pɤ¹³mən¹³uai³⁵tsən³⁵kai⁵⁵i¹³tʰəu¹³ti⁰pɤ¹³piɚ⁵⁵ti⁰]

原来有一条蛮窄蛮长的巷子，[yɛn¹³lai¹³iəu³³i¹³tʰiau¹³man¹³tsɤ¹³man¹³tsʰaŋ¹³ti⁰ xaŋ³⁵ tsʅ⁰]

迦个巷子咧以前咧一直没得一个名字，[lie³⁵ kɤ⁰ xaŋ³⁵ tsʅ⁰ lie⁰ i¹³ tɕʰiɛn¹³ lie⁰ i¹³ tsʅ¹³ mɤ⁵⁵ tɤ⁰ i¹³ kɤ³⁵ min¹³ tsʅ⁰]

但是后来咧呃因为咧划龙船的事儿咧，[tan³³ sʅ³⁵ xəu³⁵ lai¹³ lie⁰ ɤ⁰ in⁵⁵ uei¹³ lie⁰ xua³⁵ loŋ¹³ tsʰuan¹³ ti⁰ sər³⁵ lie⁰]

还有为迦个巷子咧取啦一个名字。[xai¹³ iəu³³ uei¹³ lie³⁵ kɤ⁰ xaŋ³⁵ tsʅ⁰ lie⁰ tɕy³³ la⁰ i¹³ kɤ³⁵ min¹³ tsʅ⁰]

宜昌咧古时候的时候为叫楚地，[i¹³ tsʰaŋ⁵⁵ lie⁰ ku³³ sʅ¹³ xəu³⁵ ti⁰ sʅ¹³ xəu uei¹³ tɕiau³⁵ tsʰu³³ ti³⁵]

五月划龙船比赛咧已经是世世代代相传的一个习俗，[u³³ ye¹³ xua³⁵ loŋ¹³ tsʰuan¹³ pi³³ sai³⁵ lie⁰ i³³ tɕin¹³ sʅ³⁵ sʅ³⁵ tai tai ɕiaŋ⁵⁵ tsʰuan¹³ ti⁰ i¹³ kɤ³⁵ ɕi¹³ su¹³]

而且咧还逐渐地形成啦一些规矩。[ɚ³⁵ tɕʰie³³ lie⁰ xai¹³ tsu¹³ tɕiɛn³⁵ ti⁰ ɕin¹³ tsʰən¹³ la⁰ i¹³ ɕie⁵⁵ kuei⁵⁵ tɕy⁰]

比如说北门以上，包括西坝一带，[pi³³ zu¹³ suo¹³ pɤ¹³ mən¹³ i¹³ saŋ³⁵，pau⁵⁵ kua¹³ ɕi⁵⁵ pa³⁵ i¹³ tai³⁵]

划的咧都是"红龙""黄龙"，[xua³⁵ ti⁰ lie⁰ təu⁵⁵ sʅ³⁵ xoŋ¹³ loŋ¹³ xuaŋ¹³ loŋ¹³]

对河一带咧划的是"白龙"，[tei³⁵ xuo¹³ i¹³ tai³⁵ lie⁰ xua¹³ ti⁰ sʅ³⁵ pɤ¹³ loŋ¹³]

二马路一带咧划的是"乌龙"，[ɚ³⁵ ma³³ lu³⁵ i¹³ tai³⁵ lie⁰ xua³⁵ ti⁰ sʅ³⁵ u⁵⁵ loŋ¹³]

河西点军区一带咧划的是"鸭蛋青儿"，等等。[xuo¹³ ɕi⁵⁵ tiɛn³³ tɕyn³³ tɕʰy⁵⁵ i¹³ tai³⁵ lie⁰ xua³⁵ ti⁰ sʅ³⁵ ia¹³ tan³⁵ tɕʰiər⁰，tən³³ tən⁰]

因为咧当时西坝呀是种菜的呃发豆芽儿的，[in⁵⁵ uei¹³ lie⁰ taŋ⁵⁵ sʅ¹³ ɕi⁵⁵ pa³⁵ ia⁰ sʅ³³ tsoŋ³³ tsʰai³⁵ ti⁰ ɤ⁰ fa³⁵ təu³⁵ iar⁰ ti⁰]

如果是"黄龙"赢啦的话，[zu¹³ kuo³³ sʅ³⁵ xuaŋ¹³ loŋ¹³ in¹³ la⁰ ti⁰ xua³⁵]

人们咧就欢呼"今年有菜吃哒！"[zən¹³ mən⁰ lie⁰ tɕiəu³⁵ xuan⁵⁵ xu⁵⁵ tɕin⁵⁵ liɛn¹³ iəu³³ tsʰai³⁵ tɕʰi¹³ ta⁰]

迦咧足以说明咧人们对迦个划龙船咧是很重视的。[lie³⁵ lie⁰ tsu¹³ i¹³ suo¹³ min¹³ lie⁰ zən¹³ mən⁰ tei¹³ lie³⁵ kɤ⁰ xua³⁵ loŋ¹³ tsʰuan¹³ lie⁰ sʅ³⁵ xən³³ tsoŋ³³ sʅ³⁵ ti⁰]

据说有一年哪，一条"青龙"，[tɕy³⁵ suo¹³ iəu³³ i¹³ liɛn¹³ la⁰，i¹³ tʰiau¹³ tɕʰin⁵⁵ loŋ¹³]

呃，比赛咧划赢哒。[ɤ⁰，pi³³ sai³⁵ lie⁰ xua in¹³ ta⁰]

而且那位咧站在龙头搞指挥的咧，[ɚ¹³ tɕʰye³³ la³³ uei³³ lie⁰ tsan³⁵ tsai¹³ loŋ¹³ tʰəu¹³ kau³³ tsʅ³³ xuei⁵⁵ ti⁰ lie⁰]

刚刚儿是嘛儿咧住在那个长巷子里头的人，[kaŋ⁵⁵ kãr⁰ sʅ³⁵ mar⁵⁵ lie⁰ tsu³⁵ tsai³⁵ la³⁵ kɤ⁰ tsʰaŋ¹³ xaŋ³⁵ tsɿ⁰ li³³ tʰəu⁰ ti⁰ zən¹³]

迓个巷子里头的人咧，[lie³⁵ kɤ⁰ xaŋ³⁵ tsɿ⁰ li³³ tʰəu⁰ ti⁰ zən¹³ lie⁰]

都为此咧感到很，[təu⁵⁵ uei³³ tsʰɿ³³ lie⁰ kan³³ tau³⁵ xən³³]

很有荣誉，[xən³³ iəu³³ zoŋ¹³ y³⁵]

于是咧把迓个长巷子咧就改称为"青龙巷"作为纪念。[y¹³ sɿ³⁵ lie⁰ pa³³ lie³⁵ kɤ⁰ tsʰaŋ¹³ xaŋ³⁵ tsɿ⁰ lie⁰ tɕiəu³⁵ kai³³ tsʰən⁵⁵ uei³³ tɕʰin⁵⁵ loŋ⁰ xaŋ³⁵ tsuo³³ uei¹³ tɕi³³ liɛn³⁵]

意译：在我们宜昌西陵二路靠北门外正街一头的北侧，原来有一条又窄又长的巷子。这个巷子以前一直没有一个名字，但是后来因为划龙船的事，还为这个巷子取了一个名字。

宜昌古时候叫楚地，五月划龙船比赛已经是世世代代相传的一个习俗，而且还逐渐形成了一些规矩。比如说北门以上，包括西坝一带，划的都是"红龙""黄龙"，对河一带划的是"白龙"，二马路一带划的是"乌龙"，河西点军区一带划的是"鸭蛋青儿"等等。因为当时西坝是种菜、种豆芽的，如果是"黄龙"赢了的话，人们就欢呼"今年有菜吃了！"这足以说明人们对划龙船是很重视的。

据说有一年，一条"青龙"在比赛中取胜了，而且那位站在龙头搞指挥的恰巧是住在那个长巷子里的人，这个巷子里的人都为此感到很光荣，于是把这个长巷子就改称为"青龙巷"作为纪念。

0023 其他故事

在我们宜昌啊不少人都还记得，[tsai³⁵ uo¹³ mən⁰ i¹³ tsʰaŋ⁵⁵ a⁰ pu¹³ sau³³ zən¹³ təu⁵⁵ xai¹³ tɕi³⁵ tɤ⁰]

迓个沙河儿啊，[lie³³ kɤ³⁵ sa⁵⁵ xuor¹³ a⁰]

就是汇入黄柏河的那个右侧，[tɕiəu³³ sɿ³⁵ xuei³⁵ zu¹³ xuaŋ¹³ pɤ¹³ xuo¹³ ti⁰ la³⁵ kɤ³⁵ iəu³⁵ tsʰɤ¹³]

有一个圆圆的小山包儿，[iəu¹³ i¹³ kɤ³⁵ yɛn¹³ yɛn⁰ ti⁰ ɕiau³³ san⁵⁵ paur⁵⁵]

它咧，迓个跨径啦，[tʰa⁵⁵ lie⁰，lie³³ kɤ³⁵ kʰua³⁵ tɕin⁵⁵ la⁰]

不过三四十米，迓个高度咧，[pu³³ kuo³⁵ san⁵⁵ sɿ³⁵ sɿ¹³ mi³³，lie³³ kɤ³⁵ kau⁵⁵ tu³⁵ lie⁰]

也就十五六米，[ie³³ tɕiəu³⁵ sɿ⁵⁵ u³³ ləu¹³ mi³³]

可是它咧，[kuo³³ sɿ³⁵ tʰa⁵⁵ lie⁰]

有一个蛮优雅的名字，[iəu³³ i⁰ kɤ³⁵ man¹³ iəu⁵⁵ ia³³ ti⁰ min⁵⁵ tsɿ⁰]

叫夜明珠儿。[tɕiau³⁵ ie³⁵ min¹³ tsuər⁵⁵]

迓个小山包咧，[lie³³ kɤ³⁵ ɕiau³³ san⁵⁵ pau⁵⁵ lie⁰]

呃，为什么儿能够得到恁门个名字咧？[ɤ⁰，uei³³ sən³⁵ mɤr⁰ lən¹³ kəu⁰ tɤ¹³ tau³⁵ lən³⁵ mən⁰ kɤ³⁵ min⁵⁵ tsʅ⁰ lie⁰] 恁门：这么

相传啦，在蛮久蛮久以前，[ɕiaŋ⁵⁵ tsʰuaŋ¹³ la⁰，tsai³⁵ man¹³ tɕiəu³³ man¹³ tɕiəu³³ i³³ tɕʰiɛn¹³] 蛮：很

有个神仙路过迩底，[iəu³³ kɤ³⁵ sən¹³ ɕyɛn⁵⁵ lu³⁵ kuo³⁵ lie³⁵ ti⁰] 迩底：这里

看见咧，[kʰan³³ tɕiɛn³⁵ lie⁰]

这一带咧山清水秀的，[tsɤ¹³ i¹³ tai³⁵ lie⁰ san⁵⁵ tɕʰin⁵⁵ suei³³ ɕiəu³⁵ ti⁰]

风景咧很优美。[foŋ⁵⁵ tɕin³³ lie⁰ xən³³ iəu⁵⁵ mei³³]

他咧，就想咧，[tʰa⁵⁵ lie⁰，tɕiəu³⁵ ɕiaŋ³³ lie⁰]

把迩个自己千年修得的一颗夜明珠儿咧，[pa³³ lie³⁵ kɤ³⁵ tsʅ⁵⁵ tɕi⁰ tɕʰiɛn⁵⁵ liɛn¹³ ɕiəu⁵⁵ tɤ¹³ ti⁰ i¹³ kʰuo⁵⁵ ie³⁵ min¹³ tsuər⁵⁵ lie⁰]

安放在这里，[an⁵⁵ faŋ³⁵ tsai³⁵ tsɤ¹³ li⁰]

让它咧，造福于后人。[zaŋ³⁵ tʰa⁵⁵ lie⁰，tsau³⁵ fu¹³ y¹³ xəu³⁵ zən¹³]

可是咧，要使这个，[kʰuo³³ sʅ³⁵ lie⁰，iau³⁵ sʅ¹³ tsɤ¹³ kuo⁰]

迩个，千年修得的夜明珠咧，[lie³⁵ kɤ⁰，tɕʰiɛn⁵⁵ liɛn¹³ ɕiəu⁵⁵ tɤ⁰ ti⁰ ie³⁵ min¹³ tsu⁵⁵ lie⁰]

迩个，风尘中发光咧，[lie³³ kɤ³⁵，foŋ⁵⁵ tsʰən¹³ tsoŋ⁵⁵ fa¹³ kuaŋ⁵⁵ lie⁰]

还必须要有咧，[xai¹³ pi¹³ ɕy⁵⁵ iau³⁵ iəu³³ lie⁰]

一百天的迩个俗变的过程。[i¹³ pɤ¹³ tʰiɛn⁵⁵ ti⁰ lie³³ kɤ³⁵ su¹³ piɛn³⁵ ti⁰ kuo³⁵ tsʰən¹³]

为了防止咧，人间咧，[uei³⁵ liau³³ faŋ¹³ tsʅ¹³ lie⁰，zən¹³ tɕiɛn⁵⁵ lie⁰]

有迩个妖魔鬼怪呀，[iəu³³ lie³³ kɤ³⁵ iau⁵⁵ mo¹³ kuei³³ kuai³⁵ ia⁰]

在迩一百天之内咧，[tsai³⁵ lie³⁵ i¹³ pɤ¹³ tʰiɛn⁵⁵ tsʅ⁵⁵ lei³⁵ lie⁰]

把迩个东西盗走，[pa³³ lie³³ kɤ¹³ toŋ⁵⁵ ɕi⁵⁵ tau³⁵ tsəu³³]

迩个神仙咧就苦思冥想啊，[lie³⁵ kɤ¹³ sən¹³ ɕyɛn⁵⁵ lie⁰ tɕiəu³⁵ kʰu³³ sʅ⁵⁵ min³³ ɕiaŋ³³ a⁰]

想了好久才总算咧想了一个办法。[ɕiaŋ³³ lɤ⁰ xau³³ tɕiəu³³ tsʰai¹³ tsoŋ³³ suan³⁵ lie⁰ ɕiaŋ³³ lɤ⁰ i³³ kɤ³⁵ pan³⁵ fa⁰]

迩一天咧，[lie³⁵ i⁰ tʰiɛn⁵⁵ lie⁰]

迩个神仙咧，[lie³³ kɤ⁰ sən¹³ ɕyɛn⁵⁵ lie⁰]

就在当地找啊一个农民，[tɕiəu³⁵ tsai³⁵ taŋ³⁵ ti³⁵ tsau³³ a⁰ i¹³ kɤ³⁵ loŋ¹³ min¹³]

要他在沙河儿口的附近的这个一块水田里，[iau³⁵ tʰa⁵⁵ tsai³⁵ sa⁵⁵ xuor¹³ kʰəu³³ ti⁰ fu³³ tɕin³⁵ ti⁰ tsɤ³⁵ kɤ⁰ i⁰ kʰuai³⁵ suei³³ tʰiɛn¹³ li⁰]

就赶上一百天的耖。[tɕiəu³⁵ kan³³ saŋ³⁵ i⁰ pɤ¹³ tʰiɛn⁵⁵ ti⁰ tsʰau³⁵] 耖：农具名

这个农民咧，听说咧，[tsɤ³⁵ kɤ³⁵ loŋ³³ min⁰ lie⁰，tʰin⁵⁵ suo⁰ lie⁰]

夜明珠儿要安放在他家门口，[ie³⁵ min¹³ tsuɚ⁵⁵ iau³⁵ an⁵⁵ faŋ³⁵ tsai³⁵ tʰa⁵⁵ tɕia⁵⁵ mən¹³ kəu³³]

他就蛮卖力，格外带劲儿。[tʰa⁵⁵ tɕiəu³⁵ man¹³ mai³⁵ li¹³，kɤ¹³ uai³⁵ tai³³ tɕiɚ³⁵]

所以啊，他天天儿啊，[suo³³ i³³ a⁰，tʰa⁵⁵ tʰiɛn⁵⁵ tʰiɚ⁰ a⁰]

都到田里不停地赶秒，[təu⁵⁵ tau³⁵ tʰiɛn³³ li⁰ pu¹³ tʰin⁵⁵ ti⁰ kan³³ tsʰau³⁵]

哪里晓得咧，[la³³ li⁰ ɕiau³³ tɤ¹³ lie⁰] 晓得：知道

迣个一百天的最后一天啦，[lie³³ kɤ³⁵ i¹³ pɤ¹³ tʰiɛn⁵⁵ ti⁰ tsuei³⁵ xəu³⁵ i¹³ tʰiɛn⁵⁵ la⁰]

那个突然呢，[lɤ³³ kɤ³⁵ tʰu¹³ zan¹³ lei⁰]

就是那个遇到咧，[tɕiəu³³ sʅ³⁵ la³⁵ kɤ³⁵ y³⁵ tau³⁵ lie⁰]

是个三九天，[sʅ³³ kɤ³⁵ san⁵⁵ tɕiəu³³ tʰiɛn⁵⁵]

北风呼啸啊，寒气逼人，[pɤ¹³ foŋ⁵⁵ xu⁵⁵ ɕiau³⁵ a⁰，xan¹³ tɕʰi³⁵ pi¹³ zən¹³]

迣个刀子呃，迣个风呃，[lie³³ kɤ³⁵ tau⁵⁵ tsʅ⁰ ɤ⁰，lie³³ kɤ³⁵ foŋ⁵⁵ ɤ⁰]

刮得跟刀子一样的，[kua¹³ ti⁰ kən⁵⁵ tau⁵⁵ tsʅ⁰ i¹³ iaŋ³⁵ ti⁰]

搞的个，刮得个脸上啊，[kau³³ ti⁰ kɤ³⁵，kua¹³ ti⁰ kɤ³⁵ liɛn¹³ saŋ⁰ a⁰]

就生疼生疼的，[tɕiəu³⁵ sən⁵⁵ tʰən¹³ sən⁵⁵ tʰən¹³ ti⁰]

迣个田里迣个冰渣子咧，[lie³³ kɤ³⁵ tʰiɛn¹³ li⁰ lie³³ kɤ³⁵ pin⁵⁵ tsa⁵⁵ tsʅ⁰ lie⁰]

踩得喳喳的响。[tsʰai³³ ti⁰ tsa⁵⁵ tsa⁰ ti⁰ ɕiaŋ³³]

每走一步硬像刀子割的样。[mei³³ tsəu¹³ i¹³ pu³⁵ ən³⁵ tɕʰiaŋ³⁵ tau⁵⁵ tsʅ⁰ kɤ¹³ ti⁰ iaŋ³⁵]

迣个农民在心里实在是忍不住哒，[lie³³ kɤ³⁵ loŋ¹³ min¹³ tsai³⁵ ɕin⁵⁵ li⁰ sʅ¹³ tsai³⁵ sʅ³⁵ zən³³ pu⁰ tsu³⁵ ta⁰]

他在想，就差迣一天哒么。[tʰa⁵⁵ tsai³⁵ ɕiaŋ³³，tɕiəu³⁵ tsʰa⁵⁵ lie³⁵ i¹³ tʰiɛn⁵⁵ ta⁰ mə⁰]

他就，就个儿收工哒。[tʰa⁵⁵ tɕiəu³⁵，tɕiəu³⁵ kɤɹ³³ səu⁵⁵ koŋ⁵⁵ ta⁰] 个儿：语助词

结果咧，他刚刚儿一走啊，[tɕie¹³ kuo³³ lie⁰，tʰa⁵⁵ kaŋ⁵⁵ kãɹ⁰ i¹³ tsəu³³ a⁰]

迣个，迣个秒一停啊，[lie³³ kɤ³⁵，lie³³ kɤ³⁵ tsʰau³⁵ i¹³ tʰin⁵⁵ a⁰]

哪里晓得，[la³³ li⁰ ɕiau³³ tɤ¹³]

一停啊，迣个水面啊，[i¹³ tʰin⁵⁵ a⁰，lie³³ kɤ¹³ suei³³ miɛn³⁵ a⁰]

就那个藏到河里的迣个夜明珠啊，[tɕiəu³⁵ lɤ³³ kɤ³⁵ tsʰaŋ³⁵ tau³⁵ xuo¹³ li⁰ ti⁰ lie³³ kɤ³⁵ ie³⁵ min¹³ tsu⁵⁵ a⁰]

一闪就不见哒。[i¹³ san⁵⁵ tɕiəu³⁵ pu¹³ tɕiɛn³⁵ ta⁰]

从迣以后咧，人们呢，[tsʰoŋ¹³ lie³⁵ i³³ xəu³⁵ lie⁰，zən¹³ mən⁰ lei⁰]

便将迣个河口迣个小山包儿啊，[piɛn⁵⁵ tɕiaŋ⁵⁵ lie³³ kɤ³⁵ xuo¹³ kəu³³ lie³³ kɤ³⁵ ɕiau³³ san⁵⁵ pauɹ⁵⁵ a⁰]

就叫做夜明珠。[tɕiəu³³ tɕiau³⁵ tsuo³⁵ ie³⁵ min¹³ tsu⁵⁵]

意译：在我们宜昌不少人都还记得，有一条沙河，汇入黄柏河的右侧，有一个圆圆的小山包，它的跨径不过三四十米，高度大约十五六米，它有一个很优雅的名字，叫夜明珠。

这个小山包，为什么能够得到这个名字呢？相传在很久很久以前，有个神仙路过这里，看见这一带山清水秀，风景优美，他就想把自己千年修得的一颗夜明珠，安放在这里，让它造福于后人，可是要使千年修得的夜明珠在风尘中发光，还必须要有一百天的一个俗变的过程。为了防止人间的妖魔鬼怪，在一百天之内把这个东西盗走，这个神仙就苦思冥想，总算想了一个办法。

有一天，这个神仙在当地找了一个农民，要他在沙河口的附近的一块水田里，就赶上一百天的耖。这个农民听说夜明珠要安放在他家门口，他就很卖力，格外带劲。他天天都到田里不停地赶耖，哪里知道一百天的最后一天，突然遇到三九天，北风呼啸，寒气逼人，风刮得和刀子一样疼，刮得脸上非常疼痛，田里的冰渣子踩得渣渣的响。每走一步都像刀子割的一样。这个农民心里实在是忍不住了，他就想，反正就差一天了，他就收工了。结果，他刚刚儿一走，耖一停，那个水面，藏到河里的夜明珠，一闪就不见了。从那以后，人们便将那个河口的小山包叫做夜明珠。

0024 其他故事

清代末年，[tɕʰin³³ tai³⁵ mo³⁵ liɛn¹³]

宜昌咧就开辟了商埠以后啊，[i¹³ tsʰaŋ⁵⁵ lie⁰ tɕiəu³³ kʰai⁵⁵ pʰi³³ liau⁰ saŋ⁵⁵ pu⁰ i¹³ xəu³⁵ a⁰]

就有六个国家的啊就实说包括有英国、美国啊、法国啊、日本、意大利、德国，[tɕiəu³⁵ iəu¹³ ləu¹³ kɤ⁰ kuo¹³ tɕia⁵⁵ ti⁰ a⁰ tɕiəu³³ sʅ³⁵ suo¹³ pau⁵⁵ kua¹³ iəu¹³ in⁵⁵ kuo¹³、mei¹³ kuo¹³ a⁰、fa¹³ kuo¹³ a⁰、ə¹³ pən³³、i³⁵ ta⁰ li³⁵、tɤ¹³ kuo¹³]

咧些商人咧就到宜昌来经商就是做买卖，[lie³⁵ ɕie⁰ saŋ⁵⁵ zən¹³ lie⁰ tɕiəu³³ tau³⁵ i¹³ tsʰaŋ⁵⁵ lai¹³ tɕin³³ saŋ⁵⁵ tɕiəu³³ sʅ³⁵ tsəu³⁵ mai¹³ mai⁰]

大大小小的咧个银行咧一下子就是说就是开蛮多家，[ta³⁵ ta⁰ ɕiau³³ ɕiau⁰ ti⁰ lie³⁵ kɤ³³ in²³ xaŋ¹³ lie⁰ i¹³ ɕia³⁵ tsʅ⁰ tɕiəu³³ sʅ³⁵ suo¹³ tɕiəu³³ sʅ³⁵ kʰai⁵⁵ man¹³ tuo⁵⁵ tɕia⁵⁵]

一些外国商人咧，就是说都啊，[i¹³ ɕie⁰ uai³⁵ kuo¹³ saŋ⁵⁵ zən¹³ lie⁰，tɕiəu³³ sʅ³⁵ suo¹³ təu⁵⁵ a⁰]

跑到咧个大南门这个城外这个郊区啊，[pʰau¹³ tau³⁵ lie³⁵ kɤ⁰ ta³⁵ lan¹³ mən³³ tsɤ³⁵ kɤ³³ tsʰən²³ uai³⁵ tsɤ³⁵ kɤ⁰ tɕiau⁵⁵ tɕʰy⁵⁵ a⁰]

就是说买地哦做房子哦，[tɕiəu³³ sʅ³⁵ suo¹³ mai³³ ti³⁵ uo⁰ tsəu³⁵ faŋ¹³ tsʅ⁰ uo⁰]

形成了一条条的洋街。[ɕin¹³ tsʰən¹³ lɤ⁰ i¹³ tʰiau³³ tʰiau⁰ ti⁰ iaŋ¹³ kai⁵⁵]

到哒民国初年啊,[tau³⁵ ta⁰ min¹³ kuo¹³ tsʰu³³ liɛn¹³ a⁰]

江边的冽些坡咧地啊都被他们个儿占光哒。[tɕiaŋ⁵⁵ piɛn⁵⁵ ti⁰ liɛ³⁵ ɕiɛ⁰ pʰo¹³ liɛ⁰ ti³⁵ a⁰ təu⁵⁵ pei³⁵ tʰa⁵⁵ mən⁰ kɤr³³ tsan³⁵ kuaŋ⁵⁵ ta⁰] 个儿:语助词

于是咧他们又看中了咧桃花岭,[y¹³ sɿ³⁵ liɛ⁰ tʰa⁵⁵ mən⁰ iəu³⁵ kʰan¹³ tsoŋ³⁵ la⁰ liɛ⁰ tʰau¹³ xua⁵⁵ lin³³]

冽一个当时咧桃花岭啊是一个山坡坡儿,[liɛ³⁵ i¹³ kɤ⁰ taŋ⁵⁵ sɿ¹³ liɛ⁰ tʰau¹³ xua⁵⁵ lin³³ a⁰ sɿ³⁵ i¹³ kɤ³⁵ san⁵⁵ pʰo⁵⁵ pʰor⁰]

就由英国商人出钱咧就买下冽块地,[tɕiəu³³ iəu¹³ in³³ kuo¹³ saŋ⁵⁵ zən¹³ tsʰu¹³ tɕʰiɛn¹³ liɛ⁰ tɕiəu³³ mai¹³ ɕia³⁵ liɛ³⁵ kʰuai³⁵ ti³⁵]

在坡上啊咧又修建啦有领事馆啊办公楼啊教会啊学堂啊等等。[tsai⁵⁵ pʰo³³ saŋ⁵⁵ a⁰ liɛ⁰ iəu³⁵ ɕiəu⁵⁵ tɕiɛn³⁵ la⁰ iəu¹³ lin³⁵ sɿ³⁵ kuan³³ a⁰ pan³⁵ koŋ⁵⁵ ləu⁰ a⁰ tɕiau³⁵ xuei⁰ a⁰ ɕio¹³ tʰaŋ⁵⁵ a⁰ tən³³ tən⁰]

后来外国人咧就嫌那个山坡高头蛮单调啊,[xəu³⁵ lai¹³ uai³⁵ kuo¹³ zən¹³ liɛ⁰ tɕiəu⁰ ɕiɛn¹³ lei³⁵ kɤ⁰ san⁵⁵ pʰo⁵⁵ kau⁵⁵ tʰəu⁰ man¹³ tan⁵⁵ tiau³⁵ a⁰]

就是说又请啦一些子中国人来帮他们种树,[tɕiəu³³ sɿ³⁵ suo¹³ iəu³⁵ tɕʰin³³ la⁰ i¹³ ɕiɛ⁰ tsɿ⁰ tsoŋ⁵⁵ kuo¹³ zən¹³ lai¹³ paŋ⁵⁵ tʰa⁵⁵ mən⁰ tsoŋ³³ su³⁵]

这样过啊几年哪,[tsɤ³⁵ iaŋ⁵⁵ kuo³⁵ a⁰ tɕi¹³ liɛn¹³ la⁰]

冽个山坡上啊就是说树啊就蛮多哒,[liɛ³⁵ kɤ⁰ san⁵⁵ pʰo⁵⁵ saŋ³⁵ a⁰ tɕiəu³³ sɿ³⁵ suo¹³ su³⁵ a⁰ tɕiəu³³ man¹³ tuo⁵⁵ ta⁰]

呃,绿树成荫吧。[ɤ⁰,lu¹³ su³⁵ tsʰən¹³ in⁵⁵ pa⁰]

但是树木当中咧没得一颗是果树这个看不倒开花结果啊。[tan³⁵ sɿ³⁵ su³⁵ mu¹³ taŋ⁵⁵ tsoŋ⁵⁵ liɛ⁰ mei¹³ tei¹³ i¹³ kʰuo⁵⁵ sɿ¹³ kuo³⁵ su³⁵ tsɤ³⁵ kɤ⁰ kʰan³⁵ pu¹³ tau⁰ kʰai⁵⁵ xua⁵⁵ tɕiɛ¹³ kuo⁰ a⁰]

呃,民国十年以后啊好像就是1931年吧,[ɤ⁰,min¹³ kuo¹³ sɿ³⁵ liɛn¹³ i³³ xəu³⁵ a⁰ xau³³ ɕiaŋ³⁵ tɕiəu³³ sɿ³⁵ i¹³ tɕiəu³³ san⁵⁵ i¹³ liɛn³³ pa⁰]

宜昌出了一个名字叫楚,[i¹³ tsʰaŋ⁵⁵ tsʰu¹³ liau⁰ i¹³ kɤ³⁵ min³³ tsɿ⁰ tɕiau³⁵ tsʰu³³]

周楚江的一个人,[tsəu⁵⁵ tsʰu³³ tɕiaŋ⁵⁵ ti⁰ i¹³ kɤ³⁵ zən¹³]

他的原籍是浙江的,[tʰa⁵⁵ ti⁰ yɛn¹³ tɕi¹³ sɿ³⁵ tsɤ¹³ tɕiaŋ⁵⁵ ti⁰]

父亲咧是洋行洋行的买办,[fu³⁵ tɕʰin⁵⁵ liɛ⁰ sɿ³⁵ iaŋ¹³ xaŋ¹³ iaŋ¹³ xaŋ¹³ ti⁰ mai³³ pan³⁵]

冽个周楚江咧就随父亲来到宜昌。[liɛ³⁵ kɤ⁰ tsəu⁵⁵ tsʰu³³ tɕiaŋ⁵⁵ liɛ⁰ tɕiəu³³ suei¹³ fu³⁵ tɕʰin⁵⁵ lai¹³ tau¹³ i³⁵ tsʰaŋ⁵⁵]

他大学毕业以后啊,[tʰa⁵⁵ ta³⁵ ɕio¹³ pi¹³ iɛ³⁵ i¹³ xəu³⁵ a⁰]

他就娶啦一个宜昌的老教育家叫王步点儿的女儿做他的老婆，[tʰa⁵⁵tɕiəu³³tɕʰy³³la⁰i¹³kɤ³⁵i¹³tsʰaŋ⁵⁵ti⁰lau³³tɕiau³⁵y¹³tɕia⁵⁵tɕiau³⁵uaŋ³³pu³⁵tiar⁵⁵ti⁰ly¹³ɚ¹³tsəu³⁵tʰa⁵⁵ti⁰lau³³pʰo⁰]

自己咧也在一家迗个外商轮船公司啊当职员。[tsɿ³⁵tɕi⁰lie⁰ie³³tsai¹³tɕia⁵⁵lie³⁵kɤ³⁵uai³⁵saŋ⁵⁵luən¹³tsʰuan¹³koŋ⁵⁵sɿ⁵⁵a⁰taŋ⁵⁵tsɿ¹³yɛn¹³]

但是咧他在大学学的是农业。[tan³⁵sɿ³⁵lie⁰tʰa⁵⁵tsai¹³ta³⁵ɕio³⁵ɕio¹³ti⁰sɿ¹³loŋ¹³ie³⁵]

于是咧他就买下啦桃花岭西边的啊一片荒坡，[y¹³sɿ³⁵lie⁰tʰa⁵⁵tɕiəu³³mai³³ɕia³⁵la⁰tʰau¹³xua⁵⁵lin³³ɕi⁵⁵piɛn⁵⁵ti⁰a¹³i¹³pʰiɛn³⁵xuaŋ⁵⁵pʰo⁵⁵]

就是利用空隙的时间啦，[tɕiəu³³sɿ³⁵li¹³ioŋ³⁵kʰoŋ³⁵ɕi¹³ti⁰sɿ³⁵tɕiɛn⁵⁵la⁰]

领着屋里的人啦把那里的地啊开成哒，呃，[lin³³tau³⁵u¹³li¹³ti⁰zən¹³la⁰pa³³la³⁵li⁰ti⁰ti¹³a⁰kʰai⁵⁵tsʰən³⁵ta⁰，ɤ⁰]

种的果树就形成啦一个果园儿啊。[tsoŋ³⁵ti⁰kuo³³su³⁵tɕiəu³³ɕin³⁵tsʰən³³la⁰i¹³kɤ³⁵kuo³³yər¹³a⁰]

他咧从自己的老家浙江引进啦迗个奉化迗个水蜜桃迗个良种，[tʰa⁵⁵lie⁰tsʰoŋ³³tsɿ³⁵tɕi⁰ti⁰lau³³tɕia⁵⁵tsɤ¹³tɕiaŋ⁵⁵in³⁵tɕin³⁵la⁰lie³⁵kɤ⁰foŋ³⁵xua¹³lie³⁵kɤ⁰suei¹³mi¹³tʰau¹³lie³⁵kɤ⁰liaŋ¹³tsoŋ³³]

有大概有两三千株吧，[iəu³³ta³⁵kai³⁵iəu³³liaŋ³³san⁵⁵tɕʰiɛn⁵⁵tsu⁵⁵pa⁰]

结果就培育出迗桃林一片。[tɕie¹³kuo³³tɕiəu³⁵pʰei¹³y³⁵tsʰu¹³lie⁰tʰau¹³lin¹³i¹³pʰiɛn³⁵]

三四年后，[san⁵⁵sɿ³⁵liɛn¹³xəu³⁵]

迗个桃树开花结果，[lie³⁵kɤ⁰tʰau³³su³⁵kʰai⁵⁵xua⁵⁵tɕie¹³kuo³³]

还要请每年呐就请给，[xai¹³iau³⁵tɕʰin³³mei³³liɛn¹³la⁰tɕiəu³⁵tɕʰin³³kɤ³³]

呃，请人啦，[ɤ⁰，tɕʰin³³zən¹³la⁰]

帮他摘果果儿去卖去。[paŋ⁵⁵tʰa⁵⁵tsɤ¹³kuo³³kuor⁰kʰɤ³⁵mai³⁵kʰɤ³⁵]

哎，年成好的时候儿啊可以达到一百担以上。[ei⁰，liɛn¹³tsʰən¹³xau³³ti⁰sɿ¹³xər⁰a⁰kʰuo³³i¹³ta³³tau³⁵i¹³pɤ¹³tan³⁵i¹³saŋ⁰]

由于桃子蛮大而又蛮甜，[iəu¹³y¹³tʰau¹³tsɿ⁰man¹³ta³⁵ɚ¹³iəu³⁵man¹³tʰiɛn¹³]

比本地的品种咧又优些。[pi¹³pən³³ti³⁵ti⁰pʰin¹³tsoŋ³³lie⁰iəu³⁵iəu⁵⁵liaŋ¹³ɕie⁰]

在市场上啊就很受一些子，[tsai³³sɿ³⁵tsʰaŋ³³saŋ⁵⁵a⁰tɕiəu³⁵xən⁵⁵səu³⁵i¹³ɕie⁵⁵tsɿ⁵⁵]

呃，一些子顾客的欢迎啦。[ɤ⁰，i¹³ɕie⁵⁵tsɿ⁰ku³⁵kʰɤ¹³ti⁰xuan⁵⁵in¹³la⁰]

周楚江的那个岳父咧王步点啦他也蛮喜欢迗个地方啊，[tsəu⁵⁵tsʰu³³tɕiaŋ⁵⁵ti⁰lie³⁵kɤ⁰io³³fu³⁵lie⁰uaŋ¹³pu³⁵tiɛn⁵⁵la⁰tʰa⁵⁵ie³³man⁵³ɕi¹³xuan⁵⁵lie³⁵kɤ⁰ti³⁵faŋ⁵⁵a⁰]

就是说每逢啊迗个桃花一开啊，[tɕiəu³³sɿ³⁵suo¹³mei³³foŋ¹³a⁰lie³⁵kɤ⁰tʰau¹³xua⁵⁵ i¹³kʰai⁵⁵a⁰]

他就邀请啊本市的一些子，[tʰa⁵⁵tɕiəu³⁵iau⁵⁵tɕʰin³³a⁰pən³³sʅ⁵ti⁰i¹³ɕie⁵⁵tsʅ⁰]

文人啊墨客啊画家啊来迿下儿呃一聚啊，[uən¹³zən¹³a⁰mɤ¹³kʰɤ¹³a⁰xua³⁵tɕia⁵⁵a⁰lai¹³lie³⁵xar⁰ɤ⁰i¹³tɕy³⁵a⁰] 迿下儿：这里

呃吟诗作赋啊，就蛮热闹。[ɤ⁰in³³sʅ¹³tsuo¹³fu³⁵a⁰, tɕiəu³³man¹³zɤ¹³lau⁰]

从此咧，[tsʰoŋ¹³tsʰʅ³⁵lie⁰]

桃花岭啊就成了名副其实的桃花岭。[tʰau¹³xua⁵⁵lin³³a⁰tɕiəu³³tsʰən¹³liau⁰min¹³fu³⁵tɕʰi³³sʅ³⁵ti⁰tʰau¹³xua⁵⁵lin³³]

意译：清代末年，宜昌开辟商埠以后，就有英、美、法、日、意、德六国的商人来到宜昌做买卖，大大小小的洋行一下开了很多家，这些外国商人纷纷在大南门外城郊买地造房，形成了一条条的洋街。

到了民国初年，江边的坡地都让他们占光了。于是他们又看中了桃花岭这个小山坡，就由英国的商人出钱买下了这块地方，在坡上修建了领事馆办公楼教会学堂等等。后来外国人嫌这座山坡单调，又雇佣了一些中国人来帮他们种树，这样过了几年，这座山坡绿树成荫。但是树木中却没有一棵果树。

民国十年以后也就是1931年，宜昌出了一个名字叫周楚江的一个人，他的原籍是浙江的，父亲是洋行的买办，周楚江随父亲来到宜昌。大学毕业后，他就娶了一个宜昌的老教育家叫王步点的女儿做他的老婆，自己也在一家外商轮船公司当职员。但是他在大学里学的是农业。于是他就买下了桃花岭西边的一片荒地，利用空闲时间，领着家人把那里开辟成一座果园。他从浙江引进奉化水蜜桃良种两三千株，结果培育出一片桃林。

三四年后，桃树开花结果，还要每年雇工摘下果子去卖。年成好的时候可以达到一百担以上。由于桃子又大又甜，比本地品种优良。在市场上很受顾客欢迎。周楚江的岳父王步点也很喜欢这个地方，每逢桃花盛开，他就邀请本市的文人墨客和画家来此一聚，吟诗作赋，好不热闹。从此，桃花岭就成了名副其实的桃花岭。

0025 其他故事

过去呀，宜昌的木匠，[kuo³³tɕʰy³⁵a⁰, i¹³tsʰaŋ⁵⁵ti⁰mu¹³tɕiaŋ⁰]

呃，带徒弟呀，[ɤ⁰, tai³⁵tʰu¹³ti³⁵ia⁰]

就有一句俗话，[tɕiəu³⁵iəu¹³i¹³tɕy³⁵su¹³xua⁵⁵]

就说咧，磨刀石，两头翘，[tɕiəu³⁵suo¹³lie⁰, mo¹³tau⁵⁵sʅ⁰, liaŋ³³təu¹³tɕʰiau³⁵]

走遍天下无人要，[tsəu³³pien³⁵tʰien⁵⁵ɕia³⁵u¹³zən¹³iau³⁵]

迩句话的意思是什么儿咧？[lie³⁵ tɕy³⁵ xua³⁵ ti⁰ i³⁵ sʅ⁰ sʅ³⁵ sən³⁵ mər⁰ lie⁰]

就是说，[tɕiəu³³ sʅ³⁵ suo¹³]

看一个木匠师傅的手艺的好坏啊，[kan³⁵ i⁰ kɤ³⁵ mu¹³ tɕiaŋ⁰ sʅ³³ fu⁰ ti⁰ səu³³ i³⁵ ti⁰ xau³³ xuai³⁵ a⁰]

就要看他的磨刀石，[tɕiəu³⁵ iau³⁵ kʰan³⁵ tʰa⁵⁵ ti⁰ mo¹³ tau⁵⁵ sʅ¹³]

就晓得他的手艺怎么样哒。[tɕiəu³⁵ ɕiau³³ tɤ⁰ tʰa⁵⁵ ti⁰ səu³³ i⁰ tsən³³ mo⁰ iaŋ³⁵ ta⁰]

因为咧，会磨刀的人，[in⁵⁵ uei¹³ lie⁰, xuei³⁵ mo¹³ tau⁵⁵ ti⁰ zən¹³]

他迩个磨刀石啊，[tʰa⁵⁵ lie¹³ kɤ³⁵ mo¹³ tau⁵⁵ sʅ¹³ a⁰]

都是蛮平整的，[təu⁵⁵ sʅ³⁵ man¹³ pʰin¹³ tsən³³ ti⁰]

他磨出来的什么儿刨，[tʰa⁵⁵ mo¹³ tsʰu¹³ lai¹³ ti⁰ sən³³ mər³⁵ pʰau¹³]

刨刀啊，凿子啊，[pʰau¹³ tau⁵⁵ a⁰, tsuo¹³ tsʅ⁰ a⁰]

都是平面直线，[təu³⁵ sʅ³⁵ pʰin¹³ miɛn³⁵ tsʅ¹³ ɕiɛn³⁵]

都是一条线条，[təu⁵⁵ sʅ³⁵ i¹³ tʰiau¹³ ɕiɛn³⁵ tʰiau¹³]

迩个不会磨刀的咧，[lie³³ kɤ³⁵ pu¹³ xuei³⁵ mo¹³ tau⁵⁵ ti⁰ lie⁰]

他就是两头翘。[tʰa⁵⁵ tɕiəu³³ sʅ³⁵ liaŋ¹³ tʰəu¹³ tɕʰiau³⁵]

所以说迩个刀啊，[suo³³ i³³ suo¹³ lie³³ kɤ³⁵ tau⁵⁵ a⁰]

一磨呀就是跟个月亮弯弯儿形的，[i¹³ mo¹³ ia⁰ tɕiəu³³ sʅ³⁵ kən⁵⁵ kɤ³⁵ ye¹³ liaŋ⁰ uan⁵⁵ uar⁰ ɕin¹³ ti⁰]

所以说迩个师傅啊，[suo³³ i⁰ suo¹³ lie³³ kɤ³⁵ sʅ³³ fu⁰ a⁰]

宜昌迩个木匠师傅啊，[i¹³ tsʰaŋ⁵⁵ lie³³ kɤ⁰ mu¹³ tɕiaŋ⁰ sʅ³³ fu⁰ a⁰]

就教徒弟咧，[tɕiəu³³ tɕiau⁵⁵ tʰu¹³ ti³⁵ lie⁰]

意思就是说啊，[i³⁵ sʅ³³ tɕiəu³³ sʅ³⁵ suo¹³ a⁰]

平时啊，哎，学手艺啊，[pʰin⁵⁵ sʅ¹³ a⁰, ei⁰, ɕio¹³ səu³³ i³⁵ a⁰]

就要下功夫，[tɕiəu³³ iau³⁵ ɕia³⁵ koŋ⁵⁵ fu⁰]

哎，要得功夫深铁棒磨成针。[ei⁰, iau³⁵ tɤ⁰ koŋ⁵⁵ fu⁰ sən⁵⁵ tʰie¹³ paŋ³⁵ mo¹³ tsʰən¹³ tsən⁵⁵]

所以说，看一个东西啊，[suo³³ i⁰ suo¹³, kʰan³⁵ i³⁵ kɤ³⁵ toŋ⁵⁵ ɕi⁰ a⁰]

就是说，看你的手艺的好坏，[tɕiəu³³ sʅ³⁵ suo¹³, kʰan³⁵ li³³ ti⁰ səu³³ i⁰ ti⁰ xau³³ xuai³⁵]

就看你咧怎么样，[tɕiəu³⁵ kʰan³⁵ li³³ lie³⁵ tsən³³ mɤ⁰ iaŋ³⁵]

所以说，对基础咧，[suo³³ i⁰ suo¹³, tei³⁵ tɕi⁵⁵ tsʰu³³ lie⁰]

要精益求精，[iau³⁵ tɕin⁵⁵ i³⁵ tɕʰiəu³³ tɕin⁵⁵]

迩才是今后啊，[lie³⁵ tsʰai¹³ sʅ³⁵ tɕin⁵⁵ xəu³⁵ a⁰]

成为一个好的手艺人。[tsʰən¹³uei¹³i¹³kɤ³⁵xau³³ti⁰səu³³i³⁵ʐən¹³]

意译：过去宜昌的木匠，带徒弟，有一句俗话，磨刀石，两头翘，走遍天下无人要，这句话是什么意思呢？就是说，看一个木匠师傅手艺的好坏，就要看他的磨刀石，就知道他手艺怎么样，因为会磨刀的人，他的磨刀石都是非常平整的，他磨出来的刨刀，凿子，都是一条平面直线。不会磨刀的就是两头翘，磨刀就跟月亮弯弯的形状一样。宜昌这个木匠师傅，平时教徒弟，学手艺就要下功夫，要得功夫深铁棒磨成针。看一个事物，看你的手艺的好坏，就看你这方面怎么样，所以说，对基础呢，要精益求精，今后才能成为一个好的手艺人。

四　自选条目

0031 自选条目

弯弯曲曲一条路，[uan⁵⁵uan⁰tɕʰy¹³tɕʰy⁰i¹³tʰiau¹³lu³⁵]

端端直直理一条。[tan⁵⁵tan⁰tsʅ¹³tsʅ⁰li³³i¹³tʰiau¹³]

意译：弯弯曲曲一条路，端端直直一条道理。

0032 自选条目

是麦难煮饭，是狗不下蛋。[sʅ³⁵mɤ¹³lan¹³tsu³³fan³⁵，sʅ³⁵kəu³³pu¹³ɕia³⁵tan³⁵]

意译：是麦子的话就难以煮饭，是狗的话它就不会下蛋。

0033 自选条目

路要人开，树要人栽。[lu³⁵iau³⁵ʐən¹³kʰai⁵⁵，su³⁵iau³⁵ʐən¹³tsai⁵⁵]

意译：路要人开，树要人栽。

0034 自选条目

三月桃花天，男人要女人牵。[san⁵⁵ye¹³tʰau¹³xua⁵⁵tʰiɛn⁵⁵，lan³³ʐən¹³iau³⁵ly³³ʐən¹³tɕʰiɛn⁵⁵]

意译：三月桃花天，男人要女人牵。

0035 自选条目

墙脚汗水淋，大雨要来临。[tɕʰiaŋ¹³tɕio¹³xan³⁵suei³³lin¹³，ta³⁵y³³iau³⁵lai¹³lin¹³]

意译：墙脚渗出很多水，大雨要来临。

0036 自选条目

庙河怕漫顶，青滩怕滚滩。[miau³⁵ xuo¹³ pʰa³⁵ man³⁵ tin³³，tɕʰin⁵⁵ tʰan³³ pʰa³⁵ kuən³³ tʰan⁵⁵]

意译：庙河怕漫顶，青滩怕滚滩。

0037 自选条目

青滩、泄滩，不算滩，[tɕʰin⁵⁵ tʰan³³、ɕie³⁵ tʰan³³、pu¹³ suan³⁵ tʰan⁵⁵]

崆岭才算鬼门关。[kʰoŋ⁵⁵ lin³³ tsʰai¹³ suan³⁵ kuei³³ mən¹³ kuan⁵⁵]

意译：青滩、泄滩不算滩，崆岭才算鬼门关。

0038 自选条目

谜面：[mi¹³ miɛn⁵⁵]

垛一节，多一节，[tuo³⁵ i¹³ tɕie¹³，tuo⁵⁵ i¹³ tɕie¹³]

揭一节，少一节。[tɕie¹³ i¹³ tɕie¹³，sau³³ i¹³ tɕie¹³]

谜底：蒸笼。[mi¹³ ti³³：tsən⁵⁵ loŋ¹³]

意译：谜面：垛一节，多一节，揭一节，少一节。谜底：蒸笼。

0039 自选条目

有雨四方亮，无雨顶上光。[iəu³³ y³³ si³⁵ faŋ⁵⁵ liaŋ³⁵，u¹³ y³³ tin³³ saŋ⁰ kuaŋ⁵⁵]

意译：有雨四周都很明亮，无雨只有顶上是光亮的。

0040 自选条目

一个鸡蛋吃不饱，[i¹³ kɤ³⁵ tɕi⁵⁵ tan³⁵ tɕʰi¹³ pu¹³ pau³³]

一个臭名背到老。[i¹³ kɤ³⁵ tsʰəu³⁵ min¹³ pei⁵⁵ tau³⁵ lau³³]

意译：一个鸡蛋不够吃，一个臭名却要伴随到老。

兴　山

一　歌谣

0001 歌谣

爱姐标致不好说，[ai²⁴ tɕie⁵⁵ piao⁴⁵ tʂʅ²⁴ pu²⁴ xao³¹ ʂuo⁰] 标致：漂亮

爱姐标致不好说，[ai²⁴ tɕie⁵⁵ piao⁴⁵ tʂʅ²⁴ pu²⁴ xao³¹ ʂuo⁰]
捏姐妈子踩姐脚，[nie⁵⁵ tɕie⁵⁵ ma⁴⁵ tsʅ⁰ tsʰai⁵⁵ tɕie⁵⁵ tɕyo³¹] 妈子：乳房
捏姐妈子姐许可，[nie⁵⁵ tɕie⁵⁵ ma⁴⁵ tsʅ⁰ tɕie⁵⁵ ɕy⁵⁵ kʰɤ⁵⁵]
踩姐小脚疼不过，[tsʰai⁵⁵ tɕie⁵⁵ ɕiau³¹ tɕyo³² tʰən⁰ pu³² kuo²⁴]
想姐的鲜花黑哒着，[ɕiaŋ⁵⁵ tɕie⁵⁵ ti⁰ ɕian⁴⁵ xua⁴⁵ xɤ⁵⁵ ta⁰ tʂuo⁰] 黑哒：天黑
打雷下雨又刮风，[ta⁵⁵ nei⁵⁵ ɕia²⁴ y⁰ iəu²⁴ kua⁴⁵ foŋ⁴⁵]
跑到姐家借斗篷，[pʰau⁵⁵ tau²⁴ tɕie⁵⁵ tɕia⁴⁵ tɕie²⁴ tou³¹ pʰoŋ³¹]
你要蓑衣墙上取，[ni³¹ iau²⁴ suo⁴⁵ i⁴⁵ tɕʰiaŋ⁵⁵ saŋ²⁴ tɕʰy⁵⁵]
你要斗篷自己拿，[ni³¹ iau²⁴ təu³¹ pʰoŋ¹¹ tsʅ⁵⁵ tɕi⁰ na⁵⁵]
你要鲜花在黑哒。[ni³¹ iau²⁴ ɕien⁴⁵ xua⁴⁵ tsai²⁴ xɤ⁵⁵ ta⁰]
意译：喜欢姐姐漂亮不好意思说，喜欢姐姐漂亮不好意思说，捏姐的乳房踩姐的脚，捏姐的乳房姐许可，踩姐的小脚疼的不行，想姐的鲜花在夜晚，打雷下雨又刮风，跑到姐家借斗篷，你要蓑衣墙上取，你要斗篷自己拿，你要鲜花在夜晚。

0002 歌谣
姐儿关门走人家。[tɕiər⁵⁵ kuan⁴⁵ mən³¹ tsəu⁵⁵ zən³¹ tɕia⁴⁵] 走人家：走亲戚
姐儿关门走人家，[tɕiər⁵⁵ kuan⁴⁵ mən³¹ tsəu⁵⁵ zən³¹ tɕia⁴⁵]
望见门上一树花。[uaŋ³² tɕian²⁴ mən³¹ ʂaŋ⁰ i²⁴ ʂu²⁴ xua⁴⁵]
此花不是旁人画，[tsʰʅ⁵⁵ xua⁴⁵ pu³¹ ʂʅ¹¹ pʰaŋ³¹ zən³¹ xua²⁴]
这是冤家到我家，[tʂɤ³² ʂʅ²⁴ yɛn⁴⁵ tɕia⁴⁵ tau²⁴ uo⁵⁵ tɕia⁴⁵]
今天是在躲避他。[tɕin⁴⁵ tʰiɛn⁴⁵ ʂʅ³² tsai²⁴ tuo⁵⁵ pi⁰ tʰa⁴⁵]
意译：姐姐关门走亲戚，姐姐关门走亲戚，望见门上一树花，此花不是别人画，这是冤家到我家，今天是在躲避他。

0003 歌谣
姐儿喊喝茶，[tɕiər⁵⁵ xan⁵⁵ xuo⁴⁵ tʂʰa³¹]
新打的船儿靠河下，[ɕin⁴⁵ ta⁵⁵ ti⁰ tʂʰuar³¹ kʰau²⁴ xuo³¹ ɕia²⁴]
河那边姐儿喊喝茶，[xuo³¹ na⁴⁵ piɛn⁴⁵ tɕiər⁵⁵ xan⁵⁵ xuo⁴⁵ tʂʰa³¹]
好马不吃回头草，[xau⁵⁵ ma⁵⁵ pu³¹ tsʰʅ³¹ xuei³¹ tʰəu³¹ tsʰau⁵⁵]
蜜蜂不采半鲜花。[mi³¹ foŋ⁴⁵ pu³¹ tsʰai⁵⁵ pan²⁴ ɕyɛn⁴⁵ xua⁴⁵]
小郎不喝二道茶，[ɕiau⁵⁵ naŋ³¹ pu³¹ xuo⁴⁵ ɚ²⁴ tau²⁴ tʂʰa³¹]
我今儿喊你来喝茶，[uo⁵⁵ tɕər⁴⁵ xan⁵⁵ ni⁵⁵ nai³¹ xuo⁴⁵ tʂʰa³¹]

把我比作半鲜花，［pa⁵⁵ uo⁵⁵ pi⁵⁵ tsuo³¹ pan²⁴ ɕyɛn⁴⁵ xua⁴⁵］
抱起桅杆翻船死，［pau²⁴ tɕʰi⁵⁵ uei³¹ kan⁴⁵ fan⁴⁵ tʂuan³¹ sʅ⁵⁵］
怀抱石头嘴啃沙，［xuai³¹ pau²⁴ sʅ³¹ tʰəu³¹ tsuei⁵⁵ kʰən⁵⁵ ʂa⁴⁵］
勇士千年莫回家。［ioŋ⁵⁵ sʅ²⁴ tɕʰiɛn⁴⁵ niɛn³¹ mo³¹ xuei⁴⁵ tɕia⁴⁵］

意译：姐姐喊我喝茶，新出发的船儿顺河流而下，河那边姐姐喊我喝茶，好马不吃回头草，蜜蜂不采半鲜花。小哥不喝二次茶，我今天喊你来喝茶，把我比作半鲜花，抱起桅杆翻船死，怀抱石头嘴啃沙，勇士千年莫回家。

0004 歌谣

玩个狮子滚绣球，［uan³¹ kɤ²⁴ sʅ⁴⁵ tsʅ⁰ kuən⁵⁵ ɕiəu²⁴ tɕʰiəu³¹］
纸糊的灯儿圆赳⁼赳⁼，［tʂʅ⁵⁵ xu⁴⁵ ti⁰ tər⁴⁵ yɛn³¹ tɕiəu²⁴ tɕiəu²⁴］ 圆赳⁼赳⁼：圆滚滚
挂在红罗帐里头，［kua²⁴ tsai²⁴ xoŋ³¹ nuo³¹ tʂaŋ²⁴ ni⁵⁵ tʰəu⁰］ 里头：里面
郎要一口吹熄了，［naŋ³¹ iau⁴⁵ i³¹ kʰəu⁵⁵ tʂʰuei⁴⁵ ɕi³¹ mɤ⁰］
姐说玩耍顾什么羞，［tɕie⁵⁵ ʂuo³¹ uan³¹ ʂua⁵⁵ ku²⁴ ʂən⁵⁵ mo⁰ ɕiəu⁴⁵］
玩个狮子滚绣球。［uan³¹ kɤ²⁴ sʅ⁴⁵ tsʅ⁰ kuən⁵⁵ ɕiəu²⁴ tɕʰiəu³¹］

意译：玩个狮子滚绣球，纸糊的灯儿圆滚滚的，挂在红罗帐里头，郎要一口把灯吹熄了，姐说玩耍顾什么羞，玩个狮子滚绣球。

0005 歌谣

郎赶夜路姐操心，［naŋ³¹ kan⁵⁵ ie²⁴ nu²⁴ tɕie⁵⁵ tsʰau⁴⁵ ɕin⁴⁵］
月亮弯弯一盏灯。［ye³¹ niaŋ²⁴ uan⁴⁵ uan⁴⁵ i³¹ tʂan⁵⁵ tən⁴⁵］
郎赶夜路姐操心，［naŋ³¹ kan⁵⁵ ie²⁴ nu²⁴ tɕie⁵⁵ tsʰau⁴⁵ ɕin⁴⁵］
虽说夫妻不长久，［suei⁴⁵ ʂuo³¹ fu⁴⁵ tɕʰi⁴⁵ pu³¹ tʂʰaŋ⁵⁵ tɕiəu⁵⁵］
一夜夫妻百日恩，［i³¹ ie²⁴ fu⁴⁵ tɕʰi⁴⁵ pɤ⁴⁵ zʅ³¹ ən⁴⁵］
百日夫妻海洋深。［pɤ³¹ zʅ³¹ fu⁴⁵ tɕʰi⁴⁵ xai⁵⁵ iaŋ³¹ ʂən⁴⁵］
月亮弯弯一盏灯，［ye³¹ niaŋ²⁴ uan⁴⁵ uan⁴⁵ i³¹ tʂan⁵⁵ tən⁴⁵］
郎走夜路姐担心。［naŋ³¹ tsəu⁵⁵ ie²⁴ nu²⁴ tɕie⁵⁵ tan⁴⁵ ɕin⁴⁵］
又怕高山出猛虎，［iəu³² pʰa²⁴ kau⁴⁵ ʂan⁴⁵ tʂʰu³¹ moŋ⁵⁵ xu¹¹］
又怕河里出妖精，［iəu³² pʰa²⁴ xuo³¹ ni⁰ tʂʰu³¹ iau⁴⁵ tɕin⁴⁵］
人家的丈夫我操心。［zən³¹ tɕia⁴⁵ ti⁰ tʂaŋ²⁴ fu⁰ uo⁵⁵ tsʰau⁴⁵ ɕin⁴⁵］

意译：郎走夜路姐担心，月亮弯弯像一盏灯。郎走夜路姐担心，虽说夫妻不能长久，一夜夫妻百日恩，百日夫妻比海洋还深。月亮弯弯像一盏灯，郎走夜路姐担心。又怕高山出猛虎，又怕河里出妖精，人家的丈夫我担心。

0006 歌谣

命里只有穿草鞋，[min²⁴ni⁵⁵tʂʅ⁴⁵iəu⁵⁵tʂʰuan⁴⁵tsʰau⁵⁵xai³¹]
郎在山上捡干柴，[naŋ³¹tsai²⁴san⁴⁵ʂaŋ⁰tɕien³¹kan⁴⁵tʂʰai³¹]
姐在河下割草麦。[tɕie⁵⁵tsai²⁴xuo³¹ɕia⁰kuo³¹tsʰau⁵⁵mai³¹]
你要草来拿把去，[ni⁵⁵iau⁴⁵tsʰau⁵⁵nai³¹na³¹pa⁵⁵kʰɤ²⁴]
你要鞋子做不来。[ni⁵⁵iau⁴⁵xai³¹tsʅ³¹tsəu²⁴pu³¹nai¹¹]
奴的丈夫穿草鞋，[nu³¹ti⁰tʂaŋ³²fu⁴⁵tʂʰuan⁴⁵tsʰau⁵⁵xai³¹]
情哥听了心不快。[tɕʰin⁵⁵kuo⁴⁵tʰin⁴⁵na⁰ɕin⁴⁵pu³¹kʰuai²⁴]
骂声情姐大不该，[ma²⁴ʂən⁴⁵tɕʰin⁵⁵tɕie⁵⁵ta²⁴pu³¹kai⁴⁵] 情姐：情人
自己的妻子不会做，[tsʅ²⁴tɕi⁵⁵ti⁰tɕʰi⁴⁵tsʅ⁰pu³¹xuei²⁴tsəu²⁴]
找个情姐做不来。[tʂau⁵⁵kɤ²⁴tɕʰin⁵⁵tɕie⁵⁵tsəu²⁴pu³¹nai³¹]
命里只有穿草鞋。[min²⁴ni⁵⁵tʂʅ⁴⁵iəu⁵⁵tʂʰuan⁴⁵tsʰau⁵⁵xai³¹]

意译：命里只有穿草鞋，郎在山上捡干柴火，姐在河下割草麦。你要草来拿一把去，你要鞋子我不会做。我的丈夫穿草鞋，情哥听了心里不爽快。骂一声情姐实在是不应该，自己的妻子不会做，找个情姐也不会做。命里只有穿草鞋。

0007 歌谣

想姐想得织不圆，[ɕiaŋ⁵⁵tɕie⁵⁵ɕiaŋ⁵⁵tɤ⁰tsʅ³¹pu³¹yen³¹]
麻雀打架过屋檐。[ma⁴⁵tɕʰyo¹¹ta⁵⁵tɕia²⁴kuo²⁴u³¹iɛn³¹]
妹妹出门两三年，[mei²⁴mei⁰tʂʰu³¹mən³¹niaŋ⁵⁵san⁴⁵niɛn³¹]
火烧芭茅芯不死。[xuo⁵⁵ʂau⁴⁵pa²⁴mau³¹ɕin⁴⁵pu³¹sʅ⁵⁵] 芭茅：芭蕉
蜘蛛吐丝肚里牵，[tʂʅ⁴⁵tʂu⁵⁵tʰu⁵⁵sʅ⁴⁵tu⁵⁵ni⁵⁵tɕʰiɛn⁴⁵]
想妹想得织不圆。[ɕiaŋ⁵⁵mei²⁴ɕiaŋ⁵⁵tɤ⁰tsʅ³¹pu³¹yen³¹]

意译：想姐想得织不圆，麻雀打架过屋檐。妹妹出门两三年，火烧芭茅芯（心）不死。蜘蛛吐丝肚里牵，想妹想得织不圆。

0008 歌谣

幺姑娘儿回娘家。[iau⁴⁵ku⁴⁵niãr³¹xuei³¹niaŋ³¹tɕia⁴⁵] 幺姑娘：年纪最小的女儿
幺姑娘儿回娘家，[iau⁴⁵ku⁴⁵niãr³¹xuei³¹niaŋ³¹tɕia⁴⁵]
上穿绫罗下穿纱。[ʂaŋ²⁴tʂʰuan⁴⁵nin⁴⁵nuo²¹ɕia²⁴tʂʰuan⁴⁵ʂa⁴⁵]
左手打起清凉伞，[tsuo⁵⁵ʂou⁵⁵ta⁵⁵tɕʰi⁵⁵tɕʰin⁴⁵niaŋ³¹san³¹]
右手提起一壶茶，[iəu²⁴ʂou⁵⁵tʰi³¹tɕʰi⁵⁵i³¹xu³¹tʂʰa³¹]

回去看望爹和妈。［xuei³¹ kʰɤ⁴⁵ kʰan³² uan²⁴ tie⁴⁵ xɤ³¹ ma⁴⁵］
幺姑娘儿回娘家，［iau⁴⁵ ku⁴⁵ niãr³¹ xuei³¹ niaŋ³¹ tɕia⁴⁵］
上穿绫罗下穿纱，［ʂaŋ²⁴ tʂʰuan⁴⁵ nin²¹ nuo²¹ ɕia²⁴ tʂʰuan⁴⁵ ʂa⁴⁵］
左手打起清凉伞，［tsuo⁵⁵ ʂou⁵⁵ ta⁵⁵ tɕʰi⁵⁵ tɕʰin⁴⁵ niaŋ³¹ san³¹］
右手提起一盒糖，［iəu²⁴ ʂou⁵⁵ tʰi³¹ tɕʰi⁵⁵ i³¹ xuo⁴⁵ tʰaŋ³¹］
回去看望爹和娘。［xuei³¹ kʰɤ⁴⁵ kʰan³² uan²⁴ tie⁴⁵ xuo³¹ niaŋ³¹］

意译：幺姑娘回娘家，幺姑娘回娘家，上穿绫罗下穿纱，左手撑着清凉伞，右手提着一壶茶，回去看望爹和妈。幺姑娘儿回娘家，上穿绫罗下穿纱，左手撑着清凉伞，右手提着一盒糖，回去看望爹和娘。

0009 歌谣

花香引动少年郎，［xua⁴⁵ ɕiaŋ⁴⁵ in⁵⁵ toŋ²⁴ ʂau⁵⁵ niɛn³¹ naŋ³¹］
桂花香来桂花黄。［kuei²⁴ xua⁴⁵ ɕiaŋ⁴⁵ nai³¹ kuei²⁴ xua⁴⁵ xuaŋ³¹］
桂花开在桂树上，［kuei²⁴ xua⁴⁵ kʰai⁴⁵ tsai²⁴ kuei²⁴ ʂu²⁴ ʂaŋ²⁴］
十里路上桂花香。［ʂʅ³¹ ni⁵⁵ nu²⁴ ʂaŋ²⁴ kuei²⁴ xua⁴⁵ ɕiaŋ⁴⁵］
过路君子抬头望，［kuo³² nu²⁴ tɕyn⁴⁵ tsʅ⁰ tʰai³¹ tʰəu³¹ uaŋ²⁴］
花香引动少年郎。［xua⁴⁵ ɕiaŋ⁴⁵ in⁵⁵ toŋ²⁴ ʂau⁵⁵ niɛn³¹ naŋ³¹］

意译：花香引来少年郎，桂花香来桂花黄。桂花开在桂树上，十里路上桂花香。过路君子抬头望，花香引来少年郎。

0010 歌谣

正月里来是新春，［tʂən⁴⁵ ye³¹ ni⁵⁵ nai³¹ ʂʅ²⁴ ɕin⁴⁵ tʂʰuən⁴⁵］
叫声情郎要殷勤。［tɕiau²⁴ ʂən⁴⁵ tɕʰin⁵⁵ naŋ³¹ iau⁴⁵ in⁴⁵ tɕʰin³¹］
头上戴的离乡帽，［tʰəu³¹ ʂaŋ²⁴ tai⁵⁵ tɤ⁰ ni²⁴ ɕiaŋ⁴⁵ mau²⁴］
脚下穿的是离乡鞋。［tɕyo³¹ ɕia²⁴ tʂʰuan⁴⁵ tɤ⁰ ʂʅ²⁴ ni²⁴ ɕiaŋ⁴⁵ xai³¹］
离爹离娘几时来？［ni³² tie⁴⁵ ni³² niaŋ⁴⁵ tɕi⁴⁵ ʂʅ³¹ nai¹¹］

意译：正月里来是新春，叫声情郎要殷勤。头上戴的是离乡帽子，脚下穿的是离乡鞋。离开爹娘什么时候归乡？

0011 歌谣

郎从高山打伞来，［naŋ³¹ tsʰoŋ³¹ kau⁴⁵ ʂan⁴⁵ ta⁵⁵ san⁵⁵ nai³¹］
姐在屋里做花鞋。［tɕie⁵⁵ tsai²⁴ u³¹ ni⁰ tsəu²⁴ xua⁴⁵ xai³¹］
左手接过郎的伞，［tsuo⁵⁵ ʂəu⁵⁵ tɕie³¹ kuo¹¹ naŋ³¹ ti⁰ san⁵⁵］

右手把郎抱在怀。[iəu²⁴ ʂəu⁵⁵ pa⁵⁵ naŋ³¹ pau²⁴ tsai²⁴ xuai³¹]
口问情哥哪里来,[kʰəu⁵⁵ uən²⁴ tɕʰin⁵⁵ kuo⁴⁵ na⁵⁵ ni⁰ nai³¹]
叫声情姐我的妻,[tɕiau²⁴ ʂən⁴⁵ tɕʰin⁵⁵ tɕie⁵⁵ uo⁵⁵ ti⁰ tɕʰi⁴⁵]
我从苏州转来的。[uo⁵⁵ tsʰoŋ³¹ su⁵⁵ tʂəu⁴⁵ tʂuan⁵⁵ nai³¹ ti⁰]
上次在这儿歇了一晚,[ʂaŋ³² tsʰɿ²⁴ tsai²⁴ tʂɤr²⁴ ɕie³¹ na⁰ i³¹ uan⁵⁵]
亲口许我一双鞋,[tɕʰin⁴⁵ kʰəu⁵⁵ ɕy⁵⁵ uo⁵⁵ i³¹ ʂuan⁴⁵ xai³¹]
不为鞋子不得来。[pu³¹ uei³¹ xai³¹ tsɿ⁰ pu³¹ tɤ⁰ nai³¹]
叫声情哥我的郎,[tɕiau²⁴ ʂən⁴⁵ tɕʰin⁵⁵ kuo⁴⁵ uo⁵⁵ ti⁰ naŋ³¹]
鞋底扎起没绱帮。[xai³¹ ti⁵⁵ tʂa³¹ tɕʰi⁵⁵ mei³¹ ʂaŋ²⁴ paŋ⁴⁵]
今儿天在这儿歇一晚,[tɕiər⁴⁵ tʰiɛn⁴⁵ tsai²⁴ tʂɤr²⁴ ɕie³¹ i³¹ uan⁵⁵]
高点明灯把鞋绱,[kau⁴⁵ tiɛn⁵⁵ min³¹ tən⁴⁵ pa⁵⁵ xai³¹ ʂaŋ²⁴]
明儿天穿起好回乡。[mər³¹ tʰiɛn⁴⁵ tʂʰuan⁴⁵ tɕʰi⁵⁵ xau⁵⁵ xuei³¹ ɕiaŋ⁴⁵]
叫声情姐我的妻,[tɕiau²⁴ ʂən⁴⁵ tɕʰin⁵⁵ tɕie⁵⁵ uo⁵⁵ ti⁰ tɕʰi⁴⁵]
晚哒在这儿歇不得。[uan⁵⁵ ta⁰ tsai²⁴ tʂɤr²⁴ ɕie³¹ pu⁰ tɤ³¹]
上次在这儿歇一晚,[ʂaŋ³² tsʰɿ²⁴ tsai²⁴ tʂɤr²⁴ ɕie³¹ i³¹ uan⁵⁵]
回去受了妻儿的气,[xuei³¹ kʰɤ²⁴ ʂəu²⁴ niau⁰ tɕʰi⁴⁵ ɚ³¹ ti⁰ tɕʰi²⁴]
七天七夜受辜息⁼。[tɕʰi³¹ tʰiɛn¹¹ tɕʰi³¹ ie¹¹ ʂəu²⁴ ku⁴⁵ ɕi³¹] 辜息⁼：冷落
叫声情哥我的郎,[tɕiau²⁴ ʂən⁴⁵ tɕʰin⁵⁵ kuo⁴⁵ uo⁵⁵ ti⁰ naŋ³¹]
哪有男人怕婆娘?[na⁵⁵ iəu⁵⁵ nan⁴⁵ zən¹¹ pʰa²⁴ pʰo⁴⁵ niaŋ¹¹] 婆娘：老婆
一天给她三遍打,[i³¹ tʰiɛn¹¹ kɤ⁴⁵ tʰa⁴⁵ san⁴⁵ pʰiɛn²⁴ ta⁵⁵]
三天给她九遍娘,[san⁴⁵ tʰiɛn⁴⁵ kɤ⁴⁵ tʰa⁴⁵ tɕiəu⁵⁵ pʰiɛn²⁴ niaŋ³¹]
不服行的也服行。[pu³¹ fu⁴⁵ xaŋ¹¹ ti⁰ ie⁵⁵ fu⁴⁵ xaŋ¹¹]
叫声情姐我的妻,[tɕiau²⁴ ʂən⁴⁵ tɕʰin⁵⁵ tɕie⁵⁵ uo⁵⁵ ti⁰ tɕʰi⁴⁵]
我的妻儿打不得。[uo⁵⁵ ti⁰ tɕʰi⁴⁵ ɚ¹¹ ta⁵⁵ pu⁰ tɤ³¹]
头次打了她吊颈,[tʰəu³¹ tsʰɿ¹¹ ta⁵⁵ na⁰ tʰa⁴⁵ tiau³² tɕin⁵⁵]
二次打了她跳江,[ɚ³² tsʰɿ²⁴ ta⁵⁵ na⁰ tʰa⁴⁵ tʰiau³² tɕiaŋ⁴⁵]
这次打了她要见阎王。[tʂɤ³² tsʰɿ²⁴ ta⁵⁵ na⁰ tʰa⁴⁵ iau⁴⁵ tɕiɛn²⁴ yɛn⁴⁵ uaŋ¹¹]
叫声情哥我的郎,[tɕiau²⁴ ʂən⁴⁵ tɕʰin⁵⁵ kuo⁴⁵ uo⁵⁵ ti⁰ naŋ³¹]
我今给你说比方：[uo⁵⁵ tɕin⁴⁵ kɤ⁴⁵ ni⁵⁵ ʂuo³¹ pi⁵⁵ faŋ¹¹]
你也无心歇一晚,[ni⁵⁵ ie⁵⁵ u³¹ ɕin¹¹ ɕie³¹ i³¹ uan⁵⁵]
我也无心把鞋绱,[uo⁵⁵ ie⁵⁵ u³¹ ɕin¹¹ pa⁵⁵ xai³¹ ʂaŋ²⁴]
你个儿明儿天好回乡。[ni⁵⁵ kɤr²⁴ mər³¹ tʰiɛn⁴⁵ xau⁵⁵ xuei³¹ ɕiaŋ⁴⁵] 个儿：语助词
叫声情姐我的妻,[tɕiau²⁴ ʂən⁴⁵ tɕʰin⁵⁵ tɕie⁵⁵ uo⁵⁵ ti⁰ tɕʰi⁴⁵]

我也给你说比方：［uo⁵⁵ ie⁵⁵ kɤ⁴⁵ ni⁵⁵ ʂuo³¹ pi⁵⁵ faŋ¹¹］
你就好比屋上瓦，［ni⁵⁵ tɕiəu²⁴ xau⁵⁵ pi⁵⁵ u³¹ ʂaŋ²⁴ ua⁵⁵］
我就好比瓦上霜，［uo⁵⁵ tɕiəu²⁴ xau⁵⁵ pi⁵⁵ ua⁵⁵ ʂaŋ²⁴ ʂuaŋ⁴⁵］
露水夫妻不久长。［nu³² ʂuei⁵⁵ fu⁴⁵ tɕʰi⁴⁵ pu³¹ tɕiəu⁵⁵ tʂʰaŋ⁵⁵］

意译：郎从高山打伞来，姐在屋里做花鞋。左手接过郎的伞，右手把郎抱在怀。口中问情哥从哪儿来？叫声情姐我的妻，我从苏州来的。上次在这儿歇了一晚，亲口许我一双鞋，不为鞋子不会跑来。叫声情哥我的郎，鞋底扎好了没绱鞋帮子。今天在这儿歇一晚，高点明灯把鞋绱，明天穿上好回乡。叫声情姐我的妻，晚了在这儿不能歇。上次在这儿歇了一晚，回去受了妻儿的气，七天七夜受冷落。叫声情哥我的郎，哪有男人怕老婆？一天给她三遍打，三天给打的她喊九遍娘，不服行的也服行。叫声情姐我的妻，我的妻儿打不得。头次打了她上吊，第二次打了她跳江，这次打了她要见阎王。叫声情哥我的郎，我今给你说比方：你也无心歇一晚，我也无心把鞋绱，你明天好回乡。叫声情姐我的妻，我也给你说比方：你就好比屋上瓦，我就好比瓦上霜，露水夫妻不久长。

二 规定故事

0021 牛郎和织女

下面呢我再讲一个故事，［ɕia²⁴ miɛn²⁴ ni⁰ uo⁵⁵ tsai²⁴ tɕiaŋ⁵⁵ i³¹ kɤ⁰ ku³² sɿ²⁴］
讲一个什么故事呢，［tɕiaŋ⁵⁵ i³¹ kɤ⁰ ʂən⁵⁵ mo⁰ ku³² sɿ²⁴ ni⁰］
故事的名字叫做《牛郎跟织女》。［ku³² sɿ²⁴ ti⁰ min³¹ tsɿ²⁴ tɕiau²⁴ tsuo²⁴ niəu³¹ naŋ³¹ kən⁴⁵ tʂɿ³¹ ny⁵⁵］
古时候儿呢，有一个小伙子，［ku⁵⁵ ʂɿ³¹ xəur²⁴ ni⁰，iəu⁵⁵ i³¹ kɤ⁰ ɕiau⁵⁵ xuo⁵⁵ tsɿ⁰］
父母呢都去世得早，［fu³² mu⁵⁵ ni⁰ təu⁴⁵ kʰɤ²⁴ sɿ²⁴ ti⁰ tsau⁵⁵］
屋里呢只剩一头老黄牛，［u³¹ ni⁵⁵ ni⁰ tʂɿ⁴⁵ ʂən²⁴ i³¹ tʰəu²⁴ nau⁵⁵ xuaŋ³¹ niəu³¹］
嗯孤苦伶仃的呢，［ən⁰ ku⁴⁵ kʰu⁵⁵ nin³¹ tiŋ²⁴ ti⁰ ni⁰］
只剩一个老黄牛了啊，［tʂɿ⁴⁵ ʂən²⁴ i³¹ kɤ²⁴ nau⁵⁵ xuaŋ³¹ niəu³¹ na⁰ a⁰］
然后呢人们呢就给这个小伙子呢取名字咧叫做牛郎。［ʐan³¹ xəu²⁴ ni⁰ ʐən³¹ mən⁰ ni⁰ tɕiəu²⁴ kɤ⁴⁵ tʂɤ²⁴ kɤ²⁴ ɕiau⁵⁵ xuo⁵⁵ tsɿ⁰ ni⁰ tɕʰy⁵⁵ min³¹ tsɿ²⁴ nie⁰ tɕiau²⁴ tsuo²⁴ niəu³¹ naŋ³¹］
嗯有一天呢，［ən⁰ iəu⁵⁵ i³¹ tʰiɛn⁴⁵ ni⁰］
那个嗯取名字呢就叫牛郎，［na²⁴ kɤ²⁴ ən⁰ tɕʰy⁵⁵ min³¹ tsɿ²⁴ ni⁰ tɕiəu²⁴ tɕiau²⁴ niəu³¹ naŋ³¹］
牛郎呢他是靠耕地为生，［niəu³¹ naŋ³¹ ni⁰ tʰa⁴⁵ sɿ²⁴ kʰau²⁴ kən⁴⁵ ti²⁴ uei³¹ sən⁴⁵］

然后跟老黄牛相依为命。[ẓan³¹ xəu²⁴ kən⁴⁵ nau⁵⁵ xuaŋ³¹ niəu³¹ ɕiaŋ⁴⁵ i⁴⁵ uei³¹ min²⁴]

老黄牛呢实际上咧是天上的一个金牛星，[nau⁵⁵ xuaŋ³¹ niəu³¹ ni⁰ ʂʅ³¹ tɕi³¹ ʂaŋ²⁴ nie⁰ ʂʅ²⁴ tʰiɛn⁴⁵ ʂaŋ²⁴ ti⁰ i³¹ kɤ²⁴ tɕin⁴⁵ niəu³¹ ɕin⁴⁵]

它非常喜欢小伙子的勤劳、善良，[tʰa⁴⁵ fei⁴⁵ tʂʰaŋ³¹ ɕi⁵⁵ xuan⁴⁵ ɕiau⁵⁵ xuo⁵⁵ tsʅ⁰ ti⁰ tɕʰin³¹ nau³¹、ʂan²⁴ niaŋ³¹]

所以呢它一直想帮这个小伙子呢成一个家。[suo⁵⁵ i⁵⁵ ni⁰ tʰa⁴⁵ i³¹ tsʅ³¹ ɕiaŋ⁵⁵ paŋ⁴⁵ tʂɤ²⁴ kɤ²⁴ ɕiau⁵⁵ xuo⁵⁵ tsʅ⁰ ni⁰ tʂʰən³¹ i³¹ kɤ²⁴ tɕia⁴⁵]

然后有一天，金牛星呢，[ẓan³¹ xəu²⁴ iəu⁵⁵ i³¹ tʰiɛn⁴⁵，tɕin⁴⁵ niəu³¹ ɕin⁴⁵ ni⁰]

它晓得天上的仙女们会到村头的那个山，[tʰa⁴⁵ ɕiau⁵⁵ tɤ³¹ tʰiɛn⁴⁵ ʂaŋ²⁴ ti⁰ ɕiɛn⁴⁵ ny⁵⁵ mən⁰ xuei²⁴ tau²⁴ tsʰən⁴⁵ tʰəu⁰ ti⁰ na²⁴ kɤ²⁴ ʂan⁴⁵]

嗯村东头那个湖里去洗澡。[ən⁰ tsʰən⁴⁵ toŋ⁴⁵ tʰəu⁰ na²⁴ kɤ²⁴ xu³¹ ni⁵⁵ kʰɤ²⁴ ɕi⁵⁵ tsau⁵⁵]

然后它就托梦给这个牛郎，[ẓan³¹ xəu²⁴ tʰa⁴⁵ tɕiəu²⁴ tʰuo³¹ moŋ²⁴ kɤ⁴⁵ tʂɤ²⁴ kɤ²⁴ niəu³¹ naŋ³¹]

它说有仙女们到村东头去洗澡去，[tʰa⁴⁵ ʂuo³¹ iəu⁵⁵ ɕiɛn⁴⁵ ny⁵⁵ mən⁰ tau²⁴ tsʰən⁴⁵ toŋ⁴⁵ tʰəu⁰ kʰɤ²⁴ ɕi⁵⁵ tsau⁵⁵ kʰɤ²⁴]

你呢就偷偷地呢把她们挂在树上的衣服呢，[ni⁵⁵ ni⁰ tɕiəu²⁴ tʰəu⁴⁵ tʰəu⁴⁵ ti⁰ ni⁰ pa⁵⁵ tʰa⁴⁵ mən⁰ kua²⁴ tsai²⁴ ʂu²⁴ ʂaŋ²⁴ ti⁰ i⁴⁵ fu⁰ ni⁰]

偷偷地给她们拿走，[tʰəu⁴⁵ tʰəu⁴⁵ ti⁰ kɤ⁴⁵ tʰa⁴⁵ mən⁰ na³¹ tsəu⁵⁵]

然后拿走的时候呢要头也不回地赶快跑回去，[ẓan³¹ xəu²⁴ na³¹ tsəu⁵⁵ ti⁰ ʂʅ³¹ xəu⁰ ni⁰ iau⁴⁵ tʰəu³¹ ie⁵⁵ pu³¹ xuei³¹ ti⁰ kan⁵⁵ kʰuai²⁴ pʰau⁵⁵ xuei³¹ kʰɤ²⁴]

跑回去之后呢就会有一个仙女会成为你的妻子。[pʰau⁵⁵ xuei³¹ kʰɤ²⁴ tʂʅ⁴⁵ xəu²⁴ ni⁰ tɕiəu²⁴ xuei²⁴ iəu⁵⁵ i³¹ kɤ⁴⁵ ɕiɛn⁴⁵ ny⁵⁵ xuei²⁴ tʂʰən³¹ uei³¹ ni⁵⁵ ti⁰ tɕʰi⁴⁵ tsʅ⁰]

然后这天早上呢，[ẓan³¹ xəu²⁴ tʂɤ²⁴ tʰiɛn⁴⁵ tsau⁵⁵ ʂaŋ²⁴ ni⁰]

这个牛郎啊半信半疑的就来到了湖边上，[tʂɤ²⁴ kɤ²⁴ niəu³¹ naŋ³¹ a⁰ pan²⁴ ɕin²⁴ pan²⁴ i³¹ ti⁰ tɕiəu²⁴ nai³¹ tau²⁴ na⁰ xu³¹ piɛn⁴⁵ ʂaŋ²⁴]

他就看到朦朦胧胧中啊湖边上，[tʰa⁴⁵ tɕiəu²⁴ kʰan²⁴ tau²⁴ məŋ⁵⁵ məŋ⁰ noŋ⁵⁵ noŋ⁴⁵ tʂoŋ⁴⁵ a⁰ xu³¹ piɛn⁴⁵ ʂaŋ²⁴]

有一群仙女在河边上嬉戏、戏水，在玩水。[iəu⁵⁵ i³¹ tɕʰyn³¹ ɕiɛn⁴⁵ ny⁵⁵ tsai²⁴ xuo³¹ piɛn⁴⁵ ʂaŋ²⁴ ɕi²⁴ ɕi²⁴、ɕi²⁴ ʂuei⁵⁵，tsai²⁴ uan³¹ ʂuei⁵⁵]

然后呢，[ẓan³¹ xəu²⁴ ni⁰]

他就悄悄儿地把挂在树上的一件粉红色的衣裳就拿回去哒，[tʰa⁴⁵ tɕiəu²⁴ tɕʰiau⁴⁵ tɕʰaur⁴⁵ ti⁰ pa⁵⁵ kua²⁴ tsai²⁴ ʂu²⁴ ʂaŋ²⁴ ti⁰ i³¹ tɕiɛn²⁴ fən⁵⁵ xoŋ³¹ sʅ³¹ ti⁰ i⁴⁵ ʂaŋ⁰ tɕiəu²⁴ na³¹ xuei³¹ kʰɤ²⁴ ta⁰]

头也不回地就拿回去哒。[tʰəu³¹ ie⁵⁵ pu³¹ xuei³¹ ti⁰ tɕiəu²⁴ na³¹ xuei³¹ kʰɤ²⁴ ta⁰]

拿回去哒呢，[na³¹ xuei³¹ kʰɤ²⁴ ta⁰ ni⁰]

嗯，他呢就想啊，[ən⁰, tʰa⁴⁵ ni⁰ tɕiəu²⁴ ɕiaŋ⁵⁵ a⁰]

嗯肯定是有这个肯定咧，[ən⁰ kʰən⁵⁵ tin²⁴ ʂʅ²⁴ iəu⁵⁵ tʂɤ²⁴ kɤ²⁴ kʰən⁵⁵ tin²⁴ nie⁰]

就是说嗯有一个我希望，[tɕiəu²⁴ ʂʅ²⁴ ʂuo³¹ iəu⁵⁵ i³¹ kɤ²⁴ uo⁵⁵ ɕi⁴⁵ uaŋ²⁴]

有一个仙女会成为我的妻子嘛啊，[iəu⁵⁵ i³¹ kɤ²⁴ ɕiɛn⁴⁵ ny⁵⁵ xuei²⁴ tʂʰən³¹ uei³¹ uo⁵⁵ ti⁰ tɕʰi⁴⁵ tsʅ⁰ ma⁰ a⁰]

拿回去了之后，[na³¹ xuei³¹ kʰɤ²⁴ na⁰ tsʅ⁴⁵ xəu²⁴]

这个衣服不见的咧这个这个仙女呢，[tʂɤ²⁴ kɤ²⁴ i⁴⁵ fu⁰ pu³¹ tɕiɛn²⁴ ti⁰ nie⁰ tʂɤ²⁴ kɤ²⁴ tʂɤ²⁴ kɤ²⁴ ɕiɛn⁴⁵ ny⁵⁵ ni⁰]

她就叫织女。[tʰa⁴⁵ tɕiəu²⁴ tɕiau²⁴ tʂʅ³¹ ny⁵⁵]

在这天晚上呢，[tsai²⁴ tʂɤ²⁴ tʰiɛn⁴⁵ uan⁵⁵ ʂaŋ²⁴ ni⁰]

织女就轻轻地敲开这个牛郎家的门，[tʂʅ³¹ ny⁵⁵ tɕiəu²⁴ tɕʰin⁴⁵ tɕʰin⁴⁵ tɤ⁰ tɕʰiau⁴⁵ kʰai⁴⁵ tʂɤ²⁴ kɤ²⁴ niəu³¹ naŋ³¹ tɕia⁴⁵ ti⁰ mən³¹]

敲开他的门呢，[tɕʰiau⁴⁵ kʰai⁴⁵ tʰa⁴⁵ ti⁰ mən³¹ ni⁰]

然后两个人呢就过起了恩爱的夫妻，[zan³¹ xəu²⁴ niaŋ⁵⁵ kɤ²⁴ zən³¹ ni⁰ tɕiəu²⁴ kuo²⁴ tɕʰi⁵⁵ na⁰ ən⁴⁵ ai²⁴ ti⁰ fu⁴⁵ tɕʰi⁴⁵]

就做起了恩爱的夫妻。[tɕiəu²⁴ tsuo²⁴ tɕʰi⁵⁵ na⁰ ən⁴⁵ ai²⁴ ti⁰ fu⁴⁵ tɕʰi⁴⁵]

一眨眼呢三年过去哒，[i³¹ tʂa⁵⁵ iɛn⁵⁵ ni⁰ san⁴⁵ niɛn³¹ kuo²⁴ kʰɤ²⁴ ta⁰]

这个牛郎呢跟织女咧，[tʂɤ²⁴ kɤ²⁴ niəu³¹ naŋ³¹ ni⁰ kən⁴⁵ tʂʅ³¹ ny⁵⁵ nie⁰]

就生了一个儿子、一个姑娘，[tɕiəu²⁴ sən⁴⁵ na⁰ i³¹ kɤ²⁴ ɚ³¹ tsʅ⁰、i³¹ kɤ²⁴ ku⁴⁵ niaŋ⁰]

他们一家人过着幸福的生活。[tʰa⁴⁵ mən⁰ i³¹ tɕia⁴⁵ zən³¹ kuo²⁴ tʂɤ⁰ ɕin²⁴ fu³¹ ti⁰ sən⁴⁵ xuo³¹]

忽然，但是织女下凡的事情呢，[xu³¹ zan³¹, tan²⁴ ʂʅ²⁴ tʂʅ³¹ ny⁵⁵ ɕia²⁴ fan³¹ ti⁰ ʂʅ²⁴ tɕʰin⁵⁵ ni⁰]

就蛮快就被玉皇大帝晓得哒，[tɕiəu²⁴ man³¹ kʰuai²⁴ tɕiəu²⁴ pei²⁴ y²⁴ xuaŋ³¹ ta²⁴ ti²⁴ ɕiau⁵⁵ tɤ³¹ ta⁰]

玉皇大帝听哒就非常地生气。[y²⁴ xuaŋ³¹ ta²⁴ ti²⁴ tʰin⁴⁵ ta⁰ tɕiəu²⁴ fei⁴⁵ tʂʰaŋ³¹ ti⁰ sən⁴⁵ tɕʰi²⁴]

他就有一天呐，[tʰa⁴⁵ tɕiəu²⁴ iəu⁵⁵ i³¹ tʰiɛn⁴⁵ na⁰]

就这天夜里啊就是电闪雷鸣的，[tɕiəu²⁴ tʂɤ²⁴ tʰiɛn⁴⁵ ie²⁴ ni⁰ tɕiəu²⁴ ʂʅ²⁴ tiɛn²⁴ ʂan⁵⁵ nei³¹ min³¹ ti⁰]

又是大风啊，[iəu²⁴ ʂʅ²⁴ ta²⁴ foŋ⁴⁵ a⁰]

又是刮下大雨，[iəu²⁴ ʂʅ²⁴ kua³¹ ɕia²⁴ ta²⁴ y⁵⁵]

然后呢忽然织女就不见哒。[zan³¹ xəu²⁴ ni⁰ xu³¹ zan³¹ tʂʅ³¹ ny⁵⁵ tɕiəu²⁴ pu³¹ tɕiɛn²⁴ ta⁰]

然后两个娃娃儿就哭着喊要妈妈，[zan³¹ xəu²⁴ niaŋ⁵⁵ kɤ²⁴ ua⁴⁵ uar⁰ tɕiəu²⁴ kʰu³¹ tʂɤ⁰ xan⁵⁵ iau⁴⁵ ma⁴⁵ ma⁰]

这个牛郎呢就急得急得没得法，[tʂɤ²⁴ kɤ²⁴ niəu³¹ naŋ³¹ ni⁰ tɕiəu²⁴ tɕi³¹ tɤ⁰ tɕi³¹ tɤ⁰ mei³¹ tɤ⁰ fa³¹]

他就急得在屋里团团转。[tʰa⁴⁵ tɕiəu²⁴ tɕi³¹ tɤ⁰ tsai²⁴ u³¹ ni⁰ tʰuan³¹ tʰuan³¹ tʂuan⁵⁵]

然后这个时候呢，[zan³¹ xəu²⁴ tʂɤ²⁴ kɤ²⁴ ʂʅ²⁴ xəu²⁴ ni⁰]

老牛就忽然开口了，[nau⁵⁵ niəu³¹ tɕiəu²⁴ xu³¹ zan³¹ kʰai⁴⁵ kʰəu⁵⁵ na⁰]

老牛说嗯你把，[nau⁵⁵ niəu³¹ ʂuo³¹ ən⁰ ni⁵⁵ pa⁵⁵]

老牛就忽然看见了，[nau⁵⁵ niəu³¹ tɕiəu²⁴ xu³¹ zan³¹ kʰan²⁴ tau⁰ na⁰]

老牛就说："你莫着急，[nau⁵⁵ niəu³¹ tɕiəu²⁴ ʂuo³¹ : ni⁵⁵ mo³¹ tʂuo³¹ tɕi³¹]

你把我头上的角拿下来就会变成两个箩筐，[ni⁵⁵ pa⁵⁵ uo⁵⁵ tʰəu³¹ ʂaŋ²⁴ ti⁰ tɕyo³¹ na³¹ ɕia²⁴ nai³¹ tɕiəu²⁴ xuei²⁴ piɛn²⁴ tʂʰən³¹ niaŋ³¹ kɤ²⁴ nuo³¹ kʰuaŋ⁴⁵]

然后你就挑着箩筐把娃娃儿装箩筐里啊，[zan³¹ xəu²⁴ ni⁵⁵ tɕiəu²⁴ tʰiau⁴⁵ tʂuo⁰ nuo³¹ kʰuaŋ⁴⁵ pa⁵⁵ ua⁴⁵ uar⁰ tʂuaŋ⁴⁵ nuo³¹ kʰuaŋ⁴⁵ ni⁰ a⁰]

然后就可以去到天宫里去，追织女去。"[zan³¹ xəu²⁴ tɕiəu²⁴ kʰuo⁵⁵ i⁵⁵ kʰɤ²⁴ tau²⁴ tʰiɛn⁴⁵ koŋ⁴⁵ ni⁵⁵ kʰɤ²⁴, tsuei⁴⁵ tʂʅ³¹ ny⁵⁵ tɕʰy²⁴]

然后这个牛郎呢就当时呢就非常吃惊啊，[zan³¹ xəu²⁴ tʂɤ²⁴ kɤ²⁴ niəu³¹ naŋ³¹ ni⁰ tɕiəu²⁴ taŋ⁴⁵ ʂʅ³¹ ni⁰ tɕiəu²⁴ fei⁴⁵ tʂʰaŋ³¹ tʂʰʅ³¹ tɕin⁴⁵ a⁰]

他就非常吃惊的啊，[tʰa⁴⁵ tɕiəu²⁴ fei⁴⁵ tʂʰaŋ³¹ tʂʰʅ³¹ tɕin⁴⁵ ti⁰ a⁰]

为什么它这个老牛会说话呢，[uei³¹ ʂən⁵⁵ mo⁰ tʰa⁴⁵ tʂɤ²⁴ kɤ²⁴ nau⁵⁵ niəu³¹ xuei²⁴ ʂuo²⁴ xua²⁴ ni⁰]

他就非常吃惊，[tʰa⁴⁵ tɕiəu²⁴ fei⁴⁵ tʂʰaŋ³¹ tʂʰʅ³¹ tɕin⁴⁵]

非常吃惊呢，[fei⁴⁵ tʂʰaŋ³¹ tʂʰʅ³¹ tɕin⁴⁵ ni⁰]

忽然呢他看到老牛的那个角掉在了地上，[xu³¹ zan³¹ ni⁰ tʰa⁴⁵ kʰan²⁴ tau²⁴ nau⁵⁵ niəu³¹ ti⁰ na²⁴ kɤ²⁴ kuo³¹ tiau²⁴ tsai²⁴ na⁰ ti²⁴ ʂaŋ²⁴]

真的就变成哒两个箩筐。[tʂən⁴⁵ ti⁰ tɕiəu²⁴ piɛn²⁴ tʂʰən³¹ ta⁰ niaŋ⁵⁵ kɤ²⁴ nuo³¹ kʰuaŋ⁴⁵]

然后他就把两个娃娃儿就放在箩筐里，[zan³¹ xəu²⁴ tʰa⁴⁵ tɕiəu²⁴ pa⁵⁵ niaŋ⁵⁵ kɤ²⁴ ua⁴⁵ uar⁰ tɕiəu²⁴ faŋ²⁴ tsai²⁴ nuo³¹ kʰuaŋ⁴⁵ ni⁰]

就挑起担子就觉得一阵轻风吹过啊，[tɕiəu²⁴ tʰiau⁴⁵ tɕʰi⁵⁵ tan⁴⁵ tsʅ⁰ tɕiəu²⁴ tɕyo²⁴ tɤ⁰ i³¹ tʂən²⁴ tɕʰin⁴⁵ foŋ⁴⁵ tʂʰuei⁴⁵ kuo²⁴ a⁰]

这个箩筐呢就感觉就像长了翅膀一样，[tʂɤ²⁴ kɤ²⁴ nuo³¹ kʰuaŋ⁴⁵ ni⁰ tɕiəu²⁴ kan⁵⁵ tɕyo²⁴ tɕiəu²⁴ ɕiaŋ²⁴ tʂaŋ⁵⁵ na⁰ tʂʅ²⁴ paŋ²⁴ i³¹ iaŋ²⁴]

感觉长了翅膀，[kan⁵⁵ tɕyo²⁴ tʂaŋ⁵⁵ na⁰ tʂʅ²⁴ paŋ²⁴]

感觉长了翅膀咧就飞哒起来，[kan⁵⁵ tɕyo²⁴ tʂaŋ⁵⁵ na⁰ tʂʅ²⁴ paŋ²⁴ nie⁰ tɕiəu²⁴ fei⁴⁵ ta⁰ tɕʰi⁵⁵ nai³¹]

就飞啊飞啊。[tɕiəu²⁴ fei⁴⁵ a⁰ fei⁴⁵ a⁰]

总感觉就看到织女哒，[tsoŋ⁵⁵ kan⁵⁵ tɕyo²⁴ tɕiəu²⁴ kʰan²⁴ tau²⁴ tʂʅ³¹ ny⁵⁵ ta⁰]

看到织女哒就正要追上织女的时候儿呢，[kʰan²⁴ tau²⁴ tʂʅ³¹ ny⁵⁵ ta⁰ tɕiəu²⁴ tʂən⁴⁵ iau⁴⁵ tʂuei⁴⁵ ʂaŋ²⁴ tʂʅ³¹ ny⁵⁵ ti⁰ ʂʅ³¹ xəur⁰ ni⁰]

就被王母娘娘发现哒，[tɕiəu²⁴ pei²⁴ uaŋ³¹ mu⁵⁵ niaŋ³¹ niaŋ⁰ fa³¹ ɕiɛn²⁴ ta⁰]

王母娘娘就把取下哒她头上的金钗，[uaŋ³¹ mu⁵⁵ niaŋ³¹ niaŋ⁰ tɕiəu²⁴ pa⁵⁵ tɕʰy⁵⁵ ɕia²⁴ ta⁰ tʰa⁴⁵ tʰəu³¹ ʂaŋ²⁴ ti³⁰ tɕin⁴⁵ tʂʰai⁴⁵]

就在牛郎和织女的面前就划了一条河，[tɕiəu²⁴ tsai²⁴ niəu³¹ naŋ³¹ xuo³¹ tʂʅ³¹ ny⁵⁵ ti⁰ miɛn²⁴ tɕʰiɛn³¹ tɕiəu²⁴ xua³¹ na⁰ i³¹ tʰiau³¹ xuo³¹]

这样一划呢就变成了一个银河。[tʂɤ²⁴ iaŋ²⁴ i³¹ xua³¹ ni⁰ tɕiəu²⁴ piɛn²⁴ tʂʰən³¹ niəu⁰ i³¹ kɤ²⁴ in³¹ xuo³¹]

这个银河咧隔好宽喽好远喽，[tʂɤ²⁴ kɤ²⁴ in³¹ xuo³¹ nie⁰ kɤ³¹ xau⁵⁵ kʰuan⁴⁵ nəu⁰ xau⁵⁵ yɛn⁵⁵ nəu⁰]

两个人根本都望不到边，[niaŋ⁵⁵ kɤ²⁴ ʐən³¹ kən⁴⁵ pən⁵⁵ təu⁴⁵ uaŋ²⁴ pu³¹ tau²⁴ piɛn⁴⁵]

两个人又望不到哒，[niaŋ⁵⁵ kɤ²⁴ ʐən³¹ iəu²⁴ uaŋ²⁴ pu³¹ tau²⁴ ta⁰]

王母就把两个人就隔开，[uaŋ³¹ mu⁵⁵ tɕiəu²⁴ pa⁵⁵ niaŋ⁵⁵ kɤ²⁴ ʐən³¹ tɕiəu²⁴ kɤ³¹ kʰai⁴⁵]

把牛郎和织女就隔开哒。[pa⁵⁵ niəu³¹ naŋ³¹ xuo³¹ tʂʅ³¹ ny⁵⁵ tɕiəu²⁴ kɤ³¹ kʰai⁴⁵ ta⁰]

喜鹊咧就非常同情牛郎和织女，[ɕi⁵⁵ tɕʰye³¹ nie⁰ tɕiəu²⁴ fei⁴⁵ tʂʰaŋ²⁴ tʰoŋ³¹ tɕʰin⁵⁵ niəu³¹ naŋ³¹ xuo³¹ tʂʅ³¹ ny⁵⁵]

成千上百只喜鹊就飞到哒这个银河上，[tʂʰən³¹ tɕʰiɛn⁴⁵ ʂaŋ²⁴ pɤ³¹ tʂʅ⁴⁵ ɕi⁵⁵ tɕʰye³¹ tɕiəu²⁴ fei⁴⁵ tau²⁴ ta⁰ tʂɤ²⁴ kɤ²⁴ in³¹ xuo³¹ ʂaŋ²⁴]

就是每年的七月初七这天。[tɕiəu²⁴ ʂʅ²⁴ mei⁵⁵ niɛn³¹ ti⁰ tɕʰi³¹ ye³¹ tsʰu⁴⁵ tɕʰi³¹ tʂɤ²⁴ tʰiɛn⁴⁵]

农历的七月初七这天，[noŋ³¹ ni³¹ ti⁰ tɕʰi³¹ ye³¹ tsʰu⁴⁵ tɕʰi³¹ tʂɤ²⁴ tʰiɛn⁴⁵]

成千上百只喜鹊就飞到这个银河上，[tʂʰən³¹ tɕʰiɛn⁴⁵ ʂaŋ²⁴ pɤ³¹ tʂʅ⁴⁵ ɕi⁵⁵ tɕʰye³¹ tɕiəu²⁴ fei⁴⁵ tau²⁴ tʂɤ²⁴ kɤ²⁴ in³¹ xuo³¹ ʂaŋ²⁴]

嗯喜鹊一只喜鹊呢衔着另外一只喜鹊的尾巴，[ən⁰ ɕi⁵⁵ tɕʰye³¹ i³¹ tʂʅ⁴⁵ ɕi⁵⁵ tɕʰye³¹ ni⁰ xan³¹ tʂɤ⁰ nin³¹ uai²⁴ i³¹ tʂʅ⁴⁵ ɕi⁵⁵ tɕʰye³¹ ti⁰ uei⁵⁵ pa⁰]

然后这样呢就织成了一个，[ʐan³¹ xəu²⁴ tʂɤ²⁴ iaŋ²⁴ ni⁰ tɕiəu²⁴ tʂʅ³¹ tʂʰən³¹ na⁰ i³¹ kɤ²⁴

搭成了一个鹊桥。[ta³¹ tʂʰən³¹ na⁰ i³¹ kɤ²⁴ tɕʰye³¹ tɕʰiau³¹]

长长的鹊桥，[tʂʰaŋ⁵⁵ tʂʰaŋ⁵⁵ ti⁰ tɕʰye³¹ tɕʰiau³¹]

搭成鹊桥之后呢，[ta³¹ tʂʰən³¹ tɕʰye³¹ tɕʰiau³¹ tʂɿ⁴⁵ xəu²⁴ ni⁰]

就是供牛郎和织女，[tɕiəu²⁴ ʂɿ²⁴ koŋ²⁴ niəu³¹ naŋ³¹ xuo³¹ tʂɿ³¹ ny⁵⁵]

就在这个鹊桥上呢就在相聚。[tɕiəu²⁴ tsai²⁴ tʂɤ²⁴ kɤ²⁴ tɕʰye³¹ tɕʰiau³¹ ʂaŋ²⁴ ni⁰ tɕiəu²⁴ tsai²⁴ ɕiaŋ⁴⁵ tɕy²⁴]

意译：下面我再讲一个故事，讲一个什么故事呢，故事的名字叫做《牛郎和织女》。

　　古时候，有一个小伙子，父母都去世得早，屋里只剩一头老黄牛，孤苦伶仃的，只剩一个老黄牛了，然后人们就给这个小伙子取名字叫做牛郎。牛郎他是靠耕地为生，和老黄牛相依为命。老黄牛实际上是天上的一个金牛星，它非常喜欢小伙子的勤劳、善良，所以它一直想帮这个小伙子成一个家。

　　然后有一天，金牛星它知道天上的仙女们会到村头的那个山村东头的湖里去洗澡。然后它就托梦给牛郎，它说有仙女们到村东头去洗澡，你就偷偷地把她们挂在树上的衣服拿走，然后拿走的时候要头也不回地赶快跑回去，跑回去之后就会有一个仙女会成为你的妻子。

　　然后这天早上，这个牛郎半信半疑地就来到了湖边上，他就看到朦朦胧胧中湖边上有一群仙女在河边上嬉戏、戏水，然后，他就悄悄地把挂在树上的一件粉红色的衣裳就拿回去了。拿回去之后他就想，希望有一个仙女会成为我的妻子，拿回去了之后，这个衣服不见的这个仙女，她就叫织女。在这天晚上，织女就轻轻地敲开牛郎家的门，然后两个人就成了恩爱的夫妻。

　　一眨眼三年过去了，牛郎和织女就生了一个儿子、一个姑娘，他们一家人过着幸福的生活。忽然，织女下凡的事情就很快被玉皇大帝知道了，玉皇大帝听了之后非常生气。这天夜里电闪雷鸣，又是刮大风，又是下大雨，忽然织女就不见了。然后两个孩子就哭着喊要妈妈，牛郎急得没办法，他就急得在屋里团团转。

　　然后这个时候，老牛就忽然开口了，老牛就说："你不要着急，你把我头上的角拿下来就会变成两个箩筐，然后你就挑着箩筐把孩子装箩筐里，然后就可以去到天宫里去追织女。"牛郎当时非常吃惊，为什么这个老牛会说话，忽然他看到老牛的角掉在了地上，真的就变成了两个箩筐。然后他就把两个孩子放在箩筐里，挑起担子觉得一阵轻风吹过，这个箩筐感觉就像长了翅膀一样，就飞了起来。总感觉快要看到织女了，正要追上织女的时候，就被王母娘娘发现了，王母娘娘取下她头上的金钗，在牛郎和织女的面前划了一条河，这样一划呢就变成了一个银河。这个银河隔得好宽好远，两个人根本望不到边，王母就把牛郎和织女隔开了。

喜鹊非常同情牛郎和织女，成千上百只喜鹊就飞到了银河上，就是每年农历的七月初七这天，成千上百只喜鹊飞到银河上，一只喜鹊衔着另外一只喜鹊的尾巴，搭成了一个长长的鹊桥，供牛郎和织女在鹊桥上相聚。

三 其他故事

0022 其他故事

我再给你们讲一个咧，[uo⁵⁵ tsai³² kɤ⁵⁵ ni⁵⁵ mən³¹ tɕiaŋ⁵⁵ i³¹ kɤ¹¹ nie⁰]

讲一个好吃佬。[tɕiaŋ⁵⁵ i³¹ kɤ¹¹ xau³² tʂʰɿ⁴⁵ nau⁰]

那个人吃撮的，[na²⁴ kɤ⁰ zən³¹ tʂʰɿ³¹ tʂʰuo⁵⁵ ti⁰]

他专门出门吃撮饭。[tʰa⁴⁵ tʂuan⁴⁵ mən³¹ tʂʰu⁴⁵ mən³¹ tʂʰɿ³¹ tʂʰuo⁵⁵ fan²⁴] 吃撮饭：蹭吃蹭喝，吃白食

他自己咧又懒，[tʰa⁴⁵ tsɿ³² tɕi⁵⁵ nie⁰ iəu²⁴ nan⁵⁵]

也不，又没得啥吃的。[ie⁵⁵ pu²⁴，iəu²⁴ mei³¹ tɤ⁰ ʂa³¹ tʂʰɿ³¹ tɤ⁰]

满到里跑到吃的。[man³¹ tau²⁴ tiº pʰau⁵⁵ tau²⁴ tʂʰɿ⁴⁵ ti⁰] 满到里：到处

你看那个腊月间，[ni⁵⁵ kʰan²⁴ na²⁴ kɤ⁰ na³² ye²⁴ kan⁴⁵]

个杂，杀年猪的时候啊，[kɤ²⁴ tsa⁰，ʂa⁴⁵ niɛn⁵⁵ tʂu¹¹ ti⁰ ʂɿ⁵⁵ xəu⁰ a⁰] 个杂：语气词，哎唷

他闯到听到别人猪伢子吼哒，[tʰa⁴⁵ tʂʰuaŋ⁵⁵ tau²⁴ tʰin⁴⁵ tau⁰ pie⁴⁵ zən³¹ tʂu⁴⁵ a⁰ tsɿ⁰ xəu⁵⁵ ta⁰] 猪伢子：猪

他就搞起去哒。[tʰa⁴⁵ tɕiəu²⁴ kau⁵⁵ tɕʰi⁵⁵ kʰɤ²⁴ ta⁰]

搞起去哒，[kau⁵⁵ tɕʰi⁵⁵ kʰɤ²⁴ ta⁰]

那个时，屠宰公咧，[na²⁴ kɤ⁰ ʂɿ³¹，tʰu³¹ tsai¹¹ koŋ⁴⁵ nie⁰] 屠宰公：屠夫

看到他心里就烦，[kʰan²⁴ tau²⁴ tʰa⁴⁵ ɕin⁴⁵ ni⁰ tɕiəu²⁴ fan³¹]

妈的，一年四季窝在屋里玩。[ma⁴⁵ ti⁰，i³¹ niɛn³¹ sɿ³² tɕi²⁴ uo³¹ tsai²⁴ u⁴⁵ ni⁴⁵ uan³¹]

玩哒妈的没得什儿吃的了，[uan³¹ ta⁰ ma⁴⁵ ti⁰ mei³¹ tɤ⁰ ʂər³¹ tʂʰɿ⁴⁵ tɤ⁰ mɤ⁰]

刚刚儿弄饭啊，[kaŋ⁴⁵ kãr⁰ noŋ⁰ fan²⁴ a⁰]

弄点好的啊，[noŋ²⁴ tiər⁵⁵ xau⁵⁵ ti⁰ a⁰]

过个事啊就跑起来哒。[kuo²⁴ kɤ²⁴ sɿ²⁴ a⁰ tɕiəu²⁴ pʰau⁵⁵ tɕʰi⁵⁵ nai³¹ ta⁰]

那天吃饭啊，[nai²⁴ tʰiɛn⁴⁵ tʂʰɿ⁴⁵ fan²⁴ a⁰]

他说今儿天我们不把他吃，[tʰa⁴⁵ suo⁴⁵ tɕiər⁴⁵ tʰiɛn⁴⁵ uo⁵⁵ mən⁰ pu²⁴ pa⁵⁵ tʰa⁴⁵ tʂʰɿ³¹] 把：给

跟老板就商量，[kən³¹ nau⁵⁵ pan⁵⁵ tɕiəu²⁴ saŋ⁴⁵ niaŋ⁰]

他说那怎么像呢？［tʰa⁴⁵ ʂuo⁴⁵ na²⁴ tsən⁵⁵ mɤ⁰ tɕʰiaŋ⁴⁵ mɤ⁰］

他说杀年猪嘛。［tʰa⁴⁵ ʂuo⁴⁵ ʂa⁴⁵ niɛn³¹ tʂu¹¹ ma⁰］

好，不说哒，我们要说两句，［xau⁵⁵，pu²⁴ ʂuo⁴⁵ ta⁰，uo⁵⁵ mən⁰ iau²⁴ ʂuo⁴⁵ niaŋ⁵⁵ tɕy²⁴］

他们说不得两句呢，［tʰa⁴⁵ mən⁰ ʂuo⁴⁵ pu²⁴ tɤ³¹ niaŋ⁵⁵ tɕy²⁴ mɤ⁰］

就该他不吃。［tɕiəu²⁴ kai⁴⁵ tʰa⁴⁵ pu²⁴ tʂʰʅ³¹］

你看一下上桌子哒，［ni⁵⁵ kʰan²⁴ i⁴⁵ xa²⁴ ʂaŋ²⁴ tʂuo⁴⁵ tsʅ⁰ ta⁰］

那个杀猪匠就问他，［na²⁴ kɤ²⁴ ʂa⁴⁵ tʂu⁴⁵ tɕiaŋ²⁴ tɕiəu⁴⁵ uən²⁴ tʰa⁴⁵］

他，你今儿怎么又来的呢？［tʰa⁴⁵，ni⁵⁵ tɕiər⁴⁵ tsən⁵⁵ mɤ⁰ iəu²⁴ nai³¹ ti⁰ mɤ⁰］

哎呀，我欢起⁼啊，［ai⁰ ia⁰，uo⁵⁵ xuan⁴⁵ tɕʰi⁵⁵ a⁰］ 欢起⁼：喜欢

他们也欢起⁼我啊，［tʰa⁴⁵ mən⁰ ie⁵⁵ xuan⁴⁵ tɕʰi⁵⁵ uo⁵⁵ a⁰］

我过会儿来看，吃年猪么，［uo⁵⁵ kuo⁴⁵ xuər²⁴ nai³¹ kʰan²⁴，tɕʰi³¹ niɛn³¹ tʂu⁴⁵ mɤ⁰］

来吃，吃点儿饭啊，［nai³¹ tʂʰʅ³¹，tʂʰʅ³¹ tiər⁵⁵ fan²⁴ a⁰］

多谢哒，喝点儿酒啊。［tuo⁴⁵ tie²⁴ ta⁰，xuo⁴⁵ tiər⁵⁵ tɕiəu⁵⁵ a⁰］

他说，那今儿天不行，［tʰa⁴⁵ ʂuo⁴⁵，na²⁴ tɕər⁴⁵ tʰiɛn⁴⁵ pu³² ɕin⁴⁵］

今儿天我们两个人呢，［tɕər⁴⁵ tʰiɛn⁴⁵ uo⁵⁵ mən⁰ niaŋ⁵⁵ kɤ²⁴ zən³¹ mɤ⁰］

要说两句哒吃，［iau²⁴ ʂuo⁴⁵ niaŋ⁵⁵ tɕy²⁴ ta⁰ tʂʰʅ⁴⁵］

说不倒的，我说不倒我不吃，［ʂuo⁴⁵ pu³¹ tau²⁴ ti⁰，uo⁵⁵ ʂuo⁴⁵ pu³¹ tau²⁴ uo⁵⁵ pu²⁴ tʂʰʅ³¹］

你说不倒你不吃。［ni⁵⁵ ʂuo⁴⁵ pu³¹ tau³¹ ni⁵⁵ pu²⁴ tʂʰʅ³¹］

他说那说什儿呢？［tʰa⁴⁵ ʂuo⁴⁵ na²⁴ ʂuo⁴⁵ ʂər³¹ mɤ⁰］

他又要说，这个：［tʰa⁴⁵ iəu²⁴ iau²⁴ ʂuo⁴⁵，tʂɤ²⁴ kɤ²⁴］

带的半头尖啦，［tai²⁴ ti⁰ pan²⁴ tʰəu⁰ tɕiɛn⁴⁵ na⁰］

还要带个半头不见天。［xai³¹ iau¹¹ tai²⁴ kɤ²⁴ pan²⁴ tʰəu⁰ pu³¹ tɕiɛn²⁴ tʰiɛn⁴⁵］

欸，末后儿呢，问你呢，［ai⁰，mo³¹ xəur⁰ mɤ⁰，uən²⁴ ni⁵⁵ mɤ⁰］

我问你一句咧，［uo⁵⁵ uən²⁴ ni⁵⁵ i³¹ tɕy²⁴ nie⁰］

你答应"没有"，［ni⁵⁵ tai³¹ in¹¹ mei³¹ iəu¹¹］

你问我一句呢，［ni⁵⁵ uən²⁴ uo⁵⁵ i³¹ tɕy²⁴ mɤ⁰］

我答应一个"没有"。［uo⁵⁵ tai³¹ in¹¹ i³¹ kɤ²⁴ mei³¹ iəu¹¹］

哎呀，他说那么，［ai⁰ ia⁰，tʰa⁴⁵ ʂuo⁴⁵ na²⁴ mɤ⁰］

那我们两个说，［na²⁴ uo⁵⁵ mən⁰ niaŋ⁵⁵ kɤ²⁴ ʂuo⁴⁵］

他说那就，你是师傅啊，［tʰa⁴⁵ ʂuo⁴⁵ na²⁴ tɕiəu²⁴，ni⁵⁵ sʅ²⁴ sʅ⁴⁵ fu⁰ a⁰］

那你先说，我听啊看啦。［na²⁴ ni⁵⁵ ɕiɛn⁴⁵ ʂuo⁴⁵，uo⁵⁵ tʰin⁴⁵ a⁰ kʰan²⁴ na⁰］

他说我放血的刀子啊是半头尖呐，[tʰa⁴⁵ ʂuo⁴⁵ uo⁵⁵ faŋ²⁴ ɕye⁵⁵ ti⁰ tau⁴⁵ tsɿ⁰ a⁰ ʂɿ²⁴ pan²⁴ tʰəu⁰ tɕiɛn⁴⁵ na⁰]

插在猪喉咙里半头不见天。[tʂʰa⁴⁵ tsai²⁴ tʂu⁴⁵ xəu³¹ noŋ⁰ ni⁰ pan²⁴ tʰəu⁰ pu³¹ tɕiɛn²⁴ tʰiɛn⁴⁵]

好，奈个就问他，[xau⁵⁵, nai²⁴ kuo⁰ tɕiəu²⁴ uən²⁴ tʰa⁴⁵] 奈个：那个

奈个吃撮奈个子啊。[nai²⁴ kɤ⁰ tʂʰɿ³¹ tʂʰuo⁴⁵ nai²⁴ kɤ⁰ tsɿ⁰ a⁰]

他说，那你补啊刀没得啊？[tʰa⁴⁵ ʂuo⁴⁵, na²⁴ ni⁵⁵ pu⁵⁵ a⁰ tau⁴⁵ mei³¹ tɤ⁴⁵ a⁰]

没有啊。[mei³¹ iəu⁵⁵ a⁰]

好，就答应个没有。[xau⁵⁵, tɕiəu²⁴ tai³¹ in¹¹ kɤ⁰ mei³¹ iəu¹¹]

他那这时候儿该你说。[tʰa⁴⁵ na²⁴ tʂɤ²⁴ ʂɿ³¹ xər²⁴ kai⁴⁵ ni⁵⁵ ʂuo⁴⁵]

他说我一双筷子咧是半头尖，[tʰa⁴⁵ ʂuo⁴⁵ uo⁵⁵ i³¹ ʂuaŋ¹¹ kʰuai²⁴ tsɿ⁰ niə⁰ ʂɿ²⁴ pan³¹ tʰəu⁰ tɕiɛn⁴⁵]

吃啊喉咙里也是半头没见天。[tʂʰɿ⁴⁵ a⁰ xəu³¹ noŋ⁰ ni⁰ ie⁵⁵ ʂɿ²⁴ pan²⁴ tʰəu⁰ mei³¹ tɕiɛn²⁴ tʰiɛn⁴⁵]

好，杀猪匠就问他，[xau⁵⁵, ʂa⁴⁵ tʂu⁴⁵ tɕiaŋ²⁴ tɕiəu²⁴ uən²⁴ tʰa⁴⁵]

他说那你还礼没得啊？[tʰa⁴⁵ ʂuo⁴⁵ na²⁴ ni⁵⁵ xuan³¹ ni⁵⁵ mei³¹ tɤ⁰ a⁰]

没有啊！[mei³¹ iəu¹¹ a⁰]

意译：我再给你们讲一个故事，讲一个好吃佬。这个好吃佬专门出去蹭吃蹭喝。他自己很懒，又没有什么吃的东西，到处跑别人家去蹭吃的。等到腊月杀年猪的时候，他听见别人家年猪叫唤的声音，他就寻着声音去了。去了以后，那个屠夫呢，看见他心里就烦，一年四季都在家里玩。玩到家里没有什么吃的了，刚刚做好饭，弄点好吃的，做事办酒席他就跑来了。

那天吃饭的时候，屠夫说今天我们不给他吃，跟老板商量。老板说那怎么像话呢？杀年猪嘛。屠夫说好，那这样，可以吃，但吃之前要说两句，他要是说不上两句呢就活该他不能吃。

等到上了饭桌，那个杀猪匠就问他，你今天怎么又来了呢？他说我喜欢凑热闹，他们也喜欢我捧场，我过来看会儿，杀年猪嘛来吃点饭喝点酒。屠夫说那今天不行，今天我们俩要说两句了才能吃，说不到的，我说不到我不吃，你说不到你不吃。他说那说什么呢？他说，这个：有个东西半头尖尖的，还有半头不见天。过会儿，我问你一句，你答应"没有"，你问我一句呢，我答应一个"没有"。好吃佬就说，好，那你是师傅，你先说，我听听看。

他说我放血的刀子是半头尖，插在猪喉咙里半头不见天。好，那个好吃佬就问，他说，那你补刀了没？杀猪匠就说，没有啊。好，就答应了个"没有"。屠

夫说现在该你说了。好吃佬说我一双筷子是半头尖,吃在喉咙里也是半头没见天。好,杀猪匠就问他,那你还礼没有啊?好吃佬说,没有啊!

0023 其他故事

这会儿讲一个呢就讲什么子讲哪个咧,[tʂɤ²⁴xuər⁰tɕiaŋ⁵⁵i³¹kuo²⁴ni⁰tɕiəu²⁴tɕiaŋ⁵⁵ʂən⁵⁵mo⁰tsʅ⁰tɕiaŋ⁵⁵na⁵⁵kuo⁰nie⁰]

这个名字啊,[tʂɤ²⁴kɤ⁰min³¹tsʅ²⁴a⁰]

这个故事的名字,[tʂɤ²⁴kɤ⁰ku²⁴sʅ²⁴ti⁰min³¹tsʅ²⁴]

叫这个《我的葡萄架塌了》。[tɕiau²⁴tʂɤ²⁴kɤ⁰uo⁵⁵ti⁰pʰu³¹tʰau⁴⁵tɕia²⁴tʰa³¹niau⁰]

这个讲一个两弟兄啊他们不是亲生两弟兄,[tʂɤ²⁴kɤ²⁴tɕiaŋ⁵⁵i³¹kɤ⁰niaŋ⁵⁵ti²⁴ɕioŋ⁴⁵a⁰tʰa⁴⁵mən⁰pu³¹sʅ²⁴tɕʰin⁴⁵sən⁴⁵niaŋ⁵⁵ti²⁴ɕioŋ⁴⁵]

是结拜的两弟兄。[sʅ²⁴tɕie³¹pai²⁴ti⁰niaŋ⁵⁵ti²⁴ɕioŋ⁴⁵]

他们两个去中举去,[tʰa⁴⁵mən⁰niaŋ⁵⁵kuo²⁴kʰɤ²⁴tʂoŋ⁴⁵tɕy⁵⁵kʰɤ²⁴]

过去考学中举。[kuo²⁴tɕʰy²⁴kʰau⁵⁵ɕyo³¹tʂoŋ⁴⁵tɕy⁵⁵]

好,一个中举哒咧,[xau⁵⁵,i³¹kuo²⁴tʂoŋ⁴⁵tɕy⁵⁵ta⁰nie⁰]

末了当个县官,[mo³¹niau⁰taŋ⁴⁵kuo²⁴ɕien²⁴kuan⁴⁵]

那个咧没中到举呢就流落在地方呢动荡西荡的,[na²⁴kɤ⁰nie⁰mei³¹tʂoŋ⁴⁵tau⁰tɕy⁵⁵ni⁰tɕiəu²⁴niəu³¹nuo³¹tsai²⁴ti²⁴faŋ⁴⁵ni⁰toŋ²⁴taŋ⁴⁵ɕi⁴⁵taŋ²⁴ti⁰]

弄弄弄这么一时候儿玩。[noŋ²⁴noŋ²⁴noŋ²⁴tʂɤ²⁴mo⁰i³¹sʅ³¹xər⁰uan³¹]

后来他还是说个媳妇子,[xəu²⁴nai³¹tʰa⁴⁵xai³¹sʅ²⁴suo³¹kɤ⁰ɕi³¹fu²⁴tsʅ⁰]

也还是有个家,[ie⁵⁵xai³¹sʅ²⁴iəu⁵⁵kɤ⁰tɕia⁴⁵]

但是呢他怕媳妇子,[tan²⁴sʅ⁰ni⁰tʰa⁴⁵pʰa²⁴ɕi³¹fu²⁴tsʅ⁰]

他媳妇子说东他不敢西。[tʰa⁴⁵ɕi³¹fu²⁴tsʅ⁰suo³¹toŋ⁴⁵tʰa⁴⁵pu³¹kan⁵⁵ɕi⁴⁵]

个杂子的,[kɤ²⁴tsa³¹tsʅ⁰ti⁰]

那天咧他在屋里做错事哒,[na²⁴tʰien⁴⁵nie⁰tʰa⁴⁵tsai²⁴u³¹ni⁰tsəu²⁴tsʰuo²⁴sʅ²⁴ta⁰]

他媳妇子给他一骚⁼打呀挖呀,[tʰa⁴⁵ɕi³¹fu²⁴tsʅ⁰kɤ⁴⁵tʰa⁴⁵i³¹sau⁴⁵ta⁵⁵ia⁰ua⁴⁵ia⁰]一骚⁼:一顿

把他脸上刨个头破血流。[pa⁵⁵tʰa⁴⁵nien⁵⁵saŋ⁰pʰau³¹kɤ⁴⁵tʰəu³¹pʰo²⁴ɕye³¹niəu³¹]

他那会想到哒,[tʰa⁴⁵na²⁴xuei²⁴ɕiaŋ⁵⁵tau²⁴ta⁰]

个杂平常我怕折人啦,[kɤ²⁴tsa³¹pʰin³¹saŋ³¹uo⁵⁵pʰa²⁴ʂɤ⁵⁵zən³¹na⁰] 折人:丢人

今天我不怕折人哒,[tɕin⁴⁵tʰien⁴⁵uo⁵⁵pu³¹pʰa²⁴ʂɤ⁵⁵zən³¹ta⁰]

找我的兄长去,我兄长当县官,[tsau⁵⁵uo⁵⁵ti⁰ɕioŋ⁴⁵tʂaŋ⁵⁵kʰɤ²⁴,uo⁵⁵ɕioŋ⁴⁵tʂaŋ⁵⁵taŋ⁴⁵ɕien²⁴kuan⁴⁵]

个杂种这回把你送卡⁼里去。[kɤ²⁴tsa³¹tʂoŋ⁵⁵tʂɤ²⁴xuei³¹pa⁵⁵ni⁵⁵soŋ²⁴tɕʰia⁵⁵ni⁰kʰɤ²⁴] 卡⁼里：监狱里

他就搞县里去哒咧找他的那个结拜兄弟啊，[tʰa⁴⁵tɕiəu²⁴kau⁵⁵ɕiɛn²⁴ni⁰kʰɤ²⁴ta⁰nie⁰tʂau⁵⁵tʰa⁴⁵ti⁰mɤ²⁴kɤ⁰tɕie³¹pai²⁴ɕioŋ⁴⁵ti²⁴a⁰]

他说是我来找你的。[tʰa⁴⁵ʂuo³¹ʂʅ²⁴uo⁵⁵nai³¹tʂau⁵⁵ni⁵⁵ti⁰]

他说："好，说这儿了，[tʰa⁴⁵ʂuo³¹：xau⁵⁵，ʂuo³¹tʂɤr⁰na⁰]

你找我做什儿啊，[ni⁵⁵tʂau⁵⁵uo⁵⁵tsəu²⁴ʂər²⁴a⁰]

望你头破血流的，[uaŋ²⁴ni⁵⁵tʰəu³¹pʰo²⁴ɕye³¹niəu³¹ti⁰]

大概又是你的媳妇子给你挖的吧。"[ta²⁴kai²⁴iəu²⁴ʂʅ²⁴ni⁵⁵ti⁰ɕi³¹fu²⁴tsʅ⁰kɤ⁴⁵ni⁵⁵ua⁴⁵ti⁰pa⁰]

"啊，兄长，那不是的。"[a⁰，ɕioŋ⁴⁵tʂaŋ⁵⁵，na²⁴pu³¹ʂʅ²⁴ti⁰]

他又想起来就面子，[tʰa⁴⁵iəu²⁴ɕiaŋ⁵⁵tɕʰi⁵⁵nai³¹tɕiəu²⁴miɛn²⁴tsʅ⁰]

他说那不是我媳妇子挖的，[tʰa⁴⁵ʂuo³¹na²⁴pu³¹ʂʅ²⁴uo⁵⁵ɕi³¹fu²⁴tsʅ⁰ua⁴⁵ti⁰]

他说怎么搞得啊。[tʰa⁴⁵ʂuo³¹tsən⁵⁵mo⁰kau⁵⁵tɤ⁰a⁰]

"昨天晚上乘凉，[tsuo³¹tʰiɛn⁴⁵uan⁵⁵ʂaŋ⁰ʂən³¹niaŋ³¹]

在外头啊个杂子我坐那个葡萄树底下，[tsai²⁴uai²⁴tʰəu³¹a⁰kɤ²⁴tsa³¹tsʅ⁰uo⁵⁵tsuo²⁴mɤ²⁴kɤ²⁴pʰu³¹tʰau⁴⁵ʂu²⁴ti⁵⁵xa⁰]

个杂伙儿我坐那儿栽着哒咧，[kɤ²⁴tsa³¹xuor⁰uo⁵⁵tsuo²⁴nar⁰tsai⁴⁵tʂuo⁰ta⁰nie⁰] 栽：摔

一会儿刮风了把葡萄架刮倒哒，[i³¹xuər⁰kua³¹foŋ⁴⁵na⁰pa⁵⁵pʰu³¹tʰau⁴⁵tɕia²⁴kua³¹tau⁰ta⁰]

个儿一倒的下去，[kɤr²⁴i³¹tau⁰ti⁰ɕia²⁴kʰɤ²⁴] 个儿：语助词

顺我脸上一垮的下去了，[ʂuən²⁴uo⁵⁵niɛn⁵⁵ʂaŋ²⁴i³¹kʰua⁵⁵ti⁰ɕia²⁴kʰɤ²⁴na⁰]

最后搞伤了么。"[tsuei²⁴xəu²⁴kau⁵⁵ʂaŋ⁴⁵mɤ⁰mo⁰]

他说："我扯哟，[tʰa⁴⁵ʂuo³¹：uo⁵⁵tʂʰɤ⁵⁵yo⁰]

我怕你那不是葡萄架垮的哦，[uo⁵⁵pʰa²⁴ni⁵⁵na²⁴pu³¹ʂʅ²⁴pʰu³¹tʰau⁴⁵tɕia²⁴kʰua⁵⁵ti⁰əu⁰]

我怕是你媳妇子挖的哦。"[uo⁵⁵pʰa²⁴ʂʅ²⁴ni⁵⁵ɕi³¹fu²⁴tsʅ⁰ua⁴⁵ti⁰əu⁰]

好，恁门一说咧，[xau⁵⁵，nən²⁴mən⁰i³¹ʂuo³¹nie⁰] 恁门：这样

那个县长的媳妇子在屋里几喳：[mɤ²⁴kɤ⁰ɕiɛn²⁴tʂaŋ⁵⁵ti⁰ɕi³¹fu²⁴tsʅ⁰tsai²⁴u³¹ni⁰tɕi⁴⁵tʂa²⁴] 几喳：骂骂咧咧

"说的你妈的什么屁啊，[ʂuo³¹ti⁰ni⁵⁵ma⁴⁵ti⁰ʂən⁵⁵mo⁰pi⁴⁵a⁰]

别人说是他妈的葡萄架，[pie³¹zən³¹ʂuo³¹ʂʅ²⁴tʰa⁴⁵ma⁴⁵ti⁰pʰu³¹tʰau⁴⁵tɕia²⁴]

你要说是他媳妇子挖的啊，[ni⁵⁵ iau⁴⁵ ʂuo³¹ ʂʅ²⁴ tʰa⁴⁵ ɕi³¹ fu²⁴ tsʅ⁰ ua⁴⁵ ti⁰ a⁰]

喳你妈的什么啊，在这儿扯啊扯的。"[tʂa²⁴ ni⁵⁵ ma⁴⁵ ti⁰ ʂən⁵⁵ mo⁰ a⁰，tsai²⁴ tʂɤr⁰ tʂʰɤ⁵⁵ a⁰ tʂʰɤ⁵⁵ ti⁰]

好，喳的什么啊。[xau⁵⁵，tʂa²⁴ ti⁰ ʂən⁵⁵ mo⁰ a⁰]

好，她把县长通了一顿，[xau⁵⁵，tʰa⁴⁵ pa⁵⁵ ɕiɛn²⁴ tʂaŋ⁵⁵ tʰoŋ⁴⁵ mɤ⁰ i³¹ tən²⁴] 通：骂

通一顿，那个县长就说，他说：[tʰoŋ⁴⁵ i³¹ tən²⁴，na²⁴ kɤ²⁴ ɕiɛn²⁴ tʂaŋ⁵⁵ tɕiəu²⁴ ʂuo³¹，tʰa⁴⁵ ʂuo³¹]

"好啊，兄弟你个儿走啊，[xau⁵⁵ a⁰，ɕioŋ⁴⁵ ti²⁴ ni⁵⁵ kɤr²⁴ tsəu⁵⁵ a⁰]

不是我的葡萄架也要塌了。"[pu³¹ ʂʅ²⁴ uo⁵⁵ ti⁰ pʰu³¹ tʰau⁴⁵ tɕia²⁴ ie⁵⁵ iau⁴⁵ tʰa³¹ niau⁰]

意译：这会儿讲一个故事，故事的名字，叫《我的葡萄架塌了》。讲的是两弟兄，他们不是亲生两弟兄，是结拜的两弟兄。他们两个中举去，过去考学中举。好，一个中举了就当个县官，那个没中举的就流落在其他地方到处晃悠。后来他还是娶到了媳妇，也还是有个家，但是他怕媳妇，他媳妇说东他不敢说西。

那天他在屋里做错事了，他媳妇给他一顿打，把他脸上刨个头破血流。他那会想到，平常我怕丢人啦，今天我不怕丢人了，找我的兄长去，我兄长当县官，这回把你送狱里去。

他就到县里去找他的那个结拜兄弟，他说是我来找你的。他说："好，说这儿了，你找我做什么事啊，看你头破血流的，大概又是你的媳妇给你挠的吧。""啊，兄长，那不是的。"他想起来又要面子，他说那不是我媳妇挠的，他说怎么弄得啊。"昨天晚上乘凉，在外面我坐在那个葡萄树底下，我坐那儿绊倒了，一会儿刮风了把葡萄架刮塌了，一倒下去，倒在我脸上了，最后搞伤了。"他说："我不信啊，我怕你那不是葡萄架弄的吧，我怕是你媳妇挠的吧。"

好，这样一说，那个县长的媳妇在屋里骂骂咧咧："他妈的，别人说的是葡萄架，你要说是他媳妇挠的啊，你他妈在胡说八道什么，在这儿东扯西扯。"好，她把县长骂了一顿，骂一顿，那个县长就说，他说："好啊，兄弟你快走啊，不然我的葡萄架也要塌了。"

0024 其他故事

那这会儿说起来啊，讲个古哎，[na²⁴ tʂɤ²⁴ xuər⁰ ʂuo³¹ tɕʰi⁵⁵ nai³¹ a⁰，tɕiaŋ⁵⁵ kɤ²⁴ ku⁵⁵ ai⁰]

讲个故事呢，[tɕiaŋ⁵⁵ kɤ²⁴ ku²⁴ ʂʅ²⁴ ni⁰]

这个名字叫《老娘不吃萝卜菜》。[tʂɤ²⁴ kɤ²⁴ min³¹ tsʅ²⁴ tɕiau²⁴ nau⁵⁵ niaŋ³¹ pu³¹ tʂʰʅ³¹ nuo³¹ po⁰ tsʰai²⁴]

他这个一个讲的是咧，[tʰa⁴⁵ tsɤ²⁴ kɤ²⁴ i³¹ kɤ²⁴ tɕiaŋ⁵⁵ ti⁰ ʂʅ²⁴ nie⁰]
一个秀才，一个和尚，[i³¹ kɤ⁰ ɕiəu²⁴ tsʰai³¹，i³¹ kɤ⁰ xuo³¹ ʂaŋ⁰]
他们两个出门游玩呐，[tʰa⁴⁵ mən⁰ niaŋ⁵⁵ kɤ²⁴ tʂʰu³¹ mən³¹ iəu³¹ uan³¹ na⁰]
东逛西逛地在街上啊，[toŋ⁴⁵ kuaŋ²⁴ ɕi⁴⁵ kuaŋ²⁴ ti⁰ tsai²⁴ kai⁴⁵ ʂaŋ²⁴ a⁰]
满街地转，[man³¹ kai⁴⁵ ti⁰ tʂuan²⁴]
转到那个小河的桥上呢。[tʂuan²⁴ tau²⁴ nɤ²⁴ kɤ⁰ ɕiau⁵⁵ xuo³¹ ti⁰ tɕʰiau³¹ ʂaŋ⁰ ni⁰]
他们在那儿站在那儿玩呢，[tʰa⁴⁵ mən⁰ tsai²⁴ nar⁰ tʂan²⁴ tsai²⁴ nar⁰ uan³¹ ni⁰]
玩哒在那儿片⁼会儿，[uan³¹ ta⁰ tsai²⁴ nar⁰ pʰiɛn²⁴ xuər⁰] 片⁼：停
在片⁼抛的时候呢，[tsai²⁴ pʰiɛn²⁴ pʰau⁴⁵ ti⁰ ʂʅ³¹ xəu²⁴ ni⁰] 片⁼抛：休息
望到河下啊一个妇女。[uaŋ²⁴ tau²⁴ xuo³¹ ɕia²⁴ a⁰ i³¹ kɤ²⁴ fu²⁴ ny⁵⁵]
她在那儿洗菜，在洗菜呢，[tʰa⁴⁵ tsai²⁴ nar⁰ ɕi⁵⁵ tsʰai²⁴，tsai²⁴ ɕi⁵⁵ tsʰai²⁴ ni⁰]
他们两个人呢，[tʰa⁴⁵ mən⁰ niaŋ⁵⁵ kɤ²⁴ zən³¹ ni⁰]
就想调戏这个妇女。[tɕiəu²⁴ ɕiaŋ⁵⁵ tʰiau³¹ ɕi²⁴ tsɤ²⁴ kɤ²⁴ fu²⁴ ny⁵⁵]
他说是哎，我们说两句哟。[tʰa⁴⁵ ʂuo³¹ ʂʅ²⁴ ai，uo⁵⁵ mən⁰ ʂuo³¹ niaŋ⁵⁵ tɕy²⁴ ʂa⁰]
那个和尚说的，[na²⁴ kɤ⁰ xuo³¹ ʂaŋ⁰ ʂuo³¹ ti⁰]
他说你是个秀才啊，[tʰa⁴⁵ ʂuo³¹ ni⁵⁵ ʂʅ²⁴ kɤ²⁴ ɕiəu²⁴ tsʰai³¹ a⁰]
我们两个人来说两句调戏一下那个女的，[uo⁵⁵ mən⁰ niaŋ⁵⁵ kɤ²⁴ zən³¹ nai³¹ ʂuo³¹ niaŋ⁵⁵ tɕy²⁴ tʰiau³¹ ɕi²⁴ i³¹ xa⁰ na²⁴ kɤ⁰ ny⁵⁵ ti⁰]
看她有没有反应啊。[kʰan²⁴ tʰa⁴⁵ iəu⁵⁵ mei³¹ iəu⁵⁵ fan⁵⁵ in²⁴ a⁰]
他说那这调戏下说个什儿啊，[tʰa⁴⁵ ʂuo³¹ na²⁴ tsɤ²⁴ tʰiau³¹ ɕi²⁴ xa⁰ ʂuo³¹ kɤ²⁴ ʂər⁰ a⁰]
他说那你说会儿看呐。[tʰa⁴⁵ ʂuo³¹ na²⁴ ni⁵⁵ ʂuo³¹ xuər⁰ kʰan²⁴ na⁰]
他说我想啊个杂又没得什儿好说的，[tʰa⁴⁵ ʂuo³¹ uo⁵⁵ ɕiaŋ⁵⁵ a⁰ kɤ²⁴ tsa³¹ iəu²⁴ mei³¹ tɤ⁰ ʂər⁰ xau⁵⁵ ʂuo³¹ ti⁰]
他说我又是个僧人，[tʰa⁴⁵ ʂuo³¹ uo⁵⁵ iəu²⁴ ʂʅ²⁴ kɤ²⁴ sən⁴⁵ zən³¹]
个杂子的调戏别人又不像，[kɤ²⁴ tsa³¹ tsʅ⁰ ti⁰ tʰiau³¹ ɕi²⁴ pie³¹ zən³¹ iəu²⁴ pu³¹ tɕʰiaŋ²⁴]
他说那你说调戏不像，[tʰa⁴⁵ ʂuo³¹ na²⁴ ni⁵⁵ ʂuo³¹ tʰiau³¹ ɕi²⁴ pu³¹ tɕʰiaŋ²⁴]
那我又是个秀才，[na²⁴ uo⁵⁵ iəu²⁴ ʂʅ²⁴ kɤ²⁴ ɕiəu²⁴ tsʰai³¹]
我又是个文人，[uo⁵⁵ iəu²⁴ ʂʅ²⁴ kɤ²⁴ uən³¹ zən³¹]
我来调戏民间妇女啊就像也不像。[uo⁵⁵ nai³¹ tʰiau³¹ ɕi²⁴ min³¹ tɕiɛn⁴⁵ fu²⁴ ny⁵⁵ a⁰ tɕiəu²⁴ tɕʰiaŋ²⁴ ie⁵⁵ pu³¹ tɕʰiaŋ²⁴]
他说那我们两个说巧妙点哟，[tʰa⁴⁵ ʂuo³¹ na²⁴ uo⁵⁵ mən⁰ niaŋ⁵⁵ kuo²⁴ ʂuo³¹ tɕʰiau⁵⁵ miau²⁴ tiɛn⁵⁵ ʂa⁰]
我们不能说明打明地说，[uo⁵⁵ mən⁰ pu³¹ nən³¹ ʂuo³¹ min³¹ ta⁰ min³¹ ti⁰ ʂuo³¹]

要说得呢语言上呢要美一点儿，[iau⁴⁵ ʂuo³¹ ti⁰ ni⁰ y⁵⁵ iɛn³¹ ʂaŋ⁰ ni⁰ iau⁴⁵ mei⁵⁵ i³¹ tiər⁰]

不要说得呢那么太鲁莽哒。[pu³¹ iau⁴⁵ ʂuo³¹ tɤ⁰ ni⁰ na²⁴ mo⁰ tʰai²⁴ nu⁵⁵ maŋ⁵⁵ ta⁰]

好，那个秀才就说那可以啘，[xau⁵⁵, na²⁴ kɤ⁰ ɕiəu²⁴ tsʰai³¹ tɕiəu²⁴ ʂuo³¹ na²⁴ kʰuo⁵⁵ i⁵⁵ ʂa⁰]

他说要那么说呢，[tʰa⁴⁵ ʂuo³¹ iau⁴⁵ na²⁴ mo⁰ ʂuo³¹ ni⁰]

他说那你是个僧人，[tʰa⁴⁵ ʂuo³¹ na²⁴ ni⁵⁵ ʂʅ²⁴ kɤ⁰ tsən⁴⁵ zən³¹]

就依着你都依着你这个"僧"字说，[tɕiəu²⁴ i⁴⁵ tau⁰ ni⁰ təu⁴⁵ i⁴⁵ tau⁰ ni⁵⁵ tʂɤ²⁴ kuo²⁴ tsən⁴⁵ tsʅ²⁴ ʂuo³¹]

这行不行呢？[tʂɤ²⁴ ɕin⁴⁵ pu⁰ ɕin⁴⁵ ni⁰]

他说那行呐，他说那我都，[tʰa⁴⁵ ʂuo³¹ na²⁴ ɕin⁴⁵ na⁰, tʰa⁴⁵ ʂuo³¹ na²⁴ uo⁵⁵ təu⁴⁵]

我说哒看像不像，我都说一遍。[uo⁵⁵ ʂuo³¹ ta⁰ kʰan²⁴ tɕʰiaŋ²⁴ pu⁰ tɕʰiaŋ²⁴, uo⁵⁵ təu⁴⁵ ʂuo³¹ i³¹ piɛn²⁴]

好，他就说那你说呗，[xau⁵⁵, tʰa⁴⁵ tɕiəu²⁴ ʂuo³¹ na²⁴ ni⁵⁵ ʂuo³¹ pei⁰]

他说，这个有土啊也是增啊，[tʰa⁴⁵ ʂuo³¹, tʂɤ²⁴ kɤ⁰ iəu⁵⁵ tʰu⁵⁵ a⁰ ie⁵⁵ ʂʅ²⁴ tsən⁴⁵ a⁰]

无土呢也是曾，去掉增边土啊，[u³¹ tʰu⁵⁵ ni⁰ ie⁵⁵ ʂʅ²⁴ tsən⁴⁵, tɕʰy²⁴ tiau²⁴ tsən⁴⁵ piɛn⁴⁵ tʰu⁵⁵ a⁰]

添人呢还是僧，[tʰiɛn⁴⁵ zən³¹ ni⁰ xuan³¹ ʂʅ²⁴ tsən⁴⁵]

那就是我的僧人就是这个僧哒，[na²⁴ tɕiəu²⁴ ʂʅ²⁴ uo⁵⁵ ti⁰ tsən⁴⁵ zən³¹ tɕiəu²⁴ ʂʅ²⁴ tʂɤ²⁴ kɤ⁰ tsən⁴⁵ ta⁰]

他说我的日程下好过，[tʰa⁴⁵ ʂuo³¹ uo⁵⁵ ti⁰ ɚ³¹ tʂʰən³¹ xa⁰ xau⁵⁵ kuo²⁴]

我就是不吃萝卜菜。[uo⁵⁵ tɕiəu²⁴ ʂʅ²⁴ pu³¹ tʂʰʅ²⁴ nuo⁰ po⁰ tsʰai²⁴]

个杂子这一说呢底下那个河下洗菜的妇女就听心里去哒。[kɤ²⁴ tsa³¹ tsʅ⁰ tʂɤ²⁴ i³¹ ʂuo³¹ ni⁰ ti⁵⁵ xa⁰ na²⁴ kɤ²⁴ xuo³¹ ɕia²⁴ ɕi⁵⁵ tsʰai²⁴ ti⁰ fu²⁴ ny⁵⁵ tɕiəu²⁴ tʰin⁴⁵ ɕin⁴⁵ ni⁰ kʰɤ²⁴ ta⁰]

这一下说结束哒咧，[tʂɤ²⁴ i³¹ xa⁰ ʂuo³¹ tɕie³¹ su³¹ ta⁰ nie⁰]

他说那你是个秀才呐，[tʰa⁴⁵ ʂuo³¹ na²⁴ ni⁵⁵ ʂʅ²⁴ kuo²⁴ ɕiəu²⁴ tsʰai³¹ na⁰]

那你说个我听会儿看呐。[na²⁴ ni⁵⁵ ʂuo³¹ kuo²⁴ uo⁵⁵ tʰin⁴⁵ xuər⁰ kʰan²⁴ na⁰]

他说那我这个秀才依"秀"也不好说，[tʰa⁴⁵ ʂuo³¹ na²⁴ uo⁵⁵ tʂɤ²⁴ kɤ⁰ ɕiəu²⁴ tsʰai³¹ i⁴⁵ ɕiəu²⁴ ie⁵⁵ pu³¹ xau⁵⁵ ʂuo³¹]

依"才"也不好说，他说我依这个，[i⁴⁵ tsʰai³¹ ie⁵⁵ pu³¹ xau⁵⁵ ʂuo³¹, tʰa⁴⁵ ʂuo³¹ uo⁵⁵ i⁴⁵ tʂɤ²⁴ kɤ²⁴]

我们俩站在桥上，[uo⁵⁵ mən⁰ nian³¹ tʂan²⁴ tsai²⁴ tɕʰiau³¹ ʂaŋ⁰]

依这个"桥"说行不行呢？[i⁴⁵ tʂɤ²⁴ kɤ²⁴ tɕʰiau³¹ ʂuo³¹ ɕin⁴⁵ pu⁰ ɕin⁴⁵ ni⁰]

他说，那个和尚说那行呐，[tʰa⁴⁵ ʂuo³¹，na²⁴ kɤ²⁴ xuo³¹ ʂaŋ⁰ ʂuo³¹ na²⁴ ɕin⁴⁵ na⁰]

你就依这个桥说。[ni⁵⁵ tɕiəu²⁴ i⁴⁵ tʂɤ²⁴ kɤ⁰ tɕʰiau³¹ ʂuo³¹]

他说，有木也是桥，无木也是乔，[tʰa⁴⁵ ʂuo³¹，iəu⁵⁵ mu³¹ ie⁵⁵ ʂʅ²⁴ tɕʰiau³¹，u³¹ mu³¹ ie⁵⁵ ʂʅ²⁴ tɕʰiau³¹]

他说这个去掉桥边木啊，[tʰa⁴⁵ ʂuo³¹ tʂɤ²⁴ kɤ²⁴ tɕʰy²⁴ tiau²⁴ tɕʰiau³¹ piɛn⁴⁵ mu³¹ a⁰]

添女变为娇，[tʰiɛn⁴⁵ ny⁵⁵ piɛn²⁴ uei³¹ tɕiau⁴⁵]

他说我日程也下好过，[tʰa⁴⁵ ʂuo³¹ uo⁰ ɚ³¹ tʂʰən³¹ ie⁵⁵ xa⁰ xau⁵⁵ kuo²⁴] 日程：日子

我就是不吃萝卜菜，[uo⁵⁵ tɕiəu²⁴ ʂʅ²⁴ pu³¹ tʂʰʅ³¹ nuo³¹ po⁰ tsʰai²⁴]

好歹是带这一句。[xau⁵⁵ tai⁰ ʂʅ²⁴ tai²⁴ tʂɤ²⁴ i³¹ tɕy²⁴]

你看，说哒咧，[ni⁵⁵ kʰan²⁴，ʂuo³¹ ta⁰ nie⁰]

个杂子那个女的听到哒，[kɤ²⁴ tsa³¹ tsʅ⁰ na²⁴ kɤ⁰ ny⁵⁵ ti⁰ tʰin⁴⁵ tau²⁴ ta⁰]

听到哒一想啊，[tʰin⁴⁵ tau²⁴ ta⁰ i³¹ ɕiaŋ⁵⁵ a⁰]

个杂他们这在调戏我。[kɤ²⁴ tsa³¹ tʰa⁴⁵ mən⁰ tʂɤ²⁴ tsai²⁴ tʰiau³¹ ɕi²⁴ uo⁵⁵]

好，她就把菜朝那儿一甩啊，[xau⁵⁵，tʰa⁴⁵ tɕiəu²⁴ pa⁵⁵ tsʰai²⁴ tʂʰau⁴⁵ nar⁰ i³¹ ʂuai²⁴ a⁰]

一站的起来啊，[i³¹ tʂan²⁴ ti⁰ tɕʰi⁵⁵ nai³¹ a⁰]

她说，这个有女也是娇，[tʰa⁴⁵ ʂuo³¹，tʂɤ²⁴ kɤ⁰ iəu⁵⁵ ny⁵⁵ ie⁵⁵ ʂʅ²⁴ tɕiau⁴⁵]

无女也是乔，[u³¹ ny⁵⁵ ie⁵⁵ ʂʅ²⁴ tɕʰiau³¹]

她说我一胎生两子啊，[tʰa⁴⁵ ʂuo³¹ uo⁵⁵ i³¹ tʰai⁴⁵ sən⁴⁵ niaŋ⁵⁵ tsʅ⁵⁵ a⁰]

一个是和尚，二个是秀才，[i³¹ kuo²⁴ ʂʅ²⁴ xuo³¹ ʂaŋ⁰，ɚ²⁴ kuo²⁴ ʂʅ²⁴ ɕiəu²⁴ tsʰai³¹]

那你莫说日程也还好过啊，[na²⁴ ni⁵⁵ mo³¹ ʂuo³¹ ɚ³¹ tʂʰən³¹ ie⁵⁵ xai⁰ xau⁵⁵ kuo²⁴ a⁰]

老娘就是不吃萝卜菜。[nau⁵⁵ niaŋ³¹ tɕiəu²⁴ ʂʅ²⁴ pu³¹ tʂʰʅ³¹ nuo³¹ po⁰ tsʰai²⁴]

意译：这会儿讲个故事，这个名字叫《老娘不吃萝卜菜》。

讲的是一个秀才，一个和尚，他们两个出门游玩，东逛西逛地在街上，满街地转，转到那个小河的桥上。他们站在那儿玩，玩了在那儿歇一会儿，在歇的时候呢，看到河下有一个妇女，她在那儿洗菜。他们两个人，就想调戏这个妇女。

他说我们说两句吧。那个和尚说，他说你是个秀才啊，我们两个人来说两句调戏一下那个女的，看她有没有反应啊。他说那这调戏说个什么呢，他说那你说一下看看。他说我想又没有什么好说的，他说我又是个僧人，调戏别人又不好，他说那你说调戏不好，那我又是个秀才，我又是个文人，我来调戏民间妇女也不好。

他说那我们两个说巧妙点，我们不能明着说，要说得语言上要优美一点儿，不要说得那么太粗鲁。那个秀才就说那可以，他说要那么说，他说那你是个僧

人，就依着你这个"僧"字说行不行呢？他说那行，我就说说看行不行，我都说一遍。好，他就说那你说呗，他说：这个有土啊也是增，无土呢也是曾，去掉增边土啊，添人呢还是僧，那就是我的僧人的僧了，他说我的日子都好过，我就是不吃萝卜菜。

这一说，河下面洗菜的妇女就听心里去了。这一会儿说结束了，他说那你是个秀才啊，那你说个我听听看。他说那这个"秀才"依"秀"也不好说，依"才"也不好说，他说我依这个，我们俩站在桥上，依这个"桥"说行不行呢？那个和尚说那行，你就依这个"桥"说。他说：有木也是桥，无木也是乔，他说这个去掉桥边木啊，添女变为娇，他说我日子也好过，我就是不吃萝卜菜，好歹是带这一句。你看，他们说了，被那个女的听到了，听到了心想他们这在调戏我。好，她就把菜朝边上一甩，就站起来，她说：这个有女也是娇，无女也是乔，她说我一胎生两子啊，一个是和尚，二个是秀才，那你莫说日子也还好过啊，老娘就是不吃萝卜菜。

0025 其他故事

这个故事讲得呢是个民间的故事呢，[tʂɤ²⁴kɤ⁰ku²⁴sʅ²⁴tɕiaŋ⁵⁵tɤ⁰ni⁰sʅ²⁴kɤ²⁴min³¹tɕiɛn⁴⁵ti⁰ku²⁴sʅ²⁴nɤ⁰]

名字叫《你把姜口袋给我拿来》。[min³¹tsʅ²⁴tɕiau²⁴ni⁵⁵pa⁵⁵tɕiaŋ⁴⁵kʰəu⁵⁵tai²⁴kɤ⁴⁵uo⁵⁵na³¹nai³¹]

这是讲的民间有过去啊一个夫妇俩啊，[tʂɤ²⁴sʅ²⁴tɕiaŋ⁵⁵ti⁰min³¹tɕiɛn⁴⁵iəu⁵⁵kuo²⁴tɕʰy²⁴a⁰i³¹kɤ²⁴fu⁴⁵fu²⁴nia⁵⁵a⁰]

在屋里年轻把轻儿的也没得小孩子，[tsai²⁴u³¹ni⁰niɛn³¹tɕʰin⁴⁵pa⁵⁵tɕʰiər²⁴ti⁰ie⁵⁵mei³¹tɤ⁰ɕiau⁵⁵xai³¹tsʅ⁰]

家里呢日程呢也不算蛮好过。[tɕia⁴⁵ni⁰ni⁰ə³¹tʂʰən³¹ni⁰ie⁵⁵pu³¹suan²⁴man³¹xau⁵⁵kuo²⁴] 日程：日子

他个男人呢就去商量女人，[tʰa⁴⁵kɤ²⁴nan³¹zən³¹ni⁰tɕiəu²⁴kʰɤ²⁴ʂaŋ⁴⁵niaŋ²⁴ny⁵⁵zən³¹] 个：语助词

他说我们这要出门挣点儿钱做点儿生意，[tʰa⁴⁵ʂuo³¹uo⁵⁵mən⁰tʂɤ²⁴iau⁴⁵tʂʰu³¹mən³¹tsən²⁴tiər⁵⁵tɕʰiɛn³¹tsəu²⁴tiər⁵⁵sən⁴⁵i²⁴]

农不奸商不富啊，[noŋ³¹pu³¹tɕiɛn⁴⁵ʂaŋ⁴⁵pu³¹fu²⁴a⁰]

光搞农业还是不行，[kuaŋ⁴⁵kau⁵⁵noŋ³¹ie³¹xai³¹sʅ²⁴pu³¹ɕin³¹]

我们出门还是做点儿生意。[uo⁵⁵mən⁰tʂʰu³¹mən³¹xai³¹sʅ²⁴tsou²⁴tiər⁵⁵sən⁴⁵i²⁴]

她说那只要你挣得到钱呐，[tʰa⁴⁵ʂuo³¹na²⁴tʂʅ⁴⁵iau⁴⁵ni⁵⁵tsən²⁴tɤ⁰tau²⁴tɕʰiɛn³¹na⁰]

你个儿有门路啊你出去呗，[ni⁵⁵ kɤr²⁴ iəu⁵⁵ mən³¹ nu²⁴ a⁰ ni⁵⁵ tʂʰu³¹ kʰɤ²⁴ pei⁰]

她说行呗。[tʰa⁴⁵ ʂuo³¹ ɕin³¹ pei⁰]

他说那我出去哒咧，[tʰa⁴⁵ ʂuo³¹ na²⁴ uo⁵⁵ tʂʰu³¹ kʰɤ²⁴ ta⁰ nie⁰]

不挣到一批钱我不回家。[pu³¹ tsən²⁴ tau²⁴ i³¹ pʰi⁰ tɕʰiɛn³¹ uo⁵⁵ pu³¹ xuei³¹ tɕia⁴⁵]

他说但是最终我们两口子要说下承诺的话咧，[tʰa⁴⁵ ʂuo³¹ tan²⁴ ʂʅ²⁴ tsuei²⁴ tʂoŋ⁴⁵ uo⁵⁵ mən⁰ niaŋ⁵⁵ kʰəu⁵⁵ tsʅ⁰ iau⁴⁵ ʂuo³¹ ɕia²⁴ tʂʰən³¹ nuo³¹ ti⁰ xua²⁴ nie⁰]

你不能在屋里咧乱搞叮当的，[ni⁵⁵ pu³¹ nən³¹ tsai²⁴ u³¹ ni⁰ nie⁰ nan²⁴ kau⁵⁵ tin⁴⁵ taŋ⁴⁵ ti⁰]

哎，你要对我做个承诺。[ai⁰，ni⁵⁵ iau⁴⁵ tei²⁴ uo⁵⁵ tsuo²⁴ kɤ²⁴ tʂʰən³¹ nuo³¹]

她说那我负责哒，[tʰa⁴⁵ ʂuo³¹ na²⁴ uo⁵⁵ fu²⁴ tsɤ³¹ ta⁰]

守妇道，如此如彼。[ʂəu⁵⁵ fu²⁴ tau²⁴，zu³¹ tsʰʅ⁵⁵ zu³¹ pi⁵⁵]

她说我不这呀那的。[tʰa⁴⁵ ʂuo³¹ uo⁵⁵ pu³¹ tʂɤ²⁴ ia⁰ na²⁴ ti⁰]

好，女人呢，[xau⁵⁵，ny⁵⁵ zən³¹ ni⁰]

男人呢就欢起⁼的不得了，[nan³¹ zən³¹ ni⁰ tɕiəu²⁴ xuan⁴⁵ tɕʰi⁵⁵ ti⁰ pu³¹ tɤ³¹ niau⁰] 欢起⁼：高兴

他说那我这都出门。[tʰa⁴⁵ ʂuo³¹ na²⁴ uo⁵⁵ tʂɤ²⁴ təu⁴⁵ tʂʰu³¹ mən³¹]

他出门去它妈的七八年，[tʰa⁴⁵ tʂʰu³¹ mən³¹ kʰɤ²⁴ tʰa⁴⁵ ma⁴⁵ ti⁰ tɕʰi³¹ pa³¹ niɛn³¹]

那确实挣了不少的钱，[na²⁴ tɕʰyo³¹ ʂʅ³¹ tsən²⁴ niau⁰ pu³¹ ʂau⁵⁵ ti⁰ tɕʰiɛn³¹]

挣哒请起背脚子啊，[tsən ta⁰ tɕʰin³¹ tɕʰi⁵⁵ pei²⁴ tɕyo³¹ tsʅ⁰ a⁰] 背脚子：脚夫

给那过去都是背脚子，[kɤ⁴⁵ na²⁴ kuo²⁴ tɕʰy²⁴ təu⁴⁵ ʂʅ²⁴ pei²⁴ tɕyo³¹ tsʅ⁰]

请起背脚子给他背呀搞啊，[tɕʰin³¹ tɕʰi⁵⁵ pei²⁴ tɕyo³¹ tsʅ⁰ kɤ⁴⁵ tʰa⁴⁵ pei²⁴ ia⁰ kau⁵⁵ a⁰]

要到屋哒走个县城的哒咧就扎下寨。[iau⁴⁵ tau²⁴ u³¹ ta⁰ tsəu⁵⁵ kɤ²⁴ ɕiɛn²⁴ tʂʰən³¹ ti⁰ ta⁰ nie⁰ tɕiəu²⁴ tʂa³¹ ɕia²⁴ tsai²⁴]

他就是把这个钱呐请的忙脚子啊就下在县城歇，[tʰa⁴⁵ tɕiəu²⁴ ʂʅ²⁴ pa⁵⁵ tʂɤ²⁴ kɤ⁰ tɕʰiɛn³¹ na⁰ tɕʰin³¹ ti⁰ maŋ³¹ tɕyo³¹ tsʅ⁰ a⁰ tɕiəu²⁴ xa²⁴ tsai²⁴ ɕiɛn²⁴ tʂʰən³¹ ɕie³¹] 忙脚子：脚夫。下：都

他说我这会儿要回去，[tʰa⁴⁵ ʂuo³¹ uo⁵⁵ tʂɤ²⁴ xuər²⁴ iau⁴⁵ xuei³¹ kʰɤ²⁴]

自己回去一趟。[tsʅ²⁴ tɕi⁵⁵ xuei³¹ kʰɤ²⁴ i³¹ tʰaŋ²⁴]

他就捆了几坨姜，生姜，[tʰa⁴⁵ tɕiəu²⁴ kʰuan⁵⁵ na⁰ tɕi⁵⁵ tʰuo³¹ tɕiaŋ⁴⁵，sən⁴⁵ tɕiaŋ⁴⁵]

杂种子的就穿旧衣服啊破烂衣服，[tsa³¹ tʂoŋ⁵⁵ tsʅ⁰ ti⁰ tɕiəu²⁴ tʂʰuan⁴⁵ tɕiəu²⁴ i⁴⁵ fu⁰ a⁰ pʰo²⁴ nan²⁴ i⁴⁵ fu⁰]

杂种子的恁门款⁼起回去。[tsa³¹ tʂoŋ⁵⁵ tsʅ⁰ ti⁰ nən²⁴ mən⁰ kʰuan⁵⁵ tɕʰi⁵⁵ xuei³¹ kʰɤ²⁴] 款⁼：动词，带、背

回去他女人个儿出门了七八年呗，[xuei³¹ kʰɤ²⁴ tʰa⁴⁵ ny⁵⁵ zən³¹ kɤr²⁴ tʂʰu³¹ mən³¹ na⁰ tɕʰi³¹ pa³¹ niɛn³¹ pei⁰〕

长的还是变点儿像呐,〔tʂaŋ⁵⁵ ti⁰ xai³¹ ʂʅ²⁴ piɛn²⁴ tiər⁵⁵ ɕiaŋ²⁴ na⁰〕

再加上又装的恁门穷啊,〔tsai²⁴ tɕia⁴⁵ ʂaŋ²⁴ iəu²⁴ tʂuaŋ⁴⁵ ti⁰ nən²⁴ mən⁰ tɕʰioŋ³¹ a⁰〕

轰⁼屋里来要在这儿借歇,〔xoŋ⁵⁵ u³¹ ni³¹ nai³¹ iau⁴⁵ tsai²⁴ tʂɤr²⁴ tɕie²⁴ ɕie³¹〕 轰⁼屋:进屋

他的女人就不搞,〔tʰa⁴⁵ ti⁰ ny⁵⁵ zən³¹ tɕiəu²⁴ pu³¹ kau⁵⁵〕

她说是你是哪儿的,〔tʰa⁴⁵ ʂuo³¹ ʂʅ²⁴ ni⁵⁵ ʂʅ²⁴ nar⁵⁵ ti⁰〕

他说我是哪儿哪儿的,〔tʰa⁴⁵ ʂuo³¹ uo⁵⁵ ʂʅ²⁴ nar⁵⁵ nar⁵⁵ ti⁰〕

我做生意的,卖姜的。〔uo⁵⁵ tsəu²⁴ sən⁴⁵ i²⁴ ti⁰, mai²⁴ tɕiaŋ⁴⁵ ti⁰〕

她说那我们这里不歇客。〔tʰa⁴⁵ ʂuo³¹ na²⁴ uo⁵⁵ mən⁰ tʂɤ²⁴ ni⁰ pu³¹ ɕie³¹ kʰɤ³¹〕

她把好,她那天呢,〔tʰa⁴⁵ pa⁵⁵ xau⁵⁵, tʰa⁴⁵ na²⁴ tʰiɛn⁴⁵ ni⁰〕

她弄个情人在屋里,〔tʰa⁴⁵ noŋ²⁴ kɤ²⁴ tɕʰin⁵⁵ zən³¹ tsai²⁴ u³¹ ni⁰〕

妈的她又不歇客。〔ma⁴⁵ ti⁰ tʰa⁴⁵ iəu²⁴ pu³¹ ɕie³¹ kʰɤ³¹〕

不料那他说那这儿天呢黑哒,〔pu³¹ niau²⁴ na²⁴ tʰa⁴⁵ ʂuo³¹ na²⁴ tʂɤr⁴⁵ tʰiɛn⁴⁵ ni⁰ xɤ³¹ ta⁰〕

你们这里咧孤山野洼,〔ni⁵⁵ mən⁰ tʂɤ²⁴ ni⁰ nie⁰ ku⁴⁵ ʂan⁴⁵ ie⁵⁵ ua³¹〕

没得多远没得人家,〔mei³¹ tɤ⁰ tuo⁴⁵ yɛn⁵⁵ mei³¹ tɤ⁰ zən³¹ tɕia⁴⁵〕

我在你灶门上跩也好,〔uo⁵⁵ tsai²⁴ ni⁵⁵ tsau²⁴ mən³¹ ʂaŋ²⁴ tʂuai⁴⁵ ie⁵⁵ xau⁵⁵〕 跩:蹲

靠着你的墙坐也好,〔kʰau²⁴ tau⁰ ni⁵⁵ ti⁰ tɕʰiaŋ³¹ tsuo²⁴ ie⁵⁵ xau⁵⁵〕

我只要在这儿里。〔uo⁵⁵ tʂʅ⁴⁵ iau⁴⁵ tsai²⁴ tʂɤr²⁴ ni⁰〕

好,那谁这么说那灶门上有点点儿温度,〔xau⁵⁵, na²⁴ ʂuei³¹ tʂɤ²⁴ mo⁰ ʂuo³¹ na²⁴ tsau²⁴ mən³¹ ʂaŋ⁰ iəu⁵⁵ tiɛn⁵⁵ tiər⁰ uən⁴⁵ tu²⁴〕

那你就坐那个灶门上有个烂板凳,〔na²⁴ ni⁵⁵ tɕiəu²⁴ tsuo²⁴ na²⁴ kɤ⁰ tsau²⁴ mən³¹ ʂaŋ⁰ iəu⁵⁵ kɤ²⁴ nan²⁴ pan⁵⁵ tən²⁴〕

你就坐那歇儿,〔ni⁵⁵ tɕiəu²⁴ tsuo²⁴ na²⁴ ɕiər³¹〕

那你在那儿歇。〔na²⁴ ni⁵⁵ tsai²⁴ nar⁰ ɕie³¹〕

好,他们个儿两口子末了歇了睡了,〔xau⁵⁵, tʰa⁴⁵ mən⁰ kɤr²⁴ niaŋ⁵⁵ kʰəu⁵⁵ tsʅ⁰ mo³¹ niau⁰ ɕie³¹ na⁰ ʂuei²⁴ na⁰〕

个儿也没叫他洗啊,〔kɤr²⁴ ie⁵⁵ mei³¹ tɕiau²⁴ tʰa⁴⁵ ɕi⁵⁵ a⁰〕

也没给他吃啊,〔ie⁵⁵ mei³¹ kɤ⁴⁵ tʰa⁴⁵ tʂʰʅ³¹ a⁰〕

就坐那个灶门上,坐一夜。〔tɕiəu²⁴ tsuo²⁴ m̩²⁴ kɤ²⁴ tsau²⁴ mən³¹ ʂaŋ⁰, tsuo²⁴ i³¹ ie²⁴〕

第二天早晨咧,〔ti²⁴ ər²⁴ tʰiɛn⁴⁵ tsau⁵⁵ ʂən³¹ nie⁰〕

他说那老板娘我个儿钱个儿被盗,〔tʰa⁴⁵ ʂuo³¹ na²⁴ nau⁵⁵ pan⁵⁵ niaŋ⁰ uo⁵⁵ kɤr²⁴ tɕʰiɛn³¹ kɤr²⁴ pei²⁴ tau²⁴]

没得钱给您儿给，[mei³¹ tɤ⁰ tɕʰiɛn³¹ kɤ⁴⁵ nər³¹ kɤ⁴⁵]

昨儿在你这儿睡了一夜，[tsuor³¹ tsai²⁴ ni⁵⁵ tʂɤr²⁴ ʂuei²⁴ na⁰ i³¹ ie²⁴]

坐了一夜啊，[tsuo²⁴ na⁰ i³¹ ie²⁴ a⁰]

那我怕我这儿还要给你付两个钱没得钱。[na²⁴ uo⁵⁵ pʰa²⁴ uo⁵⁵ tʂɤr²⁴ xai³¹ iau⁴⁵ kɤ⁴⁵ ni⁵⁵ fu²⁴ niaŋ⁵⁵ kɤ²⁴ tɕʰiɛn³¹ mei³¹ tɤ⁰ tɕʰiɛn³¹]

她说你说的你说些不要脸的话，[tʰa⁴⁵ ʂuo³¹ ni⁵⁵ ʂuo³¹ ti⁰ ni⁵⁵ ʂuo³¹ ɕie⁴⁵ pu³¹ iau⁴⁵ niɛn⁵⁵ ti⁰ xua²⁴]

没得钱行啊。[mei³¹ tɤ⁰ tɕʰiɛn³¹ ɕin³¹ a⁰]

他说我把姜口袋搁你这儿，[tʰa⁴⁵ ʂuo³¹ uo⁵⁵ pa⁵⁵ tɕiaŋ⁴⁵ kʰəu⁵⁵ tai²⁴ kuo³¹ ni⁵⁵ tʂɤr²⁴]

我去找钱去，[uo⁵⁵ kʰɤ²⁴ tsau⁵⁵ tɕʰiɛn³¹ kʰɤ²⁴]

来给您儿结账的时候儿拿姜口袋行不行呢？[nai³¹ kɤ⁴⁵ nər³¹ tɕie³¹ tʂaŋ²⁴ ti⁰ ʂʅ³¹ xəur²⁴ na³¹ tɕiaŋ⁴⁵ kʰəu⁵⁵ tai²⁴ ɕin³¹ pu³¹ ɕin³¹ ni⁰]

她说那行。[tʰa⁴⁵ ʂuo³¹ na²⁴ ɕin³¹]

好，他到城关去哒，[xau⁵⁵, tʰa⁴⁵ tau²⁴ tʂʰən³¹ kuan⁴⁵ kʰɤ²⁴ ta⁰]

就把衣服一换呐，[tɕiəu²⁴ pa⁵⁵ i⁴⁵ fu⁰ i³¹ xuan²⁴ na⁰]

脚夫子请起啊，[tɕyo³¹ fu⁴⁵ tsʅ³¹ tɕʰin³¹ tɕʰi⁵⁵ a⁰]

把钱下盘到屋啊，[pa⁵⁵ tɕʰiɛn³¹ xa²⁴ pʰan³¹ tau²⁴ u³¹ a⁰]

个杂买的布匹啊，[kuo²⁴ tsa³¹ mai⁵⁵ ti⁰ pu²⁴ pʰi³¹ a⁰]

盘到屋哒咧，[pʰan³¹ tau²⁴ u³¹ ta⁰ nie⁰]

把别人下打发好哒。[pa⁵⁵ pie³¹ zən³¹ xa²⁴ ta⁵⁵ fa³¹ xau⁵⁵ ta⁰]

他们两个人挽哒呢，[tʰa⁴⁵ mən⁰ niaŋ⁵⁵ kɤ²⁴ zən³¹ uan⁵⁵ ta⁰ ni⁰]

他说夫妻伙里这出门七八年啦。[tʰa⁴⁵ ʂuo³¹ fu⁴⁵ tɕʰi⁴⁵ xuo⁵⁵ ni⁰ tʂɤr²⁴ tʂʰu³¹ mən³¹ tɕʰi³¹ pa³¹ niɛn³¹ na⁰] 夫妻伙里：两口子

他就说这么一句，[tʰa⁴⁵ tɕiəu²⁴ ʂuo³¹ tʂɤ²⁴ mo⁰ i³¹ tɕy²⁴]

我们这露面时候儿还是要欢乐点儿，[uo⁵⁵ mən⁰ tʂɤ²⁴ nu²⁴ miɛn²⁴ ʂʅ³¹ xəur²⁴ xai³¹ ʂʅ²⁴ iau⁴⁵ xuan⁴⁵ nuo³¹ tiər⁵⁵]

唱一板儿哟，[tʂʰaŋ²⁴ i³¹ pər⁵⁵ ʂa⁰]

他女人说我唱不好歌哟，[tʰa⁴⁵ ny⁵⁵ zən³¹ ʂuo³¹ uo⁵⁵ tʂʰaŋ²⁴ pu³¹ xau⁵⁵ kuo⁴⁵ ʂa⁰]

他说那采茶的你记得到哟，[tʰa⁴⁵ ʂuo³¹ na²⁴ tsʰai⁵⁵ tʂʰa³¹ ti⁰ ni⁵⁵ tɕi²⁴ tɤ⁰ tau²⁴ ʂa⁰]

她说那我记得到啊。[tʰa⁴⁵ ʂuo³¹ na²⁴ uo⁵⁵ tɕi²⁴ tɤ⁰ tau²⁴ a⁰]

他说那你就唱一板儿采茶的我听嘛，[tʰa⁴⁵ ʂuo³¹ na²⁴ ni⁵⁵ tɕiəu²⁴ tʂʰaŋ²⁴ i³¹ pər⁵⁵ tsʰai⁵⁵ tʂʰa³¹ ti⁰ uo⁵⁵ tʰin⁴⁵ ma⁰]

她说那我唱吧。[tʰa⁴⁵ ʂuo³¹ na²⁴ uo⁵⁵ tʂʰaŋ²⁴ pa⁰]

她说:"这个丈夫离开出门了七八年呐,[tʰa⁴⁵ ʂuo³¹: tʂɤ²⁴ kɤ⁰ tʂaŋ²⁴ fu⁴⁵ ni²⁴ kʰai⁴⁵ tʂʰu³¹ mən³¹ na⁰ tɕi³¹ pa³¹ niɛn³¹ na⁰]

那个奴家在家时候儿多挂念呐,[na²⁴ kɤ²⁴ nu³¹ tɕia⁴⁵ tsai²⁴ tɕia⁴⁵ ʂɻ³¹ xour²⁴ tuo⁴⁵ kua²⁴ niɛn²⁴ na⁰]

自打从你今儿你回家转哦喽,[tsɻ²⁴ ta⁵⁵ tsʰoŋ³¹ ni⁵⁵ tɕɤr⁴⁵ ni⁵⁵ xuei³¹ tɕia⁴⁵ tʂuan⁵⁵ əu⁰ nəu⁰]

我们红罗帐里还有团圆呐"。[uo⁵⁵ mən⁰ xoŋ³¹ nuo³¹ tʂaŋ²⁴ ni⁰ xai³¹ iəu⁵⁵ tʰan³¹ yɛn³¹ na⁰]

嘿,他说那唱得好,[xei⁰, tʰa⁴⁵ ʂuo³¹ na²⁴ tʂʰaŋ²⁴ tɤ⁰ xau⁵⁵]

她说那夫君呐,[tʰa⁴⁵ ʂuo³¹ na²⁴ fu⁴⁵ tɕyn⁴⁵ na⁰]

那你这会儿也要唱一板儿我听嗻,[na²⁴ ni⁵⁵ tʂɤ²⁴ xuər²⁴ ie⁵⁵ iau⁴⁵ tʂʰaŋ²⁴ i³¹ pər⁵⁵ uo⁵⁵ tʰin⁴⁵ nuo⁰]

唱板儿我听哒我们两个人好这个休息。[tʂʰaŋ²⁴ pər⁵⁵ uo⁵⁵ tʰin⁴⁵ ta⁰ uo⁵⁵ mən⁰ niaŋ⁵⁵ kɤ⁰ zən³¹ xau⁵⁵ tʂɤ²⁴ kɤ⁰ ɕiəu⁴⁵ ɕi³¹]

她的那个男人就说那我也唱,[tʰa⁴⁵ ti⁰ nɤ²⁴ kɤ²⁴ nan³¹ zən³¹ tɕiəu²⁴ ʂuo³¹ na²⁴ uo⁵⁵ ie⁵⁵ tʂʰaŋ²⁴]

那你还是要依着这个板儿唱么,[na²⁴ ni⁵⁵ xai³¹ ʂɻ³¹ iau⁴⁵ i⁴⁵ tau⁰ tʂɤ²⁴ kɤ⁰ pər⁵⁵ tʂʰaŋ²⁴ mo⁰]

她说依着这个板儿唱呗,[tʰa⁴⁵ ʂuo³¹ i⁴⁵ tau⁰ tʂɤ²⁴ kɤ²⁴ pər⁵⁵ tʂʰaŋ²⁴ pei⁰]

他说好,[tʰa⁴⁵ ʂuo³¹ xau⁵⁵]

"我今那个出门八年在呀,[uo⁵⁵ tɕin⁴⁵ na²⁴ kɤ²⁴ tʂʰu³¹ mən³¹ pa³¹ niɛn³¹ tsai²⁴ ia⁰]

自从你今儿才回来呀,[tsɻ²⁴ tsʰoŋ³¹ ni⁵⁵ tɕɤr⁴⁵ tsʰai³¹ xuei³¹ nai³¹ ia⁰]

昨晚打你回来灶门上跩呀,[tsuo³¹ uan⁵⁵ ta⁵⁵ ni⁵⁵ xuei³¹ nai³¹ tsau²⁴ mən³¹ ʂaŋ²⁴ tʂuai⁴⁵ ia⁰]

你今弄个哇张秀才呀"。[ni⁵⁵ tɕin⁴⁵ noŋ²⁴ kɤ²⁴ ua⁰ tʂaŋ⁴⁵ ɕiəu²⁴ tsʰai³¹ ia⁰]

好,恁门一唱呢,[xau⁵⁵, nən²⁴ mən⁰ i³¹ tʂʰaŋ²⁴ ni⁰]

他女人说是你说什子啊。[tʰa⁴⁵ ny⁵⁵ zən³¹ ʂuo³¹ ʂɻ²⁴ ni⁵⁵ ʂuo³¹ ʂən⁵⁵ tsɻ⁰ a⁰]

他说你昨儿晚上跟张秀才睡的,[tʰa⁴⁵ ʂuo³¹ ni⁵⁵ tsuor³¹ uan⁵⁵ ʂaŋ⁰ kən⁴⁵ tʂaŋ⁴⁵ ɕiəu²⁴ tsʰai³¹ ʂuei²⁴ ti⁰]

我在你灶门上跩的。[uo⁵⁵ tsai²⁴ ni⁵⁵ tsau²⁴ mən³¹ ʂaŋ²⁴ tʂuai⁴⁵ ti⁰]

她说放你妈的屁啊,[tʰa⁴⁵ ʂuo³¹ faŋ²⁴ ni⁵⁵ ma⁴⁵ ti⁰ pʰi²⁴ a⁰]

个杂子的我们呀守妇道的很,[kɤ²⁴ tsa³¹ tsɻ⁰ ti⁰ uo⁵⁵ mən⁰ ia⁰ ʂəu⁵⁵ fu²⁴ tau²⁴ ti⁰ xən⁵⁵]

我们三从四德那个门我没做到啊，[uo⁵⁵ mən⁰ san⁴⁵ tsʰoŋ³¹ sɿ²⁴ tɤ³¹ na²⁴ kɤ²⁴ mən⁰ uo⁵⁵ mei³¹ tsəu²⁴ tau²⁴ a⁰]

你说什么张秀才啊？[ni⁵⁵ ʂuo³¹ ʂən⁵⁵ mo⁰ tʂaŋ⁴⁵ ɕiəu²⁴ tsʰai³¹ a⁰]

他说，那，贤妻你不要起火，[tʰa⁴⁵ ʂuo³¹，na²⁴，ɕiɛn³¹ tɕʰi⁴⁵ ni⁵⁵ pu³¹ iau⁴⁵ tɕʰi⁵⁵ xuo⁵⁵]

你把姜口袋儿给我拿来。[ni⁵⁵ pa⁵⁵ tɕiaŋ⁴⁵ kʰəu⁵⁵ tər²⁴ kɤ⁴⁵ uo⁵⁵ na³¹ nai³¹]

意译：这个故事讲的是个民间的故事，名字叫《你把姜口袋给我拿来》。讲的是民间过去有一个夫妇俩，在屋里年纪轻轻的也没有小孩子，家里呢日子也不算好过。男人就去和女人商量，他说我们这要出门挣点儿钱做点儿生意，农不奸商不富啊，光搞农业还是不行，我们出门还是做点儿生意。她说只要你挣得到钱，你有门路你出去呗。他说那我出去啦，不挣到一批钱我不回家，但是最终我们两口子要说句承诺的话，你不能在屋里乱搞，哎，你要对我做个承诺。她说那我负责，守妇道，如此如彼。她说我不会乱搞的。好，女人承诺了呢，男人就高兴的不得了，他说那我这就出门。

他出门去就去了七八年，那确实挣了不少的钱，挣钱了请起脚夫，那过去的时候都是脚夫，请了脚夫给他背着，要到屋了经过一个县城就扎下寨。他就是把脚夫放在县城歇，他说我这会儿要回去，自己回去一趟。他就捆了几坨姜，生姜，他就穿旧衣服、破烂衣服啊，这样回去。

他出门了有七八年，长的还是有点儿变化，再加上又装得这样穷啊，进屋里来要在这儿借歇，他的女人就不同意，她说是你是哪儿的，他说我是哪儿哪儿的，我做生意的，卖姜的。她说那我们这里不歇客。她倒好，那天，她弄个情人在屋里，但是她说她又不歇客。他说那这儿天都黑了，你们这里孤山野洼，近处都没有人家，我在你灶门上蹲也好，靠着你的墙坐也好，我只要在这儿里。好，她说灶门上有点点儿温度，那你就坐那个灶门上，有个烂板凳，你就坐那儿，在那儿歇。好，她和情人歇了睡了，也没叫他洗澡，也没给他吃的，就坐那个灶门上，坐一夜。

第二天早晨，他说老板娘我钱被盗了，没有钱给您，昨儿在你这里睡了一夜，坐了一夜，那我怕我还要给你付两个钱，但是我没有钱。他说我把姜口袋搁你这儿，我去找钱去，来给您结账的时候拿回姜口袋，行不行呢？她说那行。好，他到城关去了，就把衣服一换，请了脚夫，把钱都运到家，买的布匹，把别人都打发好了。

他们两口子挽着，男人说我出门七八年啦。他就说这么一句，我们这见面的时候还是要欢乐点，唱一板吧，他女人说我唱不好歌，他说那采茶的你还记得吧，她说那我记得啊。他说那你就唱一板儿采茶的我听嘛，她说那我唱吧。她说："这个丈夫离开出门了七八年呐，那个奴家在家时候儿多挂念呐，自打从你今天你回家转哦喽，我们红罗帐里还有团圆呐"。嘿，他说唱得好。她说那夫君呐，那你这会儿也要唱一板儿我听，唱了我听了我们两个人好休息。她男人就说那我也唱，那还是要依着这个板儿唱呀。她说依着这个板儿唱呗，他说好，"我今那个出门八年呀，自从你今天才回来呀，昨晚打你回来灶门上蹲呀，你今弄个张秀才呀"。

好，这样一唱呢，他女人说你说什么啊？他说你昨儿晚上和张秀才睡的，我在你灶门上蹲的。她说放屁，我们非常守妇道，我们三从四德哪一个我没做到，你说什么张秀才啊？他说，贤妻你不要发火，你把姜口袋给我拿来。

0026 其他故事

再给你讲一个咧，[tsai²⁴ kɤ⁴⁵ ni⁵⁵ tɕiaŋ⁵⁵ i³¹ kuo²⁴ nie⁰]

这个，那就是个老年人，[tʂɤ²⁴ kɤ²⁴, na²⁴ tɕiəu⁵⁵ sʅ²⁴ kɤ²⁴ nau⁵⁵ niɛn³¹ zən³¹]

题目呢就是叫《奶奶嫁人享天福》啊。[tʰi³¹ mu³¹ ni⁰ tɕiəu²⁴ sʅ²⁴ tɕiau²⁴ nai⁵⁵ nai⁰ tɕia²⁴ zən³¹ ɕiaŋ⁵⁵ tʰiɛn⁴⁵ fu³¹ a⁰]

这个这个奶奶咧住在河这边，[tʂɤ²⁴ kɤ⁰ tʂɤ²⁴ kɤ⁰ nai⁵⁵ nai⁰ nie⁰ tʂu²⁴ tsai²⁴ xuo³¹ tʂɤ²⁴ piɛn⁴⁵]

河那边咧有一个王老六，[xuo³¹ na²⁴ piɛn⁴⁵ nie⁰ iəu⁵⁵ i³¹ kɤ⁰ uaŋ³¹ nau⁵⁵ nu³¹]

这个婆婆儿咧有六十六岁哒哩，[tʂɤ²⁴ kɤ²⁴ pʰo³¹ pʰor⁰ nie⁰ iəu⁵⁵ nu³¹ sʅ³¹ nu³¹ suei²⁴ ta⁰ ni⁰]

但是她命不好，[tan²⁴ sʅ²⁴ tʰa⁴⁵ min²⁴ pu³¹ xau⁵⁵]

她的儿子个儿也死哒，[tʰa⁴⁵ ti⁰ ɚ³¹ tsʅ⁰ kɤr²⁴ ie⁵⁵ sʅ⁵⁵ ta⁰] 个儿：语助词

她这个自己男人也死哒，媳妇也死哒，[tʰa⁴⁵ tʂɤ²⁴ kɤ⁰ tsʅ²⁴ tɕi⁵⁵ nan³¹ zən³¹ ie⁵⁵ sʅ⁵⁵ ta⁰, ɕi³¹ fu²⁴ ie⁵⁵ sʅ⁵⁵ ta⁰]

还有三个孙娃子跟着她在，[xai³¹ iəu⁵⁵ san⁴⁵ kɤ²⁴ suən⁴⁵ ua⁴⁵ tsʅ⁰ kən⁴⁵ tau⁰ tʰa⁴⁵ tsai²⁴]

她就照顾三个孙娃子。[tʰa⁴⁵ tɕiəu²⁴ tʂau²⁴ ku²⁴ san⁴⁵ kɤ⁰ suən⁴⁵ ua⁴⁵ tsʅ⁰]

好，孙娃子照顾成人哒咧，[xau⁵⁵, suən⁴⁵ ua⁴⁵ tsʅ⁰ tʂau²⁴ ku²⁴ tʂʰən³¹ zən³¹ ta⁰ nie⁰]

但这个婆婆儿还是有点儿志向，[tan²⁴ tʂɤ²⁴ kɤ⁰ pʰo³¹ pʰor⁰ xai³¹ sʅ²⁴ iəu⁵⁵ tiər⁰ tʂʅ²⁴ ɕiaŋ²⁴]

把孙娃子抚养成人哒都耐得活挣到吃的哒，[pa⁵⁵ suən⁴⁵ ua⁴⁵ tsʅ⁰ fu³¹ iaŋ⁵⁵ tʂʰən³¹ zən³¹ ta⁰ təu⁴⁵ nai²⁴ tɤ⁰ xuo³¹ tʂən²⁴ tau²⁴ tʂʰʅ³¹ ti⁰ ta⁰]

她就跟他商量啊她说想走一步。[tʰa⁴⁵ tɕiəu²⁴ kən⁴⁵ tʰa⁴⁵ ʂaŋ⁴⁵ niaŋ²⁴ a⁰ tʰa⁴⁵ ʂuo³¹ ɕiaŋ⁵⁵tsəu⁵⁵i³¹pu²⁴]

她说我哪怕今年六十六岁哒咧,[tʰa⁴⁵ṣuo³¹uo⁵⁵na⁵⁵pʰa²⁴tɕin⁴⁵niɛn³¹nu³¹ʂʅ³¹nu³¹suei²⁴ta⁰nie⁰]

她说六十几的人哒咧我还是想走一步啊,[tʰa⁴⁵ṣuo³¹nu³¹ʂʅ³¹tɕi⁴⁵ti⁰zən³¹ta⁰nie⁰uo⁵⁵xai³¹ʂʅ²⁴ɕiaŋ⁵⁵tsəu⁵⁵i³¹pu²⁴a⁰]

她说你们个儿在这里照顾自己啊,[tʰa⁴⁵ṣuo³¹ni⁵⁵mən⁰kɤr²⁴tsai²⁴tʂɤ²⁴ni⁰tṣau²⁴ku²⁴tsʅ²⁴tɕi⁵⁵a⁰]

你们个儿自己要成人哒,[ni⁵⁵mən⁰kɤr²⁴tsʅ²⁴tɕi⁵⁵iau⁴⁵tʂʰən³¹zən³¹ta⁰]

个儿明儿找个媳妇子啊。[kɤr²⁴mər⁰tṣau⁵⁵kɤ²⁴ɕi³¹fu²⁴tsʅ⁰a⁰]

就给她的孙娃子一说,[tɕiəu⁰kɤ⁴⁵tʰa⁴⁵ti⁰suən⁴⁵ua⁴⁵tsʅ⁰i³¹ṣuo³¹]

孙娃子就同意哒,[suən⁴⁵ua⁴⁵tsʅ⁰tɕiəu²⁴tʰoŋ³¹i²⁴ta⁰]

想到她的一个当奶奶的么,[ɕiaŋ⁵⁵tau²⁴tʰa⁴⁵ti⁰i³¹kɤ²⁴taŋ⁴⁵nai⁵⁵nai⁰ti⁰mo⁰]

把他们养活到怎门大呀,[pa⁵⁵tʰa⁴⁵mən⁰iaŋ⁵⁵xuo³¹tau⁰nən²⁴mən⁰ta²⁴ia⁰]怎门:这么

就答应就同意她的要求。[tɕiəu²⁴ta³¹in²⁴tɕiəu²⁴tʰoŋ³¹i²⁴tʰa⁴⁵ti⁰iau⁴⁵tɕʰiəu³¹]

同意她的要求哒咧,[tʰoŋ³¹i²⁴tʰa⁴⁵ti⁰iau⁴⁵tɕʰiəu³¹ta⁰nie⁰]

个杂子同意她哒。[kɤ²⁴tsa³¹tsʅ⁰tʰoŋ³¹i²⁴tʰa⁴⁵ta⁰]

他王老六咧河那边的那个王老六啊,[tʰa⁴⁵uaŋ³¹nau⁵⁵nu³¹nie⁰xuo³¹na²⁴piɛn⁴⁵ti⁰na²⁴kɤ²⁴uaŋ³¹nau⁵⁵nu³¹a⁰]

就请起介绍人来说她,[tɕiəu²⁴tɕʰin³¹tɕʰi⁵⁵kai²⁴ṣau²⁴zən³¹nai³¹ṣuo³¹tʰa⁴⁵]

说她就欢起═哒,[ṣuo³¹tʰa⁴⁵tɕiəu²⁴xuan⁴⁵tɕʰi⁵⁵ta⁰]欢起═:高兴

欢起═哒走的那天咧,[xuan⁴⁵tɕʰi⁵⁵ta⁰tsəu⁵⁵ti⁰nɤ²⁴tʰiɛn⁴⁵nie⁰]

他们要弄要办一桌酒席。[tʰa⁴⁵mən⁰iau⁴⁵noŋ²⁴iau⁴⁵pan³¹i³¹tṣuo³¹tɕiəu⁵⁵ɕi³¹]

办桌酒席咧,[pan²⁴tṣuo³¹tɕiəu⁵⁵ɕi³¹nie⁰]

那个婆婆儿呢她就想,[na²⁴kɤ²⁴pʰo³¹pʰor⁰ni⁰tʰa⁴⁵tɕiəu²⁴ɕiaŋ⁵⁵]

她说我这你们三个孙娃子啊,[tʰa⁴⁵ṣuo³¹uo⁵⁵tʂɤ²⁴ni⁵⁵mən⁰san⁴⁵kɤ²⁴suən⁴⁵ua⁴⁵tsʅ⁰a⁰]

我把你们养活一场啊,[uo⁵⁵pa⁵⁵ni⁵⁵mən⁰iaŋ⁵⁵xuo³¹i³¹tʂʰaŋ⁵⁵a⁰]

你们再是怎个儿啊,[ni⁵⁵mən⁰tsai²⁴ʂʅ²⁴tsən⁵⁵kuor²⁴a⁰]

我走呗你们还是给我说两句,[uo⁵⁵tsəu⁵⁵pei⁰ni⁵⁵mən⁰xai³¹ʂʅ²⁴kɤ⁴⁵uo⁵⁵ṣuo³¹nian⁵⁵tɕy²⁴]

要看我享福去么,[iau⁴⁵kʰan²⁴uo⁵⁵ɕiaŋ⁵⁵fu³¹kʰɤ²⁴mo⁰]

我你要说得我好听一点儿,[uo⁵⁵ni⁵⁵iau⁴⁵ṣuo³¹ti⁰uo⁵⁵xau⁵⁵tʰin⁴⁵i³¹tiər⁰]

我心里咧舒服一些，[uo⁵⁵ ɕin⁴⁵ ni⁰ nie⁰ ʂu⁴⁵ fu³¹ i³¹ ɕie⁴⁵]

我把你们养活一场，[uo⁵⁵ pa⁵⁵ ni⁵⁵ mən⁰ iaŋ⁵⁵ xuo³¹ i³¹ tʂaŋ⁵⁵]

别的不没得要求，这顿饭咧，[pie³¹ ti⁰ pu³¹ mei³¹ tɤ⁰ iau⁴⁵ tɕʰiəu³¹, tʂɤ²⁴ tən²⁴ fan²⁴ nie⁰]

你们不说咧不说两句啊，我不吃。[ni⁵⁵ mən⁰ pu³¹ ʂuo³¹ nie⁰ pu³¹ ʂuo³¹ niaŋ⁵⁵ tɕy²⁴ a⁰, uo⁵⁵ pu³¹ tʂʰɿ³¹]

大孙娃子说，那可以，[ta²⁴ suən⁴⁵ ua⁴⁵ tsɿ⁰ ʂuo³¹, na²⁴ kʰuo⁵⁵ i⁵⁵]

这奶奶咧要求不高，[tʂɤ²⁴ nai⁵⁵ nai⁰ nie⁰ iau⁴⁵ tɕʰiəu³¹ pu³¹ kau⁴⁵]

他说我们三弟兄啊就给奶奶一个人给她说两句。[tʰa⁴⁵ ʂuo³¹ uo⁵⁵ mən⁰ san⁴⁵ ti²⁴ ɕioŋ⁴⁵ a⁰ tɕiəu²⁴ kɤ⁴⁵ nai⁵⁵ nai⁰ i³¹ kɤ²⁴ zən³¹ kɤ⁴⁵ tʰa⁴⁵ ʂuo³¹ niaŋ⁵⁵ tɕy²⁴]

好，把坐在桌上说哒。[xau⁵⁵, pa⁵⁵ tsuo²⁴ tsai²⁴ tʂuo³¹ ʂaŋ⁰ ʂuo³¹ ta⁰]

好，他说他奶奶就发话，[xau⁵⁵, tʰa⁴⁵ ʂuo³¹ tʰa⁴⁵ nai⁵⁵ nai⁰ tɕiəu²⁴ fa³¹ xua²⁴]

她说那你说还要说了我喜欢的哦，[tʰa⁴⁵ ʂuo³¹ na²⁴ ni⁵⁵ ʂuo³¹ xai³¹ iau⁴⁵ ʂuo³¹ nɤ⁰ uo⁵⁵ ɕi⁵⁵ xuan⁴⁵ ti⁰ əu⁰]

说哒我不喜欢的，[ʂuo³¹ ta⁰ uo⁵⁵ pu³¹ ɕi⁵⁵ xuan⁴⁵ ti⁰]

没说到，我就还是不吃。[mei³¹ ʂuo³¹ tau⁰, uo⁵⁵ tɕiəu²⁴ xai³¹ ʂɿ²⁴ pu³¹ tʂʰɿ³¹]

他说，那行。[tʰa⁴⁵ ʂuo³¹, na²⁴ ɕin⁴⁵]

个杂那个大孙娃子想去想来，[kɤ²⁴ tsa³¹ na²⁴ kɤ²⁴ ta²⁴ suən⁴⁵ ua⁴⁵ tsɿ⁰ ɕiaŋ⁵⁵ kʰɤ²⁴ ɕiaŋ⁵⁵ nai³¹]

他说那我这说什儿好啊，[tʰa⁴⁵ ʂuo³¹ na²⁴ uo⁵⁵ tʂɤ²⁴ ʂuo³¹ ʂər⁰ xau⁵⁵ a⁰]

醒一醒啊，[ɕin⁵⁵ i⁰ ɕin⁵⁵ a⁰] 醒：想

他说，奶奶啊，[tʰa⁴⁵ ʂuo³¹, nai⁵⁵ nai⁰ a⁰]

您儿今年六十六啊，[nər³¹ tɕin⁴⁵ niɛn³¹ nu³¹ ʂɿ³¹ nu³¹ a⁰]

你嫁给河那边的王老六，[ni⁵⁵ tɕia²⁴ kɤ⁴⁵ xuo³¹ nɤ²⁴ piɛn⁴⁵ ti⁰ uaŋ³¹ nau⁵⁵ nu³¹]

他三间大瓦屋，[tʰa⁴⁵ san⁴⁵ tɕiɛn⁴⁵ ta²⁴ ua⁵⁵ u³¹]

看您儿这嫁给他好，[kʰan²⁴ nər³¹ tʂɤ²⁴ tɕia²⁴ kɤ⁴⁵ tʰa⁴⁵ xau⁵⁵]

享天福啊。[ɕiaŋ⁵⁵ tʰiɛn⁴⁵ fu³¹ a⁰]

哎呀，她说那你没说倒，[ai⁰ ia⁰, tʰa⁴⁵ ʂuo³¹ na²⁴ ni⁵⁵ mei³¹ ʂuo³¹ tau⁰]

那个天福啊我不想享，[nɤ²⁴ kɤ²⁴ tʰiɛn⁴⁵ fu³¹ a⁰ uo⁵⁵ pu³¹ ɕiaŋ⁵⁵ ɕiaŋ⁵⁵]

他那您儿说我说错哒，[tʰa⁴⁵ na²⁴ nər³¹ ʂuo³¹ uo⁵⁵ ʂuo³¹ tsʰuo²⁴ ta⁰]

她说那说错哒不行。[tʰa⁴⁵ ʂuo³¹ na²⁴ ʂuo³¹ tsʰuo²⁴ ta⁰ pu³¹ ɕin⁴⁵]

好，她就要老二说，[xau⁵⁵, tʰa⁴⁵ tɕiəu²⁴ iau⁴⁵ nau⁵⁵ ɚ²⁴ ʂuo³¹]

老二就说呢，嗐，[nau⁵⁵ ɚ²⁴ tɕiəu²⁴ ʂuo³¹ ni⁰, xai⁰]

他说那个王老六就蛮勤快，[tʰa⁴⁵ʂuo³¹na²⁴kɤ⁰uaŋ³¹nau⁵⁵nu³¹tɕiəu²⁴man³¹tɕʰin³¹kʰuai²⁴]

我也听到别人说的，[uo⁵⁵ie⁵⁵tʰin⁴⁵tau²⁴pie³¹zɔn³¹ʂuo³¹ti⁰]

奶奶啊我给您儿说两句啊，他说，[nai⁵⁵nai⁰a⁰uo⁵⁵kɤ⁴⁵nər³¹ʂuo³¹niaŋ⁵⁵tɕy²⁴a⁰, tʰa⁴⁵ʂuo³¹]

您儿今年是六十六嫁给河那边的王老六，[nər³¹tɕin⁴⁵niɛn³¹ʂʅ²⁴nu³¹ʂʅ³¹nu³¹tɕia²⁴kɤ⁴⁵xuo³¹mɤ²⁴piɛn⁴⁵ti⁰uaŋ³¹nau⁵⁵nu³¹]

你是罐罐儿的饭呢是罐罐儿的肉啊，[ni⁵⁵ʂʅ²⁴kuan²⁴kuar²⁴ti⁰fan²⁴ni⁰ʂʅ²⁴kuan²⁴kuar²⁴ti⁰zu³¹a⁰]

那不享福的也享福吵。[na²⁴pu³¹ɕiaŋ⁵⁵fu³¹ti⁰ie⁵⁵ɕiaŋ⁵⁵fu³¹ʂa⁰]

哎呀，没说成器，[ai⁰ia⁰, mei³¹ʂuo³¹tʂʰən³¹tɕʰi²⁴]

那没说好，[na²⁴mei³¹ʂuo³¹xau⁵⁵]

哎呀，我还是不吃，[ai⁰ia⁰, uo⁵⁵xai³¹ʂʅ²⁴pu³¹tʂʰʅ³¹]

我要你们哪个说到哒咧。[uo⁵⁵iau⁴⁵ni⁵⁵mən⁰na⁵⁵kɤ²⁴ʂuo³¹tau⁰ta⁰nie⁰]

我到底享的什儿，[uo⁵⁵tau²⁴ti⁵⁵ɕiaŋ⁵⁵ti⁰ʂər⁰]

哎，你们说到那里去哒咧，[ai⁰, ni⁵⁵mən⁰ʂuo³¹tau²⁴na²⁴ni⁰kʰɤ²⁴ta⁰nie⁰]

那我就还是吃饭啊，[na²⁴uo⁵⁵tɕiəu²⁴xai³¹ʂʅ²⁴tʂʰʅ³¹fan²⁴a⁰]

就欢起＝。[tɕiəu²⁴xuan⁴⁵tɕʰi⁵⁵]

那个小孙娃子，[na²⁴kɤ²⁴ɕiau⁵⁵suən⁴⁵ua⁴⁵tsʅ⁰]

个杂想去想来这我说个什儿咧，[kɤ²⁴tsa³¹ɕiaŋ⁵⁵kʰɤ²⁴ɕiaŋ⁵⁵nai³¹tʂɤ²⁴uo⁵⁵ʂuo³¹kuo²⁴ʂər⁰nie⁰]

这我这两个都说失败哒没说好，[tʂɤ²⁴uo⁵⁵tʂɤ²⁴niaŋ⁵⁵kuo²⁴təu⁴⁵ʂuo³¹ʂʅ³¹pai²⁴ta⁰mei³¹ʂuo³¹xau⁵⁵]

他醒一醒啊，[tʰa⁴⁵ɕin⁵⁵i⁰ɕin⁵⁵a⁰]

他说奶奶啊我给您儿说两句看您儿相不相信啊。[tʰa⁴⁵ʂuo³¹nai⁵⁵nai⁰a⁰uo⁵⁵kɤ⁴⁵nər³¹ʂuo³¹niaŋ⁵⁵tɕy²⁴kʰan²⁴nər³¹ɕiaŋ⁴⁵pu⁰ɕiaŋ⁴⁵ɕin²⁴a⁰]

她说那你说我听会儿看呐。[tʰa⁴⁵ʂuo³¹na²⁴ni⁵⁵ʂuo³¹uo⁵⁵tʰin⁴⁵xuər⁰kʰan²⁴na⁰]

他说您儿今年个儿本来是六十六啊，[tʰa⁴⁵ʂuo³¹nər³¹tɕin⁴⁵niɛn³¹kɤr²⁴pən⁵⁵nai³¹ʂʅ²⁴nu³¹ʂʅ³¹nu³¹a⁰]

嫁给河那边的王老六，[tɕia²⁴kɤ⁴⁵xuo³¹na²⁴piɛn⁴⁵ti⁰uaŋ³¹nau⁵⁵nu³¹]

他说我一缓会儿啊，[tʰa⁴⁵ʂuo³¹uo⁵⁵i³¹xuan⁵⁵xuər⁰a⁰]

那个河那边的王老六一身好硬身子骨，[na²⁴kɤ²⁴xuo³¹na²⁴piɛn⁴⁵ti⁰uaŋ³¹nau⁵⁵nu³¹i³¹ʂən⁴⁵xau⁵⁵ən²⁴ʂən⁴⁵tsʅ⁰ku³¹]

他说那这回您儿去哒咧是享天福。[tʰa⁴⁵ ʂuo³¹ na²⁴ tʂɤ²⁴ xuei³¹ nər³¹ kʰɤ²⁴ ta⁰ nie⁰ ʂɿ²⁴ ɕiaŋ⁵⁵ tʰiɛn⁴⁵ fu³¹]

哦，只有你会说，[əu⁰, tʂɿ⁴⁵ iəu⁵⁵ ni⁵⁵ xuei²⁴ ʂuo³¹]

只要身子骨硬皱⁼了，[na²⁴ tʂɿ⁴⁵ iau⁴⁵ ʂən⁴⁵ tsɿ⁰ ku³¹ ən²⁴ tsəu⁰ na⁰] 硬皱⁼：硬朗

我去了就是享天福，[uo⁵⁵ kʰɤ²⁴ na⁰ tɕiəu²⁴ ʂɿ²⁴ ɕiaŋ⁵⁵ tʰiɛn⁴⁵ fu³¹]

就恁门回事。[tɕiəu²⁴ nən²⁴ mən⁰ xuei³¹ ʂɿ²⁴]

意译：再给你们讲一个故事，这个故事讲的是个老年人，题目叫《奶奶嫁人享天福》。这个奶奶住在河这边，河那边有一个王老六，这个婆婆有六十六岁了，但是她命不好，她的儿子也死了，她自己的男人也死了，媳妇也死了，还有三个孙子跟着她，她就照顾三个孙子。好，孙子照顾成人了，但这个婆婆还是有点儿志向，把孙子抚养成人都能够挣到吃的了，她就跟他们商量，她说想走一步。

她说我哪怕今年六十六岁了，她说六十几的人了我还是想走一步啊，她说你们在这里照顾自己，你们自己要成人了，以后找个媳妇啊。就给她的孙子一说，孙子就同意了，想到她一个当奶奶的吧，把他们养活到这么大（也很不容易），就同意她的要求。

同意她的要求之后，河那边的那个王老六就请了媒人来说她，说她就高兴了，走的那天，他们要办一桌酒席。办桌酒席呢，那个婆婆她就想，她说你们三个孙子啊，我把你们养活一场，你们再怎么样，我走的时候你们还是给我说两句，要看我去享福，你要说的我好听一点儿。我心里呢要舒服一些，我把你们养活一场，没有别的要求，你们要是不说两句，这顿饭我不吃。

大孙子说，可以，奶奶的要求不高，他说我们三弟兄就每人给她说两句。她说那你说的话还要说我喜欢听的，说了我不喜欢的，没说对，我就还是不吃。他说那行。那个大孙子想去想来，他说那我这说什么好啊，想了一想，他说，奶奶啊，您今年六十六啊，你嫁给河那边的王老六，他三间大瓦屋，看您这嫁给他多好，享天福啊。哎呀，她说那你没说对，那个天福啊我不想享。他说那照您说的我说错了？她说那说错了，不行。

好，她就要老二说，老二就说那个王老六很勤快，我也是听到别人说的，奶奶啊我给您说两句啊，他说，您今年是六十六嫁给河那边的王老六，你是能吃饭又能吃肉啊，那不享福的也享福啊。哎呀，没说对，那没说对，哎呀，我还是不吃，我要你们说我到底享的什么福，哎，你们要是说的对，那我就吃饭，就高兴。

那个小孙子，想去想来，这我说个什么好呢，我这两个哥哥都说失败了没说对，他想一想啊，他说奶奶啊我给您说两句看您相不相信啊。她说那你说我听听

看呐。他说，您今年本来是六十六啊，嫁给河那边的王老六，他说我想一想，那个河那边的王老六，一身硬朗身子骨，他说那这回您去了是享天福。（奶奶说）"哦，只有你会说，那只要身子骨硬朗了，我去了就是享天福，就这么回事。"

0027 其他故事

再讲一个呢，[tsai²⁴ tɕiaŋ⁵⁵ i³¹ kɤ²⁴ ni⁰]

就是一个笑话咧，[tɕiəu²⁴ ʂʅ²⁴ i³¹ kɤ²⁴ ɕiau²⁴ xua²⁴ nie⁰]

这个题目就叫咧，[tʂɤ²⁴ kɤ²⁴ tʰi³¹ mu⁰ tɕiəu²⁴ tɕiau²⁴ nie⁰]

《土地老爷看见心不服呀，砸了你的石＝大骨》。[tʰu⁵⁵ ti²⁴ nau⁵⁵ ie³¹ kʰan²⁴ tɕiɛn²⁴ ɕin⁴⁵ pu³¹ fu³¹ ia⁰，tsa³¹ niau⁰ ni⁵⁵ ti⁰ ʂʅ³¹ ta²⁴ ku³¹] 石＝大骨：大腿

这是这么一个，[tʂɤ²⁴ ʂʅ²⁴ tʂɤ²⁴ mo⁰ i³¹ kuo⁰]

这个讲是讲的什子呢？[tʂɤ²⁴ kɤ⁰ tɕiaŋ⁵⁵ ʂʅ²⁴ tɕiaŋ⁵⁵ ti⁰ ʂən⁵⁵ tsʅ⁰ ni⁰]

这个内容呢，[tʂɤ²⁴ kɤ²⁴ nei²⁴ ioŋ³¹ ni⁰]

是一个农村的一个公公老头儿，[ʂʅ²⁴ i³¹ kɤ²⁴ noŋ³¹ tsʰən⁴⁵ ti³¹ i³¹ kɤ⁰ koŋ⁴⁵ koŋ⁰ nau⁵⁵ tʰəur³¹]

心不正，想烧媳妇儿的火，[ɕin⁴⁵ pu³¹ tʂən⁴⁵，ɕiaŋ⁵⁵ ʂau⁴⁵ ɕi³¹ fuər²⁴ ti⁰ xuo⁵⁵]

他每天咧就给媳妇儿两个人缠，[tʰa⁴⁵ mei⁵⁵ tʰiɛn⁴⁵ nie⁰ tɕiəu²⁴ kɤ⁴⁵ ɕi³¹ fuər²⁴ niaŋ⁵⁵ kuo²⁴ zən³¹ tʂʰan³¹]

时儿缠哒咧要说这些子下流话。[ʂər³¹ tʂʰan³¹ ta⁰ nie⁰ iau⁴⁵ ʂuo³¹ tʂɤ²⁴ ɕie⁴⁵ tsʅ⁰ ɕia²⁴ niəu³¹ xua²⁴]

那个媳妇儿咧又不干，[na²⁴ kɤ⁰ ɕi³¹ fuər²⁴ nie⁰ iəu²⁴ pu³¹ kan⁴⁵]

不干呢他末了在屋里咧使气的啊，[pu³¹ kan⁴⁵ ni⁰ tʰa⁴⁵ mo⁰ niau⁰ tsai²⁴ u³¹ ni⁰ nie⁰ ʂʅ⁵⁵ tɕʰi²⁴ ti⁰ a⁰] 使气：生气

啥子都不做啊，[ʂa³¹ tsʅ⁰ təu⁴⁵ pu³¹ tsəu²⁴ a⁰]

那柴不砍，水不挑，[na²⁴ tʂʰai³¹ pu³¹ kʰan⁵⁵，ʂuei⁵⁵ pu³¹ tʰiau⁴⁵]

他在屋里使气板＝天板＝地，[tʰa⁴⁵ tsai²⁴ u³¹ ni⁰ ʂʅ⁵⁵ tɕʰi²⁴ pan⁵⁵ tʰiɛn⁴⁵ pan⁵⁵ ti²⁴] 板＝：动词，丢、摔、砸

他说家业是他挣的啊，[tʰa⁴⁵ ʂuo³¹ tɕia⁴⁵ ie⁵⁵ ʂʅ²⁴ tʰa⁴⁵ tsən²⁴ ti⁰ a⁰] 家业：家产

那怎么长怎么短啊，[na²⁴ tsən⁵⁵ mo⁰ tʂʰaŋ⁵⁵ tsən⁵⁵ mo⁰ tan⁵⁵ a⁰]

要给它板＝，[iau⁴⁵ kɤ⁴⁵ tʰa⁴⁵ pan⁵⁵]

板＝个稀巴烂啊。[pan⁵⁵ kɤ⁰ ɕi⁴⁵ pa⁴⁵ nan²⁴ a⁰] 稀巴烂：乱七八糟

板＝的媳妇儿没得法哒呢，[pan⁵⁵ ti⁰ ɕi³¹ fuər²⁴ mei⁰ tɤ⁴⁵ fa³¹ ta⁰ ni⁰]

媳妇儿咧就想个问题，[ɕi³¹ fuər²⁴ nie⁰ tɕiəu²⁴ ɕiaŋ⁵⁵ kɤ⁰ uən²⁴ tʰi³¹]

她说她说爹啊，[tʰa⁴⁵ ʂuo³¹ tʰa⁴⁵ ʂuo³¹ tie⁴⁵ a⁰]

她说您儿说的咧我答应。[tʰa⁴⁵ ʂuo³¹ nər³¹ ʂuo³¹ ti⁰ nie⁰ uo⁵⁵ tai³¹ in²⁴]

她说答应咧，[tʰa⁴⁵ ʂuo³¹ tai³¹ in²⁴ nie⁰]

但是最终她说我咧她就设个计，[tan²⁴ ʂʅ²⁴ tsuei²⁴ tʂoŋ⁴⁵ tʰa⁴⁵ ʂuo⁵⁵ uo⁵⁵ nie⁰ tʰa⁴⁵ tɕiəu²⁴ ʂɤ³¹ kɤ²⁴ tɕi²⁴]

她就不想把给他，[tʰa⁴⁵ tɕiəu²⁴ pu³¹ ɕiaŋ⁵⁵ pa⁵⁵ kɤ⁴⁵ tʰa⁴⁵]

跟他两个睡觉哒。[kən⁴⁵ tʰa⁴⁵ niaŋ⁵⁵ kɤ²⁴ ʂuei²⁴ tɕiau²⁴ ta⁰]

她说呢我们两个咧不能在屋里睡觉，[tʰa⁴⁵ ʂuo³¹ ni⁰ uo⁵⁵ mən⁰ niaŋ⁵⁵ kɤ²⁴ nie⁰ pu³¹ nən³¹ tsai²⁴ u³¹ ni⁵⁵ ʂuei²⁴ tɕiau²⁴]

她说我听到别人老辈子说的啊，[tʰa⁴⁵ ʂuo³¹ uo⁵⁵ tʰin⁴⁵ tau²⁴ pie³¹ zən³¹ nau⁵⁵ pei²⁴ tsʅ⁰ ʂuo³¹ ti⁰ a⁰] 老辈子：老人

她说公公和媳妇儿在屋里睡觉哒咧，[tʰa⁴⁵ ʂuo³¹ koŋ⁴⁵ koŋ⁰ xuo⁰ ɕi³¹ fuər²⁴ tsai²⁴ u³¹ ni⁰ ʂuei²⁴ tɕiau²⁴ ta⁰ nie⁰]

她说那是败家当的。[tʰa⁴⁵ ʂuo³¹ na²⁴ ʂʅ²⁴ pai²⁴ tɕia⁴⁵ taŋ⁴⁵ ti⁰]

他说那在哪儿睡呢？[tʰa⁴⁵ ʂuo³¹ na²⁴ tsai²⁴ nar⁵⁵ ʂuei²⁴ ni⁰]

她说那我们只搞那个到那个那个谷峰岭那个半坡上不有个窑嘛，[tʰa⁴⁵ ʂuo³¹ na²⁴ uo⁵⁵ mən⁰ tsʅ⁴⁵ kau⁵⁵ nɤ²⁴ kɤ⁰ tau²⁴ na⁰ kɤ⁰ na²⁴ kɤ⁰ ku³¹ foŋ⁴⁵ nin⁵⁵ na²⁴ kɤ⁰ pan²⁴ pʰo⁴⁵ ʂaŋ⁰ pu³¹ iəu⁵⁵ kɤ²⁴ iau³¹ ma⁰]

在那个窑洞里去，[tsai²⁴ na²⁴ kɤ²⁴ iau³¹ toŋ²⁴ ni⁵⁵ kʰɤ²⁴]

在那个窑洞里睡觉才行，[tsai²⁴ na²⁴ kɤ²⁴ iau³¹ toŋ²⁴ ni⁰ ʂuei²⁴ tɕiau²⁴ tsʰai³¹ ɕin³¹]

她在那个半坡的窑洞里，[tʰa⁴⁵ sai²⁴ na²⁴ kɤ⁰ pan²⁴ pʰo⁴⁵ ti⁰ iau³¹ toŋ²⁴ ni⁵⁵]

他说那行哕，[tʰa⁴⁵ ʂuo³¹ na²⁴ ɕin³¹ ʂa⁰]

他说那只要你答应嘛就行嘛。[tʰa⁴⁵ ʂuo³¹ na²⁴ tsʅ⁴⁵ iau⁴⁵ ni⁵⁵ tai³¹ in²⁴ ma⁰ tɕiəu²⁴ ɕin³¹ ma⁰]

好，他的那个那个儿子呢，[xau⁵⁵, tʰa⁴⁵ ti⁰ nɤ²⁴ kɤ⁰ nɤ²⁴ kɤ²⁴ ɚ³¹ tsʅ⁰ ni⁰]

就在那个谷峰岭耕田，[tɕiəu²⁴ tsai²⁴ nɤ²⁴ kɤ⁰ ku³¹ foŋ⁴⁵ nin⁵⁵ kən⁴⁵ tʰiɛn³¹]

他喊他的媳妇儿给他送饭去，[tʰa⁴⁵ xan⁵⁵ tʰa⁴⁵ ti⁰ ɕi³¹ fuər²⁴ kɤ⁴⁵ tʰa⁴⁵ soŋ²⁴ fan²⁴ kʰɤ²⁴]

她说那您儿就在那个崖洞里等我啊，[tʰa⁴⁵ ʂuo³¹ na²⁴ nər³¹ tɕiəu²⁴ tsai²⁴ nɤ²⁴ kɤ⁰ ai³¹ toŋ²⁴ ni⁰ tən⁵⁵ uo⁵⁵ a⁰]

我去送饭转来哒着啊，[uo⁵⁵ kʰɤ²⁴ soŋ²⁴ fan²⁴ tʂuan⁵⁵ nai³¹ ta⁰ tʂuo⁰ a⁰]

他说行呐。[tʰa⁴⁵ ʂuo³¹ ɕin³¹ na⁰]

好，个杂种的他的媳妇儿去把饭送转来哒咧，[xau⁵⁵, kɤ²⁴ tsa³¹ tʂoŋ⁵⁵ ti⁰ tʰa⁴⁵ ti⁰

ɕi³¹ fuɚ²⁴ kʰɤ²⁴ pa⁵⁵ fan²⁴ soŋ²⁴ tʂuan⁵⁵ nai³¹ ta⁰ nie⁰〕

到那个坡窑里去哒咧，[tau²⁴ na²⁴ kɤ⁰ pʰo⁴⁵ iau³¹ ni⁰ kʰɤ²⁴ ta⁰ nie⁰〕

他就硬要跟他媳妇两个人。[tʰa⁴⁵ tɕiəu²⁴ ən²⁴ iau⁴⁵ kən⁴⁵ tʰa⁴⁵ ɕi³¹ fu²⁴ niaŋ⁵⁵ kɤ²⁴ zən³¹〕

好，那他媳妇儿就说，[xau⁵⁵，na²⁴ tʰa⁴⁵ ɕi³¹ fuɚ²⁴ tɕiəu²⁴ ʂuo³¹〕

行，行，嘴里答应行呐，[ɕin³¹，ɕin³¹，tsuei⁵⁵ ni⁰ tai³¹ in²⁴ ɕin³¹ na⁰〕

又急忙不脱。[iəu²⁴ tɕi³¹ maŋ³¹ pu³¹ tʰuo³¹〕

好，她上去送饭去，[xau⁵⁵，tʰa⁴⁵ ʂaŋ²⁴ kʰɤ²⁴ soŋ²⁴ fan²⁴ kʰɤ²⁴〕

跟他儿子本来就说清楚了的，[kən⁴⁵ tʰa⁴⁵ ɚ³¹ tsʅ⁰ pən⁵⁵ nai³¹ tɕiəu²⁴ ʂuo³¹ tɕʰin⁴⁵ tsʰu⁵⁵ na⁰ ti⁰〕

叫他儿子转来看，[tɕiau²⁴ tʰa⁴⁵ ɚ³¹ tsʅ⁰ tʂuan⁵⁵ nai³¹ kʰan²⁴〕

她说您儿的爹咧起坏心，[tʰa⁴⁵ ʂuo³¹ nɚ³¹ ti⁰ tie⁴⁵ nie⁰ tɕʰi⁵⁵ xuai²⁴ ɕin⁴⁵〕

怎么长怎么短。[tsən⁵⁵ mo⁰ tʂʰaŋ⁵⁵ tsən⁵⁵ mo⁰ tan⁵⁵〕

他的儿子搞转来，[tʰa⁴⁵ ti⁰ ɚ³¹ tsʅ⁰ kau⁰ tʂuan⁵⁵ nai³¹〕

他正把他的媳妇儿抱着，[tʰa⁴⁵ tʂən⁴⁵ pa⁵⁵ tʰa⁴⁵ ti⁰ ɕi³¹ fuɚ²⁴ pau²⁴ tau⁰〕

要解她的扣子。[iau⁴⁵ kai⁵⁵ tʰa⁴⁵ ti⁰ kʰəu²⁴ tsʅ⁰〕

他的那个那个儿子抱起个石头一板⁼地下去，[tʰa⁴⁵ ti⁰ na²⁴ kɤ⁰ na²⁴ kɤ⁰ ɚ³¹ tsʅ⁰ pau²⁴ tɕʰi⁵⁵ kɤ⁰ ʂʅ³¹ tʰəu i³¹ pan⁵⁵ ti⁰ ɕia²⁴ kʰɤ²⁴〕

把他的那个石⁼大骨砸断哒哟，[pa⁵⁵ tʰa⁴⁵ ti⁰ na²⁴ kɤ²⁴ ʂʅ³¹ ta²⁴ ku³¹ tsa²⁴ tan²⁴ ta⁰ ʂa⁰〕

砸断哒就哎哟拍脚的。[tsa²⁴ tan²⁴ ta⁰ tɕiəu²⁴ ai⁰ yo⁰ pʰɤ³¹ tɕyo³¹ ti⁰〕

个杂种的，他的，[kuo²⁴ tsa³¹ tʂoŋ⁵⁵ ti⁰，tʰa⁴⁵ ti⁰〕

他个儿就走哒。[tʰa⁴⁵ kɤr²⁴ tɕiəu²⁴ tsəu⁵⁵ ta⁰〕个儿：语助词

他的媳妇儿就说，[tʰa⁴⁵ ti⁰ ɕi³¹ fuɚ²⁴ tɕiəu²⁴ ʂuo³¹〕

爹呀，你这怎么搞的啊，[tie⁴⁵ ia⁰，ni⁵⁵ tʂɤ²⁴ tsən⁵⁵ mo⁰ kau⁵⁵ ti⁰ a⁰〕

这怎么崖上这个崖口窑口上掉个石头把你砸伤的啊？[tʂɤ²⁴ tsən⁵⁵ mo⁰ ai³¹ ʂaŋ²⁴ tʂɤ²⁴ kɤ⁰ ai³¹ kʰəu⁵⁵ iau³¹ kʰəu⁵⁵ ʂaŋ tiau²⁴ kɤ⁰ ʂʅ³¹ tʰəu pa⁵⁵ ni³¹ tsa²⁴ ʂaŋ⁴⁵ ti⁰ a⁰〕

他说，这真是报应啊，[tʰa⁴⁵ ʂuo³¹，tʂɤ²⁴ tsən⁴⁵ ʂʅ²⁴ pau²⁴ in²⁴ a⁰〕

这我不该缠你啊，[tʂɤ²⁴ uo⁵⁵ pu³¹ kai⁴⁵ tʂʰan³¹ ni⁵⁵ a⁰〕

这是怎么长怎么短是咋说啊，[tʂɤ²⁴ ʂʅ²⁴ tsən⁵⁵ mo⁰ tʂʰaŋ⁵⁵ tsən⁵⁵ mo⁰ tan⁵⁵ ʂʅ²⁴ tsa³¹ ʂuo³¹ a⁰〕

他说那赶快你去喊你的男人去，[tʰa⁴⁵ ʂuo³¹ na²⁴ kan⁵⁵ kʰuai²⁴ ni⁵⁵ kʰɤ²⁴ xan⁵⁵ ni⁵⁵ ti⁰ nan³¹ zən³¹ kʰɤ²⁴〕

喊他回来把我盘⁼回去。[xan⁵⁵ tʰa⁴⁵ xuei³¹ nai³¹ pa⁵⁵ uo⁵⁵ pʰan³¹ xuei³¹ kʰɤ²⁴〕盘⁼：背

把他盘⁼回去哒咧，[pa⁵⁵tʰa⁴⁵pʰan³¹xuei³¹kʰɤ²⁴ta⁰nie⁰]

他就叫他的儿子。[tʰa⁴⁵tɕiəu²⁴tɕiau²⁴tʰa⁴⁵ti⁰ɚ³¹tsʅ⁰]

他说你到那个土地庙里啊，[tʰa⁴⁵ʂuo³¹ni⁵⁵tau²⁴na²⁴kɤ⁰tʰu⁵⁵ti²⁴miau²⁴ni⁰a⁰]

给我抽个签问下土地菩萨看，[kɤ⁴⁵uo⁵⁵tʂʰəu⁴⁵kɤ²⁴tɕʰiɛn⁴⁵uən²⁴xa²⁴tʰu⁵⁵ti²⁴pʰu³¹sa⁰kʰan²⁴]

我这是怎么搞的？[uo⁵⁵tʂɤ²⁴ʂʅ²⁴tsən⁵⁵mo⁰kau⁵⁵ti⁰]

个杂他们信迷信的时候儿咧，[kɤ²⁴tsa³¹tʰa⁴⁵mən⁰ɕin²⁴mi³¹ɕin²⁴ti⁰ʂʅ³¹xəur²⁴nie⁰]

他儿子呢，又不敢去问去，[tʰa⁴⁵ɚ³¹tsʅ⁰ni⁰，iəu²⁴pu³¹kan⁵⁵kʰɤ²⁴uən²⁴kʰɤ²⁴]

他不在屋里咧，不走也不行，[tʰa⁴⁵pu³¹tsai²⁴u³¹ni⁰nie⁰，pu³¹tsəu⁵⁵ie⁵⁵pu³¹ɕin³¹]

他说那我去哕，去问去咧。[tʰa⁴⁵ʂuo³¹na²⁴uo⁵⁵kʰɤ²⁴sa⁰，kʰɤ²⁴uən²⁴kʰɤ²⁴nie⁰]

他一路走一路想，[tʰa⁴⁵i³¹nu²⁴tsəu⁵⁵i³¹nu²⁴ɕiaŋ⁵⁵]

给我问哒如果菩萨说个真的？[kɤ⁴⁵uo⁵⁵uən²⁴ta⁰zu³¹kuo⁵⁵pʰu³¹sa⁰ʂuo³¹kɤ²⁴tʂən⁴⁵ti⁰]

个杂它不说我是个不孝之子啊！[kɤ²⁴tsa³¹tʰa⁴⁵pu³¹ʂuo³¹uo⁵⁵ʂʅ²⁴kɤ⁰pu³¹ɕiau²⁴tʂʅ⁴⁵tsʅ⁰a⁰]

把老头儿砸哒，我只有不问。[pa⁵⁵nau⁵⁵tʰəur³¹tsa²⁴ta⁰，uo⁵⁵tʂʅ⁴⁵iəu⁵⁵pu³¹uən²⁴]

他在路上玩一玩哒，[tʰa⁴⁵tsai²⁴nu²⁴ʂaŋ²⁴uan³¹i⁰uan³¹ta⁰]

就搞起回去，[tɕiəu²⁴kau⁵⁵tɕʰi⁵⁵xuei³¹kʰɤ²⁴]

回去他爹就问他，[xuei³¹kʰɤ²⁴tʰa⁴⁵tie⁴⁵tɕiəu²⁴uən²⁴tʰa⁴⁵]

他说你去土地老爷怎个给你说的啊？[tʰa⁴⁵ʂuo³¹ni⁵⁵kʰɤ²⁴tʰu⁵⁵ti²⁴nau⁵⁵ie³¹tsən⁵⁵kɤ²⁴kɤ⁴⁵ni⁵⁵ʂuo³¹ti⁰a⁰]

卜的卦抽个签，[pʰu²⁴ti⁰kua²⁴tʂʰəu⁴⁵kɤ²⁴tɕʰiɛn⁴⁵]

怎儿给你说的啊？[tsər⁵⁵kɤ⁴⁵ni⁵⁵ʂuo³¹ti⁰a⁰]

他说那说的我不敢给您儿两个说，[tʰa⁴⁵ʂuo³¹na²⁴ʂuo³¹ti⁰uo⁵⁵pu³¹kan⁵⁵kɤ⁴⁵nər³¹niaŋ⁵⁵kɤ²⁴ʂuo³¹]

说的蛮丑。[ʂuo³¹ti⁰man³¹tʂʰəu⁵⁵]

他说怎个说的啊，[tʰa⁴⁵ʂuo³¹tsən⁵⁵kɤ²⁴ʂuo³¹ti⁰a⁰]

你说我听不要紧的。[ni⁵⁵ʂuo³¹uo⁵⁵tʰin⁴⁵pu³¹iau⁴⁵tɕin⁵⁵ti⁰]

它说呢，[tʰa⁴⁵ʂuo³¹ni⁰]

你今年好享福的不享福啊，[ni⁵⁵tɕin⁴⁵niɛn³¹xau⁵⁵ɕiaŋ⁵⁵fu³¹ti⁰pu³¹ɕiaŋ⁵⁵fu³¹a⁰]

它说你把媳妇儿弄到坡窑里哭，[tʰa⁴⁵ʂuo³¹ni⁵⁵pa⁵⁵ɕi³¹fuər²⁴noŋ²⁴tau²⁴pʰo⁴⁵iau³¹ni⁵⁵kʰu³¹]

土地老爷看见了心不服啊，[tʰu⁵⁵ti²⁴nau⁵⁵ie³¹kʰan²⁴tɕiɛn²⁴niau⁰ɕin⁴⁵pu³¹fu³¹a⁰]

抱起个石头砸断你的石ᵓ大骨。[pau²⁴ tɕʰi⁵⁵ kɤ²⁴ ʂʅ³¹ tʰəu³¹ tsa²⁴ tan²⁴ ni⁵⁵ ti⁰ ʂʅ³¹ ta²⁴ ku³¹]

他的老头说，我的妈呀，[tʰa⁴⁵ ti⁰ nau⁵⁵ tʰəu³¹ ʂuo³¹，uo⁵⁵ ti⁰ ma⁴⁵ ia⁰]

这跟它看到的一样啊。[tʂɤ²⁴ kən⁴⁵ tʰa⁴⁵ kʰan²⁴ tau²⁴ ti⁰ i³¹ iaŋ²⁴ a⁰]

意译：再讲一个故事，就是一个笑话，这个题目就叫《土地老爷看见心不服呀，砸了你的大腿》。

这个故事讲的什么呢？这个内容，是一个农村的公公老头，心不正，想对儿媳耍流氓，他每天就缠着儿媳妇，不时缠着呢还要说一些下流话。那个儿媳妇又不答应，他就在屋里撒气，啥都不做，柴不砍，水不挑，他在屋里骂天骂地，他说家产是他挣的，那怎么怎么的啊，要给它砸个乱七八糟。儿媳妇没办法，她就想了个法子，她说爹啊，您说的呢我答应。她口头上说答应，但事实上是她设了个计，她本来就不想和他睡觉。她说我们两个不能在屋里睡觉，她说我听到别的老人说的啊，公公和媳妇在屋里睡觉，那是败家当的。他说那在哪儿睡呢？她说那谷峰岭的半坡上不是有个窑洞嘛，在那个窑洞里去，在那个窑洞里睡觉才行，在那个半坡的窑洞里。他说那行啊，只要你答应就行。

好，他的儿子呢，就在那个谷峰岭耕田，他喊他的媳妇给他送饭去，她说那您就在那个窑洞里等我啊，我去送饭就回来，他说行。好，他的媳妇去把饭送回来之后，到那个坡窑里去了，他就非要欺负他媳妇。好，那他媳妇就说行，行，嘴里答应行，又急忙不脱衣服。好，她上去送饭的时候，跟他儿子本来就说清楚了，叫他儿子回来看。她说你的爹啊起坏心，怎么长怎么短。他的儿子回头跟进来，他爸正把他的媳妇抱着，要解她的扣子。他的儿子抱块石头一丢下去，把他爹的大腿砸断了，砸断了就疼的哎哟拍脚。他儿子就走了。

他的儿媳妇就说，爹呀，你这怎么搞的啊，这怎么崖上这个窑口上掉块石头把你砸伤的啊？他说，这真是报应啊，这我不该纠缠你啊，这怎么长怎么短。他说那赶快去喊你的老公，喊他回来把我背回去。把他背回去之后，他就叫他的儿子，他说你到那个土地庙里，给我抽个签，问下土地菩萨，我这是怎么搞的？他们信迷信的时候，他儿子呢，又不敢去问，他不在屋里，不走也不行，他说那我去吧，去问去。

他一路走一路想，如果我问了菩萨说了真相，那它要说我是个不孝之子啊！把爹给砸了。我只有不问。他在路上玩了一会儿，就准备回去，回去他爹就问他，他说你去土地老爷怎么给你说的啊？卜的卦，抽个签，怎么给你说的啊？他说那说的我不敢给您说，说得很不好听。他说怎么说的啊，你说我听不要紧的。它（土地老爷）说，你今年好享福的不享福啊，它说你把儿媳妇弄到坡窑里哭。

土地老爷看见了心不服啊，抱块石头砸断你的大腿。他的老头说，我的妈呀，这跟它看到的一样啊。

0028 其他故事

说再讲一个呐就是啊，[ʂuo³¹ tsai²⁴ tɕiaŋ⁵⁵ i³¹ kuo²⁴ na⁰ tɕiəu²⁴ ʂʅ²⁴ a⁰]

本来是民间故事，[pən⁵⁵ nai³¹ ʂʅ²⁴ min³¹ tɕiɛn⁴⁵ ku²⁴ ʂʅ²⁴]

但也符合当前的形势概究。[tan²⁴ ie⁵⁵ fu³¹ xuo³¹ taŋ⁴⁵ tɕʰiɛn³¹ ti⁰ ɕin³¹ ʂʅ²⁴ kʰai²⁴ tɕiəu⁴⁵]

它是呢，这个骂喝酒的啊，[tʰa⁴⁵ ʂʅ²⁴ ni⁰, tʂɤ²⁴ kɤ²⁴ ma²⁴ xuo⁴⁵ tɕiəu⁵⁵ ti⁰ a⁰]

骂那个掰⁼那个喝酒的人的，[ma²⁴ na²⁴ kɤ²⁴ pai³¹ na²⁴ kɤ²⁴ xuo⁴⁵ tɕiəu⁵⁵ ti⁰ ʐən³¹ ti⁰]

掰⁼：戏弄

好他为什么要掰⁼他们那个喝酒的呢，[xau⁵⁵ tʰa⁴⁵ uei³¹ ʂən⁵⁵ mo⁰ iau⁴⁵ pai³¹ tʰa⁴⁵ na²⁴ kuo²⁴ xuo⁴⁵ tɕiəu⁵⁵ ti⁰ ni⁰]

就是要掰⁼哒免得他咧，[tɕiəu²⁴ ʂʅ²⁴ iau⁴⁵ pai³¹ ta⁰ miɛn⁵⁵ tɤ³¹ tʰa⁴⁵ nie⁰]

这个经常喝酒啊怎么这呀那呀的恁门闹。[tʂɤ²⁴ kɤ²⁴ tɕin⁴⁵ tʂʰaŋ³¹ xuo⁴⁵ tɕiəu⁵⁵ tsən⁵⁵ mo⁰ tʂɤ²⁴ ia⁰ na²⁴ ia⁰ ti⁰ nən²⁴ mən⁰ nau²⁴] 恁门：这么

好，他出门跟人家呢，[xau⁵⁵, tʰa⁴⁵ tʂʰu³¹ mən³¹ kən⁴⁵ ʐən³¹ tɕia⁴⁵ ni⁰]

那个这几个伙计呢就出门去搞事啊，[na²⁴ kɤ²⁴ tʂɤ²⁴ tɕi⁴⁵ kɤ²⁴ xuo⁵⁵ tɕi⁰ ni⁰ tɕiəu²⁴ tʂʰu³¹ mən³¹ tɕʰɤ²⁴ kau⁵⁵ ʂʅ²⁴ a⁰]

就碰到一些碰到一个女的呢还长哒蛮漂亮。[tɕiəu²⁴ pʰoŋ²⁴ tau²⁴ i³¹ ɕie⁴⁵ pʰoŋ²⁴ tau²⁴ i³¹ kɤ²⁴ ny⁵⁵ ti⁰ ni⁰ xai³¹ tʂaŋ⁵⁵ ta⁰ man³¹ pʰiau⁴⁵ niaŋ²⁴]

他们几伙计咧就跟流氓样，[tʰa⁴⁵ mən⁰ tɕi⁴⁵ xuo⁵⁵ tɕi⁰ nie⁰ tɕiəu²⁴ kən⁴⁵ niəu³¹ maŋ³¹ iaŋ²⁴]

但说流氓啊他们又没起别的心，[tan²⁴ ʂuo³¹ niəu³¹ maŋ³¹ a⁰ tʰa⁴⁵ mən⁰ iəu²⁴ mei³¹ tɕʰi⁵⁵ pie³¹ ti⁰ ɕin⁴⁵]

只是在口头上啊，恁门说呀说，[tʂʅ⁴⁵ ʂʅ²⁴ tsai²⁴ kʰəu⁵⁵ tʰəu³¹ ʂaŋ²⁴ a⁰, nən²⁴ mən⁰ ʂuo³¹ ia⁰ ʂuo³¹]

他们说咧，他说，个杂，[tʰa⁴⁵ mən⁰ ʂuo³¹ nie⁰, tʰa⁴⁵ ʂuo³¹, kuo²⁴ tsa³¹]

那个姑娘长的漂亮呢！[na²⁴ kɤ²⁴ ku⁴⁵ niaŋ³¹ tʂaŋ⁵⁵ ti⁰ pʰiau⁴⁵ niaŋ²⁴ ɤ⁰]

他说我们比到她说两句啊看怎么样啊。[tʰa⁴⁵ ʂuo³¹ uo⁵⁵ mən⁰ pi⁵⁵ tau²⁴ tʰa⁴⁵ ʂuo³¹ niaŋ⁵⁵ tɕy²⁴ a⁰ kʰan²⁴ tsən⁵⁵ mo⁰ iaŋ²⁴ a⁰]

好，妈的那个那个过去那些跑的玩的娃子们，[xau⁵⁵, ma⁴⁵ ti⁰ na²⁴ kɤ²⁴ na²⁴ kɤ²⁴ kuo²⁴ tɕʰy⁴⁵ na²⁴ ɕie⁴⁵ pʰau⁵⁵ ti⁰ uan³¹ ti⁰ ua⁴⁵ tsʅ⁵⁵ mən⁰]

他说你先说，比着那个妇女说，[tʰa⁴⁵ ʂuo³¹ ni⁵⁵ ɕyɛn⁴⁵ ʂuo³¹，pi⁵⁵ tau³¹ na²⁴ kɤ²⁴ fu²⁴ ny⁵⁵ ʂuo³¹]

说哒呢他说是我们两个人看哪个说的好些，[ʂuo³¹ ta⁰ ni⁰ tʰa⁴⁵ ʂuo³¹ ʂʅ²⁴ uo⁵⁵ mən⁰ niaŋ⁵⁵ kɤ²⁴ zən³¹ kʰan²⁴ na⁵⁵ kɤ²⁴ ʂuo³¹ ti⁰ xau²⁴ ɕie⁴⁵]

看她搭不搭话，是个什么样子。[kʰan²⁴ tʰa⁴⁵ ta³¹ pu³¹ ta³¹ xua²⁴，ʂʅ²⁴ kɤ²⁴ ʂən⁵⁵ mo⁰ iaŋ²⁴ tsʅ⁰]

他说那可以吵，[tʰa⁴⁵ ʂuo³¹ na²⁴ kʰuo⁵⁵ i⁵⁵ ʂa⁰]

他说我们两个人是朋友啊，[tʰa⁴⁵ ʂuo³¹ uo⁵⁵ mən⁰ niaŋ⁵⁵ kɤ²⁴ zən³¹ ʂʅ²⁴ pʰoŋ³¹ iəu⁵⁵ a⁰]

我就比着这个朋字说，[uo⁵⁵ tɕiəu²⁴ pi⁵⁵ tau³¹ tʂɤ²⁴ kɤ²⁴ pʰoŋ³¹ tsʅ²⁴ ʂuo³¹]

他说那行不行啊，[tʰa⁴⁵ ʂuo³¹ na²⁴ ɕin³¹ pu³¹ ɕin³¹ a⁰]

朋友的朋字说，[pʰoŋ³¹ iəu⁵⁵ ti⁰ pʰoŋ³¹ tsʅ²⁴ ʂuo³¹]

他说朋友的朋字是两个月啊，[tʰa⁴⁵ ʂuo³¹ pʰoŋ³¹ iəu⁵⁵ ti⁰ pʰoŋ³¹ tsʅ²⁴ ʂʅ²⁴ niaŋ⁵⁵ kuo²⁴ ye³¹ a⁰]

他说一个月下雨呢是二个月下雪。[tʰa⁴⁵ ʂuo³¹ i³¹ kuo²⁴ ye³¹ ɕia²⁴ y⁵⁵ ni⁰ ʂʅ²⁴ ə²⁴ kuo²⁴ ye³¹ ɕia²⁴ ɕye³¹]

好，恁个儿一说，[xau⁵⁵，nən²⁴ kɤɹ²⁴ i³¹ ʂuo³¹]

说哒他咧一个月下雨一个月下雪，[ʂuo³¹ ta⁰ tʰa⁴⁵ nie⁰ i³¹ kuo²⁴ ye³¹ ɕia²⁴ y⁵⁵ i³¹ kuo²⁴ ye³¹ ɕia²⁴ ɕye³¹]

个杂子那个女的一听吵，[kɤ²⁴ tsa³¹ tsʅ⁰ na²⁴ kɤ²⁴ ny⁵⁵ ti⁰ i³¹ tʰin⁴⁵ ʂa⁰]

这是说的什么诗啊，[tʂɤ²⁴ ʂʅ²⁴ ʂuo³¹ ti⁰ ʂən⁵⁵ mo⁰ ʂʅ⁴⁵ a⁰]

月啊妈的没得个头的尾的啊，[ye³¹ a⁰ ma⁴⁵ ti⁰ mo³¹ tɤ⁰ kɤ²⁴ tʰəu⁰ ti⁰ uei⁵⁵ ti⁰ a⁰]

没得点是说的无聊的话调戏我的呢。[mo³¹ tɤ⁰ tiɛn⁵⁵ ʂʅ²⁴ ʂuo³¹ ti⁰ u³¹ niau³¹ ti⁰ xua²⁴ tʰiau³¹ ɕi²⁴ uo⁵⁵ ti⁰ ni⁰]

好那个伙计说他那我们两个是朋友啊，[xau⁵⁵ nai²⁴ kɤ²⁴ xuo⁵⁵ tɕi²⁴ ʂuo³¹ tʰa⁴⁵ na²⁴ uo⁵⁵ mən⁰ niaŋ⁵⁵ kɤ²⁴ ʂʅ²⁴ pʰoŋ³¹ iəu⁵⁵ a⁰]

那我就依着我们两个出门来说，[na²⁴ uo⁵⁵ tɕiəu²⁴ i⁴⁵ tau⁰ uo⁵⁵ mən⁰ niaŋ⁵⁵ kuo²⁴ tʂʰu³¹ mən³¹ nai³¹ ʂuo³¹]

他说那你依着出门怎样说啊，[tʰa⁴⁵ ʂuo³¹ na²⁴ ni⁵⁵ i⁴⁵ tau³¹ tʂʰu³¹ mən³¹ tsən⁵⁵ iaŋ²⁴ ʂuo³¹ a⁰]

他说出门的出字是两座山呐，[tʰa⁴⁵ ʂuo³¹ tʂʰu³¹ mən³¹ ti⁰ tʂʰu³¹ tsʅ²⁴ ʂʅ²⁴ niaŋ⁵⁵ tsuo²⁴ ʂan⁴⁵ na⁰]

他说一山森岭呢是一山森塆，[tʰa⁴⁵ ʂuo³¹ i³¹ ʂan⁴⁵ sən⁴⁵ nin⁵⁵ nɤ⁰ ʂʅ²⁴ i³¹ ʂan⁴⁵ sən⁴⁵ uan⁴⁵]

好，他说只有塆的呢是怪头八闲呢，[xau⁵⁵, tʰa⁴⁵ʂuo³¹tʂʅ⁴⁵iəu⁵⁵uan⁴⁵ti⁰ni⁰ʂʅ²⁴kuai²⁴tʰəu³¹pa³¹ɕiɛn³¹ni⁰]

是沁水不干呐。[ʂʅ²⁴tɕʰin³¹ʂuei⁵⁵pu³¹kan⁴⁵na⁰]

好，他都恁门一说。[xau⁵⁵, tʰa⁴⁵təu⁴⁵nən²⁴mən⁰i³¹ʂuo³¹]

说上那个女的呢，[ʂuo³¹ʂaŋ²⁴na²⁴kɤ²⁴ny⁵⁵ti⁰ni⁰]

那个女的咧她本身就姓吕，[na²⁴kɤ²⁴ny⁵⁵ti⁰nie⁰tʰa⁴⁵pən⁵⁵ʂən⁴⁵tɕiəu²⁴ɕin²⁴ny⁵⁵]

姓吕的吕字是两个口字，[ɕin²⁴ny⁵⁵ti⁰ny⁵⁵tʂʅ²⁴ʂʅ²⁴niaŋ⁵⁵kɤ²⁴kʰəu⁵⁵tʂʅ²⁴]

她一听个杂他们在调戏我，[tʰa⁴⁵i³¹tʰin⁴⁵kɤ²⁴tsa³¹tʰa⁴⁵mən⁰tsai²⁴tʰiau³¹ɕi²⁴uo⁵⁵]

个杂子的我也来说一个，[kɤ²⁴tsa³¹tsʅ⁰ti⁰uo⁵⁵ie⁵⁵nai³¹ʂuo³¹i³¹kuo²⁴]

她说你们站着，[tʰa⁴⁵ʂuo³¹ni⁵⁵mən⁰tʂan²⁴tau³¹]

我来说两句你们听。[uo⁵⁵nai³¹ʂuo³¹niaŋ⁵⁵tɕy²⁴ni⁵⁵mən⁰tʰin⁴⁵]

她说本女子是两个口啊，[tʰa⁴⁵ʂuo³¹pən⁵⁵ny⁵⁵tsʅ⁰ʂʅ²⁴niaŋ⁵⁵kɤ²⁴kʰəu⁵⁵a⁰]

她说这个上头的迥个口是上口是喝水的，[tʰa⁴⁵ʂuo³¹tʂɤ²⁴kɤ²⁴ʂaŋ²⁴tʰəu⁰ti⁰nie⁰kɤ²⁴kʰəu⁵⁵ʂʅ²⁴ʂaŋ²⁴kʰəu⁵⁵ʂʅ²⁴xuo⁴⁵ʂuei⁵⁵ti⁰]

下口是喝酒哇，[ɕia²⁴kʰəu⁵⁵ʂʅ²⁴xuo⁴⁵tɕiəu⁵⁵ua⁰]

她就骂他们两个人。[tʰa⁴⁵tɕiəu²⁴ma²⁴tʰa⁴⁵mən⁰niaŋ⁵⁵kɤ²⁴zən³¹]

意译：再讲一个故事，本来是民间故事。故事讲的是骂喝酒的，骂那个戏弄那个喝酒的人的，好，他为什么要戏弄他们喝酒的呢，就是要戏弄了免得他们经常喝酒啊就去大闹。

好，他出门和几个伙计去搞事，碰到一个女的长的很漂亮。他们几伙计就跟流氓一样，但说像流氓他们又没起别的心，只是在口头上这么说呀说，他们说那个姑娘长得漂亮呢！他说我们比方着她说两句怎么样啊。好，他说你先说，比方着那个妇女说，看我们两个人谁说的好些，看她搭不搭话，是个什么样子。他说那可以啊，他说我们两个人是朋友啊，我就比着这个朋字说，他说那行不行啊，朋友的朋字说，他说朋友的朋字是两个月啊，他说一个月下雨呢是二个月下雪。

好，这样一说，说这个一个月下雨一个月下雪，被那个女的听到了，那女的就想这是说的什么诗啊，月啊雨啊没个头尾，这是说无聊的话调戏我呢。那个伙计说，我们两个是朋友啊，那我就依着我们两个出门来说，他说那你依着出门怎样说啊，他说出门的出字是两座山呐，他说一山森岭呢是一山森塆，好，他说只有塆是奇奇怪怪的，是泉水不干。好，他就这样一说。

说起那个女的，那个女的她本身就姓吕，姓吕的吕字是两个口字，她一听他们在调戏自己，那我也来说一个。她说你们站着，我来说两句你们听。她说本女子是两个口啊，她说这个上头的这个口是喝水的，下口是喝酒，她就骂他们两个人。

0029 其他故事

这个，这会儿讲呢，[tʂɤ²⁴kɤ⁰，tʂɤ³¹xuər²⁴tɕiaŋ⁵⁵mɤ⁰]

讲一个吹奇的。[tɕiaŋ⁵⁵i⁴⁵kɤ²⁴tʂʰuei⁴⁵pʰau²⁴ti⁰] 吹奇：吹牛

他横直日白，[tʰa⁴⁵xuən³¹tʂɿ³¹ʐɿ²⁴pɤ³¹] 日白：吹牛

那讲的随便怎个搞，[na²⁴tɕiaŋ⁵⁵ti⁰suei³¹piɛn¹¹tsən⁵⁵kɤ⁰kau⁵⁵]

他日白呢，[tʰa⁴⁵ʐɿ³¹pɤ³¹mɤ⁰]

日得别人啰⁼啰⁼转，[ʐɿ³¹tɤ⁰pie³¹ʐən³¹nuo³¹nuo⁰tʂuan³¹] 啰⁼啰⁼转：团团转

你不听呢也得听。[ni⁵⁵pu³¹tʰin⁴⁵mɤ⁰ie⁵⁵tɤ⁰tʰin⁴⁵]

好，个杂种咧，你想他的爹，[xau⁵⁵，kɤ²⁴tsa³¹tʂoŋ⁵⁵nie⁰，ni⁵⁵ɕiaŋ⁵⁵tʰa⁴⁵ti⁰tie⁴⁵]

他耶，他说你个杂，[tʰa⁴⁵ie⁰，tʰa⁴⁵ʂuo⁴⁵ni⁵⁵kɤ²⁴tsa⁰]

你个狗日的你再也不能，[ni⁵⁵kɤ²⁴kəu⁵⁵ʐɿ²⁴ti⁰ni⁵⁵tsai²⁴ie⁵⁵pu³¹nən³¹]

出门日白哒，[tʂʰu⁴⁵mən³¹ʐɿ²⁴pɤ³¹ta⁰]

我拽你的人。[uo⁵⁵tʂuai³²ni⁵⁵ti⁰ʐən³¹] 拽：动词，揍、打

他说那，爹，我跟您儿说啊，[tʰa⁴⁵ʂuo⁴⁵na²⁴，tie⁴⁵，uo⁵⁵kən⁴⁵nər⁵⁵ʂuo⁴⁵a⁰]

您儿把我生下来我就只会日白么。[nər⁵⁵pa⁵⁵uo⁵⁵sən⁴⁵ɕia²⁴nai⁰uo⁵⁵tɕiəu²⁴tʂɿ⁵⁵xuei²⁴ʐɿ²⁴pɤ³¹mɤ⁰]

那你会日，[na²⁴ni⁵⁵xuei²⁴ʐɿ²⁴]

你今儿把老子日啊出去，[ni⁵⁵tɕiər⁴⁵pa⁵⁵nau⁵⁵tsɿ⁰ʐɿ²⁴a⁰tʂʰu⁴⁵kʰɤ²⁴]

日啊门外头去，我坐啊屋里。[ʐɿ²⁴a⁰mən³¹uai²⁴tʰəu⁰kʰɤ²⁴，uo⁵⁵tsuo²⁴a⁰u⁴⁵ni⁰] 外头：外面

他说，真的啊？[tʰa⁴⁵ʂuo⁴⁵，tʂən⁴⁵ti⁰a⁰]

他说，真的么。[tʰa⁴⁵ʂuo⁴⁵，tʂən⁴⁵ti⁰mɤ⁰]

他说你把我日门外头去哒，[tʰa⁴⁵ʂuo⁴⁵ni⁵⁵pa⁵⁵uo⁵⁵ʐɿ²⁴mən³¹uai²⁴tʰəu⁰kʰɤ²⁴ta⁰]

日后我不吵你。[ɚ³¹xəu¹¹uo⁵⁵pu³¹tʂʰau⁵⁵ni⁵⁵]

他说他爹，他说那行吵。[tʰa⁴⁵ʂuo⁴⁵tʰa⁴⁵tie⁴⁵，tʰa⁴⁵ʂuo⁴⁵na²⁴ɕin³¹ʂa⁰]

他爹就坐堂屋里，也不动。[tʰa⁴⁵tie⁴⁵tɕiəu²⁴tsuo²⁴tʰaŋ³¹u⁴⁵ni⁰，ie⁵⁵pu³¹toŋ²⁴]

他醒啊醒啦。[tʰa⁴⁵ɕin⁵⁵a⁰ɕin⁵⁵na⁰] 醒：磨蹭

个杂，他的婆婆咧，分啊家的，[kɤ²⁴tsa³¹，tʰa⁴⁵ti⁰pʰo³¹pʰo⁰mɤ⁰，fən⁴⁵a⁰tɕia⁴⁵ti⁰]

跟他的幺爹住啊在一个屋的，[kən⁴⁵tʰa⁴⁵ti⁰iau⁴⁵tie⁴⁵tʂu²⁴a⁰tsai²⁴i⁴⁵kɤ²⁴u⁴⁵ti⁰]

跟他幺爹住啊在一个屋的，［kən⁴⁵tʰa⁴⁵iau⁴⁵tie⁴⁵tʂu²⁴a⁰tsai²⁴i⁴⁵kɤ²⁴u⁴⁵ti⁰］

个杂他没，转，也没出门转，［kɤ²⁴tsa³¹tʰa⁴⁵mei³¹，tʂuan²⁴，ie⁵⁵mei³¹tʂʰu⁴⁵mən³¹tʂuan²⁴］

怎么望到那边，［tsən⁵⁵mɤ⁰uaŋ²⁴tau⁰na²⁴piɛn⁰］

他个儿假啊装咧，［tʰa⁴⁵kɤr²⁴tɕia⁵⁵a⁰tʂuaŋ⁴⁵nie⁰］个儿：语助词

就那个脸朝旁边一跳啊，一望啊。［tɕiəu²⁴na²⁴kɤ⁰niɛn⁵⁵tʂʰau³¹pʰaŋ³¹piɛn¹¹i⁴⁵tʰiau⁵⁵a⁰，i⁴⁵uaŋ²⁴a⁰］

我的爹啊，你个，快点。［uo⁵⁵ti⁰tie⁴⁵a⁰，ni⁵⁵kɤ⁰，kʰuai³²tiɛn⁵⁵］

他说，怎样儿搞的啊？［tʰa⁴⁵ʂuo³¹，tsən⁵⁵iãr²⁴kau⁵⁵ti⁰a⁰］

婆婆死哒，［pʰo³¹pʰo⁰sɿ⁵⁵ta⁰］

你要幺爹快儿点过来的。［ni⁵⁵iau²⁴iau⁴⁵tie⁴⁵kʰuar²⁴tiɛn⁵⁵kuo²⁴nai³¹ti⁰］

他的爹就赶快出去哒，［tʰa⁴⁵ti⁰tie⁴⁵tɕiəu²⁴kan⁵⁵kʰuai²⁴tʂʰu⁴⁵kʰɤ²⁴ta⁰］

他说个杂种咧，［tʰa⁴⁵ʂuo⁴⁵kɤ²⁴tsa³¹tʂoŋ⁵⁵nie⁰］

你个儿把老子，个杂的，［ni⁵⁵kɤr²⁴pa⁵⁵nau⁵⁵tsɿ⁰，kɤ²⁴tsa³¹ti⁰］

日啊出来哒，［zʅ²⁴a⁰tʂʰu⁴⁵nai⁰ta⁰］

好，日啊出来哒。［xau⁵⁵，zʅ²⁴a⁰tʂʰu⁴⁵nai⁰ta⁰］

好好，日后你日白我都不吵你哒。［xau⁵⁵xau⁵⁵，ɚ³¹xəu¹¹ni⁵⁵zʅ²⁴pɤ³¹uo⁵⁵təu⁴⁵pu³¹tʂʰau⁵⁵ni⁵⁵ta⁰］

我说那他就怎个说，［uo⁵⁵ʂuo³¹na²⁴tʰa⁴⁵tɕiəu²⁴nən²⁴kɤ⁰ʂuo³¹］怎个：这么

他的爹呢就跟他舅舅呢又一粉＝。［tʰa⁴⁵ti⁰tie⁴⁵nɤ⁰tɕiəu²⁴kən⁴⁵tʰa⁴⁵tɕiəu²⁴tɕiəu⁰mɤ⁰iəu²⁴i⁴⁵fən⁵⁵］粉＝：讲

他说，［tʰa⁴⁵ʂuo³¹］

我迺个娃子那个儿教育不过来啊的啊。［uo⁵⁵nie²⁴kɤ⁰ua³¹tsɿ⁰na²⁴kɤr²⁴tɕiau²⁴y²⁴pu³¹kuo²⁴nai³¹a⁰ti⁰a⁰］

他说怎么搞的啊？［tʰa⁴⁵ʂuo⁴⁵tsən⁵⁵mɤ⁰kao⁵⁵ti⁰a⁰］

他日白，我要他，把，［tʰa⁴⁵zʅ²⁴pɤ³¹，uo⁵⁵iau²⁴tʰa⁴⁵，pa⁵⁵］

把我在堂屋的日啊出去啊，［pa⁵⁵uo⁵⁵tsai²⁴tʰaŋ³¹u³¹ti⁰zʅ²⁴a⁰tʂʰu⁴⁵kʰɤ²⁴a⁰］

他硬把我日啊出去啊的。［tʰa⁴⁵ən²⁴pa⁵⁵uo⁵⁵zʅ²⁴a⁰tʂʰu⁴⁵kʰɤ²⁴a⁰ti⁰］

他说是个杂种的，［tʰa⁴⁵ʂuo⁴⁵ʂɿ²⁴kɤ²⁴tsa³¹tʂoŋ⁵⁵ti⁰］

说是婆婆过哒，你看，［ʂuo⁴⁵ʂɿ²⁴pʰo³¹pʰo⁰kuo²⁴ta⁰，ni⁵⁵kʰan²⁴］过：过世

我赶忙儿站啊起来哒，［uo⁵⁵kan⁵⁵mãr³¹tʂan²⁴a⁰tɕʰi⁵⁵nai³¹ta⁰］

说妈死哒，我不起去啊，［ʂuo⁴⁵ma⁴⁵sɿ⁵⁵ta⁰，uo⁵⁵pu³¹tɕʰi⁵⁵kʰɤ²⁴a⁰］

把我日啊出去的么。［pa⁵⁵uo⁵⁵zʅ²⁴a⁰tʂʰu⁴⁵kʰɤ²⁴ti⁰mɤ⁰］

个杂种的，[kɤ²⁴tsa³¹tʂoŋ⁵⁵ti⁰]

我来跟他两个人飘=个彩。[uo⁵⁵nai³¹kən⁴⁵tʰa⁴⁵niaŋ⁵⁵kɤ²⁴zən³¹pʰiau²⁴kɤ²⁴tsʰai⁵⁵]

飘=彩：打赌

他看啊，把我日白，[tʰa⁴⁵kʰan²⁴a⁰，pa⁵⁵uo⁵⁵zɿ²⁴pɤ³¹]

日不，日不日得动。[zɿ²⁴pu³¹，zɿ²⁴pu³¹zɿ²⁴tɤ⁰toŋ²⁴]

好，个杂种的，但这呢，[xau⁵⁵，kɤ²⁴tsa³¹tsoŋ⁵⁵ti⁰，tan²⁴tʂɤ⁵⁵mɤ⁰]

是带点儿荤啦，[ʂɿ²⁴tai²⁴tiər⁵⁵xuən⁴⁵na⁰]

有，有句话不好听啦，[iəu⁵⁵，iəu⁵⁵tɕy²⁴xua²⁴pu³¹xau⁵⁵tʰin⁴⁵na⁰]

就说他那个，[tɕiəu²⁴ʂuo³¹tʰa⁴⁵na²⁴kɤ⁰]

他舅舅骑啊马高头，[tʰa⁴⁵tɕiəu²⁴tɕiəu⁰tɕʰi³¹a⁰ma⁵⁵kau⁴⁵tʰəu⁰] 高头：上面

他说末娃子啊，你今儿天啦，[tʰa⁴⁵ʂuo³¹mo⁰ua³¹tsɿ⁰a⁰，ni⁵⁵tɕər⁴⁵tʰiɛn⁴⁵na⁰]

你会日白呦，您儿爹都怕你啊。[ni⁵⁵xuei²⁴zɿ²⁴pɤ³¹ʂa⁰，nər⁵⁵tie⁴⁵təu⁴⁵pʰa²⁴ni⁵⁵a⁰]

你今儿天把我日下马，[ni⁵⁵tɕiər⁴⁵tʰiɛn⁴⁵pa⁵⁵uo⁵⁵zɿ²⁴ɕia²⁴ma⁵⁵]

哎，日下马哒呢。[ai⁴⁵，zɿ²⁴ɕia²⁴ma⁵⁵ta⁰mɤ⁰]

他说咧，这个，我就算你狠，[tʰa⁴⁵ʂuo⁴⁵nɤ⁰，tʂɤ²⁴kɤ⁰，uo⁵⁵tɕiəu²⁴suan²⁴ni⁵⁵xən⁵⁵]

日后我们都不吵你哒，[ɤ³¹xəu²⁴uo⁵⁵mən⁰təu⁴⁵pu³¹tʂʰau⁵⁵ni⁵⁵ta⁰]

不吵你日白哒。[pu³¹tʂʰau⁵⁵ni⁵⁵zɿ²⁴pɤ³¹ta⁰]

哎哟，舅舅，我日不下来你。[ai⁰yo⁰，tɕiəu²⁴tɕiəu⁰，uo⁵⁵zɿ²⁴pu³¹ɕia²⁴nai⁰ni⁵⁵]

他说，您儿又不是不晓得。[tʰa⁴⁵ʂuo³¹，nər⁵⁵iəu²⁴pu³¹ʂɿ²⁴pu³¹ɕiau⁵⁵tɤ⁰]

他说，驴子日的下骡子啊，[tʰa⁴⁵ʂuo³¹，ny³¹tsɿ⁰zɿ²⁴ti⁰ɕia²⁴nuo³¹tsɿ⁰a⁰]

骡子日的才不下马呦。[nuo³¹tsɿ⁰zɿ²⁴ti⁰tsʰai⁴⁵pu³¹ɕia²⁴ma⁵⁵ʂa⁰]

好，马=恁个儿一嚼他啊，[xau⁵⁵，ma⁵⁵nən²⁴kɤr⁰i³¹tɕye³¹tʰa⁴⁵a⁰] 马=：语气词。

嚼：骂

他舅舅下马的。[tʰa⁴⁵tɕiəu²⁴tɕiəu⁰ɕia²⁴ma⁵⁵ti⁰]

他说不下马啊，[tʰa⁴⁵ʂuo³¹pu³¹ɕia²⁴ma⁵⁵a⁰]

他就个人下马哒。[tʰa⁴⁵tɕiəu²⁴kɤ²⁴zən³¹ɕia²⁴ma⁵⁵ta⁰]

意译：这会儿讲一个吹牛的故事。他很会吹牛说谎话，他随便一讲，他说谎话把别人骗得团团转，你不想听也得听。

有一天，他的爸爸对他说，你个狗日的，你再出门在外面说谎话，我踹你。他说爸，我跟您说，您把我生下来了我就只会吹牛说谎啊。他爸说，好，那你会说谎话，你把我骗得走出这个屋子，把我骗外面去，我就坐屋里面。他说真的？

他爸说，真的啊。他爸说，如果你能做到的话，后面你再说谎我不骂你。他说，那行啊。

他爸就坐在客厅里，也不动。他想了想，过了一会儿。他的婆婆呢，分家后，跟他的幺爹住在一起，跟他的幺爹住在一起，他也没有出门去。望向他幺爹家，他就假装脸朝旁边一转，一望。我的爹呀，你快点起来。他爸说，怎么啦？婆婆死了，你让幺爹快点过来。他的爸爸就赶快起身出去了，他说，好啊，你把老子骗出来了，好，以后你再说谎话吹牛，我都不说你了。

他的爸爸跟他的舅舅说起这个事。他说，我这个孩子，恐怕是教育不好了。他舅舅说，怎么了？他爸说，吹牛说谎，我要他把我从客厅里骗出去，他硬是把我骗出去了。他说婆婆去世了，你看，我赶忙儿站起来。要说妈死了，我不赶紧站起来？把我骗出去了。他舅舅说，狗日的，我来给他点颜色看看。看他能不能把我骗得动。

好，这个狗日的，但是这句话带点荤，有点不好听，就说他舅舅骑在马上面，他说末娃子，你今天啊，你会吹牛撒谎，你的爹都怕你。你今天把我骗得下马，哎，骗下马了呢，我就算你狠，以后我们都不说你了，不说你吹牛撒谎了。哎呀，舅舅，我骗不下来你的，您又不是不知道，驴子下骡子，骡子才不下马。好，这一骂他舅舅，他舅舅就从马背上下来了。他说不下马，结果最后下马了。

0030 其他故事

我给大家讲一个啊，[uo⁵⁵ kɤ⁴⁵ ta²⁴ tɕia⁴⁵ tɕiaŋ⁵⁵ i³¹ kuo²⁴ a⁰]

《三婿赞马》啊，这个故事。[san⁴⁵ ɕy²⁴ tsuan²⁴ ma⁵⁵ a⁰，tʂɤ²⁴ kɤ⁰ ku²⁴ sŋ²⁴]

这个有个丈人佬头呢，[tʂɤ²⁴ kɤ⁰ iəu⁵⁵ kɤ⁰ tʂaŋ²⁴ zən³¹ nau⁵⁵ tʰəu³¹ ni⁰]

买了一匹马，[mai⁵⁵ mɤ⁰ i³¹ pʰi³¹ ma⁵⁵]

他买个马回来了，[tʰa⁴⁵ mai⁵⁵ kɤ⁰ ma⁵⁵ xuei³¹ nai³¹ mɤ⁰]

还剩了二十吊钱。[xai³¹ ʂən²⁴ niau⁰ ɚ²⁴ sŋ³¹ tiau²⁴ tɕʰiɛn³¹]

他回来就跟他女人商量啊，[tʰa⁴⁵ xuei³¹ nai³¹ tɕiəu²⁴ kən⁴⁵ tʰa⁴⁵ ny⁵⁵ zən³¹ ʂaŋ⁴⁵ niaŋ²⁴ a⁰]

他说我把三个女婿啊这会要接来。[tʰa⁴⁵ ʂuo³¹ uo⁵⁵ pa⁵⁵ san⁴⁵ kɤ⁰ ny⁵⁵ ɕy²⁴ a⁰ tʂɤ²⁴ xuei³¹ iau⁴⁵ tɕie³¹ nai³¹]

她说你接来搞啥啊？[tʰa⁴⁵ ʂuo³¹ ni⁵⁵ tɕie³¹ nai³¹ kau⁵⁵ ʂa⁴⁵ a⁰]

他说我接来看看我的这个马看买的怎么样啊，[tʰa⁴⁵ ʂuo³¹ uo⁵⁵ tɕie³¹ nai³¹ kʰan²⁴ kʰan⁰ uo⁵⁵ ti⁰ tʂɤ²⁴ kɤ⁰ ma⁵⁵ kʰan⁰ mai⁵⁵ ti⁰ tsən⁵⁵ mo⁰ iaŋ²⁴ a⁰]

要他们给我称赞会儿点个赞，[iau⁴⁵ tʰa⁴⁵ mən⁰ kɤ⁴⁵ uo⁵⁵ tʂʰən⁴⁵ tsuan²⁴ xuɚ⁰ tiɛn⁵⁵ kuo²⁴tsuan²⁴]

她说那你个儿去接去咧。[tʰa⁴⁵ʂuo³¹na²⁴ni⁵⁵kɤr²⁴kʰɤ²⁴tɕie³¹kʰɤ²⁴ʂa⁰] 个儿：语助词

他说点赞点的好的，[tʰa⁴⁵ʂuo³¹tiɛn⁵⁵tsuan²⁴tiɛn⁵⁵ti⁰xau⁵⁵ti⁰]

我剩得的这个钱呐，[uo⁵⁵ʂən²⁴tɤ⁰ti⁰tʂɤ²⁴kɤ⁰tɕʰiɛn³¹na⁰]

我就把给他们，把给哪个。[uo⁵⁵tɕiəu²⁴pa⁵⁵kɤ⁴⁵tʰa⁴⁵mən⁰，pa⁵⁵kɤ⁴⁵na⁵⁵kuo²⁴]

说的不好呢，他这么讲，[ʂuo³¹ti⁰pu³¹xau⁵⁵ni⁰，tʰa⁴⁵tʂɤ²⁴mo⁰tɕiaŋ⁵⁵]

他说酒都莫想喝我的。[tʰa⁴⁵ʂuo³¹tɕiəu⁵⁵təu⁴⁵mo³¹ɕiaŋ⁵⁵xuo⁴⁵uo⁵⁵ti⁰]

那个婆婆儿就说那你个儿去接去，[na²⁴kɤ⁰pʰo³¹pʰor⁰tɕiəu²⁴ʂuo³¹na²⁴ni⁵⁵kɤr²⁴kʰɤ²⁴tɕie³¹kʰɤ²⁴]

把三个女婿接来。[pa⁵⁵san⁴⁵kɤ²⁴ny⁵⁵ɕy²⁴tɕie³¹nai³¹]

他把姑娘三个姑娘，[tʰa⁴⁵pa⁵⁵ku⁴⁵niaŋ⁰san⁴⁵kɤ⁰ku⁴⁵niaŋ⁰]

女婿个儿都接去哒，[ny⁵⁵ɕy²⁴kɤr²⁴təu⁴⁵tɕie³¹kʰɤ²⁴ta⁰]

接去哒，把饭都弄好哒，[tɕie³¹kʰɤ²⁴ta⁰，pa⁵⁵fan²⁴təu⁴⁵noŋ²⁴xau⁵⁵ta⁰]

坐桌上哒，他就给女婿说，[tsuo²⁴tʂuo³¹ʂaŋ⁰ta⁰，tʰa⁴⁵tɕiəu²⁴kɤ⁴⁵ny⁵⁵ɕy²⁴ʂuo³¹]

他说："今天啊，[tʰa⁴⁵ʂuo³¹：tɕin⁴⁵tʰiɛn⁴⁵a⁰]

吃这顿饭可不简单，[tʂʰʅ³¹tʂɤ²⁴tən²⁴fan²⁴kʰɤ⁵⁵pu³¹tɕiɛn⁵⁵tan⁴⁵]

那你们要怎么搞呢，我买匹马，[na²⁴ni⁵⁵mən⁰iau⁴⁵tsən⁵⁵mo⁰kau⁴⁵ni⁰，uo⁵⁵mai⁵⁵pʰi³¹ma⁵⁵]

你们首先给我到马穴门上啊，[ni⁵⁵mən⁰ʂəu⁵⁵ɕyɛn⁴⁵kɤ⁴⁵uo⁵⁵tau²⁴ma⁵⁵ɕye³¹mən³¹ʂaŋ⁰a⁰] 马穴：马厩

给我视一下，[kɤ⁴⁵uo⁵⁵ʂʅ²⁴i³¹ɕia⁰]

看我那个马买的怎么样儿，[kʰan²⁴uo⁵⁵mɤ²⁴kɤ⁰ma⁵⁵mai⁵⁵ti⁰tsən⁵⁵mo⁰iãr²⁴]

你们要给我称赞下儿，点个赞。"[ni⁵⁵mən⁰iau⁴⁵kɤ⁴⁵uo⁵⁵tʂʰən⁴⁵tsuan²⁴xar⁰，tiɛn⁵⁵kuo²⁴tsuan²⁴]

他说那可以咧，[tʰa⁴⁵ʂuo³¹na²⁴kʰɤ²⁴i⁵⁵ʂa⁰]

好，都到马穴里去视哒，[xau⁵⁵，təu⁴⁵tau²⁴ma⁵⁵ɕye³¹ni⁰kʰɤ²⁴ʂʅ²⁴ta⁰]

转来哒都说："哎呀，丈人，[tʂuan⁵⁵nai³¹ta⁰təu⁴⁵ʂuo³¹：ai⁰ia⁰，tʂaŋ²⁴zən³¹]

岳父大人啦，[yo³¹fu²⁴ta²⁴zən³¹na⁰]

你这回儿买的个马行。"[ni⁵⁵tʂɤ²⁴xuər⁰mai⁵⁵ti⁰kɤ⁰ma⁵⁵ɕin⁴⁵]

"不要你们这会儿夸赞，[pu³¹iau⁴⁵ni⁵⁵mən⁰tʂɤ²⁴xuər⁰kʰua⁴⁵tsuan²⁴]

吃饭的时候儿再说。"[tʂʰʅ³¹fan²⁴ti³¹ʂʅ³¹xər⁰tsai²⁴ʂuo³¹]

好，把饭弄好哒，[xau⁵⁵，pa⁵⁵fan²⁴noŋ²⁴xau⁵⁵ta⁰]

在桌子上吃饭的时候呢，[tsai²⁴tʂuo³¹tsʅ⁰ʂaŋ⁰tʂʰʅ³¹fan²⁴ti⁰ʂʅ³¹xəu²⁴ni⁰]

大女婿呢的就要小女婿的说，[ta²⁴ ny⁵⁵ ɕy²⁴ ni⁰ ti⁰ tɕiəu²⁴ iau⁴⁵ ɕiau⁵⁵ ny⁵⁵ ɕy²⁴ ti⁰ ʂuo³¹]

小女婿的就要大女婿说。[ɕiau⁵⁵ ny⁵⁵ ɕy²⁴ ti⁰ tɕiəu²⁴ iau⁴⁵ ta²⁴ ny⁵⁵ ɕy²⁴ ʂuo³¹]

好，那个老二就说：[xau⁵⁵ , na²⁴ kɤ²⁴ nau⁵⁵ ɚ²⁴ tɕiəu²⁴ ʂuo³¹]

"由岳父大人发话，谁先说。"[iəu³¹ yo³¹ fu²⁴ ta²⁴ zən³¹ fa³¹ xua²⁴ , ʂuei³¹ ɕien⁴⁵ ʂuo³¹]

好，那岳父大人就说：[xau⁵⁵ , na²⁴ yo³¹ fu²⁴ ta²⁴ zən³¹ tɕiəu²⁴ ʂuo³¹]

"好，由大的先说。"[xau⁵⁵ , iəu³¹ ta²⁴ ti⁰ ɕien⁴⁵ ʂuo³¹]

他说要形容几句，[tʰa⁴⁵ ʂuo³¹ iau⁴⁵ ɕin³¹ ioŋ³¹ tɕi⁴⁵ tɕy²⁴]

要说的我的这个马快，[iau⁴⁵ ʂuo³¹ ti⁰ uo⁵⁵ ti⁰ tʂɤ²⁴ kɤ⁰ ma⁵⁵ kʰuai²⁴]

快到什么样范儿，[kʰuai²⁴ tau⁰ ʂən⁵⁵ mo⁰ iaŋ²⁴ fər²⁴]

都要形容出来，[təu⁴⁵ iau⁴⁵ ɕin³¹ ioŋ³¹ tʂʰu³¹ nai³¹]

在文字上要形容出来。[tsai²⁴ uən³¹ tsɿ²⁴ ʂaŋ⁰ iau⁴⁵ ɕin³¹ ioŋ³¹ tʂʰu³¹ nai³¹]

他个大女婿啊就说啊，他说啊：[tʰa⁴⁵ kɤ²⁴ ta²⁴ ny⁵⁵ ɕy²⁴ a⁰ tɕiəu²⁴ ʂuo³¹ , tʰa⁴⁵ ʂuo³¹ a⁰]

"这个丈人骑马啊，[tʂɤ²⁴ kɤ²⁴ tʂaŋ²⁴ zən³¹ tɕʰi³¹ ma⁵⁵ a⁰]

到山阴啊，海底放真金；[tau²⁴ ʂan⁴⁵ in⁴⁵ a⁰ , xai⁵⁵ ti⁰ faŋ²⁴ tʂən⁴⁵ tɕin⁴⁵]

丈人骑马回来了啊，[tʂaŋ²⁴ zən³¹ tɕʰi³¹ ma⁵⁵ xuei³¹ nai³¹ niau⁰ a⁰]

真金还未成。"[tʂən⁴⁵ tɕin⁴⁵ xuan²⁴ uei²⁴ tʂʰən³¹]

嘿，这，他的丈人佬头拍手，[xei⁰ , tʂɤ²⁴ , tʰa⁴⁵ ti⁰ tʂaŋ²⁴ zən³¹ nau⁵⁵ tʰəu³¹ pʰɤ³¹ ʂəu⁵⁵]

他说：[tʰa⁴⁵ ʂuo³¹]

"那这是形容得好，[na²⁴ tʂɤ²⁴ sɿ²⁴ ɕin³¹ ioŋ³¹ ti⁰ xau⁵⁵]

我这是，你说得好，[uo⁵⁵ tʂɤ²⁴ sɿ²⁴ , ni⁵⁵ ʂuo³¹ tɤ⁰ xau⁵⁵]

那我给你敬杯酒。"[na²⁴ uo⁵⁵ kɤ⁴⁵ ni⁵⁵ tɕin²⁴ pei⁴⁵ tɕiəu⁵⁵]

给他敬杯酒啊，[kɤ⁴⁵ tʰa⁴⁵ tɕin²⁴ pei⁴⁵ tɕiəu⁵⁵ a⁰]

给他就吃哒。[kɤ⁴⁵ tʰa⁴⁵ tɕiəu²⁴ tʂʰɿ³¹ ta⁰]

"他说，那老二，你说会儿看呐，[tʰa⁴⁵ ʂuo³¹ , na²⁴ nau⁵⁵ ɚ²⁴ , ni⁵⁵ ʂuo³¹ xuər⁰ kʰan²⁴ na⁰]

我的个马快，[uo⁵⁵ ti⁰ kɤ²⁴ ma⁵⁵ kʰuai²⁴]

快个什么像啊，[kʰuai²⁴ kɤ²⁴ ʂən⁵⁵ mo⁰ ɕiaŋ²⁴ a⁰]

你给我形容出来看呐。"[ni⁵⁵ kɤ⁴⁵ uo⁵⁵ ɕin³¹ ioŋ³¹ tʂʰu³¹ nai³¹ kʰan²⁴ na⁰]

他说：[tʰa⁴⁵ ʂuo³¹]

"丈人骑马过山腰，[tʂaŋ²⁴ zən³¹ tɕʰi³¹ ma⁵⁵ kuo²⁴ ʂan⁴⁵ iau⁴⁵]

火里放毫毛。[xuo⁵⁵ ni⁰ faŋ²⁴ xau³¹ mau³¹]
丈人骑马回来了啊，[tʂaŋ²⁴ zən³¹ tɕʰi³¹ ma⁵⁵ xuei³¹ nai³¹ niau⁰ a⁰]
毫毛还未焦啊，[xau³¹ mau³¹ xuan²⁴ uei²⁴ tɕiau⁴⁵ a⁰]
您儿马有恁门快。"[nər⁰ ma⁵⁵ iəu⁵⁵ nən²⁴ mən⁰ kʰuai²⁴] 恁门：这么
"哎，那你迎个老二也说的好，[ai⁰, na²⁴ ni⁵⁵ nie⁰ kɤ²⁴ nau⁵⁵ ə˞ ie⁵⁵ ʂuo³¹ ti⁰ xau⁵⁵]
到老三说。"[tau²⁴ nau⁵⁵ san⁴⁵ ʂuo³¹]
老三咧，人好哒，[nau⁵⁵ san⁴⁵ nie⁰, zən³¹ xau⁵⁵ ta⁰]
忠厚人，也没读过书，[tʂoŋ⁴⁵ xəu²⁴ zən³¹, ie⁵⁵ mei³¹ tu³¹ kuo²⁴ ʂu⁴⁵]
他说那您儿的马快啊，[tʰa⁴⁵ ʂuo³¹ na²⁴ nər³¹ ti⁰ ma⁵⁵ kʰuai²⁴ a⁰]
个子又大啊怎个怎个，[kuo²⁴ tsɿ⁰ iəu²⁴ ta²⁴ a⁰ tsən⁵⁵ kɤ⁰ tsən⁵⁵ kɤ⁰]
他这么说，他丈人说：[tʰa⁴⁵ tʂɤ²⁴ mo⁰ ʂuo³¹, tʰa⁴⁵ tʂaŋ²⁴ zən³¹ ʂuo³¹]
"那不行，[na²⁴ pu³¹ ɕin³¹]
硬要跟他们这样说两句。"[ən²⁴ iau⁴⁵ kən⁴⁵ tʰa⁴⁵ mən⁰ tʂɤ²⁴ iaŋ⁴⁵ ʂuo³¹ niaŋ⁵⁵ tɕy²⁴]
他又说不倒。[tʰa⁴⁵ iəu²⁴ ʂuo³¹ pu³¹ tau⁰]
说不倒，他说：[ʂuo³¹ pu³¹ tau⁰, tʰa⁴⁵ ʂuo³¹]
"那我们个儿吃啊喝啊，[na²⁴ uo⁵⁵ mən⁰ kɤr²⁴ tʂʰɿ³¹ a⁰ xuo⁴⁵ a⁰]
你就没得你的份儿啊，[ni⁵⁵ tɕiəu²⁴ mei³¹ tɤ⁰ ni⁵⁵ ti⁰ fər²⁴ a⁰]
那不给你酌酒啊。"[na²⁴ pu³¹ kɤ⁴⁵ ni⁵⁵ tʂuo⁴⁵ tɕiəu⁵⁵ a⁰]
他丈母娘呢就想他是个好人呢就蛮疼他，[tʰa⁴⁵ tʂaŋ²⁴ mu⁵⁵ niaŋ⁰ ni⁰ tɕiəu²⁴ ɕiaŋ⁵⁵ tʰa⁴⁵ sɿ²⁴ kɤ²⁴ xau⁵⁵ zən³¹ ni⁰ tɕiəu²⁴ man³¹ tʰən³¹ tʰa⁴⁵]
她说："娃子啊，[tʰa⁴⁵ ʂuo³¹：ua⁴⁵ tsɿ⁰ a⁰]
你不要说，说不倒不说，[ni⁵⁵ pu³¹ iau⁴⁵ ʂuo³¹, ʂuo³¹ pu³¹ tau⁰ pu³¹ ʂuo³¹]
我给你端菜来、端饭来、端酒来。"[uo⁵⁵ kɤ⁴⁵ ni⁵⁵ tan⁴⁵ tsʰai²⁴ nai³¹、tan⁴⁵ fan²⁴ nai³¹、tan⁴⁵ tɕiəu⁵⁵ nai³¹]
好，杂种呢，[xau⁵⁵, tsa³¹ tʂoŋ⁵⁵ ni⁰]
他丈母娘就端一盘盘儿菜啊，[tʰa⁴⁵ tʂaŋ²⁴ mu⁵⁵ niaŋ⁰ tɕiəu²⁴ tan⁴⁵ i³¹ pʰan³¹ pʰər³¹ tsʰai²⁴ a⁰]
端一杯酒啊，[tan⁴⁵ i³¹ pei⁴⁵ tɕiəu⁵⁵ a⁰]
唥⁼啊唥⁼的搞那个桌子上去哒，[naŋ²⁴ a⁰ naŋ²⁴ ti⁰ kau⁵⁵ nɤ²⁴ kɤ²⁴ tʂuo³¹ tsɿ⁰ ʂaŋ⁰ kʰɤ²⁴ ta⁰] 唥⁼：拟声词
去哒朝那儿一凳⁼呢，[kʰɤ²⁴ ta⁰ tʂʰau⁴⁵ nar²⁴ i³¹ tən²⁴ ni⁰] 凳⁼：坐
你看，怪事儿，个杂子的，[ni⁵⁵ kʰan²⁴, kuai²⁴ sər²⁴, kɤ²⁴ tsa³¹ tsɿ⁰ ti⁰]
他的丈母娘打个屁，肛门排气。[tʰa⁴⁵ ti⁰ tʂaŋ²⁴ mu⁵⁵ niaŋ⁰ ta⁵⁵ kɤ²⁴ pʰi²⁴, kaŋ²⁴

mən³¹ pʰai³¹ tɕʰi²⁴]

她的那个那个幺女婿就说啊：[tʰa⁴⁵ti⁰nɤ²⁴kɤ⁰nɤ²⁴kɤ⁰iau²⁴ny⁵⁵ɕy²⁴tɕiəu²⁴ʂuo³¹a⁰]

"唉呀妈呀，[ai⁰ia⁰ma⁴⁵ia⁰]

您儿个儿把个拿过去，[nər³¹kɤr²⁴pa⁵⁵kuo⁵⁵na³¹kuo²⁴kʰɤ²⁴]

我说得倒的。"[uo⁵⁵ʂuo³¹tɤ⁰tau²⁴ti⁰]

她说："那你说我听下儿看呐。"[tʰa⁴⁵ʂuo³¹：na²⁴ni⁵⁵ʂuo³¹uo⁵⁵tʰin⁴⁵xar⁰kʰan²⁴na⁰]

他说："丈人骑马过山西啊，[tʰa⁴⁵ʂuo³¹：tʂaŋ²⁴zən³¹tɕʰi³¹ma⁵⁵kuo²⁴ʂan⁴⁵ɕi⁴⁵a⁰]

丈母送菜又打个屁。[tʂaŋ²⁴mu⁵⁵soŋ²⁴tsʰai²⁴iəu²⁴ta⁵⁵kɤ²⁴pʰi²⁴]

丈人骑马回来了呢，[tʂaŋ²⁴zən³¹tɕʰi³¹ma⁵⁵xuei²⁴nai³¹niau⁰ni⁰]

丈母娘的屁股子就还没闭啊。"[tʂaŋ²⁴mu⁵⁵niaŋ⁰ti⁰pʰi²⁴ku⁵⁵tsʅ⁰tɕiəu²⁴xai³¹mei³¹pi²⁴a⁰]

意译：我给大家讲一个《三婿赞马》的故事。有个丈人老头，买了一匹马，他买马回来了，还剩了二十吊钱。他回来就跟他女人商量，他说我把三个女婿要接来。她说你接来做什么啊？他说我接来看看我的这个马买的怎么样啊，要他们给我称赞一下，点个赞，她说那你去接去吧。他说点赞点的好的，我剩下的这个钱，我就送给他。说的不好的，酒都别想喝。

他老婆就说那你去接去，把三个女婿接来。他三个姑娘、女婿都接来了，接来了，把饭都弄好了，坐桌上了，他就给女婿说，他说："今天啊，吃这顿饭可不简单，那你们要怎么做呢，我买了匹马，你们首先给我到马厩前看一下，看我那个马买得怎么样，你们要给我称赞一下，点个赞。"他说那可以啊，好，都到马头前去看了，回来后都说："哎呀，丈人，岳父大人，你这回儿买的马行。""不要你们这会儿夸赞，吃饭的时候儿再说。"

好，把饭弄好了，在桌子上吃饭的时候呢，大女婿就要小女婿说，小女婿就要大女婿说。好，那个老二就说："由岳父大人发话，谁先说。"好，那岳父大人就说："好，由大的先说。"他说要形容几句，要说到我的这个马快，快到什么样儿，都要形容出来，在文字上要形容出来。他的大女婿就说啊，他说："这个丈人骑马啊，到山阴啊，海底放真金；丈人骑马回来了啊，真金还未成。"嘿，他的丈人老头拍手，他说："那这是形容得好，你说得好，那我给你敬杯酒。"给他敬杯酒，他就喝了。他说，"那老二，你说我的马快，快到什么样，你给我形容出来看呐。"他说："丈人骑马过山腰，火里放毫毛。丈人骑马回来了，毫毛还未焦啊。您的马有这么快。""哎，老二也说得好，到老三说。"

老三呢，人很好，忠厚人，也没读过书，他说那您的马快啊，个子又大啊怎样怎样，他这么说，他丈人说："那不行，硬要像他们一样说两句。"他又不会说。他说："那我们吃啊喝啊，就没有你的份，不给你酌酒。"他丈母娘就想他是个好人，就很疼他，她说："娃子啊，你不要说，不会说就不说，我给你端菜来、端饭来、端酒来。"好，他丈母娘就端了一盘盘菜啊，端一杯酒啊，端到那个桌子上去了，去了之后朝那儿一坐呢，你看，怪事儿，他的丈母娘放了一个屁，肛门排气。她的小女婿就说啊："唉呀妈呀，您把这些菜啊酒啊都拿回去，我会说。"她说："那你说我听听看呐。"他说："丈人骑马过山西啊，丈母送菜又放个屁。丈人骑马回来了呢，丈母娘放屁还没有停。"

四　自选条目

0031 自选条目

谜面：[mi³¹ miɛn¹¹]

远看一匹马，近看无尾巴。[yɛn⁵⁵ kʰan²⁴ i³¹ pʰi³¹ ma⁵⁵, tɕin³³ kʰan²⁴ u³¹ uei³¹ pa⁰]

嘴里吐白米，屁股飞黄沙。[tsuei⁵⁵ ni³¹ tʰu⁵⁵ pɤ³¹ mi⁵⁵, pʰi²⁴ ku⁰ fei⁴⁵ xuaŋ³¹ ʂa⁴⁵]

谜底：风斗。[mi³¹ ti⁵⁵：foŋ⁴⁵ təu³¹]

意译：谜面：远看一匹马，近看无尾巴，嘴里吐白米，屁股飞黄沙。谜底：风斗。

0032 自选条目

谜面：[mi³¹ miɛn¹¹]

千只脚，万只脚，[tɕʰiɛn⁴⁵ tʂʅ⁵⁵ tɕyo⁵⁵, uaŋ²⁴ tʂʅ⁵⁵ tɕyo⁵⁵]

站不稳，靠墙角。[tʂan²⁴ pu³¹ uən⁵⁵, kʰau²⁴ tɕʰiaŋ⁵⁵ tɕyo⁵⁵]

谜底：扫帚。[mi³¹ ti⁵⁵：sau³² tʂʰu²⁴]

意译：谜面：千只脚，万只脚，站不稳，靠墙角。谜底：扫帚。

0033 自选条目

谜面：[mi³¹ miɛn¹¹]

我家有个长毛狗，[uo⁵⁵ tɕia⁴⁵ iəu⁵⁵ kɤ²⁴ tʂʰaŋ³¹ mau³¹ kəu⁵⁵]

早晨起来满地走。[tsau³³ ʂən⁰ tɕʰi⁵⁵ nai³¹ man⁵⁵ ti²⁴ tsəu⁵⁵]

谜底：扫帚。[mi³¹ ti⁵⁵：sau³² tʂʰu²⁴]

意译：谜面：我家有只长毛狗，早晨起来满地走。谜底：扫帚。

0034 自选条目

谜面：[mi³¹ miɛn¹¹]

一个老头八十八，[i³¹ kɤ⁰ nau³³ tʰəu⁰ pa³¹ ʂʅ³¹ pa³¹]

天天早晨在地上爬。[tʰiɛn⁴⁵ tʰiɛn⁰ tsau³³ ʂən⁰ tsai²⁴ ti²⁴ ʂaŋ⁰ pʰa³¹]

谜底：扫帚。[mi³¹ ti⁵⁵：sau³² tʂʰu²⁴]

意译：谜面：一个老头八十八，天天早晨在地上爬。谜底：扫帚。

0035 自选条目

谜面：[mi³¹ miɛn¹¹]

上边崖，下边崖，[ʂaŋ³¹ piɛn⁴⁵ ai⁵⁵，ɕia³² piɛn⁴⁵ ai⁵⁵]

中间飞出雪花来。[tʂoŋ⁴⁵ tɕiɛn⁴⁵ fei⁴⁵ tʂʰu⁴⁵ ɕye⁵⁵ xua⁴⁵ nai³¹]

谜底：磨。[mi³¹ ti⁵⁵：mo²⁴]

意译：谜面：上边石头，下边石头，中间飞出雪花来。谜底：磨。

0036 自选条目

十个红花女，赶不上个癞肚汉。[ʂʅ³¹ kɤ⁰ xoŋ³¹ xua⁴⁵ ny⁵⁵，kan⁵⁵ pu³² ʂaŋ²⁴ kɤ⁰ nai²⁴ tu⁰ xan²⁴]

意译：十个红花女，比不上一个癞肚汉。

0037 自选条目

稻场坎上起猪圈，[tau³² tʂʰaŋ⁴⁵ kʰan⁵⁵ ʂaŋ⁰ tɕʰi⁵⁵ tʂu⁴⁵ tɕyɛn⁴⁵]

肥水不落外人田。[fei³¹ ʂuei⁵⁵ pu²⁴ nuo³¹ uai²⁴ zən³¹ tʰiɛn³¹]

意译：稻谷场的田坎上修猪圈，肥水不流外人田。

0038 自选条目

鼓不打不响，话不说不明。[ku⁵⁵ pu³¹ ta⁵⁵ pu³¹ ɕiaŋ⁵⁵，xua²⁴ pu³¹ ʂuo³¹ pu³¹ miŋ³¹]

意译：鼓不打不响，话不说不明。

0039 自选条目

三个横人抬不过一个理字。[san⁴⁵ kuo²⁴ xuən³¹ zən³¹ tʰai³¹ pu⁰ kuo²⁴ i³¹ kɤ²⁴ ni⁵⁵ tsʅ²⁴]

意译：三个蛮横人比不过一个理字。

0040 自选条目
会说的说不过理字，[xuei²⁴ ʂuo³¹ ti⁰ ʂuo³¹ pu⁰ kuo²⁴ ni⁵⁵ tsɿ²⁴]
会走的走不过影子。[xuei²⁴ tsəu⁵⁵ ti⁰ tsəu⁵⁵ pu⁰ kuo²⁴ in⁵⁵ tsɿ⁰]
意译：会说的说不过理字，会走的走不过影子。

0041 自选条目
屋檐滴水石板穿，[u³¹ iɛn³¹ ti³¹ ʂuei⁵⁵ ʂɿ³¹ pan⁵⁵ tʂʰuan⁴⁵]
点点滴滴汇成川。[tiɛn⁵⁵ tiɛn⁰ ti³¹ ti⁰ xuei²⁴ tʂʰən³¹ tʂʰuan⁴⁵]
意译：屋檐滴水石板穿，点点滴滴汇成川。

0042 自选条目
好心讨不到好报，[xau⁵⁵ ɕin⁴⁵ tʰau⁵⁵ pu⁰ tau²⁴ xau⁵⁵ pau²⁴]
好泥巴打不到好灶。[xau⁵⁵ ni³¹ pa⁰ ta⁵⁵ pu⁰ tau²⁴ xau⁵⁵ tsau²⁴]
意译：好心得不到好报，好泥巴做不成好灶。

0043 自选条目
口说不为凭，举手见高低。[kʰəu⁵⁵ ʂuo³¹ pu³¹ uei²⁴ pʰin³¹，tɕy⁵⁵ ʂəu⁵⁵ tɕiɛn²⁴ kau⁴⁵ ti⁴⁵]
意译：口说不为凭，举手见高低。

长　阳

一　歌谣

0001 歌谣
推磨，拐磨，[tʰuei⁴⁵ mo²⁴，kuai³¹ mo²⁴] 推磨：大磨。拐磨：小磨
推的面白不过，[tʰuei⁴⁵ ti⁰ mian²⁴ pɤ²² pu²² ko²⁴]
做的粑粑黑不过，[tsəu²⁴ ti⁰ pa⁴⁵ pa⁰ xɤ²² pu²² ko²⁴] 粑粑：饼子
婆婆一餐吃哒十三个，[pʰo²² pʰo⁰ i²² tɕʰan⁴⁵ tɕʰi²² ta⁰ sɿ²² san⁴⁵ ko²⁴]
半夜的起来摸茶喝，[pan²⁴ ie²⁴ ti⁰ tɕʰi³¹ nai²¹ mo⁴⁵ tsʰa²² xo²²]
桌子角，椅子角，[tso²² tsɿ⁰ ko²¹，i³¹ tsɿ⁰ ko²¹]
撞到婆婆的后脑壳，[tsuaŋ³³ tau²⁴ pʰo²² pʰo⁰ ti⁰ xəu²⁴ nau³¹ kʰo²¹]

哎呀！呸却！[ai⁴⁵ ia⁰, pʰei⁴⁵ tɕʰyo⁰]

好吃的婆婆去哒嚯！[xau²⁴ tɕʰi²¹ tiº pʰo²² pʰoº kʰɤ²⁴ ta⁴⁵ xo⁰]

意译：推磨，拐磨，推的面非常白，做的饼子非常黑，婆婆一餐吃了十三个，半夜起来找茶喝，桌子角，椅子角，撞到婆婆的后脑壳，哎呀！呸！贪吃的婆婆去世啦！

0002 歌谣

月亮走，我也走，[ye²² niaŋ²⁴ tsəu³¹, o³¹ ie³¹ tsəu³¹]

我跟月亮提笆笼，[o³¹ kən⁴⁵ ye²² niaŋ²⁴ tʰi²² pa⁴⁵ təu³¹] 笆笼：竹篓

一走走到后门口，[i²⁴ tsəu³¹ tsəuº tau²⁴ xəu²⁴ mən²² kʰəu²²]

打开后门摘石榴，[ta³¹ kʰai⁴⁵ xəu²⁴ mən²² tsɤ²² sɿ²² niəu²²]

石榴树上滴点儿油，[sɿ²² niəu²² su³³ saŋ⁰ ti²² tiər³¹ iəu²²]

三个姐儿来梳头，[san⁴⁵ kɤ²⁴ tɕiər³¹ nai²⁴ su⁴⁵ tʰəu²²]

大姐梳起盘龙转，[ta²⁴ tɕie³¹ su⁴⁵ tɕʰi³¹ pʰan²² noŋ²² tsuan²⁴]

二姐梳起凤凰头，[ə²⁴ tɕie³¹ su⁴⁵ tɕʰi³¹ fəŋ²⁴ xuaŋ²² tʰəu²²]

只有三姐梳得巧，[tsɿ³¹ iəu³¹ san⁴⁵ tɕie³¹ su⁴⁵ tɤ⁰ tɕʰiau³¹]

梳头起一个狮子滚绣球。[su⁴⁵ tʰəu²² tɕʰi³¹ i²² kɤ²⁴ sɿ⁴⁵ tsɿ⁰ kuən³¹ ɕiəu²⁴ tɕʰiəu²²]

意译：月亮走，我也走，我给月亮提篓子，一走走到后门口，打开后门摘石榴，石榴树上滴点儿油，三个姐姐来梳头，大姐梳起盘龙转，二姐梳起凤凰头，只有三姐梳得巧，梳头梳起一个狮子滚绣球。

0003 歌谣

哭鼻佬，卖灯草，[kʰu²² pʰi²² nau³¹, mai²⁴ tən⁴⁵ tsʰau³¹] 灯草：草本植物，又称灯芯草

灯草香，卖辣姜，[tən⁴⁵ tsʰau³¹ ɕiaŋ⁴⁵, mai²⁴ na²⁴ tɕiaŋ⁴⁵]

辣姜辣，卖枇杷，[na²⁴ tɕiaŋ⁴⁵ na²⁴, mai²⁴ pʰi²² pʰa⁰]

枇杷薄，卖牛角，[pʰi²² pʰa⁰ po²², mai²⁴ niəu²² ko²¹]

牛角尖，尖上天，[niəu²² ko³¹ tɕiεn⁴⁵, tɕiεn⁴⁵ saŋ²⁴ tʰiεn⁴⁵]

天又高，打把刀，[tʰiεn⁴⁵ iəu²⁴ kau⁴⁵, ta³¹ pa³¹ tau⁴⁵]

刀又快，好切菜，[tau⁴⁵ iəu²⁴ kʰuai²⁴, xau³¹ tɕʰie²² tsʰai²⁴]

菜又甜，好过年！[tsʰai²⁴ iəu²⁴ tʰiεn²², xau³¹ ko²⁴ niεn²²]

意译：爱哭鬼，卖灯草，灯草香，卖辣姜，辣姜辣，卖枇杷，枇杷薄，卖牛角，牛角尖，尖上天，天又高，打把刀，刀又快，好切菜，菜又甜，好过年！

0004 歌谣

小板凳儿，歪两歪，［ɕiau³¹ pan³¹ tər²⁴，uai⁴⁵ niaŋ³¹ uai⁴⁵］
爹喝酒，妈打牌，［tie⁴⁵ xo⁴⁵ tɕiəu⁰，ma²² ta³¹ pʰai²²］
哥哥输哒不回来，［ko²² ko⁰ su⁴⁵ ta⁰ pu²² xuei²² nai²²］
嫂子在屋的做鞋卖，［sau³¹ tsɿ⁰ tsai²⁴ u²² ti⁰ tsəu²⁴ xai²² mai²⁴］
爹一双，妈一双，［tie⁴⁵ i²² suaŋ⁴⁵，ma²² i²² suaŋ⁴⁵］
哥哥穿个半头鞋。［ko²² ko⁰ tsʰuan⁴⁵ kɤ²⁴ pan²⁴ tʰəu²² xai²²］

意译：小板凳，摇两摇，爹喝酒，妈打牌，哥哥输了不回来，嫂子在家里做鞋子卖，爹一双，妈一双，哥哥穿个半头鞋。

0005 歌谣

虹虹婆婆跳上门，［tin⁴⁵ tin⁰ pʰo²² pʰo⁰ tʰiau⁴⁵ saŋ²⁴ mən²²］虹虹：蜻蜓
黄家大姐你开门。［xuaŋ²² ka⁴⁵ ta²⁴ tɕie³¹ ni³¹ kʰai⁴⁵ mən²²］
问你是哪里来的人？［uən²⁴ ni³¹ sɿ²⁴ na³¹ ni⁰ nai²² ti⁰ ʐən²²］
我是河南来的人，［o³¹ sɿ²⁴ xo²² nan²² nai²² ti⁰ ʐən²²］
到屋的吃茶喝酒。［tau²⁴ u²² ti⁰ tɕʰi²² tsʰa²² xo⁴⁵ tɕiəu³¹］
不吃茶，不喝酒，［pu²² tɕʰi²² tsʰa²²，pu²² xo⁴⁵ tɕiəu³¹］
寻你买只大花狗。［ɕyn²² ni³¹ mai³¹ tsɿ²⁴ ta²⁴ xua⁴⁵ kəu³¹］

意译：小小蜻蜓跳上门，黄家大姐你开门。你是哪里来的人？我是河南来的人，到家里喝茶喝酒。不喝茶，不喝酒，寻你买只大花狗。

0006 歌谣

姐儿住在河那边，［tɕiər³¹ tsu²⁴ tsai²⁴ xo²² na²⁴ piɛn⁴⁵］
过去过来要船钱，［ko²⁴ kʰɤ²⁴ ko²⁴ nai²² iau²⁴ tsʰuan²² tɕʰiɛn²²］
早晨过河三升米，［tsau³¹ tsʰən⁴⁵ ko²⁴ xo²² san⁴⁵ sən⁴⁵ mi³¹］
黑哒过河两斤盐，［xɤ²² ta⁰ ko²⁴ xo²² niaŋ³¹ tɕin²² iɛn²²］黑哒：天黑
豆腐办成肉价钱。［təu²⁴ fu²² pan³¹ tsʰən²² ʐu̩²² tɕia²⁴ tɕʰiɛn²²］

意译：姐姐住在河那边，过去过来要船钱，早晨过河要三升米，晚上过河要两斤盐，豆腐和肉一样的价钱。

0007 歌谣

姐儿住在清江边，［tɕiər³¹ tsu²⁴ tsai²⁴ tɕʰin⁴⁵ tɕiaŋ⁴⁵ piɛn⁴⁵］

灯槽桅杆纸糊船，［tən⁴⁵ tsʰau³¹ uei³¹ kan⁴⁵ tsʅ³¹ xu⁴⁵ tsʰuan²²］
灯槽桅杆风吹倒，［tən⁴⁵ tsʰau³¹ uei³¹ kan⁴⁵ foŋ⁴⁵ tsʰuei⁴⁵ tau³¹］
纸糊船儿溅水穿，［tsʅ³¹ xu⁴⁵ tsʰuar²² tɕiɛn²⁴ suei³¹ tsʰuan⁴⁵］
还没动身就翻了船。［xuai³¹ mei²⁴ toŋ²⁴ sən⁴⁵ tɕiəu²⁴ fan⁴⁵ niau⁰ tsʰuan²²］

意译：姐姐住在清江边，灯槽桅杆纸糊船，灯槽桅杆被风吹倒了，纸糊的船儿溅水就破了，还没起身就翻了船。

0008 歌谣

姐儿住在对门崖，［tɕiər³¹ tsu²⁴ tsai²⁴ tuei²⁴ mən²² ai²²］
天阴下雨你莫来，［tʰiɛn⁴⁵ in²² ɕia²⁴ y³¹ ni³¹ mo²⁴ nai²²］
打湿衣服人得病，［ta³¹ sʅ²² i⁴⁵ fu²² zən²² tɤ²² pin²⁴］
留下脚迹有人猜，［niəu³¹ ɕia²⁴ tɕyo²² tɕi²⁴ iəu³¹ zən²² tsʰai²⁴］脚迹：脚印
无的说出有的来。［u²² ti⁰ so²⁴ tsʰu²² iəu³¹ ti⁰ nai²²］

意译：姐姐住在对门崖，天阴下雨你别来，打湿衣服人得病，留下脚印有人猜，没什么都说出有什么来。

0009 歌谣

姐儿住在山岔溪，［tɕiər³¹ tsu²⁴ tsai²⁴ san⁴⁵ tsʰa²² ɕi⁴⁵］
相交一个打铳的，［ɕiaŋ⁴⁵ tɕiau⁴⁵ i²² ko²⁴ ta³¹ tsʰoŋ²⁴ ti⁰］铳：枪
郎在山上铳一响，［naŋ⁴⁵ tsai²⁴ san⁴⁵ saŋ⁰ tsʰoŋ²⁴ i²² ɕiaŋ³¹］
姐在房中笑嘻嘻，［tɕie³¹ tsai²⁴ faŋ²² tsoŋ⁰ ɕiau²⁴ ɕi³¹ ɕi⁰］
不是兔子是野鸡。［pu²² sʅ²⁴ tʰu²⁴ tsʅ⁰ sʅ²⁴ ie³¹ tɕi⁴⁵］

意译：姐姐住在山岔溪，相好的是一个打铳的人，郎在山上铳一响，姐在房中笑嘻嘻，不是兔子是野鸡。

0010 歌谣

一把扇子二面黄，［i²² pa³¹ san²⁴ tsʅ⁰ ɚ²⁴ miɛn²⁴ xuaŋ²²］
上面画的姐和郎，［saŋ²⁴ miɛn²⁴ xua²⁴ ti⁰ tɕie³¹ xo²² naŋ⁴⁵］
郎在这边望到姐，［naŋ⁴⁵ tsai²⁴ tsɤ²⁴ piɛn⁴⁵ uaŋ²⁴ tau²⁴ tɕie³¹］
姐在这边望到郎，［tɕie³¹ tsai²⁴ tsɤ²⁴ piɛn⁴⁵ uaŋ²⁴ tau²⁴ naŋ⁴⁵］
姻缘只隔纸一张。［in⁴⁵ yɛn³¹ tsʅ³¹ kɤ²² tsʅ³¹ i²² tsaŋ⁴⁵］

意译：一把扇子两面黄，上面画的姐和郎，郎在这边望着姐，姐在这边望着郎，姻缘只隔一张纸。

二　规定故事

0021 牛郎和织女

在古时候儿，有一个小伙子，［tsai²⁴ ku³¹ sʅ²² xəur²⁴, iəu³¹ i²² kɤ²⁴ ɕiau³¹ xo⁴⁵ tsʅ⁰］

他的屋里从小的话咧，［tʰa⁴⁵ ti⁰ u²² ni⁰ tsʰoŋ²² ɕiau³¹ ti⁰ xua²⁴ nie⁰］

他的父母就去世哒，［tʰa⁴⁵ ti⁰ fu²² mu³¹ tɕiəu²⁴ tɕʰy²⁴ sʅ²⁴ ta⁰］

然后所以说屋里条件，［zan³¹ xəu²⁴ so³¹ i²² so²² u²² ni⁰ tʰiau²² tɕiɛn²⁴］

非常困难也蛮造孽。［fei⁴⁵ tsʰaŋ³¹ kʰuən²⁴ nan²² ie³¹ man⁴⁵ tsau²⁴ ie⁴⁵］造孽：贫穷，日子不好过

但是好的呢他屋里养的有一头牛，［tan²⁴ sʅ²⁴ xau³¹ ti⁰ nɤ⁰ tʰa⁴⁵ u²² ni⁰ iaŋ³¹ ti⁰ iəu³¹ i²² tʰəu²² niəu²²］

然后迣个牛咧，［zan³¹ xəu²⁴ nie²⁴ kɤ⁰ niəu²² nie⁰］

就跟他从小就相依为命啊。［tɕiəu²⁴ kən⁴⁵ tʰa⁴⁵ tsʰoŋ²² ɕiau³¹ tɕiəu²⁴ ɕiaŋ⁴⁵ i²² uei³¹ min²⁴ a⁰］

所以说周边村子的人咧，［so³¹ i²² so²² tsəu⁴⁵ piɛn²⁴ tsʰuən⁴⁵ tsʅ⁰ ti⁰ zən²² nie⁰］

都跟他取的名字叫牛郎。［təu⁴⁵ kən⁴⁵ tʰa⁴⁵ tɕʰy³¹ ti⁰ min²² sʅ²⁴ tɕiau²⁴ niəu²² naŋ⁴⁵］

呃，迣个平时的话咧，［ɤ⁰, nie²⁴ kɤ⁰ pʰin²² sʅ²² ti⁰ xua²⁴ nie⁰］

他跟迣头牛，［tʰa⁴⁵ kən⁴⁵ nie²⁴ tʰəu²² niəu²²］

是靠迣个牛耕地，［sʅ²⁴ kʰau²⁴ nie²⁴ kɤ⁰ niəu²² kən⁴⁵ ti²⁴］

维持它的生活，［uei³¹ tsʰʅ⁴⁵ tʰa⁴⁵ ti⁰ sən⁴⁵ xo²²］

所以说咧，［so³¹ i²² so²² nie⁰］

条件肯定是非常地艰苦。［tʰiau²² tɕiɛn²⁴ kʰən³¹ tin²⁴ sʅ²² fei⁴⁵ tsʰaŋ³¹ ti⁰ tɕiɛn⁴⁵ kʰu³¹］

然后迣个牛咧，［zan³¹ xəu²⁴ nie²⁴ kɤ⁰ niəu²² nie⁰］

实际上是天上的金牛星。［sʅ²² tɕi²⁴ saŋ²⁴ sʅ²⁴ tʰiɛn⁴⁵ saŋ⁰ ti⁰ tɕin⁴⁵ niəu²² ɕin⁴⁵］

然后迣个牛它平时的话，［zan³¹ xəu²⁴ nie²⁴ kɤ⁰ niəu²² tʰa⁴⁵ pʰin²² sʅ²² ti⁰ xua²⁴］

是非常看的来迣个小伙子，［sʅ²⁴ fei⁴⁵ tsʰaŋ³¹ kʰan²⁴ ti⁰ nai²² nie²⁴ kɤ⁰ ɕiau³¹ xo⁴⁵ tsʅ⁰］

为人的耿直啊、直巴啊、勤劳，［uei⁴⁵ zən²² ti⁰ kən⁴⁵ tsʅ²² a⁰、tsʅ²² pa²² a⁰、tɕʰin²² nau³¹］直巴：老实

还有他的善良，［xuai³¹ iəu⁴⁵ tʰa⁴⁵ ti⁰ san²⁴ niaŋ⁰］

所以说咧，［so³¹ i²² so²² nie⁰］

它就一直蛮想跟迣个牛郎成个家。［tʰa⁴⁵ tɕiəu²⁴ i²² tsʅ²² man⁴⁵ ɕiaŋ³¹ kən⁴⁵ nie²⁴ kɤ⁰ niəu²² naŋ⁴⁵ tsʰən²² kɤ²⁴ tɕia⁴⁵］

然后咧有一天，[ẓan³¹ xəu²⁴ nie⁰ iəu³¹ i²² tʰiɛn⁴⁵]

它得知天上有几个蛮漂亮的姑娘儿要到河里，[tʰa⁴⁵ tɤ²² tṣl⁴⁵ tʰiɛn⁴⁵ saŋ⁰ iəu³¹ tɕi³¹ kɤ⁰ man⁴⁵⁴ pʰiau²⁴ niaŋ⁰ ti⁰ ku⁴⁵ niãr²² iau²⁴ tau²⁴ xo²² ti⁰]

他们村里面的一个河里面去洗澡，[tʰa⁴⁵ mən⁰ tsʰuən⁴⁵ ni³¹ miɛn⁰ ti⁰ i²² kɤ²⁴ xo²² ni³¹ miɛn²⁴ kʰɤ²⁴ ɕi³¹ tsau²²]

当它得到迩个消息之后咧，[taŋ⁴⁵ tʰa⁴⁵ tɤ²² tau²⁴ nie²⁴ kɤ⁰ ɕiau²⁴ ɕi³¹ tṣl⁴⁵ xəu²⁴ nie⁰]

他马上就托梦，[tʰa⁴⁵ ma³¹ saŋ²⁴ tɕiəu²⁴ tʰo²² moŋ²⁴]

给了迩个牛郎，[kɤ⁴⁵ mɤ⁰ nie²⁴ kɤ⁰ niəu²² naŋ⁴⁵]

告诉他啊，[kau²⁴ su⁰ tʰa⁴⁵ a⁰]

就说有恁门一个事。[tɕiəu²⁴ so²² iəu³¹ nən²⁴ mə⁰ i²² kɤ²⁴ ṣl²⁴] 恁门：这么

然后咧，[ẓan³¹ xəu²⁴ nie⁰]

迩个牛郎，[nie²⁴ kɤ⁰ niəu²² naŋ⁴⁵]

听到迩个消息哒之后咧，[tʰin⁴⁵ tau²⁴ nie²⁴ ko²⁴ ɕiau²⁴ ɕi²² ta⁰ tṣl⁴⁵ xəu²⁴ nie⁰]

还是半信半疑，[xuai³¹ ṣl²⁴ pan²⁴ ɕin²⁴ pan²⁴ i³¹]

就说有点疑惑啊，[tɕiəu²⁴ so²² iəu³¹ tiɛn³¹ i³¹ o²⁴ a⁰]

但是心里咧又还是有好奇心，[tan²⁴ ṣl²⁴ ɕin⁴⁵ ni³¹ nie⁰ iəu⁰ xuai³¹ ṣl²⁴ iəu³¹ xau³¹ tɕʰi²² ɕin⁴⁵]

又还是想去。[iəu²⁴ xai³¹ ṣl²⁴ ɕiaŋ³¹ kʰɤ²⁴]

所以说咧，[so³¹ i²² so²² nie⁰]

第二天早上起来哒之后咧，[ti³¹ ɚ²⁴ tʰiɛn⁴⁵ tsau³¹ saŋ⁰ tɕʰi³¹ nai²² ta⁰ tṣl⁴⁵ xəu²⁴ nie⁰]

牛郎就怀着迩种，[niəu²² naŋ⁴⁵ tɕiəu²⁴ xuai²² tau⁰ nie²⁴ tsoŋ²⁴]

呃，就是迩种疑问啊，[ɤ⁰, tɕiəu²⁴ ṣl²⁴ nie²⁴ tsoŋ²⁴ i³¹ uən²⁴ a⁰]

就还是到河里去哒。[tɕiəu²⁴ xuai³¹ ṣl²⁴ tau²⁴ xo²² ni⁰ kʰɤ²⁴ ta⁰]

去哒之后咧，[kʰɤ²⁴ ta⁰ tṣl⁴⁵ xəu²⁴ nie⁰]

确实有几个蛮漂亮的姑娘儿，[tɕʰyo²² ṣl²² iəu³¹ tɕi³¹ kɤ²⁴ man⁴⁵ pʰiau²⁴ niaŋ⁰ ti⁰ ku⁴⁵ niãr²²]

在那里洗澡。[tsai²⁴ na²⁴ ni⁰ ɕi³¹ tsau²²]

他就说：[tʰa⁴⁵ tɕiəu²⁴ so²²]

"哎，真的有啊！"[ai⁰, tsən⁴⁵ ti⁰ iəu³¹ a⁰]

然后咧，[ẓan³¹ xəu²⁴ nie⁰]

他就又想到迩个老牛，[tʰa⁴⁵ tɕiəu²⁴ iəu²⁴ ɕiaŋ³¹ tau²⁴ nie²⁴ kɤ²⁴ nau³¹ niəu²²]

跟他托梦里面说的一段话。[kən⁴⁵ tʰa⁴⁵ tʰo²² moŋ²⁴ ni³¹ miɛn²⁴ so²² ti⁰ i²² tuan⁴⁵ xua²⁴]

它说，[tʰa⁴⁵ so²²]

去哒之后，[kʰɤ²⁴ta⁰tsʅ⁴⁵xəu²⁴]

看到树上的衣服哒，[kʰan²⁴tau²⁴su²⁴saŋ⁰ti⁰i⁴⁵fu²²ta⁰]

你随便抓一件，[ni³¹suei²²piɛn²²tsua⁴⁵i²²tɕiɛn²⁴]

抓起就跑。[tsua⁴⁵tɕʰi³¹tɕiəu²⁴pʰau⁴⁵]

所以说咧，[so³¹i²²so²²nie⁰]

迗个牛郎，[nie²⁴kɤ⁰niəu²²naŋ⁴⁵]

平时的话啊，[pʰin²²sʅ²²ti⁰xua²⁴a⁰]

胆子蛮小。[tan³¹tsʅ⁰man⁴⁵ɕiau³¹]

他就自自摸摸地，[tʰa⁴⁵tɕiəu²⁴tsʅ²⁴tsʅ⁰mo⁴⁵mo⁰ti⁰]

就跑到迗个树底下去哒，[tɕiəu²⁴pʰau⁴⁵tau²⁴nie²⁴kɤ⁰su²⁴ti⁴⁵xa⁰kʰɤ²⁴ta⁰]

就随便抓一件衣服，[tɕiəu²⁴suei²²piɛn²⁴tsua⁴⁵i²²tɕiɛn²⁴i⁴⁵fu²²]

抓到就跑。[tsua⁴⁵tau²⁴tɕiəu²⁴pʰau⁴⁵]

一口气跑回去哒，[i²²kʰəu³¹tɕʰi²⁴pʰau⁴⁵xuei²²kʰɤ²⁴ta⁰]

硬跑地流果＝子汗啊。[ən²⁴pʰau⁴⁵ti⁰niəu²²ko³¹tsʅ⁰xan²⁴a⁰] 果＝子汗：形容汗珠很大

到屋里哒之后咧，[tau²⁴u²²ni³¹ta⁰tsʅ⁴⁵xəu²⁴nie⁰]

他把迗个衣服，[tʰa⁴⁵pa³¹nie²⁴kɤ⁰i⁴⁵fu²²]

挂屋里哒之后，[kua²⁴u²²ni⁰ta⁰tsʅ⁴⁵xəu²⁴]

就把门反锁在屋里哒，[tɕiəu²⁴pa³¹mən²²fan³¹so³¹tsai²⁴u²²ni⁰ta⁰]

就在屋里，[tɕiəu²⁴tsai²⁴u²²ni⁰]

就是手无足措啊，[tɕiəu²⁴sʅ²⁴səu³¹u²²tsu²²tsʰo²⁴a⁰]

就不晓得该啷＝门搞啊。[tɕiəu²⁴pu²²ɕiau²²tɤ⁰kai⁴⁵naŋ³¹mən⁰kau³¹a⁰] 啷＝门：怎么

然后就在屋里等。[z̩an³¹xəu²⁴tɕiəu²⁴tsai²⁴ni⁰tən³¹]

结果到晚上蛮晚的时候，[tɕie²²ko³¹tau²⁴uan³¹saŋ⁰man⁴⁵uan³¹ti⁰sʅ²²xəu²⁴]

呃，确实有一个蛮漂亮的姑娘儿，[ɤ⁰, tɕʰyo²²sʅ²²iəu³¹i²²kɤ²⁴man⁴⁵pʰiau²⁴niaŋ⁰ti⁰ku⁴⁵niãr²²]

就在他屋里敲门。[tɕiəu²⁴tsai²⁴tʰa⁴⁵u²²ni⁰kʰau⁴⁵mən²²]

他把门一打开啊，[tʰa⁴⁵pa³¹mən²²i²²ta³¹kʰai⁴⁵a⁰]

迗个姑娘儿其实就是，[nie²⁴kɤ⁰ku⁴⁵niãr²²tɕʰi²²sʅ²²tɕiəu²⁴sʅ²⁴]

我们传说中的织女。[o³¹mən⁰tsʰuan²²so²²tsoŋ⁴⁵ti⁰tsʅ²²ny³¹]

然后呢他们从此咧，[z̩an³¹xəu²⁴mɤ⁰tʰa⁴⁵mən⁰tsʰoŋ²²tsʰʅ³¹nie⁰]

就结为了夫妻，[tɕiəu²⁴tɕie²²uei³¹mɤ⁰fu⁴⁵tɕʰi²²]

就过上了蛮幸福的生活啊。[tɕiəu²⁴ko²⁴saŋ²⁴mɤ⁰man⁴⁵ɕin²⁴fu²²ti⁰sən⁴⁵xo²⁴a⁰]

然后时间也过得蛮快，[z̩an³¹xəu²⁴sʅ²²tɕiɛn⁴⁵ie³¹ko²⁴ti⁰man⁴⁵kʰuai²⁴]

转眼间咧，[tsuan³¹ iɛn³¹ tɕiɛn⁴⁵ nie⁰]

三年就过去哒，[san⁴⁵ niɛn²² tɕiəu²⁴ ko²⁴ kʰɤ²⁴ ta⁰]

他们两个人咧，[tʰa⁴⁵ mən⁰ niaŋ³¹ kɤ²⁴ zən²² nie⁰]

就生了两个儿，[tɕiəu²⁴ sən⁴⁵ nɤ⁰ niaŋ³¹ kɤ²⁴ ɚ²²]

是一个男孩儿，[sɿ²⁴ i²² kɤ²⁴ nan²² xɚ⁴⁵]

一个女孩儿啊，[i²² kɤ²⁴ ny³¹ xɚ⁴⁵ a⁰]

就一家人咧，[tɕiəu²⁴ i²² tɕia⁴⁵ zən²² nie⁰]

就过的生活还是蛮幸福，[tɕiəu²⁴ ko²⁴ ti⁰ sən⁴⁵ xo²² xuai³¹ sɿ²⁴ man⁴⁵ ɕin²⁴ fu²²]

平时啊也都省吃俭用啊，[pʰin²² sɿ²² a⁰ ie³¹ təu⁴⁵ sən³¹ tɕʰi²² tɕiɛn³¹ ioŋ²⁴ a⁰]

大家都在一起啊，[ta²⁴ tɕia⁴⁵ təu⁰ tsai²² i²² tɕʰi³¹ a⁰]

家庭也比较和谐啊。[tɕia⁴⁵ tʰin⁴⁵ ie³¹ pi³¹ tɕiau²⁴ xɤ²² ɕie³¹ a⁰]

但是，[tan²⁴ sɿ²⁴]

织女毕竟是私自下凡啊。[tsɿ²² ny³¹ pi²⁴ tɕin⁴⁵ sɿ²⁴ sɿ²² tsɿ²⁴ ɕia²⁴ fan³¹ a⁰]

所以说，[so³¹ i²² so²²]

迥个事咧就激怒了玉皇大帝，[nie²⁴ kɤ⁰ sɿ²⁴ nie⁰ tɕiəu²⁴ tɕi⁴⁵ nu²⁴ nɤ⁰ y²⁴ xuaŋ⁴⁵ ta²⁴ ti²⁴]

玉皇大帝晓得迥个事哒之后咧，[y²⁴ xuaŋ⁴⁵ ta²⁴ ti²⁴ ɕiau²² tɤ⁰ nie²⁴ kɤ⁰ sɿ²⁴ ta⁰ tsɿ⁴⁵ xəu²⁴ nie⁰]

肯定要发脾气吵。[kʰən³¹ tin²⁴ iau²⁴ fa²² pʰi³¹ tɕʰi⁰ sa⁰]

然后有一天，[zan³¹ xəu²⁴ iəu³¹ i²² tʰiɛn⁴⁵]

天上咧就突然电闪雷鸣，[tʰiɛn⁴⁵ saŋ²⁴ nie⁰ tɕiəu²⁴ tʰu⁴⁵ zan³¹ tiɛn²⁴ san³¹ nei²² min²²]

又是打雷啊，[iəu²⁴ sɿ²⁴ ta³¹ nei²² a⁰]

又是下雨。[iəu²⁴ sɿ²⁴ ɕia²⁴ y³¹]

一会儿，[i²² xuɚ²⁴]

织女就不见哒。[tsɿ²² ny³¹ tɕiəu²⁴ pu²² tɕiɛn²⁴ ta⁰]

结果她的两个儿，[tɕie²² ko³¹ tʰa⁴⁵ ti⁰ niaŋ³¹ kɤ²⁴ ɚ²²]

那得了啊，[na²⁴ tɤ²² niau⁰ a⁰]

就在屋里哭啊，[tɕiəu²⁴ tsai²⁴ u²² ni⁰ kʰu²² a⁰]

要找妈，[iau²⁴ tsau³¹ ma²²]

就说我们要妈妈。[tɕiəu²⁴ so²² o³¹ mən⁰ iau²⁴ ma²² ma⁰]

然后咧，[zan³¹ xəu²⁴ nie⁰]

牛郎迥个时候儿咧，[niəu²² naŋ⁴⁵ nie²⁴ kɤ⁰ sɿ²² xəur²⁴ nie⁰]

他也找不倒该啷⁼门搞，[tʰa⁴⁵ ie³¹ tsau³¹ pu²² tau²⁴ kai⁴⁵ naŋ³¹ mən⁰ kau³¹]

就又在屋里急得蹬脚。[tɕiəu²⁴ iəu²⁴ tsai²⁴ u²² ni⁰ tɕi²² ti⁰ tən²⁴ tɕyo²²]

一会儿咧，[i²² xuər²⁴ nie⁰]

迥头牛咧，[nie²⁴ tʰəu²² niəu²² nie⁰]

在看到哒啊。[tsai²⁴ kʰan²⁴ tau²⁴ ta⁰ a⁰]

它说：[tʰa⁴⁵ so²²]

"牛郎，不急"。[niəu²² naŋ⁴⁵，pu²² tɕi²²]

它说，[tʰa⁴⁵ so²²]

迥个你把我头上的两个角折下来，[nie²⁴ kɤ⁰ ni³¹ pa³¹ o³¹ tʰəu²² saŋ²⁴ ti⁰ niaŋ³¹ kɤ²⁴ ko²² tsɤ²² ɕia²⁴ nai²²]

把它变成两个篮筐，[pa³¹ tʰa⁴⁵ piɛn²⁴ tsʰən²² niaŋ³¹ kɤ²⁴ nan³¹ kʰuaŋ⁴⁵]

然后把迥两个儿放筐子里，[ʐan³¹ xəu²⁴ pa³¹ nie²⁴ niaŋ³¹ kɤ²⁴ ɚ²² faŋ²⁴ kʰuaŋ⁴⁵ tsʅ⁰ ni⁰]

就可以带到，[tɕiəu²⁴ kʰo³¹ i²² tai²⁴ tau²⁴]

去找织女去啊。[kʰɤ²⁴ tsau³¹ tsʅ²² ny³¹ kʰɤ²⁴ a⁰]

牛郎正还在纳闷儿，[niəu²² naŋ⁴⁵ tsən²⁴ xuai³¹ tsai²⁴ na⁴⁵ mər²⁴]

说该啷⁼门搞，[so²² kai⁴⁵ naŋ³¹ mən⁰ kau³¹]

迥两个角就掉地下哒。[nie²⁴ niaŋ³¹ kɤ²⁴ ko²² tɕiəu²⁴ tiau²⁴ ti²⁴ xa⁰ ta⁰]

然后迥个牛郎，[ʐan³¹ xəu²⁴ nie²⁴ kɤ⁰ niəu²² naŋ⁴⁵]

就把它捡了起来哒。[tɕiəu²⁴ pa³¹ tʰa⁴⁵ tɕiɛn³¹ mɤ⁰ tɕʰi³¹ nai²² ta⁰]

迥两个角恰门儿，[nie²⁴ niaŋ³¹ kɤ²⁴ ko²² tɕʰia³¹ mər²²] 恰门：恰好

就变成了两个篮筐哒，[tɕiəu²⁴ piɛn²⁴ tsʰən²² mɤ⁰ niaŋ³¹ kɤ²⁴ nan³¹ kʰuaŋ⁴⁵ ta⁰]

他就把两个儿，[tʰa⁴⁵ tɕiəu²⁴ pa³¹ niaŋ³¹ kɤ²⁴ ɚ²²]

往篮筐里面一架啊，[uaŋ³¹ nan³¹ kʰuaŋ⁴⁵ ni³¹ miɛn²⁴ i²² ka²⁴ a⁰] 架：放

就带着哒，[tɕiəu²⁴ tai²⁴ tau⁰ ta⁰]

就在天上去找他们的妈妈去啊。[tɕiəu²⁴ tsai²⁴ tʰiɛn⁴⁵ saŋ²⁴ kʰɤ²⁴ tsau³¹ tʰa⁴⁵ mən⁰ ti⁰ ma²² ma⁰ kʰɤ²⁴ a⁰]

结果在路上飞呀飞呀，[tɕie²² ko³¹ tsai²⁴ nu²⁴ saŋ²⁴ fei⁴⁵ ia⁰ fei⁴⁵ ia⁰]

飞到一半的时候儿咧，[fei⁴⁵ tau²⁴ i²² pan²⁴ ti⁰ sʅ²² xəur²⁴ nie⁰]

又碰到王母娘娘，[iəu²⁴ pʰoŋ²⁴ tau²⁴ uaŋ²² mu³¹ niaŋ²² niaŋ²²]

王母娘娘看到哒之后咧，[uaŋ²² mu³¹ niaŋ²² niaŋ²² kʰan²⁴ tau²⁴ ta⁰ tsʅ⁴⁵ xəu²⁴ nie⁰]

也非常生气。[ie³¹ fei⁴⁵ tsʰaŋ³¹ sən⁴⁵ tɕʰi²⁴]

她就把头上的一根钗子，[tʰa⁴⁵ tɕiəu²⁴ pa³¹ tʰəu²² saŋ²⁴ ti⁰ i²² kən⁴⁵ tsʰai⁴⁵ tsʅ⁰]

就扯下来哒。[tɕiəu²⁴ tsʰɤ³¹ ɕia²⁴ nai²² ta⁰]

然后咧就变成了，[ʐan³¹ xəu²⁴ nie⁰ tɕiəu²⁴ piɛn²⁴ tsʰən²² mɤ⁰]

一条蛮长的长河，[i²² tʰiau²² man⁴⁵ tsʰaŋ²² ti⁰ tsʰaŋ²² xɤ²²]

把牛郎跟织女，[pa³¹ niəu²² naŋ⁴⁵ kən⁴⁵ tsʅ²² ny³¹]

就恁门永远地隔开哒。[tɕiəu²⁴ nən²⁴ mən⁰ ioŋ³¹ yɛn³¹ ti⁰ kɤ²² kʰai⁴⁵ ta⁰] 恁门：这么

迥个事咧，[nie²⁴ kɤ⁰ sʅ²⁴ nie⁰]

又被天上的喜鹊晓得哒，[iəu²⁴ pei²⁴ tʰiɛn⁴⁵ saŋ²⁴ ti⁰ ɕi³¹ tɕʰye²² ɕiau²² tɤ²² ta⁰]

迥个喜鹊咧，[nie²⁴ kɤ⁰ ɕi³¹ tɕʰye²² nie⁰]

就得到迥个消息哒之后，[tɕiəu²⁴ tɤ²² tau²⁴ nie²⁴ kɤ⁰ ɕiau²⁴ ɕi²² ta⁰ tsʅ⁴⁵ xəu²⁴]

就蛮同情牛郎跟织女啊。[tɕiəu²⁴ man⁴⁵ tʰoŋ³¹ tɕʰin²² niəu²² naŋ⁴⁵ kən⁴⁵ tsʅ²² ny³¹ a⁰]

觉得他们恁门好的爱情故事啊。[tɕyo²² tɤ⁰ tʰa⁴⁵ mən⁰ nən²⁴ mən⁰ xau³¹ ti⁰ ai²⁴ tɕʰin²² ku²² sʅ²⁴ a⁰]

然后咧又还又得了，[zan³¹ xəu²⁴ nie⁰ iəu²⁴ xuai³¹ iəu²⁴ tɤ²² mɤ⁰]

一个儿子一个姑娘啊，[i²² kɤ²⁴ ɚ²² tsʅ⁰ i²² kɤ²⁴ ku⁴⁵ niaŋ²² a⁰]

结果又被他们隔得天涯海角哒啊。[tɕie²² ko³¹ iəu²⁴ pei²⁴ tʰa⁴⁵ mən⁰ kɤ²² tɤ⁰ tʰiɛn⁴⁵ ia³¹ xai³¹ tɕiau³¹ ta⁰ a⁰]

它咧就每年的农历七月初七咧，[tʰa⁴⁵ nie⁰ tɕiəu²⁴ mei³¹ niɛn²² ti⁰ noŋ³¹ ni²² tɕʰi²² ye²² tsʰu⁴⁵ tɕʰi²² nie⁰]

就有蛮多的喜鹊，[tɕiəu²⁴ iəu³¹ man⁴⁵ to⁴⁵ ti⁰ ɕi³¹ tɕʰyo²²]

就飞到天上去，[tɕiəu²⁴ fei⁴⁵ tau²⁴ tʰiɛn⁴⁵ saŋ²⁴ kʰɤ²⁴]

一只的尾巴，[i²² tsʅ²⁴ ti⁰ uei³¹ pa⁴⁵]

连到另外一只的尾巴咧，[niɛn²² tau²⁴ nin²² uai²⁴ i²² tsʅ²⁴ ti⁰ uei³¹ pa⁴⁵ nie⁰]

就连成了一条天河啊，[tɕiəu²⁴ niɛn²² tsʰən²² mɤ⁰ i²² tʰiau²² tʰiɛn⁴⁵ xɤ²² a⁰]

就是我们说的鹊桥。[tɕiəu²⁴ sʅ²⁴ o³¹ mən⁰ so²² ti⁰ tɕʰye²² tɕʰiau²²]

迥样的话咧，[nie²⁴ iaŋ²⁴ ti⁰ xua²⁴ nie⁰]

就让牛郎跟织女相会，[tɕiəu²⁴ zaŋ²⁴ niəu²² naŋ⁴⁵ kən⁴⁵ tsʅ²² ny³¹ ɕiaŋ⁴⁵ xuei²⁴]

迥就是我们说的牛郎织女的故事。[nie²⁴ tɕiəu²⁴ sʅ²⁴ o³¹ mən⁰ so²² ti⁰ niəu²² naŋ⁴⁵ tsʅ²² ny³¹ ti⁰ ku²² sʅ²⁴]

意译：在古时候，有一个小伙子，他的家里从小的时候，就是父母去世了，所以说家里的条件非常困难也非常贫困。但是那个时候，他屋里养了一头牛，然后这个牛呢，和他从小就相依为命啊。所以说周边村子的人呢，给他取了个名字叫牛郎。平时他跟着这头牛，是靠这个牛耕地，维持他的生活，所以说他条件肯定是非常艰苦。

这个牛实际上是天上的金牛星。它平时的话是非常看重这个小伙子为人的耿直啊、真诚啊、勤劳还有善良，所以说它就一直很想帮牛郎成个家。然后有一

天，它得知天上有几个很漂亮的姑娘要到河里，他们村里河里面去洗澡，当它得到这个消息之后呢，它就马上托梦给了牛郎，告诉他有这么一件事，然后牛郎听到这个消息之后呢，还是半信半疑，就是说有点疑惑但是心里还是想去。

第二天早上起来了之后呢，牛郎就怀着这种疑问就还是到河里去了，去了之后呢，确实有几个很漂亮的姑娘在洗澡。他就说："哎，真的有啊！"他就又想到这个老牛跟他托梦里面说的一段话，它说："看到树上的衣服了，你随便抓一件，抓上就跑，所以说这个牛郎，平时的话啊，胆子很小。他就自己偷偷摸摸地跑到这个树底下去了，就随便抓一件衣服，抓着就跑，一口气跑回去了，额头上汗如雨下，到屋里了之后呢，把衣服挂在屋里，就把门反锁在屋里了，就是手足无措啊，就不知道怎么办，就在屋里等，结果到晚上很晚的时候，确实有一个很漂亮的姑娘在他屋里敲门，这个姑娘其实就是我们传说中的织女。然后他们从此就结为夫妻，过上了很幸福的生活啊。

然后时间也过得很快，转眼间三年就过去了，他们两个人就生了两个小孩，一个男孩儿一个女孩儿，一家人的生活过得还是很幸福，平时也都省吃俭用，大家都在一起，家庭也比较和谐，但是，织女毕竟是私自下凡，这个事也就激怒了玉皇大帝，玉皇大帝知道这个事了之后肯定要发脾气啊。然后有一天，天上就突然电闪雷鸣，又是打雷啊又是下雨，一会儿，织女就不见了，结果她的两个小孩，那不得了，在屋里哭啊，要找妈，就说要妈妈，然后牛郎这个时候他也不知道怎么办，在屋里急得跺脚。一会儿这头牛看见了，它说："牛郎，不急。"它说："把我头上的两个角折下来，把它变成两个篮筐，然后把这两个孩子放筐子里就可以带着去找织女。"牛郎正还在纳闷儿说怎么办，这两个角就掉地上了，然后这个牛郎就把它捡起来了，这两个角恰恰就变成了两个篮筐，他就把两个小孩往篮筐里一放，就带着孩子们去天上找他们的妈妈。

结果在路上飞呀飞呀飞到一半的时候呢，又碰到王母娘娘，王母娘娘看到了之后也非常生气，她就把头上的一根钗子就扯下来了，就变成了一条很长的长河，把牛郎和织女就这么永远地隔开了，这个事又被天上的喜鹊知道了，喜鹊得到这个消息就很同情牛郎织女啊，觉得他们这么恩爱，又得了一个儿子一个女儿，结果他们却相隔天涯海角。每年的七月初七就会有很多的喜鹊飞到天上去，一只的尾巴连着另一只的尾巴，就连成了一条天河，就是我们说的鹊桥，这样的话，就让牛郎和织女相会，这就是我们说的牛郎和织女的故事。

三　其他故事

0022 其他故事

我来讲一个故事叫《不着调》。[o³¹ nai²² tɕiaŋ³¹ i²² kɤ²⁴ ku²² sʅ²⁴ tɕiau²⁴ pu²² tso²² tiau²⁴]

有一个伙计咧，[iəu³¹ i²² kɤ²⁴ xo⁴⁵ tɕi²² nie⁰]

他吹牛呢，[tʰa⁴⁵ tsʰuei⁴⁵ iəu²² mɤ⁰]

也吹哒蛮狠。[ie³¹ tsʰuei⁴⁵ ta⁰ man⁴⁵ xən³¹]

他就讲啊，[tʰa⁴⁵ tɕiəu²⁴ tɕiaŋ³¹ a⁰]

有一天，[iəu³¹ i²² tʰiɛn⁴⁵]

他屋里咧，[tʰa⁴⁵ u²² ni³¹ nie⁰]

就请了一班人，[tɕiəu²⁴ tɕʰin³¹ mɤ⁰ i²² pan⁴⁵ zən²²]

准备搞什么儿去的呢，[tsuən³¹ pʰei²⁴ kau³¹ sən²² mor⁰ kʰɤ²⁴ ti⁰ mɤ⁰]

准备呢去种荞麦去。[tsuən³¹ pʰei²⁴ mɤ⁰ kʰɤ²⁴ tsoŋ²⁴ tɕʰiau²⁴ mɤ²² kʰɤ²⁴]

他早晨呢，[tʰa⁴⁵ tsau³¹ tsʰən⁴⁵ mɤ⁰]

就把早饭啊，[tɕiəu²⁴ pa³¹ tsau³¹ fan²⁴ a⁰]

一早弄得吃哒。[i²² tsau³¹ noŋ²⁴ tɤ⁰ tɕʰi²² ta⁰]

没想到迥个下大雨，[mei²⁴ ɕiaŋ³¹ tau²⁴ nie²⁴ kɤ⁰ ɕia²⁴ ta²⁴ y³¹]

最后迥个溪的咧又发水，[tsuei³³ xəu²⁴ nie²⁴ kɤ⁰ tɕʰi⁴⁵ ti⁰ nie⁰ iəu²⁴ fa²² suei³¹]

他的个田咧，[tʰa⁴⁵ ti⁰ kɤ²⁴ tʰiɛn²² nie⁰]

又在迥个对河，[iəu²⁴ tsai²⁴ nie²⁴ kɤ⁰ tuei²⁴ xo²²]

在屋的对河。[tsai²⁴ u²² ti⁰ tuei²⁴ xo²²]

所以说他早晨，[so³¹ i²² so²² tʰa⁴⁵ tsau³¹ tsʰən⁴⁵]

把迥个客请来哒，[pa³¹ nie²⁴ kɤ⁰ kʰɤ²² tɕʰin³¹ nai²² ta⁰]

搞事的人请来哒，[kau³¹ sʅ²⁴ ti⁰ zən²² tɕʰin³¹ nai²² ta⁰]

早饭吃哒，[tsau³¹ fan²⁴ tɕʰi²² ta⁰]

下大雨啊，[ɕia²⁴ ta²⁴ y³¹ a⁰]

沟里又涨水，[kəu⁴⁵ ni⁰ iəu²⁴ tsaŋ³¹ suei³¹]

过不去。[ko²⁴ pu²² kʰɤ²⁴]

他就急哒没得办法，[tʰa⁴⁵ tɕiəu²⁴ tɕi²² ta⁰ mei²⁴ tɤ⁰ pan²⁴ fa²²]

好唥⁼门搞咧。[xau³¹ naŋ³¹ mən⁰ kau³¹ nie⁰] 唥⁼门：怎么

我就把那个荞麦种啊，[o³¹ tɕiəu²⁴ pa³¹ na²⁴ kɤ⁰ tɕiau²² mɤ²² tsoŋ³¹ a⁰]

搁迺个铳里头，[ka²⁴ nie²⁴ kɤ⁰ tsʰoŋ²⁴ ni³¹ tʰəu²²]铳：枪

我一铳就打对面田里去哒，[o³¹ i²² tsʰoŋ²⁴ tɕiəu²⁴ ta³¹ tuei²⁴ miɛn²⁴ tʰiɛn²² ni⁰ kʰɤ²⁴ ta⁰]

他你还说巧咧，[tʰa⁴⁵ ni³¹ xuai³¹ so²² tɕʰiau³¹ nie⁰]

他最后过几个月啊，[tʰa⁴⁵ tsuei³³ xəu²⁴ ko²⁴ tɕi³¹ kɤ²⁴ ye²² a⁰]

它生了一根荞麦，[tʰa⁴⁵ sən⁴⁵ mɤ⁰ i²² kən⁴⁵ tɕʰiau²² mɤ²²]

迺个荞麦啊，[nie²⁴ kɤ⁰ tɕʰiau²² mɤ²² a⁰]

长一年啊，[tsaŋ²² i²² niɛn²² a⁰]

长好大一根。[tsaŋ²² xau³¹ ta²⁴ i²² kən⁴⁵]

他说别人说，[tʰa⁴⁵ so²² pie²² zən²² so²²]

那有好大咧？[na²⁴ iəu³¹ xau³¹ ta²⁴ nie⁰]

他说我请的人，[tʰa⁴⁵ so²² o³¹ tɕʰin³¹ ti⁰ zən²²]

去割迺个荞麦，[kʰɤ²⁴ kɤ²² nie²⁴ kɤ⁰ tɕʰiau²² mɤ²²]

择迺个荞麦去啊，[tsʰɤ²² nie²⁴ kɤ⁰ tɕʰiau²² mɤ²² kʰɤ²⁴ a⁰]择：摘

他爬到迺个上头半枝丫里去的，[tʰa⁴⁵ pʰa²² tau²⁴ nie²⁴ kɤ⁰ saŋ²⁴ tʰəu²² pan²⁴ tsɿ⁴⁵ ia²² ni⁰ kʰɤ²⁴ ti⁰]

喊他们回来吃中饭，[xan³¹ tʰa⁴⁵ mən⁰ xuei²² nai²² tɕʰi²² tsoŋ⁴⁵ fan²⁴]

他们第二天晚上，[tʰa⁴⁵ mən⁰ ti³¹ ɚ²⁴ tʰiɛn⁴⁵ uan³¹ saŋ²⁴]

才从树上下来。[tsʰai³¹ tsʰoŋ²² su²⁴ saŋ⁰ ɕia²⁴ nai²²]

你说迺个树有好大。[ni³¹ so²² nie²⁴ kɤ⁰ su²⁴ iəu²⁴ xau³¹ ta²⁴]

他说最后迺个荞麦咧，[tʰa⁴⁵ so²² tsuei³³ xəu²⁴ nie²⁴ kɤ⁰ tɕʰiau²² mɤ²² nie⁰]

就没得办法择哒。[tɕiəu²⁴ mei²⁴ tɤ⁰ pan²⁴ fa²² tsɤ²² ta⁰]

他说迺个荞麦啊，[tʰa⁴⁵ so²² nie²⁴ kɤ⁰ tɕʰiau²² mɤ²² a⁰]

不晓得迺个荞麦树啊，[pu²² ɕiau²² tɤ⁰ nie²⁴ kɤ⁰ tɕʰiau²² mɤ²² su²⁴ a⁰]

不晓得好粗，[pu²² ɕiau²² tɤ⁰ xau³¹ tsʰu²⁴]

他也没得办法哒，[tʰa⁴⁵ ie³¹ mei²⁴ tɤ⁰ pan²⁴ fa²² ta⁰]

几个人围，[tɕi³¹ kɤ²⁴ zən²² uei²²]

那都围不下，[na²⁴ təu⁴⁵ uei²² pu²² ɕia²⁴]

他别人说，[tʰa⁴⁵ pie²² zən²² so²²]

那您儿迺个树，[na²⁴ nər²² nie²⁴ kɤ⁰ su²⁴]

那唥⁼门搞咧？[na²⁴ naŋ³¹ mən⁰ kau³¹ nie⁰]

他说，[tʰa⁴⁵ so²²]

你找不倒的，[ni³¹ tsau³¹ pu²² tau²⁴ ti⁰]

迺个荞麦，[nie²⁴ kɤ⁰ tɕʰiau²² mɤ²²]

不起蛮大个作用，[pu²² tɕʰi³¹ man⁴⁵ ta²⁴ kɤ²⁴ tso²² ioŋ²⁴]
我把它荞麦树一下割哒，[o³¹ pa³¹ tʰa⁴⁵ tɕʰiau²² mɤ²² su²⁴ i²² xa⁰ kɤ²⁴ ta⁰]
底下的蔸子它割哒，[ti⁴⁵ xa⁰ ti⁰ təu⁴⁵ tsɿ⁰ tʰa⁴⁵ kɤ²⁴ ta⁰] 蔸：根
我一下呢，[o³¹ i²² xa⁰ mɤ⁰]
就做多大一个稻场，[tɕiəu²⁴ tsəu²⁴ to⁴⁵ ta²⁴ i²² kɤ²⁴ tau²⁴ tsʰaŋ³¹]
你说迥个稻场，[ni³¹ so²² nie²⁴ kɤ⁰ tau²⁴ tsʰaŋ³¹]
有好大咧？[iəu³¹ xau³¹ ta²⁴ nie⁰]
我迥个牛啊，[o³¹ nie²⁴ kɤ⁰ iəu²² a⁰]
只一个低尕儿牛，[tsɿ³¹ i²² kɤ²⁴ ti⁴⁵ kɤr⁴⁵ iəu²²] 低尕儿：形容词，小
我就叫它拉迥个石磙，[o³¹ tɕiəu²⁴ tɕiau²⁴ tʰa⁴⁵ na⁴⁵ nie²⁴ kɤ⁰ sɿ²² kuən³¹] 石磙：石磨
迥个一直，[nie²⁴ kɤ⁰ i²² tsɿ²²]
到迥个牛死哒，[tau²⁴ nie²⁴ kɤ⁰ iəu²² sɿ³¹ ta⁰]
老死哒，[nau³¹ sɿ³¹ ta⁰]
你看，我迥个荞麦树，[ni³¹ kʰan²⁴, o³¹ nie²⁴ kɤ⁰ tɕʰiau²² mɤ²² su²⁴]
做的个稻场，[tsəu²⁴ ti⁰ kɤ²⁴ tau²⁴ tsʰaŋ³¹]
还没拉完，[xuai³¹ mei²⁴ na⁴⁵ uan²²]
一圈还没转圆，[i²² tɕʰyɛn⁴⁵ xuai³¹ mei²⁴ tsuan³¹ yɛn²²]
你说迥个荞麦树有好大？[ni³¹ so²² nie²⁴ kɤ⁰ tɕʰiau²² mɤ²² su²⁴ iəu³¹ xau³¹ ta²⁴]
别人说那当真也是的啊，[pie²² zən²² so²² na²⁴ taŋ⁴⁵ tsən⁴⁵ ie³¹ sɿ²⁴ ti⁰ a⁰]
他说那迥么大个荞麦，[tʰa⁴⁵ so²² na²⁴ nie²⁴ mo⁰ ta²⁴ kɤ²⁴ tɕʰiau²² mɤ²²]
恁门粗的一根荞麦树啊，[nən²⁴ mən⁰ tsʰu²⁴ ti⁰ i²² kən⁴⁵ tɕʰiau²² mɤ²² su²⁴ a⁰]
那你是啷⁼门把它割断的啊？[na²⁴ ni³¹ sɿ²⁴ naŋ³¹ mən⁰ pa³¹ tʰa⁴⁵ kɤ²⁴ tuan²⁴ ti⁰ a⁰]
你是啷⁼门把它锯断的咧？[ni³¹ sɿ²⁴ naŋ³¹ mən⁰ pa³¹ tʰa⁴⁵ tɕy²⁴ tuan²⁴ ti⁰ nie⁰]
你给我看下啊。[ni³¹ kɤ⁴⁵ o³¹ kʰan²⁴ xa⁰ a⁰]
他说我也忘记哒，[tʰa⁴⁵ so²² o³¹ ie³¹ uaŋ²⁴ tɕi²⁴ ta⁰]
跟你说个实话，[kən⁴⁵ ni³¹ so²² kɤ²⁴ sɿ²² xua²⁴]
我也是天上一句啊，[o³¹ ie³¹ sɿ²⁴ tʰiɛn⁴⁵ saŋ²⁴ i²² tɕy²⁴ a⁰]
地下一句。[ti²⁴ xa⁰ i²² tɕy²⁴]

意译：我来讲一个故事叫《不着调》，有一个伙计他吹牛吹得很厉害，他就讲啊，有一天，他屋里就请了一帮人，去做什么呢，去种荞麦。他早晨就把早饭做了吃了，没想到这个下大雨，最后溪里又发大水，他的田又在对面的河边，在房屋的对河，所以说他早晨把客人请来了帮忙做事，请来后，早饭吃了，下大雨之后河里又涨水，过不去，他就急得没办法，那怎么办呢？他就把那个荞麦种搁

在枪里面，一枪就打对面田里去了。你说好巧不巧，它最后的几个月生了一根荞麦，这个荞麦长一年了，长了好大一根。

别人问有多大呢？他说我请的人去割这个荞麦、摘这个荞麦，爬到这个树上面半枝丫里去，喊他们回来吃中饭，他们第二天晚上才从树上下来，你说树有多大，我的荞麦就没有办法摘，他说这个荞麦，不知道这个荞麦树多粗，他也没办法了，几个人都围不下，别人说那您的这个树，那怎么办呢？他说，你是不知道，荞麦起不了很大的作用，我把荞麦树割了，把它底下的根部割了，我就做了一个很大的稻场，你说这个稻场有多大呢？

我这个牛啊，就是个小牛，拉这个石磙，我这个牛死了，累死了，我这个荞麦树做的稻场还没拉完，一圈还没转完，你说这个荞麦树多大？别人说，那当真也是的哦，他说这么大棵荞麦树啊，那你是怎么把它割断的啊？是怎么把它锯断的呢？你给我说说看啊。他说我也忘记了，跟你说个实话，我也是天上一句啊，地下一句。

0023 其他故事

嗯，我来跟大家讲个故事，[ən⁰, o³¹ nai²² kən⁴⁵ ta²² tɕia⁴⁵ tɕiaŋ³¹ kɤ²⁴ ku³³ sʅ²⁴]

故事的题目咧，[ku³³ sʅ²⁴ ti⁰ tʰi²² mu²⁴ nie⁰]

叫《吹牛》。[tɕiau²⁴ tsʰuei⁴⁵ iəu²¹]

就讲啊，[tɕiəu²⁴ tɕiaŋ³¹ a⁰]

从前，[tsʰoŋ²² tɕʰiɛn²²]

有一个艺人师傅，[iəu³¹ i⁴⁵ kɤ²⁴ i²⁴ zən²¹ sʅ⁴⁵ fu⁰]

他的手艺咧非常高，[tʰa⁴⁵ ti⁰ səu³³ i²⁴ nie⁰ fei⁴⁵ tsʰaŋ²¹ kau⁴⁵]

但是咧他有个坏习惯，[tan²⁴ sʅ²⁴ nie⁰ tʰa⁴⁵ iəu³¹ kɤ²⁴ xuai²⁴ ɕi²² kuan²⁴]

他咧就欢起⁼咧吹牛。[tʰa⁴⁵ nie⁰ tɕiəu²⁴ xuan⁴⁵ tɕʰi³¹ nie⁰ tsʰuei⁴⁵ iəu²¹] 欢起⁼：喜欢

吹起牛来哒咧，[tsʰuei⁴⁵ tɕʰi³¹ iəu²² nai²² ta⁰ nie⁰]

他就不着边啊不着际。[tʰa⁴⁵ tɕiəu²⁴ pu²² tso²² piɛn⁴⁵ a⁰ pu²² tso²² tɕi²⁴]

但是他咧带了一个徒弟，[tan²⁴ sʅ²⁴ tʰa⁴⁵ nie⁰ tai²⁴ mɤ⁰ i²² kɤ²⁴ tʰu²² ti⁰]

迿个徒弟咧很聪明，[nie²⁴ kɤ⁰ tʰu²² ti⁰ nie⁰ xən³¹ tsʰoŋ⁴⁵ min²¹]

他就很会啊打圆场。[tʰa⁴⁵ tɕiəu²⁴ xən³¹ xuei²⁴ a⁰ ta³¹ yɛn²⁴ tsʰaŋ³¹]

有一天啦，[iəu³¹ i⁴⁵ tʰiɛn⁴⁵ na⁰]

迿个师傅咧，[nie²⁴ kɤ⁰ sʅ⁴⁵ fu⁰ nie⁰]

他在别人面前吹，[tʰa⁴⁵ tsai²⁴ pie²² zən²² miɛn²⁴ tɕʰiɛn²¹ tsʰuei⁴⁵]

他说那天啊，[tʰa⁴⁵ so²¹ nai²⁴ tʰiɛn⁴⁵ a⁰]

迩个河的啊涨大水,［nie²⁴kɤ⁰xo²²ti⁰a⁰tsaŋ³¹ta²⁴suei³¹］

我看到迩个河的啊,［o³¹kʰan²⁴tau⁰nie²⁴kɤ⁰xo²²ti⁰a⁰］

漂啊把斧头来哒,［pʰiau⁴⁵a⁰pa³¹fu³¹tʰəu⁰nai²²ta⁰］

我就连忙儿把它捡来用。［o³¹tɕiəu²⁴niɛn²²mãr²²pa³¹tʰa⁴⁵tɕiɛn³¹nai²²ioŋ²⁴］

哎,现在我做那个木匠活儿,［ai⁰, ɕiɛn²⁴tsai²⁴o³¹tsəu²⁴nai²⁴kɤ⁰mu²²tɕiaŋ²⁴xor²²］

那把斧头就是我从那个河的啊把它捡啊来的。［nai²⁴pa³¹fu³¹tʰəu⁰tɕʰiəu²⁴sɿ²⁴o³¹tsʰoŋ²²nei²⁴kɤ⁰xo²²ti⁰a⁰pa³¹tʰa⁴⁵tɕiɛn³¹a⁰nai²⁴ti⁰］

哎,别人周边的迩个群众就说那你迩光日白。［ai⁰, piɛ²²ʐən²²tsəu⁴⁵piɛn²⁴ti⁰nie²⁴kɤ⁰tɕʰyn²²tsoŋ²⁴tɕiəu²²so²²nai²⁴ni³¹nie²⁴kuaŋ⁴⁵ʐʅ²²pɤ²²］日白:吹牛

它迩个斧头,［tʰa⁴⁵nie²⁴kɤ⁰fu³¹tʰəu⁰］

它是个沉的,［tʰa⁴⁵sɿ²⁴kɤ⁰tsʰən²²ti⁰］

它啷＝门得得,［tʰa⁴⁵naŋ³¹mən⁰tɤ²²tɤ⁰］得得:能够

从迩个河上漂啊下来的呢。［tsʰoŋ²²nie²⁴kɤ⁰xo²²saŋ⁰pʰiau⁴⁵a⁰ɕia²⁴nai⁰ti⁰nie⁰］

迩个师傅咧他就莫好啷＝门说得哒咧,［nie²⁴kɤ⁰sɿ⁴⁵fu⁰nie⁰tʰa⁴⁵tɕiəu²⁴mo²⁴xau³¹naŋ³¹mən⁰so²²tɤ⁰ta⁰nie⁰］

他不能自圆其说。［tʰa⁴⁵pu²⁴nən²²tsɿ²⁴yɛn²²tɕʰi²²so²²］

他就往迩个徒弟,［tʰa⁴⁵tɕiəu²⁴uaŋ³¹nie²⁴kɤ⁰tʰu²²ti⁰］

跟他徒弟一指,［kən⁴⁵tʰa⁴⁵tʰu²²ti⁰i⁻²⁴tsɿ³¹］

他说,［tʰa⁴⁵so²²］

你问我的徒弟,［ni³¹uən²⁴o³¹ti⁰tʰu²²ti⁰］

当时我徒弟看到的。［taŋ⁴⁵sɿ²²o³¹tʰu²²ti⁰kʰan³³tau²⁴ti⁰］

迩个徒弟咧很聪明,［nie²⁴kɤ⁰tʰu²²ti⁰nie⁰xən³¹tsʰoŋ⁴⁵min²¹］

他又不能得罪师傅。［tʰa⁴⁵iəu²⁴pu²⁴nən²²tɤ²²tsuei²⁴sɿ⁴⁵fu⁰］

他咧,［tʰa⁴⁵nie⁰］

就脑壳两抠,［tɕiəu²⁴nau³¹kʰo²¹niaŋ³¹kʰəu⁴⁵］

他就想啊一个办法。［tʰa⁴⁵tɕiəu²⁴ɕiaŋ³¹a⁰i²²kɤ²⁴pan²⁴fa³¹］

他说那当时啊,［tʰa⁴⁵so⁴⁵na²⁴taŋ⁴⁵sɿ²²a⁰］

是真家伙。［sɿ²⁴tsən⁴⁵tɕia⁴⁵xo⁰］

他当时是个什么情况咧,［tʰa⁴⁵taŋ⁴⁵sɿ²²sɿ²⁴kɤ⁰sən²²mo⁰tɕʰin²²kʰuaŋ²⁴nie⁰］

他说河的啊确实发啊大水,［tʰa⁴⁵so⁴⁵xo²²ti⁰a⁰tɕʰyo²²sɿ²²fa⁴⁵a⁰ta²⁴suei³¹］

迩个河的咧就漂啊一个木板子,［nie²⁴kɤ⁰xo²²ti⁰nie⁰tɕʰiəu²²pʰiau⁴⁵a⁰i²²kɤ²⁴mu²⁴pan³¹tsɿ⁰］

一个斧头咧就砍的迩个木板子上头。[i²²kɤ²⁴fu³¹tʰəu⁰nie⁰tɕʰiəu²⁴kʰan³¹ti⁰nie²⁴kɤ⁰mu²²pan³¹tʂɿ⁰saŋ²⁴tʰəu⁰]

别人说，[pie²²zən²²so²²]

哦，那咧我们就明白哒，[o⁰,na²⁴nie⁰o³¹mən⁰tɕiəu²⁴miŋ²²pɤ²²ta⁰]

那确实是真的。[na²⁴tɕʰyo²²sɿ²²sɿ²⁴tsən⁴⁵ti⁰]

迩个师傅咧，[nie²⁴kɤ⁰sɿ⁴⁵fu⁰nie⁰]

觉得咧，[tɕyo²²tɤ⁰nie⁰]

吹啊牛哒咧，[tsʰuei⁴⁵a⁰iəu²²ta⁰nie⁰]

有人跟他兜底。[iəu³¹zən²²kən⁴⁵tʰa⁴⁵təu⁴⁵ti⁴⁵]

他咧，[tʰa⁴⁵nie⁰]

事事儿咧，[sɿ²⁴sər²⁴nie⁰]

就越吹越大。[tɕiəu²⁴ye³³tsʰuei⁴⁵ye³³ta²⁴]

他有天啦，[tʰa⁴⁵iəu³¹tʰiɛn⁴⁵na⁰]

他又吹起牛来哒。[tʰa⁴⁵iəu²⁴tsʰuei⁴⁵tɕʰi³¹iəu²²nai²²ta⁰]

他说，[tʰa⁴⁵so²¹]

有天啦，[iəu³¹tʰiɛn⁴⁵na⁰]

在河里钓鱼，[tsai²⁴xo²²ti⁰tiau²⁴y²¹]

我钓啊一黑⁼天，[o³¹tiau²⁴a⁰i⁴⁵xɤ²²tʰiɛn⁴⁵]一黑⁼天：一整天

一条鱼都没钓到。[i⁴⁵tʰiau²²y²²təu⁴⁵mei²²tiau³³tau²⁴]

在最后咧，[tsai²⁴tsuei³³xəu²⁴nie⁰]

收竿儿的时候咧，[səu⁴⁵kər⁴⁵ti⁰sɿ²²xəu²⁴nie⁰]

我一竿子下去啊，[o³¹i⁴⁵kan⁴⁵tsɿ⁰ɕia²⁴kʰɤ²⁴a⁰]

我钓啊个鸭蛋起来哒。[o³¹tiau²⁴a⁰kɤ²⁴ia⁴⁵tan²⁴tɕʰi³¹nai²²ta⁰]

周围的人就说，[tsəu⁴⁵uei²²ti⁰zən²²tɕiəu²⁴so²¹]

那你咧儿日白的，[na²⁴ni³¹niər⁰ʐɿ²²pɤ²²ti⁰]

那你啷⁼门可能钓到啊个鸭蛋咧！[na³¹ni³¹naŋ⁴⁵mən⁰kʰo³¹nən²¹tiau³³tau²⁴a⁰kɤ²⁴ia⁴⁵tan²⁴nie⁰]

你迩说的啊，[ni³¹nie²⁴so²²ti⁰a⁰]

我们完全不相信。[o³¹mən⁰uan²²tɕʰyɛn³¹pu²²ɕiaŋ⁴⁵ɕin²⁴]

迩个师傅咧就莫好啷⁼门说得，[nie²⁴kɤ⁰sɿ⁴⁵fu⁰nie⁰tɕiəu²⁴mo²⁴xau³¹naŋ⁴⁵mən⁰so²²tɤ⁰]

他就说，[tʰa⁴⁵tɕiəu²⁴so²¹]

那你问我的徒弟，[na²⁴ni³¹uən²⁴o³¹ti⁰tʰu²²ti⁰]

我徒弟当时在场。［o³¹ tʰu²² ti⁰ taŋ⁴⁵ sʅ²¹ tsai²⁴ tsʰaŋ³¹］

迩个徒弟咧，［nie²⁴ kɤ⁰ tʰu²² ti⁰ nie⁰］

那一想啊，［na²⁴ i⁴⁵ ɕiaŋ³¹ a⁰］

迩没得法哒，［nie²⁴ mei²² tɤ⁰ fa³¹ ta⁰］

那嗯＝门搞咧，［na²⁴ naŋ⁴⁵ mən⁰ kau³¹ nie⁰］

只能跟他帮忙圆。［tsʅ³¹ nən²¹ kən⁴⁵ tʰa⁴⁵ paŋ⁴⁵ maŋ²¹ yɛn²²］

他就把迩个脑壳两抠，［tʰa⁴⁵ tɕiəu²⁴ pa³¹ nie²⁴ kɤ⁰ nau³¹ kʰo²¹ niaŋ³¹ kʰəu⁴⁵］

他说那是真家伙。［tʰa⁴⁵ so⁰ na²⁴ sʅ²⁴ tsən⁴⁵ tɕia⁴⁵ xo⁰］

他说当时啊，［tʰa⁴⁵ so²¹ taŋ⁴⁵ sʅ²¹ a⁰］

他钓迩个鱼的时候儿呢没钓到，［tʰa⁴⁵ tiau²⁴ nie²⁴ kɤ⁰ y²² ti⁰ sʅ²² xəur²⁴ nɤ⁰ mei²² tiau²⁴ tau²⁴］

最后一竿子一收啊，［tsuei³³ xəu²⁴ i⁴⁵ kan⁴⁵ tsʅ⁰ i⁴⁵ səu⁴⁵ a⁰］

他一钓啊，［tʰa⁴⁵ i⁰ tiau⁴⁵ a⁰］

钓啊个鸭蛋窝。［tiau⁴⁵ a⁰ kɤ⁰ ia⁴⁵ tan²⁴ o⁴⁵］

窝里头咧，［o⁴⁵ ni³¹ tʰəu²² nie⁰］

有个鸭蛋。［iəu³¹ kɤ²⁴ ia⁴⁵ tan²⁴］

他说一个，［tʰa⁴⁵ so⁴⁵ i⁴⁵ kɤ²⁴］

一个鸭子做的个窝。［i⁴⁵ kɤ²⁴ ia⁴⁵ tsʅ⁰ tsəu²⁴ ti⁰ kɤ²⁴ o⁴⁵］

别人说，［pie²² zən²² so²¹］

哦，那我相信哒。［o⁰，na²⁴ o³¹ ɕiaŋ⁴⁵ ɕin²⁴ ta⁰］

迩个师傅咧，［nie²⁴ kɤ⁰ sʅ⁴⁵ fu⁰ nie⁰］

就觉得有徒弟跟他打圆场啊，［tɕiəu²⁴ tɕye²² tɤ⁰ iəu³¹ tʰu²² ti⁰ kən⁴⁵ tʰa⁴⁵ ta³¹ yɛn²² tsʰaŋ³¹ a⁰］

就越说越离谱。［tɕiəu²⁴ ye²⁴ so²¹ ye²⁴ ni²² pʰu²²］

他有天啦，［tʰa⁴⁵ iəu³¹ tʰiɛn⁴⁵ na⁰］

就又在外头海吹。［tɕiəu²⁴ iəu²⁴ tsai²⁴ uai²⁴ tʰəu⁰ xai³¹ tsʰuei⁴⁵］

他说，［tʰa⁴⁵ so²¹］

有天啦，［iəu³¹ tʰiɛn⁴⁵ na⁰］

我骑一匹马子，［o³¹ tɕʰi²² i²² pʰi³¹ ma³¹ tsʅ⁰］

晚上哒咧，［uan⁴⁵ saŋ²⁴ ta⁰ nie⁰］

从迩个林子的过，［tsʰoŋ²² nie²⁴ kɤ⁰ nin²² tsʅ⁰ ti⁰ ko²⁴］

我哒的哒的，哒的哒的，［o³¹ ta⁴⁵ ti⁰ ta⁴⁵ ti⁰，ta⁴⁵ ti⁰ ta⁴⁵ ti⁰］

我将将儿走的迩个林子中间哒，［o³¹ tɕiaŋ⁴⁵ tɕiãr⁴⁵ tsəu³¹ ti⁰ nie²⁴ kɤ⁰ nin²² tsʅ⁰ tsoŋ⁴⁵ kan²²ta⁰］将将：刚刚

你看碰到啊一个土匪。［ni³¹ kʰan²⁴ pʰoŋ²⁴ tau²⁴ a⁰ i²² kɤ²⁴ tʰu²² fei²²］
他不管三七二十一，［tʰa⁴⁵ pu²⁴ kuan²⁴ san⁴⁵ tɕʰi⁴⁵ ə²⁴ sʅ²² i²²］
他就拿把刀咧，［tʰa⁴⁵ tɕiəu⁴⁵ na²² pa³¹ tau⁴⁵ nie⁰］
劈迥个马子啊，［pʰi⁴⁵ nie²⁴ kɤ⁰ ma³¹ tsʅ⁰ a⁰］
中间一砍。［tsoŋ⁴⁵ kan⁴⁵ i²² kʰan³¹］
迥个马子咧就是，［nie²⁴ kɤ⁰ ma³¹ tsʅ⁰ nie⁰ tɕiəu³³ sʅ²⁴］
砍成前后两个半头哒。［kʰan³¹ tsʰən²² tɕʰiɛn²² xəu²⁴ niaŋ³¹ kɤ²⁴ pan²⁴ tʰəu⁰ ta⁰］
我没得办法哒，［o³¹ mei²⁴ tɤ⁰ pan²⁴ fa³¹ ta⁰］
我吓得没得法。［o³¹ xɤ²¹ ti⁰ mei²⁴ tɤ⁰ fa³¹］
我就把迥个马子啊前头半头啊，［o³¹ tɕiəu²⁴ pa³¹ nie²⁴ kɤ⁰ ma³¹ tsʅ⁰ a⁰ tɕʰiɛn²² tʰəu⁰ pan²⁴ tʰəu⁰ a⁰］
骑啊回来的。［tɕʰi⁴⁵ a⁰ xuei²² nai²² ti⁰］
别人说，那啷⁼门可能呢，［pie²² zən²² so²²，na²⁴ naŋ³¹ mən⁰ kʰo³¹ nən²¹ nɤ⁰］
那你咧日白的。［nai²⁴ ni³¹ nie⁰ zʅ²⁴ pɤ²¹ ti⁰］
迥个师傅咧就说，［nie²⁴ kɤ⁰ sʅ⁴⁵ fu⁰ nie⁰ tɕiəu²⁴ so²¹］
那你们如果不相信，［na²⁴ ni³¹ mən⁰ zu²² ko³¹ pu²⁴ ɕiaŋ⁴⁵ ɕin²⁴］
你就问我的徒弟。［ni³¹ tɕiəu²⁴ uən²⁴ o³¹ ti⁰ tʰu²² ti⁰］
迥个徒弟咧，［nie²⁴ kɤ⁰ tʰu⁰ ti⁰ nie⁰］
把个脑壳两抠，［pa³¹ kɤ²⁴ nau³¹ kʰo²¹ niaŋ³¹ kʰəu⁴⁵］
他就左想右想啊，［tʰa⁴⁵ tɕiəu²⁴ tso³¹ ɕiaŋ³¹ iəu²⁴ ɕiaŋ³¹ a⁰］
确实咧，［tɕʰyo²² sʅ²¹ nie⁰］
跟他打不成圆场哒。［kən⁴⁵ tʰa⁴⁵ ta³¹ pu²² tsʰən²² yɛn²² tsʰaŋ³¹ ta⁰］
他就跟他师父说，［tʰa⁴⁵ tɕiəu²⁴ kən⁴⁵ tʰa⁴⁵ sʅ⁴⁵ fu⁰ so²¹］
他说，师父啊，［tʰa⁴⁵ so²¹，sʅ⁴⁵ fu⁰ a⁰］
您儿迥个马屁股，［nər²² nie²⁴ kɤ⁰ ma³¹ pʰi²⁴ ku⁰］
那都没得哒，［na²⁴ təu⁴⁵ mei²⁴ tɤ⁰ ta⁰］
你叫我迥个马屁，［ni²² tɕiau²⁴ o³¹ nie²⁴ kɤ⁰ ma³³ pʰi²⁴］
往哪里拍咧？［uaŋ³¹ na³¹ ti⁰ pʰɤ²² nie⁰］

意译：我来跟大家讲个故事，故事的题目叫《吹牛》。从前，有一个艺人师傅，他的手艺非常高，但是他有个坏习惯，他就喜欢吹牛。吹起牛来了，他就吹得不着边际。但是他带了一个徒弟，这个徒弟很聪明。他就很会打圆场。

有一天，这个师傅，他在别人面前吹牛，他说有一天，河里涨大水，我看见河里漂了一把斧头过来了，我就赶紧把它捡来用。现在我做那个木匠活儿，那把斧头就是我从那个河里捡来的。周围的群众就说，你在撒谎，斧头是会沉下去的，它怎么会顺着河水漂下来呢？这个师傅他就不知道怎么说了，他就不能自圆其说。他就向他的徒弟一指，他说，你问我的徒弟，当时我徒弟看见了。这个徒弟很聪明，他又不能得罪师傅。他就把脑袋抠了两下，就想了一个办法。他说那当时是真的，当时的情况是这样的，他说河里确实发了大水，河里就漂来了一个木板子，一个斧头就砍在这个木板上面。别人说，哦，那这样我们就明白啦，那确实是真的。这个师傅就觉得，吹牛了以后，有人跟他兜底。他呢，就吹得越来越大。

有一天，他又吹起牛来了。他说，有天他在河里钓鱼，钓了一整天一条鱼都没钓到。在最后，收竿的时候，我一竿子下去，钓了一个鸭蛋起来。周围的人就说，那你这是撒谎的，那你怎么可能钓得到鸭蛋呢！你说的这句话，我们完全不相信。这个师傅就不知道怎么说了，他就说，那你问我的徒弟，我徒弟当时在场。这个徒弟呢，一想这也没有办法，那没办法，只能硬着头皮给他帮忙圆场。他就把脑袋抠了两下，他说那是真的。他说当时，师傅钓鱼的时候什么也没钓到，最后一竿子一收，他一钓就钓了一个鸭蛋窝。窝里面呢，有个鸭蛋。他说是一只鸭子做的窝。别人说，哦，那我相信了。这个师傅呢，就觉得有徒弟跟他打圆场，就越说越离谱。

有一天他又在外面胡乱吹牛。他说有一天，我骑了一匹马，晚上从树林间路过，我骑着马哒哒哒的，我刚好走到树林中间的时候碰到了一个土匪。他不管三七二十一，他就拿把刀，将马从中间劈开来，这匹马就被砍成了前后两个部分。我被吓得没有办法。我就骑着马的前半部分回来的。别人说，那怎么可能呢，那你这肯定是撒谎的。这个师傅就说，那你们如果不相信，你就问我的徒弟。这个徒弟就把脑袋抠了两下，他左想右想，确实跟他打不成圆场了。他就跟他师父说，他说，师父啊，您这个马屁股都没有了，让我的马屁往哪里拍好呢？

0024 其他故事

下面呐，［ɕia²⁴miɛn²⁴na⁰］

我给大家讲一个故事，［o³¹kɤ⁴⁵ta²⁴tɕia⁴⁵tɕiaŋ³¹i²²kɤ²⁴ku²²sŋ²⁴］

故事的名字咧，［ku²²sŋ²⁴ti⁰min²²tsŋ²⁴nie⁰］

叫《三姨佬儿喝酒》。［tɕiau²⁴san⁴⁵i²²naur³¹xo⁴⁵tɕiəu³¹］

迺个土家族啊，［nie²⁴kɤ⁰tʰu³¹tɕia⁴⁵tsu²²a⁰］

关于三姨佬儿的故事咧，［kuan⁴⁵y²²san⁴⁵i²²naur³¹ti⁰ku²²sŋ²⁴nie⁰］

确实还是蛮多。[tɕʰyo²² sʅ²² xai³¹ sʅ²⁴ man⁴⁵ to⁴⁵]
一般的咧大姨佬儿，[i²² pan⁴⁵ ti⁰ nie⁰ ta²⁴ i²² naur³¹]
二姨佬儿都很行，[ɚ²⁴ i²² naur³¹ təu⁴⁵ xən³¹ ɕin²²]
但是三姨佬儿咧，[tan²⁴ sʅ²⁴ san⁴⁵ i²² naur³¹ nie⁰]
是的没得文化啊，[sʅ²⁴ ti⁰ mei²⁴ tɤ⁰ uən⁴⁵ xua²⁴ a⁰]
但是咧，[tan²⁴ sʅ²⁴ nie⁰]
受到了大姨佬二姨佬的欺负。[səu²⁴ tau²⁴ mɤ⁰ ta²⁴ i²² nau³¹ ɚ²⁴ i²² nau³¹ ti⁰ tɕʰi⁴⁵ fu²²]
同时咧，[tʰoŋ³¹ sʅ²² nie⁰]
丈人佬头儿，[tsaŋ²⁴ zən²² nau³¹ tʰəur²²]
丈母娘咧也不喜欢他。[tsaŋ²⁴ mu³¹ niaŋ²² nie⁰ ie³¹ pu²² ɕi³¹ xuan⁴⁵ tʰa⁴⁵]
有天呢，[iəu³¹ tʰiɛn⁴⁵ nɤ⁰]
三姨佬儿咧，[san⁴⁵ i²² naur³¹ nie⁰]
就在一起咧聚会。[tɕiəu²⁴ tsai²⁴ i²² tɕʰi³¹ nie⁰ tɕy²⁴ xuei²⁴]
迩个大姨佬咧，[nie²⁴ kɤ⁰ ta²⁴ i²² nau³¹ nie⁰]
他比较有钱；[tʰa⁴⁵ pi³¹ tɕiau²⁴ iəu³¹ tɕʰiɛn²²]
迩个二姨佬咧，[nie²⁴ kɤ⁰ ɚ²⁴ i²² nau³¹ nie⁰]
他咧是做官的；[tʰa⁴⁵ nie⁰ sʅ²⁴ tsəu²⁴ kuan⁴⁵ ti⁰]
迩个三姨佬咧，[nie²⁴ kɤ⁰ san⁴⁵ i²² nau³¹ nie⁰]
他一不是做官呐，[tʰa⁴⁵ i²² pu²² sʅ²⁴ tsəu²⁴ kuan⁴⁵ na⁰]
二没得钱。[ɚ²⁴ mei²⁴ tɤ⁰ tɕʰiɛn²²]
但是就喜欢喝个酒，[tan²⁴ sʅ²⁴ tɕiəu²⁴ ɕi³¹ xuan⁴⁵ xo⁴⁵ kɤ²⁴ tɕiəu³¹]
迩时候儿咧，[nie²⁴ sʅ²² xəur²⁴ nie⁰]
三姨佬儿啊，[san⁴⁵ i²² naur³¹ a⁰]
就一起啊，[tɕiəu²⁴ i²² tɕʰi³¹ a⁰]
到他丈人佬头儿那儿去哒。[tau²⁴ tʰa⁴⁵ tsaŋ²⁴ zən²² nau³¹ tʰəur²² nar²⁴ kʰɤ²⁴ ta⁰]
迩个搞得场合也蛮好。[nie²⁴ kɤ⁰ kau³¹ ti⁰ tsʰaŋ³¹ xo²² ie³¹ man⁴⁵ xau³¹]
他就说咧，[tʰa⁴⁵ tɕiəu²⁴ so²² nie⁰]
喝酒咧我们要说个咧，[xo⁴⁵ tɕiəu³¹ nie⁰ o³¹ mən⁰ iau²⁴ so²² kɤ²⁴ nie⁰]
四言八句哒咧才能喝，[sʅ²⁴ iɛn²² pa²² tɕy²⁴ ta⁰ nie⁰ tsʰai³¹ nən²² xo⁴⁵]
不能呐随随便便地喝。[pu²² nən²² na⁰ suei²² suei²² piɛn²⁴ piɛn²⁴ ti⁰ xo⁴⁵]
目的呢就想咧，[mu²² ti⁰ nɤ⁰ tɕiəu²⁴ ɕiaŋ³¹ nie⁰]
把迩个三姨佬难倒咧，[pa³¹ nie²⁴ kɤ⁰ san⁴⁵ i²² nau³¹ nan²² tau²⁴ nie⁰]
让他不喝酒。[zaŋ²⁴ tʰa⁴⁵ pu²² xo⁴⁵ tɕiəu³¹]

迥个几个姨佬儿，[nie²⁴kɤ⁰tɕi³¹kɤ²⁴i²²naur³¹]

大姨佬、二姨佬说那没得问题，[ta²⁴i²²nau³¹、ɚ²⁴i²²nau³¹so²²na²⁴mei²⁴tɤ⁰uən²⁴tʰi²²]

他说那岳父大人，[tʰa⁴⁵so²²na²⁴yo²²fu²⁴ta²⁴zən²²]

您儿出个题啊我们来答。[nər²²tsʰu²²kɤ²⁴tʰi²²a⁰o³¹mən⁰nai²²ta⁴⁵]

迥个岳父大人呢就说咧，[nie²⁴kɤ⁰yo²²fu²⁴ta²⁴zən²²mɤ⁰tɕiəu²⁴so²²nie⁰]

他说迥叫咧有去有回，[tʰa⁴⁵so²²nie²⁴tɕiau²⁴nie⁰iəu³¹kʰɤ²⁴iəu³¹xuei²²]

有去无回。[iəu³¹kʰɤ²⁴u²²xuei²²]

你们把迥个东西啊占到哒，[ni³¹mən⁰pa³¹nie²⁴kɤ⁰toŋ⁴⁵ɕi⁴⁵a⁰tsan²⁴tau²⁴ta⁰]

说个四言八句哒，[so²²kɤ²⁴sɿ²⁴iɛn²²pa²²tɕy²⁴ta⁰]

哎，你们就喝酒。[ai⁴⁵，ni³¹mən⁰tɕiəu²⁴xo⁴⁵tɕiəu³¹]

迥个大姨佬就想啊，[nie²⁴kɤ⁰ta²⁴i²²nau³¹tɕiəu²⁴ɕiaŋ³¹a⁰]

那迥好简单咧。[na²⁴nie²⁴xau³¹tɕiɛn³¹tan⁴⁵nie⁰]

他抬头一望咧，[tʰa⁴⁵tʰai⁴⁵tʰəu²²i²²uaŋ²⁴nie⁰]

就望见了迥个丈人佬儿啊，[tɕiəu²⁴uaŋ²⁴tɕiɛn²⁴mɤ⁰nie²⁴kɤ⁰tsaŋ²⁴zən²²naur³¹a⁰]

迥个屋檐下头啊，[nie²⁴kɤ⁰u²²iɛn²²ɕia²⁴tʰəu²²a⁰]

有个燕子窝。[iəu³¹kɤ²⁴iɛn²⁴tsɿ⁰o⁴⁵]

他忽然就灵机一动，[tʰa⁴⁵xu²²zan³¹tɕiəu²⁴nin²²tɕi⁴⁵i²²toŋ²⁴]

他说，[tʰa⁴⁵so²²]

岳父大人我想起来哒，[yo²²fu²⁴ta²⁴zən²²o³¹ɕiaŋ³¹tɕʰi³¹nai²²ta⁰]

他说。[tʰa⁴⁵so²²]

丈人佬就说那你说。[tsaŋ²⁴zən²²nau³¹tɕiəu²⁴so²²na²⁴ni³¹so²²]

他说咧，[tʰa⁴⁵so²²nie⁰]

叫有去有回，[tɕiau²⁴iəu³¹kʰɤ²⁴iəu³¹xuei²²]

是梁上燕；[sɿ²⁴niaŋ²²saŋ²⁴iɛn²⁴]

有去无回咧，[iəu³¹kʰɤ²⁴u²²xuei²²nie⁰]

是弓上箭。[sɿ²⁴koŋ⁴⁵saŋ²⁴tɕiɛn²⁴]

他说梁上燕呐，[tʰa⁴⁵so²²niaŋ²²saŋ²⁴iɛn²⁴na⁰]

弓上箭，[koŋ⁴⁵saŋ²⁴tɕiɛn²⁴]

你手里没钱你就莫哭燕。[ni³¹səu³¹ni⁰mei²⁴tɕʰiɛn²²ni³¹tɕiəu²⁴mo²⁴kʰu²²iɛn²⁴]

他就把迥个杯子咧，[tʰa⁴⁵tɕiəu²⁴pa³¹nie²⁴kɤ⁰pei⁴⁵tsɿ⁰nie⁰]

就酌了一小杯，[tɕiəu²⁴tso²²mɤ⁰i²²ɕiau³¹pei⁴⁵]

就一口喝哒。[tɕiəu²⁴i²²kʰəu³¹xo⁴⁵ta⁰]

迿里就等到咧，[nie²⁴ni⁰tɕiəu²⁴tən³¹tau²⁴nie⁰]
二姨佬说，[ɚ²⁴i²²nau³¹so²²]
二姨佬咧，[ɚ²⁴i²²nau³¹nie⁰]
就看到咧，[tɕiəu²⁴kʰan²⁴tau²⁴nie⁰]
他的丈人佬儿家里啊，[tʰa⁴⁵ti⁰tsaŋ²⁴zən²²naur³¹tɕia⁴⁵ni³¹a⁰]
迿个织布的迿个机子，[nie²⁴kɤ⁰tʂʅ²²pu²⁴ti⁰nie²⁴kɤ⁰tɕi⁴⁵tʂʅ⁰]
他也就想到哒，[tʰa⁴⁵ie³¹tɕiəu²⁴ɕiaŋ³¹tau²⁴ta⁰]
哎，看到哒一想，[ai⁰, kʰan²⁴tau²⁴ta⁰i²²ɕiaŋ³¹]
他说那我也想起来哒，[tʰa⁴⁵so²²na²⁴o³¹ie³¹ɕiaŋ³¹tɕʰi³¹nai²²ta⁰]
他说。[tʰa⁴⁵so²²]
丈人佬说那你说，[tsaŋ²⁴zən²²nau³¹so²²na²⁴ni³¹so²²]
他说我岳父大人屋里啊，[tʰa⁴⁵so²²o³¹yo²²fu²⁴ta²⁴zən²²u²²ni³¹a⁰]
迿个织布的机子，[nie²⁴kɤ⁰tʂʅ²²pu²⁴ti⁰tɕi⁴⁵tʂʅ⁰]
哎，叫梭去梭来咧，[ai⁰, tɕiau²⁴so²⁴kʰɤ²⁴so²⁴nai²²nie⁰]
叫机上梭。[tɕiau²⁴tɕi⁴⁵saŋ²⁴so²⁴]
他说有去有回咧，[tʰa⁴⁵so²²iəu³¹kʰɤ²⁴iəu³¹xuei²²nie⁰]
是机上梭，[ʂʅ²⁴tɕi⁴⁵saŋ²⁴so²⁴]
有去无回咧，[iəu³¹kʰɤ²⁴u²²xuei²²nie⁰]
是线上的拨。[ʂʅ²⁴ɕiɛn²⁴saŋ²⁴ti⁰po²²]
他说机上梭啊线上拨，[tʰa⁴⁵so²²tɕi⁴⁵saŋ²⁴so²⁴a⁰ɕiɛn²⁴saŋ²⁴po²²]
他说你没得官做咧，[tʰa⁴⁵so²²ni³¹mei²⁴tɤ⁰kuan⁴⁵tsəu²⁴nie⁰]
你就别把咧，[ni³¹tɕiəu²⁴pie²²pa³¹nie⁰]
酒杯子摸。[tɕiəu³¹pei⁴⁵tsʅ⁰mo⁴⁵]
他就倒一杯酒咧就喝哒，[tʰa⁴⁵tɕiəu²⁴tau²⁴i²²pei⁴⁵tɕiəu³¹nie⁰tɕiəu²⁴xo⁴⁵ta⁰]
就咪了一席。[tɕiəu²⁴mi⁴⁵mɤ⁰i²²ɕi²²] 咪：抿
三姨佬咧，[san⁴⁵i²²nau³¹nie⁰]
他就没得法哒，[tʰa⁴⁵tɕiəu²⁴mei²⁴tɤ⁰fa²²ta⁰]
硬急得没得办法，[ən²⁴tɕi²²tɤ⁰mei²⁴tɤ⁰pan²⁴fa²²]
他正急得没得法咧，[tʰa⁴⁵tsən²⁴tɕi²²tɤ⁰mei²⁴tɤ⁰fa²²nie⁰]
肚子里一股气，[tu²⁴tsʅ⁰ni⁰i²²ku³¹tɕʰi²⁴]
他就放个屁。[tʰa⁴⁵tɕiəu²⁴faŋ²⁴kɤ²⁴pʰi²⁴]
他说那我有哒，[tʰa⁴⁵so²²na²⁴o³¹iəu³¹ta⁰]
岳父大人。[yo²²fu²⁴ta²⁴zən²²]

他迩个丈人佬就说，[tʰa⁴⁵ nie²⁴ kɤ⁰ tsaŋ²⁴ zən²² nau³¹ tɕiəu²⁴ so²²]

那你说。[na²⁴ ni³¹ so²²]

他说我有去有回咧，[tʰa⁴⁵ so²² o³¹ iəu³¹ kʰɤ²⁴ iəu³¹ xuei²² nie⁰]

是鼻子的气，[sʅ²⁴ pi²² tsʅ⁰ ti⁰ tɕʰi²⁴]

我有去无回咧，[o³¹ iəu³¹ kʰɤ²⁴ u²² xuei²² nie⁰]

是放的个屁。[sʅ²⁴ faŋ²⁴ ti⁰ kɤ²⁴ pʰi²⁴]

他说鼻子的气啊，[tʰa⁴⁵ so²² pi²² tsʅ⁰ ti⁰ tɕʰi²⁴ a⁰]

放的个屁，[faŋ²⁴ ti⁰ kɤ²⁴ pʰi²⁴]

他说的我咧，[tʰa⁴⁵ so²² ti⁰ o³¹ nie⁰]

喝酒不怕怄大气。[xo⁴⁵ tɕiəu³¹ pu²² pʰa²⁴ əu²⁴ ta²⁴ tɕʰi²⁴]

他就把迩个酒壶一拿，[tʰa⁴⁵ tɕiəu²⁴ pa³¹ nie²⁴ kɤ⁰ tɕiəu³¹ xu²² i²² na³¹]

他说，[tʰa⁴⁵ so²²]

干壶，[kan²⁴ xu²²]

所以说他就把迩个酒啊，[so³¹ i²² so²² tʰa⁴⁵ tɕiəu²⁴ pa³¹ nie²⁴ kɤ⁰ tɕiəu³¹ a⁰]

就喝完哒。[tɕiəu²⁴ xo⁴⁵ uan²² ta⁰]

意译：下面我给大家讲一个故事，故事的名字叫《三个女婿喝酒》。这个土家族关于三女婿的故事确实是比较多，一般的大女婿、二女婿都很厉害，但是三女婿没有文化，受到大女婿、二女婿的欺负，于是丈人、丈母娘也不喜欢他。

有一天，三个女婿就在一起聚会，这个大女婿他比较有钱，这个二女婿他是做官的，三女婿他一不做官，二没有钱，但是就喜欢喝酒，这时候，三个女婿就一起，到他老丈人那儿去了，场合也比较好。他就说，喝酒我们要说个四言八句了才能喝，不能随随便便地喝，目的就想把这个三女婿难倒，让他不喝酒。这几个女婿，大女婿、二女婿答应了说那没有问题，他说那岳父大人，你出个题我们来答。这个岳父大人就说，他说叫这个"有去有回，有去无回"。要带上这几个字说个四言八句的你们就喝酒。

大女婿就想这也太简单了，抬头一望就望见了这个丈人屋檐下面，有个燕子窝，他忽然就灵机一动，他说，岳父大人我想到了，丈人就说那你说。叫有去有回，是梁上燕，有去无回呢是弓上箭，他说梁上燕呐、弓上箭，你手里没钱你就别哭燕。他就倒了一小杯就一口喝了，这里就等到二女婿说，二女婿就看到他的丈人家里啊，这个织布的机器，他也就想到了，看到了一想，他说丈人我也想起来了，丈人说那你说。他说岳父大人啊这个织布的机子，哎，叫梭去梭来呢，叫机上梭，他说有去有回呢是机上梭，有去无回呢是线上的拨，机上梭啊线上拨，他说你没有官做呢你就别把酒杯倒，他就倒一杯酒呢就喝了，就抿了一小口。

三女婿呢，他就没有法子，急得没有办法，他正急得没有办法的时候肚子里就闷的一股气，放了一个屁，他说我有了，岳父大人。他这个丈人就说，那你说。他说有去有回呢，是鼻子的气，有去无回呢，是放的个屁，他说鼻子的气啊放的个屁，他说我呢喝酒不怕怄大气，他就把这个酒壶一拿，他说，干壶，所以说他就把这个酒啊喝完了。

0025 其他故事

下面呐，[ɕia²⁴miɛn²⁴na⁰]
我讲个故事，[o³¹tɕiaŋ³¹kɤ²⁴ku²²sʅ²⁴]
故事的名字咧，[ku²²sʅ²⁴ti⁰min²²tsʅ²⁴nie⁰]
叫《十梦》。[tɕiau²⁴sʅ²²moŋ²⁴]
从前咧一个老头儿，[tsʰoŋ²²tɕʰiɛn²²nie⁰i²²kɤ²⁴nau³¹tʰəur²²]
两口子咧，[niaŋ³¹kʰəu³¹tsʅ⁰nie⁰]
关系咧不是很好。[kuan⁴⁵ɕi²⁴nie⁰pu²²sʅ²⁴xən³¹xau³¹]
但是咧，[tan²⁴sʅ²⁴nie⁰]
迺个老头儿咧，[nie²⁴kɤ⁰nau³¹tʰəur²²nie⁰]
在屋里咧很郁闷，[tsai²⁴u²²ni⁰nie⁰xən³¹y²²mən²⁴]
他结果在外头咧，[tʰa⁴⁵tɕie²²ko³¹tsai²⁴uai²⁴tʰəu²²nie⁰]
就找到一个情投意合的。[tɕiəu²⁴tsau³¹tau²⁴i²²kɤ²⁴tɕʰin²²tʰəu²²i²⁴xo²²ti⁰]
是为什么原因咧，[sʅ²⁴uei³¹sən²²mo⁰yɛn²²in²²nie⁰]
主要是他的老婆啊，[tsu³¹iau²⁴sʅ²⁴tʰa⁴⁵ti⁰nau³¹pʰo²²a⁰]
平时说话咧，[pʰin²²sʅ²²so²²xua²⁴nie⁰]
说的不中听。[so²²ti⁰pu²²tsoŋ⁴⁵tʰin⁴⁵]
但是咧，[tan²⁴sʅ²⁴nie⁰]
他那个相好儿的咧，[tʰa⁴⁵na²⁴kɤ²⁴ɕiaŋ⁴⁵xaur³¹ti⁰nie⁰]
每回说的话咧，[mei³¹xuei²²so²²ti⁰xua²⁴nie⁰]
他都非常喜欢。[tʰa⁴⁵təu⁴⁵fei⁴⁵tsʰaŋ³¹ɕi³¹xuan⁴⁵]
有一天咧，[iəu³¹i²²tʰiɛn⁴⁵nie⁰]
迺个老头儿咧，[nie²⁴kɤ⁰nau³¹tʰəur²²nie⁰]
晚上就做了个梦，[uan³¹saŋ⁰tɕiəu²⁴tsəu²⁴m̩⁰kɤ²⁴moŋ²⁴]
就做十个梦。[tɕiəu²⁴tsəu²⁴sʅ²²kɤ²⁴moŋ²⁴]
他也找不倒迺个梦咧，[tʰa⁴⁵ie³¹tsau³¹pu²²tau²⁴nie²⁴kɤ⁰moŋ²⁴nie⁰] 找不倒：不知道
是好是坏，[sʅ²⁴xau³¹sʅ²⁴xuai²⁴]

他咧就跟他的媳妇子说。［tʰa⁴⁵ nie⁰ tɕiəu²⁴ kən⁴⁵ tʰa⁴⁵ ti⁰ ɕi³¹ fu⁴⁵ tsʅ⁰ so²²］

他说我昨天晚上，［tʰa⁴⁵ so²² o³¹ tso²² tʰiɛn⁴⁵ uan³¹ saŋ⁰］

做了十个梦啊，［tsəu²⁴ nɤ⁰ sʅ²² kɤ²⁴ moŋ²⁴ a⁰］

迻个人找不倒，［nie²⁴ kɤ⁰ zən⁰ tsau³¹ pu²² tau²⁴］

是好是坏啊，［sʅ²⁴ xau³¹ sʅ²⁴ xuai²⁴ a⁰］

你帮忙我解下儿梦看呐。［ni³¹ paŋ⁴⁵ maŋ²² o³¹ kai³¹ xar⁰ moŋ⁰ kʰan²⁴ na⁰］

他的个媳妇子，［tʰa⁴⁵ ti⁰ kɤ⁰ ɕi³¹ fu⁴⁵ tsʅ⁰］

本身两个人关系又不好，［pən³¹ sən⁴⁵ niaŋ³¹ kɤ²⁴ zən²² kuan⁴⁵ ɕi²⁴ iəu²⁴ pu²² xau³¹］本身：本来

所以迻个媳妇子呢，［so³¹ i²² nie²⁴ kɤ⁰ ɕi³¹ fu⁴⁵ tsʅ⁰ nɤ⁰］

也不会说个话，［ie³¹ pu²² xuei²⁴ so²² kɤ²⁴ xua²⁴］

总是说不好听的话他听。［tsoŋ³¹ sʅ²⁴ so²² pu²² xau³¹ tʰin⁴⁵ ti⁰ xua²⁴ tʰa⁴⁵ tʰin⁴⁵］

她说，［tʰa⁴⁵ so²²］

你说下儿看呐，［ni³¹ so²² xar⁰ kʰan²⁴ na⁰］

我来给你解。［o³¹ nai²² kɤ⁴⁵ ni³¹ kai³¹］

迻个老头就说呢，［nie²⁴ kɤ⁰ nau³¹ tʰəu²² tɕiəu²⁴ so²² nɤ⁰］

他说我一梦墙上跑快马，［tʰa⁴⁵ so²² o³¹ i²² moŋ²⁴ tɕʰiaŋ³¹ saŋ⁰ pʰau⁴⁵ kʰuai²⁴ ma³¹］

我二梦钢刀十二把，［o³¹ ɚ²⁴ moŋ²⁴ kaŋ⁴⁵ tau⁴⁵ sʅ²² ɚ²⁴ pa³¹］

三梦麻绳十二根，［san⁴⁵ moŋ²⁴ ma²² sən²² sʅ² ɚ²⁴ kən⁴⁵］

我四梦枯井万丈深，［o³¹ sʅ²⁴ moŋ²⁴ kʰu⁴⁵ tɕin³¹ uan²⁴ tsaŋ²⁴ sən⁴⁵］

我五梦屋里把伞撑，［o³¹ u³¹ moŋ²⁴ u²² ni⁰ pa³¹ san³¹ tsʰən²⁴］

我六梦白狐当堂坐，［o³¹ nəu² moŋ²⁴ pɤ²⁴ xu²² taŋ⁴⁵ tʰaŋ²² tso²⁴］

我七梦浪里来划船，［o³¹ tɕʰi²² moŋ²⁴ naŋ²⁴ ni⁰ nai²² xua²⁴ tsʰuan²²］

我八梦锣鼓闹腾腾，［o³¹ pa²² moŋ²⁴ no²² ku⁰ nau²⁴ tʰən⁴⁵ tʰən⁰］

我九梦屋后松柏林，［o³¹ tɕiəu³¹ moŋ²⁴ u²² xəu⁰ soŋ⁴⁵ pɤ²² nin²²］

我十梦旮角解房门。［o³¹ sʅ²² moŋ²⁴ kʰa⁴⁵ ko²² tɕie³¹ faŋ²² mən²²］旮角：角落

他媳妇子一听呐，［tʰa⁴⁵ ɕi³¹ fu⁴⁵ tsʅ⁰ i²² tʰin⁴⁵ na⁰］

她说那你迻搞不好哒，［tʰa⁴⁵ so²² na²⁴ ni³¹ nie²⁴ kau³¹ pu²² xau³¹ ta⁰］

他说那唥＝么搞不好哒咧？［tʰa⁴⁵ so²² na²⁴ naŋ³¹ mo⁰ kau³¹ pu²² xau³¹ ta⁰ nie⁰］唥＝么：怎么

她说我把迻个梦，［tʰa⁴⁵ so²² o³¹ pa³¹ nie²⁴ kɤ⁰ moŋ²⁴］

给你解哒你听，［kɤ⁴⁵ ni³¹ kai³¹ ta⁰ ni³¹ tʰin⁴⁵］

那你迻个人啦，［na²⁴ ni³¹ nie²⁴ kɤ⁰ zən²² na⁰］

已经不行哒，［i²² tɕin⁴⁵ pu²² ɕin²² ta⁰］

隔死不远哒。[kɤ²² sɿ³¹ pu²² yɛn³¹ ta⁰]

他说你说，[tʰa⁴⁵ so²² ni³¹ so²²]

他媳妇子就说咧，[tʰa⁴⁵ ɕi³¹ fu⁴⁵ tsɿ⁰ tɕiəu²⁴ so²² nie⁰]

她说你一梦墙上跑快马，[tʰa⁴⁵ so²² ni³¹ i²² moŋ²⁴ tɕʰiaŋ³¹ saŋ⁰ pʰau⁴⁵ kʰuai²⁴ ma³¹]

你墙上跑马你就车＝不过来身；[ni³¹ tɕʰiaŋ³¹ saŋ²⁴ pʰau⁴⁵ ma³¹ ni³¹ tɕiəu²⁴ tsʰɤ⁴⁵ pu²² ko²⁴ nai²² sən⁴⁵] 车＝：转

她说你二梦钢刀十二把，[tʰa⁴⁵ so²² ni³¹ ɚ²⁴ moŋ²⁴ kaŋ⁴⁵ tau⁴⁵ sɿ²² ɚ²⁴ pa³¹]

把把钢刀儿能杀人；[pa³¹ pa⁰ kaŋ⁴⁵ taur⁴⁵ nən²² sa²² zən²²]

你三梦麻绳十二根，[ni³¹ san⁴⁵ moŋ²⁴ ma²² sən²² sɿ²² ɚ²⁴ kən⁴⁵]

你根根麻绳把人捆；[ni³¹ kən⁴⁵ kən⁰ ma²² sən²² pa³¹ zən²² kʰuən³¹]

你四梦枯井万丈深呐，[ni³¹ sɿ²⁴ moŋ²⁴ kʰu⁴⁵ tɕin³¹ uan²⁴ tsaŋ²⁴ sən⁴⁵ na⁰]

万丈枯井就能埋人；[uan²⁴ tsaŋ²⁴ kʰu⁴⁵ tɕin³¹ tɕiəu²⁴ nən²² mai²² zən²²]

五梦屋里把伞撑，[u³¹ moŋ²⁴ u²² ti⁰ pa³¹ san³¹ tsʰən²⁴]

屋里撑伞是双重阴，[u²² ni⁰ tsʰən²⁴ san³¹ sɿ²⁴ suaŋ⁴⁵ tsʰoŋ²⁴ in²²]

她说你见不到天日哒；[tʰa⁴⁵ so²² ni³¹ tɕiɛn²⁴ pu²² tau²⁴ tʰiɛn⁴⁵ ɚ²² ta⁰]

她说你六梦白虎当堂坐，[tʰa⁴⁵ so²² ni³¹ nəu²² moŋ²⁴ pɤ²² xu²² taŋ⁴⁵ tʰaŋ²² tso²⁴]

你白虎当堂那要吃人呐，[ni³¹ pɤ²² xu²² taŋ⁴⁵ tʰaŋ²² na²⁴ iau²⁴ tɕʰi²² zən²² na⁰]

她说你七梦浪里来划船，[tʰa⁴⁵ so²² ni³¹ tɕʰi²² moŋ²⁴ naŋ²⁴ ni³¹ nai²² xua²⁴ tsʰuan²²]

她说你浪里划船淹死人；[tʰa⁴⁵ so²² ni³¹ naŋ²⁴ ni³¹ xua²⁴ tsʰuan²² an⁴⁵ sɿ³¹ zən²²]

他八梦锣鼓闹腾腾呐，[tʰa⁴⁵ pa²² moŋ²⁴ no²² ku³¹ nau²⁴ tʰən⁴⁵ tʰən⁰ na⁰]

她说一鼓一锣把你送出门；[tʰa⁴⁵ so²² i²² ku³¹ i²² no²² pa³¹ ni³¹ soŋ²⁴ tsʰu²² mən²²]

她说你九梦屋后松柏林，[tʰa⁴⁵ so²² ni³¹ tɕiəu³¹ moŋ²⁴ u²² xəu²⁴ soŋ⁴⁵ pɤ²² nin²²]

她说松柏林里葬新坟；[tʰa⁴⁵ so²² soŋ⁴⁵ pɤ²² nin²² ni⁰ tsaŋ²⁴ ɕin⁴⁵ fən²²]

她说十梦旮角解房门呐，[tʰa⁴⁵ so²² sɿ²² moŋ²⁴ kʰa⁴⁵ ko²² tɕie⁴⁵ faŋ²² mən²² na⁰]

你旮角房门你是个地牢门。[ni³¹ kʰa⁴⁵ ko²² faŋ²² mən²² ni³¹ sɿ²² kɤ²⁴ ti²⁴ nau³¹ mən²²]

迵个老头儿呢他就很郁闷，[nie²⁴ kɤ⁰ nau³¹ tʰəur²² mɤ⁰ tʰa⁴⁵ tɕiəu²⁴ xən³¹ i²² mən²⁴]

他说迵啷＝门搞咧。[tʰa⁴⁵ so²² nie²⁴ naŋ³¹ mən⁰ kau³¹ nie⁰]

他就去找咧，[tʰa⁴⁵ tɕiəu²⁴ kʰɤ²⁴ tsau³¹ nie⁰]

找他那个情投意合的相好去，[tsau³¹ tʰa⁴⁵ na kɤ²⁴ tɕʰin²² tʰəu²² i²⁴ xo²² ti⁰ ɕiaŋ⁴⁵ xau³¹ kʰɤ²⁴]

他就闷闷不乐就跑起去哒。[tʰa⁴⁵ tɕiəu²⁴ mən²⁴ mən⁰ pu no⁴⁵ tɕiəu²⁴ pʰau⁴⁵ tɕʰi³¹ kʰɤ²⁴ ta⁰]

那个相好说，[na²⁴ kɤ²⁴ ɕiaŋ⁴⁵ xau³¹ so²²]

你今儿啷＝门搞得啊？［ni³¹tɕər⁴⁵naŋ³¹mən⁰kau³¹tɤ²²a⁰］

闷闷不乐啊，［mən²⁴mən⁰pu²²no⁴⁵a⁰］

他说我昨天做十个梦啊，［tʰa⁴⁵so²²o³¹tso²²tʰiɛn⁴⁵tsəu²⁴sʅ²²kɤ²⁴moŋ²⁴a⁰］

我媳妇子说我已经活不长久哒，［o³¹ɕi³¹fu⁴⁵tsʅ⁰so²²o³¹i²²tɕin⁴⁵xo²²pu²²tsʰaŋ²²tɕiəu³¹ta⁰］

她说你说来我听下儿看呐。［tʰa⁴⁵so²²ni³¹so²²nai²²o³¹tʰin⁴⁵xar²⁴kʰan²⁴na⁰］

他就把迗个十个梦呢，［tʰa⁴⁵tɕiəu²⁴pa³¹nie²⁴kɤ⁰sʅ²²kɤ²⁴moŋ²⁴mɤ⁰］

跟迗个女的一说。［kən⁴⁵nie²⁴kɤ⁰ny³¹ti⁰i²²so²²］

那女的就哈哈一笑，［na²⁴ny³¹ti⁰tɕiəu²⁴xa²²xa²²i²²ɕiau²⁴］

天大老爷，［tʰiɛn⁴⁵ta²⁴nau³¹ie²²］

你迗是几个好梦啊，［ni³¹nie²⁴sʅ²⁴tɕi³¹kɤ²⁴xau³¹moŋ²⁴a⁰］

我的天。［o³¹ti⁰tʰiɛn⁴⁵］

他说那你啷＝门说是好梦呢？［tʰa⁴⁵so²²na²⁴ni³¹naŋ³¹mən⁰so²²sʅ²⁴xau³¹moŋ²⁴mɤ⁰］

她说我把迗个梦，［tʰa⁴⁵so²²o³¹pa³¹nie²⁴kɤ⁰moŋ²⁴］

来解释你听下儿。［nai²²kai³¹sʅ²²ni³¹tʰin⁴⁵xar²⁴］

她说你一梦墙上跑快马，［tʰa⁴⁵so²²ni³¹i²²moŋ²⁴tɕʰiaŋ³¹saŋ⁰pʰau⁴⁵kʰuai²⁴ma³¹］

你墙上跑马是能人呐，［ni³¹tɕʰiaŋ³¹saŋ⁰pʰau⁴⁵ma³¹sʅ²⁴nən²²zən²²na⁰］

那一般的来说墙上走都走不稳啊，［na²⁴i²²pan⁴⁵ti⁰nai²²so²²tɕʰiaŋ³¹saŋ⁰tsəu²²təu⁴⁵tsəu³¹pu²²uən³¹a⁰］

你还会跑马。［ni³¹xuai³¹xuei²⁴pʰau⁴⁵ma³¹］

她说你二梦钢刀十二把，［tʰa⁴⁵so²²ni³¹ɚ²⁴moŋ²⁴kaŋ⁴⁵tau⁴⁵sʅ²²ɚ²⁴pa³¹］

把把儿钢刀都护郎身呐，［pa³¹par³¹kaŋ⁴⁵tau⁴⁵təu⁴⁵xu²⁴naŋ⁴⁵sən⁴⁵na⁰］

她说那别人什么人，［tʰa⁴⁵so²²na²⁴pie²²zən²²sən²²mo⁰zən²²］

都不敢弄你的身呐。［təu⁴⁵pu²²kan³¹noŋ²⁴ni³¹ti⁰sən⁴⁵na⁰］

她说你三梦麻绳十二根，［tʰa⁴⁵so²²ni³¹san⁴⁵moŋ²⁴ma²²sən²²sʅ²²ɚ²⁴kən⁴⁵］

你根根麻绳都是捆仙绳呐。［ni³¹kən⁴⁵kən⁰ma²²sən²²təu⁴⁵sʅ²⁴kʰuən³¹ɕiɛn⁴⁵sən²²na⁰］

她说你四梦枯井万丈深呐，［tʰa⁴⁵so²²ni³¹sʅ²²moŋ²⁴kʰu⁴⁵tɕin³¹uan²⁴tsaŋ²⁴sən⁴⁵na⁰］

她说万丈枯井，［tʰa⁴⁵so²²uan²⁴tsaŋ²⁴kʰu⁴⁵tɕin³¹］

它是个聚宝盆哟她说。［tʰa⁴⁵sʅ²⁴kɤ²⁴tɕy²⁴pau³¹pʰən²²sa⁰tʰa⁴⁵so²²］

她说你五梦屋里把伞撑，［tʰa⁴⁵so²²ni³¹u³¹moŋ²⁴u²²ni³¹pa³¹san³¹tsʰən²⁴］

她说你迗不是明摆着的，［tʰa⁴⁵so²²ni³¹nie²⁴pu²²sʅ²⁴min²²pai²²tso²⁴ti⁰］

屋里撑伞有两重喜哟。［u²²ni³¹tsʰən²⁴san³¹iəu³¹nian³¹tsʰoŋ²⁴ɕi³¹sa⁰］

她说您儿屋里一个啊，[tʰa⁴⁵ so²² nər²² u²² ni⁰ i²² ko²⁴ a⁰]
外头还有我一个吵，[uai²⁴ tʰəu²² xuai³¹ iəu³¹ o³¹ i²² ko²⁴ sa⁰]
她说您迩不是事实啊。[tʰa⁴⁵ so²² nər²² nie²⁴ pu²² sɿ²⁴ sɿ²² sɿ²² a⁰]
她说你六梦白虎当堂坐，[tʰa⁴⁵ so²² ni³¹ nəu²² moŋ²⁴ pɤ²² xu²² taŋ⁴⁵ tʰaŋ²² tso²⁴]
她说土家族，[tʰa⁴⁵ so²² tʰu³¹ tɕia⁴⁵ tsu²²]
迩个白虎是个吉祥物，[nie²⁴ kɤ⁰ pɤ²² xu²² sɿ²⁴ kɤ²⁴ tɕi²² ɕiaŋ⁴⁵ u²⁴]
白虎当堂，[pɤ²² xu²² taŋ⁴⁵ tʰaŋ²²]
它是个守家的神吵。[tʰa⁴⁵ sɿ²⁴ kɤ²⁴ səu³¹ tɕia⁴⁵ ti⁰ sən²² sa⁰]
她说你七梦浪里把船划，[tʰa⁴⁵ so²² ni³¹ tɕʰi²² moŋ²⁴ naŋ²⁴ ni³¹ pa³¹ tsʰuan²² xua²⁴]
她说你浪里划船，[tʰa⁴⁵ so²² ni⁰ naŋ²⁴ ni³¹ xua²⁴ tsʰuan²²]
他是个弄潮人，[tʰa⁴⁵ sɿ²⁴ kɤ²⁴ noŋ²⁴ tsʰau⁴⁵ zən²²]
她说一般的唧゠个搞咧？[tʰa⁴⁵ so²² i²² pan⁴⁵ ti⁰ naŋ³¹ kɤ²⁴ kau³¹ nie⁰]
她说你八梦锣鼓闹腾腾呐，[tʰa⁴⁵ so²² ni³¹ pa²² moŋ²⁴ no²² ku³¹ nau²⁴ tʰən⁴⁵ tʰən⁰ na⁰]
说明哥哥您儿，[so²² min²² ko²² ko⁰ nər²²]
是个热闹人。[sɿ²⁴ kɤ²⁴ zɤ²² nau²⁴ zən²²]
她说九梦屋后松柏林呐，[tʰa⁴⁵ so²² tɕiəu³¹ moŋ²⁴ u²² xəu²⁴ soŋ⁴⁵ pɤ²² nin²² na⁰]
她说松柏林里，[tʰa⁴⁵ so²² soŋ⁴⁵ pɤ²² nin²² ni⁰]
我们两个儿就来谈爱情吵。[o³¹ mən⁰ niaŋ³¹ kɤr²⁴ tɕiəu²⁴ nai²² tʰan²² ai²⁴ tɕʰin²² sa⁰]
她说你十梦旮角解房门呐，[tʰa⁴⁵ so²² ni³¹ sɿ²² moŋ²⁴ kʰa⁴⁵ ko²² tɕie³¹ faŋ²² mən²² na⁰]
她说你旮角房门旧交情。[tʰa⁴⁵ so²² ni³¹ kʰa⁴⁵ ko²² faŋ²² mən²² tɕiəu²⁴ tɕiau⁴⁵ tɕʰin²²]

意译：下面呐，我讲个故事，故事的名字呢叫《十梦》。从前有个老头儿，两口子关系不是很好，但是这个老头，在屋里很郁闷，在外面就找到一个情投意合的。为什么呢，说是他的老婆啊平时说话，说的不中听，但是他那个相好儿，每回说的话他都非常喜欢，有一天这个老头，他就做了十个梦。

　　他也不知道这个梦是好是坏，他就跟他的媳妇说，他说我昨天做了十个梦啊，我不知道是好是坏啊，你帮我解下梦看看。他和媳妇两个人本身关系就不好，所以这个媳妇也不会说好话，总是说不好听的话给他听。她说，你说来看啊，我来给你解，这个老头就说，我一梦墙上跑快马，我二梦钢刀十二把，三梦麻绳十二根，我四梦枯井万丈深，我五梦屋里把伞撑，我六梦白虎当堂坐，我七梦浪里来划船，我八梦锣鼓闹腾腾，我九梦屋后松柏林，我十梦角落解房门。

　　他媳妇一听，她说那你这不好了，他说那怎么不好呢？她说我把梦解了给你听，你这个人已经不行了，离死不远了。他说你说。他媳妇说，你一梦墙上跑快马，你墙上跑马你就转不过来身；她说你二梦钢刀十二把，钢刀儿能杀人；你三梦麻绳十二根，你根根麻绳把人捆；你四梦枯井万丈深呐，万丈枯井就能埋人；五梦屋里把伞撑，屋里撑伞是双重阴，她说你见不到天日了；你六梦白虎当堂坐，你白虎当堂要吃人啊；她说你七梦浪里来划船，她说你浪里划船淹死人；八梦锣鼓闹腾腾呐，她说一鼓一锣把你送出门；她说你九梦屋后松柏林，松柏林里葬新坟；十梦角落解房门呐，角落的房门是个地牢门。

这个老头他就很郁闷，他说这怎么办，他就去找他那个情投意合的相好去，他就闷闷不乐就跑着去了，那个相好说你今儿怎么回事啊，闷闷不乐啊？他说我昨天做了十个梦，我媳妇说我已经活不长久了，她说你说来我听听看，他就把这个十个梦，跟这个女的一说，那女的哈哈一笑，说天老爷啊，你这是好梦啊，我的天。你怎么说是好梦呢？她说我把这个梦来解释你听听。

她说你一梦墙上跑快马，墙上跑马是能人呐，那一般来说墙上走都走不稳啊你还会跑马；她说你二梦钢刀十二把，把把钢刀护郎身呐，别人都不敢破坏你的身体；她说你三梦麻绳十二根，你根根麻绳都是捆仙绳；你四梦枯井万丈深呐，万丈枯井它是个聚宝盆；她说你五梦屋里把伞撑，她说你这不是明摆着屋里撑伞有两重喜，她说你家里一个啊，外面还有我一个，您说这是不是事实啊；她说你六梦白虎当堂坐，她说这个土家族，白虎是个吉祥物，白虎当堂它是个守家的神；她说你七梦浪里把船划，浪里划船他是个弄潮人，一般的人哪敢呢？她说八梦锣鼓闹腾腾呐，说明哥哥您是个热闹人；她说九梦屋后松柏林呐，松柏林里我们俩就来谈爱情；她说你十梦角落解房门呐，角落的房门我们俩有旧交情。

0026 其他故事

我讲一个咧，[o³¹ tɕiaŋ³¹ i²² kɤ²⁴ nie⁰]

过去土家族，[ko²⁴ tɕʰy²⁴ tʰu³¹ tɕia⁴⁵ tsu²²]

生活困难的一个故事。[sən⁴⁵ xo²² kʰuən²⁴ nan²² ti⁰ i²² kɤ²⁴ ku²² sʅ²⁴]

就过去咧，[tɕiəu²⁴ ko²⁴ tɕʰy²⁴ nie⁰]

我们的生活咧都很苦，[o³¹ mən⁰ ti⁰ sən⁴⁵ xo²² nie⁰ təu⁴⁵ xən³¹ kʰu³¹]

饭都吃不饱，[fan²⁴ təu⁴⁵ tɕʰi²² pu²² pau³¹]

还哪里来钱喝酒咧？[xuai³¹ na²⁴ ni⁰ nai²² tɕʰiɛn²² xo⁴⁵ tɕiəu³¹ nie⁰]

有一天咧，[iəu³¹ i²² tʰiɛn⁴⁵ nie⁰]

两爷子咧就攒了点儿钱，[niaŋ³¹ ie²² tsʅ⁰ nie⁰ tɕiəu²⁴ tsan³¹ mɤ⁰ tiər³¹ tɕʰiɛn²²]

硬熬着哒，[ən²⁴ au²² tsau²² ta⁰]

熬酒瘾。[au²² tɕiəu³¹ in³¹]

就搞的个瓶子咧去打酒，[tɕiəu²⁴ kau³¹ ti⁰ kɤ²⁴ pʰin²² tsʅ⁰ nie⁰ kʰɤ²² ta³¹ tɕiəu³¹]

将将儿走啊走迵个路上，咚，[tɕiaŋ⁴⁵ tɕiãr⁴⁵ tsəu³¹ a⁰ tsəu³¹ nie²⁴ kɤ⁰ nu²⁴ saŋ⁰, toŋ⁰] 将将：刚刚

把瓶子一瓶白酒也个儿打披⁼哒。[pa³¹ pʰin²² tsŋ⁰ i²² pʰin²² pɤ²² tɕiəu³¹ ie³¹ kɤr⁴⁵ ta³¹ pʰi⁴⁵ ta⁰] 个儿：语助词。披⁼：破

一瓶酒咧就流迵个地下咧，[i²² pʰin²² tɕiəu³¹ nie⁰ tɕiəu²⁴ niəu²² nie²⁴ kɤ⁰ ti²⁴ xa⁰ nie⁰]

一个土窝窝里就流一荡。[i²² kɤ²⁴ tʰu³¹ o⁴⁵ o⁰ ni⁰ tɕiəu²⁴ niəu²² i²² taŋ²⁴]

他迵个儿子就连忙儿，[tʰa⁴⁵ nie²⁴ kɤ⁰ ə²² tsŋ³¹ tɕiəu²⁴ niɛn²² mãr²²]

就把迵个瓶子一甩，[tɕiəu²⁴ pa³¹ nie²⁴ kɤ⁰ pʰin²² tsŋ⁰ i²² suai³¹]

就匍地下去喝去。[tɕiəu²⁴ pʰu²⁴ ti²⁴ xa⁰ kʰɤ²⁴ xo⁴⁵ kʰɤ²⁴]

他的爹咧，[tʰa⁴⁵ ti⁰ tie⁴⁵ nie⁰]

还站起在那个路边下望起。[xuai³¹ tsan²⁴ tɕʰi³¹ tsai²⁴ na²⁴ kɤ²⁴ nu²⁴ piɛn⁴⁵ xa⁰ uaŋ²⁴ tɕʰi³¹]

他的儿子就连忙喊他的爹，[tʰa⁴⁵ ti⁰ ə²² tsŋ⁰ tɕiəu²⁴ niɛn²² maŋ²² xan³¹ tʰa⁴⁵ ti⁰ tie⁴⁵]

因为怕迵个酒啊，[in²² uei³¹ pʰa²⁴ nie²⁴ kɤ⁰ tɕiəu³¹ a⁰]

浸土里去哒。[tɕʰin²⁴ tʰu²⁴ ni⁰ kʰɤ²⁴ ta⁰]

他说，[tʰa⁴⁵ so²²]

爹，你还不快点儿来喝啊，[tie⁴⁵, ni³¹ xuai³¹ pu²² kʰuai²⁴ tiər³¹ nai²² xo⁴⁵ a⁰]

你还在等菜呀？[ni³¹ xuai³¹ tsai²⁴ tən³¹ tsʰai²⁴ ia⁰]

意译：我讲一个土家族过去生活困难的一个故事。过去我们的生活都很苦，饭都吃不饱，哪里还有钱喝酒呢？有一天一对父子就攒了点钱，熬得非常难受，熬酒瘾，就拿了个瓶子去打酒，正走路上，咚——！把一瓶白酒给打碎了，白酒就流到地下了，流到一个土坑里，他的儿子就连忙就把瓶子一丢，就趴在地上去喝，他的爹还在站在路旁望着，他的儿子就连忙喊他的爹，因为这个酒啊流进土里去了。他说爹，你还不快来喝啊，你还在等菜啊？

0027 其他故事

我讲一个土家族的三姨佬的故事。[o³¹ tɕiaŋ³¹ i²² kɤ²⁴ tʰu³¹ tɕia⁴⁵ tsu²² ti⁰ san⁴⁵ i²² nau³¹ ti⁰ ku²² sŋ²⁴]

过去咧，[ko²⁴ tɕʰy²⁴ nie⁰]

一般的三姨佬咧，[i²² pan⁴⁵ ti⁰ san⁴⁵ i²² nau³¹ nie⁰]

迵个幺姨佬咧，[nie²⁴ kɤ⁰ iau⁴⁵ i²² nau³¹ nie⁰]

是最实在的，[sŋ²⁴ tsuei³³ sŋ²² tsai²⁴ ti⁰]

但是咧，[tan²⁴ sŋ²⁴ nie⁰]

也不是蛮受咧，[ie³¹ pu²² sʅ²⁴ man⁴⁵ səu²⁴ nie⁰]
丈人佬呢，[tsaŋ²⁴ zən²² nau³¹ ŋɤ⁰]
丈母娘的喜欢。[tsaŋ²⁴ mu³¹ niaŋ²² ti⁰ ɕi³¹ xuan⁴⁵]
有一天咧，[iəu³¹ i²² tʰiɛn⁴⁵ nie⁰]
迩个丈人佬做生，[nie²⁴ kɤ⁰ tsaŋ²⁴ zən²² nau³¹ tsəu²⁴ sən⁴⁵]
他们三姨佬咧，[tʰa⁴⁵ mən⁰ san⁴⁵ i²² nau³¹ nie⁰]
就跟丈人佬咧去做生去，[tɕiəu²⁴ kən⁴⁵ tsaŋ²⁴ zən²² nau³¹ nie⁰ kʰɤ²⁴ tsəu²⁴ sən⁴⁵ kʰɤ²⁴]
当时咧，[taŋ⁴⁵ sʅ²² nie⁰]
迩个桌上咧，[nie²⁴ kɤ⁰ tso²² saŋ⁰ nie⁰]
就搞的咧还是蛮多菜。[tɕiəu²⁴ kau²⁴ ti⁰ nie⁰ xuai³¹ sʅ²⁴ man⁴⁵ to⁴⁵ tsʰai²⁴]
迩个丈人佬咧，[nie²⁴ kɤ⁰ tsaŋ²⁴ zən²² nau³¹ nie⁰]
就蛮喜欢大女婿啊，[tɕiəu²⁴ man⁴⁵ ɕi³¹ xuan⁴⁵ ta²⁴ ny³¹ ɕy²² a⁰]
二女婿。[ɚ²⁴ ny³¹ ɕy²²]
一个是文官呐，[i²² kɤ²⁴ sʅ²⁴ uən⁴⁵ kuan⁵⁵ na⁰]
一个是武官，[i²² kɤ²⁴ sʅ²⁴ u³¹ kuan⁴⁵]
只有迩个三女婿咧，[tsʅ³¹ iəu³¹ nie²⁴ kɤ⁰ san⁴⁵ ny³¹ ɕy²² nie⁰]
在屋里咧是个木匠，[tsai²⁴ u²² ni⁰ nie⁰ sʅ²⁴ kɤ²⁴ mu²² tɕiaŋ²⁴]
迩个三女婿在屋里，[nie²⁴ kɤ⁰ san⁴⁵ ny³¹ ɕy²² tsai²⁴ u²² ni⁰]
丈人佬丈母娘的事，[tsaŋ²⁴ zən²² nau³¹ tsaŋ²⁴ mu³¹ niaŋ²² ti⁰ sʅ²⁴]
大小事都是他做的，[ta²⁴ ɕiau³¹ sʅ²⁴ təu⁴⁵ sʅ²⁴ tʰa⁴⁵ tsəu²⁴ ti⁰]
因为大姨佬、二姨佬，[in²² uei²² ta²⁴ i²² nau³¹ 、 ɚ²⁴ i²² nau³¹]
都不在屋里嘛。[təu⁴⁵ pu²² tsai²⁴ u²² ni⁰ ma⁰]
三姨佬木匠呢，[san⁴⁵ i²² nau³¹ mu²² tɕiaŋ²⁴ ŋɤ⁰]
他是会打凌波床，[tʰa⁴⁵ sʅ²⁴ xuei²⁴ ta³¹ nin²² po⁴⁵ tsʰuaŋ²²]
过去土家族，[ko²⁴ tɕʰy²⁴ tʰu³¹ tɕia⁴⁵ tsu²²]
能够有一个凌波床，[nən²² kəu²⁴ iəu³¹ i²² kɤ²⁴ nin²² po⁴⁵ tsʰuaŋ²²]
那可以说是非常富有，[na²⁴ kʰo³¹ i²² so²² sʅ²⁴ fei⁴⁵ tsʰaŋ³¹ fu²⁴ iəu³¹]
所以说迩个三姨佬呢，[so³¹ i²² so²² nie²⁴ kɤ⁰ san⁴⁵ i²² nau³¹ ŋɤ⁰]
就打个凌波床咧，[tɕiəu²⁴ ta³¹ kɤ²⁴ nin²² po⁴⁵ tsʰuaŋ²² nie⁰]
就给丈人佬、丈母娘送起去哒。[tɕiəu²⁴ kɤ⁴⁵ tsaŋ²⁴ zən²² nau³¹ 、 tsaŋ²⁴ mu³¹ niaŋ²² soŋ²⁴ tɕʰi³¹ kʰɤ²⁴ ta⁰]
但是咧丈人佬、丈母娘咧，[tan²⁴ sʅ²⁴ nie⁰ tsaŋ²⁴ zən²² nau³¹ 、 tsaŋ²⁴ mu³¹ niaŋ²² nie⁰]
还是不喜欢迩个三女婿。[xuai³¹ sʅ²⁴ pu⁰ ɕi³¹ xuan⁴⁵ nie²⁴ kɤ⁰ san⁴⁵ ny³¹ ɕy²²]

迩时候儿，［nie²⁴ sʅ²² xəur²⁴］

就到吃饭的时候哒，［tɕiəu²⁴ tau²⁴ tɕʰi²² fan²⁴ ti⁰ sʅ²² xəu²⁴ ta⁰］

迩个丈人佬就说咧，［nie²⁴ kɤ⁰ tsaŋ²⁴ zən²² nau³¹ tɕiəu²⁴ so²² nie⁰］

你们咧，［ni³¹ mən⁰ nie⁰］

搞得恁门多好场合儿啊，［kau³¹ tɤ⁰ nən²⁴ mə⁰ to⁴⁵ xau³¹ tsʰaŋ³¹ xor²² a⁰］恁门：这么

那你们咧，［na²⁴ ni³¹ mən⁰ nie⁰］

要说个四言八句哒咧，［iau²⁴ so²² kɤ²⁴ sʅ²⁴ iɛn²² pa²² tɕy²⁴ ta⁰ nie⁰］

才能吃，［tsʰai³¹ nən²² tɕʰi²²］

那不是恁门随随便便的就吃的。［na²⁴ pu²² sʅ²⁴ nən²⁴ mən⁰ suei²² suei⁰ piɛn²⁴ piɛn⁰ ti⁰ tɕiəu²⁴ tɕʰi²² ti⁰］

他说那说个什么儿咧？［tʰa⁴⁵ so²² na²⁴ so²² kɤ²⁴ sən²² mor⁰ nie⁰］

几个姨佬儿说，［tɕi³¹ kɤ²⁴ i²² naur³¹ so²²］

那您儿说什么儿？［na²⁴ nər²² so²² sən²² mor⁰］

他说咧我就说，［tʰa⁴⁵ so²² nie⁰ o³¹ tɕiəu²⁴ so²²］

要压倒迩两个东西，［iau²⁴ ia³¹ tau⁰ nie²⁴ niaŋ³¹ kɤ²⁴ toŋ⁴⁵ ɕi⁴⁵］

叫梭去梭来，［tɕiau²⁴ so²⁴ kʰɤ²⁴ so²⁴ nai²²］

叫金甲玉缕，［tɕiau²⁴ tɕin⁴⁵ tɕia²² y²⁴ ny³¹］

叫鼓起个眼睛。［tɕiau²⁴ ku³¹ tɕʰi³¹ kɤ²⁴ iɛn³¹ tɕin²²］

叫梭去梭来啊，［tɕiau²⁴ so²⁴ kʰɤ²⁴ so²⁴ nai²² a⁰］

鼓起个眼睛。［ku³¹ tɕʰi³¹ kɤ²⁴ iɛn³¹ tɕin²²］

你把迩个咧，［ni³¹ pa³¹ nie²⁴ kɤ⁰ nie⁰］

要把它搞好，［iau²⁴ pa³¹ tʰa⁴⁵ kau³¹ xau³¹］

总归就是迩四句话，［tsoŋ³¹ kuei²⁴ tɕiəu²⁴ sʅ²⁴ nie²⁴ sʅ²⁴ tɕy²⁴ xua²⁴］

叫四角棱正，［tɕiau²⁴ sʅ²⁴ ko²² nən²² tsən²⁴］

金甲玉缕，［tɕin⁴⁵ tɕia²² y²⁴ ny³¹］

叫梭去梭来，［tɕiau²⁴ so²⁴ kʰɤ²⁴ so²⁴ nai²²］

鼓起个眼睛。［ku³¹ tɕʰi³¹ kɤ²⁴ iɛn³¹ tɕin²²］

你们要把迩四句话，［ni³¹ mən⁰ iau²⁴ pa³¹ nie²⁴ sʅ²⁴ tɕy²⁴ xua²⁴］

给我压到哒咧，［kɤ⁴⁵ o³¹ ia³¹ tau²⁴ ta⁰ nie⁰］

你们就吃。［ni³¹ mən⁰ tɕiəu²⁴ tɕʰi²²］

迩会儿咧，［nie²⁴ xuər²⁴ nie⁰］

迩个大姨佬咧，［nie²⁴ kɤ⁰ ta²⁴ i²² nau³¹ nie⁰］

他就来得快，［tʰa⁴⁵ tɕiəu²⁴ nai²² tɤ⁰ kʰuai²⁴］

他一看呐，［tʰa⁴⁵ i²² kʰan²⁴ na⁰］
迥个丈人佬啊，［nie²⁴ kɤ⁰ tsaŋ²⁴ zən²² nau³¹ a⁰］
屋里咧，［u²² ti⁰ nie⁰］
是个端直屋，［sɿ²⁴ kɤ²⁴ tan⁴⁵ tsʰɿ²⁴ u²²］
端直屋是四角棱正啊，［tan⁴⁵ tsʰɿ²⁴ u²² sɿ²⁴ sɿ²⁴ ko²² nən²² tsən²⁴ a⁰］
他就说咧，［tʰa⁴⁵ tɕiəu²⁴ so²² nie⁰］
岳父大人的迥个房子啊，［yo²² fu²⁴ ta²⁴ zən²² ti⁰ nie²⁴ kɤ⁰ faŋ²² tsɿ⁰ a⁰］
是四角棱正，［sɿ²⁴ sɿ²⁴ ko²² nən²² tsən²⁴］
您儿迥个屋里咧，［nər²² nie²⁴ kɤ⁰ u²² ti⁰ nie⁰］
那装的咧，［na²⁴ tsuaŋ⁴⁵ ti⁰ nie⁰］
那是金甲玉缕，［na²⁴ sɿ²⁴ tɕin⁴⁵ tɕia²² y²⁴ ny³¹］
他说迥个老鼠子咧，［tʰa⁴⁵ so²² nie²⁴ kɤ⁰ nau³¹ su³¹ tsɿ⁰ nie⁰］
在迥个梁上咧，［tsai²⁴ nie²⁴ kɤ⁰ nian²² saŋ⁰ nie⁰］
梭去梭来，［so²⁴ kʰɤ²⁴ so²⁴ nai²²］
个猫子在底下，［kɤ²⁴ mau⁴⁵ tsɿ⁰ tsai²⁴ ti⁴⁵ xa⁰］
它鼓起个眼睛。［tʰa⁴⁵ ku³¹ tɕʰi³¹ kɤ²⁴ iɛn³¹ tɕin²²］
他们说那迥说得好，［tʰa⁴⁵ mən⁰ so²² na²⁴ nie²² so²² tɤ⁰ xau³¹］
说得好，［so²² tɤ⁰ xau³¹］
大姨佬呢，［ta²⁴ i²² nau³¹ nɤ⁰］
就吃肉喝酒，［tɕiəu²⁴ tɕʰi²² zu²² xo⁴⁵ tɕiəu³¹］
就在搞。［tɕiəu²⁴ tsai²⁴ kau³¹］
二姨佬一看呐，［ə²⁴ i²² nau³¹ i²² kʰan²⁴ na⁰］
哎，桌上的菜怎么好，［ai⁴⁵，tso²² saŋ⁰ ti⁰ tsʰai²⁴ nən²⁴ mə⁰ xau³¹］
因为过去我们个农村里啊，［in²² uei³¹ ko²⁴ kʰɤ²⁴ o³¹ mən⁰ kɤ²⁴ noŋ³¹ tsʰuən⁴⁵ ni³¹ a⁰］
都是迥个八仙桌、四方桌，［təu²² sɿ²⁴ nie²⁴ kɤ⁰ pa²² ɕyɛn⁴⁵ tso²²，sɿ²⁴ faŋ⁴⁵ tso²²］
他说那我也说几句，［tʰa⁴⁵ so²² na²⁴ o³¹ ie³¹ so²² tɕi³¹ tɕy²⁴］
他说咧，［tʰa⁴⁵ so²² nie⁰］
岳父大人的迥个桌子啊，［yo²² fu²⁴ ta²⁴ zən²² ti⁰ nie²⁴ kɤ⁰ tso²² tsɿ⁰ a⁰］
八仙桌啊，［pa²² ɕyɛn⁴⁵ tso²² a⁰］
它是四角棱正，［tʰa⁴⁵ sɿ²⁴ sɿ²⁴ ko²² nən²² tsən²⁴］
您儿迥个桌上搞得菜啊，［nər²² nie²⁴ kɤ⁰ tso²² saŋ⁰ kau³¹ tɤ⁰ tsʰai²⁴ a⁰］
那是金甲玉缕，［na²⁴ sɿ²⁴ tɕin⁴⁵ tɕia²² y²⁴ ny³¹］
他说我筷子在迥个桌上咧，［tʰa⁴⁵ so²² o³¹ kʰuai²⁴ tsɿ⁰ tsai²⁴ nie²⁴ kɤ⁰ tso²² saŋ⁰ nie⁰］

梭去梭来，[so²⁴kʰɤ²⁴so²⁴nai²²]

个狗子在底下咧，[kɤ²⁴kəu³¹tsʅ⁰tsai²⁴ti⁴⁵xa⁰nie⁰]

它鼓起个眼睛。[tʰa⁴⁵ku³¹tɕʰi³¹kɤ²⁴iɛn³¹tɕin²²]

别人说那迥讲得好，[pie²²zən²²so²²na²⁴nie²⁴tɕiaŋ³¹tɤ⁰xau³¹]

讲得好，[tɕiaŋ³¹tɤ⁰xau³¹]

好，他也在吃饭喝酒。[xau³¹，tʰa⁴⁵ie³¹tsai²⁴tɕʰi²²fan²⁴xo⁴⁵tɕiəu³¹]

迥个三姨佬左想右想，[nie²⁴kɤ⁰san⁴⁵i²²nau²⁴tso³¹ɕiaŋ³¹iəu⁰ɕiaŋ³¹]

他横直想不到想不到，[tʰa⁴⁵xuən³¹tsʅ²²ɕiaŋ³¹pu²²tau²⁴ɕiaŋ³¹pu²²tau²⁴]

他忽然之间呐，[tʰa⁴⁵xu²²zan³¹tsʅ⁴⁵tɕiɛn⁴⁵na⁰]

他就想到咧，[tʰa⁴⁵tɕiəu²⁴ɕiaŋ³¹tau²⁴nie⁰]

跟丈人佬儿啊，[kən⁴⁵tsaŋ²⁴zən²²naur³¹a⁰]

送的那个凌波床。[soŋ²⁴ti⁰na²⁴kɤ²⁴nin²²po⁴⁵tsʰuaŋ²²]

他送凌波床去咧，[tʰa⁴⁵soŋ²⁴nin²²po⁴⁵tsʰuaŋ²²kʰɤ²⁴nie⁰]

正好咧看到丈人佬，[tsən²⁴xau³¹nie⁰kʰan²⁴tau²⁴tsaŋ²⁴zən²²nau³¹]

他们在睡瞌睡，[tʰa⁴⁵mən⁰tsai²⁴suei²⁴kʰo⁴⁵suei²⁴]

他就说那我也有哒，[tʰa⁴⁵tɕiəu²⁴so²²na²⁴o³¹ie³¹iəu³¹ta⁰]

他说咧，[tʰa⁴⁵so²²nie⁰]

我跟丈人佬岳父大人呐，[o³¹kən⁴⁵tsaŋ²⁴zən²²nau³¹yo²²fu²⁴ta²⁴zən²²na⁰]

送的迥个床啊，[soŋ²⁴ti⁰nie²⁴kɤ⁰tsʰuaŋ²²a⁰]

是四角棱正，[sʅ²⁴sʅ²⁴ko²²nən²²tsən²⁴]

我丈人佬床上迥个铺盖咧，[o³¹tsaŋ²⁴zən²²nau³¹tsʰuaŋ²²saŋ²⁴nie²⁴kɤ⁰pʰu⁴⁵kai²⁴nie⁰]

是金甲玉缕，[sʅ²⁴tɕin⁴⁵tɕia²²y²⁴ny³¹]

他说丈人佬在丈母娘身上，[tʰa⁴⁵so²²tsaŋ²⁴zən²²nau³¹tsai²⁴tsaŋ²⁴mu³¹niaŋ²²sən⁴⁵saŋ⁰]

就梭去梭来，[tɕiəu²⁴so²⁴kʰɤ²⁴so²⁴nai²²]

他说咧，[tʰa⁴⁵so²²nie⁰]

我岳母大人在底下咧，[o³¹yo²²mu³¹ta²⁴zən²²tsai²⁴ti⁴⁵xa⁰nie⁰]

闭起个眼睛。[pi²⁴tɕʰi³¹kɤ²⁴iɛn³¹tɕin²²]

这个几个姨佬儿就说，[tsɤ²⁴kɤ²⁴tɕi³¹kɤ²⁴i²²naur³¹tɕiəu²⁴so²²]

你迥说的叫什么话咧？[ni³¹nie²⁴so²²ti⁰tɕiau²⁴sən²²mo⁰xua²⁴nie⁰]

迥个丈人佬也说烦哒，[nie²⁴kɤ²⁴tsaŋ²⁴zən²²nau³¹ie³¹so²²fan³¹ta⁰]

他说你啷＝么怎么说的咧？[tʰa⁴⁵so²²ni³¹naŋ³¹mə⁰nən²⁴mə⁰so²²ti⁰nie⁰]

迩几个姨佬儿就纯粹咧，[nie²⁴tɕi³¹ko²⁴i²²naur³¹tɕiəu²⁴suən²²tsʰuei²⁴nie⁰]

还要来奚落，[xuai³¹iau²⁴nai²²ɕi⁴⁵no²²]

迩个三姨佬，[nie²⁴kɤ⁰san⁴⁵i²²nau³¹]

他说你是说啷˗门说错哒也不要紧啊，[tʰa⁴⁵so²²ni³¹sʅ²⁴so²²naŋ³¹mən⁰so²²tsʰo²⁴ta⁰ie³¹pu²²iau²⁴tɕin³¹a⁰]

明明儿说的是，[min²²mər⁰so²²ti⁰sʅ²⁴]

鼓起个眼睛，[ku³¹tɕʰi³¹kɤ²⁴iɛn³¹tɕin²²]

你啷˗门说是闭起个眼睛咧？[ni³¹naŋ³¹mən⁰so²²sʅ²⁴pi²⁴tɕʰi³¹kɤ²⁴iɛn³¹tɕin²²nie⁰]

迩个幺姨佬儿说，[nie²⁴kɤ⁰iau⁴⁵i²²naur³¹so²²]

他说不是的，[tʰa⁴⁵so²²pu²²sʅ²⁴ti⁰]

她鼓起个眼睛，[tʰa⁴⁵ku³¹tɕʰi³¹kɤ²⁴iɛn³¹tɕin²²]

她不好意思。[tʰa⁴⁵pu²²xau³¹i²⁴sʅ²²]

意译：我讲一个土家族的三女婿的故事。在过去，这个三女婿是最实在的，但是，也不是很受丈人、丈母娘的喜欢，有一天，丈人过生日，他们三个女婿就给丈人过生日，这个桌上还是做了很多菜。这个丈人就很喜欢大女婿、二女婿，一个是文官一个是武官，这个三女婿在屋里是个木匠，这个三女婿在屋里，丈人的事，大小事都是他做的，因为大女婿、二女婿都不在屋里。三女婿是木匠他是会打凌波床，过去土家族能够有一个凌波床，那可以说是非常富裕，所以说这个三女婿就打个凌波床给丈人、丈母娘送着去了，但是丈人、丈母娘还是不喜欢这个三女婿。

这时候就到吃饭的时候了，这个丈人就说，你们做的这么好的席，那你们要说个四言八句了，才能吃，那不是这么随随便便的就能吃的，他说那说个什么呢？女婿儿说，那您说要说什么？他说要按着一句话来，叫梭去梭来，叫金甲玉缕，叫梭去梭来啊，瞪着个眼睛，你们要把这句话说好，总归是这句话，叫四角棱正，金甲玉缕，梭去梭来，瞪着个眼睛，你们要把这四句话压到了呢，你们就吃饭。

这会儿，大女婿他就来得快，丈人屋里，是个方正屋，是四角棱正啊，他就说岳父大人的房子，是四角棱正，您的屋里装的是金甲玉缕，他说这个老鼠在梁上梭去梭来，这个猫在底下它瞪着个眼睛。他们说那这说得好、说得好，大女婿就吃肉喝酒。

二女婿一看，哎，桌上菜这么好，因为农村过去都是这个八仙桌、四方桌，他说好，那我也说几句，岳父大人的这个桌子啊，八仙桌啊它是四角棱正，您桌上做的菜啊，金甲玉缕，他说我的筷子在桌上梭去梭来，狗它在底下瞪着个眼睛。别人说那讲得好、讲得好，他就也能吃饭喝酒了。

这个三女婿左想右想，反正想不出来，忽然之间他就想到了，给丈人送的那个凌波床，他送凌波床时正好看到丈人他们在睡觉，他就说那我也有了，他说我送给丈人大人的这个床啊，是四角棱正，我丈人床上的这个铺盖，是金甲玉缕，他说丈人在丈母娘身上梭去梭来，他说我岳母大人在底下，闭着个眼睛。

这个几个女婿们就说，你这说的叫什么话呢？丈人就烦了，他说你怎么这么说呢？几个女婿儿纯粹就还要奚落这个三女婿，他们就对三女婿说，说错了不要紧啊，明明是瞪着个眼睛啊你怎么说是闭着眼睛呢？这个三女婿儿说，他说不是的，瞪着个眼睛她不好意思啊。

0028 其他故事

我这会儿咧，[o³¹ tsɤ²⁴ xuər²⁴ nie⁰]

给大家讲一个有问有答的，[kɤ⁴⁵ ta²⁴ tɕia⁴⁵ tɕiaŋ³¹ i²² kɤ²⁴ iəu³¹ uən²⁴ iəu³¹ ta⁴⁵ ti⁰]

土家族故事。[tʰu³¹ tɕia⁴⁵ tsu²² ku²² sɿ²⁴]

有一天呐，[iəu³¹ i²² tʰiɛn⁴⁵ na⁰]

两个伙计咧就一路走，[niaŋ³¹ kɤ²⁴ xo⁴⁵ tɕi²² nie⁰ tɕiəu²⁴ i²² nu²⁴ tsəu³¹]

在热天里。[tsai²⁴ zɤ²² tʰiɛn⁴⁵ ni⁰]

其中有一个人呐，[tɕʰi²² tsoŋ⁴⁵ iəu³¹ i²² kɤ²⁴ zən²² na⁰]

他的口才咧非常好，[tʰa⁴⁵ ti⁰ kʰəu³¹ tsʰai³¹ nie⁰ fei⁴⁵ tsʰaŋ³¹ xau³¹]

脑壳咧特别灵活。[nau³¹ kʰo²² nie⁰ tʰɤ²² pie²² nin²² xo²²]

还有一个伙计咧，[xuai³¹ iəu³¹ i²² kɤ²⁴ xo⁴⁵ tɕi⁰ nie⁰]

他就喜欢咧，[tʰa⁴⁵ tɕiəu²⁴ ɕi³¹ xuan⁴⁵ nie⁰]

打破砂锅问到底，[ta³¹ pʰo²⁴ sa⁴⁵ ko⁴⁵ uən²⁴ tau²⁴ ti⁴⁵]

什么事啊都要问下儿。[sən²² mo⁰ sɿ²⁴ a⁰ təu⁴⁵ iau²⁴ uən²⁴ xar²⁴]

他们热天里在路上走啊走啊，[tʰa⁴⁵ mən⁰ zɤ²² tʰiɛn⁴⁵ ni⁰ tsai²⁴ nu²⁴ saŋ²⁴ tsəu³¹ a⁰ tsəu³¹ a⁰]

走到了太热哒，[tsəu³¹ tau²⁴ nɤ⁰ tʰai²⁴ zɤ²² ta⁰]

他们咧就找了个荫凉巴儿，[tʰa⁴⁵ mən⁰ nie⁰ tɕiəu²⁴ tsau³¹ nɤ⁰ kɤ²⁴ in²² niaŋ²² par⁴⁵] 巴：地

在大树下头咧，[tsai²⁴ ta²⁴ su²⁴ ɕia²⁴ tʰəu²² nie⁰]

就乘下儿凉。[tɕiəu²⁴ tsʰən³¹ ɕiar²⁴ niaŋ²²]

将将儿咧，[tɕiaŋ⁴⁵ tɕiãr⁴⁵ nie⁰] 将将：刚刚

树下乘凉的时候儿咧，[su²⁴ ɕia²⁴ tsʰən³¹ niaŋ²² ti⁰ sɿ²² xəur²⁴ nie⁰]

听到迩个树上的知了儿啊，[tʰin⁴⁵ tau²⁴ nie²⁴ kɤ⁰ su²⁴ saŋ⁰ ti⁰ tsʅ⁴⁵ niaur³¹ a⁰]
就叫哒响。[tɕiəu²⁴ tɕiau²⁴ ta⁰ ɕiaŋ³¹]
那个欢起＝问的伙计呢，[na²⁴ kɤ²⁴ xuan⁴⁵ tɕʰi³¹ uən²⁴ ti⁰ xo⁴⁵ tɕi²² mɤ⁰] 欢起＝：喜欢
他说哎，[tʰa⁴⁵ so²² ai⁰]
他说我问下儿，[tʰa⁴⁵ so²² o³¹ uən²⁴ xar⁰]
你看那个知了儿，[ni³¹ kʰan²⁴ na²⁴ kɤ²⁴ tsʅ⁴⁵ niau³¹ ɚ²²]
它啷＝门响的咧？[tʰa⁴⁵ naŋ³¹ mən⁰ ɕiaŋ³¹ ti⁰ nie⁰] 啷＝门：怎么
那个人就说咧，[na²⁴ kɤ²⁴ zən²² tɕiəu²⁴ so²² nie⁰]
那个知了啊，[na²⁴ kɤ²⁴ tsʅ⁴⁵ niau³¹ a⁰]
它有个壳壳儿。[tʰa⁴⁵ iəu³¹ kɤ²⁴ kʰo²² kʰor²²]
那个人说，[na²⁴ kɤ²⁴ zən²² so²²]
哦，他说那个蚌壳儿，[o⁰, tʰa⁴⁵ so²² na²⁴ kɤ²⁴ paŋ²⁴ kʰor²²]
它有壳壳儿，[tʰa⁴⁵ iəu³¹ kʰo²² kʰor²²]
它啷＝门又不响的咧？[tʰa⁴⁵ naŋ³¹ mən⁰ iəu²⁴ pu²² ɕiaŋ³¹ ti⁰ nie⁰]
他说迩个蚌壳，[tʰa⁴⁵ so²² nie²⁴ kɤ⁰ paŋ²⁴ kʰo²²]
在水底它啷＝门响咧？[tsai²⁴ suei³¹ ti⁴⁵ tʰa⁴⁵ naŋ³¹ mən⁰ ɕiaŋ³¹ nie⁰]
他说，[tʰa⁴⁵ so²²]
哦，他说那那个蛤蟆子在水里，[o⁰, tʰa⁴⁵ so²² na²⁴ na²⁴ kɤ²⁴ kʰɤ²² ma³¹ tsʅ⁰ tsai²⁴ suei³¹ ni⁰]
它啷＝门又响的咧？[tʰa⁴⁵ naŋ³¹ mən⁰ iəu²⁴ ɕiaŋ³¹ ti⁰ nie⁰]
他说那蛤蟆子啊，[tʰa⁴⁵ so²² na²⁴ kʰɤ²² ma³¹ tsʅ⁰ a⁰]
它有个肚儿。[tʰa⁴⁵ iəu³¹ kɤ²⁴ tuər²⁴]
他说那个那个沙撮子，[tʰa⁴⁵ so²² na²⁴ kɤ²⁴ na²⁴ kɤ²⁴ sa⁴⁵ tsʰo²² tsʅ⁰] 沙撮子：一种用于过滤的农具
它有个肚儿，[tʰa⁴⁵ iəu³¹ kɤ²⁴ tuər²⁴]
它啷＝门又不喊的咧？[tʰa⁴⁵ naŋ³¹ mən⁰ iəu²⁴ pu²² xan³¹ ti⁰ nie⁰]
他说那个沙撮子啊，[tʰa⁴⁵ so²² na²⁴ kɤ²⁴ sa⁴⁵ tsʰo²² tsʅ⁰ a⁰]
是篾做的。[sʅ²⁴ mie²² tsəu²⁴ ti⁰]
他说那个笛子是篾做的，[tʰa⁴⁵ so²² na²⁴ kɤ²⁴ ti²² tsʅ⁰ sʅ²⁴ mie²² tsəu²⁴ ti⁰]
它啷＝门又响的呢？[tʰa⁴⁵ naŋ³¹ mən⁰ iəu²⁴ ɕiaŋ³¹ ti⁰ mɤ⁰]
他说那个笛子啊，[tʰa⁴⁵ so²² na²⁴ kɤ²⁴ ti²² tsʅ⁰ a⁰]
它有眼眼儿。[tʰa⁴⁵ iəu³¹ iɛn³¹ iər³¹]
他说那我屋里那个筛子，[tʰa⁴⁵ so²² na²⁴ o³¹ u²² ni³¹ na²⁴ kɤ²⁴ sai⁴⁵ tsʅ⁰]

那有眼眼儿，[na²⁴ iəu³¹ iɛn³¹ iər³¹]

它啷⁼门又不喊的咧？[tʰa⁴⁵ naŋ³¹ mən⁰ iəu²⁴ pu²² xan³¹ ti⁰ nie⁰]

他说那个筛子，[tʰa⁴⁵ so²² na²⁴ kɤ²⁴ sai⁴⁵ tsɿ⁰]

它有个衔衔儿，[tʰa⁴⁵ iəu³¹ kɤ²⁴ ɕiɛn²² ɕiər²²]

哦，他说那个衔衔儿。[o⁰, tʰa⁴⁵ so²² na²⁴ kɤ²⁴ ɕiɛn²² ɕiər²²]

那我屋里那么大个锣，[na²⁴ o³¹ u²² ni³¹ na²⁴ mən⁰ ta²⁴ kɤ²⁴ no²²]

它有衔衔儿，[tʰa⁴⁵ iəu³¹ ɕiɛn²² ɕiər²²]

它啷⁼门又喊的咧？[tʰa⁴⁵ naŋ³¹ mo⁰ iəu²⁴ xan³¹ ti⁰ nie⁰]

他说那个锣啊，[tʰa⁴⁵ so²² na²⁴ kɤ²⁴ no²² a⁰]

它有个肚脐眼儿，[tʰa⁴⁵ iəu³¹ kɤ²⁴ tu²⁴ tɕʰi²² iər³¹]

他说哦，[tʰa⁴⁵ so²² o⁰]

那我屋里那个南瓜。[na²⁴ o³¹ u²² ni³¹ na²⁴ kɤ²⁴ nan²² kua⁴⁵]

它有个肚脐眼儿，[tʰa⁴⁵ iəu³¹ kɤ²⁴ tu²⁴ tɕʰi²² iər³¹]

它啷⁼门又不喊的咧？[tʰa⁴⁵ naŋ³¹ mən⁰ iəu²⁴ pu²² xan³¹ ti⁰ nie⁰]

他说南瓜是小菜，[tʰa⁴⁵ so²² nan²² kua⁴⁵ sɿ²⁴ ɕiau³¹ tsʰai²⁴]

他说那我屋里那个鸡公，[tʰa⁴⁵ so²² na²⁴ o³¹ u²² ni³¹ na²⁴ kɤ²⁴ tɕi⁴⁵ koŋ⁴⁵] 鸡公：公鸡

那是个小菜，[na²⁴ sɿ²⁴ kɤ²⁴ ɕiau³¹ tsʰai²⁴]

它啷⁼门又喊的咧？[tʰa⁴⁵ naŋ³¹ mən⁰ iəu²⁴ xan³¹ ti⁰ nie⁰]

他说鸡公啊，[tʰa⁴⁵ so²² tɕi⁴⁵ koŋ⁴⁵ a⁰]

它有个脑壳儿。[tʰa⁴⁵ iəu³¹ kɤ²⁴ nau³¹ kʰor²²]

他说那我爷爷呼烟，[tʰa⁴⁵ so²² na²⁴ o³¹ ie²² ie⁰ xu²² iɛn⁴⁵] 呼：吸

那么大个烟担脑壳儿，[na²⁴ mo⁰ ta²⁴ kɤ²⁴ iɛn⁴⁵ tan³¹ nau³¹ kʰor²²]

它啷⁼门又不喊的咧？[tʰa⁴⁵ naŋ³¹ mən⁰ iəu²⁴ pu²² xan³¹ ti⁰ nie⁰]

他说那个烟胆脑壳儿，[tʰa⁴⁵ so²² na²⁴ kɤ²⁴ iɛn⁴⁵ tan³¹ nau³¹ kʰor²²]

它是个弯弯。[tʰa⁴⁵ sɿ²⁴ kɤ²⁴ uan⁴⁵ uan⁰]

他说那我爹有个火铳，[tʰa⁴⁵ so²² na²⁴ o³¹ tie⁴⁵ iəu³¹ kɤ²⁴ xo³¹ tsʰoŋ²⁴] 铳：枪

它是个弯弯，[tʰa⁴⁵ sɿ²⁴ kɤ²⁴ uan⁴⁵ uan⁰]

它啷⁼门又喊的咧？[tʰa⁴⁵ naŋ³¹ mən⁰ iəu²⁴ xan³¹ ti⁰ nie⁰]

他说迻个火铳里头，[tʰa⁴⁵ so²² nie²⁴ kɤ²⁴ xo³¹ tsʰoŋ²⁴ ni³¹ tʰəu²²]

它有药，[tʰa⁴⁵ iəu³¹ yo²²]

他说哦。[tʰa⁴⁵ so²² o⁰]

他说那药铺里那恁门多药，[tʰa⁴⁵ so²² na²⁴ yo²² pʰu⁴⁵ ni³¹ na²⁴ nən²⁴ mən⁰ to⁴⁵ yo²²]

他啷⁼门又不喊的咧？[tʰa⁴⁵ naŋ³¹ mən⁰ iəu²⁴ pu²² xan³¹ ti⁰ nie⁰]

他说啊关键问题啊,[tʰa⁴⁵ so²² a⁰ kuan⁴⁵ tɕiɛn²⁴ uən²⁴ tʰi²² a⁰]

你欢起⁼打破砂锅问到底啊![ni³¹ xuan⁴⁵ tɕʰi³¹ ta³¹ pʰo²⁴ sa⁴⁵ ko⁴⁵ uən²⁴ tau²⁴ ti⁴⁵ a⁰]

迺个砂锅打破哒,[nie²⁴ kɤ⁰ sa⁴⁵ kɤ⁴⁵ ta³¹ pʰo²⁴ ta⁰]

那迺个药就煨不成哒。[na²⁴ nie²⁴ kɤ⁰ yo²² tɕiəu²⁴ uei⁴⁵ pu²² tsʰən²² ta⁰]

意译:我这个时候来讲一个有问有答的土家族的故事。有一天,两个伙计在热天里就一路走。其中有一个人他的口才非常好,脑袋特别灵活。还有一个伙计他就喜欢打破砂锅问到底,什么事都要问,热天里在路上走啊走,太热了,他们就找了个阴凉地方,在树下头就乘会儿凉。树下乘凉的时候,听到树上的知了啊,就在响,这个喜欢问的伙计,他说,哎,你看那个知了,它怎么响的呢?

那个人就说呢,那个知了啊它有个壳,那个人就说,哦,那个蚌壳,它有壳怎么不响的呢?他说蚌壳在水底它怎么响呢?他说,哦,他说那个癞蛤蟆在水里它怎么又响呢?他说癞蛤蟆它有个肚子,他说那个沙撮箕它有个"肚子"(兜子),它怎么又不喊呢?那个沙撮箕是篾做的,他说那个笛子是篾做的,它怎么又响呢?他说那个笛子啊它有笛眼,他说我屋里那个筛子,有筛眼它怎么又不喊呢?他说那个筛子它有个筛眼。他说,哦,他说那个筛眼儿,那我屋里那么大个锣它有锣眼儿,它怎么又喊的呢?他说那个锣啊它有个肚脐眼。他说,哦,那我屋里那个南瓜它有个肚脐眼,它怎么又不喊的呢?他说南瓜是小菜,他说我屋里那个公鸡是个小菜,它怎么又喊的呢?

他说公鸡啊它有个头,他说那我爷爷抽烟,那个烟斗头它怎么又不喊呢?他说那个烟斗头它是个弯的,他说我爹有个火铳,它是个弯的,它怎么又喊的呢?他说这个火铳里头它有药。他说,哦,那药铺里那么多药它怎么又不喊的呢?他说关键问题啊,你喜欢打破砂锅问到底啊!他说砂锅打破了这个药就煨不成了。

四 自选条目

0031 自选条目

谜面:[mi²² miɛn²⁴]

家家屋的一天坑,[tɕia⁴⁵ tɕia⁴⁵ u⁴⁵ ti⁰ i⁴⁵ tʰiɛn⁴⁵ kʰən⁴⁵]

浅不浅来深不深,[tɕʰiɛn⁴⁵ pu⁰ tɕʰiɛn⁴⁵ nai²⁴ sən⁴⁵ pu⁰ sən⁴⁵]

天天抱起石头砸,[tʰiɛn⁴⁵ tʰiɛn⁰ pau²⁴ tɕʰi²² sʅ²² tʰəu⁰ tsa²²]

越砸里头越干净。[ye²⁴ tsa²² ni³¹ tʰəu⁰ ye²⁴ kan⁴⁵ tɕin²⁴]

谜底:碓窝。[mi²² ti⁴⁵:tuei²⁴ o⁴⁵]

意译:谜面:家家屋里有一个天坑,浅不浅来深不深,天天抱着石头砸,越砸里面越干净。谜底：碓窝。

0032 自选条目

谜面：[mi²² miɛn²⁴]

两块合一块，[niaŋ²² kʰuai³¹ xo²² i²² kuai³¹]

下头太自在，[ɕia²⁴ tʰəu⁰ tʰai²⁴ tsʅ³³ tsai²⁴]

上头不停地转，[saŋ²⁴ tʰəu⁰ pu²² tʰin⁴⁵ ti⁰ tsuan²⁴]

一根木桩锁中间。[i²² kən⁴⁵ mu²⁴ tsuaŋ⁴⁵ so⁴⁵ tsoŋ⁴⁵ kan⁴⁵]

谜底：磨。[mi²² ti⁴⁵：mo²⁴]

意译：谜面：两块合一块，下面太自在，上面不停地转，一根木桩锁中间。谜底：磨。

0033 自选条目

谜面：[mi²² miɛn²⁴]

尖尖身子白如银，[tɕiɛn⁴⁵ tɕiɛn⁰ sən⁴⁵ tsʅ⁰ pɤ²² zu²² in²²]

论称没得半毫分，[nuən²⁴ tsʰən²⁴ mei²² tɤ⁰ pan²⁴ xau²² fən⁴⁵]

眼睛长在屁股上，[iɛn³¹ tɕin⁴⁵ tsaŋ³¹ tsai²⁴ pʰi²⁴ ku³¹ saŋ⁰]

只认衣衫不认人。[tsʅ³¹ zən²⁴ i⁴⁵ san⁴⁵ pu²² zən²⁴ zən²²]

谜底：针。[mi²² ti³¹：tsən⁴⁵]

意译：谜面：尖尖身子白如银，称重量没半毫重，眼睛长在屁股上，只认衣衫不认人。谜底：针。

0034 自选条目

谜面：[mi²² miɛn²⁴]

昨天街上过，[tso²² tʰiɛn⁴⁵ kai⁴⁵ saŋ⁰ ko²⁴]

看见个稀奇货，[kʰan³³ tɕiɛn²⁴ kɤ²⁴ ɕi⁴⁵ tɕʰi²² xo²⁴]

浑身是麻眼，[xuən²² sən²² sʅ²⁴ ma²² iɛn³¹]

针又穿不过。[tsən⁴⁵ iəu²⁴ tsʰuan²² pu²² ko²⁴]

谜底：顶针。[mi²² ti³¹：tin³¹ tsən⁴⁵]

意译：谜面：昨天走在街上，看见个稀奇货，浑身是麻眼，针又穿不过。谜底：顶针。

0035 自选条目

谜面：[mi²² miɛn²⁴]

有嘴不能说，［iəu³¹ tsuei³¹ pu²² nən²² so⁴⁵］
有肚不吃馍，［iəu³¹ tu²⁴ pu²² tɕʰi²² mo²²］
虽说无胃病，［suei⁴⁵ so²¹ u²² uei²² pin²⁴］
黄水吐得多。［xuaŋ²² suei³¹ tʰu²⁴ tɤ⁰ to⁴⁵］
谜底：茶壶。［mi²² ti³¹：tsʰa²² xu²²］

意译：谜面：有嘴不能说话，有肚子不吃馒头，虽说无胃病，黄水吐得多。谜底：茶壶。

0036 自选条目

谜面：［mi²² miɛn²⁴］
红娘坐高堂，［xoŋ²² niaŋ²² tso²⁴ kau⁴⁵ tʰaŋ²²］
身形最端正，［sən⁴⁵ ɕin²² tsuei³³ tuan⁴⁵ tsən²⁴］
头戴红帽子，［tʰəu²² tai²⁴ xoŋ²² mau²⁴ tsɿ⁰］
肚内石心肠，［tu²⁴ nei²⁴ sɿ²² ɕin⁴⁵ tsʰaŋ³¹］
不分忧喜事，［pu²² fən⁴⁵ iəu⁴⁵ ɕi³¹ sɿ²⁴］
总是泪汪汪。［tsoŋ³¹ sɿ²⁴ nei²⁴ uaŋ⁴⁵ uaŋ⁰］
谜底：蜡烛。［mi²² ti³¹：na²² tsu²²］

意译：谜面：红娘坐高堂，身形最端正，头戴红帽子，肚内石心肠，不分忧喜事，总是泪汪汪。谜底：蜡烛。

0037 自选条目

谜面：［mi²² miɛn²⁴］
灶里一灶水，［tsau²⁴ ni⁰ i²² tsau²⁴ suei³¹］
锅里一锅柴，［ko⁴⁵ ni⁰ i²² ko⁴⁵ tsʰai²²］
锅里火一燃，［ko⁴⁵ ni⁰ xo³¹ i²² ʐan²²］
肚里水就开。［tu²⁴ ni⁰ suei³¹ tɕiəu²⁴ kʰai⁴⁵］
谜底：水烟袋。［mi²² ti³¹：suei³¹ iɛn⁴⁵ tai²⁴］

意译：谜面：灶里一灶水，锅里一锅柴，锅里火一燃，肚里水就开。谜底：水烟袋。

0038 自选条目

有钱打酒喝，［iəu³¹ tɕʰiɛn²² ta³¹ tɕiəu³¹ xo⁴⁵］
莫听算命子打胡说。［mo²⁴ tʰin⁴⁵ suan²⁴ min²⁴ tsɿ⁰ ta³¹ xu³¹ so²²］

意译：有钱打酒喝，别听算命的胡说。

0039 自选条目
和尚怕的顶砂锅，[xo²²saŋ⁰pʰa²⁴ti⁰tin³¹sa⁴⁵ko⁴⁵]
癞子怕的顶蓬磨。[nai²⁴tsʅ⁰pʰa²⁴ti⁰tin³¹pʰoŋ²²mo²²]
意译：和尚怕的是顶砂锅，癞子怕的是顶蓬磨。

0040 自选条目
打算盘不定位，[ta³¹suan²⁴pʰan²²pu²²tin²⁴uei²⁴]
一辈子学不会。[i²²pei²⁴tsʅ⁰ɕyo²²pu²²xuei²⁴]
意译：打算盘不定位，一辈子学不会。

0041 自选条目
不动扫帚地不光，[pu²²toŋ²⁴sau²⁴tsʰu²²ti²⁴pu²²kuaŋ⁴⁵]
不动锅铲饭不香。[pu²²toŋ²⁴ko⁴⁵tsʰan²⁴fan³¹pu²²ɕiaŋ²⁴]
意译：不动扫帚扫不干净地，不动锅铲做不了香喷喷的饭菜。

0042 自选条目
懒豆腐不用油，[nan³¹təu²⁴fu⁰pu²²ioŋ²⁴iəu²²]
细水能长流。[ɕi²⁴suei³¹nən²²tsʰaŋ²²niəu²²]
意译：粗豆腐不用油，细水能长流。

0043 自选条目
吃尽美味还是盐，[tɕʰi²²tɕin²⁴mei³¹uei²⁴xai³¹sʅ²⁴iɛn²²]
穿尽绫罗还是棉。[tsʰuan⁴⁵tɕin²⁴nin³¹no³¹xai³¹sʅ²⁴miɛn²²]
意译：吃尽美味最终还是盐，穿尽绫罗最终还是棉。

0044 自选条目
吃的吃，看的看，[tɕʰi²²ti⁰tɕʰi²²，kʰan²⁴ti⁰kʰan²⁴]
心里就像钻子钻。[ɕin⁴⁵ti⁰tɕiəu²⁴ɕiaŋ²⁴tsuan⁴⁵tsʅ⁰tsuan²⁴]
意译：吃的吃，看的看，心里就像钻子在钻。

0045 自选条目
晚上热水烫脚，[uan³¹saŋ⁰zʅ²²suei³¹tʰaŋ⁴⁵tɕyo²²]

赛过吃副良药。[sai²⁴ko²⁴tɕʰi²²fu²⁴niaŋ²⁴yo²²]

意译：晚上用热水烫脚，赛过吃副良药。

0046 自选条目

猪圈里头的年猪——终究要挨一刀。[tsu⁴⁵tɕyɛn⁴⁵ni³¹tʰəu²²ti⁰niɛn²²tsu⁴⁵——tsoŋ⁴⁵tɕiəu²²iau²⁴ai⁴⁵i²²tau⁴⁵]

意译：猪圈里头的年猪，终究要挨一刀。指避免不了的事情。

0047 自选条目

碓窝子里头放鸡蛋——稳稳当当。[tuei²⁴o⁴⁵tsɿ⁰ni³¹tʰəu²²faŋ²⁴tɕi⁴⁵tan²⁴——uən³¹uən⁰taŋ⁴⁵taŋ⁰]

意译：碓窝里面放鸡蛋，稳稳当当。指稳妥的事情。

0048 自选条目

黄泥巴糊到裤裆里头——不是屎也是屎。[xuaŋ²²ni²²pa⁰xu⁴⁵tau²⁴kʰu²⁴taŋ⁰ni³¹tʰəu⁰——pu²²sɿ²⁴sɿ³¹ie³¹sɿ²⁴sɿ³¹]

意译：黄泥巴糊到裤裆里面，不是屎也是屎。指受到误解也有口难辩。

0049 自选条目

大门上挂粪桶——臭名在外。[ta²⁴mən²²saŋ⁰kua²⁴fən²⁴tʰoŋ³¹——tsʰəu²⁴min²²tsai²⁴uai²⁴]

意译：大门上挂粪桶，臭名在外。指人的名声臭名在外。

0050 自选条目

玉皇大帝送祝米——天大的人情。[y²⁴xuaŋ⁴⁵ta²⁴ti²⁴soŋ²⁴tsu²⁴mi³¹——tʰiɛn⁴⁵ta²⁴ti⁰zən²²tɕʰin²²]

意译：玉皇大帝送祝米，天大的人情。指收到贵重的礼物。

五　峰

一　歌谣

0001 歌谣

推磨，拐磨，[tʰuei⁵⁵mo³⁵，kuai³³mo³⁵] 推磨：大磨。拐磨：小磨

推的灰面白不过，［tʰuei⁵⁵ti⁰xuei⁵⁵miɛn³⁵pɤ²¹³pu⁰kuo³⁵］

做的粑粑黑不过。［tsəu³⁵ti⁰pa⁵⁵pa⁵⁵xɤ²¹³pu⁰kuo³⁵］粑粑：饼

隔壁的婆婆一餐吃啊十三个，［kɤ²²piɤ³⁵ti⁰pʰo²¹³pʰo⁰i²¹tsʰan⁵⁵tɕʰi²¹³a⁰sʅ²¹³san⁵⁵kuo³⁵］

吃哒心里不快活，［tɕʰi²¹³ta⁰ɕin⁵⁵li⁰pu²¹³kʰuai³⁵xuo²¹］

半夜起来摸茶喝，［pan³³ie³⁵tɕʰi³³lai⁰mo⁵⁵tsʰa²¹xuo²¹］

炊壶搒到后脑壳，［tsʰuei⁵⁵xu⁰pʰaŋ²¹³tau⁰xəu³⁵lau³³kʰuo²¹］搒：碰

请先生，抓副药，［tɕʰin³³ɕiɛn⁵⁵sən⁵⁵，tsua⁵⁵fu²¹yo²¹］

请道士，吹海罗，［tɕʰin³³tau³⁵sʅ⁵⁵，tsʰuei⁵⁵xai³³luo²¹］

请端公，敲破锣，［tɕʰin³³tuan⁵⁵koŋ⁵⁵，kʰau⁵⁵pʰo³⁵luo²¹］

敲倒敲倒，［kʰau⁵⁵tau⁰kʰau⁵⁵tau⁰］

好吃的婆婆去啊豁。［xau³⁵tɕʰi²¹³ti⁰pʰo²¹³pʰo⁰kʰɤ³⁵a⁰xuo⁵⁵］去啊豁：去世

意译：推磨呀又拐磨，推的灰面真白呀，做的饼真黑呀。隔壁的婆婆一餐吃了十三个，吃了心里不快活，半夜起来倒茶喝，炊壶碰到后脑壳，请医生，抓副药，请道士，吹海螺，请神汉，敲破锣，敲呀敲到贪吃的婆婆去世了。

0002 歌谣

敲桶，打梆。［kʰau⁵⁵tʰoŋ³³，ta³³paŋ⁵⁵］

打个钱，买破缸。［ta³³kɤ⁰tɕʰiɛn²¹³，mai³³pʰo³⁵kaŋ⁵⁵］

一卖胭脂二卖粉。［i²¹³mai³⁵iɛn⁵⁵tsʅ⁵⁵ɤ³³mai³⁵fən³³］

卖到南山折啊本。［mai³⁵tau⁰lan²¹³san⁵⁵sɤ²¹³a⁰pən³³］折：亏

亲家，亲家，你到哪啊去？［tɕʰin⁵⁵tɕia⁵⁵，tɕʰin⁵⁵tɕia⁵⁵，li³³tau⁰la³³a⁰kʰɤ³⁵］

到南山，去看瓜。［tau³⁵lan²¹san⁵⁵，tɕʰy³⁵kʰan³³kua⁵⁵］

瓜有好大啊？［kua⁵⁵iəu³³xau³³ta³⁵a⁰］

瓜有天大。［kua⁵⁵iəu³³tʰiɛn⁵⁵ta³⁵］

意译：敲桶，打梆。挣了钱，买破缸。一卖胭脂二卖粉。卖到南山亏了本。亲家，亲家，你到哪儿去？到南山，去看瓜。瓜有多大？瓜有天那么大。

0003 歌谣

张打铁，李打铁，［tsaŋ⁵⁵ta³³tʰie²¹³，li³³ta³³tʰie²¹³］

打把剪子送姐姐。［ta³³pa³³tɕiɛn³³tsʅ⁰soŋ³⁵tɕie³³tɕie⁰］

姐姐留我歇，我不歇，［tɕie³³tɕie⁰liəu²¹uo³³ɕie²¹³，uo³³pu²¹³ɕie²¹³］

我要回家去打铁。［uo³³iau³⁵xuei²¹tɕia⁵⁵kʰɤ⁵⁵ta³³tʰie²¹³］

姐姐把我耳朵剪个缺。[tɕie³³ tɕie⁰ pa³³ uo³³ ɤ³³ to⁰ tɕiɛn³³ kɤ⁰ tɕʰye²¹³]

杀个鸡，补不到，[sa²¹³ kɤ⁰ tɕi⁵⁵，pu³³ pu⁰ tau³³]

杀个鹅，补半截。[sa²¹³ kɤ⁰ uo²¹³，pu³³ pan³⁵ tɕie²¹³]

还有半边留在枕头边，[xai²¹³ iəu³³ pan³⁵ piɛn⁵⁵ liəu²¹³ tsai⁰ tsən³³ tʰəu⁰ piɛn⁵⁵]

老鼠衔到地板上，[lau³⁵ su⁰ xan²¹³ tau⁰ ti³⁵ pan³³ saŋ⁰]

猫儿衔到大街上，[mau⁵⁵ ɤ⁰ xan²¹³ tau⁰ ta³⁵ kai⁵⁵ saŋ⁵⁵]

老鸽子衔到飞上天。[lau³³ kuo²¹³ tsʅ⁰ xan²¹³ tau⁰ fei⁵⁵ saŋ³³ tʰiɛn⁵⁵]

意译：张打铁，李打铁，打把剪子送姐姐。姐姐留我歇，我不歇，我要回家去打铁。姐姐把我耳朵剪个缺口。杀只鸡，补不到，杀只鹅，补半截。还有半边留在枕头边，老鼠衔到地板上，猫衔到大街上，鸽子衔着飞上天。

0004 歌谣

三岁的伢儿会唱歌，[san⁵⁵ suei³⁵ ti⁰ a²¹³ ɤ²¹³ xuei³⁵ tsʰaŋ³⁵ kuo⁵⁵] 伢儿：小孩

不是爹妈教的我，[pu²¹³ sʅ⁵⁵ tie⁵⁵ ma⁵⁵ tɕiau³³ ti⁰ uo³³]

是我自己聪明学的歌。[sʅ⁵⁵ uo³³ tsʅ³⁵ tɕi⁰ tsʰoŋ⁵⁵ min²¹³ ɕyo²¹³ ti⁰ kuo⁵⁵]

意译：三岁的小孩会唱歌，不是爹妈教的我，是我自己聪明学会的唱歌。

0005 歌谣

月亮走，我也走，[ye²¹³ liaŋ³⁵ tsəu³³，uo³³ ye³³ tsəu³³]

我跟月亮提芭篓，[uo³³ kən⁵⁵ ye²¹³ liaŋ³⁵ tʰi²¹³ pa⁵⁵ ləu⁰] 芭篓：竹篮

一提提到石门口。[i²¹³ tʰi²¹³ tʰi²¹³ tau⁰ sʅ²¹³ mən²¹³ kʰəu⁰]

开石门，摘石榴，[kʰai⁵⁵ sʅ²¹³ mən²¹³，tsɤ²¹³ sʅ²¹³ liəu⁰]

看见三个大姐在梳头。[kʰan³⁵ tɕiɛn³⁵ san⁵⁵ kɤ³⁵ ta³⁵ tɕie³³ tsai³⁵ su⁵⁵ tʰəu²¹³]

大姐梳金头，[ta³⁵ tɕie³³ su⁵⁵ tɕin⁵⁵ tʰəu²¹³]

二姐梳银头，[ɤ³⁵ tɕie³³ su⁵⁵ in²¹³ tʰəu²¹³]

三姐不会梳，[san⁵⁵ tɕie³³ pu²¹³ xuei³⁵ su⁵⁵]

梳个燕子窝，[su⁵⁵ kɤ³⁵ iɛn²¹³ tsʅ⁰ uo⁵⁵]

燕子为生蛋，[iɛn²¹³ tsʅ⁰ uei³⁵ sən⁵⁵ tan³⁵]

扒个稀巴烂。[pa⁵⁵ kɤ³⁵ ɕi⁵⁵ pa⁰ lan³⁵] 稀巴烂：乱七八糟

意译：月亮走我也走，我帮月亮提竹篮，一提提到石门口，开石门，摘石榴，看见三个大姐在梳头。大姐梳金头，二姐梳银头，三姐不会梳，梳个燕子窝，燕子为了生蛋，搅个乱七八糟。

0006 歌谣

哭鼻佬，买灯草，[kʰu³³ pʰi²¹³ lau⁰, mai³³ tən⁵⁵ tsʰau³³] 灯草：灯芯草，一种草本植物
灯草香，买辣酱，[tən⁵⁵ tsʰau³³ ɕiaŋ⁵⁵, mai³³ la²¹³ tɕiaŋ³³]
辣酱辣，买枇杷，[la²¹³ tɕiaŋ³³ la²¹³, mai³³ pʰi²¹³ pʰa⁰]
枇杷尖，吃上天，[pʰi²¹³ pʰa⁰ tɕiɛn⁵⁵, tɕʰi²¹³ saŋ³⁵ tʰiɛn⁵⁵]
天又高，搭把刀，[tʰiɛn⁵⁵ iəu³⁵ kau⁵⁵, ta²¹³ pa³³ tau⁵⁵]
刀又快，好切菜，[tau⁵⁵ iəu³⁵ kʰuai³⁵, xau³³ tɕʰye²¹³ tsʰai³⁵]
菜又苦，过十五，[tsʰai³⁵ iəu⁵⁵ kʰu³³, kuo³⁵ sʅ²¹³ u³³]
十五甜，好过年，[sʅ²¹³ u³³ tʰiɛn²¹³, xau³³ kuo³⁵ liɛn²¹³]
年又新，好点灯，[liɛn²¹³ iəu⁵⁵ ɕin⁵⁵, xau³³ tiɛn³³ tən⁵⁵]
灯又亮，好算账，[tən⁵⁵ iəu⁵⁵ liaŋ³⁵, xau³³ suan³⁵ tsaŋ³⁵]
一算算到大天亮，[i²¹³ suan³⁵ suan³⁵ tau⁰ ta³⁵ tʰiɛn⁵⁵ liaŋ³⁵]
还是一个哭鼻佬账。[xai²¹³ sʅ⁵⁵ i²¹³ kɤ³⁵ kʰu³³ pʰi²¹³ lau⁰ tsaŋ³⁵]

意译：好哭佬，买灯草，灯草香，买辣酱，辣酱辣，买枇杷，枇杷尖，吃上天，天又高，搭把刀，刀又快，好切菜，菜又苦，过十五，十五甜，好过年，年又新，好点灯，灯又亮，好算账，一算算到大天亮，还是一个糊涂账。

0007 歌谣

羊尾巴尖吃上天，[iaŋ²¹³ i³³ pa⁰ tɕiɛn⁵⁵ tɕʰi²¹³ saŋ³⁵ tʰiɛn⁵⁵]
天又高，搭把刀，[tʰiɛn⁵⁵ iəu³⁵ kau⁵⁵, ta²¹³ pa³³ tau⁵⁵]
刀又快，好切菜，[tau⁵⁵ iəu³⁵ kʰuai³⁵, xau³³ tɕʰye²¹³ tsʰai³⁵]
菜又甜，好过年，[tsʰai³⁵ iəu⁵⁵ tʰiɛn²¹³, xau³³ kuo³⁵ liɛn²¹³]
菜又苦，过十五。[tsʰai³⁵ iəu⁵⁵ kʰu³³, kuo³⁵ sʅ²¹³ u³³]

意译：羊尾巴，吃上天，天又高，搭把刀，刀又快，好切菜，菜又甜，好过年，菜又苦，过十五。

二 规定故事

0021 其他故事

我今儿天啊，[uo³³ tɕər⁵⁵ tʰiɛn⁵⁵ a⁰]
要跟大家分享的是一个牛郎和织女的故事。[iau³⁵ kən⁵⁵ ta³⁵ tɕia⁵⁵ fən⁵⁵ ɕiaŋ³³ ti⁰ sʅ⁵⁵ i²¹³ kɤ³⁵ iəu²¹³ laŋ³³ xuo²¹³ tsʅ²¹³ ly³³ ti⁰ ku³⁵ sʅ³⁵]

就说在古时候哇，[tɕiəu³⁵ suo²¹³ tsai³⁵ ku³³ sʅ²¹³ xəu⁰ ua⁰]

有一个年轻的小伙子，[iəu³³ i²¹³ kɤ³⁵ liɛn²¹³ tɕhin⁵⁵ ti⁰ ɕiau³³ xuo³³ tsʅ⁰]

他咧蛮造孽。[tha⁵⁵ lie⁰ man²¹³ tshau³⁵ ie²¹³] 造孽：可怜

从小哇，[tshoŋ²¹³ ɕiau³³ ua⁰]

爸妈就过了，[pa²¹³ ma⁵⁵ tɕiəu³⁵ kuo³⁵ la⁰] 过了：去世

屋里咧只有一头老牛子，[u²¹³ li⁰ lie⁰ tsʅ²¹³ iəu³³ i²¹³ thəu²¹³ lau³³ iəu²¹³ tsʅ⁰]

所以说咧，[suo³³ i³³ suo²¹³ lie⁰]

他们那边的人咧，[tha⁵⁵ mən⁰ la³⁵ piɛn⁵⁵ ti⁰ ən²¹³ lie⁰]

就喊他喊的牛郎。[tɕiəu³⁵ xan³³ tha⁵⁵ xan³³ ti⁰ iəu²¹³ laŋ³³]

那迥个牛郎咧，[la³⁵ lie³⁵ kɤ³⁵ iəu²¹³ laŋ³³ lie⁰]

从小就是靠这头老牛子啊咧，[tshoŋ²¹³ ɕiau³³ tɕiəu³⁵ sʅ⁵⁵ khau³⁵ tsɤ³⁵ thəu²¹³ lau³³ iəu²¹³ tsʅ⁰ a⁰ lie⁰]

耕田呐，[kən⁵⁵ thiɛn²¹³ la⁰]

下地啊，[ɕia³⁵ ti³⁵ a⁰]

讨生活。[thau³³ sən⁵⁵ xuo²¹³]

但是咧，[tan³³ sʅ⁵⁵ lie⁰]

他找不倒，[tha⁵⁵ tsau³³ pu⁰ tau³³] 找不倒：不知道

那个牛郎。[lei³⁵ kɤ³⁵ iəu²¹³ laŋ³³]

那个老牛子哇，[lei³⁵ kɤ³⁵ lau³³ iəu²¹³ tsʅ⁰ ua⁰]

就是天上的一颗金牛星，[tɕiəu³⁵ sʅ⁵⁵ thiɛn⁵⁵ saŋ³⁵ ti⁰ i²¹³ khuo⁵⁵ tɕin⁵⁵ iəu²¹³ ɕin⁵⁵]

那个金牛星呐，[lei³⁵ kɤ³⁵ tɕin⁵⁵ iəu²¹³ ɕin⁵⁵ la⁰]

就是觉得那个儿子伢咧，[tɕiəu³⁵ sʅ⁵⁵ tɕyo²¹³ tɤ⁰ la³⁵ kɤ³⁵ ɤ²¹³ tsʅ⁰ a³³ lie⁰]

蛮实诚，[man²¹³ sʅ²¹³ tshən²¹³]

蛮勤爬苦干，[man²¹³ tɕhin²¹³ pha²¹³ khu³³ kan³⁵]

所以说咧，[suo³³ i³³ suo²¹³ lie⁰]

还蛮想帮他讲个媳妇子。[xai²¹³ man²¹³ ɕiaŋ³³ paŋ⁵⁵ tha⁵⁵ tɕiaŋ³³ kɤ³⁵ ɕi³³ fu⁰ tsʅ⁰]

那有一天呐，[la³⁵ iəu³³ i²¹³ thiɛn⁵⁵ la⁰]

那个金牛星呐，[lei³⁵ kɤ³⁵ tɕin⁵⁵ iəu²¹³ ɕin⁵⁵ la⁰]

就晓得一个消息，[tɕiəu³⁵ ɕiau³³ tɤ⁰ i²¹³ kɤ³⁵ ɕiau⁵⁵ ɕi²¹³]

什么消息咧？[sən³³ mɤ⁰ ɕiau³³ ɕi²¹³ lie⁰]

就是说天上有七个仙女，[tɕiəu³⁵ sʅ⁵⁵ suo²¹³ thiɛn⁵⁵ saŋ³⁵ iəu³³ tɕhi²¹³ kɤ³⁵ ɕiɛn⁵⁵ ly³³]

要到他们那个村子的，[iau³⁵ tau³⁵ tha⁵⁵ mən⁰ lei³⁵ kɤ³⁵ tshuən⁵⁵ tsʅ⁰ ti⁰]

东边山脚下的一个河坝里去洗澡去。[toŋ⁵⁵ piɛn⁵⁵ san⁵⁵ tɕyo²¹³ xa⁰ ti⁰ i²¹³ kɤ³⁵ xuo²¹³ pa²¹³li⁰kʰɤ³⁵ɕi³³tsau³³kʰɤ³⁵〕

它就连忙给他托梦，〔tʰa⁵⁵tɕiəu³⁵liɛn²¹³maŋ²¹³kɤ³³tʰa⁵⁵tʰuo²¹³moŋ³⁵〕

给那个牛郎托梦，〔kɤ³³lɤ³⁵kɤ³⁵iəu²¹³laŋ³³tʰuo²¹³moŋ³⁵〕

托梦就告诉他。〔tʰuo²¹³moŋ³⁵tɕiəu³⁵kau³³su⁵⁵tʰa⁵⁵〕

它说有七个仙女，〔tʰa⁵⁵suo²¹³iəu³³tɕʰi²¹³kɤ³⁵ɕiɛn⁵⁵ly³³〕

要到那个东边山脚下的那个河坝里去洗澡去，〔iau³⁵tau³⁵lɤ³⁵kɤ³⁵toŋ⁵⁵piɛn⁵⁵san⁵⁵tɕyo²¹³xa⁰ti⁰lei³⁵kɤ³⁵xuo²¹³pa²¹³kʰɤ³⁵ɕi³³tsau³³kʰɤ³⁵〕

然后在那个树枝上咧，〔an²¹³xəu³⁵tsai³⁵la³⁵kɤ³⁵su³⁵tsʅ⁵⁵saŋ³⁵lie⁰〕

可以捡一件衣服，〔kʰuo³³i²¹³tɕiɛn³³i²¹³tɕiɛn³⁵i⁵⁵fu⁰〕

捡了咧，〔tɕiɛn³³la⁰lie⁰〕

就要连忙就往回跑。〔tɕiəu³⁵iau³⁵liɛn²¹³maŋ²¹³tɕiəu³⁵uaŋ³³xuei²¹³pʰau³³〕

头都不能往回望一下。〔tʰəu²¹³təu⁵⁵pu²¹³lən²¹³uaŋ³³xuei²¹³uaŋ⁵⁵i²¹³xa⁰〕

好，第二天咧那个牛郎啊，〔xau³³，ti³⁵ɤ³⁵tʰiɛn⁵⁵lie⁰la³⁵kɤ³⁵iəu²¹³laŋ³³a⁰〕

他就半信半疑的，〔tʰa⁵⁵tɕiəu³⁵pan³⁵ɕin³⁵pan³⁵i²¹³ti⁰〕

就蹲在那个河边啊，〔tɕiəu³⁵tən⁵⁵tsai³⁵la³⁵kɤ³⁵xuo²¹³piɛn⁵⁵a⁰〕

就当真看见七个仙女在那里玩水。〔tɕiəu³⁵taŋ⁵⁵tsən⁵⁵kʰan³⁵tɕiɛn³⁵tɕʰi²¹³kɤ³⁵ɕiɛn⁵⁵ly³³tsai³⁵la³⁵li⁰uan²¹³suei³³〕

他就连忙在那个树枝上，〔tʰa⁵⁵tɕiəu³⁵liɛn²¹³tsai³⁵lei³⁵kɤ³⁵su³⁵tsʅ⁵⁵saŋ⁰〕

选一件粉红色的衣服呐，〔ɕyɛn³³i²¹³tɕiɛn³⁵fən³³xoŋ²¹³sɤ²¹³ti⁰i⁵⁵fu²¹³la⁰〕

选了咧就直接就往回跑了，〔ɕyɛn³³la⁰lie⁰tɕiəu³⁵tsʅ²¹³tɕie²¹³tɕiəu³⁵uaŋ³³xuei²¹³pʰau³³la⁰〕

当真头都回都没有回。〔taŋ⁵⁵tsən⁵⁵tʰəu²¹³təu⁵⁵xuei²¹³təu⁵⁵mei⁵⁵iəu³³xuei²¹³〕

结果咧，〔tɕie²¹³kuo³³lie⁰〕

他选的那件粉色的衣服啊，〔tʰa⁵⁵ɕyɛn³³ti⁰la³⁵tɕiɛn³⁵fən³³sɤ²¹³ti⁰i⁵⁵fu⁰a⁰〕

恰好就是织女的衣服，〔tɕʰia²¹³xau³³tɕiəu³⁵sʅ⁵⁵tsʅ²¹³ly³³ti⁰i⁵⁵fu⁰〕

半夜里咧，〔pan³⁵ie³⁵li⁰lie⁰〕

织女就偷偷地，〔tsʅ²¹³ly³³tɕiəu³⁵tʰəu⁵⁵tʰəu⁵⁵ti⁰〕

来敲牛郎的门。〔lai²¹³kʰau⁵⁵niəu²¹³laŋ³³ti⁰mən²¹³〕

好，他们两个就搞拢哒。〔xau³³，tʰa⁵⁵mən⁰liaŋ³³kuo³⁵tɕiəu³⁵kau³³loŋ³³ta⁰〕搞拢：在一起

那一晃啊，〔la³⁵i²¹³xuaŋ³⁵a⁰〕

三年就过去了，〔san⁵⁵liɛn²¹³tɕiəu³⁵kuo³⁵kʰɤ³⁵la⁰〕

他们两个过得蛮幸福啊。〔tʰa⁵⁵mən⁰liaŋ³³kuo³⁵kuo³⁵tɤ⁰man²¹³ɕin³⁵fu²¹³a⁰〕

生了两个伢子，[sən⁵⁵la⁰liaŋ³³kɤ³⁵a²¹³tsʅ⁰]

一个儿子一个姑娘，[i²¹³kɤ³⁵ɤ²¹³tsʅ⁰i²¹³kɤ³⁵ku⁵⁵liaŋ⁰]

那一家四口每天都过得蛮开心。[la³⁵i²¹³tɕia⁵⁵sʅ³⁵kʰəu³³mei³³tʰiɛn⁵⁵təu⁵⁵kuo³⁵tɤ⁰man²¹³kʰai⁵⁵ɕin⁵⁵]

但是啊，[tan³³sʅ⁵⁵a⁰]

那个织女她是偷偷地跑到凡间来的，[lei³⁵kɤ³⁵tsʅ²¹³ly³³tʰa⁵⁵sʅ⁵⁵tʰəu⁵⁵tʰəu⁵⁵ti⁰pʰau³³tau³⁵fan²¹³tɕiɛn⁵⁵lai²¹³ti⁰]

就被玉皇大帝一下晓得了，[tɕiəu³⁵pei³⁵y³⁵xuaŋ²¹³ta³⁵ti³³i²¹³xa⁰ɕiau⁵⁵tɤ⁰la⁰]

那玉皇大帝肯定麻烦吵，[la³⁵y³⁵xuaŋ²¹³ta³⁵ti³³kʰən³³tin³⁵ma²¹³fan²¹³sa⁰]

就要把织女一下子捉回来，[tɕiəu³⁵iau³⁵pa³³tsʅ²¹³ly³³i²¹³xa⁰tsʅ⁰tsuo²¹³xuei²¹³lai²¹³]

那那天刮多大的风哇。[la³⁵la³⁵tʰiɛn⁵⁵kua²¹³tuo⁵⁵ta³⁵ti⁰foŋ⁵⁵ua⁰]

打炸雷啊，[ta³³tsa³⁵lei²¹³a⁰]

下大雨啊，[ɕia³⁵ta³⁵y³³a⁰]

一下下就没有看到织女的人了。[i²¹³xa⁰xa⁰tɕiəu³⁵mei⁵⁵iəu³³kʰan⁵⁵tau⁰tsʅ²¹³ly³³ti⁰ən²¹³la⁰]

那两个伢子硬又哭又喊呐，[lei³⁵liaŋ³³kɤ³⁵a²¹³tsʅ⁰ən³⁵iəu⁵⁵kʰu²¹³iəu⁵⁵xan³³la⁰]

就说要找妈，[tɕiəu³⁵suo²¹³iau³⁵tsau³³ma⁵⁵]

那个牛郎啊，[lei³⁵kɤ³⁵iəu²¹³laŋ³³a⁰]

就没得法，[tɕiəu³⁵mei⁵⁵tɤ²¹³fa²¹³]

找不倒啷˭门说一下就找不倒要啷˭门搞。[tsau³³pu⁰tau⁰laŋ⁰mən⁰suo²¹³i²¹³xa⁰tɕiəu³⁵tsau³³pu⁰tau⁰iau³⁵laŋ⁰mən⁰kau³³] 啷门˭：怎么

结果就在这么时候咧，[tɕie²¹³kuo³³tɕiəu³⁵tsai³⁵tsɤ³⁵mɤ⁰sʅ²¹³xəu⁰lie⁰]

那头老牛子啊就开口，[lei³⁵tʰəu²¹³lau³³iəu²¹³tsʅ⁰a⁰tɕiəu³⁵kʰai⁵⁵kʰəu³³]

突然在讲人话了，[tʰu⁵⁵an²¹³tsai³⁵tɕiaŋ³³ən²¹³xua²¹³la⁰]

它就跟那个牛郎说，它说：[tʰa⁵⁵tɕiəu³⁵kən⁵⁵la³⁵kɤ³⁵iəu²¹³laŋ³³suo²¹³，tʰa⁵⁵suo²¹³]

"你这么时候，[li³³tsɤ³⁵mɤ⁰sʅ²¹³xəu⁰]

把我那两个头上的角，[pa³³uo³³la³⁵liaŋ³³kɤ³⁵tʰəu²¹³saŋ³⁵ti⁰kuo²¹³]

把它弄啊下来，[pa³³tʰa⁵⁵loŋ³⁵a⁰ɕia³⁵lai²¹³]

这两个角咧，[tsɤ³⁵liaŋ³³kɤ³⁵kuo²¹³lie⁰]

就会变成两个箩筐子。[tɕiəu³⁵xuei³⁵piɛn³⁵tsʰən²¹³liaŋ³³kɤ³⁵luo²¹³kʰuaŋ⁵⁵tsʅ⁰]

你就可以把迥两个伢子咧，[li³³tɕiəu³⁵kʰuo³³i³³pa³³lie⁰liaŋ³³kɤ³⁵a²¹³tsʅ⁰lie⁰]

一边装一个了咧，［i²¹³piɛn⁵⁵tsuaŋ⁵⁵i²¹³kɤ³⁵la⁰lie⁰］

带起去找他们的妈去。"［tai³⁵tɕʰi³³kʰɤ⁰tsau³³tʰa⁵⁵mən⁰ti⁰ma⁵⁵kʰɤ³⁵］

那个牛郎啊，［lei³⁵kɤ³⁵iəu²¹³laŋ³³a⁰］

真觉得蛮奇怪的时候，［tsən⁵⁵tɕyo²¹³tɤ⁰man²¹³tɕʰi²¹³kuai³⁵ti⁰sʅ²¹³xəu⁰］

他那个老牛子的角，［tʰa⁵⁵lei³⁵kɤ³⁵lau³³iəu²¹³tsʅ⁰ti⁰kuo²¹³］

就掉到地下了，［tɕiəu³⁵tiau³⁵ti³⁵xa⁰la⁰］

还当真就变成了两个箩筐子了。［xai²¹³taŋ⁵⁵tsən⁵⁵tɕiəu³⁵piɛn³⁵tsʰən²¹³la⁰liaŋ³³kɤ³⁵luo²¹³kʰuaŋ⁵⁵tsʅ⁰la⁰］

他连忙想都没想把两个伢子，［tʰa⁵⁵liɛn²¹³maŋ²¹³ɕiaŋ³³təu⁵⁵mei⁵⁵ɕiaŋ³³pa³³liaŋ³³kɤ³⁵a²¹³tsʅ⁰］

往那个箩筐子里一装，［uaŋ³³la³⁵kɤ³⁵luo²¹³kʰuaŋ⁵⁵tsʅ⁰li⁰i²¹³tsuaŋ⁵⁵］

装了咧，［tsuaŋ⁵⁵la⁰lie⁰］

就搞个扁担把他们挑起，［tɕiəu³⁵kau³³kɤ³⁵piɛn³³tan³³pa³³tʰa⁵⁵mən⁰tʰiau⁵⁵tɕʰi³³］

就吹来一阵微微的风来了。［tɕiəu³⁵tsʰuei⁵⁵lai²¹³i²¹³tsən²¹³uei⁵⁵uei⁵⁵ti⁰foŋ⁵⁵lai²¹³la⁰］

那个箩筐子像长了两个翅膀呐，［lei³⁵kɤ³⁵luo²¹³kʰuaŋ⁵⁵tsʅ⁰tɕʰiaŋ³⁵tsaŋ²¹³la⁰liaŋ³³kɤ³⁵tsʰʅ³⁵pang⁵⁵la⁰］

就在慢点儿往天上飞，［tɕiəu³⁵tsai³⁵man³⁵tiər³³uaŋ³³tʰiɛn⁵⁵saŋ⁰fei⁵⁵］

好，飞啊上去了咧，［xau³³，fei⁵⁵a⁰saŋ³⁵kʰɤ³⁵la⁰lie⁰］

看着看着快要追上了织女，［kʰan³⁵tau⁰kʰan³⁵tau⁰kʰuai³⁵iau³⁵tsuei⁵⁵saŋ³⁵la⁰tsʅ²¹³ly³³］

结果又被王母娘娘一下发现了。［tɕie²¹³kuo³³iəu⁵⁵pei³⁵uaŋ²¹³mu³³liaŋ²¹³liaŋ⁰i²¹³xa⁰fa²¹³ɕiɛn³⁵la⁰］

那王母娘娘快要烦死了，［la³⁵uaŋ²¹³mu³³liaŋ⁰liaŋ²¹³kʰuai³⁵iau³⁵fan²¹³sʅ³³la⁰］

就那么顺手从头上拿一根那种钗子，［tɕiəu³⁵la³⁵mɤ⁰suən³⁵səu³³tsʰoŋ²¹³tʰəu²¹³saŋ⁰la²¹³i²¹³kən⁵⁵la³⁵tsoŋ³⁵tsʰai⁵⁵tsʅ⁰］

往那个天上，［uaŋ³³la³⁵kɤ³⁵tʰiɛn⁵⁵saŋ⁰］

那么一横着一画。［la³⁵mɤ⁰i²¹³xuən²¹³tau⁰i²¹³xua³⁵］

画一条又宽又长的天河，［xua³⁵i²¹³tʰiau²¹³iəu⁵⁵kʰuan⁵⁵iəu⁵⁵tsʰaŋ²¹³ti⁰tʰiɛn⁵⁵xuo²¹³］

搞的那个织女和牛郎咧，［kau³³ti⁰lei³⁵kɤ³⁵tsʅ²¹³ly³³xuo²¹³iəu²¹³laŋ³³lie⁰］

就是两个望都望不到，［tɕiəu³⁵sʅ⁵⁵liaŋ³³kuo³⁵uaŋ³³təu⁰uaŋ³³pu⁰tau⁰］

那个喜鹊咧，［lei³⁵kɤ³⁵ɕi³³tɕʰyo³³lie⁰］

看到了，[kʰan³⁵ tau³³ la⁰]

就觉得他们，[tɕiəu³⁵ tɕyo²¹³ tɤ⁰ tʰa⁵⁵ mən⁰]

蛮同情他们，[man²¹³ tʰoŋ²¹³ tɕʰin²¹³ tʰa⁵⁵ mən⁰]

就觉得他们蛮造孽。[tɕiəu³⁵ tɕyo²¹³ tɤ⁰ tʰa⁵⁵ mən⁰ man²¹³ tsʰau³⁵ ie²¹³]

他们咧就约定了，[tʰa⁵⁵ mən⁰ lie⁰ tɕiəu³⁵ ye²¹³ tin³⁵ la⁰]

就说每年的七月初七，农历，[tɕiəu³⁵ suo²¹³ mei⁵⁵ liɛn²¹³ ti⁰ tɕʰi²¹³ ye²¹³ tsʰu⁵⁵ tɕʰi²¹³, loŋ²¹³ li²¹³]

就有成千上万只喜鹊，[tɕiəu³⁵ iəu³³ tsʰən²¹³ tɕʰiɛn⁵⁵ saŋ³⁵ uan³⁵ tsʅ²¹³ ɕi³³ tɕʰyo³³]

就一个的嘴巴，[tɕiəu³⁵ i²¹³ kuo³⁵ ti⁰ tsuei³³ pa⁰]

衔着另一个的尾巴，[xan²¹³ tau²¹³ lin³⁵ i²¹³ kuo³⁵ ti⁰ uei³³ pa⁰]

恁门子衔起，[lən³⁵ mən⁰ tsʅ⁰ xan²¹³ tɕʰi³³] 恁门子：这么，这样

衔起来的，[xan²¹³ tɕʰi³³ lai²¹³ ti⁰]

就可以衔成一道鹊桥。[tɕiəu³⁵ kʰuo³³ i²¹³ xan²¹³ tsʰən²¹³ i²¹³ tau³⁵ tɕʰyo³³ tɕʰiau²¹³]

让他们两个咧，[aŋ³⁵ tʰa⁵⁵ mən⁰ liaŋ³³ kuo³⁵ lie⁰]

能在七月初七那天相会，[lən²¹³ tsai³⁵ tɕʰi²¹³ ye²¹³ tsʰu⁵⁵ tɕʰi²¹³ lei³⁵ tʰiɛn⁵⁵ ɕiaŋ⁵⁵ xuei³⁵]

所以说咧，[suo³³ i³³ suo²¹³ lie⁰]

后来就有了这个农历的，[xəu³⁵ lai²¹³ tɕiəu³⁵ iəu³³ la⁰ tsɤ³⁵ kɤ³⁵ loŋ²¹³ li²¹³ ti⁰]

七月初七，七夕节。[tɕʰi²¹³ ye²¹³ tsʰu⁵⁵ tɕʰi²¹³, tɕʰi²¹³ ɕi⁵⁵ tɕie²¹³]

意译：我今天要跟大家分享的是牛郎和织女的故事。在古时候，有一个年轻的小伙子，他呢，很惨，很小的时候爸妈就死了，家里只有一头老牛。所以说，他们那里的人（就喊他牛郎）。

这个牛郎呢，就靠这头老牛耕田下地讨生活，但是他不知道，这头老牛，实际上是天上的一颗金牛星。这个金牛星就觉得牛郎很实诚，很勤劳苦干，所以说还很想帮牛郎找个媳妇。有一天，这个金牛星就知道了一个消息，什么消息呢，就是说天上有七个仙女要到他们那里的村子的东边山脚下的一个河坝里去洗澡。它就连忙给牛郎托梦，托梦就告诉他，它说有七个仙女要到东边山脚下的河坝里去洗澡，要他在那个树枝上捡一件衣服，捡了就连忙往回跑，头都不能回。

好，第二天呢，这个牛郎啊，他就半信半疑的，就蹲在那个河边上，就当真看到有七个仙女在那里玩水，他就连忙在那个树枝上选了一件粉红色的衣服，选了就直接就连忙往回跑了，头都没有回。结果，他选的那件粉色的衣服，恰好就是织女的衣服。半夜里，织女就偷偷地来敲牛郎的门。好，他们俩就在一起了。那一晃三年就过去了，他们两个过得很幸福，生了两个小孩，一个儿子一个姑

娘，一家四口每天都过得很开心。

  但是啊，那个织女她是偷偷地跑到凡间来的，就被玉皇大帝知道了，那玉皇大帝就肯定很烦啊，就要把织女捉回来。那天就刮好大的风，还打雷，下大雨，突然就看不见织女了。那两个小孩就又哭又喊啊，就说要找妈妈。牛郎啊就没办法，突然不知道怎么办。

  结果就在这个时候呢，那头老牛就突然开口讲人话了。它就对那个牛郎说，它说："你这个时候就把我头上的两个角弄下来，这两个角就可以变成两个箩筐，你就可以把这两个小孩一边装一个，带去找他们的妈妈。"那个牛郎真觉得很奇怪的时候，那头老牛的角就这样掉在地下了，真就变成了两个箩筐。他想都没想，连忙就把两个小孩放到箩筐里，装了呢就拿个扁担把两个箩筐一挑，就吹来了一阵微微的风，那两个箩筐就像长了两个翅膀一样，就慢慢地往天上飞。

  好，飞上去了呢，眼看着快要追上织女，结果就被王母娘娘发现了，那王母娘娘快烦死了，就顺手从头上拿了一个钗子，往天上那么横着一划，划了一条又宽又长的天河，让牛郎和织女两个人无法相望。喜鹊看到了，就很同情他们，觉得他们很惨，它们就约定了，就说每年的七月初七农历，就有成千上万只喜鹊，一个的嘴巴，衔着另一个的尾巴，那样衔着，就刚好衔成一条鹊桥，让他们两个，能在七月初七那天相会，所以说后来就有了这个农历的七月初七，七夕节。

三　其他故事

0022 其他故事

我跟大家讲个经呐，[uo³³ kən⁵⁵ ta³⁵ tɕia⁵⁵ tɕiaŋ³³ kɤ³⁵ tɕin⁵⁵ la⁰]

就是说，[tɕiəu³⁵ sʅ⁵⁵ suo²¹³]

过去有两个背脚的。[kuo³⁵ tɕʰy³⁵ iəu³³ liaŋ³³ kɤ³⁵ pei³⁵ tɕyo²¹³ ti⁰] 背脚：脚夫

那一天，[lei³⁵ i²¹³ tʰiɛn⁵⁵]

他们到账房里啊以后啊，[tʰa⁵⁵ mən⁰ tau³⁵ tsaŋ³⁵ faŋ²¹³ li⁰ a⁰ i³³ xəu³⁵ a⁰]

两个人咧，[liaŋ³³ kɤ³⁵ ən²¹³ lie⁰]

就说的，[tɕiəu³⁵ suo²¹³ ti⁰]

他们说，[tʰa⁵⁵ mən⁰ suo²¹³]

我们今儿天，[uo³³ mən⁰ tɕər⁵⁵ tʰiɛn⁵⁵]

我们来，[uo³³ mən⁰ lai²¹³]

对个对子吧，嗯嗯，[tuei³⁵ kɤ³⁵ tuei³⁵ tsʅ⁰ pa⁰，ən⁰ ən⁰]

谁个对输了的，[sai³⁵ kuo³⁵ tuei³⁵ su⁵⁵ la⁰ ti⁰]

就谁个就结账。[tɕiəu³⁵sai³⁵kuo³⁵tɕiəu³⁵tɕie²¹³tsaŋ³⁵]

那个,[lei³⁵kɤ³⁵]

另外一个说,[nin³⁵uai³⁵i²¹³kuo³⁵suo²¹³]

那要得呀。[la³⁵iau³⁵tɤ⁰sa⁰]

好,他们刚刚一进那个账房咧,[xau³³,tʰa⁵⁵mən⁰kaŋ⁵⁵kaŋ⁵⁵i²¹³tɕin³⁵lei³⁵kɤ³⁵tsaŋ³⁵faŋ²¹³lie⁰]

就看到那个账房的那个,[tɕiəu³⁵kʰan³⁵tau⁰lei³⁵kɤ³⁵tsaŋ³⁵faŋ²¹³ti⁰lei³⁵kɤ³⁵]

堂屋里就供个灵屋子准备跟他的爹,[tʰaŋ²¹³u²¹³li⁰tɕiəu³⁵koŋ³⁵kɤ³⁵lin²¹³u²¹³tsɿ⁰tsuən³³pei³⁵kən⁵⁵tʰa⁵⁵ti⁰tie⁵⁵] 堂屋：客厅

烧周年的。[sau⁵⁵tsəu⁵⁵liɛn²¹³ti⁰] 烧周年：祭拜

他就以那个灵屋子为题咧,[tʰa⁵⁵tɕiəu³⁵i³⁵lei³⁵kɤ³⁵lin²¹³u²¹³tsɿ⁰uei³⁵tʰi²¹³lie⁰]

那个第一个他就出了个对子。[la³⁵kɤ³⁵ti³⁵i²¹³kuo³⁵tʰa⁵⁵tɕiəu³⁵tsʰu²¹³la⁰kuo³⁵tuei³⁵tsɿ⁰]

他就说,[tʰa⁵⁵tɕiəu³⁵suo²¹³]

堂屋的灵屋,[tʰaŋ²¹³u²¹³ti⁰lin²¹³u²¹³]

纸糊篾扎,[tsɿ³³xu⁵⁵mie²¹³tsa²¹³]

吹不得风啊,[tsʰuei⁵⁵pu²¹³tɤ⁰foŋ⁵⁵a⁰]

经不得雨,[tɕin⁵⁵pu²¹³tɤ⁰y³³]

鬼住。[kuei³³tsu³⁵]

他就要来跟我对,[tʰa⁵⁵tɕiəu³⁵iau³⁵lai²¹³kən⁵⁵uo³³tuei³⁵]

那我想去想来,[la³⁵uo³³ɕiaŋ³³kʰɤ³⁵ɕiaŋ³³lai²¹³]

就对不到么这个对子呀。[tɕiəu³⁵tuei³⁵pu⁰tau⁰la³⁵mɤ⁰tsɿ³⁵kɤ³⁵tuei³⁵tsɿ⁰sa⁰]

他说,[tʰa⁵⁵suo²¹³]

这要哪门搞咧。[tsɤ³⁵iau³⁵la³⁵mən⁰kau³³lie⁰] 哪门：怎么

他又说了,[tʰa⁵⁵iəu⁵⁵suo²¹³la⁰]

那就明儿天,[la³⁵tɕiəu³⁵mər²¹³tʰiɛn⁵⁵]

那个,[la³⁵kɤ³⁵]

看来就要改明儿天要结账了,[kʰan³⁵lai²¹³tɕiəu³⁵iau³⁵kai³³mər²¹³tʰiɛn⁵⁵iau³⁵tɕie²¹³tsaŋ³⁵la⁰]

该,该他结账房钱了。[kai⁵⁵,kai⁵⁵tʰa⁵⁵tɕie²¹³tsaŋ³⁵faŋ²¹³tɕʰiɛn²¹³la⁰]

好,[xau³³]

他晚上两个人去睡去的时候咧,[tʰa⁵⁵uan³³saŋ⁰liaŋ³³kɤ³⁵ən²¹³kʰɤ³⁵suei³⁵kʰɤ³⁵ti⁰sɿ²¹³xəu⁰lie⁰]

那个，[la³⁵ kɤ³⁵]

他无形中就一脚，[tʰa⁵⁵ u²¹³ ɕin²¹³ tsoŋ⁵⁵ tɕiəu³⁵ i²¹³ tɕyo²¹³]

就膔到了那个床脚下的一个夜壶，[tɕiəu³⁵ tsua²¹³ tau³⁵ la⁰ la³⁵ kɤ³⁵ tsʰuaŋ²¹³ tɕyo²¹³ xa⁰ ti⁰ i²¹³ kɤ³⁵ ie³⁵ xu²¹³] 膔：踢

哈，他想起来哒，[xa⁰, tʰa⁵⁵ ɕiaŋ³³ tɕʰi³³ lai²¹³ ta⁰]

他那个，[tʰa⁵⁵ la³⁵ kɤ³⁵]

哎哎，你那个对子我给你对到哒。[ai⁰ ai⁰, li³³ la³⁵ kɤ³⁵ tuei³⁵ tsʅ⁰ uo³³ kɤ³⁵ li³³ tuei³⁵ tau⁰ ta⁰]

他说，[tʰa⁵⁵ suo²¹³]

那你对啊我听下看呐。[la³⁵ li³³ tuei³⁵ a⁰ uo³³ tʰin⁵⁵ xa⁰ kʰan³⁵ la⁰]

他说，[tʰa⁵⁵ suo²¹³]

床脚下的夜壶，[tsʰuaŋ²¹³ tɕyo²¹³ xa⁰ ti⁰ ie³⁵ xu²¹³]

土做窑烧，[tʰu³³ tsəu³⁵ iau²¹³ sau⁵⁵]

装不得酒啊，[tsuaŋ⁵⁵ pu⁰ tɤ⁰ tɕiəu³³ a⁰]

煨不得炉，[uei⁵⁵ pu⁰ tɤ⁰ lu²¹³]

屌用。[tiau³⁵ yoŋ³⁵]

他就给他对哒之后，[tʰa⁵⁵ tɕiəu³⁵ kɤ³³ tʰa⁵⁵ tuei³⁵ ta⁰ tsʅ⁵⁵ xəu³⁵]

他就说，[tʰa⁵⁵ tɕiəu³⁵ suo²¹³]

对了。[tuei³⁵ la⁰]

他就说，[tʰa⁵⁵ tɕiəu³⁵ suo²¹³]

那不行，[la³⁵ pu²¹³ ɕin²¹³]

他说，[tʰa⁵⁵ suo²¹³]

那恁门搞。[la³⁵ lən³⁵ mən⁰ kau³³] 恁门：这样

我再出一个你对下看哆⁼，[uo³³ tsai³⁵ tsʰu²¹³ i²¹³ kuo³⁵ li³³ tuei³⁵ xa⁰ kʰan³⁵ tuo⁰] 哆⁼：感叹词

他硬是要睡哒，[tʰa⁵⁵ ən³⁵ sʅ⁵⁵ iau³⁵ suei³⁵ ta⁰]

还什个对上的啊。[xai²¹³ sən⁵⁵ kuo⁰ tuei³⁵ saŋ³⁵ ti⁰ a⁰]

他说那我还出一个，[tʰa⁵⁵ suo²¹³ la³⁵ uo³³ xai²¹³ tsʰu²¹³ i²¹³ kuo³⁵]

你对啊下，[li³³ tuei³⁵ a⁰ xa⁰]

他说，[tʰa⁵⁵ suo²¹³]

那你出了。[la³⁵ li³³ tsʰu²¹³ la⁰]

他说不搞哒，[tʰa⁵⁵ suo²¹³ pu²¹³ kau³³ ta⁰]

他说睡啊。[tʰa⁵⁵ suo²¹³ suei³⁵ a⁰]

他说，［tʰa⁵⁵suo²¹³］

那我横直是要出一个，［la³⁵uo³³xuən²¹³tsɿ²¹³sɿ⁵⁵iau³⁵tsʰu²¹³i²¹³kuo³⁵］

你对下看。［li³³tuei³⁵xa⁰kʰan³⁵］

他就说的，［tʰa⁵⁵tɕiəu³⁵suo²¹³ti⁰］

宝塔尖尖，［pau³³tʰa²¹³tɕiɛn⁵⁵tɕiɛn⁵⁵］

四方八面九重，［sɿ³⁵faŋ⁵⁵pa²¹³miɛn³⁵tɕiəu³³tsʰoŋ³⁵］

你给我对下看。［li³³kɤ³³uo³³tuei³⁵xa⁰kʰan³⁵］

那个他又把手那么两扬了，［la³⁵kuo³⁵tʰa⁵⁵iəu⁵⁵pa³³səu³³la³⁵mɤ⁰liaŋ³³iaŋ²¹³la⁰］

算哒，睡啊。［suan³⁵ta⁰，suei³⁵a⁰］

他说，［tʰa⁵⁵suo²¹³］

那他肯定是对不到了的。［la³⁵tʰa⁵⁵kʰən³³tin³⁵sɿ⁵⁵tuei³⁵pu²¹³tau³⁵la⁰ti⁰］

第二天一起来啊，［ti³⁵ɤ³⁵tʰiɛn⁵⁵i²¹³tɕʰi³³lai²¹³a⁰］

他就洗就哒。［tʰa⁵⁵tɕiəu³⁵ɕi³³tɕiəu³⁵ta⁰］

他就跟那个老板说，［tʰa⁵⁵tɕiəu³⁵kən⁵⁵la³⁵kɤ³⁵lau³³pan³³suo²¹³］

今儿天我在您儿的住啊的那个账房钱有人出了。［tɕər⁵⁵tʰiɛn⁵⁵uo³³tsai³⁵lia³³ti⁰tsu³⁵a⁰ti⁰la³⁵kɤ³⁵tsaŋ³⁵faŋ²¹³tɕʰiɛn²¹³iəu³³ən²¹³tsʰu²¹³la⁰］

那个老板就问他，他说，［la³⁵kɤ³⁵lau³³pan³³tɕiəu³⁵uən³⁵tʰa⁵⁵，tʰa⁵⁵suo²¹³］

你，你是啷＝门搞起的啊。［li³³，li³³sɿ⁵⁵laŋ⁰mən⁰kau³³tɕʰi³³ti⁰a⁰］啷＝门搞起：怎么回事

他说昨天我两下打的赌，［tʰa⁵⁵suo²¹³tsuo²¹³tʰiɛn⁵⁵uo³³liaŋ³³xa⁰ta³³ti⁰tu³³］

我们说，［uo³³mən⁰suo²¹³］

我们两个对对子。［uo³³mən⁰liaŋ³³kɤ³⁵tuei³⁵tuei³⁵tsɿ⁰］

谁个对赢哒的，［sai³⁵kuo³⁵tuei³⁵in²¹³ta⁰ti⁰］

谁个就，就，［sai³⁵kuo³⁵tɕiəu³⁵，tɕiəu³⁵］

他就不出账房钱哒。［tʰa⁵⁵tɕiəu³⁵pu²¹³tsʰu²¹³tsaŋ³⁵faŋ²¹³tɕʰiɛn²¹³ta⁰］

他说，［tʰa⁵⁵suo²¹³］

那你们是啷＝门对起的啊。［la³⁵li³³mən⁰sɿ⁵⁵laŋ⁰mən⁰tuei³⁵tɕʰi³³ti⁰a⁰］

他说，［tʰa⁵⁵suo²¹³］

头天的，［tʰəu²¹³tʰiɛn⁵⁵ti⁰］

我给他出的对子，［uo³³kɤ³³tʰa⁵⁵tsʰu²¹³ti⁰tuei³⁵tsɿ⁰］

是说的，呃，［sɿ⁵⁵suo²¹³ti⁰，ɤ⁰］

堂屋的灵屋，［tʰaŋ²¹³u²¹³ti⁰lin²¹³u²¹³］

纸糊篾扎，［tsɿ³³xu⁵⁵miɛ²¹³tsa²¹³］

吹不得风啊，[tsʰuei⁵⁵ pu⁰ tɤ⁰ foŋ⁵⁵ a⁰]

经不得雨啊，[tɕin⁵⁵ pu⁰ tɤ⁰ y³³ a⁰]

鬼住。[kuei³³ tsu³⁵]

他给我对的个是，[tʰa⁵⁵ kɤ³³ uo³³ tuei³⁵ ti⁰ kuo³⁵ sʅ⁵⁵]

床脚下的夜壶，[tsʰuaŋ²¹³ tɕyo²¹³ xa⁰ ti⁰ ie³⁵ xu²¹³]

土做窑烧，[tʰu³³ tsəu³⁵ iau²¹³ sau⁵⁵]

装不得酒啊，[tsuaŋ⁵⁵ pu⁰ tɤ⁰ tɕiəu³³ a⁰]

煨不得炉，[uei⁵⁵ pu⁰ tɤ⁰ lu²¹³]

屌用。[tiau³⁵ yoŋ³⁵]

他说我就给他出的个咧是，[tʰa⁵⁵ suo²¹³ uo³³ tɕiəu³⁵ kɤ³³ tʰa⁵⁵ tsʰu²¹³ ti⁰ kuo³⁵ lie⁰ sʅ⁵⁵]

呃，宝塔尖尖，[ɤ⁰, pau³³ tʰa²¹³ tɕiɛn⁵⁵ tɕiɛn⁵⁵]

呃，四方八面九重。[ɤ⁰, sʅ³⁵ faŋ⁵⁵ pa²¹³ miɛn³⁵ tɕiəu³³ tsʰoŋ³⁵]

他没对到，[tʰa⁵⁵ mei⁵⁵ tuei³⁵ tau³⁵]

他那个手两摇了下摇，[tʰa⁵⁵ la³⁵ kɤ³⁵ səu³³ liaŋ³³ iau²¹³ la⁰ xa⁰ iau²¹³]

他说睡了啊，[tʰa⁵⁵ suo²¹³ suei³⁵ la⁰ a⁰]

他就对不到哒。[tʰa⁵⁵ tɕiəu³⁵ tuei³⁵ pu⁰ tau³⁵ ta⁰]

他说你就搞错了吵，[tʰa⁵⁵ suo²¹³ li³³ tɕiəu³⁵ kau³³ tsʰuo³⁵ la⁰ sa⁰]

你莫出那么些洋相了吵，[li³³ mo²¹³ tsʰu²¹³ la³⁵ mɤ⁰ ɕie⁵⁵ iaŋ²¹³ ɕiaŋ²¹³ la⁰ sa⁰]

他说啷⁼门，[tʰa⁵⁵ suo²¹³ laŋ⁰ mən⁰]

人家对到了的咧。[ən²¹³ ka⁵⁵ tuei³⁵ la⁰ ti⁰ lie⁰]

他说他啷⁼门对到了的啊，[tʰa⁵⁵ suo²¹³ tʰa⁵⁵ laŋ⁰ mən⁰ tuei³⁵ la⁰ ti⁰ a⁰]

他话都没说。[tʰa⁵⁵ xua³⁵ təu⁵⁵ mei⁵⁵ suo²¹³]

他说这叫哑巴对，[tʰa⁵⁵ suo²¹³ tsɤ³⁵ tɕiau³⁵ a³³ pa⁰ tuei³⁵]

又叫手势对，[iəu⁵⁵ tɕiau³⁵ səu³³ sʅ³³ tuei³⁵]

他迥对得几多好啊，[tʰa⁵⁵ lie⁰ tuei³⁵ ti⁰ tɕi³³ tuo⁵⁵ xau³³ a⁰]

你啷⁼门找不倒的，[li³³ laŋ⁰ mən⁰ tsau³³ pu⁰ tau⁰ ti⁰]

你打那么些败席。[li³³ ta³³ la³⁵ mɤ⁰ ɕie⁵⁵ pai³⁵ ɕi²¹³] 败席：出洋相

他说，[tʰa⁵⁵ suo²¹³]

您儿说他迥是啷⁼门对到的。[lia³³ suo²¹³ tʰa⁵⁵ lie⁰ sʅ⁵⁵ laŋ⁰ mən⁰ tuei³⁵ tau⁰ ti⁰]

他说，[tʰa⁵⁵ suo²¹³]

他明明手一摘，[tʰa⁵⁵ min²¹³ min²¹³ səu³³ i²¹³ tsʅ⁵⁵] 摘：伸

你啷⁼门咧，[li³³ laŋ⁰ mən⁰ lie⁰]

他说：[tʰa⁵⁵ suo²¹³]

"玉手摇摇,［y³⁵ səu³³ iau²¹³ iau²¹³］

五指三长两短。［u³³ tsʅ³³ san⁵⁵ tsʰaŋ²¹³ liaŋ³³ tuan³³］

对得好不好,［tuei³⁵ ti⁰ xau³³ pu⁰ xau³³］

你看。"［li³³ kʰan³⁵］

他说,［tʰa⁵⁵ suo²¹³］

那你快把账结哒,［la³⁵ li³³ kʰuai³⁵ pa³³ tsaŋ³⁵ tɕie²¹³ ta⁰］

你免得打败席哦。［li³³ miɛn³⁵ tɤ⁰ ta³³ pai³⁵ ɕi²¹³ o⁰］

他说那当真呐,［tʰa⁵⁵ suo²¹³ la³⁵ taŋ⁵⁵ tsən³⁵ la⁰］

就只有我来把那个账结了下哦。［tɕiəu³⁵ tsʅ²¹³ iəu³³ uo³³ lai²¹³ pa³³ la³⁵ kɤ³⁵ tsaŋ³⁵ tɕie²¹³ la⁰ xa⁰ o⁰］

意译:我给大家讲个故事,就是说,过去有两个脚夫。那一天,他们到账房里面了,两个人就说,我们今天来对个对子吧,谁对输了,谁就结账。另外一个说,那好啊。

好,他们刚刚一进账房,就看到账房的客厅里有个灵屋,准备跟他的爹烧纸钱。他就以那个灵屋为题,第一个他就出了个对子。他就说:堂屋的灵屋,纸糊篾扎,吹不得风啊,经不得雨,鬼住。他就要来跟我对,那我想去想来,就对不到这个对子。

他说,这要那么办呢。他又说了,那明天看来就要结账了,该他结账房钱了。好,他们晚上两个人睡的时候。他无形中就一脚,就踢到了床底下的夜壶,他想起来了啊,你的对子我给你对到了啊。他说,那你对到了给我听一下吧。他说:床脚下的夜壶,土做窑烧,装不得酒啊,煨不得炉,屙用。他就给他对了之后,他就说,对了。他就说,那不行。他说,那怎么办。我再出一个你对下看看。他要睡觉了,不想对。他说那我还出一个,你对一下。他说,那你出了吧。他说不对了,睡觉啊。他说那我就是要出一个,你对一下。他就说:宝塔尖尖,四方八面九重,你给我对对看。那个人把手两扬了扬,算了,睡了。他说,那他肯定是对不到了。

第二天一起来,他就洗漱完了,他就跟那个老板说,昨天的账房钱有人出了。那个老板就问他:"你是怎么回事啊?"他说昨天我俩打的赌,我们说,我们两个对对子,谁对赢了,谁就不出账房钱了。他说:"那你们是那么对的呢。"他说,头天啊,我给他出的对子,是说的:堂屋的灵屋,纸糊篾扎,吹不得风啊,经不得雨啊,鬼住。他给我对的是:床脚下的夜壶,土做窑烧,装不得酒啊,微不得炉,屙用。他说我就给他出的是:宝塔尖尖,四方八面九重。他没对到,他那个手两扬了下,他说睡了啊,他就对不到了。

"你就搞错了吧，你不要出那些洋相了，他对到了的。"他说他怎么会对到了呢？他话都没说。他说："这叫哑巴对，又叫手势对，他对得多好啊，你怎么会不知道？你出这么些洋相。"您说他怎么对到了？他说："他明明说的是，玉手摇摇，五指三长两短。对得好不好，你看，那你快把账结了，你免得出洋相。"他说真的啊？那就只有我来把账结了呗。

0023 其他故事

我再给大家讲个经呐。[uo³³ tsai³⁵ kɤ³³ ta³⁵ tɕia⁵⁵ tɕiaŋ³³ kɤ³⁵ tɕin⁵⁵ la⁰]

就是咧，[tɕiəu³⁵ sɿ⁵⁵ lie⁰]

有一个，[iəu³³ i²¹³ kɤ³⁵]

过去有一个开店子的老板呐。[kuo³⁵ tɕʰy³⁵ iəu³³ i²¹³ kɤ³⁵ kʰai⁵⁵ tiɛn³⁵ tsɿ⁰ ti⁰ lau³³ pan³³ la⁰]

蛮啬家，[man²¹³ sɤ²¹³ ka²¹³] 啬家：小气

来一个人咧，[lai³⁵ i²¹³ kɤ³⁵ ən²¹³ lie⁰]

他都要想，[tʰa⁵⁵ təu⁵⁵ iau³⁵ ɕiaŋ³³]

想方设法的咧，[ɕiaŋ³³ faŋ⁵⁵ sɤ²¹³ fa²¹³ ti⁰ lie⁰]

就要把别人的，[tɕiəu³⁵ iau³⁵ pa³³ pie²¹³ ən²¹³ ti⁰]

占点儿人家的便宜。[tsan³⁵ tiər³³ ən²¹³ ka⁵⁵ ti⁰ pʰiɛn³⁵ i²¹³]

他咧，[tʰa⁵⁵ lie⁰]

占便宜的方法咧，[tsan³⁵ pʰiɛn³⁵ i²¹³ ti⁰ faŋ⁵⁵ fa²¹³ lie⁰]

就是说咧，[tɕiəu³⁵ sɿ⁵⁵ suo²¹³ lie⁰]

来个人，[lai³⁵ kɤ³⁵ ən²¹³]

就是说我们两个咧，[tɕiəu³⁵ sɿ⁵⁵ suo²¹³ uo³³ mən⁰ liaŋ³³ kɤ³⁵ lie⁰]

看是搞个文对啊，[kʰan³⁵ sɿ⁵⁵ kau³³ kɤ³⁵ uən²¹³ tuei³⁵ a⁰]

还是搞个武对，[xai²¹³ sɿ⁵⁵ kau³³ kɤ³⁵ u³³ tuei³⁵]

就是也是两个像对对子。[tɕiəu³⁵ sɿ⁵⁵ ie³³ sɿ⁵⁵ liaŋ³³ kɤ³⁵ ɕiaŋ³⁵ tuei³⁵ tuei³⁵ tsɿ⁰]

好，那天就来了个教书先生，[xau³³, lai³⁵ tʰiɛn⁵⁵ tɕiəu³⁵ lai²¹³ a⁰ kɤ³⁵ tɕiau³³ su⁵⁵ ɕiɛn⁵⁵ sən⁵⁵]

他是刚刚结了点账，[tʰa⁵⁵ sɿ⁵⁵ kaŋ⁵⁵ kaŋ⁵⁵ tɕie²¹³ a⁰ tiən³³ tsaŋ³⁵]

人家跟他给了点子教书钱哒咧。[ən²¹³ ka⁵⁵ kən⁵⁵ tʰa⁵⁵ kɤ³³ a⁰ tiən³³ tsɿ⁰ tɕiau³³ su⁵⁵ tɕʰiɛn²¹³ ta⁰ lie⁰]

他准备回去的，[tʰa⁵⁵ tsuən³³ pei³³ xuei²¹³ kʰɤ³⁵ ti⁰]

捅了三两银子啊，[tʰoŋ³³ la⁰ san⁵⁵ liaŋ³³ in²¹³ tsɿ⁰ a⁰] 捅：揣

就在那天来了，［tɕiəu³⁵ tsai³⁵ la³⁵ tʰiɛn⁵⁵ lai²¹³ la⁰］

就在那住店。［tɕiəu³⁵ tsai³⁵ la³⁵ tsu³⁵ tiɛn³⁵］

那个老板咧，［la³⁵ kɤ³⁵ lau³³ pan³³ lie⁰］

他就说：［tʰa⁵⁵ tɕiəu³⁵ suo²¹³］

"啊，客人住店啊。"［a⁰，kʰɤ²¹³ ən²¹³ tsu³⁵ tiɛn³⁵ a⁰］

他说，他说，［tʰa⁵⁵ suo²¹³，tʰa⁵⁵ suo²¹³］

是的啊。［sʅ⁵⁵ ti⁰ a⁰］

他说：［tʰa⁵⁵ suo²¹³］

"那，我迩里有个规矩啊。［la³⁵，uo³³ lie⁰ li⁰ iəu³³ kɤ³⁵ kuei⁵⁵ tɕy⁵⁵ a⁰］

你进来了，［li³³ tɕin³⁵ lai²¹³ la⁰］

嗯，看是文对还是武对啊，［ən⁰，kʰan³⁵ sʅ⁵⁵ uən²¹³ tuei³⁵ xai²¹³ sʅ⁵⁵ u³³ tuei³⁵ a⁰］

要对点子的。"［iau³⁵ tuei³⁵ tiɛn³³ tsʅ⁰ ti⁰］

他那个说，［tʰa⁵⁵ la³⁵ kɤ³⁵ suo²¹³］

他说，那就文对咯。［tʰa⁵⁵ suo²¹³，la³⁵ tɕiəu³⁵ uən²¹³ tuei³⁵ luo⁰］

他心想是教书先生，［tʰa⁵⁵ ɕin⁵⁵ ɕiaŋ³³ sʅ⁵⁵ tɕiau³³ su⁵⁵ ɕiɛn⁵⁵ sən⁵⁵］

那就文对咯。［la³⁵ tɕiəu³⁵ uən²¹³ tuei³⁵ luo⁰］

他说：［tʰa⁵⁵ suo²¹³］

"那我那个外头有匹马子，［la³⁵ uo³³ la³⁵ kɤ³⁵ uai³⁵ tʰəu⁰ iəu³³ pʰi²¹³ ma³³ tsʅ⁰］

那你先出题。"［la³⁵ li³³ ɕiɛn⁵⁵ tsʰu²¹³ tʰi²¹³］

他就说，［tʰa⁵⁵ tɕiəu³⁵ suo²¹³］

风吹，风吹马尾千，［foŋ⁵⁵ tsʰuei⁵⁵，foŋ⁵⁵ tsʰuei⁵⁵ ma³³ uei³³ tɕʰiɛn⁵⁵］

呃，千条线，［ɤ⁰，tɕʰiɛn⁵⁵ tʰiau²¹³ ɕiɛn³⁵］

四周客人来住店。［sʅ³⁵ tsəu⁵⁵ kʰɤ²¹³ ən²¹³ lai²¹³ tsu³⁵ tiɛn³⁵］

"哎呀错了"，［ai⁰ ia⁰ tsʰuo³⁵ la⁰］

那个老板娘就说。［la³⁵ kɤ³⁵ lau³³ pan³³ liaŋ²¹³ tɕiəu³⁵ suo²¹³］

"你连第一句话你就没说到，［li³³ liɛn²¹³ ti³⁵ i²¹³ tɕy³⁵ xua³⁵ li³³ tɕiəu³⁵ mei⁵⁵ suo²¹³ tau⁰］

你就搞错哒。"［li³³ tɕiəu³⁵ kau³³ tsʰuo³⁵ ta⁰］

他说，［tʰa⁵⁵ suo²¹³］

那啷=门搞错了的，［la³⁵ laŋ⁰ mən⁰ kau³³ tsʰuo³⁵ la⁰ ti⁰］ 啷=门：怎么

她说：［tʰa⁵⁵ suo²¹³］

"风吹马尾千条线，［foŋ⁵⁵ tsʰuei⁵⁵ ma³³ uei³³ tɕʰiɛn⁵⁵ tʰiau²¹³ ɕiɛn³⁵］

你说了的，［li³³ suo²¹³ la⁰ ti⁰］

哈，到底是九百九十九条还是一千零一条咧，[xa⁰, tau³⁵ ti³³ sʅ⁵⁵ tɕiəu³³ pɤ²¹³ tɕiəu³³ sʅ²¹³ tɕiəu³³ tʰiau²¹³ xai²¹³ sʅ⁵⁵ i²¹³ tɕʰiɛn⁵⁵ lin²¹³ i²¹³ tʰiau²¹³ lie⁰]

哈，你这就错了，[xa⁰, li³³ tsɤ³⁵ tɕiəu³⁵ tsʰuo³⁵ la⁰]

这三两银子该我了吧。"[tsɤ³⁵ san³³ liaŋ³³ in²¹³ tsʅ⁰ kai⁵⁵ uo³³ la⁰ pa⁰]

好，那个那个一想，[xau³³, la³⁵ kɤ³⁵ la³⁵ kɤ³⁵ i²¹³ ɕiaŋ³³]

他说当登⁼呐，[tʰa⁵⁵ suo²¹³ taŋ⁵⁵ tən⁵⁵ la⁰] 当登⁼：当真

那那，[la³⁵ la³⁵]

那您儿说应该啷⁼门说咧，[la³⁵ lia³³ suo²¹³ in⁵⁵ kai⁵⁵ laŋ⁰ mən⁰ suo²¹³ lie⁰]

她说，[tʰa⁵⁵ suo²¹³]

应该是，[in⁵⁵ kai⁵⁵ sʅ⁵⁵]

风吹马尾要，[foŋ⁵⁵ tsʰuei⁵⁵ ma³³ uei³³ iau³⁵]

呃，风吹马尾要，呃，[ɤ⁰, foŋ⁵⁵ tsʰuei⁵⁵ ma³³ uei³³ iau³⁵, ɤ⁰]

下面咧，[ɕia³⁵ miɛn³⁵ lie⁰]

下面他就说，[ɕia³⁵ miɛn³⁵ tʰa⁵⁵ tɕiəu³⁵ suo²¹³]

随人，随人，[suei²¹³ ən²¹³, suei²¹³ ən²¹³]

说马尾。[suo²¹³ ma³³ uei³³]

呃，他说，[ɤ⁰, tʰa⁵⁵ suo²¹³]

你这，你这个，[li³³ tsɤ³⁵, li³³ tsɤ³⁵ kɤ³⁵]

你你，你这个，[li³³ li³³, li³³ tsɤ³⁵ kɤ³⁵]

是数字太说具体哒。[sʅ⁵⁵ su³³ tsʅ³⁵ tʰai²¹³ suo²¹³ tɕy³⁵ tʰi³³ ta⁰]

他就把银子咧就下输给他了，[tʰa⁵⁵ tɕiəu³⁵ pa³³ in²¹³ tsʅ⁰ lie⁰ tɕiəu³⁵ xa⁰ su⁵⁵ kɤ³³ tʰa⁵⁵ la⁰] 下：都

输给他了。[su⁵⁵ kɤ³³ tʰa⁵⁵ la⁰]

第二天咧，[ti³⁵ ɤ³⁵ tʰiɛn⁵⁵ lie⁰]

那我走了。[la³⁵ uo³³ tsəu³³ la⁰]

那个先生走了路上就那么垂着伤心。[la³⁵ kɤ³⁵ ɕiɛn⁵⁵ sən⁵⁵ tsəu³³ la⁰ lu³⁵ saŋ⁰ tɕiəu³⁵ la³⁵ mɤ⁰ tsʰuei²¹³ tau⁰ saŋ⁵⁵ ɕin⁵⁵]

走了走了，[tsəu³³ la⁰ tsəu³³ la⁰]

就遇到一个，[tɕiəu³⁵ y³⁵ tau⁰ i²¹³ kɤ³⁵]

呃，刚直板子的个。[ɤ⁰, kaŋ⁵⁵ tsʅ²¹³ pan³³ tsʅ⁰ ti⁰ kuo³⁵]

他说，他说，[tʰa⁵⁵ suo²¹³, tʰa⁵⁵ suo²¹³]

先生先生，[ɕiɛn⁵⁵ sən⁵⁵ ɕiɛn⁵⁵ sən⁵⁵]

您儿咧啷⁼门今儿像垂头丧气的是啷⁼门搞得啊。[lia³³ lie⁰ laŋ⁰ mən⁰ tɕər⁵⁵

tɕʰiaŋ³⁵ tsʰuei²¹³ tʰəu²¹³ saŋ³⁵ tɕʰi³⁵ ti⁰ sɿ⁵⁵ laŋ⁰ mən⁰ kau³³ ti⁰ a⁰]

他说，[tʰa⁵⁵ suo²¹³]

我在那个，[uo³³ tsai³⁵ la³⁵ kɤ³⁵]

他说那个老板迣里，[tʰa⁵⁵ suo²¹³ la³⁵ kɤ³⁵ lau³³ pan³³ lie⁰ li⁰]

昨天输了三两银子的，[tsuo²¹³ tʰiɛn⁵⁵ su⁵⁵ la⁰ san⁵⁵ liaŋ³³ in²¹³ tsɿ⁰ ti⁰]

心里蛮不舒服。[ɕin⁵⁵ li⁰ man²¹³ pu²¹³ su²¹³ fu⁰]

他说，是啷﹦门搞起。[tʰa⁵⁵ suo²¹³，tʰa⁵⁵ suo²¹³ sɿ⁵⁵ laŋ⁰ mən⁰ kau³³ tɕʰi⁰]

他说，[tʰa⁵⁵ suo²¹³]

他们两个说的是文对啊，[tʰa⁵⁵ mən⁰ liaŋ³³ kɤ³⁵ suo²¹³ ti⁰ sɿ⁵⁵ uən²¹³ tuei³⁵ a⁰]

是武对啊？[sɿ⁵⁵ u³³ tuei³⁵ a⁰]

他说，[tʰa⁵⁵ suo²¹³]

我们说搞个文对啊，[uo³³ mən⁰ suo²¹³ kau³³ kɤ³⁵ uən²¹³ tuei³⁵ a⁰]

他说，[tʰa⁵⁵ suo²¹³]

最后，他说，[tsuei³³ xəu³⁵，tʰa⁵⁵ suo²¹³]

他以那个马子为对啊。[tʰa⁵⁵ i³³ la³⁵ kɤ³⁵ ma³³ tsɿ⁰ uei³⁵ tuei³⁵ a⁰]

他说，[tʰa⁵⁵ suo²¹³]

我把那个三两银子输给他那里。[uo³³ pa³³ la³⁵ kɤ³⁵ san⁵⁵ liaŋ³³ in²¹³ tsɿ⁰ su⁵⁵ kɤ³⁵ tʰa⁵⁵ la³⁵ li⁰]

他说，[tʰa⁵⁵ suo²¹³]

那您儿不走？[la³⁵ lia³³ pu²¹³ tsəu³³]

他说，[tʰa⁵⁵ suo²¹³]

我等下。[uo³³ tən³³ xa⁰]

我跟他说的，[uo³³ kən⁵⁵ tʰa⁵⁵ suo²¹³ ti⁰]

刚转的，[kaŋ⁵⁵ tsuan³³ ti⁰]

他说那，[tʰa⁵⁵ suo²¹³ la³⁵]

他什么个德性的。[tʰa⁵⁵ sən²¹³ mɤ⁰ kɤ³⁵ tɤ²¹³ ɕin³³ ti⁰]

他就说的，[tʰa⁵⁵ tɕiəu³⁵ suo²¹³ ti⁰]

我手里有银子，[uo³³ səu³³ li⁰ iəu³³ in²¹³ tsɿ⁰]

我跟他去把那个钱搞转来。[uo³³ kən⁵⁵ tʰa⁵⁵ kʰɤ³⁵ pa³³ la³⁵ kɤ³⁵ tɕʰiɛn²¹³ kau³³ tsuan³³ lai²¹³]

他恰是手里，[tʰa⁵⁵ tɕʰia²¹³ sɿ⁵⁵ səu³³ li⁰]

他那个的，[tʰa⁵⁵ la³⁵ kuo³⁵ ti⁰]

他就结了账的有六两银子。[tʰa⁵⁵ tɕiəu³⁵ tɕie²¹³ la⁰ tsaŋ³⁵ ti⁰ iəu³³ ləu²¹³ liaŋ³³ in²¹³ tsʅ⁰]

他就跑起去，［tʰa⁵⁵ tɕiəu³⁵ pʰau³³ tɕʰi³³ kʰɤ³⁵］

老板老板我来住店的。［lau³³ pan³³ lau³³ pan³³ uo³³ lai²¹³ tsu³⁵ tiɛn³⁵ ti⁰］

那个老板说，［la³⁵ kɤ³⁵ lau³³ pan³³ suo²¹³］

他说，［tʰa⁵⁵ suo²¹³］

那你来住店，［la³⁵ li³³ lai²¹³ tsu³⁵ tiɛn³⁵］

那我这里有个规矩啊，［la³⁵ uo³³ tsʅ³⁵ li⁰ iəu³³ kɤ³⁵ kuei⁵⁵ tɕy⁵⁵ a⁰］

我们先要对对子啊。［uo³³ mən⁰ ɕiɛn⁵⁵ iau³⁵ tuei³⁵ tuei³⁵ tsʅ³³ a⁰］

是文对啊，［sʅ⁵⁵ uən²¹³ tuei³⁵ a⁰］

还是武对啊？［xai²¹³ sʅ⁵⁵ u³³ tuei³⁵ a⁰］

他说，［tʰa⁵⁵ suo²¹³］

我们今儿来武对，［uo³³ mən⁰ tɕər⁵⁵ lai²¹³ u³³ tuei³⁵］

武对下行不行？［u³³ tuei³⁵ xa⁰ ɕin²¹³ pu⁰ ɕin²¹³］

他就说，他就说，［tʰa⁵⁵ tɕiəu³⁵ suo²¹³，tʰa⁵⁵ tɕiəu³⁵ suo²¹³］

那么就飘⁼个彩哟，［la³⁵ mɤ⁰ tɕiəu³⁵ pʰiau⁵⁵ kɤ³⁵ tsʰai³³ sa⁰］ 飘⁼彩：打赌

他说，［tʰa⁵⁵ suo²¹³］

那飘⁼彩，［la³⁵ pʰiau⁵⁵ tsʰai³³］

那那么飘⁼哟。［la³⁵ la³⁵ mɤ⁰ pʰiau⁵⁵ sa⁰］

他说，［tʰa⁵⁵ suo²¹³］

我迥儿有六两银子啊，［uo³³ liər⁰ iəu³³ ləu²¹³ liaŋ³³ in²¹³ tsʅ⁰ a⁰］

就讲迥六两银子飘⁼，［tɕiəu³⁵ tɕiaŋ³³ lie⁰ ləu²¹³ liaŋ³³ in²¹³ tsʅ⁰ pʰiau⁵⁵］

他说，［tʰa⁵⁵ suo²¹³］

好，他说，［xau³³，tʰa⁵⁵ suo²¹³］

那以什么作为咧？［la³⁵ i³³ sən²¹³ mɤ⁰ tsuo²¹³ uei³⁵ lie⁰］

他说，［tʰa⁵⁵ suo²¹³］

我就以您儿的脑壳，［uo³³ tɕiəu³⁵ i³³ lia³³ ti⁰ lau³³ kʰuo²¹³］

以您儿的脑壳为题，［i³³ lia³³ ti⁰ lau³³ kʰuo²¹³ uei³⁵ tʰi²¹³］

我先替您儿说行不行？［uo³³ ɕiɛn⁵⁵ tʰi³⁵ lia³³ suo²¹³ ɕin²¹³ pu⁰ ɕin²¹³］

他说，［tʰa⁵⁵ suo²¹³］

那你，你先说，［la³⁵ li³³，li³³ ɕiɛn⁵⁵ suo²¹³］

他说，［tʰa⁵⁵ suo²¹³］

呃，不用秤称用眼瞧完，［ɤ⁰，pu²¹³ yoŋ³⁵ tsʰən³⁵ tsʰən⁵⁵ yoŋ³⁵ iɛn³³ tɕʰiau²¹³ uan²¹³］

用眼看，［yoŋ³⁵ iɛn³³ kʰan³⁵］

你那个脑壳三斤半。[li³³ la³⁵ kɤ³⁵ lau³³ kʰuo²¹³ san⁵⁵ tɕin⁵⁵ pan³⁵]

他说,[tʰa⁵⁵ suo²¹³]

不对,[pu²¹³ tuei³⁵]

那你这个银子就该我拿了,[la³⁵ li³³ tsɤ³⁵ kɤ³⁵ in²¹³ tsʅ⁰ tɕiəu³⁵ kai⁵⁵ uo³³ la²¹³ la⁰]

你那个六两银子就该我了,[li³³ la³⁵ kɤ³⁵ ləu²¹³ liaŋ³³ in²¹³ tsʅ⁰ tɕiəu³⁵ kai⁵⁵ uo³³ la⁰]

他说,[tʰa⁵⁵ suo²¹³]

我那么个脑壳那么得值个三斤半呐,[uo³³ la³⁵ mɤ⁰ kɤ³⁵ lau³³ kʰuo²¹³ la³⁵ mɤ⁰ tɤ²¹³ tsʅ²¹³ kɤ³⁵ san⁵⁵ tɕin⁵⁵ pan³⁵ la⁰]

他说我迥个脑壳那么就三斤半呐?[tʰa⁵⁵ suo²¹³ uo³³ lie⁰ kɤ³⁵ lau³³ kʰuo²¹³ la³⁵ mɤ⁰ tɕiəu³⁵ san⁵⁵ tɕin⁵⁵ pan³⁵ la⁰]

他说,[tʰa⁵⁵ suo²¹³]

那不行,[la³⁵ pu²¹³ ɕin²¹³]

那老板娘,[la³⁵ lau³³ pan³³ liaŋ²¹³]

快去给我拿把刀来。[kʰuai³⁵ tɕʰy³⁵ kɤ³⁵ uo³³ la³³ pa³³ tau⁵⁵ lai²¹³]

那老板娘就连忙来说,[la³⁵ lau³³ pan³³ liaŋ²¹³ tɕiəu³⁵ liɛn²¹³ maŋ²¹³ lai²¹³ suo²¹³]

那拿把刀来搞么子啊?[la³⁵ la²¹³ pa³³ tau⁵⁵ lai²¹³ kau³³ mɤ⁰ tsʅ⁰ a⁰] 搞么子:做什么

他说我们去把那个老板的脑壳剋下来称一下,[tʰa⁵⁵ suo²¹³ uo³³ mən⁰ kʰɤ³⁵ pa³³ la³⁵ kɤ³⁵ lau³³ pan³³ ti⁰ lau³³ kʰuo²¹³ kʰɤ²¹³ ɕia³⁵ lai²¹³ tsʰən⁵⁵ i³³ xa⁰] 剋:砍

看是不是三斤半,[kʰan³⁵ sʅ⁵⁵ pu⁵⁵ sʅ⁵⁵ san⁵⁵ tɕin⁵⁵ pan³⁵]

那个老板娘说,[la³⁵ kɤ³⁵ lau³³ pan³³ liaŋ²¹³ suo²¹³]

那么搞起了,[la³⁵ mɤ⁰ kau³³ tɕʰi³³ la⁰]

他就,那个,[tʰa⁵⁵ tɕiəu³⁵,la³⁵ kɤ³⁵]

那个老板就搁那说,[la³⁵ kɤ³⁵ lau³³ pan³³ tɕiəu³⁵ kɤ³³ la³⁵ suo²¹³]

他说,[tʰa⁵⁵ suo²¹³]

我迥个脑壳三斤半,[uo³³ lie⁰ kɤ³⁵ lau³³ kʰuo²¹³ san⁵⁵ tɕin⁵⁵ pan³⁵]

我说没得三斤半,[uo³³ suo²¹³ mei⁵⁵ tɤ⁰ san⁵⁵ tɕin⁵⁵ pan³⁵]

他跟老板娘说摁⁼哒算哒就是三斤半,[tʰa⁵⁵ kən⁵⁵ lau³³ pan³³ liaŋ²¹³ suo²¹³ ən³⁵ ta⁰ suan³⁵ ta⁰ tɕiəu³⁵ sʅ⁵⁵ san⁵⁵ tɕin⁵⁵ pan³⁵] 摁⁼哒:算了

就是三斤半,[tɕiəu³⁵ sʅ⁵⁵ san⁵⁵ tɕin⁵⁵ pan³⁵]

你快去,[li³³ kʰuai³⁵ tɕʰy³⁵]

那就输哒,[la³⁵ tɕiəu³⁵ su⁵⁵ ta⁰]

他就把,他就把,[tʰa⁵⁵ tɕiəu³⁵ pa³³,tʰa⁵⁵ tɕiəu³⁵ pa³³]

六两银子,[ləu²¹³ liaŋ³³ in²¹³ tsʅ⁰]

他，他说那你输了的，[tʰa⁵⁵, tʰa⁵⁵ suo²¹³ la³⁵ li³³ su⁵⁵ la⁰ ti⁰]

他就把六两银子拿起去，[tʰa⁵⁵ tɕiəu³⁵ pa³³ ləu²¹³ liaŋ³³ in²¹³ tsʅ⁰ la²¹³ tɕʰi³³ kʰɤ³⁵]

就，就，就一下就赢了六两银子。[tɕiəu³⁵, tɕiəu³⁵, tɕiəu³⁵ i²¹³ xa⁰ tɕiəu³⁵ in²¹³ la⁰ ləu²¹³ liaŋ³³ in²¹³ tsʅ⁰]

就连忙就用那个跟那个，[tɕiəu³⁵ liɛn²¹³ maŋ²¹³ tɕiəu³⁵ yoŋ³⁵ la³⁵ kɤ³⁵ kən⁵⁵ la³⁵ kɤ³⁵]

教书先生分了三两哒。[tɕiau³³ su⁵⁵ ɕiɛn⁵⁵ sən⁵⁵ fən⁵⁵ la⁰ san⁵⁵ liaŋ³³ ta⁰]

那个老板娘，说，[la³⁵ kɤ³⁵ lau³³ pan³³ liaŋ²¹³, suo²¹³]

她说你这个人，[tʰa⁵⁵ suo²¹³ li³³ tsɤ³⁵ kɤ³⁵ ən²¹³]

就说那个老板，[tɕiəu³⁵ suo²¹³ la³⁵ kɤ³⁵ lau³³ pan³³]

她说，[tʰa⁵⁵ suo²¹³]

你那个，[li³³ la³⁵ kɤ³⁵]

你傻那么茗的啊。[li³³ sa²¹³ la³⁵ mɤ⁰ sau²¹³ ti⁰ a⁰] 茗：笨

他说到了他手里，[tʰa⁵⁵ suo²¹³ tau³⁵ la⁰ tʰa⁵⁵ səu³³ li⁰]

他一刀剅啊下来，[tʰa⁵⁵ i²¹³ tau⁵⁵ kɤ²¹³ a⁰ ɕia³⁵ lai²¹³]

把你那个颈椎，[pa³³ li³³ la³⁵ kɤ³⁵ tɕin⁵⁵ tsuei⁵⁵]

把，把你那个那个草头，[pa³³, pa³³ li³³ la³⁵ kɤ³⁵ la³⁵ kɤ³⁵ tsʰau³³ tʰəu²¹³]

多剅多剅，[tuo⁵⁵ kɤ²¹³ tuo⁵⁵ kɤ²¹³]

多剅两个去。[tuo⁵⁵ kɤ²¹³ liaŋ³³ kuo³⁵ kʰɤ³⁵]

他就是三斤半哒，[tʰa⁵⁵ tɕiəu³⁵ sʅ⁵⁵ san⁵⁵ tɕin⁵⁵ pan³⁵ ta⁰]

你还说你不得值三斤。[li³³ xai²¹³ suo²¹³ li³³ pu²¹³ tɤ⁰ tsʅ³³ san⁵⁵ tɕin⁵⁵]

他说，[tʰa⁵⁵ suo²¹³]

你你你戆啊不戆哒？[li³³ li³³ li³³ tsuaŋ³³ a⁰ pu²¹³ tsuaŋ³³ ta⁰] 戆：笨

好的，[xau³³ ti⁰]

我给你解个交吧。[uo³³ kɤ³³ li³³ kai³³ kɤ³⁵ tɕiau⁵⁵ pa⁰] 解交：解决麻烦

意译：我再给大家讲个故事啊。过去有一个开店的老板很小气，这个人总是要想方设法地占别人的便宜，他占便宜的方法，就是对文对或对武对，就是两个人对对子。

有一天来了个教书先生，他刚刚结了店里的账，带了教书钱，他准备回去，装了三两银子，就在那天来了，就在那住店。那个老板他就说："客人住店啊。"他说"是的"。他说："我这里有个规矩，你进店里来了，要文对还是武对，要对点什么的。"他说："那就文对吧。"他心想是教书先生，那就文对吧。他说："我外面有匹马，那你先出题。"他就说："风吹马尾千条线，四周客人来住店。""哎呀错了"，那个老板娘就说，"你连第一句话你就没说对，你就搞错了。"他说：

"那怎么搞错了啊?"她说:"风吹马尾千条线,你说了的,到底是九百九十九还是一千零一条呢,你这就错了,这三两银子归我了吧。"好,他心想,他说:"那应该怎么说呢?"她说:"应该是,风吹马尾要说马尾。"他说:"你这,你这个,你你,你这个,数字太具体了。"他就把银子就全输给他了。

第二天,那个先生走了,路上就垂着头很伤心。走着走着,就遇到一个挺直背走的人。他说:"先生先生,你这么垂头丧气是怎么回事啊?"他说:"我在那个老板那里,昨天输了三两银子,心里很不舒服。"他说:"是怎么回事啊?"挺直背的人说:"他们两个说的是文对啊,是武对啊。"教书先生说:"我们说对个文对,他说,他以那个马为对子,我把三两银子输给他了。"他说:"那你不走?"他说:"我等会儿,我来跟他对对子,他什么的德性。"他就说,我手里有银子,我跟他去把那个钱弄回来。他恰好手里,他就结了账的有六两银子。

他就跑去,"老板老板我来住店的。"那个老板说:"那你来住店,那我这里有个规矩啊,我们先要对对子啊。是文对啊,还是武对啊。"挺直背的人说:"我们先来武对,武对行不行?"他就说:"先打个赌吧",老板说:"那打赌,那怎么打赌?"他说:"我那有六两银子啊,就讲这六两银子打赌。"他说:"好",老板说:"那以什么作为题目呢?"他说:"我就以你的脑袋,以你的脑袋为题,我先提两首行不行?"他说:"那你先说。"他说:"不用秤来称,用眼瞧,用眼看,你那个脑袋三斤半。"老板说:"不对,那你这个银子就归我拿了,你那个六两银子就归我了。"

老板说:"我那么个脑袋怎么就值三斤半呢?"挺直背的人说:"那不行,老板娘,快去给我拿把刀来。"那老板娘就连忙来说:"拿把刀来干什么啊?""我们去把那个老板的脑袋切下来称一下,看是不是三斤半。"那个老板娘问怎么回事啊,那个老板就在那说:"我那个脑袋三斤半,我说没有三斤半。"挺直背的人跟老板娘说:"哎呀算了就是三斤半,就是三斤半,你快去(拿刀)。"

那就说的好,他就把六两银子拿着了,就一下就赢了六两银子。就连忙和教书先生分了三两。那个老板娘她说:"你这个人,你那个,你怎么那么傻啊。他说到了他手里,他一刀切下来,把你那个颈椎,把你那个草头,多切两个,他就是三斤半了,你还说你没有三斤?"她说:"你傻不傻啊?好吧,我给你解个难吧。"

0024 其他故事

好,原来那个乡下的,[xau³³ yɛn²¹³ lai²¹³ la³⁵ kɤ³⁵ ɕiaŋ³³ ɕia³⁵ ti⁰]
有一个,[iəu³³ i²¹³ kɤ³⁵]

有一个直爽人。[iəu³³i²¹³kɤ³⁵tsʅ²¹³suaŋ³⁵ən²¹³]

有一个直爽人咧，[iəu³³i²¹³kɤ³⁵tsʅ²¹³suaŋ³⁵ən²¹³lie⁰]

就是最好打抱不平。[tɕiəu³⁵sʅ⁵⁵tsuei³⁵xau³³ta³³pau³⁵pu²¹³pʰin²¹³]

打抱不平呐，[ta³³pau³⁵pu²¹³pʰin²¹³la⁰]

跟先是，[kən⁵⁵ɕiɛn⁵⁵sʅ⁵⁵]

先是穷伙计们有了什么不平事咧，[ɕiɛn⁵⁵sʅ⁵⁵tɕʰyoŋ²¹³xuo²¹³tɕi⁵⁵mən⁰iəu³³la⁰sən³³mɤ⁰pu²¹³pʰin²¹³sʅ³⁵lie⁰]

他最爱打抱不平。[tʰa⁵⁵tsuei³⁵ai³⁵ta³³pau³⁵pu²¹³pʰin²¹³]

有一天呢，[iəu³³i²¹³tʰiɛn⁵⁵mɤ⁰]

特别是，[tʰɤ²¹³pie²¹³sʅ⁵⁵]

些子穷哥们受了委屈了。[ɕie⁵⁵tsʅ⁰tɕʰyoŋ²¹³kuo⁵⁵mən⁰səu³⁵la⁰uei³³tɕʰy³³la⁰]

跟他打官司啊，[kən⁵⁵tʰa⁵⁵ta³³kuan⁵⁵sʅ⁵⁵a⁰]

搞什么子啊，[kau³³sən³³mɤ⁰tsʅ⁰a⁰]

还没搞输过。[xai²¹³mei⁵⁵kau³³su⁵⁵kuo³⁵]

有一天呐，[iəu³³i²¹³tʰiɛn⁵⁵la⁰]

他就从那个县衙门口过身，[tʰa⁵⁵tɕiəu³⁵tsʰoŋ³³la³⁵kɤ³⁵ɕiɛn³⁵ia²¹³mən²¹³kʰəu³³kuo³⁵sən⁵⁵] 过身：经过

那个那个，[la³⁵kɤ³⁵la³⁵kɤ³⁵]

那个县老爷看到哒。[la³⁵kɤ³⁵ɕiɛn³⁵lau³³ie²¹³kʰan³⁵tau⁰ta⁰]

就说，哎哎，[tɕiəu³⁵suo²¹³，ai⁰ai⁰]

听了说你蛮会打官司啊，[tʰin⁵⁵la⁰suo²¹³li³³man²¹³xuei³⁵ta³³kuan⁵⁵sʅ⁵⁵a⁰]

你呐，[li³³la⁰]

他说，[tʰa⁵⁵suo²¹³]

哎呀，刡是他们抬举我，[ai⁰ia⁰，lie⁰sʅ⁵⁵tʰa⁵⁵mən⁰tʰai²¹³tɕy³³uo³³]

我啷=门会打官司啊，[uo³³laŋ⁰mən⁰xuei³⁵ta³³kuan⁵⁵sʅ⁵⁵a⁰] 啷=门：怎么

我那么一个种田的。[uo³³la³⁵mɤ⁰i²¹³kɤ³⁵tsoŋ³⁵tʰiɛn²¹³ti⁰]

他说，[tʰa⁵⁵suo²¹³]

那不行，[la³⁵pu²¹³ɕin²¹³]

他说，我，[tʰa⁵⁵suo²¹³，uo³³]

那你这个名气大得很。[la³⁵li³³tsɤ³⁵kɤ³⁵min²¹³tɕʰi³⁵ta³⁵ti⁰xən³³]

听了说你蛮会打官司，[tʰin⁵⁵la⁰suo²¹³li³³man²¹³xuei³⁵ta³³kuan⁵⁵sʅ⁵⁵]

他说，[tʰa⁵⁵suo²¹³]

那，我就，[la³⁵，uo³³tɕiəu³⁵]

他说，[tʰa⁵⁵ suo²¹³]

我真的打不好官司啊，[uo³³ tsən⁵⁵ ti⁰ ta³³ pu⁰ xau³³ kuan⁵⁵ sʅ⁵⁵ a⁰]

他说，[tʰa⁵⁵ suo²¹³]

你越说你打不好的，[li³³ ye²¹³ suo²¹³ li³³ ta³³ pu⁰ xau³³ ti⁰]

那我越要求着你打官司。[la³⁵ uo³³ ye²¹³ iau³⁵ tɕʰiəu²¹³ tau⁰ li³³ ta³³ kuan⁵⁵ sʅ⁵⁵]

他说，[tʰa⁵⁵ suo²¹³]

那我啷＝门咧，[la³⁵ uo³³ laŋ⁰ mən⁰ lie⁰]

他说，[tʰa⁵⁵ suo²¹³]

我这个人呐，[uo³³ tsɤ³⁵ kɤ³⁵ ən²¹³ la⁰]

就是服硬不服软的。[tɕiəu³⁵ sʅ⁵⁵ fu²¹³ ən³⁵ pu²¹³ fu²¹³ uan³³ ti⁰]

你迾个人到外面叫硬下子的，[li³³ lie⁰ kɤ³⁵ ən²¹³ tau³⁵ uai³⁵ miɛn³⁵ tɕiau³⁵ ən³⁵ xa⁰ tsʅ⁰ ti⁰]

我心还是放你啊，[uo³³ ɕin⁵⁵ xai²¹³ sʅ⁵⁵ faŋ³⁵ li³³ a⁰]

你越，你越当耙脚，[li³³ ye²¹³，li³³ ye²¹³ taŋ⁵⁵ pʰa⁵⁵ tɕyo²¹³] 耙脚：软弱

我就越不得放过你。[uo³³ tɕiəu ye²¹³ pu²¹³ tɤ²¹³ faŋ³⁵ kuo³⁵ li³³]

那今儿天我们两个这官司打定哒。[la³⁵ tɕər⁵⁵ tʰiɛn⁵⁵ uo³³ mən⁰ liaŋ³³ kɤ³⁵ tsɤ³⁵ kuan⁵⁵ sʅ⁵⁵ ta³³ tin³⁵ ta⁰]

他说，[tʰa⁵⁵ suo²¹³]

县老爷啊，[ɕiɛn³⁵ lau³³ ie²¹³ a⁰]

您儿看我这么一个，[lia³³ kʰan³⁵ uo³³ tsɤ³⁵ mɤ⁰ i²¹³ kɤ³⁵]

一个一个穷种田的，[i²¹³ kɤ³⁵ i²¹ kɤ³⁵ tɕʰyoŋ²¹³ tsoŋ³⁵ tʰiɛn²¹³ ti⁰]

我敢哪，[uo³³ kan³³ na²¹³]

哪么敢连您儿来打官司啊。[na²¹³ mɤ⁰ kan³³ liɛn²¹³ lia³³ lai²¹³ ta³³ kuan⁵⁵ sʅ⁵⁵ a⁰]

他说，[tʰa⁵⁵ suo²¹³]

那，今儿天他们俩非得把官司打下去不可。[la³⁵，tɕər⁵⁵ tʰiɛn⁵⁵ tʰa⁵⁵ mən⁰ lia³³ fei³⁵ tɤ²¹³ pa³³ kuan⁵⁵ sʅ⁵⁵ ta³³ ɕia³⁵ kʰɤ³⁵ pu²¹³ kʰuo³³]

结果咧，[tɕie²¹³ kuo³³ lie⁰]

这么说咧，[tsɤ³⁵ mɤ⁰ suo²¹³ lie⁰]

两个人争啊吵啊。[liaŋ³³ kɤ³⁵ ən²¹³ tsən⁵⁵ a⁰ tsʰau³³ a⁰]

就来围着，[tɕiəu³⁵ lai²¹³ uei²¹³ tau⁰]

一些看热闹人就来了蛮多。[i²¹³ ɕie⁵⁵ kʰan³⁵ ɤ²¹³ lau³⁵ ən²¹³ tɕiəu³⁵ lai²¹³ la⁰ man²¹³ tuo⁵⁵]

他说，[tʰa⁵⁵ suo²¹³]

他说可怜呐，可怜，[tʰa⁵⁵ suo²¹³ kʰuo³³ liɛn²¹³ la⁰, kʰuo³³ liɛn²¹³]

他说您儿看我一个穷种田的，[tʰa⁵⁵ suo²¹³ lia³³ kʰan³⁵ uo³³ i²¹³ kɤ³⁵ tɕʰyoŋ²¹³ tsoŋ³⁵ tʰiɛn²¹³ ti⁰]

我手里要是有半文钱，[uo³³ səu³³ li⁰ iau³⁵ sʅ⁵⁵ iəu³³ pan³⁵ uən²¹³ tɕʰiɛn²¹³]

我都敢连您儿打一个官司。[uo³³ təu⁵⁵ kan³³ liɛn²¹³ lia³³ ta³³ i²¹³ kɤ³⁵ kuan⁵⁵ sʅ⁵⁵]

他说什么子啊，[tʰa⁵⁵ suo²¹³ sən⁵⁵ mɤ⁰ tsʅ⁰ a⁰]

你只要半文钱呐，[li³³ tsʅ²¹³ iau³⁵ pan³⁵ uən²¹³ tɕʰiɛn²¹³ la⁰]

他说，[tʰa⁵⁵ suo²¹³]

那可以。[la³⁵ kʰuo²¹³ i³³]

他说，[tʰa⁵⁵ suo²¹³]

那他就喊他的那个衙役，[la³⁵ tʰa⁵⁵ tɕiəu³⁵ xan³³ tʰa⁵⁵ ti⁰ la³⁵ kɤ³⁵ ia²¹³ y³³]

他说给我拿一个手串子钱来，[tʰa⁵⁵ suo²¹³ kɤ³³ uo³³ la²¹³ i²¹³ kɤ³⁵ səu³³ tsʰuan⁵⁵ tsʅ⁰ tɕʰiɛn²¹³ lai²¹³]

他就弄一个刀，[tʰa⁵⁵ tɕiəu³⁵ loŋ³⁵ i²¹³ kɤ³⁵ tau⁵⁵]

一下子就剁成了两半了。[i²¹³ xa⁰ tsʅ⁰ tɕiəu³⁵ tuo³⁵ tsʰən²¹³ la⁰ liaŋ³³ pan³⁵ la⁰]

他说，[tʰa⁵⁵ suo²¹³]

给你，迴，[kɤ³³ li³³, lie⁰]

给你把半边钱，[kɤ³³ li³³ pa³³ pan³⁵ piɛn⁵⁵ tɕʰiɛn²¹³]

你快去，[li³³ kʰuai³⁵ kʰɤ³⁵]

那半文钱你拿起去打官司去，[la³⁵ pan³⁵ uən²¹³ tɕʰiɛn²¹³ li³³ la²¹³ tɕʰi³³ kʰɤ³⁵ ta³³ kuan⁵⁵ sʅ⁵⁵ kʰɤ³⁵]

他就把迴半文钱拿起了。[tʰa⁵⁵ tɕiəu³⁵ pa³³ lie⁰ pan³⁵ uən²¹³ tɕʰiɛn²¹³ la²¹³ tɕʰi³³ la⁰]

他他他还有哪个咧，[tʰa⁵⁵ tʰa⁵⁵ tʰa⁵⁵ xai²¹³ iəu³³ la³³ kuo³⁵ lie⁰]

他说那您儿就等着打官司哦。[tʰa⁵⁵ suo²¹³ la³⁵ lia³³ tɕiəu³⁵ tən³³ tau⁰ ta³³ kuan⁵⁵ sʅ⁵⁵ o⁰]

他洒⁼地洒⁼地就跑啊宜昌府里去。[tʰa⁵⁵ sa³⁵ ti⁰ sa³⁵ ti⁰ tɕiəu³⁵ pʰau³³ a⁰ i²¹³ tsʰaŋ⁵⁵ fu³³ li⁰ kʰɤ³⁵]洒⁼：拟声词，形容速度快

就告状，[tɕiəu³⁵ kau³³ tsuaŋ³⁵]

他就说，[tʰa⁵⁵ tɕiəu³⁵ suo²¹³]

身为百姓父母官，[sən⁵⁵ uei³⁵ pɤ²¹³ ɕin³⁵ fu³⁵ mu³³ kuan⁵⁵]

呃，目无国法好大胆，[ɤ⁰, mu²¹³ u²¹³ kuo²¹³ fa²¹³ xau³³ ta³⁵ tan³³]

乾隆宝通撇两半呐，[tɕʰiɛn²¹³ loŋ²¹³ pau³³ tʰoŋ⁵⁵ pʰie³³ liaŋ³³ pan³⁵ la⁰]撇：掰

不占理要先罢官。[pu²¹³ tsan³⁵ li³³ iau³⁵ ɕiɛn⁵⁵ pa³⁵ kuan⁵⁵]

结果那个就状词这么一写啊，[tɕie²¹³ kuo³³ la³⁵ kɤ³⁵ tɕiəu³⁵ tsuaŋ³⁵ tsʰʅ³³ tsɤ³⁵ mɤ⁰ i²¹³ ɕie³³ a⁰]

那个那个府邸一看呐，[la³⁵ kɤ³⁵ la³⁵ kɤ³⁵ fu³³ ti³³ i²¹³ kʰan³⁵ la⁰]

县官敢当真剁乾隆宝通啊。[ɕiɛn³⁵ kuan⁵⁵ kan³³ taŋ⁵⁵ tən⁵⁵ tuo³⁵ tɕʰiɛn²¹³ loŋ²¹³ pau³³ tʰoŋ⁵⁵ a⁰]

马上就下文就把那个县官就给撤哒，[ma³³ saŋ³⁵ tɕiəu³⁵ ɕia³⁵ uən²¹³ tɕiəu³⁵ pa³³ la³⁵ kɤ³⁵ ɕiɛn³⁵ kuan⁵⁵ tɕiəu³⁵ kɤ³³ tsʰɤ²¹³ ta⁰]

县官说，[ɕiɛn³⁵ kuan⁵⁵ suo²¹³]

咋当真，[tsa³³ taŋ⁵⁵ tən⁵⁵]

他真会打官司啊。[tʰa⁵⁵ tsən⁵⁵ xuei³⁵ ta³³ kuan⁵⁵ sɿ⁵⁵ a⁰]

意译：好，从前乡下有一个直爽人，就是最喜欢打抱不平。穷伙计们遇到什么不平事，他最爱打抱不平。有一天，特别是一些穷哥们受了委屈了，帮他们打官司或其他事，还没输过。

有一天，他就从那个县衙门口路过，那个县老爷看到了，就说："哎哎哎，听说你很会打官司。"他说："那是他们抬举我，我怎么会打官司啊，我就是个种田的。"他说："那不行，他说，那你这个名气大得很，听说你很会打官司。"他说："我真的打不好官司啊。"他说："你说你不会打官司，那我硬要求着你打官司。"他说："那我怎么呢，我这个人啊，就是服硬不服软，你到外面去问问，越是在我面前强硬呢，我心想还是放了你，你越是软弱，我就是不能放过你。那我们两个这官司打定了。"

他说："县老爷啊，你看我这么一个穷种田的，我怎么敢和您来打官司啊。"他说："别说了，我非得把官司打下去不可。"结果呢，这么说呢，两个人争争吵吵，就围了一些看客，人就来了很多。他说："可怜啊，可怜，"他说："我一个穷种田的，我手里要是有半文钱，我都敢和你打一个官司。"他说："什么叫你只要半文钱？那可以。"他就喊他那个衙役，他说给我拿一个手串子钱，他就拿一个刀，一下子就把钱剁成两半了。他说："给你吧，给你半边钱。那半文钱你拿去打官司。"他就把那半文钱拿去。他说那就等着打官司。

他就赶紧跑去，就跑到宜昌府里去。就告状，他就说："身为百姓父母官，目无国法好大胆，乾隆宝通剁两半呐，不占理要先罢官。"结果那个状词这么一写，那个府邸一看，县官当真敢剁乾隆宝通啊，马上就下文就把那个县官就给撤了，县官说："咋真的，他真会打官司啊？"

0025 其他故事

我再讲一个打官司的大家听一下啊。[uo³³ tsai³⁵ tɕiaŋ³³ i²¹³ kɤ⁰ ta³⁵ kuan⁵⁵ sɿ⁵⁵ ti⁰ ta³⁵ tɕia⁵⁵ tʰin⁵⁵ i²² xa³⁵ a⁰]

就是咧,[tɕiəu³³ sɿ⁵⁵ lie⁰]

有一个先生咧,[iəu³³ i²¹³ kɤ⁰ ɕiɛn⁵⁵ sən⁵⁵ lie⁰]

他也是专门跟别人帮忙打官司,[tʰa⁵⁵ ie³³ sɿ⁵⁵ tsuan⁵⁵ mən²¹³ kən⁵⁵ pie²¹³ ən⁰ paŋ⁵⁵ maŋ⁵⁵ ta³³ kuan⁵⁵ sɿ⁵⁵]

那天咧他刚刚走啊街上去哒咧,[lai³⁵ tʰiɛn⁵⁵ lie⁰ tʰa⁵⁵ kaŋ⁵⁵ kaŋ⁵⁵ tsəu³³ a⁰ kai⁵⁵ saŋ⁰ kʰɤ⁵⁵ ta⁰ lie⁰]

就遇到一个农民哒咧,[tɕiəu³³ y³⁵ tau⁰ i²¹³ kɤ⁰ loŋ¹³ min²¹ ta⁰ lie⁰]

农民就问他说,[loŋ¹³ min²¹ tɕiəu³³ ən³⁵ tʰa⁵⁵ suo²¹³]

老先生啊,[lau³³ ɕiɛn⁵⁵ sən⁵⁵ a⁰]

您儿到哪里去啊?[lia³³ tau⁵⁵ la³³ ti⁰ kʰɤ⁵⁵ a⁰]

老先生说,[lau³³ ɕiɛn⁵⁵ sən⁵⁵ suo²¹³]

跟人家帮忙打官司去的。[kən⁵⁵ ən²¹³ ka⁵⁵ paŋ⁵⁵ maŋ²¹³ ta³³ kuan⁵⁵ sɿ⁵⁵ kʰɤ⁵⁵ ti⁰]

他说,[tʰa⁵⁵ suo²¹³]

您儿说错哒咧,[lia³³ suo²¹³ tsʰuo³⁵ ta⁰ lie⁰]

官司不是打的咧,[kuan⁵⁵ sɿ⁵⁵ pu²¹³ sɿ⁵⁵ ta³³ ti⁰ lie⁰]

官司是做的,[kuan⁵⁵ sɿ⁵⁵ sɿ³⁵ tsəu³⁵ ti⁰]

叫做官司。[tɕiau³⁵ tsəu³⁵ kuan⁵⁵ sɿ⁵⁵]

他说,[tʰa⁵⁵ suo²¹³]

我没听到说过做官司,[uo³³ mei⁵⁵ tʰin⁵⁵ tau⁰ suo²¹³ kuo⁰ tsəu³⁵ kuan⁵⁵ sɿ⁵⁵]

我只听到说过打官司,[uo³³ tsɿ²¹³ tʰin⁵⁵ tau⁰ suo²¹³ kuo⁰ ta³³ kuan⁵⁵ sɿ⁵⁵]

哪里做官司啊。[la³³ ti⁰ tsəu³⁵ kuan⁵⁵ sɿ⁵⁵ a⁰]

他说,[tʰa⁵⁵ suo²¹³]

您儿信不信,[lia³³ ɕin³⁵ pu⁰ ɕin³⁵]

明天我来做个官司啊您儿看看。[mɤ²¹ tʰiɛn⁵⁵ uo³³ lai²¹³ tsəu³⁵ kɤ⁰ kuan⁵⁵ sɿ⁵⁵ a⁰ lia³³ kʰan³⁵ kʰan⁰]

他说,[tʰa⁵⁵ suo²¹³]

那可以吵,[la³³ kʰuo³³ i³³ sa⁰]

你明儿做个官司我看。[li³³ mɤr²¹ tsəu³⁵ kɤ⁰ kuan⁵⁵ sɿ⁵⁵ uo³³ kʰan³⁵]

他说,[tʰa⁵⁵ suo²¹³]

我今儿就是没得地方歇的哦。[uo³³ tɕər⁵⁵ tɕiəu³⁵ sɿ⁰ mei⁵⁵ tɤ²¹³ ti³³ faŋ⁵⁵ ɕie²¹³ tɤ⁰ o⁰]

他说,那迦我背的铺盖行李,[tʰa⁵⁵ suo²¹³, la³⁵ lie³⁵ uo³³ pei⁵⁵ ti⁰ pʰu⁵⁵ kai⁰ ɕin²² li³¹]

你跟到我去睡去吵。[li³³ kən⁵⁵ tau⁰ uo⁵⁵ kʰɤ⁵⁵ suei³³ kʰɤ⁵⁵ sa⁰]

宜昌市

好，[xau³³]

他就跟到那个老先生，[tʰa⁵⁵ tɕiəu³³ kən⁵⁵ tau⁰ lei³⁵ kɤ⁰ lau³³ ɕiɛn⁵⁵ sən⁰]

就把那个农民就带起去，[tɕiəu³⁵ pa³³ lei³⁵ kɤ⁰ loŋ¹³ min²¹ tɕiəu³⁵ tai³⁵ tɕʰi⁵⁵ kʰɤ⁵⁵]

一起带，带他那去睡去。[i²¹³ tɕʰi³³ tai⁰, tai³⁵ tʰa⁵⁵ la³⁵ kʰɤ⁵⁵ suei³⁵ kʰɤ⁵⁵]

睡哒黑哒些咧，[suei³⁵ ta⁰ xɤ²¹³ ta⁰ ɕie⁵⁵ lie⁰]

他就把他那个私章子拿出来，[tʰa⁵⁵ tɕiəu³³ pa³³ tʰa⁵⁵ lei³⁵ kɤ⁰ sɿ⁵⁵ tsaŋ⁵⁵ tsɿ⁰ la²¹³ tsʰu²¹³ lai⁵⁵]

就在那个铺盖角的就笃⁼啊一个。[tɕiəu³³ tsai⁵⁵ lei³⁵ kɤ⁰ pʰu⁵⁵ kai⁵⁵ kuo²¹³ ti⁰ tɕiəu³³ tu²¹³ a⁰ i²² kuo³⁵] 笃⁼：盖

笃⁼了一个，[tu²¹³ a⁰ i²² kuo³⁵]

第二天嘞，[ti³⁵ ɤ³⁵ tʰiɛn⁵⁵ lie⁰]

两个人就一路走，[liaŋ³³ kɤ⁰ ən²¹³ tɕiəu³⁵ i²¹³ lu³⁵ tsəu³³]

那个老先生还是把他的那个铺盖一下背起啊，[lei³⁵ kɤ⁰ lau³³ ɕiɛn⁵⁵ sən⁰ xai²¹ sɿ⁵⁵ pa³³ tʰa⁵⁵ ti⁰ lei³⁵ kɤ⁰ pʰu⁵⁵ kai⁵⁵ i²¹³ xa³⁵ pei³⁵ tɕʰi⁵⁵ a⁰]

两个人一路走，[liaŋ³³ kɤ⁰ ən²¹ i²¹³ lu³⁵ tsəu³³]

走啊县衙门口，[tsəu³³ a⁰ ɕiɛn³⁵ ia²¹ mən²¹³ kʰəu⁰]

他就拼命地喊，[ta⁵⁵ tɕiəu³⁵ pʰin⁵⁵ min³⁵ ti⁰ xan³³]

遇到抢犯哒，[y³⁵ tau⁰ tɕʰiaŋ³³ fan³⁵ ta⁰]

遇到抢犯哒！[y³⁵ tau⁰ tɕʰiaŋ³³ fan³⁵ ta⁰]

那个，那个，[lei³⁵ kɤ⁰, lei³⁵ kɤ⁰]

县官一听，[ɕiɛn³⁵ kuan⁵⁵ i²¹³ tʰin⁵⁵]

县衙门口都遇到抢犯了，[ɕiɛn³⁵ ia²¹³ mən²¹³ kʰəu⁰ təu⁵⁵ y³⁵ tau⁰ tɕʰiaŋ³³ fan³⁵ a⁰]

得了啊，[tɤ²¹³ liau³³ a⁰]

连忙就，就叫衙役，[liɛn²¹³ maŋ³³ tɕiəu³⁵, tɕiəu³³ tɕiau³⁵ ia²¹³ i⁰]

一下就把两个就押进来哒。[i²¹³ xa³⁵ tɕiəu³⁵ pa³³ liaŋ³³ kuo⁰ tɕiəu³³ ia²¹³ tɕin³³ lai⁵⁵ ta⁰]

押啊进来哒就连忙问，[ia²¹³ a⁰ tɕin³⁵ lai⁰ ta⁰ tɕiəu³⁵ liɛn²² maŋ³³ uən³⁵]

迾是那么回事？[lie³⁵ sɿ⁵⁵ la³³ mən⁰ xuei²² sɿ³⁵]

迾个农民他就说，他说，[lie³⁵ kɤ⁰ loŋ¹³ min²¹ tʰa⁵⁵ tɕiəu³³ suo²¹³, tʰa⁵⁵ suo²¹³]

我打工回来，[uo³³ ta³³ koŋ⁵⁵ xuei²¹³ lai⁰]

我背的铺盖行李被迾个老先生抢起去了的。[uo³³ pei⁵⁵ ti⁰ pʰu⁵⁵ kai⁵⁵ ɕin²² li³¹ pei³⁵ lie³⁵ kɤ⁰ lau³³ ɕiɛn⁵⁵ sən⁰ tɕʰiaŋ³³ tɕʰi⁵⁵ kʰɤ⁵⁵ la⁰ ti⁰]

老先生说，[lau³³ ɕiɛn⁵⁵ sən⁰ suo²¹³]

迾是何天的冤枉啊，[lie³⁵ sɿ⁵⁵ xuo²¹³ tʰiɛn⁵⁵ ti⁰ yɛn⁵⁵ uaŋ⁵⁵ a⁰]

这明明是我的铺盖，［lie³⁵ min²¹³ min⁰ sŋ⁵⁵ uo³³ ti⁰ pʰu⁵⁵ kai⁵⁵］

迩那么是他的铺盖的呀。［lie³⁵ la³³ mən⁰ sŋ⁵⁵ tʰa⁵⁵ ti⁰ pʰu⁵⁵ kai⁵⁵ ti⁰ a⁰］

他说，［tʰa⁵⁵ suo²¹³］

呃，县官就问，［ɤ⁰，ɕiɛn³³ kuan⁵⁵ tɕiəu³³ uən³⁵］

他说，［tʰa⁵⁵ suo²¹³］

那迩到底你们说迩个铺盖是哪个的，［la³³ lie³⁵ tau³⁵ ti⁰ li³³ mən⁰ suo²¹³ lie³⁵ kɤ⁰ pʰu⁵⁵ kai⁵⁵ sŋ⁵⁵ la³³ kuo³⁵ ti⁰］

你们有没得什么记号？［li³³ mən⁰ iəu³³ mei⁵⁵ tɤ²¹³ sən³⁵ mɤ⁰ tɕi³³ xau⁵⁵］

迩个老先生说，［lie³⁵ kɤ⁰ lau³³ ɕiɛn⁵⁵ sən⁰ suo²¹³］

那我的铺盖没得记号，［la³⁵ uo³³ ti⁰ pʰu⁵⁵ kai⁵⁵ mɤ⁵⁵ tɤ²¹³ tɕi³⁵ xau⁰］

那我的铺盖就是我的铺盖。［la³⁵ uo³³ ti⁰ pʰu⁵⁵ kai⁵⁵ tɕiəu³⁵ sŋ⁰ uo³³ ti⁰ pʰu⁵⁵ kai⁵⁵］

迩个农民他说，［lie³⁵ kɤ⁰ loŋ¹³ min²¹ tʰa⁵⁵ suo²¹³］

我的铺盖我有记号，［uo³³ ti⁰ pʰu⁵⁵ kai⁵⁵ uo³³ iəu³³ tɕi³⁵ xau⁰］

您儿只查，［lia³³ tsŋ²¹³ tsʰa²¹³］

我的迩个铺盖四个角的，［uo³³ ti⁰ lie³⁵ kɤ⁰ pʰu⁵⁵ kai⁵⁵ sŋ³⁵ kɤ⁵⁵ kuo²¹³ ti⁰］

我笃⁼的有私章子，［uo³³ tu²¹³ ti⁰ iəu³³ sŋ⁵⁵ tsaŋ⁵⁵ tsŋ⁰］

您只看，［lia³³ tsŋ²¹³ kʰan³⁵］

您儿说是不是的。［lia³³ suo²¹³ sŋ³⁵ pu⁵⁵ sŋ³⁵ ti⁰］

好，那个县官下来一验，［xau³³，lie³⁵ kɤ⁰ ɕiɛn³⁵ kuan⁵⁵ ɕia³⁵ lai⁰ i²¹³ iɛn³⁵］

当真有，［tan³⁵ tsən⁵⁵ iəu³³］

四个角的有那个他的私章子哟，［sŋ³⁵ kɤ⁰ kuo²¹³ ti⁰ iəu³³ lei³⁵ kɤ⁰ tʰa⁵⁵ ti⁰ sŋ⁵⁵ tsaŋ⁵⁵ tsŋ⁰ sa⁰］

就说，［tɕiəu³⁵ suo²¹³］

你这么一个读书人，［li³³ tsɤ³⁵ mɤ⁰ i²¹³ kɤ⁰ tu²¹³ su⁵⁵ ən²¹³］

你那么那么在迩个光天化日之下，［li³³ la³³ mən⁰ la³³ mən⁰ tsai³⁵ lie³⁵ kɤ⁰ kuaŋ⁵⁵ tʰiɛn⁵⁵ xua³⁵ ɤ³⁵ tsŋ⁵⁵ ɕia³⁵］

抢人家的铺盖的，［tɕʰiaŋ³³ ən²¹³ ka⁰ ti⁰ pʰu⁵⁵ ka⁵⁵ ti⁰ pʰu⁵⁵ kai⁵⁵ ti⁰ ia⁰］

快还给人家！［kʰuai³⁵ xuan²¹³ kɤ³³ ən²¹³ ka⁰］

好，县官判哒，［xau³³，ɕiɛn³⁵ kuan⁵⁵ pʰan³⁵ ta⁰］

那哪门搞咧，［la³⁵ la³³ mən⁰ kau³³ lie⁰］

迩个老先生唉声叹气的，［lie³⁵ kɤ⁰ lau³³ ɕiɛn⁵⁵ sən⁰ ai⁵⁵ sən⁵⁵ tʰan³³ tɕʰi³⁵ ti⁰］

那哪门搞咧，［la³⁵ la³³ mən⁰ kau³³ lie⁰］

官司输哒，［kuan⁵⁵ sŋ⁰ su⁵⁵ ta⁰］

就把铺盖就交给迴个农民哒，[tɕiəu³³ pa³³ pʰu⁵⁵ kai⁵⁵ tɕiəu³⁵ tɕiau⁵³ kɤ⁵⁵ lei³⁵ kɤ⁰ loŋ²¹³ min²¹³ ta⁰]

迴个农民把迴个铺盖款⁼起哒，[lie³⁵ kɤ⁰ loŋ¹³ min²¹ pa³³ lie³⁵ kɤ⁰ pʰu⁵⁵ kai⁵⁵ kʰuan³³ tɕʰi³³ ta⁰] 款⁼：背

他就说，[tʰa⁵⁵ tɕiəu³³ suo²¹³]

您儿说迴个官司是做的啊是打的？[lia³³ suo²¹³ lie³³ kɤ⁵⁵ kuan⁵⁵ sʅ⁰ sʅ³³ tsəu³⁵ ti⁰ a⁰ sʅ⁰ ta³³ ti⁰]

迴个老先生说，[lie³⁵ kɤ⁰ lau³³ ɕiɛn⁵⁵ sən⁰ suo²¹³]

这是你使了鬼的吵，[tsɤ³³ sʅ³⁵ li³³ sʅ³³ a⁰ kuei³³ ti⁰ sa⁰]

官司实际上还是打的，[kuan⁵⁵ sʅ⁰ sʅ²¹³ tɕi⁰ saŋ³⁵ xai²² sʅ⁵⁵ ta³³ ti⁰]

不是做的。[pu²¹ sʅ⁵⁵ tsəu³⁵ ti⁰]

他说，他说，[tʰa⁵⁵ suo²¹³，tʰa⁵⁵ suo²¹³]

那您儿横直说官司是打的，[la³⁵ lia³³ xuən²¹³ tsʅ⁰ suo²¹³ kuan⁵⁵ sʅ⁰ sʅ³⁵ ta³³ ti⁰]

我就把铺盖还给您儿。[uo³³ tɕiəu³³ pa³³ pʰu⁵⁵ kai⁵⁵ xuan²¹³ kɤ³³ lia³³]

好，他就把铺盖还给他，[xau³³，tʰa⁵⁵ tɕiəu³³ pa³³ pʰu⁵⁵ kai⁵⁵ xuan²¹³ kɤ³³ tʰa⁵⁵]

那个老先生刚刚把铺盖一还起，[lei³⁵ kɤ⁰ lau³³ ɕiɛn⁵⁵ sən⁵⁵ kaŋ⁵⁵ kaŋ⁵⁵ pa³³ pʰu⁵⁵ kai³⁵ i²¹³ xuan²¹³ tɕʰi⁵⁵]

他跑啊转去就喊，[tʰa⁵⁵ pʰau²¹³ a⁰ tsuan³³ kʰɤ⁵⁵ tɕiəu³³ xan³³]

他说，[tʰa⁵⁵ suo²¹³]

大老爷啊，[ta³⁵ lau⁵⁵ ie²¹³ a⁰]

他们把铺盖又抢起去啊的。[tʰa⁵⁵ mən⁰ pa³³ pʰu⁵⁵ kai⁵⁵ iəu³⁵ tɕʰiaŋ³³ tɕʰi⁰ kʰɤ⁵⁵ a⁰ ti⁰]

迴个，迴个县官，[lie³⁵ kɤ⁰，lie³⁵ kɤ⁰ ɕiɛn³³ kuan⁵⁵]

跑起去就又要衙役把他一拘的来，[pʰau³³ tɕʰi³³ kʰɤ⁵⁵ tɕiəu³³ iəu⁵⁵ iau³⁵ ia¹³ i⁰ pa³³ tʰa⁵⁵ i²¹³ tɕy⁵⁵ ti⁰ lai²¹³]

就说，[tɕiəu³⁵ suo²¹³]

明明我把铺盖断给他的，[min²¹³ min²¹ uo³³ pa³³ pʰu⁵⁵ kai⁵⁵ tuan³⁵ kɤ⁵⁵ tʰa⁵⁵ ti⁰]

你那么又把它抢起跑啊的？[li³³ la³³ mən⁰ iəu³⁵ pa³³ tʰa⁵⁵ tɕʰiaŋ³³ tɕʰi³³ pʰau³³ a⁰ ti⁰]

就说呢，[tɕiəu³⁵ suo²¹³ lie⁰]

你，你迴这分明就是刁民，[li³³，li³³ lie³⁵ fən⁵⁵ min²¹ tɕiəu³³ sʅ⁵⁵ tiau⁵⁵ min²¹]

就是给他，[tɕiəu³³ sʅ⁵⁵ kɤ³³ tʰa⁵⁵]

打他三大板。[ta³³ tʰa⁵⁵ san⁵⁵ ta³⁵ pan³³]

好，就拍起，[xau³³，tɕiəu³⁵ pʰɤ²¹ tɕʰi³¹]

当然说他只抢啊他的铺盖，[taŋ⁵⁵ an²¹ suo²¹³ tʰa⁵⁵ tsʅ²¹³ tɕʰiaŋ³³ a⁰ tʰa⁵⁵ ti⁰ pʰu⁵⁵ kai⁵⁵

就打啊他几板哒之后，[tɕiəu³⁵ ta³³ a⁰ tʰa⁵⁵ tɕi³³ pan³³ ta⁰ tsʅ⁵⁵ xəu³⁵]

就把铺盖又给那个农民哒，[tɕiəu³⁵ pa³³ pʰu⁵⁵ kai⁵⁵ iəu³⁵ kɤ⁰ la³⁵ kɤ⁰ loŋ¹³ min²¹ ta⁰]

迾个农民款ᵌ啊出去哒，[lie³⁵ kɤ⁰ loŋ¹³ min²¹ kʰuan³³ a⁰ tsʰu²¹³ kʰɤ⁰ ta⁰]

就又问他，[tɕiəu³³ iəu³⁵ uən³³ tʰa⁵⁵]

他说，你说，[tʰa⁵⁵ suo²¹³，li³³ suo²¹³]

到底这个官司是做的是打的？[tau³⁵ ti⁰ tsɤ³⁵ kɤ⁰ kuan⁵⁵ sʅ³⁵ sʅ⁵⁵ tsəu³⁵ ti⁰ sʅ⁰ ta³³ ti⁰]

他说，他说，[tʰa⁵⁵ suo²¹³，tʰa⁵⁵ suo²¹³]

好，现在我依啊你哒，[xau³³，ɕiɛn³³ tsai⁵⁵ uo⁰ i⁵⁵ a⁰ li³³ ta⁰]

好吧，[xau³³ pa⁵⁵]

这个官司是做拢的，[tsɤ³⁵ kɤ⁰ kuan⁵⁵ sʅ⁰ sʅ³⁵ tsəu³⁵ loŋ³³ ti⁰]

你看这我，[li³³ kʰan³⁵ tsɤ³⁵ uo³³]

打也挨哒，[ta³³ ie³³ ai²¹³ ta⁰]

铺盖也归你哒。[pʰu⁵⁵ kai⁵⁵ ie³³ kuei⁵⁵ li³³ ta⁰]

他说，[tʰa⁵⁵ suo²¹³]

那你既然承认官司是做拢的，[la³⁵ li³³ tɕi³⁵ an²¹ tsʰən²² ən³⁵ kuan⁵⁵ sʅ⁰ sʅ³⁵ tsəu³⁵ loŋ³³ ti³³]

那我就把迾个铺盖还给你算哒咯。[la³⁵ uo³³ tɕiəu³³ pa³³ lie³⁵ kɤ⁰ pʰu⁵⁵ kai⁵⁵ xuan²¹ kɤ³³ li³¹ suan³⁵ ta⁰ luo⁰]

意译：我再讲一个打官司的给大家听一下。有一个先生啊，他也是专门帮忙给别人打官司，有一天他刚刚走到街上，就遇到一个农民，农民就问他说："老先生啊，您要到哪里去呀？"老先生说："我给人家帮忙打官司去的。"他说："您说错了，官司不是打的呀，官司是做的，叫做官司。"他说："我没听到说过做官司，我只听到说过打官司，哪里做官司啊。"他说："您信不信，明天我来做个官司啊给您看看。"他说："那可以啊，你明天做个官司我看。"他说："我今天就是没有地方歇啊。"他说："这是我背的铺盖行李，你跟着我去睡吧。"

好，他就跟着老先生，老先生就把农民就带着一起，带他一起睡。等老先生睡了后啊，他就把他的私章拿出来，就在铺盖角盖了一个章。第二天呢，两个人就一路走，那个老先生还是把他的铺盖背着，两个人一路走，走到县衙门口，他（农民）就拼命地喊："遇到强盗了，遇到强盗了!"县官一听，县衙门口都遇到强盗，不得了啊，连忙就叫衙役，一下就把两个人都押进来了。

押进来后就连忙问："这是怎么回事？"农民他就说："我打工回来，我背的铺盖行李被那个老先生抢去了。"老先生说："这是天大的冤枉啊，这明明是我的铺盖；怎么是他的铺盖的呀。"县官就问："那么到底，你们说铺盖是自己的，你们有没有什么记号？"老先生说："那我的铺盖没有记号，那我的铺盖就是我的铺盖。"这个农民他说："我的铺盖我有记号，您只管查，我的铺盖四个角的，我盖的有私章子，您只看，您说是不是的。"好，这个县官下来一验，当真有，四个角都有他的私章子，就说："你这么一个读书人，你怎么在光天化日之下，抢人家的铺盖呀。快还给人家！"

好，县官判完，老先生就唉声叹气的，那怎么办呢，他官司输了，就把铺盖交给了农民了，农民就把铺盖卷起来了，他就说："您说官司是做的还是打的？"老先生说："这是你使了诡计啊，官司实际上还是打的，不是做的。"说："那您既然说官司是打的，我就把铺盖还给您。"好，他就把铺盖还给他，老先生刚刚把铺盖一拿起来，他转过去就喊，他说："大老爷，他把铺盖又抢过去了。"那个县官啊，走过来就又要衙役把他拘来，就说，"明明我把铺盖判给他的，你怎么又把它抢走呢？"就说："你，你这分明就是刁民，打他三大板。"

好，就拍了三大板，老先生当然说他只抢他的铺盖，打他几板之后，就把铺盖又给那个农民了，农民刚出去，就又问他："你说，到底这个官司是做的是打的？"他说："好，现在我依了你，好吧，这个官司是做的，你看我这，打也挨了，铺盖也归你了。"他说："那你既然承认官司是做的，那我就把铺盖还给你。"

0026 其他故事

我再给大家讲个经啊，[uo³³ tsai³⁵ kɤ³³ ta³⁵ tɕia⁵⁵ tɕiaŋ³³ kɤ³⁵ tɕin⁵⁵ a⁰]

就是原来长罗县呐。[tɕiəu³⁵ sɿ⁵⁵ yɛn²¹³ lai²¹³ tsʰaŋ²¹³ luo²¹³ ɕiɛn³⁵ la⁰]

那个东门专门派了有两个士兵守城门的，[lei³⁵ kɤ³⁵ toŋ⁵⁵ mən²¹³ tsuan⁵⁵ mən²¹³ pʰai³⁵ la⁰ iəu³³ liaŋ³³ kɤ³⁵ sɿ³⁵ pin⁵⁵ səu³³ tsʰən²¹³ mən²¹³ ti⁰]

就是对过往的人员呐进行搜查。[tɕiəu³⁵ sɿ⁵⁵ tuei³⁵ kuo³⁵ uaŋ³³ ti⁰ ən²¹³ yɛn²¹³ la⁰ tɕin³⁵ ɕin²¹³ səu⁵⁵ tsʰa²¹³]

但是那个都的有一个，[tan³⁵ sɿ⁵⁵ lei³⁵ kɤ³⁵ təu⁵⁵ ti⁰ iəu³³ i²¹³ kɤ³⁵]

有一个，[iəu³³ i²¹³ kɤ³⁵]

有一个守城门的士兵咧，[iəu³³ i²¹³ kɤ³⁵ səu⁵⁵ tsʰən²¹³ mən²¹³ ti⁰ sɿ³³ pin⁵⁵ lie⁰]

心术相当坏。[ɕin⁵⁵ su³³ ɕiaŋ⁵⁵ taŋ⁵⁵ xuai³⁵]

晒＝个过身，[sai³⁵ kuo³⁵ kuo³⁵ sən⁵⁵] 晒＝个：谁。过身：经过

他都要克扣一点人家的东西的。[tʰa⁵⁵ təu⁵⁵ iau³⁵ kʰɤ²¹³ kʰəu²¹³ i²¹³ tiɛn³³ ən²¹³ ka⁵⁵ ti⁰ toŋ⁵⁵ ɕi⁵⁵ ti⁰]

呃，遇到一个机智人，[ɤ⁰, y³⁵ tau³⁵ i²¹³ kɤ³⁵ tɕi⁵⁵ tsɿ³³ ən²¹³]

机智人物，[tɕi⁵⁵ tsɿ³³ ən²¹³ u²¹³]

他就很想治他一下，［tʰa⁵⁵ tɕiəu³⁵ xən³³ ɕiaŋ³³ tsɿ³⁵ tʰa⁵⁵ i²¹³ xa⁰］

有一天咧，［iəu³³ i²¹³ tʰiɛn⁵⁵ lie⁰］

他就提三斤七两生漆从那个城门过身。［tʰa⁵⁵ tɕiəu³⁵ tʰi²¹³ san⁵⁵ tɕin⁵⁵ tɕʰi²¹³ liaŋ³³ sən⁵⁵ tɕʰi²¹³ tsʰoŋ²¹³ la³⁵ kɤ³⁵ tsʰən²¹³ mən²¹³ kuo³⁵ sən⁵⁵］过身：经过

那个守城门的那个兵丁，［la³⁵ kɤ³⁵ səu³³ tsʰən²¹³ mən²¹³ ti⁰ la³⁵ kɤ³⁵ pin⁵⁵ tin⁵⁵］

就要他交过路费。［tɕiəu³⁵ iau³⁵ tʰa⁵⁵ tɕiau⁵⁵ kuo³⁵ lu³⁵ fei³⁵］

他就说，［tʰa⁵⁵ tɕiəu³⁵ suo²¹³］

那我，［la³⁵ uo³³］

今儿就提了这么点生漆。［tɕər⁵⁵ tɕiəu³⁵ tʰi²¹³ la⁰ tsɤ³⁵ mɤ⁰ tiɛn³³ sən⁵⁵ tɕʰi²¹³］

你要的，［li³³ iau³⁵ ti⁰］

你就提起去。［li³³ tɕiəu³⁵ tʰi²¹³ tɕʰi³³ kʰɤ⁰］

我卯起我不要哒，［uo³³ mau³³ tɕʰi³³ uo³³ pu²¹³ iau³⁵ ta⁰］卯起：使劲

他说那生漆是好的啊，［tʰa⁵⁵ suo²¹³ la³⁵ sən⁵⁵ tɕʰi²¹³ sɿ⁵⁵ xau³³ ti⁰ a⁰］

你就把给我。［li³³ tɕiəu³⁵ pa³³ kɤ³³ uo³³］

他就把他的三斤七两生漆就一下没收哒。［tʰa⁵⁵ tɕiəu³⁵ pa³³ tʰa⁵⁵ ti⁰ san⁵⁵ tɕin⁵⁵ tɕʰi²¹³ liaŋ³³ sən⁵⁵ tɕʰi²¹³ tɕiəu³⁵ i²¹³ xa⁰ mo⁵⁵ səu⁵⁵ ta⁰］

没收哒，［mo⁵⁵ səu⁵⁵ ta⁰］

车⁼过身他就跑到县衙里，［tsʰɤ²¹³ kuo³⁵ sən⁵⁵ tʰa⁵⁵ tɕiəu³⁵ pʰau³³ tau⁰ ɕiɛn³⁵ ia²¹³ li⁰］

车⁼：转

把那个就，［pa³³ la³⁵ kɤ³⁵ tɕiəu³⁵］

就告状，［tɕiəu³⁵ kau³³ tsuaŋ³⁵］

就把鼓一擂啊就喊冤。［tɕiəu³⁵ pa³³ ku³³ i²¹³ luei²¹³ a⁰ tɕiəu³⁵ xan³³ yɛn⁵⁵］

那个县老爷就升堂就问说，［la³⁵ kɤ³⁵ ɕiɛn³⁵ lau³³ ie²¹³ tɕiəu³⁵ sən⁵⁵ tʰaŋ²¹³ tɕiəu³⁵ uən³⁵ suo²¹³］

你有什么冤屈呀？［li³³ iəu³³ sən³³ mɤ⁰ yɛn⁵⁵ tɕʰy⁵⁵ ia⁰］

他说，［tʰa⁵⁵ suo²¹³］

您儿堂堂的青天大老爷您儿手下的人，［lia³³ tʰaŋ²¹³ tʰaŋ²¹³ ti⁰ tɕʰin⁵⁵ tʰiɛn⁵⁵ ta³⁵ lau³³ ie²¹³ lia³³ səu³³ ɕia³⁵ ti⁰ ən²¹³］

这么盘剥百姓的啊，［tsɤ³⁵ mɤ⁰ pʰan²¹³ po²¹³ pɤ²¹³ ɕin³⁵ ti⁰ a⁰］

管不管？［kuan³³ pu⁰ kuan³³］

他说，［tʰa⁵⁵ suo²¹³］

那是个什么事，［la³⁵ sɿ⁵⁵ kɤ³⁵ sən³³ mɤ⁰ sɿ³⁵］

你告状你就说哟。［li³³ kau³³ tsuaŋ³⁵ li³³ tɕiəu³⁵ suo²¹³ sa⁰］

他就说,［tʰa⁵⁵ tɕiəu³⁵ suo²¹³］

我提三斤七两,［uo³³ tʰi²¹³ san⁵⁵ tɕin⁵⁵ tɕʰi²¹³ liaŋ³³］

八钱白银从您儿的那个城门过身,［pa²¹³ tɕʰiɛn⁵⁵ pɤ²¹³ in³⁵ tsʰoŋ²¹³ lia³³ ti⁰ la³⁵ kɤ³⁵ tsʰən²¹³ mən²¹³ kuo³⁵ sən⁵⁵］

被您儿的个士兵抢了的。［pei³⁵ lia³³ ti⁰ kɤ³⁵ sɿ³³ pin⁵⁵ tɕʰiaŋ³³ la⁰ ti⁰］

那个县老爷心想,［la³⁵ kɤ³⁵ ɕiɛn³⁵ lau³³ ie²¹³ ɕin⁵⁵ ɕiaŋ³³］

在我这个管辖地方还出这样的情况呐,［tsai³⁵ uo³³ tsɤ³⁵ kɤ³⁵ kuan⁵⁵ ɕia³³ ti⁰ faŋ⁵⁵ xai²¹³ tsʰu²¹³ tsɤ³⁵ iaŋ³⁵ ti⁰ tɕʰin²¹³ kʰuaŋ³³ la⁰］

就连忙就把那个兵丁就一传的来。［tɕiəu³⁵ liɛn²¹³ maŋ²¹³ tɕiəu³⁵ pa³³ la³⁵ kɤ³⁵ pin⁵⁵ tin⁵⁵ tɕiəu³⁵ i²¹³ tsʰuan²¹³ ti⁰ lai²¹³］

就说,［tɕiəu³⁵ suo²¹³］

你大天白日的干这样的抢人家这么多的白银呐啊?［li³³ ta³⁵ tʰiɛn⁵⁵ pɤ²¹³ ɤ²¹³ ti⁰ kan³⁵ tsɤ³⁵ iaŋ³⁵ ti⁰ tɕʰiaŋ³³ ən²¹³ ka⁵⁵ tsɤ³⁵ mɤ³⁵ tuo⁵⁵ ti⁰ pɤ²¹³ in²¹³ la⁰ a⁰］

他说,［tʰa⁵⁵ suo²¹³］

那个他说你抢了他三斤七两八钱白银,［la³⁵ kɤ³⁵ tʰa⁵⁵ suo²¹³ li³³ tɕʰiaŋ³³ la⁰ tʰa⁵⁵ san⁵⁵ tɕin⁵⁵ tɕʰi²¹³ liaŋ³³ pa²¹³ tɕʰiɛn⁵⁵ pɤ²¹³ in²¹³］

你,你马上退给他。［li³³, li³³ ma³³ saŋ³⁵ tʰuei³³ kɤ³³ tʰa⁵⁵］

他说,［tʰa⁵⁵ suo²¹³］

大老爷啊,［ta³⁵ lau³³ ie²¹³ a⁰］

那就是冤枉了。［la³⁵ tɕiəu³⁵ sɿ⁵⁵ yɛn⁵⁵ uaŋ⁵⁵ la⁰］

他说啷＝门啊?［tʰa⁵⁵ suo²¹³ laŋ⁰ mən⁰ a⁰］啷＝门:怎么

他说我没拿他三斤七两八钱白银,［tʰa⁵⁵ suo²¹³ uo³³ mei⁵⁵ la²¹³ tʰa⁵⁵ san⁵⁵ tɕin⁵⁵ tɕʰi²¹³ liaŋ³³ pa²¹³ tɕʰiɛn⁵⁵ pɤ²¹³ in²¹³］

我只拿了他三斤七两漆。［uo³³ tsɿ²¹³ la⁰ tʰa⁵⁵ san⁵⁵ tɕin⁵⁵ tɕʰi²¹³ liaŋ³³ tɕʰi²¹³］

大老爷说,［ta³⁵ lau³³ ie²¹³ suo²¹³］

那三斤七两七和三斤七两八,［la³⁵ san⁵⁵ tɕin⁵⁵ tɕʰi²¹³ liaŋ³³ tɕʰi²¹³ xuo²¹³ san⁵⁵ tɕin⁵⁵ tɕʰi²¹³ liaŋ³³ pa²¹³］

只争一钱,［tsɿ²¹³ tsən⁵⁵ i²¹³ tɕʰiɛn⁵⁵］

那可以唦,［la³⁵ kʰuo²¹³ i³³ sa⁰］

你只要承认了就还他三斤七两七。［li³³ tsɿ²¹³ iau³⁵ tsʰən²¹³ ən³⁵ la⁰ tɕiəu³⁵ xuan²¹³ tʰa⁵⁵ san⁵⁵ tɕin⁵⁵ tɕʰi²¹³ liaŋ³³ tɕʰi²¹³］

他说,［tʰa⁵⁵ suo²¹³］

他不是三斤七两七钱白银,［tʰa⁵⁵ pu²¹³ sɿ⁵⁵ san⁵⁵ tɕin⁵⁵ tɕʰi²¹³ liaŋ³³ tɕʰi²¹³ tɕʰiɛn⁵⁵ pɤ²¹³ in²¹³]

他说是三斤七两，[tʰa⁵⁵ suo²¹³ sʅ⁵⁵ san⁵⁵ tɕin⁵⁵ tɕʰi²¹³ liaŋ³³]
不是三斤七两七钱，[pu²¹³ sʅ⁵⁵ san⁵⁵ tɕin⁵⁵ tɕʰi²¹³ liaŋ³³ tɕʰi²¹³ tɕʰiɛn⁵⁵]
三斤七两八钱白银，[san⁵⁵ tɕin⁵⁵ tɕʰi²¹³ liaŋ³³ pa²¹³ tɕʰiɛn⁵⁵ pɤ²¹³ in²¹³]
他说是三斤七两漆。[tʰa⁵⁵ suo²¹³ sʅ⁵⁵ san⁵⁵ tɕin⁵⁵ tɕʰi²¹³ liaŋ³³ tɕʰi²¹³]
他说你还狡辩，[tʰa⁵⁵ suo²¹³ li³³ xai²¹³ tɕiau⁵⁵ piɛn³⁵]
你给我打他三十大板。[li³³ kɤ⁵³ uo³³ ta³³ tʰa⁵⁵ san⁵⁵ sʅ²¹³ ta³⁵ pan³³]
结果就把他拉下去，[tɕie²¹³ kuo³³ tɕiəu³⁵ pa³³ tʰa⁵⁵ la⁵⁵ ɕia³⁵ kʰɤ³⁵]
打他三十大板，[ta³³ tʰa⁵⁵ san⁵⁵ sʅ²¹³ ta³⁵ pan³³]
那说他还不还。[la³⁵ suo²¹³ tʰa⁵⁵ xuan²¹³ pu⁰ xuan²¹³]
他说好，[tʰa⁵⁵ suo²¹³ xau³³]
那你你再不还继续打。[la³⁵ li³³ li³³ tsai³⁵ pu²¹³ xuan²¹³ tɕi³⁵ su⁵⁵ ta³³]
好，那我承认还。[xau³³, la³⁵ uo³³ tsʰən³³ zən³⁵ xuan²¹³]
结果下去他就，[tɕie²¹³ kuo³³ ɕia³⁵ kʰɤ³⁵ tʰa⁵⁵ tɕiəu³⁵]
三斤七两漆就变成了，[san⁵⁵ tɕin⁵⁵ tɕʰi²¹³ liaŋ³³ tɕʰi²¹³ tɕiəu³⁵ piɛn³⁵ tsʰən²¹³ la⁰]
他就跟他还了三斤七两七钱白银。[tʰa⁵⁵ tɕiəu³⁵ kən⁵⁵ tʰa⁵⁵ xuan²¹³ la⁰ san⁵⁵ tɕin⁵⁵ tɕʰi²¹³ liaŋ³³ tɕʰi²¹³ tɕʰiɛn⁵⁵ pɤ²¹³ in²¹³]
所以那个守城门的军士再也不敢盘剥百姓哒。[suo³³ i³³ la³⁵ kɤ³⁵ səu⁵⁵ tsʰən²¹³ mən²¹³ ti⁰ tɕyn⁵⁵ sʅ³³ tsai³⁵ ie³³ pu²¹³ kan³³ pʰan²¹³ po²¹³ pɤ²¹³ ɕin³⁵ ta⁰]

意译：我再给大家讲个故事啊。就是原来长罗县东门专门派了两个士兵守城门，就是对过往的人员进行搜查。但是那个都城，有一个守城门的士兵，心术相当坏。每个人从这里过，他都要克扣一点人家的东西。有一个机智的人，他就很想治他一下。

有一天呢，他就提三斤七两的生漆从那个城门过去。那个守城门的那个兵，就要他交过路费。他就说，那我今儿就提了这么点生漆，你要你就提去，我不要了。他就把他的三斤七两生漆就一下子没收了。

没收了之后，转头他就跑到县衙里，就告状。鼓一擂就喊冤，那个县老爷就问，你有什么冤屈呀。他说，那青天大老爷您手下的人，这么盘剥百姓的啊，管不管。他说，那是个什么事，你告状你就说嘛。他就说，我提三斤七两八钱白银出了那个城门，被那两个士兵抢了。那个县老爷心想，在我这个管辖地方还出这样的情况，那就连忙把那个兵传过来。就说："你大天白天的干这样的事，抢这么多白银啊？"县官说："那个你抢了他三斤七两八钱白银，你马上退给他。"

他说："大老爷啊，那就是冤枉了，我没拿他三斤七两八钱白银，我只拿了他三斤七两漆。"大老爷说："拿三斤七两七和三斤七两八，只争一钱，那可以啊，你只要还他三斤七两七。"他说："不是三斤七两七钱白银，是三斤七两，不是三斤七两八钱白银，是三斤七两漆。"他说："你还狡辩，给我打他三十大板。"就把他拉下去，打他三十大板。问他还不还，他说："那你要再不还继续打。""好，那我还。"结果，三斤七两漆就变成了三斤七两白银，他就还了三斤七两七钱白银。所以那个守城门的再也不敢盘剥百姓了。

0027 其他故事

我再给大家讲个经呐。[uo³³ tsai³⁵ kɤ³³ ta³⁵ tɕia⁵⁵ tɕiaŋ³³ kɤ³⁵ tɕin⁵⁵ la⁰]

就是，原来啊，[tɕiəu³⁵ sʅ⁵⁵, yɛn²¹³ lai²¹³ a⁰]

一条街上啊，[i²¹³ tʰiau²¹³ kai⁵⁵ saŋ³⁵ a⁰]

就住两个怕堂客的。[tɕiəu³⁵ tsu³⁵ liaŋ³³ kɤ³⁵ pʰa³⁵ tʰaŋ²¹³ kʰɤ²¹³ ti⁰] 堂客：老婆

有一天咧，[iəu³³ i²¹³ tʰiɛn⁵⁵ lie⁰]

那个东边的一个，[la³⁵ kɤ³⁵ toŋ⁵⁵ piɛn⁵⁵ ti⁰ i²¹³ kɤ³⁵]

一个一个一个的，[i²¹³ kɤ³⁵ i²¹³ kɤ³⁵ i²¹³ kuo³⁵ ti⁰]

把他的堂客一下搞得罪了。[pa³³ tʰa⁵⁵ ti⁰ tʰaŋ²¹³ kʰɤ²¹³ i²¹³ xa⁰ kau³³ tɤ²¹³ tsuei³⁵ la⁰]

他的堂客要他，[tʰa⁵⁵ ti⁰ tʰaŋ²¹³ kʰɤ²¹³ iau³⁵ tʰa⁵⁵]

就，就罚他端洗脚水。[tɕiəu³⁵, tɕiəu³⁵ fa²¹³ tʰa⁵⁵ tuan⁵⁵ ɕi³³ tɕyo²¹³ suei³³]

他一把洗脚水端上来哒，[tʰa⁵⁵ i²¹³ pa³³ ɕi³³ tɕyo²¹³ suei³³ tuan⁵⁵ saŋ³⁵ lai⁰ ta⁰]

要他跟他堂客洗脚。[iau³⁵ tʰa⁵⁵ kən⁵⁵ tʰa⁵⁵ tʰaŋ²¹³ kʰɤ²¹³ ɕi³³ tɕyo²¹³]

他就跟他堂客把脚也洗哒，[tʰa⁵⁵ tɕiəu³⁵ kən⁵⁵ tʰa⁵⁵ tʰaŋ²¹³ kʰɤ²¹³ pa³³ tɕyo²¹³ ie³³ ɕi³³ ta⁰]

洗了他堂客说，[ɕi³³ la⁰ tʰa⁵⁵ tʰaŋ²¹³ kʰɤ²¹³ suo²¹³]

那你喝两口。[la³⁵ li³³ xuo⁵⁵ liaŋ³³ kʰəu³³]

他说，[tʰa⁵⁵ suo²¹³]

哎呀，迺哪门喝得啊。[ai⁰ ia⁰, nie⁰ la³³ mən⁰ xuo⁵⁵ tɤ²¹³ a⁰] 哪门：怎么

她说，[tʰa⁵⁵ suo²¹³]

那那那喝不喝得？[la³⁵ la³⁵ la³⁵ xuo⁵⁵ pu⁰ xuo⁵⁵ tɤ⁰]

他说，他说，[tʰa⁵⁵ suo²¹³, tʰa⁵⁵ suo²¹³]

那要喝恁门搞，[la³⁵ iau³⁵ xuo⁵⁵ lən³⁵ mən²¹³ kau³³] 恁门：这样

我到隔壁去借点糖来哒，[uo³³ tau³⁵ kɤ²¹³ pi²¹³ kʰɤ³⁵ tɕie³⁵ tiɛn³³ tʰaŋ²¹³ lai²¹³ ta⁰]

来兑哒喝点子行不行呐？[lai²¹³ tuei³⁵ ta⁰ xuo⁵⁵ tiɛn³³ tsʅ⁰ ɕin²¹³ pu⁰ ɕin²¹³ la⁰]

好，那你去借糖去。[xau³³, la³⁵ li³³ kʰɤ³⁵ tɕie³⁵ tʰaŋ²¹³ kʰɤ³⁵]

他就跑到隔壁去了，[tʰa⁵⁵ tɕiəu³⁵ pʰau⁵⁵ tau⁰ kɤ²¹³ pi²¹³ kʰɤ³⁵ la⁰]

就看到隔壁的个男的，[tɕiəu³⁵ kʰan³⁵ tau⁰ kɤ²¹³ pi²¹³ ti⁰ kɤ³⁵ lan²¹³ ti⁰]

就跟他说，[tɕiəu³⁵ kən⁵⁵ tʰa⁵⁵ suo²¹³]

今儿天有个事，[tɕər⁵⁵ tʰiɛn⁵⁵ iəu³³ kɤ³⁵ sɿ³⁵]

不好说出口哦。[pu²¹³ xau³³ suo²¹³ tsʰu²¹³ kʰəu³³ o⁰]

他说，[tʰa⁵⁵ suo²¹³]

那是个什么事啊？[la³⁵ sɿ⁵⁵ kɤ³⁵ sən³³ mɤ⁰ sɿ³⁵ a⁰]

我的堂客要我喝他洗脚水。[uo³³ ti⁰ tʰaŋ²¹³ kʰɤ²¹³ iau³⁵ uo³³ xuo⁵⁵ tʰa⁵⁵ ɕi³³ tɕyo²¹³ suei³³]

您儿看那啷⁼门好喝啊？[lia³³ kʰan³⁵ la³⁵ laŋ⁰ mən⁰ xau³³ xuo⁵⁵ a]

他说把你的糖给我借点咻。[tʰa⁵⁵ suo²¹³ pa³³ li³³ ti⁰ tʰaŋ²¹³ kɤ³³ uo³³ tɕie³⁵ tiɛn³³ sa⁰]

他说你迥个人呐，[tʰa⁵⁵ suo²¹³ li³³ lie⁰ kɤ³⁵ ən²¹³ la⁰]

啷⁼门怕堂客怕到这地步了啊！[laŋ⁰ mə⁰ pʰa³⁵ tʰaŋ²¹³ kʰɤ²¹³ pʰa³⁵ tau³⁵ tsɤ³⁵ ti³⁵ pu³⁵ la⁰ a⁰]

他说这要是我说，[tʰa⁵⁵ suo²¹³ tsɤ³⁵ iau³⁵ sɿ⁵⁵ uo³³ suo²¹³]

嗯，他恁门一喔⁼，[ən⁰，tʰa⁵⁵ lən³⁵ mə⁰ i²¹³ uo⁵⁵] 喔：拟态词，形容人得意的样子

他堂客在后头听着。[tʰa⁵⁵ tʰaŋ²¹³ kʰɤ²¹³ tsai³⁵ xəu³⁵ tʰəu⁰ tʰin⁵⁵ tau⁰]

她说，[tʰa⁵⁵ suo²¹³]

要是你，[iau³⁵ sɿ⁵⁵ li³³]

你啷⁼门搞，[li³³ laŋ⁰ mən⁰ kau³³]

要是你。[iau³⁵ sɿ⁵⁵ li³³]

他说，[tʰa⁵⁵ suo²¹³]

我是跟他说，[uo³³ sɿ⁵⁵ kən⁵⁵ tʰa⁵⁵ suo²¹³]

要是我，[iau³⁵ sɿ⁵⁵ uo³³]

不放糖也喝得。[pu²¹³ faŋ³⁵ tʰaŋ²¹³ ie³³ xuo⁵⁵ tɤ²¹³]

意译：我再给大家讲个故事啊。就是，原来一条街上住了两个怕老婆的人。

有一天呢，东边的一个人，把他的老婆得罪了。他的老婆就罚他端洗脚水。他一把洗脚水端上来，他老婆就让他给自己洗脚。然后他给老婆把脚洗了，洗了之后他老婆说："那你喝两口。"他说："哎呀，这怎么能喝啊。"她说："那能不能喝？"他说："那喝那么多。我那个，我到别处借点糖来，来兑着喝一点行不行呐？""好，那你去借点去。"他就跑到隔壁去了。

就看到隔壁的男的，就跟他说："今天有个事，不好说出口哦。"他说："那是个什么事啊？""唉，我的老婆要我喝她的洗脚水。你说那怎么好喝啊，想借点

你的糖。"他说："你这个人呐，怎么怕老婆怕到这地步了啊。这要是我……"嗯，他这么一得意，他老婆在后面听着，她说："要是你，你怎么办啊?"他说："我是跟他说，要是我，不放糖也能喝。"

四　自选条目

0031 自选条目
心好不用吃斋，[ɕin⁵⁵ xau³³ pu²¹³ yoŋ³⁵ tɕʰi²¹³ tsai⁵⁵]
命好不用学乖。[min³⁵ xau³³ pu²¹³ yoŋ³⁵ ɕyo²¹³ kuai⁵⁵]
意译：心好不用吃斋，命好不用学乖。

0032 自选条目
有话要说出理来，[iəu³³ xua³⁵ iau³⁵ suo²¹³ tsʰu²¹³ li³⁵ lai²¹³]
拾谷要舂出米来。[sʅ²¹³ ku²¹³ iau³⁵ tsʰoŋ⁵⁵ tsʰu²¹³ mi³³ lai²¹³]
意译：有话要说出理来，拾谷要舂出米来。

0033 自选条目
下什么种子长什么苗，[ɕia³⁵ sən³³ mɤ⁰ tsoŋ³⁵ tsʅ⁰ tsaŋ²¹³ sən³³ mɤ⁰ miau²¹³]
结什么葫芦挖什么瓢。[tɕie²¹³ sən³³ mɤ⁰ xu²¹³ lu⁰ ua⁵⁵ sən³³ mɤ⁰ pʰiau²¹³]
意译：下什么种子长什么苗，结什么葫芦挖什么瓢。

0034 自选条目
打个败绩学个乖，[ta³³ kɤ³⁵ pai³⁵ tɕi⁵⁵ ɕyo²¹³ kɤ³⁵ kuai⁵⁵] 败绩：出洋相
不打败绩乖不来。[pu²¹³ ta³³ pai³⁵ tɕi⁵⁵ kuai⁵⁵ pu²¹³ lai²¹³]
意译：出个洋相学个乖，不出洋相学不会乖。

0035 自选条目
井的蛤蟆说井的安静，[tɕin³³ ti⁰ kʰɤ²¹³ ma⁰ suo²¹³ tɕin³³ ti⁰ an⁵⁵ tɕin³⁵]
堰的蛤蟆说堰的宽整。[iɛn³⁵ ti⁰ kʰɤ²¹³ ma⁰ suo²¹³ iɛn³⁵ ti⁰ kʰuan⁵⁵ tsən³³]
意译：井里的蛤蟆说井里安静，堰塘里的蛤蟆说堰塘里宽敞。

0036 自选条目
浪再大也在船底下，[laŋ³⁵ tsai³⁵ ta³⁵ ie³³ tsai³⁵ tsʰuan²¹³ ti³³ ɕia⁰]

山再高在脚底下。［san⁵⁵ tsai³⁵ kau⁵⁵ ie³³ tsai³⁵ tɕyo²¹³ ti³³ ɕia³⁵］
意译：浪再大也在船底下，山再高在脚底下。

0037 自选条目
一个鸡蛋吃不饱，［i²¹³ kɤ³⁵ tɕi⁵⁵ tan⁵⁵ tɕʰi²¹³ pu²¹³ pau³³］
一个臭名背到老。［i²¹³ kɤ³⁵ tsʰəu³⁵ min²¹³ pei³⁵ tau³⁵ lau³³］
意译：一个鸡蛋吃不饱，一个臭名背到老。

0038 自选条目
狗屎不肥田，［kəu³³ sɿ⁵⁵ pu²¹³ fei²¹³ tʰiɛn²¹³］
尿是万人嫌。［liau³⁵ sɿ⁵⁵ uan³⁵ zən²¹³ ɕiɛn²¹³］
意译：狗屎不肥田，尿是万人嫌。

0039 自选条目
怕鬼就有鬼，［pʰa³⁵ kuei³³ tɕiəu³⁵ iəu³³ kuei³³］
怕狗狗咬腿。［pʰa³⁵ kəu³³ kəu³³ au³³ tʰuei³³］
意译：怕鬼就有鬼，怕狗狗咬腿。

0040 自选条目
痨人的不吃，［lau³⁵ ən²¹³ ti⁰ pu²¹³ tɕʰi²¹³］ 痨：有毒，有害
犯法的不做。［fan³⁵ fa²¹³ ti⁰ pu²¹³ tsəu³⁵］
意译：有毒的不吃，犯法的不做。

0041 自选条目
谜面：［mi²² miɛn³⁵］
生的吃得，［sən⁵⁵ ti⁰ tɕʰi¹³ tɤ²¹］
冷的吃得，［lən³³ ti⁰ tɕʰi¹³ tɤ²¹］
熟的吃得，［su²¹³ ti⁰ tɕʰi¹³ tɤ²¹］
热的吃得，［ɤ²¹³ ti⁰ tɕʰi¹³ tɤ²¹］
洗哒吃不得。［ɕi³³ ta⁰ tɕʰi²¹³ pu⁰ tɤ²¹³］
谜底是水。［mi²² ti³¹ sɿ³⁵ suei³³］
意译：谜面，生的能吃，冷的能吃，熟的能吃，热的能吃，洗了不能吃。谜底是水。

0042 自选条目

谜面：[mi²² miɛn³⁵]

上不得上，下不得下，[saŋ³⁵ pu²¹³ tɤ⁰ saŋ³⁵，ɕia³⁵ pu²¹³ tɤ⁰ ɕia³⁵]

不在上，却在下，[pu²¹³ tsai³³ saŋ³⁵，tɕʰye³³ tsai³³ ɕia³⁵]

人有它大，天没得它大。[ən²¹³ iəu³³ tʰa⁵⁵ ta³⁵，tʰiɛn⁵⁵ mei⁵⁵ tɤ²¹³ tʰa⁵⁵ ta³⁵]

谜底是一。[mi²² ti³¹ sʅ³⁵ i²¹³]

意译：谜面，上不得上，下不得下，不在上，却在下，人有它大，天没有它大。谜底是一。

0043 自选条目

谜面：[mi²² miɛn³⁵]

远看一树梨，近看不好吃，[yɛn³³ kʰan³³ i²¹³ su³⁵ li²¹³，tɕin³³ kʰan³⁵ pu²¹³ xau³³ tɕʰi²¹³]

剥了三层皮，还是不好吃。[po²¹³ liau⁰ san⁵⁵ tsʰən²¹ pʰi²¹，xai²¹ sʅ⁵⁵ pu²² xau³¹ tɕʰi²¹³]

谜底是桐子。[mi²² ti³¹ sʅ⁵⁵ tʰoŋ²² tsʅ³¹]

意译：谜面，远看一树梨，近看不好吃，剥了三层皮，还是不好吃。谜底是桐树。

0044 自选条目

谜面：[mi²² miɛn³⁵]

兄弟七八个，围着柱子坐，[ɕyoŋ⁵⁵ ti⁰ tɕʰi²¹³ pa²¹³ kuo³⁵，uei²¹³ tsuo⁰ tsu³⁵ tsʅ⁰ tsuo³⁵]

大家一分家，衣服都扯破。[ta³³ tɕia⁵⁵ i²¹³ fən⁵⁵ tɕia⁵⁵，i⁵⁵ fu²¹ təu⁵⁵ tsʰɤ³³ pʰo³⁵]

谜底，大蒜。[mi²² ti³¹，ta³⁵ suan⁰]

意译：谜面，兄弟七八个，围着柱子坐，大家一分家，衣服都扯破。谜底，大蒜。

0045 自选条目

谜面：[mi²² miɛn³⁵]

一点一横甩，[i²¹³ tiɛn³³ i¹³ xuən²¹ suai³³]

拐一个弯，甩两甩，[kuai³³ i²¹³ kɤ⁰ uan⁵⁵，suai³³ liaŋ³³ suai³¹]

拐一个弯，甩两甩，[kuai³³ i²¹³ kɤ⁰ uan⁵⁵，suai³³ liaŋ³³ suai³³]

左一甩，右一甩，[tsuo³³ i²¹³ suai³¹，iəu³⁵ i²¹³ suai³¹]

一甩一甩又一甩，［i²¹³suai³¹i²¹³suai³¹iəu³⁵i²¹³suai³¹］

谜底是字谜，廖字。［mi²²ti³¹ʂʅ³⁵tsʅ³⁵mi²¹，liau³⁵tsʅ³⁵］

意译：谜面，一点一横甩，拐一个弯，甩两甩，拐一个弯，甩两甩，左一甩，右一甩，一甩一甩又一甩，谜底是字谜，廖字。

0046 自选条目

谜面：［mi²²miɛn³⁵］

左边是树，［tsuo³³piɛn⁰sʅ³³su³⁵］

右边是树，［iəu³⁵piɛn⁰sʅ³³su³⁵］

中间也是树，［tsoŋ⁵⁵tɕiɛn⁵⁵ie³³sʅ⁵⁵su³⁵］

去了中间树，［tɕʰy³⁵liau⁰tsoŋ⁵⁵tɕiɛn⁵⁵su³⁵］

还是一棵树。［xai²¹sʅ⁵⁵i¹³kʰuo⁵⁵su³⁵］

谜底是文质彬彬的彬。［mi²²ti³¹sʅ³⁵uən²¹³tsʅ³⁵pin⁵⁵pin⁵⁵tɤ⁰pin⁵⁵］

意译：谜面，左边是树，右边是树，中间是树，去了中间树，还是一棵树。谜底是文质彬彬的彬。

0047 自选条目

谜面：［mi²²miɛn³⁵］

王字生得恶，［uaŋ²¹³tsʅ³⁵sən⁵⁵tɤ⁰uo²¹³］

头上一对角，［tʰəu²¹³saŋ⁰i²¹³tuei³⁵kuo²¹³］

拦腰一扁担，［lan²¹iau⁵⁵i²¹³piɛn³³tan⁰］

打得左脚缠右脚。［ta³³tɤ⁰tsuo³³tɕyo²¹³tsʰan²¹³iəu³⁵tɕyo²¹³］

谜底，姓姜的姜。［m²²ti³¹，ɕin³⁵tɕiaŋ⁵⁵ti⁰tɕiaŋ⁵⁵］

意译：谜面，王字生得恶，头上一对角，拦腰一扁担，打得左脚缠右脚。谜底，姓姜的姜。

宜 都

一 歌谣

0001 歌谣

正月里来是新年，［tsən⁵⁵ie¹³ni³³nai²¹sʅ³⁵ɕin⁵⁵niɛn²¹］

烧酒没得麸子酒甜。［sau⁵⁵tɕiəu³³mei⁵⁵tɤ¹³fu¹³tsʅ⁰tɕiəu³³tʰiɛn²¹］麸子酒：麦麸酒

腊月三十大团圆，[na¹³ ie⁰ san⁵⁵ sʅ¹³ ta³⁵ tʰuan¹³ iɛn²¹]
正月初一就喊拜年。[tsən⁵⁵ ie²¹ tsʰu⁵⁵ i²¹ tɕiəu⁰ xan³³ pai³⁵ niɛn²¹]
二月里来惊蛰节，[ɚ³⁵ ie⁰ ni³³ nai²¹ tɕin⁵⁵ tsʅ³⁵ tɕie¹³]
和尚都在庙里歇。[xo¹³ saŋ⁰ təu⁵⁵ tsai³³ miau³⁵ ni³³ ɕie¹³]
鼓是皮来钟是铁，[ku³³ sʅ³⁵ pʰi¹³ nai¹³ tsoŋ⁵⁵ sʅ³⁵ tʰie¹³]
装箱打鼓就敬老爷。[tsuaŋ⁵⁵ ɕiaŋ³⁵ ta³³ ku³³ tɕiəu⁰ tɕin³⁵ nau³³ ie¹³]
三月里来麦子黄，[san⁵⁵ ie¹³ ni³³ nai²¹ mɤ¹³ tsʅ⁰ xuaŋ¹³]
媳妇子的妈就是丈母娘。[ɕi¹³ fu⁵⁵ tsʅ⁰ ti⁰ ma⁵⁵ tɕiəu³⁵ sʅ⁰ tsaŋ³⁵ mu³³ niaŋ²¹]
结啊婚两口子睡一床，[tɕie¹³ a⁰ xuən⁵⁵ niaŋ³³ kʰəu³³ tsʅ⁰ suei³⁵ i¹³ tsʰuaŋ²¹]
两个五尺就一丈长。[niaŋ³³ kɤ⁰ u³³ tsʰʅ¹³ tɕiəu⁰ i¹³ tsaŋ³⁵ tsʰaŋ²¹]
四月里来是立夏，[sʅ³⁵ ie⁰ ni³³ nai²¹ sʅ³⁵ ni¹³ ɕia³⁵]
猫子就没得狗子大。[mau⁵⁵ tsʅ⁰ tɕiəu³³ mei⁵⁵ tɤ¹³ kəu³³ tsʅ⁰ ta³⁵]
虾子就没得泥鳅滑，[ɕia⁵⁵ tsʅ⁰ tɕiəu³⁵ mei⁵⁵ tɤ¹³ ni¹³ tɕʰiəu⁵⁵ xua¹³]
我骑起个驴子就难赶马，[o³³ tɕʰi⁵⁵ tɕʰi³⁵ kɤ⁰ ny¹³ tsʅ³³ tɕiəu⁰ nan¹³ kan³³ ma³³]
五月里来就是端阳，[u³³ ie²¹ ni³³ nai²¹ tɕiəu⁰ sʅ³⁵ tuan⁵⁵ iaŋ²¹] 端阳：端午
在座的客们是个个不同像。[tsai³⁵ tso⁰ ti⁰ kʰɤ¹³ mən⁰ sʅ³⁵ ko³³ ko⁰ pu¹³ tʰoŋ¹³ ɕiaŋ³⁵]
矮的矮，长的长。[ai³³ ti⁰ ai³³, tsʰaŋ¹³ ti⁰ tsʰaŋ¹³]
瘦的瘦那个胖的胖，[səu³⁵ ti⁰ səu³⁵ na³⁵ kɤ⁰ pʰaŋ³⁵ ti⁰ pʰaŋ³⁵]
脑壳都长在肩包⁼上。[nau³³ kʰo⁰ təu³⁵ tsaŋ³³ tsai³⁵ tɕiɛn⁵⁵ pau⁵⁵ saŋ³⁵] 肩包⁼：肩膀
六月里来热三伏，[nu¹³ ie²¹ ni³³ nai²¹ zɚ¹³ san⁵⁵ fu¹³]
三伏天里好割谷。[san⁵⁵ fu¹³ tʰiɛn⁵⁵ ni⁰ xau³³ ko¹³ ku¹³]
米汤就好搭锅巴粥。[mi³³ tʰaŋ⁵⁵ tɕiəu⁰ xau³³ ta¹³ ko⁵⁵ pa⁵⁵ tsu¹³]
害儿的，爱吃酸萝卜。[xai³⁵ ɚ¹³ ti⁰, ai³⁵ tɕʰi¹³ suan⁵⁵ no¹³ po⁰] 害儿：怀孕
七月里来立了秋，[tɕʰi¹³ ie²¹ ni³³ nai²¹ ni¹³ niau³³ tɕʰiəu⁵⁵]
街檐外面再乎那么就有一条沟。[kai⁵⁵ iɛn⁰ uai³⁵ miɛn⁰ tsai³⁵ xu⁰ na³³ mɤ⁰ tɕiəu³³ iəu³³ i¹³ tʰiau¹³ kəu⁵⁵]
关起门来睡啊门槛在外头。[kuan⁵⁵ tɕʰi³³ mən¹³ nai¹³ suei³⁵ a⁰ mən¹³ kʰan³³ tsai³⁵ uai³⁵ tʰəu⁰]
八月里来八月八，[pa¹³ ie²¹ ni³³ nai²¹ pa¹³ ye⁰ pa¹³]
天上下雨就地下就滑。[tʰiɛn⁵⁵ saŋ³⁵ ɕia³⁵ i³³ tɕiəu⁰ ti³⁵ xa⁵⁵ xua¹³]
一不小心就跶得一啪。[i¹³ pu¹³ ɕiau³³ ɕin⁵⁵ tɕiəu⁵⁵ ta¹³ ti⁰ i¹³ pʰa⁵⁵] 跶：摔
自己跶倒哒自己爬，[tsʅ³⁵ tɕʰi⁵⁵ ta¹³ tau⁰ ta¹³ tsʅ³⁵ tɕi⁰ pʰa¹³]
没得人来拉。[mei⁵⁵ tɤ⁰ zən¹³ nai¹³ na⁵⁵]

九月里来个菊花黄。[tɕʰiəu³³ ie²¹ ni³³ nai²¹ kɤ⁰ tɕʰi¹³ xua⁵⁵ xuaŋ¹³]

东边的日头就晒到了西边的墙,[toŋ⁵⁵ piɛn⁵⁵ ti⁰ ɚ¹³ tʰəu⁰ tɕiəu³⁵ sai³⁵ tau⁰ nɤ⁰ ɕi⁵⁵ piɛn⁵⁵ ti⁰ tɕʰiaŋ¹³]

婆婆子抵不到新姑娘。[pʰo¹³ pʰo²¹ tsɿ⁰ ti³³ pu⁰ tau³³ ɕin⁵⁵ ku⁵⁵ niaŋ²¹] 抵:比

十月就小阳春,[sɿ¹³ ie²¹ tɕiəu⁰ ɕiau³³ iaŋ¹³ tsʰuən⁵⁵]

儿们就要靠父母生。[ɚ¹³ mən⁰ tɕiəu³³ iau³⁵ kʰau³⁵ fu³⁵ mu³³ sən⁵⁵]

结了婚啦两口子才是一家人。[tɕie¹³ niau³³ xuən⁵⁵ na⁰ niaŋ³³ kʰəu³³ tsɿ⁰ tsʰai¹³ sɿ³⁵ i¹³ tɕia⁵⁵ zən²¹]

冬月里来下大雪,[toŋ⁵⁵ ie²¹ ni³³ nai²¹ ɕia³⁵ ta³⁵ ɕie³³]

凌钩子凌成一节节。[nin³⁵ kəu⁵⁵ tsɿ⁰ nin³⁵ tsʰən¹³ i¹³ tɕie¹³ tɕie¹³]

关起门来烤炭火,[kuan⁵⁵ tɕʰi⁵⁵ mən¹³ nai¹³ kʰau³³ tʰan³⁵ xo³³]

不想冻得好造孽。[pu¹³ ɕiaŋ³³ toŋ³⁵ tɤ⁰ xau³³ tsau³⁵ ie¹³] 造孽:困难,难受

腊月里来就腊月腊,[na¹³ ie²¹ ni³³ nai²¹ tɕiəu⁰ na¹³ ie²¹ na¹³]

家家都把那年猪杀。[tɕia⁵⁵ tɕia⁰ təu⁵⁵ pa³³ na³⁵ niɛn¹³ tsu⁵⁵ sa¹³]

过了二十七啊必定是二十八。[kuo³⁵ niau⁰ ɚ³⁵ sɿ³³ tɕʰi¹³ a⁰ pi¹³ tin³⁵ sɿ⁵⁵ ɚ³⁵ sɿ³³ pa¹³]

推黄豆,把豆腐打。[tʰuei⁵⁵ xuaŋ¹³ təu³⁵, pa³³ təu³⁵ fu⁵⁵ ta³³]

三十的中界都要吃嘎ᵈ嘎ᵈ。[san⁵⁵ sɿ³³ ti⁰ tsoŋ⁵⁵ kai⁵⁵ təu⁵⁵ iau³⁵ tɕʰi¹³ ka³³ ka³³] 嘎ᵈ嘎ᵈ:肉

意译:正月里来是新年,烧酒没有麦麸酒甜。腊月三十大团圆,正月初一就喊拜年。二月里来惊蛰节,和尚都在庙里歇。皮鼓铁箱做好了,装箱打鼓就敬老爷。三月里来麦子黄,媳妇的妈就是丈母娘。结婚两口子睡一床,两个五尺就一丈长。四月里来是立夏,猫子就没有狗子大。虾子就没有泥鳅滑,我骑只驴子就难赶马。

五月里来就是端午,在座的客人们是个个不同像。矮的矮,长的长。瘦的瘦啊,胖的胖,脑袋就长在肩膀上。六月里来热三伏,三伏天里好割谷。米汤就好搭配锅巴粥。怀孕的,爱吃酸萝卜。七月里来立了秋,平地外面还有那么一条沟。关着门来睡,门槛在外面。八月里来八月八,天上下雨就地下滑。一不小心就摔得一响。自己摔倒自己爬,没有人来拉。九月里来了菊花黄。东边的日头就晒到了西边的墙,老婆婆比不上新姑娘。

十月就小阳春,孩子们就要靠父母生。结了婚啦两口子才是一家人。冬月里来下大雪,冰凌冻成一节节。关起门来烤炭火,不想冻得太可怜。腊月里来就腊月腊,家家都把那年猪杀。过了二十七啊必定是二十八。推黄豆来磨豆腐。三十的中午都要来吃肉。

0002 歌谣

板凳儿，拐两拐，［pan³³tən³⁵ɚ¹³，kuai³³niaŋ³³kuai³³］

爹喝酒，妈打牌，［tie⁵⁵xo⁵⁵tɕiəu³³，ma⁵⁵ta³³pʰai¹³］

哥哥输得半夜时候不回来。［ko⁵⁵ko⁰su⁵⁵tɤ⁰pan³⁵ie³⁵sʅ¹³xəu⁰pu³⁵xuei¹³nai¹³］

意译：板凳儿，歪两歪，爹喝酒，妈打牌，哥哥输得半夜时候不回来。

0003 歌谣

三十的黑哒月亮大，［san⁵⁵sʅ¹³ti⁰xɤ¹³ta⁰ie¹³niaŋ⁰ta³⁵］ 黑哒：夜晚

夜晚的儿偷烧瓜，［ie³⁵uan³³ti⁰ɚ¹³tʰəu⁵⁵sau⁵⁵kua⁵⁵］

又整瞎子看到哒，［iəu³⁵tsən³³ɕia¹³tsʅ⁰kʰan³⁵tau³⁵ta⁰］

又整聋子听到哒，［iəu³⁵tsən³³noŋ⁵⁵tsʅ⁰tʰin⁵⁵tau³⁵ta⁰］

哑巴隔起一声喊，［a³³pa⁰kɤ¹³tɕʰi⁰i¹³sən⁵⁵xan³³］

跛子隔起一陪赶。［po¹³tsʅ⁰kɤ¹³tɕʰi³³i¹³pʰei¹³kan³³］

意译：三十的晚上月亮大，夜晚的小孩偷烧瓜，又让瞎子看到了，又让聋子听到了，哑巴隔着一声喊，跛子一起陪着跑。

0004 歌谣

月亮走我也走，［ie¹³niaŋ⁰tsəu³³o³³ie³³tsəu³³］

一走走到家家的大门口，［i¹³tsəu³³tsəu³³tau³⁵ka³⁵ka⁰ti⁰ta³⁵mən¹³kʰəu³³］ 家家：外婆

撞到一条大花狗，［tsuaŋ³⁵tau³⁵i¹³tʰiau¹³ta³⁵xua⁵⁵kəu³³］

把我咬一口。［pa³³o³³au¹³i¹³kʰəu³³］

意译：月亮走我也走，一走走到外婆的大门口，碰到一条大花狗，把我咬一口。

0005 歌谣

对，对，对门过，［tuei³⁵，tuei³⁵，tuei³⁵mən¹³ko³⁵］

对门的梨子推腰磨，［tuei³⁵mən¹³ti⁰ni¹³tsʅ⁰tʰuei⁵⁵iau⁵⁵mo¹³］

不卖梨子无焦⁼果⁼，［pu³⁵mai³⁵ni¹³tsʅ⁰u¹³tɕiau⁵⁵ko³⁵］ 焦⁼果⁼：没有办法

卖了梨子打酒喝。［mai³³nɤ⁰ni¹³tsʅ¹³ta³³tɕiəu³³xo⁵⁵］

意译：对对对门过，对门的梨子推腰磨，不卖梨子过不得，卖了梨子打酒喝。

0006 歌谣

野鸡公，尾巴翘=，[ie³³tɕi⁵⁵koŋ⁵⁵，uei³³pa⁰tɕiəu⁵⁵] 翘=：尾巴顶上的毛

上高山，问家公。[saŋ³⁵kau⁵⁵san⁵⁵，uən³⁵ka³⁵koŋ⁵⁵] 家公：外公

家公吃的什么儿饭？红米饭。[ka³⁵koŋ⁵⁵tɕʰi¹³ti⁰sən³⁵mɤr⁰fan³⁵？xoŋ¹³mi³³fan³⁵]

什么红？丹丹红。[sən³⁵mɤ⁰xoŋ¹³？tan⁵⁵tan⁰xoŋ¹³]

什么蛋？鸡蛋。[sən³⁵mɤ⁰tan³⁵？tɕi⁵⁵tan⁰]

什么鸡？村鸡。[sən³⁵mɤ⁰tɕi⁵⁵？tsʰuan³⁵tɕi⁵⁵]

什么村？官村。[sən³⁵mɤ⁰tsʰuan³⁵？kuan⁵⁵tsʰuan¹³]

什么官？抓木官。[sən³⁵mɤ⁰kuan⁵⁵？tsua⁵⁵mu¹³kuan⁵⁵] 抓木官：啄木鸟

什么抓？对抓。[sən³⁵mɤ⁰tsua⁵⁵？tuei³⁵tsua⁵⁵]

什么堆？米堆。[sən³⁵mɤ⁰tuei⁵⁵？mi³³tuei⁵⁵]

什么米？糯米。[sən³⁵mɤ⁰mi³³？no¹³mi⁰]

什么糯？海螺。[sən³⁵mɤ⁰no¹³？xai³³no⁰]

什么海？螃蟹。[sən³⁵mɤ⁰xai³³？pʰan¹³xai⁰]

什么盘？仙盘。[sən³⁵mɤ⁰pʰan¹³？ɕien⁵⁵pʰan¹³]

什么仙？锁仙。[sən³⁵mɤ⁰ɕien⁵⁵？so³³ɕien⁵⁵]

什么锁？铁锁。[sən³⁵mɤ⁰so³³？tʰie¹³so³³]

什么铁？锅贴。[sən³⁵mɤ⁰tʰie¹³？ko⁵⁵tʰie¹³]

什么锅？酒锅。[sən³⁵mɤ⁰ko⁵⁵？tɕiəu³³ko⁵⁵]

什么酒？假酒。[sən³⁵mɤ⁰tɕiəu³³？tɕia³³tɕiəu³³]

什么夹？衣夹。[sən³⁵mɤ⁰tɕia¹³？i⁵⁵tɕia¹³]

什么衣？保暖衣。[sən³⁵mɤ⁰i⁵⁵？pau³³nuan³³i⁵⁵]

什么包？荷包。[sən³⁵mɤ⁰pau⁵⁵？xo¹³pau⁵⁵]

什么户？窗户。[sən³⁵mɤ⁰xu³⁵？tsʰuaŋ⁵⁵xu³⁵]

什么川？四川。[sən³⁵mɤ⁰tsʰuan⁵⁵？sʅ³⁵tsʰuan⁵⁵]

什么四？道士。[sən³⁵mɤ⁰sʅ³⁵？tau³⁵sʅ⁰]

道士赶和尚，捡个烂箩筐，[tau³⁵sʅ³⁵kan³³xo¹³saŋ⁰，tɕiɛn³³kɤ³⁵nan³⁵no¹³kʰuaŋ⁵⁵]

和尚赶道士，捡个烂帽子。[xo¹³saŋ⁰kan³³tau³⁵sʅ⁰，tɕiɛn³³kɤ³⁵nan³⁵mau³⁵tsʅ⁰]

意译：野鸡公，尾巴翘，上高山，问外公，外公吃什么饭？红米饭。什么红？丹丹红。什么蛋？鸡蛋。什么鸡？村鸡，什么村？官村。什么官？抓木官。

什么抓？对抓。什么对？米堆。什么米？糯米。什么糯？海螺。什么海？螃蟹。什么盘？仙盘。什么仙？锁鲜。什么锁？铁锁。什么铁？锅贴。什么锅？酒锅。什么酒？夹酒。什么夹？衣夹。什么衣？保暖衣。什么包？荷包。什么户？窗户。什么川？四川。什么四？道士。道士赶和尚，捡个烂箩筐，和尚赶道士，捡个烂帽子。

0007 歌谣

张打铁，李打铁，[tsaŋ⁵⁵ta³³tʰie¹³, ni³³ta³³tʰie¹³]
打把剪子送姐姐，[ta³³pa³³tɕiɛn³³tsɿ⁰soŋ³⁵tɕie³³tɕie⁰]
姐姐留我歇，我不歇。[tɕie³³tɕie⁰niəu¹³o³³ɕie¹³, o³³pu³⁵ɕie¹³]
姐姐把我耳朵夹个缺。[tɕie³³tɕie⁰pa³³o³³ɚ³³to⁰ka³³kɤ⁰tɕʰie¹³]
意译：张打铁、李打铁，打把剪子送姐姐，姐姐留我歇，我不歇。姐姐把我耳朵夹个缺口。

0008 歌谣

送郎送到大门口，[soŋ³⁵naŋ¹³soŋ³⁵tau³⁵ta³⁵mən¹³kʰəu³³]
手拿栓子舍不得抽，[səu³³na¹³suan⁵⁵tsɿ⁰sɤ¹³pu⁰tɤ¹³tsʰəu⁵⁵]
难舍又难丢；[nan¹³sɤ¹³iəu³⁵nan¹³tiəu⁵⁵]
送郎送到荡场外，[soŋ³⁵naŋ¹³soŋ³⁵tau³⁵taŋ³⁵tsʰaŋ³³uai³⁵]
小郎一去不转来，[ɕiau³³naŋ¹³i¹³tɕʰi³⁵pu³⁵tsuan³³nai¹³]
从此两分开。[tsʰoŋ⁵⁵tsʰɿ¹³niaŋ³³fən⁵⁵kʰai⁵⁵]
意译：送郎送到大门口，手拿门栓子舍不得抽，难舍又难丢；送郎送到荡场外，小郎一去不回来，从此两分开。

0009 歌谣

六月三伏热，热死一条蛇，[nəu¹³ye¹³san⁵⁵fu¹³zɤ³⁵, zɤ³⁵sɿ³³i¹³tʰiau¹³sɤ¹³]
脚汃手软像蔫蛇，[tɕio¹³pʰa¹³səu³³zuan³³tɕʰiaŋ⁵⁵iaŋ⁵⁵sɤ¹³] 汃：软
茶饭吃不得。[tsʰa¹³fan³⁵tɕʰi¹³pu³⁵tɤ¹³]
意译：六月三伏天热，热死一条蛇，脚软手软像蔫蛇，茶饭吃不下。

二　规定故事

0021 其他故事

今儿天我来跟你们讲一个牛郎织女的故事。[tsər⁵⁵tʰiɛn⁵⁵o³³nai¹³kən⁵⁵ni³³mən¹³

tɕiaŋ³³ i¹³ kɤ¹³ niəu¹³ naŋ¹³ tsɿ¹³ ny³³ ti⁰ ku³¹ sɿ³⁵]

先儿有个伢子，[ɕien⁵⁵ ə˞¹³ iəu³³ kɤ¹³ a¹³ tsɿ⁰] 伢子：小孩

屋的爹妈蛮早就死啦，[u³³ ti¹³ tie⁵⁵ ma⁵⁵ man³³ tsau³³ tɕiəu³⁵ sɿ³³ na¹³]

也是好造孽。[ie³⁵ sɿ⁵⁵ xau³³ tsau³⁵ ie¹³] 造孽：贫穷

屋的就有一头牛伢子跟他相依为命，[u¹³ ti³³ tɕiəu⁵⁵ iəu³³ i¹³ tʰəu²¹ iəu¹³ a¹³ tsɿ⁰ kən⁵⁵ tʰa⁵⁵ ɕiaŋ⁵⁵ i⁵⁵ uei¹³ min³⁵] 牛伢子：小牛

迥个牛伢子咧它蛮有来头咧，[nie³⁵ kɤ¹³ iəu¹³ a¹³ tsɿ⁰ nie¹³ tʰa⁵⁵ man¹³ iəu³³ nai¹³ tʰəu¹³ nie⁰]

它咧是天上的金牛星，[tʰa⁵⁵ nie⁰ sɿ⁵⁵ tʰien⁵⁵ saŋ⁵⁵ ti¹³ tɕin⁵⁵ niəu¹³ ɕin⁵⁵]

迥个牛伢子呢它觉得迥个牛郎又勤快又善良，[nie³⁵ kɤ¹³ iəu¹³ a¹³ tsɿ⁰ nɤ⁰ tʰa⁵⁵ tɕio¹³ tɤ¹³ nie³⁵ kɤ¹³ niəu¹³ naŋ¹³ iəu³⁵ tɕʰin¹³ kʰuai¹³ iəu³⁵ san³⁵ niaŋ²¹]

它还蛮喜欢他。[tʰa⁵⁵ xai¹³ man³³ ɕi³³ xuan⁵⁵ tʰa⁵⁵]

它就想跟他找个媳妇子。[tʰa⁵⁵ tɕiəu⁵⁵ ɕiaŋ³³ kən⁵⁵ tʰa⁵⁵ tsau³³ kɤ¹³ ɕi¹³ fu⁵⁵ tsɿ⁰]

有一天，[iəu³³ i¹³ tʰien⁵⁵]

金牛星晓得哒天上的仙女儿，[tɕin⁵⁵ iəu¹³ ɕin⁵⁵ ɕiau³³ tɤ⁰ ta⁰ tʰien⁵⁵ saŋ³⁵ ti¹³ ɕien⁵⁵ nyə˞¹³] 晓得：知道

要到山脚下的河边去洗澡去。[iau³⁵ tau³⁵ san⁵⁵ tɕio¹³ xa³⁵ ti¹³ xo¹³ pien⁵⁵ kʰɤ⁵⁵ ɕi³³ tsau³³ kʰɤ³⁵]

它就托梦告信哒牛郎。[tʰa⁵⁵ tɕiəu³³ tʰo⁵⁵ moŋ³⁵ kau⁵⁵ ɕin⁵⁵ ta⁰ niəu¹³ naŋ²¹] 告信：告诉

要牛郎第二天也到山脚下的那个河边去，[iau³⁵ niəu¹³ naŋ²¹ ti³³ ə˞³⁵ tʰien⁵⁵ ie³³ tau³⁵ san⁵⁵ tɕio¹³ xa⁰ ti¹³ na³⁵ kɤ¹³ xo¹³ pien⁵⁵ kʰɤ⁵⁵]

去洗澡去。[kʰɤ⁵⁵ ɕi³³ tsau³³ kʰɤ¹³]

让他顺便拿一件迥个仙女儿的衣服，[zaŋ³⁵ tʰa⁵⁵ suən³⁵ pien³³ na¹³ i¹³ tɕien³⁵ nie³⁵ kɤ¹³ ɕien⁵⁵ nyə˞¹³ ti¹³ i⁵⁵ fu⁰]

一路往前面跑不回头，[i¹³ nu³⁵ uaŋ³³ tɕʰien¹³ mien⁰ pʰau³³ pu¹³ xuei¹³ tʰəu²¹]

然后晚上咧就有仙女儿来找他。[zan¹³ xəu³⁵ uan³³ saŋ⁵⁵ nie⁰ tɕiəu³⁵ iəu³³ ɕien⁵⁵ nyə˞¹³ nai¹³ tsau³³ tʰa⁵⁵]

迥个牛郎咧他就觉得不是蛮相信啊，[nie³⁵ kɤ¹³ niəu¹³ naŋ²¹ nie⁰ tʰa⁵⁵ tɕiəu⁵⁵ tɕio¹³ tɤ¹³ pu¹³ sɿ⁵⁵ man³³ ɕiaŋ³⁵ ɕin³⁵ a¹³]

他就将信将疑。[tʰa⁵⁵ tɕiəu⁵⁵ tɕiaŋ⁵⁵ ɕin³⁵ tɕiaŋ⁵⁵ i¹³]

他第二天就去在山脚下看去，[tʰa⁵⁵ ti⁵⁵ ə˞³³ tʰien⁵⁵ tɕiəu³⁵ kʰɤ⁵⁵ tsai³³ san⁵⁵ tɕio¹³ xa³⁵ kʰan³⁵ kʰɤ⁵⁵]

果然看到有七个仙女儿在河里面洗澡哦。[ko³³ zan¹³ kʰan³⁵ təu¹³ iəu³³ tɕʰi¹³ kɤ¹³ ɕiɛn⁵⁵ nyər¹³ tsai³⁵ xo¹³ ni³³ piɛn⁰ ɕi³³ tsau³³ o⁰]

他就拿一件迥个仙女儿的衣服，[tʰa⁵⁵ tɕiəu³⁵ na¹³ i¹³ tɕiɛn³⁵ nie³⁵ kɤ¹³ ɕiɛn⁵⁵ nyər¹³ ti⁰ i⁵⁵ fu⁰]

就跑，跑，跑，就跑回去哒。[tɕiəu⁵⁵ pʰau³³，pʰau³³，pʰau³³，tɕiəu³⁵ pʰau³³ xuei¹³ kʰɤ⁵⁵ ta⁰]

然后咧他拿的那件衣服咧，[zan¹³ xəu³⁵ nie⁰ tʰa⁵⁵ na¹³ ti¹³ na³⁵ tɕiɛn³⁵ i⁵⁵ fu⁰ nie⁰]

刚好是仙女儿里面一个叫织女的衣服。[kaŋ⁵⁵ xau³³ sɿ³⁵ ɕiɛn⁵⁵ nyər¹³ ni³³ miɛn⁵⁵ i¹³ kɤ¹³ tɕiau³⁵ tsɿ¹³ ny³³ ti⁰ i⁵⁵ fu⁰]

那天夜哒，[na³⁵ tʰiɛn⁵⁵ ie³⁵ ta⁰]

迥个织女呢果然就来找牛郎哒。[nie³⁵ kɤ¹³ tsɿ¹³ ny³³ nie⁰ ko³³ zan²¹ tɕiəu³³ nai¹³ tsau³³ niəu¹³ naŋ²¹ ta⁰]

她去哒敲敲门，[tʰa⁵⁵ kʰɤ⁵⁵ ta⁰ kʰau¹³ kʰau⁵⁵ mən¹³]

他把门打开哒，[tʰa⁵⁵ pa³³ mən¹³ ta³³ kʰai⁵⁵ ta⁰]

然后呢他们两个人就成啊一对夫妻。[zan¹³ xəu³⁵ nɤ⁰ tʰa⁵⁵ mən¹³ niaŋ³³ kɤ¹³ zən¹³ tɕiəu⁵⁵ tsʰən¹³ a⁰ i¹³ tuei³⁵ fu⁵⁵ tɕʰi⁵⁵]

时间过得蛮快，[sɿ¹³ tɕiɛn⁵⁵ ko³⁵ ti⁰ man³³ kʰuai³⁵]

一晃三年就过去哒，[i¹³ xuaŋ³⁵ san⁵⁵ niɛn¹³ tɕiəu³⁵ ko³⁵ kʰɤ⁵⁵ ta⁰]

织女跟牛郎两个人生啊两个儿，[tsɿ¹³ ny³³ kən⁵⁵ niəu¹³ naŋ²¹ niaŋ³³ kɤ¹³ zən¹³ sən⁵⁵ a⁰ niaŋ³³ kɤ⁵⁵ ə˞¹³]

一个儿子一个姑娘。[i¹³ kɤ¹³ ə˞¹³ tsɿ⁰ i¹³ kɤ³⁵ ku⁵⁵ niaŋ¹³]

他们俩过得蛮幸福，[tʰa⁵⁵ mən⁵⁵ nia³³ ko³⁵ ti⁰ man³³ ɕin⁵⁵ fu¹³]

但是咧，好景不长，[tan³³ sɿ³⁵ nie⁰，xau³³ tɕin³³ pu¹³ tɕʰaŋ¹³]

天上的玉皇大帝不晓得什么时候晓得啊织女下凡的迥个事。[tʰiɛn⁵⁵ saŋ⁵⁵ ti⁵⁵ y³⁵ xuaŋ¹³ ta³³ ti³⁵ pu¹³ ɕiau³³ tɤ⁰ sən³⁵ mɤ⁵⁵ sɿ¹³ xəu¹³ ɕiau¹³ tɤ³⁵ a⁰ tsɿ¹³ ny³³ ɕia³⁵ fan¹³ ti⁰ nie³⁵ kɤ¹³ sɿ¹³]

他非常地生气啊，[tʰa⁵⁵ fei⁵⁵ tsʰaŋ¹³ ti¹³ sən⁵⁵ tɕʰi³⁵ a⁰]

又是扯闪，又是打雷，[iəu³⁵ sɿ¹³ tsʰɤ³³ san³³，iəu³⁵ sɿ¹³ ta³³ nei¹³]

又是下雨，又是刮风。[iəu³⁵ sɿ¹³ ɕia³⁵ i³³，iəu³⁵ sɿ¹³ kua¹³ foŋ⁵⁵]

一下儿仙女就不见哒，[i¹³ xar⁵⁵ ɕiɛn⁵⁵ ny¹³ tɕiəu³⁵ pu¹³ tɕiɛn³⁵ ta⁰]

两个儿啊哇哇地大哭啊，[niaŋ³³ kɤ¹³ ə˞¹³ a⁰ ua⁵⁵ ua⁵⁵ ti⁰ ta³⁵ kʰu¹³ a⁰]

喊到要妈，[xan³³ tau¹³ iau³⁵ ma⁵⁵]

迥个牛郎啊急得无焦⁼果⁼。[nie³⁵ kɤ¹³ niəu¹³ naŋ²¹ a⁰ tɕi¹³ ti¹³ u¹³ tɕiau⁵⁵ xo⁵⁵] 焦⁼果⁼：没有办法

尔个时候儿啊，迦个，[nɤ^{35}ko^{0}sɿ^{13}xər^{35}a^{0}， nie^{35}kɤ^{13}]

迦个牛伢子突然开口说话哒。[nie^{35}kɤ^{13}iəu^{13}a^{13}tsɿ^{0}tʰu^{55}ʐan^{21}kʰai^{55}kʰəu^{33}so^{13} xua^{35}ta^{0}]

它说，它说牛郎啊，[tʰa^{55}so^{13}， tʰa^{55}so^{13}niəu^{13}naŋ^{21}a^{0}]

你不急，你不急啊，[ni^{33}pu^{13}tɕi^{13}， ni^{33}pu^{13}tɕi^{13}a^{13}]

它说你这时快点把我脑壳上的迦个角拉一个下来，[tʰa^{55}so^{13}ni^{33}ʐɤ^{35}sɿ^{13}kʰuai^{35} tiər^{55}pa^{33}o^{33}nau^{33}kʰo^{21}saŋ^{35}ti^{13}nie^{35}kɤ^{55}ko^{13}na^{55}i^{55}ko^{35}ɕia^{35}nai^{55}]

变成两个箩筐，[piɛn^{35}tsʰən^{21}niaŋ^{33}kɤ^{13}no^{13}kʰuaŋ^{55}]

你把儿放迦个箩筐里面，[ni^{33}pa^{33}ɚ^{13}faŋ^{35}nie^{35}kɤ^{13}no^{13}kʰuaŋ^{55}ni^{33}miɛn^{35}]

到天上去找织女去。[tau^{35}tʰiɛn^{55}saŋ^{55}kʰɤ^{35}tsau^{33}tsɿ^{13}ny^{33}kʰɤ^{35}]

迦个牛郎咧，[nie^{35}kɤ^{55}niəu^{13}naŋ^{21}nie^{0}]

他就把迦个牛伢子的脑壳上的角拉下来，[tʰa^{55}tɕiəu^{33}pa^{33}nie^{35}kɤ^{13}niəu^{13}a^{13}tsɿ^{0} ti^{0}nau^{33}kʰo^{55}saŋ^{35}ti^{13}ko^{13}na^{55}ɕia^{35}nai^{55}]

变成啊两个箩筐，[piɛn^{35}tsʰən^{21}a^{0}niaŋ^{33}kɤ^{13}no^{13}kʰuaŋ^{55}]

然后咧，[ʐan^{13}xəu^{35}nie^{0}]

就把两个儿放的箩筐里面去哒，[tɕiəu^{35}pa^{33}niaŋ^{33}kɤ^{13}ɚ^{13}faŋ^{35}ti^{0}no^{13}kʰuaŋ^{55}ni^{33} miɛn^{35}kʰɤ^{35}ta^{0}]

他把儿一放迦个箩筐里面，[tʰa^{55}pa^{33}ɚ^{13}i^{13}faŋ^{35}nie^{35}kɤ^{13}no^{13}kʰuaŋ^{55}ni^{33}miɛn^{13}]

迦个箩筐就像长了翅膀的，[nie^{35}kɤ^{13}no^{13}kuaŋ^{55}tɕiəu^{33}tɕʰiaŋ^{35}tsaŋ^{33}a^{0}tsʰɿ^{35}paŋ^{55} ti^{13}]

就往天上飞，飞，飞，[tɕiəu^{33}uaŋ^{33}tʰiɛn^{55}saŋ^{55}fei^{55}， fei^{55}， fei^{55}]

飞呀飞呀飞呀，[fei^{55}ia^{0}fei^{55}ia^{0}fei^{55}ia^{0}]

眼看到就要追到迦个织女哒，[iɛn^{33}kʰan^{35}tau^{0}tɕiəu^{33}iau^{55}tsuei^{55}tau^{13}nie^{35}kɤ^{13} tsɿ^{13}ny^{33}ta^{0}]

迦个时候儿，[nie^{35}kɤ^{13}sɿ^{13}xəur^{13}]

天上的王母娘娘她出来了，[tʰiɛn^{55}saŋ^{55}ti^{0}uaŋ^{13}mu^{33}niaŋ^{13}niaŋ^{0}tʰa^{55}tɕʰu^{13}nai^{13} na^{0}]

她看不得他们两个人在一起，[tʰa^{55}kʰan^{35}pu^{55}tɤ^{0}tʰa^{55}mən^{13}niaŋ^{33}kɤ^{13}ʐən^{13}tsai^{35} i^{13}tɕʰi^{33}]

她就把她脑壳上，[tʰa^{55}tɕiəu^{33}pa^{33}tʰa^{55}nau^{33}kʰo^{21}saŋ^{55}]

拔啊一根钗子下来哒，[pa^{13}a^{0}i^{13}kən^{55}tsʰai^{55}tsɿ^{13}ɕia^{35}nai^{55}ta^{0}]

往牛郎跟织女中间一划，[uaŋ^{33}niəu^{13}naŋ^{21}kən^{55}tsɿ^{13}ny^{33}tsoŋ^{55}tɕiɛn^{55}i^{13}xua^{35}]

一下儿，天雷滚滚，[i^{13}xar^{55}， tʰiɛn^{55}nei^{21}kuən^{33}kuən^{13}]一下儿：一会儿

牛郎跟织女中间，[niəu¹³ naŋ²¹ kən⁵⁵ tsʅ¹³ ny³³ tsoŋ⁵⁵ tɕiɛn⁵⁵]

出现啊一条好宽好宽的天河，[tsʰu¹³ ɕiɛn³⁵ a⁰ i¹³ tʰiau¹³ xau³³ kʰuan⁵⁵ xau³³ kʰuan⁵⁵ ti⁰ tʰiɛn⁵⁵ xo²¹]

他们两个人，天河，[tʰa⁵⁵ mən⁵⁵ niaŋ³³ kɤ¹³ zən²¹，tʰiɛn⁵⁵ xo²¹]

遥着天河相望啊，[iau¹³ tsɤ¹³ tʰiɛn⁵⁵ xo¹³ ɕiaŋ⁵⁵ uaŋ³⁵ a⁰]

非常地远呐，[fei⁵⁵ tsʰaŋ¹³ ti¹³ yɛn³³ na⁰]

然后两个人生生地被分开哒。[zan¹³ xəu³⁵ niaŋ³³ kɤ¹³ zən¹³ sən⁵⁵ sən⁵⁵ ti⁰ pei³⁵ fən⁵⁵ kʰai⁵⁵ ta⁰]

牛郎，然后迥个天上的喜鹊，[niəu¹³ naŋ²¹，zan¹³ xəu³⁵ nie³⁵ kɤ¹³ tʰiɛn⁵⁵ saŋ⁵⁵ ti⁰ ɕi³³ tɕʰye²¹]

它觉得蛮同情牛郎。[tʰa⁵⁵ tɕio¹³ tɤ¹³ man³³ tʰoŋ¹³ tɕʰin²¹ niəu¹³ naŋ²¹]

它咧，每年的农月，[tʰa⁵⁵ nie⁰，mei³³ niɛn²¹ ti¹³ noŋ¹³ ye³⁵]

七月初七咧，[tɕʰi¹³ ye²¹ tsʰu¹³ tɕʰi¹³ nie⁰]

它就会跟成千上万只喜鹊一起，[tʰa⁵⁵ tɕiəu³³ xuei³⁵ kən⁵⁵ tsʰən¹³ tɕʰiɛn⁵⁵ saŋ³³ uan³⁵ tsʅ¹³ ɕi³³ tɕʰio¹³ i¹³ tɕʰi³³]

到天上天河边头，[tau³⁵ tʰiɛn⁵⁵ saŋ⁵⁵ tʰiɛn⁵⁵ xo¹³ piɛn⁵⁵ tʰəu⁰]

搭一条鹊桥，[ta¹³ i¹³ tʰiau¹³ tɕʰye³⁵ tɕʰiau²¹]

让牛郎跟织女两个人相见，[zaŋ³⁵ niəu¹³ naŋ²¹ kən⁵⁵ tsʅ¹³ ny³³ niaŋ³³ kɤ¹³ zən¹³ ɕiaŋ⁵⁵ tɕiɛn³⁵]

迥就是牛郎跟织女的故事。[nie³⁵ tɕiəu³³ sʅ⁵⁵ niəu¹³ naŋ²¹ kən⁵⁵ tsʅ¹³ ny³³ ti⁰ ku³³ sʅ³⁵]

意译：今天我来给你们讲一个牛郎织女的故事。以前有一个孩子，家里的爹妈很早就死了，也是很可怜。家里就只有一头小牛跟他相依为命，那头小牛，它很有来头，它是天上的金牛星，那头小牛它觉得牛郎又勤快又善良，它很喜欢他。它就想帮他找个媳妇。

有一天，金牛星知道天上的仙女，要到山脚下的河边洗澡。它就托梦告诉牛郎，让牛郎第二天也到山脚下河边洗澡，让他顺便拿一件仙女儿的衣服，一路往前面跑不回头，然后晚上就有仙女儿来找他。牛郎他就不相信，将信将疑。他第二天就到山脚下去看，果然看到有七个仙女在河里面洗澡。他就拿了一件仙女的衣服，就跑，就跑回去了。然后他拿的那件衣服，刚好是仙女里面一个叫织女的衣服。那天夜里，织女果然就来找牛郎了。她去敲了敲门，他就把门打开了，然后他们两个人就成了一对夫妻。

时间过得很快，一晃三年就过去了，织女跟牛郎两个人生了两个孩子，一个儿子一个女儿。他们俩过得很幸福。但是，好景不长，天上的玉皇大帝不知道什么时候知道了织女下凡的这件事。他非常地生气，又是闪电，又是打雷，又是下雨，又是刮风。一下子，仙女就不见了。两个孩子哇哇地大哭啊，喊着要妈妈，牛郎就非常着急。这个时候，那头牛突然开口说话了。它说："牛郎啊，你不急，你不急啊，你这时快点把我头上的角拉一个下来，变成两个箩筐，你把孩子放在箩筐里面，到天上去找织女。"

牛郎他就把牛头上的角拉下来，变成了两个箩筐，然后呢，就把两个孩子放在箩筐里面，他把孩子一放到箩筐里面，箩筐就像长了翅膀一样，就往天上飞，飞呀飞呀，眼看就要追上织女了，这个时候，天上的王母娘娘出来了，她不想看到他们两个人在一起，她就从头上拿一根钗子下来了，往牛郎跟织女中间一划，一会儿，天雷滚滚，牛郎与织女中间，出现了一条好宽好宽的天河，他们两个人隔着天河相望，非常地遥远，然后两个人硬生生地被分开了。天上的喜鹊，它很同情牛郎。于是，每年的农月七月初七，就有成千上万只喜鹊聚在一起，到天上的天河边，搭一条鹊桥，让牛郎和织女两个人相见，这就是牛郎和织女的故事。

三　其他故事

0022 其他故事

讲一个故事叫《一出一家》。[tɕiaŋ³³ i¹³ kɤ³⁵ ku³³ sɿ⁰ tɕiau³⁵ i¹³ tsʰu¹³ i¹³ tɕia⁵⁵]

家里共有四个人，[tɕia⁵⁵ ni⁰ koŋ³³ iəu³³ sɿ³⁵ kɤ³⁵ zən¹³]

爹叫刘大发，儿子刘兴发，[tie⁵⁵ tɕiau³⁵ niəu¹³ ta³⁵ fa¹³，ɚ¹³ tsɿ⁰ niəu¹³ ɕin³⁵ fa¹³]

媳妇名叫李小花，还有一个啊，[ɕi¹³ fu³⁵ min¹³ tɕiau³⁵ ni³³ ɕiau³⁵ xua⁵⁵，xai¹³ iəu¹³ i¹³ ko³⁵ a⁰]

就是大爹的老伴，[tɕiəu³⁵ sɿ³⁵ ta³⁵ tie⁵⁵ ti⁰ nau³³ pan³³]

小花的婆佬刘大妈。[ɕiau³³ xua⁵⁵ ti⁰ pʰo¹³ nau³³ niəu¹³ ta³⁵ ma⁵⁵] 婆佬：婆婆

故事发生之时啊，[ku³³ sɿ⁰ fa¹³ sən⁵⁵ tsɿ⁵⁵ sɿ¹³ a⁰]

这个老人家出门去看他的老家家，[tsɤ³⁵ kɤ³⁵ nau³³ zən¹³ tɕia⁵⁵ tsʰu¹³ mən¹³ kʰɤ³⁵ kʰan³⁵ tʰa⁵⁵ ti⁰ nau³³ ka³⁵ ka⁰] 家家：外婆

所以呢我今儿天就不管他。[so³³ i⁰ ni⁰ o³³ tɕɚ⁵⁵ tʰiɛn⁵⁵ tɕiəu³⁵ pu³⁵ kuan³³ tʰa⁵⁵]

还是去年的三月二十八奈个麻风子细雨呀，[xai¹³ sɿ³⁵ tɕʰy³⁵ niɛn¹³ ti⁰ san⁵⁵ ye¹³ ɚ³⁵ sɿ¹³ pa³⁵ nai³⁵ kɤ³⁵ ma¹³ foŋ⁵⁵ tsɿ⁰ ɕi¹³ ia⁰] 奈个：那个

是突突地下。[sɿ³⁵ tʰu⁵⁵ tʰu⁵⁵ ti⁰ ɕia³⁵]

奈个媳妇啊从镇办区放假回家。[nai³⁵ kɤ³⁵ ɕi¹³ fu⁰ a⁰ tsʰoŋ⁵⁵ tsən³⁵ pan³⁵ tɕʰi⁵⁵ faŋ⁵⁵ tɕia³³ xuei¹³ tɕia⁵⁵]

进门一看呐，[tɕin³⁵ mən¹³ i¹³ kʰan³⁵ na⁰]

缸里没得水，[kaŋ⁵⁵ ni⁰ mei⁵⁵ tɤ¹³ suei³³]

壶里没得茶，[xu¹³ ni⁰ mei⁵⁵ tɤ¹³ tsʰa¹³]

那堂屋里像牛栏啊，[na³⁵ tʰaŋ⁵⁵ u¹³ ni⁰ tɕʰiaŋ⁵⁵ iəu¹³ nan¹³ a⁰] 堂屋：客厅

是院子里像荒耙。[sʅ³⁵ iɛn³⁵ tsʅ⁰ ni⁰ tɕʰiaŋ⁵⁵ xuaŋ⁵⁵ pʰa⁰] 荒耙：荒地

就问那个公佬儿，[tɕiəu³⁵ uən³⁵ na³⁵ kɤ³⁵ koŋ⁵⁵ naur³³] 公佬儿：公公

爹，我们今儿搞蒎=儿啊？[tie⁵⁵，o³³ mən⁰ tɕər⁵⁵ kau³³ xoŋ³⁵ ə˞¹³ a⁰] 蒎=儿：什么

奈个刘大发想了想就做回答，[nai³⁵ kɤ³⁵ niəu¹³ ta³⁵ fa³³ ɕiaŋ³³ niau⁰ ɕiaŋ³³ tɕiəu³⁵ tsəu³⁵ xuei¹³ ta⁰]

嗯，嘛那个下雨嘛就是休息歇假，[ən⁰，ma⁰ nai³⁵ kɤ³⁵ ɕia³⁵ i³³ ma⁰ tɕiəu³⁵ sʅ³⁵ ɕiəu⁵⁵ ɕi¹³ ɕie¹³ tɕia³³]

我们今儿天来把鼻子夹，[o³³ mən⁰ tɕər⁵⁵ tʰiɛn⁵⁵ nai¹³ pa³³ pi¹³ tsʅ⁰ tɕia¹³]

奈个儿子一听说打花牌是举双手赞成，[nai³⁵ kɤ³⁵ ə˞¹³ tsʅ⁰ i¹³ tʰin⁵⁵ so¹³ ta³³ xua⁵⁵ pʰai¹³ sʅ³⁵ tɕi³³ suaŋ⁵⁵ səu³³ tsan³⁵ tsʰən¹³]

没还低尕儿价，[mei⁵⁵ xuan¹³ ti¹³ kar⁵⁵ tɕia³⁵] 低尕儿：一点点

接着啊，桌子一拖，[tɕie¹³ tso¹³ a⁰，tso¹³ tsʅ⁰ i¹³ tʰo⁵⁵]

椅子两把，各就各位，坐拢哒。[i³³ tsʅ⁰ niaŋ³³ pa³³，ko¹³ tɕiəu³⁵ ko¹³ uei³⁵，tso³⁵ noŋ¹³ ta⁰]

先抢庄，后发话，[ɕiɛn⁵⁵ tɕʰiaŋ³³ tsuaŋ⁵⁵，xəu³⁵ fa¹³ xua³⁵]

规矩定得还蛮硬的。[kuei⁵⁵ tɕi⁵⁵ tin³⁵ ti⁰ xai¹³ man¹³ ən³⁵ ti⁰]

那掉拖就给，大胡咧，[na³⁵ tiau³⁵ tʰo⁵⁵ tɕiəu³⁵ kɤ³³，ta³⁵ xu¹³ nie⁰]

就学乌龟爬，[tɕiəu³⁵ ɕio¹³ u⁵⁵ kuei¹³ pʰa¹³]

开始还算是棋逢对手，[kʰai⁵⁵ sʅ³³ xai¹³ suan³⁵ sʅ³⁵ tɕʰi¹³ foŋ¹³ tuei³⁵ səu³³]

将遇良才。[tɕiaŋ³⁵ i³⁵ niaŋ¹³ tsʰai¹³]

论输赢，都还不大。[nuəu³⁵ su⁵⁵ in¹³，təu⁵⁵ xai¹³ pu¹³ ta³⁵]

到了下午啊，[tau³⁵ na⁰ ɕia³⁵ u³³ a⁰]

那个老头子算是背时到家，[nai³⁵ kɤ³⁵ nau³³ tʰəu¹³ tsʅ⁰ suan³⁵ sʅ³⁵ pei³⁵ sʅ¹³ tau³⁵ tɕia⁵⁵] 背时：倒霉

儿子一个大胡一满呐。[ə˞¹³ tsʅ⁰ i¹³ kɤ³⁵ ta³⁵ xu¹³ i¹³ man³³ na⁰]

规规矩矩，[kuei⁵⁵ kuei⁰ tɕi⁵⁵ tɕi⁰]

跟公佬媳妇两个人桌子底下爬，[kən⁵⁵ koŋ⁵⁵ nau³³ ɕi¹³ fu³⁵ niaŋ³³ kɤ³⁵ zən¹³ tso¹³ tsʅ⁰ ti³³ xa⁰ pʰa¹³]

哪晓得迺个桌子又蛮矮，[na³³ ɕiau³³ tɤ⁰ nie³⁵ kɤ³⁵ tso¹³ tsʅ⁰ iəu³⁵ man¹³ ai³³]

两个人个子又蛮大，[niaŋ³³ kɤ³⁵ zən¹³ ko³⁵ tsʅ⁰ iəu³⁵ man¹³ ta³⁵]

奈个媳妇前头还没给过，[nai³⁵ kɤ³⁵ ɕi¹³ fu³⁵ tɕʰiɛn¹³ tʰəu¹³ xai¹³ mei⁵⁵ kɤ³³ ko³⁵]

公佬后头就跟啊来哒，[koŋ⁵⁵ nau³³ xəu³⁵ tʰəu¹³ tɕiəu³⁵ kən¹³ a⁰ nai¹³ ta⁰]

奈个水磨石的地下是又溜又滑，[nai³⁵ kɤ³⁵ suei³³ mo¹³ sʅ¹³ ti⁰ ti⁰ xa⁰ sʅ³⁵ iəu³⁵ niəu¹³ iəu³⁵ xua¹³]

加上泼了丢茶，[tɕia⁵⁵ saŋ³⁵ pʰo¹³ na⁰ tiəu⁵⁵ tsʰa¹³]

奈个公佬一头撞去啊，[nai³⁵ kɤ³⁵ koŋ⁵⁵ nau³³ i¹³ tʰəu¹³ tsuaŋ³⁵ tɕʰy³⁵ a⁰]

那个顶命心儿啊，[na³⁵ kɤ³⁵ tin³³ min³⁵ ɕɚ⁵⁵ a⁰]

稀忽碰到媳妇的大胯。[ɕi⁵⁵ xu⁵⁵ pʰoŋ³⁵ tau³⁵ ɕi¹³ fu⁰ ti⁰ ta³⁵ kʰua³³] 稀忽：差点

是连忙往后一缩，[sʅ³⁵ niɛn¹³ maŋ¹³ uaŋ³³ xəu³⁵ i¹³ su¹³]

嘣，妈呀妈，[poŋ⁰，ma⁵⁵ ia⁰ ma⁵⁵]

奈个后脑壳啊，[nai³⁵ kɤ³⁵ xəu³⁵ nau³³ kʰo¹³ a⁰]

又在那个桌子角上，[iəu³⁵ tsai³⁵ na³⁵ kɤ³⁵ tso¹³ tsʅ⁰ ko¹³ saŋ³⁵]

碰了那门大个青疙瘩，[pʰoŋ³⁵ niau⁰ na³⁵ mən⁰ ta³⁵ kɤ³⁵ tɕʰin⁵⁵ kɤ¹³ ta⁰]

算哒算哒，老子不同意给哒，[suan³⁵ ta⁰ suan³⁵ ta⁰，nau³³ tsʅ⁰ pu³⁵ tʰoŋ¹³ i³⁵ kɤ³³ ta⁰]

干脆我们一角钱一胡，[kan⁵⁵ tsʰuei³⁵ o³³ mən⁰ i¹³ tɕio¹³ tɕʰiɛn¹³ i¹³ xu¹³]

一牌一把，不赊不挂，[i¹³ pʰai¹³ i¹³ pa³³，pu³⁵ sɤ⁵⁵ pu³⁵ kua³⁵]

同意就打。[tʰoŋ¹³ i³⁵ tɕiəu¹³ ta³³]

爹，不管啷＝门搞都行，[tie⁵⁵，pu³⁵ kuan³³ naŋ³³ mən⁰ kau³³ təu⁵⁵ ɕin¹³] 啷＝门：怎么

我们是不是弄点儿饭吃哒，[o³³ mən⁰ sʅ³⁵ pu⁰ sʅ³⁵ noŋ³⁵ tiər³³ fan³⁵ tɕʰi¹³ ta⁰]

再争高下？[tsai³⁵ tsən⁵⁵ kau⁵⁵ ɕia³⁵]

哎，嘛一餐饭要耽搁好几盘，[ei⁰，ma⁰ i¹³ tsʰan⁵⁵ fan³⁵ iau³⁵ tan⁵⁵ ko¹³ xau³³ tɕi³³ pʰan¹³]

时间不能白白抛洒，[sʅ¹³ tɕiɛn⁵⁵ pu³⁵ nən¹³ pɤ¹³ pɤ¹³ pʰau⁵⁵ sa⁵⁵] 抛洒：浪费

小花有冷饭，扒两口算哒。[ɕiau³³ xua⁵⁵ iəu³³ nən³³ fan³⁵，pa¹³ niaŋ³³ kʰəu³³ suan³⁵ ta⁰]

奈个媳妇心想啊，[nai³⁵ kɤ³⁵ ɕi¹³ fu³⁵ ɕin⁵⁵ ɕiaŋ³³ a⁰]

你老头子爱简单，[ni¹³ nau³³ tʰəu¹³ tsʅ⁰ ai³⁵ tɕiɛn³³ tan⁵⁵]

儿子爱撇脱，[ɚ¹³ tsʅ⁰ ai³⁵ pʰie⁵⁵ tʰo¹³] 撇脱：开脱

我咧，我是越轻松越过了。[o³³ nie⁰，o³³ sʅ³⁵ ie¹³ tɕʰin⁵⁵ soŋ¹³ ie¹³ ko³⁵ niau⁰]

用了一点儿前儿天的温都＝子水，[ioŋ³⁵ nɤ⁰ i¹³ tiər³³ tɕʰiər¹³ tʰiɛn⁵⁵ ti⁰ uən⁵⁵ tu⁵⁵ tsʅ⁰ suei³³] 温都＝子水：温水

泡了一点儿昨天的胡锅巴，[pʰau³⁵ nɤ⁰ i¹³ tiər³³ tso¹³ tʰiɛn⁵⁵ ti⁰ xu¹³ ko⁵⁵ pa⁰]

萝卜丁子一抓，[no¹³ pu⁰ tin⁵⁵ tsȵ⁰ i¹³ tsua⁵⁵]

细广椒那么一挖，[ɕi³⁵ kuaŋ³³ tɕiau⁵⁵ na³⁵ mɤ⁰ i¹³ ua⁵⁵]

一口一扒，又重入席，再上马。[i⁵⁵ kʰəu¹³ i⁵⁵ pa⁵⁵，iəu³⁵ tsʰoŋ¹³ zu¹³ ɕi¹³，tsai³⁵ saŋ³⁵ ma³³]

直打到啦，[tsȵ¹³ ta³³ tau³⁵ na⁰]

星星都眨了眼，[ɕin⁵⁵ ɕin⁵⁵ təu⁵⁵ tsa¹³ niau⁰ iɛn³³]

月亮都东上爬，[ie¹³ niaŋ³⁵ təu⁵⁵ toŋ⁵⁵ saŋ³⁵ pʰa¹³]

什么结果咧？[sən³⁵ mɤ⁰ tɕie¹³ ko³³ nie⁰]

奈个老头子啊，[nai³⁵ kɤ³⁵ nau³³ tʰəu¹³ tsȵ⁰ a⁰]

就输了九十九块九，[tɕiəu³⁵ su⁵⁵ niau⁰ tɕiəu³³ sȵ¹³ tɕiəu³³ kʰuai³³ tɕiəu¹³]

奈个媳妇咧，[nai³⁵ kɤ³⁵ ɕi¹³ fu⁰ nie⁰]

就赢了八十八块八。[tɕiəu³⁵ in¹³ niau⁰ pa¹³ sȵ¹³ pa¹³ kʰuai³³ pa¹³]

这么时候已经很晚，[tsɤ³⁵ mɤ⁰ sȵ¹³ xəu⁰ i³³ tɕin⁵⁵ xən¹³ uan³³]

奈个屋里的桌钟敲了十下。[nai³⁵ kɤ³⁵ u¹³ ni⁰ ti⁰ tso¹³ tsoŋ⁵⁵ kʰau⁵⁵ niau⁰ sȵ¹³ xa³⁵]

媳妇儿一个大回满，[ɕi¹³ fuər⁰ i¹³ kɤ³⁵ ta³⁵ xuei¹³ man³³]

三十四胡加番，[san⁵⁵ sȵ¹³ sȵ³⁵ xu¹³ tɕia⁵⁵ fan⁵⁵]

要进六块八。[iau³⁵ tɕin³⁵ nu¹³ kʰuai³³ pa¹³]

嘛奈个老头子一百块钱早就输光哒，[ma⁰ nai³⁵ kɤ³⁵ nau³³ tʰəu¹³ tsȵ¹³ i¹³ pɤ¹³ kʰuai³³ tɕʰiɛn¹³ tsau³³ tɕiəu³⁵ su⁵⁵ kuaŋ⁵⁵ ta⁰]

还剩那个角角钱，[xai¹³ sən³⁵ na³⁵ kɤ⁰ tɕio¹³ tɕior⁰ tɕʰiɛn¹³]

给哪门几个把咧？[kɤ³³ na³³ mən⁰ tɕi³³ ko⁰ pa³³ nie⁰] 哪门：谁。把：给

就来跟那个媳妇说好话。[tɕiəu³⁵ nai¹³ kən⁵⁵ na³⁵ kɤ³⁵ ɕi¹³ fu⁰ so¹³ xau³³ xua³⁵]

呃，小花，呃，我怎么时候，[ɤ⁰，ɕiau³³ xua⁵⁵，ɤ⁰，o³³ tsən³³ mɤ⁰ sȵ¹³ xəu⁰]

呃，我是不是赊了一盘儿啊？[ɤ⁰，o³³ sȵ³⁵ pu³⁵ sȵ³⁵ sɤ⁵⁵ mɤ⁰ i¹³ pʰər¹³ a⁰]

等下满哒，[tən³³ xa⁰ man³³ ta⁰]

我给你分文不差，[o³³ kɤ³³ ni¹³ fən⁵⁵ uən¹³ pu³⁵ tsʰa³⁵]

男子汉大丈夫说话算话。[nan¹³ tsȵ⁰ xan³⁵ ta³⁵ tsaŋ³³ fu⁰ so¹³ xua³⁵ suan³⁵ xua³⁵]

奈个媳妇儿把爹那么一看。[nai³⁵ kɤ³⁵ ɕi¹³ fuər⁰ pa³³ tie⁵⁵ na³⁵ mɤ⁰ i¹³ kʰan¹³]

爹，您儿迣个小伙子还蛮标致的啊，[tie⁵⁵，niər³³ nie³⁵ kɤ³⁵ ɕiau³³ xo³³ tsȵ⁰ xai¹³ man¹³ piau⁵⁵ tsȵ⁰ ti⁰ a⁰]

上场是您儿宣布的政策不赊不挂，[saŋ³⁵ tsʰaŋ³³ sȵ³⁵ niər³³ ɕiɛn⁵⁵ pu³⁵ ti⁰ tsən³⁵ tsʰɤ¹³ pu³⁵ sɤ⁵⁵ pu³⁵ kua³⁵]

同意就打，[tʰoŋ¹³ i³⁵ tɕiəu³⁵ ta³³]

说话不叫话，[so¹³ xua³⁵ pu³⁵ tɕiau³⁵ xua³⁵]

还叫什么大一个啊。[xai¹³ tɕiau³⁵ sən³⁵ mɤ⁰ ta³⁵ i¹³ kɤ³⁵ a⁰]

奈个儿子啊，[nai³⁵ kɤ³⁵ ə¹³ tsɿ⁰ a⁰]

也在一旁打帮吹。[ie³³ tsai³⁵ i¹³ pʰaŋ¹³ ta³³ paŋ⁵⁵ tsʰuei⁵⁵] 帮吹：起哄

爹，一家人当赖还叫话呀，[tie⁵⁵，i¹³ tɕia⁵⁵ zən¹³ taŋ⁵⁵ nai³⁵ xai¹³ tɕiau³⁵ xua³⁵ ia⁰] 当赖：耍赖

规规矩矩快点儿拿，[kuei⁵⁵ kuei⁰ tɕi⁵⁵ tɕi⁰ kʰuai³⁵ tiər³³ na¹³]

没得钱呐？[mei⁵⁵ tɤ⁰ tɕʰiɛn¹³ na⁰]

没得钱把妈卖哒也得把。[mei⁵⁵ tɤ⁰ tɕʰiɛn¹³ pa³³ ma⁵⁵ mai³⁵ ta⁰ ie³³ tei¹³ pa³³]

就这样吵吵嚷嚷啊，[tɕiəu³⁵ tsɤ³⁵ iaŋ³⁵ tsʰau³³ tsʰau⁰ zaŋ³³ zaŋ⁰ a⁰]

是扯扯拉拉。[sɿ³⁵ tsʰɤ³³ tsʰɤ⁰ na⁵⁵ na⁰]

老头子输了心里很是不爽，[nau³³ tʰəu¹³ tsɿ⁰ su⁵⁵ niau⁰ ɕin⁵⁵ ni⁰ xən³³ sɿ³⁵ pu³⁵ suaŋ³³]

奈个媳妇要不到钱，[nai³⁵ kɤ³⁵ ɕi¹³ fu⁰ iau³⁵ pu³⁵ tau³⁵ tɕʰiɛn¹³]

心里就只当猫子在抓，[ɕin⁵⁵ ni⁰ tɕiəu³⁵ tsɿ¹³ taŋ⁵⁵ mau⁵⁵ tsɿ⁰ tsai³⁵ tsua⁵⁵]

奈个儿子咧，[nai³⁵ kɤ³⁵ ə¹³ tsɿ⁰ nie⁰]

又拼命维护他的堂客妈。[iəu³⁵ pʰin⁵⁵ min³⁵ uei³³ xu⁵⁵ tʰa⁵⁵ ti⁰ tʰaŋ⁵⁵ kʰɤ¹³ ma⁵⁵]

奈个老头子啊，[nai³⁵ kɤ³⁵ nau³³ tʰəu¹³ tsɿ⁰ a⁰]

牌一收，门一打，[pʰai¹³ i¹³ səu⁵⁵，mən¹³ i¹³ ta³³]

车身就不见哒，[tsʰɤ³³ sən⁵⁵ tɕiəu³⁵ pu³⁵ tɕiɛn³⁵ ta⁰] 车身：转身

气得直奔菱角堰啊，[tɕʰi³⁵ tɤ¹³ tsɿ¹³ pən⁵⁵ nin¹³ ko³³ iɛn¹³ a⁰]

准备跳水要自杀。[tsuan³³ pei³⁵ tiau³⁵ suei³³ iau³⁵ tsɿ³⁵ sa¹³]

他慢点儿慢点儿慢点儿慢点儿地往下摸，[tʰa⁵⁵ man³⁵ tiər⁰ man³⁵ tiər⁰ man³⁵ tiər⁰ man³⁵ tiər⁰ ti⁰ uaŋ³³ ɕia³⁵ mo⁵⁵]

看到水一起大胯，[kʰan³⁵ tau³⁵ suei³³ i¹³ tɕʰi³³ ta³⁵ kʰua³³]

是连忙又往坡上爬，[sɿ³⁵ niɛn¹³ maŋ¹³ iəu³⁵ uaŋ³³ pʰo¹³ saŋ³⁵ pʰa¹³]

他哪＝门连忙又往坡上爬咧？[tʰa⁵⁵ naŋ³³ mən⁰ niɛn¹³ maŋ¹³ iəu³⁵ uaŋ³³ pʰo¹³ saŋ³⁵ pʰa¹³ nie⁰]

嘛奈个牌呀还捅在裤子荷包里，[ma⁰ nai³⁵ kɤ³⁵ pʰai¹³ ia⁰ xai¹³ tʰoŋ³³ tsai³⁵ kʰu³⁵ tsɿ⁰ xo¹³ pau⁵⁵ ni⁰] 捅：装

水一打湿就要抛洒。[suei³³ i¹³ ta³³ sɿ¹³ tɕiəu³⁵ iau³⁵ pʰau⁵⁵ sa⁵⁵]

他把迩个牌从裤子荷包里数＝出来，[tʰa⁵⁵ pa³³ nie³⁵ kɤ³⁵ pʰai¹³ tsʰoŋ⁵⁵ kʰu³⁵ tsɿ⁰ xo¹³ pau⁵⁵ ni⁰ su³³ tsʰu¹³ nai¹³] 数＝：拿

将奈个牌咧举到奈个头顶，[tɕiaŋ⁵⁵ nai³⁵ kɤ³⁵ pʰai¹³ nie⁰ tɕy³³ tau³⁵ nai³⁵ kɤ³⁵ tʰəu¹³ tin³³〕

将奈个身体就栽在奈个水下,〔tɕiaŋ⁵⁵ nai³⁵ kɤ³⁵ sən⁵⁵ tʰi³³ tɕiəu³⁵ tsai⁵⁵ tsai³⁵ nai³⁵ kɤ³⁵ suei³³ ɕia³⁵〕

牌呀牌,我多年的老朋友哦,〔pʰai¹³ ia⁰ pʰai¹³, o³³ to⁵⁵ niɛn¹³ ti⁰ nau³³ pʰoŋ¹³ iəu³³ o⁰〕

我们两个要亲家成冤家,〔o³³ mən⁰ niaŋ³³ kɤ³⁵ iau³⁵ tɕʰin⁵⁵ tɕia⁵⁵ tsʰən¹³ iɛn⁵⁵ tɕia⁵⁵〕

我去死,我还是不担心你哒,〔o³³ kʰɤ³⁵ sɹ̩³³, o³³ xai¹³ sɹ̩¹³ pu³⁵ tan⁵⁵ ɕin⁵⁵ ni¹³ ta⁰〕

啊,咕噜咕噜。〔a⁰, ku⁵⁵ nu⁰ ku⁵⁵ nu⁰〕

正在这个时候,〔tsən³⁵ tsai³⁵ tsɤ³⁵ kɤ³⁵ sɹ̩¹³ xəu⁰〕

从坡上来了一个人,〔tsʰoŋ⁵⁵ pʰo¹³ saŋ³⁵ nai¹³ niau⁰ i¹³ kɤ³⁵ zən¹³〕

一看他衣没脱鞋没挂,〔i¹³ kʰan³⁵ tʰa⁵⁵ i⁵⁵ mei⁵⁵ tʰo¹³ xai¹³ mei⁵⁵ kua³⁵〕

飞步跳下堰,〔fei⁵⁵ pu³⁵ tʰiau³⁵ ɕia³⁵ iɛn⁵⁵〕

亲家就来把亲家拉。〔tɕʰin⁵⁵ tɕia⁵⁵ tɕiəu³⁵ nai¹³ pa³³ tɕʰin⁵⁵ tɕia⁵⁵ na⁵⁵〕

迺个人是谁呢?〔nie³⁵ kɤ³⁵ zən¹³ sɹ̩³⁵ suei¹³ ni⁰〕

迺个人呐,〔nie³⁵ kɤ³⁵ zən¹³ na⁰〕

就是刘大发的亲家,〔tɕiəu³⁵ sɹ̩³⁵ niəu¹³ ta³⁵ fa¹³ ti⁰ tɕʰin⁵⁵ tɕia⁵⁵〕

名叫李振亚。〔min¹³ tɕiau³⁵ ni³³ tsən³⁵ ia¹³〕

哎,你是亲家吵,〔ei⁰, ni¹³ sɹ̩³⁵ tɕʰin⁵⁵ tɕia⁵⁵ sa⁰〕

您儿您儿是什么事啊?〔niər³³ niər³³ sɹ̩³⁵ sən³⁵ mɤ⁰ sɹ̩³⁵ a⁰〕

走,到我屋里去,〔tsəu³³, tau³⁵ o³³ u¹³ ni⁰ kʰɤ³⁵〕

呼袋烟,喝杯茶,〔xu⁵⁵ tai³⁵ iɛn⁵⁵, xo⁵⁵ pei⁵⁵ tsʰa¹³〕呼:吸

我们有话慢慢地拉。〔o³³ mən⁰ iəu³³ xua³⁵ man³⁵ man³⁵ ti⁰ na⁵⁵〕

哎呦,亲家你慢点儿拉,〔ei⁰ yo⁰, tɕʰin⁵⁵ tɕia⁵⁵ ni¹³ man³⁵ tiər³³ na⁵⁵〕

我迺个脚被刺卷一下。〔o³³ nie³⁵ kɤ³⁵ tɕio¹³ pei³⁵ tsʰɹ̩³⁵ tɕyɛn³³ i¹³ xa⁰〕

啊,脚被刺卷一下?〔a⁰, tɕio¹³ pei³⁵ tsʰɹ̩³⁵ tɕyɛn³³ i¹³ xa⁰〕

抬起来我给你拔。〔tʰai¹³ tɕʰi³³ nai¹³ o³³ kɤ³⁵ ni¹³ pa¹³〕

哎呦,亲家疼得没得法,〔ei⁰ yo⁰, tɕʰin⁵⁵ tɕia⁵⁵ tʰən¹³ tɤ⁰ mei⁵⁵ tɤ¹³ fa¹³〕

哎呦,老也老哒,腰也卸法,〔ei⁰ yo⁰, nao³³ ie³³ nao³³ ta⁰, iau⁵⁵ ie³³ ɕie³⁵ fa³³〕卸法:没用

一不是开刀,二不是结扎,〔i¹³ pu³⁵ sɹ̩³⁵ kʰai⁵⁵ tau⁵⁵, ɚ³⁵ pu³⁵ sɹ̩³⁵ tɕie¹³ tsa¹³〕

长疼不如短疼,拔。〔tsʰaŋ¹³ tʰən³⁵ pu³⁵ zu¹³ tuan³³ tʰən³⁵, pa¹³〕

哎呦呵,亲家,〔ei⁰ yo⁰ xɤ⁰, tɕʰin⁵⁵ tɕia⁵⁵〕

奈不是个刺哦,是个签子哦!〔nai³⁵ pu³⁵ sɹ̩³⁵ kɤ³⁵ tsʰɹ̩³⁵ o⁰, sɹ̩³⁵ kɤ³⁵ tɕʰiɛn⁵⁵ tsɹ̩⁰ o⁰〕

啊？是签子啊？[a⁰？ sʅ³⁵ tɕʰiɛn⁵⁵ tsʅ⁰ a⁰]

签子留到我等会儿开凿。[tɕʰiɛn⁵⁵ tsʅ⁰ niəu¹³ tau³⁵ o³³ tən³³ xuər³⁵ kʰai⁵⁵ tsau¹³]

就这样简单一下儿，[tɕiəu³⁵ tsɤ³⁵ iaŋ³⁵ tɕiɛn³³ tan⁵⁵ i¹³ xar⁰]

亲家就到了亲家的家。[tɕʰin⁵⁵ tɕia⁵⁵ tɕiəu⁰ tau³⁵ niau⁰ tɕʰin⁵⁵ tɕia⁵⁵ ti⁰ tɕia⁵⁵]

再说那屋里的小两口啊，[tsai³⁵ so¹³ na³⁵ u¹³ ni⁰ ti⁰ ɕiau³³ niaŋ³³ kʰəu³³ a⁰]

等他们把钱清好哒，[tən³³ tʰa⁵⁵ mən⁰ pa³³ tɕʰiɛn¹³ tɕʰin⁵⁵ xau³³ ta⁰]

才发现爹不见哒。[tsʰai¹³ fa¹³ ɕiɛn¹³ tie⁵⁵ pu³⁵ tɕiɛn³⁵ ta⁰]

哎，爹呢，嘛门也没有开呀，[ei⁰, tie⁵⁵ ni⁰, ma⁰ mən¹³ ie³³ mei⁵⁵ iəu³³ kʰai⁵⁵ ia⁰]

窗户子也没打，[tsʰuaŋ⁵⁵ xu³⁵ tsʅ⁰ ie³³ mei⁵⁵ ta³³]

未必墙，[uei³⁵ pi³⁵ tɕʰiaŋ¹³] 未必：难道

未必从墙块奈个里跑哒？[uei³⁵ pi³⁵ tsʰoŋ⁵⁵ tɕʰiaŋ¹³ kʰuai³³ nai³⁵ kɤ³⁵ ni¹³ pʰau³³ ta⁰]

该不会跳水去自杀吧？[kai⁵⁵ pu³⁵ xuei³⁵ tʰiau³⁵ suei³⁵ kʰɤ³⁵ tsʅ³⁵ sa¹³ pa⁰]

嗯，跳水自杀是小事哦，[ən⁰, tʰiau³⁵ suei³³ tsʅ³⁵ sa¹³ sʅ³⁵ ɕiau³³ sʅ³⁵ o⁰]

该我六块八角钱没把哟。[kai⁵⁵ o³³ nu¹³ kʰuai³³ pa¹³ tɕio¹³ tɕʰiɛn¹³ mei⁵⁵ pa³³ yo³³]

哎呦，[ei⁰ yo⁰]

你们迥些姑娘婆就是欢喜钱，[ni¹³ mən⁰ nie³⁵ ɕie⁵⁵ ku⁵⁵ niaŋ¹³ pʰo¹³ tɕiəu³⁵ sʅ³⁵ xuan⁵⁵ ɕi³³ tɕʰiɛn¹³]

奈个六块八角钱倒没得蛮大一回事哦，[nai³⁵ kɤ³⁵ nu¹³ kʰuai³³ pa¹³ tɕio¹³ tɕʰiɛn¹³ tau³⁵ mei⁵⁵ tɤ¹³ man¹³ ta³⁵ i⁵⁵ xuei³⁵ sʅ³⁵ o⁰]

你看老子们那么坏一副花牌该不得打湿泡澡吧。[ni¹³ kʰan³⁵ nau³³ tsʅ⁰ mən⁰ na³⁵ mɤ⁰ xuai³⁵ i¹³ fu³⁵ xua⁵⁵ pʰai¹³ kai⁵⁵ pu³⁵ tɤ³⁵ ta³³ sʅ¹³ pʰau³⁵ tsau³³ pa⁰]

小两口啊，是急得没得法，[ɕiau³³ niaŋ³³ kʰəu³³ a⁰, sʅ³⁵ tɕi¹³ ti⁰ mei⁵⁵ tɤ¹³ fa¹³]

他们从村前找到村尾，[tʰa⁵⁵ mən⁰ tsʰoŋ⁵⁵ tsʰuən⁵⁵ tɕʰiɛn¹³ tsau³⁵ tau³⁵ tsʰuən⁵⁵ uei³³]

从坡上找到炕下，都没找到。[tsʰoŋ⁵⁵ pʰo¹³ saŋ³⁵ tsau³³ tau³⁵ kʰaŋ⁵⁵ ɕia³⁵, təu⁵⁵ mei⁵⁵ tsau³³ tau³⁵]

什么时候迥个李小花就说，[sən³⁵ mɤ⁰ sʅ¹³ xəu⁰ nie³⁵ kɤ³⁵ ni³³ ɕiau³³ xua⁵⁵ tɕiəu³⁵ so¹³]

兴发儿，他是不是到我爹那儿去了？[ɕin³⁵ far¹³, tʰa⁵⁵ sʅ³⁵ pu³⁵ sʅ³⁵ tau³⁵ o³³ tie⁵⁵ nar³⁵ kʰɤ³⁵ niau⁰]

他们亲家伙里蛮好咧！[tʰa⁵⁵ mən⁰ tɕʰin⁵⁵ tɕia⁵⁵ xo³³ ni⁰ man¹³ xau³³ nie⁰]

嗯，那兴有之的。[ən⁰, na³⁵ ɕin³⁵ iəu³³ tsʅ⁵⁵ ti⁰] 兴有之：可能有

于是啊，[i¹³ sʅ³⁵ a⁰]

小两口进来到了他们丈母娘的家。[ɕiau³³ niaŋ³³ kʰəu³³ tɕin³⁵ nai¹³ tau³⁵ niau⁰ tʰa⁵⁵ mən⁰ tsaŋ³³ mu³³ niaŋ¹³ ti⁰ tɕia⁵⁵]

一爬奈个礓=踏子坎啊，[i¹³ pʰa¹³ nai³⁵ kɤ³⁵ tɕiaŋ⁵⁵ tʰa¹³ tsŋ⁰ kʰan¹³ a⁰] 礓=踏子坎：阶梯
就听到里面在说话。[tɕiəu³⁵ tʰin⁵⁵ tau³⁵ ni⁰ miɛn³⁵ tsai³⁵ so¹³ xua³⁵]

哪个在说话咧？[na³⁵ kɤ³⁵ tsai³⁵ so¹³ xua³⁵ niɛ⁰]

奈个亲家李振亚和奈个亲家刘大发就在说话。[nai³⁵ kɤ³⁵ tɕʰin⁵⁵ tɕia⁵⁵ ni³³ tsən³⁵ ia¹³ xo¹³ nai³⁵ kɤ³⁵ tɕʰin⁵⁵ tɕia⁵⁵ niəu¹³ ta³⁵ fa¹³ tɕiəu³⁵ tsai³⁵ so¹³ xua³⁵]

亲家啊，您儿今儿一下子淹死啦么，[tɕʰin⁵⁵ tɕia⁵⁵ a⁰，niər³³ tɕər⁵⁵ i¹³ xa⁰ tsŋ⁰ an⁵⁵ sŋ³³ na⁰ mɤ⁰]

还不是害两个伢。[xai¹³ pu³⁵ sŋ³⁵ xai³⁵ niaŋ³³ kɤ³⁵ a¹³]

奈个刘兴发在外面一听说他爹蹦啊水，[nai³⁵ kɤ³⁵ niəu¹³ ɕin³⁵ fa¹³ tsai³⁵ uai³⁵ miɛn³⁵ i¹³ tʰin⁵⁵ so¹³ tʰa⁵⁵ tiɛ⁵⁵ poŋ³⁵ a⁰ suei³³]

把门一推。[pa³³ mən¹³ i¹³ tʰuei⁵⁵]

爹，您儿蹦啊水的啊？[tiɛ⁵⁵，niər³³ poŋ³⁵ a⁰ suei³³ ti⁰ a⁰]

牌该没打湿吧？[pʰai¹³ kai⁵⁵ mei⁵⁵ ta³³ sŋ¹³ pa⁰]

嘛老子不是为了把牌保住啊，[ma⁰ nau³³ tsŋ⁰ pu³⁵ sŋ³⁵ uei³⁵ niau⁰ pa³³ pʰai¹³ pau³³ tsu³⁵ a⁰]

早就喂了鱼和虾。[tsau³³ tɕiəu³⁵ uei³⁵ niau⁰ i¹³ xo¹³ ɕia⁵⁵]

这正是一落把牌打，[tsɤ³⁵ tsən³⁵ sŋ³⁵ i¹³ no¹³ pa³³ pʰai¹³ ta³³]

不认爹和妈，[pu³⁵ zən³⁵ tiɛ⁵⁵ xo¹³ ma⁵⁵]

奉劝世上人，莫学这一家。[foŋ³⁵ tɕʰiɛn³⁵ sŋ³⁵ saŋ³⁵ zən¹³，mo³⁵ ɕio¹³ tsɤ³⁵ i¹³ tɕia⁵⁵]

意译：讲一个故事叫《一出一家》。一家共有四个人，爹叫刘大发，儿子刘兴发，媳妇名叫李小花，还有一个啊就是大爹的"老板"，小花的岳母刘大妈。故事发生之时啊，这个老人家出去看他的老外婆，所以呢我今天就不管他。

还是去年三月二十八，那个细雨啊，是突突地下。这个媳妇从镇办区放假回家，进门一看呐，缸里没有水，壶里没有茶，客厅里像牛圈，院子里像荒地，就问公公："爹，我们今天做什么啊？"这个刘大发想了想就做回答："那个下雨嘛就是休息歇假，我们今天来把鼻子夹。"儿子一听打花牌是举双手赞成，没还点价，接着桌子一拖，椅子两刷，各就各位，坐好了。

先抢庄后发话，规矩定得还很硬，少摸牌了就给钱，大胡就学乌龟爬，开始还算是棋逢对手、将遇良才，输赢都还不大，到了下午啊，那个老头子算是倒霉到家，儿子一个大胡一满，规规矩矩，该公佬和媳妇两个人桌子底下爬，哪知道桌子又比较矮，两个人的个子又偏大，那个媳妇前面还没穿过去，公公后面穿来了，那个水磨石的地下啊，那是又溜又滑，加上泼了点茶，那个公公一头撞去啊，那个顶命心差点碰到媳妇的大胯，是连忙往后一缩，嘣，妈呀妈，这个后脑

壳又在那个桌子角上，碰了那么大个青疙瘩，算了算了，老子不同意穿了，干脆我们一角钱一胡，一牌一打，不赊不挂，同意就打。

"爹，不管怎么做都行，我们是不是弄点饭吃了再打牌？""哎，那一餐饭要耽误好几盘，时间不能白白浪费，小花有冷饭，吃两口算了"，这个媳妇心想啊，你老头子爱简单，儿子爱洒脱，我呢我是轻松越过了，用了一点前天的温水，泡了一点儿昨天的胡锅巴，萝卜饼子那么一抓，细广椒一吃，几口吃了，又重入席，再上马，就打到了星星就眨了眼、月亮都东上爬，什么结果呢？这个老头子啊就输了九十九块九，这个媳妇呢就赢了八十八块八，这么时候已经很晚，这个屋里的桌钟啊敲了十下，媳妇一个大回满，三十四胡加番，要进六块八，那个老头子一百块钱早就输光了，还剩一点儿角角钱，怎么给呢？

就来给那个媳妇说好话，"小花儿，我这个时候是不是赊你一盘儿啊，等会儿满了，我给你分文不差，男子汉大丈夫说话算话"，这个媳妇把爹这么一看，"爹，您这个小伙子还很标致，上场是您宣布的政策不赊不挂，同意就打，说话不叫话，还打什么牌啊"，这个儿子也在一旁打帮衬，"爹，一家人赖皮还像话？规规矩矩快点儿拿，没有钱啊？没有钱把妈卖了也得给"。

就这样吵吵嚷嚷啊、扯扯拉拉，老头子输了心里很是不爽，这个媳妇要不到钱，心里只当是猫在抓，这个儿子又拼命维护他的老婆，老头子牌一收，门一开，转身就不见了，气得直奔菱角园，准备跳水要自杀，他慢慢地往下摸，看到水底到大腿，是连忙又往坡上爬，他怎么连忙又往坡上爬呢？那个牌还装在裤子荷包里，水一打湿就要浪费，他把这个牌从裤子荷包里拿出来，将那个牌呢就举到那个头顶，将身体就蹲在那个水下，"牌呀牌，我多年的老朋友哦，我们俩要亲家成冤家，我去死，我还是不担心你了"，咕噜咕噜。

正在这个时候，从坡上来了一个人，你看他衣服没脱，飞步跳下堰塘，亲家就来把亲家拉，这个人是谁呢？这个人呐就是刘大发的亲家，名叫李振亚。

"哟，这是亲家，您这是什么事啊？走，到我家里去，抽袋烟，喝杯茶，我们有话慢慢地说"，"哎呦，亲家你慢点儿拉我这个脚背刺扎了一下"，"啊？脚被刺扎了一下，抬起来我来给你拔"，"哎呦，亲家疼得没得法"，"哎呦，老也老了，装什么装，一不是开刀，二不是结扎，长痛不如短痛，抬起来，拔！""嘶——哟——亲家，这不是个刺，这个签子哦！""啊？是签子啊？签子留到等会儿开凿。"就这样简单一会儿，亲家就到了亲家的家。再说那屋里的小两口啊，等他们钱清算好了，才发现爹不见了。哎——爹呢，门也没开啊，窗户也没打开，难道穿墙跑了？该不会出什么事吧，该不会去跳水自杀吧？嗯，跳水自杀是个小事，欠我六块八角钱没给啊，"哟，你们这些姑娘婆婆就是喜欢钱，这个六块八角钱倒没有很大一回事,我们这么好一副牌拿水打湿不浪费啊?"

小两口啊,是急得没办法,他们从村前找到村尾,从坡上找到台阶下,都没找到,这个时候,这个李小花就说,"兴发儿,她说是不是到我爹那里去了哦?他们亲家伙关系很好呢!""嗯,那可能是的。"于是啊,小两口就来到了他们丈母娘的家,一爬那个台阶啊,就听到有人在说话,谁在说话呢?那个亲家李振亚和那个亲家刘大发就在说话。"亲家啊,您今天一下淹死了,还不是害两个孩子。"那个刘兴发在外面一听说他爹跳了水,把门一踢,"爹,你跳了水?牌应该没有打湿吧?""老子要不是为了把牌保住,早就喂了鱼和虾!"

这正是一落牌和打,不认爹和妈,奉劝世上人,莫学这一家。

0023 其他故事

过去啊,我们宜都咧,[ko³⁵ tɕʰi³⁵ a⁰, o³³ mən⁰ i¹³ tu⁵⁵ nie⁰]

有一位教书私塾的老先生。[iəu³³ i¹³ uei³⁵ tɕiau³⁵ su⁵⁵ sɿ³³ su¹³ ti⁰ nau³³ ɕiɛn⁵⁵ sən⁵⁵]

奈个老先生呢就带了个学生,[nai³⁵ kɤ³⁵ nau³³ ɕiɛn⁵⁵ sən⁵⁵ ni⁰ tɕiəu³⁵ tai³⁵ nɤ⁰ kɤ³⁵ ɕio¹³ sən⁵⁵]

奈个学生的名字就蛮怪,[nai³⁵ kɤ³⁵ ɕio¹³ sən⁵⁵ ti⁰ min¹³ tsɿ⁰ tɕiəu³⁵ man¹³ kuai³⁵]

叫宜通史。[tɕiau³⁵ i¹³ tʰoŋ³³ sɿ³³]

老师教学生呐,[nau³³ sɿ⁵⁵ tɕiau³⁵ ɕio¹³ sən⁵⁵ na⁰]

天天在教室里教,[tʰiɛn⁵⁵ tʰiɛn⁰ tsai³⁵ tɕiau³⁵ sɿ¹³ ni⁰ tɕiau³⁵]

那一天呢,[na³⁵ i¹³ tʰiɛn⁵⁵ ni⁰]

老师就想带奈个学生啊到外面去逛一逛。[nau³³ sɿ⁵⁵ tɕiəu³⁵ ɕiaŋ³³ tai³⁵ nai³⁵ kɤ³⁵ ɕio¹³ sən⁵⁵ a⁰ tau³⁵ uai³⁵ miɛn³⁵ kʰɤ³⁵ kuaŋ³⁵ i¹³ kuaŋ³⁵]

他们走到一个地方啊,[tʰa⁵⁵ mən⁰ tsəu³³ tau³⁵ i¹³ kɤ³⁵ ti³⁵ faŋ⁵⁵ a⁰]

就看到两个狗子在做操,[tɕiəu³⁵ kʰan³⁵ tau³⁵ niaŋ³³ kɤ³⁵ kəu³³ tsɿ⁰ tsai³⁵ tsəu³³ tsʰau³³]

迥个学生就不懂问老师,[nie³⁵ kɤ³⁵ ɕio¹³ sən⁵⁵ tɕiəu³⁵ pu⁰ toŋ³³ uən³⁵ nau³³ sɿ⁵⁵]

他说老师老师,[tʰa⁵⁵ so¹³ nau³³ sɿ⁵⁵ nau³³ sɿ⁵⁵]

迥是搞么儿咧?[nie³⁵ sɿ³⁵ kau³³ mɤɻ³⁵ nie⁰]

当然迥个老师很文雅,[taŋ⁵⁵ ʐan³⁵ nie³⁵ kɤ³⁵ nau³³ sɿ⁵⁵ xən³³ uən¹³ ia¹³]

他不能说是狗子在做操,[tʰa⁵⁵ pu³⁵ nən¹³ so¹³ sɿ³⁵ kəu³³ tsɿ⁰ tsai³⁵ tsəu³³ tsʰau³³]

他就说咧,这是在斗龙棚。[tʰa⁵⁵ tɕiəu³⁵ so¹³ nie⁰, tsɤ³⁵ sɿ³⁵ tsai³⁵ təu³⁵ noŋ¹³ pʰoŋ¹³]

哦,学生就知道哒,[o⁰, ɕio¹³ sən⁵⁵ tɕiəu³⁵ tsɿ⁵⁵ tau³⁵ ta⁰]

记在心里,斗龙棚,哎。[tɕi³⁵ tsai³⁵ ɕin⁵⁵ ni⁰, təu³⁵ noŋ¹³ pʰoŋ¹³, ai⁰]

又走啦一段时间又走啦一段路啊,[iəu³⁵ tsəu³³ na⁰ i¹³ tan³⁵ sɿ¹³ tɕiɛn⁵⁵ iəu³⁵ tsəu³³ na⁰ i¹³ tan³⁵ nu³⁵ a⁰]

哎，迥个学生就看到一个乌龟，[ai⁰，nie³⁵ kɤ³⁵ ɕio¹³ sən⁵⁵ tɕiəu³⁵ kʰan³⁵ tau³⁵ i¹³ kɤ³⁵ u⁵⁵ kuei⁵⁵]

就问老师。[tɕiəu³⁵ uən³⁵ nau³³ sɿ⁵⁵]

老师老师迥是蕻⁼儿啊？[nau³³ sɿ⁵⁵ nau³³ sɿ⁵⁵ nie³⁵ sɿ³⁵ xoŋ³⁵ ɚ¹³ a⁰]

老师咧很文雅，[nau³³ sɿ⁵⁵ nie⁰ xən³³ uən¹³ ia¹³]

就不能说是乌龟，[tɕiəu³⁵ pu³⁵ nən¹³ so¹³ sɿ³⁵ u⁵⁵ kuei⁵⁵]

他说迥是迥金砖龙。[tʰa⁵⁵ so¹³ nie³⁵ sɿ³⁵ nie³⁵ tɕin⁵⁵ tsuan⁵⁵ noŋ¹³]

哦，学生又记到哒，金砖龙。[o⁰，ɕio¹³ sən⁵⁵ iəu³⁵ tɕi³⁵ tau³⁵ ta⁰，tɕin⁵⁵ tsuan⁵⁵ noŋ¹³]

哎，又走啦一程就看到咧，[ai⁰，iəu³⁵ tsəu³³ na⁰ i¹³ tsʰən¹³ tɕiəu³⁵ kʰan³⁵ tau³⁵ nie⁰]

哎呀，在烧屋啊，火光冲天呐。[ai⁰ ia⁰，tsai³⁵ sau⁵⁵ u¹³ a⁰，xo³³ kuaŋ⁵⁵ tsʰoŋ⁵⁵ tʰiɛn⁵⁵ na⁰]

学生又不懂，[ɕio¹³ sən⁵⁵ iəu³⁵ pu³⁵ toŋ³³]

他说老师老师迥是搞蕻⁼儿咧？[tʰa⁵⁵ so¹³ nau³³ sɿ⁵⁵ nau³³ sɿ⁵⁵ nie³⁵ sɿ³⁵ kau³³ xoŋ³⁵ ɚ¹³ nie⁰]

老师当然就不能说这是啊火烧屋啊，[nau³³ sɿ⁵⁵ taŋ⁵⁵ ʐan³⁵ tɕiəu³⁵ pu³⁵ nən¹³ so¹³ tsɤ³⁵ sɿ³⁵ a⁰ xo³³ sau⁵⁵ u¹³ a⁰]

他说迥是满堂红。[tʰa⁵⁵ so¹³ nie³⁵ sɿ³⁵ man³³ tʰaŋ⁵⁵ xoŋ¹³]

哦，学生又记到哒，满堂红。[o⁰，ɕio¹³ sən⁵⁵ iəu³⁵ tɕi³⁵ tau³⁵ ta⁰，man³³ tʰaŋ⁵⁵ xoŋ¹³]

哎，又走了一程呐，[ai⁰，iəu³⁵ tsəu³³ mɤ⁰ i¹³ tsʰən¹³ na⁰]

就看到咧，[tɕiəu³⁵ kʰan³⁵ tau³⁵ nie⁰]

两个差狗子咧押个犯人，[niaŋ³³ kɤ³⁵ tsʰai⁵⁵ kəu³³ tsɿ⁰ nie⁰ ia⁵⁵ kɤ³⁵ fan³⁵ ʐən¹³] 差狗子：官差

奈个犯人呢戴的有那个枷。[nai³⁵ kɤ³⁵ fan³⁵ ʐən¹³ ni⁰ tai³⁵ ti⁰ iəu³³ na kɤ³⁵ tɕia⁵⁵]

学生又不懂，[ɕio¹³ sən⁵⁵ iəu³⁵ pu³⁵ toŋ³³]

他说老师老师，[tʰa⁵⁵ so¹³ nau³³ sɿ⁵⁵ nau³³ sɿ⁵⁵]

他说迥是蕻⁼儿咧？[tʰa⁵⁵ so¹³ nie³⁵ sɿ³⁵ xoŋ³⁵ ɚ¹³ nie⁰]

他老师说呢，迥叫顶狱板。[tʰa⁵⁵ nau³³ sɿ⁵⁵ so¹³ ni⁰，nie³⁵ tɕiau³⁵ tin³³ i³⁵ pan³³]

哦，学生又记到哒，叫顶狱板。[o⁰，ɕio¹³ sən⁵⁵ iəu³⁵ tɕi³⁵ tau³⁵ ta⁰，tɕiau³⁵ tin³³ i³⁵ pan³³]

哎，过了几天呢，[ai⁰，ko³⁵ mɤ⁰ tɕi³³ tʰiɛn⁵⁵ ni⁰]

奈个老师要去深造，[nai³⁵ kɤ³⁵ nau³³ ʂʅ⁵⁵ iau³⁵ tɕy³⁵ sən⁵⁵ tsʰau³⁵]
就跟屋里的姑娘婆说，[tɕiəu³⁵ kən⁵⁵ u¹³ ni⁰ ti⁰ ku⁵⁵ niaŋ⁰ pʰo¹³ so¹³]
他说咧，你已是七八个月哒，[tʰa⁵⁵ so¹³ nie⁰，ni¹³ i³³ ʂʅ³⁵ tɕʰi¹³ pa¹³ ko³⁵ ye¹³ ta⁰]
临时你月妈像要生哒。[nin¹³ ʂʅ³⁵ ni¹³ ie³⁵ ma⁵⁵ ɕiaŋ⁵⁵ iau³⁵ sən⁵⁵ ta⁰]
生哒小孩以后咧，我不在屋里，[sən⁵⁵ ta⁰ ɕiau³³ xai¹³ i³³ xəu³⁵ nie⁰，o³³ pu³⁵ tsai³⁵ u¹³ ni⁰]
就请迊个学生呢跟他取个名字。[tɕiəu³⁵ tɕʰin³³ nie³⁵ kɤ³⁵ ɕio¹³ sən⁵⁵ ni⁰ kən⁵⁵ tʰa⁵⁵ tɕʰi³³ kɤ³⁵ min¹³ tsʅ⁰]
嗯，师娘呢她说那没得问题，[ən⁰，ʂʅ⁵⁵ niaŋ¹³ ni⁰ tʰa⁵⁵ so¹³ na³⁵ mei⁵⁵ tɤ¹³ uən³⁵ tʰi¹³]
学生也蛮噈⁼。[ɕio¹³ sən⁵⁵ ie³³ man¹³ xən³⁵] 噈⁼：听话
好，先生就出门去哒。[xau³³，ɕien⁵⁵ sən⁵⁵ tɕiəu³⁵ tsʰu¹³ mən¹³ kʰɤ³⁵ ta⁰]
结果一个多月后咧，[tɕie¹³ ko³³ i¹³ ko³⁵ to⁵⁵ ie¹³ xəu³⁵ nie⁰]
奈个师娘呢就生了一个学生，[nai³⁵ kɤ³⁵ ʂʅ⁵⁵ niaŋ¹³ ni⁰ tɕiəu³⁵ sən⁵⁵ nɤ⁰ i¹³ kɤ³⁵ ɕio³³ sən⁵⁵]
啊，就是我们先说的男孩儿，[a⁰，tɕiəu³⁵ ʂʅ³⁵ o³³ mən⁰ ɕien³⁵ so¹³ ti⁰ nan¹³ xər¹³]
就请奈个咧宜通史咧来给他取名字，[tɕiəu³⁵ tɕʰin³³ nai³⁵ kɤ³⁵ nie⁰ i¹³ tʰoŋ³³ ʂʅ³³ nie⁰ nai¹³ kɤ³³ tʰa⁵⁵ tɕʰi³³ min¹³ tsʅ⁰]
奈个宜通史咧，[nai³⁵ kɤ³⁵ i¹³ tʰoŋ³³ ʂʅ³³ nie⁰]
就先生有教诲啊，[tɕiəu³⁵ ɕien⁵⁵ sən⁵⁵ iəu³³ tɕiau³⁵ xuei³⁵ a⁰]
就说，[tɕiəu³⁵ so¹³]
他说老师跟师娘两个人斗龙棚，[tʰa⁵⁵ so¹³ nau³³ ʂʅ⁵⁵ kən⁵⁵ ʂʅ⁵⁵ niaŋ¹³ niaŋ³³ kɤ³⁵ zən¹³ təu³⁵ noŋ¹³ pʰoŋ¹³]
生个儿子叫金砖龙，[sən⁵⁵ kɤ³⁵ ə¹³ tsʅ⁰ tɕiau³⁵ tɕin⁵⁵ tsuan⁵⁵ noŋ¹³]
子子孙孙顶狱板，[tsʅ³³ tsʅ³³ sən⁵⁵ sən⁵⁵ tin³³ i³⁵ pan³³]
一年一个满堂红。[i¹³ nien¹³ i¹³ kɤ³⁵ man³³ tʰaŋ⁵⁵ xoŋ¹³]
哎呀，奈个师娘又不懂吵，[ai⁰ ia⁰，nai³⁵ kɤ³⁵ ʂʅ⁵⁵ niaŋ¹³ iəu³⁵ pu³⁵ toŋ³³ sa⁰]
哎呀，迊好，迊好记的，[ei³⁵ ia⁰，nie³⁵ xau³³，nie³⁵ xau³³ tɕi³⁵ ti⁰]
迊确实好，好好好，[nie³⁵ tɕʰio¹³ ʂʅ¹³ xau³³，xau³³ xau³³ xau³³]
说啦几个好。[so¹³ na⁰ tɕi³³ kɤ³⁵ xau³³]
哎，过啦大概半年呐，[ai⁰，ko³⁵ na⁰ ta³⁵ pan³⁵ nien¹³ na⁰]
先生就回啦。[ɕiɛn⁵⁵ sən⁵⁵ tɕiəu³⁵ xuei¹³ na⁰]
回来就问呐，[xuei¹³ nai¹³ tɕiəu³⁵ uən³⁵ na⁰]
跟学生取啦什么名字啊？[kən⁵⁵ ɕio³³ sən⁵⁵ tɕʰi³³ na⁰ sən³⁵ mɤ⁰ min¹³ tsʅ⁰ a⁰]

他那取什么名字？［tʰa⁵⁵ na³⁵ tɕʰi³³ sən³⁵ mɤ⁰ min¹³ tsʅ⁰］
他说的是，［tʰa⁵⁵ so¹³ ti⁰ sʅ³⁵］
我跟你两个斗龙棚啊，［o³³ kən⁵⁵ ni¹³ niaŋ³³ kɤ³⁵ təu³⁵ noŋ¹³ pʰoŋ¹³ a⁰］
生个儿子叫金砖龙啊，［sən⁵⁵ kɤ³⁵ ɚ¹³ tsʅ³³ tɕiau³⁵ tɕin⁵⁵ tsuan⁵⁵ noŋ¹³ a⁰］
子子孙孙顶狱板呐，［tsʅ³³ tsʅ³³ suən⁵⁵ suən⁵⁵ tin³³ i³⁵ pan³³ na⁰］
一年一个满堂红。［i¹³ nien¹³ i¹³ kɤ³⁵ man³³ tʰaŋ⁵⁵ xoŋ¹³］
当然老师心里清楚啊就没做声。［taŋ⁵⁵ zan³⁵ nau³³ sʅ¹³ ɕin³⁵ ni⁰ tɕʰin⁵⁵ tsʰu³³ a⁰ tɕiəu³⁵ mei⁵⁵ tsəu³⁵ sən⁵⁵］
过啦个两分钟，［ko³⁵ na⁰ kɤ³⁵ niaŋ³³ fən⁵⁵ tsoŋ⁵⁵］
你给我把他喊来，［ni¹³ kɤ³³ o³³ pa³³ tʰa⁵⁵ xan³³ nai¹³］
把学生给我喊来。［pa³³ ɕio¹³ sən⁵⁵ kɤ³³ o³³ xan³³ nai¹³］
哎，学生就来哒。［ei³⁵，ɕio¹³ sən⁵⁵ tɕiəu³⁵ nai¹³ ta⁰］
来个老师咧就把眼一把鼓起，［nai¹³ kɤ³⁵ nau³³ sʅ⁵⁵ nie⁰ tɕiəu³⁵ pa³³ iɛn³³ i¹³ pa³³ ku³³ tɕʰi³³］
气得咧，话都不敢说，［tɕʰi³⁵ tɤ¹³ nie⁰，xua³⁵ təu⁵⁵ pu³⁵ kan³³ so¹³］
就是眼鼓起，［tɕiəu³⁵ sʅ³⁵ iɛn³³ ku³³ tɕʰi³³］
奈个学生说，［nai³⁵ kɤ³⁵ ɕio¹³ sən⁵⁵ so¹³］
你翻起，翻起翻起，［ni¹³ fan⁵⁵ tɕʰi³³，fan⁵⁵ tɕʰi³³ fan⁵⁵ tɕʰi³³］
你把一桶屎吃了下。［ni¹³ pa³³ i¹³ tʰoŋ³³ sʅ³³ tɕʰi¹³ mɤ⁰ xa³⁵］

意译：过去呢我们宜都啊有一位教书私塾的老先生就带了个学生，学生的名字就很怪，叫宜通史。

那天老师在教室里叫学生，老师就想带学生去外面逛一逛，走到一个地方就看到两只狗在交配，这个学生不懂问老师，他说老师这是在做什么？当然老师很文雅，他不能说是狗在交配，他就说狗在斗龙棚，学生就知道了，记在心里，斗龙棚。又走了一段时间又走了一段路，这个学生就看到一个乌龟，就喊老师，老师老师这是什么啊？老师就很文雅就不能说是乌龟，他说这是金砖龙，学生又记住了，金砖龙。

又走了一程就看到了，屋子烧起来了，火光冲天，学生又不懂，他说老师老师这是搞什么？老师就不能说这是火烧屋，他说这是满堂红，哦，学生又记住了，满堂红。哎，又走了一程啊就看到了，两个官差押个犯人，这个犯人戴的枷锁，学生又不懂，他说老师老师，他说这是搞什么？老师说这叫顶狱板，哦，学生又记住了，顶狱板。

过了几天，老师要去深造，就对家里的老婆说，他说你已经是七八个月了，马上就要生了，生了小孩之后呢，就请这个学生给他取个名字，师娘说那没问题，学生也很听话，先生就出门去了，结果一个多月以后，这个师娘就生了一个，我们现在说的男孩，就请这个学生来给他取名字。

宜通史就帮他来取名字，先生有教诲，他就说老师和师娘两个人斗龙棚，生个儿子叫金砖龙，子子孙孙顶狱板，一年一个满堂红。那个师娘又不懂，她说这好啊，这好记，这确实好好好，说了几个好。

哎，过了大概半年呐，先生就回来了，回来就问，孩子取了什么名字啊？他说那取什么名字？他说的是我和你两个人斗龙棚啊，生个儿子叫金砖龙啊，子子孙孙顶狱板，一年一个满堂红。当然老师心里清楚就没说什么。过了两分钟，你把他给我喊来，把学生喊来，学生就来了。来了这个老师就把眼睛瞪着，话都不跟他说就是眼睛瞪着，这个学生说你眼睛瞪着瞪着，把一桶屎吃了去。

0024 其他故事

我们观音桥啊是一条大路，[o³³ mən⁰ kuan⁵⁵ in⁵⁵ tɕʰiau¹³ a⁰ sɿ¹³ tʰiau¹³ ta³⁵ nu³⁵]

过去呢，奈个湖南的津市，[ko³⁵ tɕʰy³⁵ ni⁰, nai³⁵ kɤ³⁵ xu⁵⁵ nan¹³ ti⁰ tɕin⁵⁵ sɿ³⁵]

常德的奈些乡客，[tsʰaŋ¹³ tɤ¹³ ti⁰ nai³⁵ ɕie⁵⁵ ɕiaŋ⁵⁵ kʰɤ¹³] 奈些：那些

奈些商客都要从这里经过。[nai³⁵ ɕie⁵⁵ saŋ⁵⁵ kʰɤ¹³ təu⁰ iau³⁵ tsʰoŋ⁵⁵ tsɤ³⁵ ni⁰ tɕin⁵⁵ ko³⁵]

到哪里去呢？[tau³⁵ na³³ ni⁰ kʰɤ³⁵ ni⁰]

到长江的南岸去做生意。[tau³⁵ tsʰaŋ¹³ tɕiaŋ⁵⁵ ti⁰ nan¹³ an³⁵ kʰɤ³⁵ tsəu³⁵ sən⁵⁵ i³⁵]

这里呢有一条河，[tsɤ³⁵ ni⁰ mɤ⁰ iəu³³ i¹³ tʰiau¹³ xo¹³]

奈个河水经常泛滥，[nai³⁵ kɤ³⁵ xo¹³ suei³³ tɕin⁵⁵ tsʰaŋ¹³ fan³⁵ nan³⁵]

河上呢，[xo¹³ saŋ³⁵ ni⁰]

就只有呢一个小小的这个木头，[tɕiəu³⁵ tsɿ¹³ iəu³³ ni⁰ i¹³ kɤ³⁵ ɕiau³³ ɕiau³³ ti⁰ tsɤ³⁵ kɤ³⁵ mu¹³ tʰəu⁰]

架的一个木桥，[tɕia³⁵ ti⁰ i¹³ kɤ³⁵ mu¹³ tɕʰiau¹³]

所以经常在这里呢，[so³³ i³³ tɕin⁵⁵ tsʰaŋ¹³ tsai³⁵ tsɤ³⁵ ni⁰ ni⁰]

人仰马翻，时不时啊，[zən¹³ iaŋ³³ ma³³ fan⁵⁵, sɿ³⁵ pu⁰ sɿ³⁵ a⁰]

掉在河里呢。[tiau³⁵ tsai³⁵ xo¹³ ni⁰ ni⁰]

有一天呢，[iəu³³ i¹³ tʰiɛn⁵⁵ ni⁰]

就有一个婆婆儿咧，[tɕiəu³⁵ iəu³³ i¹³ kɤ³⁵ pʰo¹³ pʰor⁰ nie⁰]

就站啊那个旁边看，[tɕiəu³⁵ tsan³⁵ a⁰ na³⁵ kɤ³⁵ pʰaŋ¹³ piɛn⁰ kʰan³⁵]

她说你们每天去去来来那么多人呐，[tʰa⁵⁵ so¹³ ni¹³ mən⁰ mei¹³ tʰiɛn⁵⁵ kʰɤ³⁵ kʰɤ³⁵ nai¹³ nai¹³ na³⁵ mɤ⁰ to⁵⁵ zən¹³ na⁰]

唵⁼门不能修座桥的咧？[naŋ³³ mən⁰ pu³⁵ nən¹³ ɕiəu⁵⁵ tso³⁵ tɕʰiau¹³ ti⁰ nie⁰] 唵⁼门：怎么

当地人就说，他说婆婆啊，[taŋ⁵⁵ ti³⁵ zən¹³ tɕiəu³⁵ so¹³，tʰa⁵⁵ so¹³ pʰo¹³ pʰo⁰ a⁰]

我们想是想过咧，[o³³ mən⁰ ɕiaŋ³³ sɿ³⁵ ɕiaŋ³³ ko³⁵ nie⁰]

哪里有石头咧？[na³³ ni⁰ iəu³³ sɿ¹³ tʰəu⁰ nie⁰]

有啦石头我们早就修哒。[iəu³³ na⁰ sɿ¹³ tʰəu¹³ o³³ mən⁰ tsau³³ tɕiəu³⁵ ɕiəu⁵⁵ ta⁰]

哎，迥，那个那处有个石头咧，[ei³⁵，nie³⁵，na³³ kɤ³⁵ na³⁵ tsʰu⁵⁵ iəu³³ kɤ³⁵ sɿ¹³ tʰəu⁰ nie⁰]

有一方石头，修的个桥正好。[iəu³³ i¹³ faŋ⁵⁵ sɿ¹³ tʰəu⁰，ɕiəu⁵⁵ ti⁰ kɤ³⁵ tɕʰiau¹³ tsən³⁵ xau³³]

他说那没得，[tʰa⁵⁵ so¹³ na³⁵ mei⁵⁵ tɤ¹³]

那我们看了的，没得。[na³⁵ o³³ mən⁰ kʰan³⁵ mɤ⁰ ti⁰，mei⁵⁵ tɤ¹³]

她说那你们再去看去，[tʰa⁵⁵ so¹³ na³⁵ ni¹³ mən⁰ tsai³⁵ tɕʰy³⁵ kʰan³⁵ kʰɤ³⁵]

我负责有。[o³³ fu⁵⁵ tsɤ¹³ iəu³³]

哎，他们一看，一看，[ai⁰，tʰa⁵⁵ mən⁰ i¹³ kʰan³⁵，i¹³ kʰan³⁵]

恰恰有那么一方石头，[tɕʰia³⁵ tɕʰia³⁵ iəu³³ na³⁵ mɤ⁰ i¹³ faŋ⁵⁵ sɿ¹³ tʰəu⁰]

一估算呢，正好修迥座桥。[i¹³ ku⁵⁵ suan³⁵ ni⁰，tsən³⁵ xau³³ ɕiəu⁵⁵ nie³⁵ tso³⁵ tɕʰiau¹³]

啊，第二天啊，[a⁰，ti³⁵ ɚ³⁵ tʰiɛn⁵⁵ a⁰]

能工巧匠啊就开始凿石头啊，[nən¹³ koŋ⁵⁵ tɕʰiau³³ tɕiaŋ³⁵ a⁰ tɕiəu³⁵ kʰai⁵⁵ sɿ³³ tsuo¹³ sɿ¹³ tʰəu⁰ a⁰]

弄钻子打的打啊，扩的扩啊，[noŋ³⁵ tsuan³⁵ tsɿ⁰ ta³³ ti⁰ ta³³ a⁰，kʰo³⁵ ti⁰ kʰo³⁵ a⁰]

抬的抬啊，拉的拉啊，拖的拖啊。[tʰai¹³ ti⁰ tʰai¹³ a⁰，na⁵⁵ ti⁰ na⁵⁵ a⁰，tʰo⁵⁵ ti⁰ tʰo⁵⁵ a⁰]

哎，就慢慢地架，慢慢地架。[ai⁰，tɕiəu³⁵ man³⁵ man⁰ ti⁰ tɕia³⁵，man³⁵ man⁰ ti⁰ tɕia³⁵]

奈个石拱桥咧，[nai³⁵ kɤ³⁵ sɿ¹³ koŋ³³ tɕʰiau¹³ nie⁰]

就慢慢地，[tɕiəu³⁵ man³⁵ man⁰ ti⁰]

慢慢地开始合拢哒，[man³⁵ man⁰ ti⁰ kʰai⁵⁵ sɿ³³ xo¹³ noŋ³³ ta⁰]

哎，最后合拢的时候呢，[ai⁰，tsuei³⁵ xəu³⁵ xo¹³ noŋ³³ ti⁰ sɿ¹³ xəu⁰ ni⁰]

就差那么一块石头，卡那个缝，[tɕiəu³⁵ tsʰa³⁵ na³⁵ mɤ⁰ i¹³ kʰuai³³ sɿ¹³ tʰəu⁰，kʰa³³ na³⁵ kɤ³⁵ foŋ³⁵]

人们又说迥哪么搞法咧？[zən¹³ mən⁰ iəu³⁵ so¹³ nie³⁵ na³³ mɤ⁰ kau³³ fa¹³ nie⁰]

中间迥个缝的石头到哪儿弄咧？[tsoŋ⁵⁵ tɕiɛn⁵⁵ nie³⁵ kɤ³⁵ foŋ³⁵ ti⁰ sɿ¹³ tʰəu⁰ tau³⁵ nar³³ noŋ³⁵ nie⁰]

正在为难的时候儿咧，奈个观音，[tsən³⁵ tsai³⁵ uei³³ nan¹³ ti⁰ sɿ¹³ xər⁰ nie⁰，nai³⁵ kɤ³⁵ kuan⁵⁵ in⁵⁵]

奈，奈，奈个奈个奈个婆婆啊，[nai³⁵，nai³⁵，nai³⁵ kɤ³⁵ nai³⁵ kɤ³⁵ nai³⁵ kɤ³⁵ pʰo¹³ pʰo⁰ a⁰]

就又来说。[tɕiəu³⁵ iəu³⁵ nai¹³ so¹³]

她说你们唥"门还不合拢的咧？[tʰa⁵⁵ so¹³ ni¹³ mən⁰ naŋ³³ mən⁰ xai¹³ pu³⁵ xo¹³ noŋ³³ ti⁰ nie⁰]

他说婆婆啊我们哪么不想合拢呢？[tʰa⁵⁵ so¹³ pʰo¹³ pʰo⁰ a⁰³³ mən⁰ na³³ mɤ⁰ pu³⁵ ɕiaŋ³³ xo¹³ noŋ³³ ni⁰]

就是差那么块石头。[tɕiəu³⁵ sɿ³⁵ tsʰa³⁵ na³⁵ mɤ⁰ kʰuai³³ sɿ¹³ tʰəu⁰]

哎呀，[ai⁰ ia⁰]

迥块石头你们在某处某处去取去。[nie³⁵ kʰuai³³ sɿ¹³ tʰəu⁰ ni¹³ mən⁰ tsai³⁵ məu³³ tsʰu³⁵ məu³³ tsʰu³⁵ kʰɤ³⁵ tɕʰi³³ kʰɤ³⁵]

哎呀，您儿说的那个地方，[ei³⁵ ia⁵⁵，niər³³ so¹³ ti⁰ na³⁵ kɤ³⁵ ti³⁵ faŋ⁵⁵]

那是个告花子啊，[na³⁵ sɿ³⁵ kɤ³⁵ kau³⁵ xua⁵⁵ tsɿ⁰ a⁰]

那屋里茅草屋啊，[na³⁵ u¹³ ni⁰ mau¹³ tsʰau¹³ u¹³ a⁰]

那屋里没得迥个石头。[na³⁵ u¹³ ni⁰ mei⁵⁵ tɤ¹³ nie³⁵ kɤ³⁵ sɿ¹³ tʰəu⁰]

她说你们去看看都咋没得没得。[tʰa⁵⁵ so¹³ ni¹³ mən⁰ kʰɤ³⁵ kʰan³⁵ kʰan⁰ təu⁵⁵ tsa³³ mei⁵⁵ tɤ¹³ mei⁵⁵ tɤ¹³]

一看呐，恰恰有那么块石头，[i¹³ kʰan³⁵ na⁰，tɕʰia³⁵ tɕʰia³⁵ iəu³³ na³⁵ mɤ⁰ kʰuai³³ sɿ¹³ tʰəu⁰]

哎，人们就把它弄来以后，[ai⁰，zən¹³ mən⁰ tɕiəu³⁵ pa³³ tʰa⁵⁵ noŋ³⁵ nai¹³ i³³ xəu³⁵]

迥个石头咧，[nie³⁵ kɤ³⁵ sɿ¹³ tʰəu¹ nie⁰]

不大不小，不厚不薄，[pu³⁵ ta³⁵ pu³⁵ ɕiau³³，pu³⁵ xəu³⁵ pu³⁵ po¹³]

不长不短，[pu³⁵ tsʰaŋ¹³ pu³⁵ tuan³³]

将将咧，就把迥个缝呀，[tɕiaŋ⁵⁵ tɕiaŋ⁰ nie⁰，tɕiəu³⁵ pa³³ nie³⁵ kɤ³⁵ foŋ³⁵ ia⁰] 将将：刚好

卡好哒。[kʰa³³ xau³³ ta⁰] 卡：嵌

卡好哒以后咧，[kʰa³³ xau³³ ta⁰ i³³ xəu³⁵ nie⁰]

两岸的奈个群众啊就非常地高兴，[niaŋ³³ an³⁵ ti⁰ nai³⁵ kɤ³⁵ tɕʰyn¹³ tsoŋ³⁵ a⁰ tɕiəu fei⁵⁵ tsʰaŋ¹³ ti⁰ kau³⁵ ɕin³⁵]

跑桥上啊蹦啊跳啊，呼啊喊啊。[pʰau³³tɕʰiau¹³saŋ³⁵a⁰poŋ³⁵a⁰tiau³⁵a⁰，xu⁵⁵a⁰xan³³a⁰]

哎，兴奋之余呀，[ai⁰，ɕin³⁵fən³⁵tsɿ⁵⁵i¹³ia⁰]

他们说迥个，迥个桥，[tʰa⁵⁵mən⁰so¹³nie³⁵kɤ³⁵，nie³⁵kɤ³⁵tɕʰiau¹³]

迥个石头，[nie³⁵kɤ³⁵sɿ¹³tʰəu⁰]

迥个卡的迥个东西，[nie³⁵kɤ³⁵kʰa³³ti⁰nie³⁵kɤ³⁵toŋ⁵⁵ɕi⁵⁵] 卡：缝

迥块石头，[nie³⁵kʰuai³³sɿ¹³tʰəu⁰]

我们还要感谢迥个婆婆咧。[o³³mən⁰xai¹³iau³⁵kan³³ɕie³⁵nie³⁵kɤ³⁵pʰo¹³pʰo⁰nie⁰]

哎，那还要难为迥个婆婆。[ai⁰，na³⁵xai¹³iau³⁵nan¹³uei³³nie³⁵kɤ³⁵pʰo¹³pʰo⁰] 难为：感谢

哎，结果咧，[ai⁰，tɕie¹³ko³³nie⁰]

他们就去难为迥个婆婆咧，[tʰa⁵⁵mən⁰tɕiəu³⁵kʰɤ³⁵nan¹³uei³³nie³⁵kɤ³⁵pʰo¹³pʰo⁰nie⁰]

眼一看，哎，[iɛn³³i¹³kʰan³⁵，ai⁰]

迥个婆婆刚还在站，[nie³⁵kɤ³⁵pʰo¹³pʰo⁰kaŋ⁵⁵xai¹³tsai³⁵tsan³⁵]

又跑哪儿去咧？[iəu³⁵pʰau³³nar³³kʰɤ³⁵nie⁰]

迥个婆婆就不见哒。[nie³⁵kɤ³⁵pʰo¹³pʰo⁰tɕiəu³⁵pu³⁵tɕiɛn³⁵ta⁰]

后来人们就说迥个婆婆是哪一个呢？[xəu³⁵nai¹³zən¹³mən⁰tɕiəu³⁵so¹³nie³⁵kɤ³⁵pʰo¹³pʰo⁰sɿ³⁵na³³i¹³kɤ³⁵ni⁰]

蛮多人就说，[man¹³to⁵⁵zən¹³tɕiəu³⁵so¹³]

她咧肯定是观音菩萨下凡，[tʰa⁵⁵nie⁰kʰən³³tin³⁵sɿ³⁵kuan⁵⁵in⁵⁵pʰu¹³sa⁰ɕia³⁵fan⁵⁵]

跟我们做好事的。[kən⁵⁵o³³mən⁰tsəu³⁵xau³³sɿ³⁵ti⁰]

你看石头啊，[ni¹³kʰan³⁵sɿ¹³tʰəu⁰a⁰]

卡缝的石头啊，[kʰa³³foŋ³⁵ti⁰sɿ¹³tʰəu⁰a⁰]

都是她的指点，[təu⁵⁵sɿ³⁵tʰa⁵⁵ti⁰tsɿ³³tiɛn³³]

实际上我们这儿没得，[sɿ¹³tɕi³⁵saŋ³⁵o³³mən⁰tsɤ³⁵mei⁵⁵tɤ¹³]

是观音娘娘下凡啊，[sɿ³⁵kuan⁵⁵in⁵⁵niaŋ¹³niaŋ⁰ɕia³⁵fan¹³a⁰]

给我们带来的东西，[kɤ³³o³³mən⁰tai³⁵nai¹³ti⁰toŋ⁵⁵ɕi⁵⁵]

所以我们迥个桥呢，[so³³i³³o³³mən⁰nie³⁵kɤ³⁵tɕʰiau¹³ni⁰]

就叫观音桥。[tɕiəu³⁵tɕiau³⁵kuan⁵⁵in⁵⁵tɕʰiau¹³]

意译：我们的观音桥啊，是一条大路，过去这个湖南的津市、常德的那些乡客、商客都要从这里经过，到哪里去呢？到长江的南岸去做生意。

这里呢有一条河，河水经常泛滥，河上就只有一个小小的木头，架的一个木

桥，所以经常在这里人仰马翻，掉到河里。有一天就有一个老婆婆，就站旁边看，她说："你们每天来来去去那么多人，怎么不能修一座桥呢？"当地人就说，他说："婆婆啊，我们想是想过的，哪里有石头呢？有了石头我们早就修了。""哎，那边刚好个石头，有一方石头，修桥正好。"他说："那没有，那我们看了的，没有。"她说："那你再去看看去，我保证有。"哎，他们一看，恰恰有那么一方石头，正好修这座桥。

第二天，能工巧匠就开始着手，用钻子打的打啊，扩的扩啊，抬的抬啊，拖的拖啊，就慢慢地架，慢慢地架。人工桥就慢慢地开始合拢了，结果合拢的时候就差这么一块石头，嵌那个缝，人们就说这怎么办呢？这个石头在哪里弄呢？

正在为难的时候呢，这个婆婆啊就又来说，她说你们怎么还不合拢呢？他说婆婆啊我们怎么不想合拢呢？就是差这么块石头，哎呦，这块石头你们在某处取去，哎呦，您说的那个地方啊那是个高屋子啊，那屋是茅草屋，屋里没有这个石头，她说你去看看去，看有没有。一看，恰恰有这么块石头，人们就把它弄来以后，不大不小，不厚不薄，不长不短，恰恰就把这个缝填好了。

填好了以后，两岸的群众就非常高兴，跑桥上蹦啊跳啊、呼喊，兴奋之余，就说这个桥、这个石头、这个嵌的东西、这块石头，我们还要感谢这个婆婆呢，那还要多亏了这个婆婆，结果他们就去感谢这个婆婆。一看，哎，这个婆婆刚还在这里站，这会儿跑哪儿去了？这个婆婆就不见了。

后来人们就说这个婆婆是谁呢？很多人就说这肯定是观音菩萨下凡，帮助我们做好事的，你看石头啊、夹缝的石头都是她的指点，实际上我们这儿没有，是观音娘娘下凡给我们带来的东西，所以说我们这个桥就叫观音桥。

0025 其他故事

我们奈个地方啊，[o³³ mən⁰ nai³⁵ kɤ³⁵ ti³⁵ faŋ⁵⁵ a⁰] 奈个：这个

有个小姑娘儿，[iəu³³ kɤ³⁵ ɕiau³³ ku⁵⁵ niãr⁵⁵]

迺个小姑娘儿好大咧？[nie³⁵ kɤ³⁵ ɕiau³³ ku⁵⁵ niãr¹³ xau³³ ta³⁵ nie⁰]

十五六岁，[sʅ¹³ u³³ nəu¹³ suei³⁵]

非常地聪明，[fei⁵⁵ tsʰaŋ¹³ ti⁰ tsʰoŋ⁵⁵ min⁰]

也非常地漂亮。[ie³³ fei⁵⁵ tsʰaŋ¹³ ti⁰ pʰiau³⁵ niaŋ³⁵]

但是呢，她妈死得蛮早，[tan³⁵ sʅ³⁵ ni⁰, tʰa⁵⁵ ma⁵⁵ sʅ³³ ti⁰ man¹³ tsau³³]

就是跟她爹两个人咧过生活。[tɕiəu³⁵ sʅ³⁵ kən⁵⁵ tʰa⁵⁵ tie⁵⁵ niaŋ³³ kɤ³⁵ zən¹³ nie⁰ ko³⁵ sən⁵⁵ xo¹³]

她爹咧，名字叫蔡九，[tʰa⁵⁵ tie⁵⁵ nie⁰, min¹³ tsʅ⁰ tɕiau³⁵ tsʰai³⁵ tɕiəu³³]

你说起迴个蔡九呢，[ni¹³ so¹³ tɕʰi³³ nie³⁵ kɤ³⁵ tsʰai³⁵ tɕiəu³³ ni⁰]

他就最忌讳迴个九字，[tʰa⁵⁵ tɕiəu³⁵ tsuei³⁵ tɕi³⁵ xuei³⁵ nie³⁵ kɤ³⁵ tɕiəu³³ tsʅ³⁵]

那是说他九字呢就很不高兴。[na³⁵ sʅ³⁵ so¹³ tʰa⁵⁵ tɕiəu³³ tsʅ³⁵ ni⁰ tɕiəu³⁵ xən³³ pu³⁵ kau⁵⁵ ɕin³⁵]

当然呢，[taŋ⁵⁵ ʐan³⁵ ni⁰]

他的姑娘就记在心里哒。[tʰa⁵⁵ ti⁰ ku⁵⁵ niaŋ⁰ tɕiəu³⁵ tɕi³⁵ tsai³⁵ ɕin⁵⁵ ni⁰ ta⁰]

有一天呐，一群老汉子咧，[iəu³³ i¹³ tʰiɛn⁵⁵ na⁰，i¹³ tɕʰyn³⁵ nau³³ xan³⁵ tsʅ⁰ nie⁰]

想来调戏她，[ɕiaŋ³³ nai¹³ tʰiau¹³ ɕi³⁵ tʰa⁵⁵]

他们来九个，来八个，[tʰa⁵⁵ mən⁰ nai¹³ tɕiəu³³ ko³⁵，nai¹³ pa¹³ ko³⁵]

来九个，来九个。[nai¹³ tɕiəu³³ ko³⁵，nai¹³ tɕiəu³³ ko³⁵]

拿的什么子呢？[na¹³ ti⁰ sən³⁵ mɤ⁰ tsʅ³³ ni⁰]

拿的韭菜，[na¹³ ti⁰ tɕiəu³³ tsʰai³⁵]

说是明儿天是九月初九，[so¹³ sʅ³⁵ mər¹³ tʰiɛn⁵⁵ sʅ³⁵ tɕiəu³³ ye¹³ tsʰu⁵⁵ tɕiəu³³]

要接她的爹去喝酒。[iau³⁵ tɕie¹³ tʰa⁵⁵ ti⁰ tie⁵⁵ kʰɤ³⁵ xo⁵⁵ tɕiəu³³]

你看迴个东西跟奈个小姑娘说哒以后咧，[ni¹³ kʰan³⁵ nie³⁵ kɤ³⁵ toŋ⁵⁵ ɕi⁵⁵ kən⁵⁵ nai³⁵ kɤ³⁵ ɕiau³³ ku⁵⁵ niaŋ⁰ so¹³ ta⁰ i³³ i³³ xəu³⁵ nie⁰]

要啊小姑娘咧，[iau³⁵ a⁰ ɕiau³⁵ ku⁵⁵ niaŋ⁰ nie⁰]

转告给她的爹。[tsuan³³ kau³⁵ kɤ³³ tʰa⁵⁵ ti⁰ tie⁵⁵]

小姑娘一想呐，[ɕiau³³ ku⁵⁵ niaŋ⁰ i¹³ ɕiaŋ³³ na⁰]

九个老头儿，[tɕiəu³³ kɤ³⁵ nau³³ tʰər¹³]

拿的韭菜，[na¹³ ti⁰ tɕiəu³³ tsʰai³⁵]

说是明儿天是九月初九，[so¹³ sʅ³⁵ mər¹³ tʰiɛn⁵⁵ sʅ³⁵ tɕiəu³³ ye¹³ tsʰu⁵⁵ tɕiəu³³]

要他去喝酒，[iau³⁵ tʰa⁵⁵ kʰɤ³⁵ xo⁵⁵ tɕiəu³³]

几句话都不离九，[tɕi³³ tɕy³⁵ xua³⁵ təu⁵⁵ pu³⁵ ni¹³ tɕiəu³³]

我爹又最不喜欢这个九，[o³³ tie⁵⁵ iəu³⁵ tsuei³⁵ pu³⁵ ɕi³³ xuan⁵⁵ tsɤ³⁵ kɤ³⁵ tɕiəu³³]

最忌讳这个九，[tsuei³⁵ tɕi³⁵ xuei³⁵ tsɤ³⁵ kɤ³⁵ tɕiəu³³]

她就在屋里想啊。[tʰa⁵⁵ tɕiəu³⁵ tsai³⁵ u¹³ ni⁰ ɕiaŋ³³ a⁰]

行，爹回来哒我一定告给他。[ɕin¹³，tie⁵⁵ xuei¹³ nai¹³ ta⁰ o³³ i¹³ tin³⁵ kau³⁵ kɤ³³ tʰa⁵⁵]

爹就回来哒，回来后，[tie⁵⁵ tɕiəu³⁵ xuei¹³ nai¹³ ta⁰，xuei¹³ nai¹³ xəu³⁵]

今儿天蛮好一个事啊爹，[tɕər⁵⁵ tʰiɛn⁵⁵ man¹³ xau³³ i¹³ kɤ³⁵ sʅ³⁵ a⁰ tie⁵⁵]

他说你说我听下儿啦，[tʰa⁵⁵ so¹³ ni¹³ so¹³ o³³ tʰin⁵⁵ xar³⁵ na⁰]

她说：[tʰa⁵⁵ so¹³]

八佬加一翁啊，[pa¹³ nau³³ tɕia⁵⁵ i¹³ oŋ⁵⁵ a⁰]

手拿扁扁葱啊，[sɔu³³ na¹³ piɛn³³ piɛn³³ tsʰoŋ⁵⁵ a⁰]

明儿天是重阳节啊，[mər¹³ tʰiɛn⁵⁵ sʅ³⁵ tsʰoŋ³⁵ iaŋ¹³ tɕie¹³ a⁰]

接您儿喝几盅。[tɕie¹³ nər³³ xo⁵⁵ tɕi³³ tsoŋ⁵⁵]

意译：我们那个地方，有个小姑娘，这个小姑娘多大呢？十五六岁，非常地聪明，也非常地漂亮，但是呢，她的妈死得很早，和她爹两个人生活。她爹名字叫蔡九，说起这个蔡九他就最忌讳这个九字，只要说九字他就很不高兴，他的女儿呢就记在心里。

有一天呐，一群老汉子想来调戏她，他们来九个，拿的什么呢？拿的韭菜，说明天是九月初九，你去喝酒，他们说了之后，就叫小姑娘转告给她爹。小姑娘一想呐，九个老头拿的韭菜说明天是九月初九，要他去喝酒，一句话都不离九，我爹又最不喜欢九，我爹最忌讳这个九，她就在屋里想啊，爹回来了我一定不能告诉他。等爹回来了，她说："今天有一件好事，爹。"她爹说："你说我听听看呐。""八佬加一翁啊，手拿半边葱啊，明天是重阳节啊，请您喝几盅。"

四　自选条目

0031 自选条目

我老家就住在习家湾，[o³³ nau³³ tɕia⁵⁵ tɕiəu³⁵ tsu³⁵ tsai³⁵ ɕi¹³ ka⁵⁵ uan⁵⁵]

我门后就插一根长牵担。[o³³ mən¹³ xəu³⁵ tɕiəu³⁵ tsʰa¹³ i¹³ kən⁵⁵ tsʰaŋ¹³ tɕʰiɛn⁵⁵ tan⁵⁵]

我牵担尖子上就搁鸡蛋，[o³³ tɕʰiɛn⁵⁵ tan⁵⁵ tɕiɛn⁵⁵ tsʅ⁰ saŋ³⁵ tɕiəu³⁵ ko⁵⁵ tɕi⁵⁵ tan⁵⁵]

鸡蛋就上面搁的鸭蛋。[tɕi⁵⁵ tan⁵⁵ tɕiəu³⁵ saŋ³⁵ miɛn³⁵ ko⁵⁵ ti⁰ ia¹³ tan⁵⁵]

鸭蛋就上面搁的鹅蛋，[ia¹³ tan⁵⁵ tɕiəu³⁵ saŋ³⁵ miɛn³⁵ ko⁵⁵ ti⁰ o¹³ tan⁵⁵]

鹅蛋就上面绵⁼的石板。[o¹³ tan⁵⁵ tɕiəu³⁵ saŋ³⁵ miɛn³⁵ miɛn¹³ ti⁰ sʅ¹³ pan³³] 绵⁼：盖

我在就上面做的猪栏。[o³³ tsai³⁵ tɕiəu³⁵ saŋ³⁵ miɛn³⁵ tsəu³⁵ ti⁰ tsu⁵⁵ nan⁵⁵] 猪栏：猪圈

东三间那个西三间，[toŋ⁵⁵ san⁵⁵ kan⁵⁵ na³⁵ kɤ³⁵ ɕi¹³ san⁵⁵ kan⁵⁵]

南三间那个北三间。[nan¹³ san⁵⁵ kan⁵⁵ na³⁵ kɤ³⁵ pɤ¹³ san⁵⁵ kan⁵⁵]

东西就南北十二间，[toŋ⁵⁵ ɕi⁵⁵ tɕiəu³⁵ nan¹³ pɤ¹³ sʅ¹³ ə³⁵ kan⁵⁵]

我喂了猪子就上北山，[o³³ uei³⁵ niau⁰ tsu⁵⁵ tsʅ⁰ tɕiəu³⁵ saŋ³⁵ pɤ¹³ san⁵⁵]

富哒就羊子一百六十三对半。[fu³⁵ ta⁰ tɕiəu³⁵ iaŋ³⁵ tsʅ⁰ i¹³ pɤ¹³ nu¹³ sʅ¹³ san⁵⁵ tuei³⁵ pan³⁵]

我又在上面搞的扩展，[o³³ iəu³⁵ tsai³⁵ saŋ³⁵ miɛn³⁵ kau³³ ti⁰ kʰuo³⁵ tsan³³]

四面就八方围的栏杆。[sʅ³⁵ miɛn³⁵ tɕiəu³⁵ pa¹³ faŋ⁵⁵ uei¹³ ti⁰ nan¹³ kan⁵⁵]

鸡子就鸭子做的坯板，[tɕi⁵⁵ tsʅ⁰ tɕiəu³⁵ ia¹³ tsʅ⁰ tsəu³⁵ ti⁰ pʰei⁵⁵ pan³³]

是又挡风那是又挡寒。[sŋ³⁵ iəu³⁵ taŋ³³ foŋ⁵⁵ na³⁵ sŋ³⁵ iəu³⁵ taŋ³³ xan¹³]

鸡子就鸭子嘎的嘎的喊,[tɕi⁵⁵ tsŋ⁰ tɕiəu³⁵ ia¹³ tsŋ⁰ ka⁵⁵ ti⁰ ka⁵⁵ ti⁰ xan³³]

一天到黑有捡不完的蛋。[i¹³ tʰiɛn⁵⁵ tau³⁵ xɤ¹³ iəu³³ tɕiɛn³³ pu³⁵ uan¹³ ti⁰ tan³⁵]

前年的收入是一毛赚,[tɕʰiɛn¹³ niɛn¹³ ti⁰ səu⁵⁵ zu¹³ sŋ³⁵ i¹³ mau¹³ tsuan³⁵]

后我到三十三万三千三百三十三块三角三分三。[xəu³⁵ o³³ tau³⁵ san⁵⁵ sŋ¹³ san⁵⁵ uan³⁵ san⁵⁵ tɕʰiɛn⁵⁵ san⁵⁵ pɤ¹³ san⁵⁵ sŋ¹³ san⁵⁵ kʰuai³³ san⁵⁵ tɕio¹³ san⁵⁵ fən⁵⁵ san⁵⁵]

政府就说我下得蛮,[tsən⁵⁵ fu³³ tɕiəu³⁵ so¹³ o³³ ɕia³⁵ tɤ¹³ man¹³] 下得蛮:吃得苦

年终就评我当模范。[niɛn¹³ tsoŋ⁵⁵ tɕiəu³⁵ pʰin¹³ o³³ taŋ³⁵ mo¹³ fan³⁵]

锦旗就上面画一段,夸我是,[tɕin³³ tɕʰi¹³ tɕiəu³⁵ saŋ³⁵ miɛn³⁵ xua³⁵ i¹³ tuan³⁵,kʰua⁵⁵ o³³ sŋ³⁵]

勤劳致富的大老板,[tɕʰin¹³ nau¹³ tsŋ³⁵ fu³⁵ ti⁰ ta³⁵ nau³³ pan³³]

那个大老板。[na³⁵ kɤ³⁵ ta³⁵ nau³³ pan³³]

意译:我老家就住在习家湾,我门后就插一根长牵担,牵担尖子上就搁鸡蛋,鸡蛋上面搁的鸭蛋,鸭蛋就上面搁的鹅蛋,鹅蛋上面就放的石板,石板就上面做的猪栏,东三间那个西三间,南三间那个北三间,东西就南北十二间,我喂了猪就上北山,富了就有羊一百六十三万,我又在上面搞开发,四面又八方围的栏杆,鸡和鸭圈外做的坯板,又挡风那是又挡寒,鸡和鸭嘎嘎地叫,一天到晚有捡不完的蛋,前年的收入是一毛赚,等我到三十三万三千三百三十三块三角三分三,政府就说我肯吃苦,年终就评我当模范,锦旗就上面画一段,画我是勤劳致富的大老板呐大老板。

0032 自选条目

说白话奈个讲白话,[so¹³ pɤ¹³ xua³⁵ nai³⁵ kɤ³⁵ tɕiaŋ³³ pɤ¹³ xua³⁵] 白话:吹牛。奈个:那个

宜都就要比那宜昌大。[i¹³ tu⁵⁵ tɕiəu³⁵ iau³⁵ pi³³ na³⁵ i¹³ tsʰaŋ⁵⁵ ta³⁵]

宜昌直辖湖北省,[i¹³ tsʰaŋ⁵⁵ tsŋ¹³ ɕia¹³ xu⁵⁵ pɤ¹³ sən³³]

湖北的省会就在长沙。[xu⁵⁵ pɤ¹³ ti⁰ sən³³ xuei³⁵ tɕiəu³⁵ tsai³⁵ tsʰaŋ¹³ sa⁵⁵]

长沙就有一个葛洲坝,[tsʰaŋ¹³ sa⁵⁵ tɕiəu³⁵ iəu³³ i¹³ kɤ³⁵ ko³³ tsəu⁵⁵ pa⁵⁵]

葛洲坝的旁边就是宁夏。[ko³³ tsəu⁵⁵ pa⁵⁵ ti⁰ pʰaŋ¹³ piɛn⁰ tɕiəu³⁵ sŋ³⁵ nin¹³ ɕia³⁵]

宁夏就有一个大三峡,[nin¹³ ɕia³⁵ tɕiəu³⁵ iəu³³ i¹³ kɤ³⁵ ta³⁵ san⁵⁵ ɕia¹³]

三峡的出口是拉萨。[san⁵⁵ ɕia¹³ ti⁰ tsʰu¹³ kʰəu³³ sŋ³⁵ na⁵⁵ sa³⁵]

挨到拉萨是三亚,[ai⁵⁵ tau³⁵ na⁵⁵ sa³⁵ sŋ³⁵ san⁵⁵ ia³⁵]

三亚就天天把雪下。[san⁵⁵ ia³⁵ tɕiəu³⁵ tʰiɛn⁵⁵ tʰiɛn⁵⁵ pa³³ ɕie¹³ ɕia³⁵]

常年的温度是零下四十八。[tsʰaŋ¹³niɛn¹³ti⁰uən⁵⁵tu³⁵sɿ³⁵nin¹³ɕia³⁵sɿ³⁵sɿ¹³pa¹³]
说三亚奈个道三亚,[so¹³san⁵⁵ia³⁵nai³⁵kɤ³⁵tau³⁵san⁵⁵ia³⁵]
三亚的旁边是古巴。[san⁵⁵ia³⁵ti⁰pʰaŋ¹³piɛn⁰sɿ³⁵ku³³pa⁵⁵]
古巴的首都是加拿大,[ku³³pa⁵⁵ti⁰səu¹³tu⁵⁵sɿ³⁵tɕia⁵⁵na¹³ta³⁵]
加拿大的首都是西班牙。[tɕia⁵⁵na¹³ta³⁵ti⁰səu³³tu⁵⁵sɿ³⁵ɕi⁵⁵pan⁵⁵ia¹³]
西班牙有个县城叫叙利亚,[ɕi⁵⁵pan⁵⁵ia¹³iəu³³kɤ³⁵ɕiɛn³⁵tsʰən¹³tɕiau³⁵ɕi³⁵ni³⁵ia³⁵]
叙利亚有个沦湖叫卢旺达。[ɕi³⁵ni³⁵ia³⁵iəu³³kɤ³⁵nuən¹³xu¹³tɕiau³⁵nu¹³uaŋ³⁵ta¹³]
卢旺达今年八十八,[nu¹³uaŋ³⁵ta¹³tɕin⁵⁵niɛn¹³pa¹³sɿ¹³pa¹³]
他只有爹来就没得妈。[tʰa⁵⁵tsɿ¹³iəu³³tie⁵⁵nai¹³tɕiəu³⁵mei⁵⁵tɤ¹³ma⁵⁵]
他天生的哑巴就会说话,[tʰa⁵⁵tʰiɛn⁵⁵sən⁵⁵ti⁰a³³pa⁰tɕiəu³⁵xuei³⁵so¹³xua³⁵]
说他的爹爹小产哒,[so¹³tʰa⁵⁵ti⁰tie⁵⁵tie⁵⁵ɕiau³³tsʰan³³ta⁰]
奈个小产哒。[nai³⁵kɤ³⁵ɕiau³³tsʰan³³ta⁰]

意译:说胡话那个讲胡话,宜都就要比那宜昌大,宜昌直辖湖北省,湖北的省会就在长沙,长沙就有一个葛洲坝,葛洲坝的旁边就是宁夏,宁夏就有一个大三峡,三峡的出口是拉萨,挨着拉萨是三亚,三亚就天天把雪下,常年的温度是零下四十八,说三亚那个到三亚,三亚的旁边是古巴,古巴的首都是加拿大,加拿大的首都是西班牙,西班牙有个县城叫叙利亚,叙利亚有个沦湖叫卢旺达,卢旺达今年八十八,他只有爹就没有妈,天生的哑巴就会说话,他的爹爹小产了。

0033 自选条目

好笑好笑真好笑,[xau³³ɕiau³⁵xau³³ɕiau³⁵tsən⁵⁵xau³³ɕiau³⁵]
我昨天在屋里睡中觉,[o³³tso¹³tʰiɛn⁵⁵tsai⁰u¹³ni⁰suei³⁵tsoŋ⁵⁵kau³⁵]
一个虼蚤在我的身上咬,[i¹³kɤ³⁵kɤ³⁵tsau⁰tsai³⁵o³³ti⁰sən⁵⁵saŋ³⁵au³³] 虼蚤:跳蚤
我就一下爬哒来挼着。[o³³tɕiəu³⁵i¹³xa³⁵pʰa¹³ta⁰nai¹³tsʰən³³tau³⁵] 挼:按
我抽它的筋,刮它的皮,[o³³tsʰəu⁵⁵tʰa⁵⁵ti⁰tɕin⁵⁵,kua¹³tʰa⁵⁵ti⁰pʰi¹³]
开它的舱啊是破它的肚。[kʰai⁵⁵tʰa⁵⁵ti⁰tsʰaŋ⁵⁵a⁰sɿ³⁵pʰo³⁵tʰa⁵⁵ti⁰tu³⁵]
我一刮刮了三十六斤六,[o³³i¹³kua¹³kua¹³niau⁰san⁵⁵sɿ¹³nu¹³tɕin⁵⁵nu¹³]
我换了三十六段骨,[o³³xuan⁴⁵niau⁰san⁵⁵sɿ¹³nu¹³tuan³⁵ku¹³]
外哒就一张皮。[uai³⁵ta⁰tɕiəu³⁵i¹³tsan⁵⁵pʰi¹³] 外哒:外面
我拿起去换盐吃,[o³³na¹³tɕʰi¹³kʰɤ³⁵xuan³⁵iɛn¹³tɕʰi¹³]
我一走走到个药店子。[o³³i¹³tsəu³³tsəu³³tau³⁵kɤ³⁵iau¹³tiɛn³⁵tsɿ⁰]
遇到一个小女伢子,[i³⁵tau³⁵i¹³kɤ³⁵ɕiau³³ni³³a¹³tsɿ⁰]
她骑的个黑驴子。[tʰa⁵⁵tɕʰi¹³ti⁰kɤ³⁵xɤ¹³ni¹³tsɿ⁰]

她说她奈个驴子好，[tʰa⁵⁵ so¹³ tʰa⁵⁵ nai³⁵ kɤ³⁵ ni¹³ tsʅ⁰ xau³³]奈个：那个
我说我迗个虼蚤好。[o³³ so¹³ o³³ nie³⁵ kɤ³⁵ kɤ¹³ tsau⁰ xau³³]
我就跟她俩一处调，[o³³ tɕiəu³⁵ kən⁵⁵ tʰa⁵⁵ nia¹³ i¹³ tsʰu¹³ tʰiau¹³]调：换
我一起哒就观音桥。[o³³ i¹³ tɕʰi³³ ta⁰ tɕiəu³⁵ kuan⁵⁵ in⁵⁵ tɕʰiau¹³]
碰到我的那个老表，[pʰoŋ³⁵ tau³⁵ o³³ ti⁰ nai³⁵ kɤ³⁵ nau³³ piau³³]
她头戴一顶烂毡帽。[tʰa⁵⁵ tʰəu¹³ tai³⁵ i¹³ tin³³ nan³³ tsan⁵⁵ mau³⁵]
她说她奈个毡帽好，[tʰa⁵⁵ so¹³ tʰa⁵⁵ nai³⁵ kɤ³⁵ tsan⁵⁵ mau³⁵ xau³³]
我说我那个驴子好。[o³³ so¹³ o³³ nai³⁵ kɤ³⁵ ni¹³ tsʅ⁰ xau³³]
我又跟她了一处调。[o³³ iəu³⁵ kən⁵⁵ tʰa⁵⁵ niau⁰ i¹³ tsʰu³⁵ tʰiau¹³]
她说她奈个毡帽反戴三年，[tʰa⁵⁵ so¹³ tʰa⁵⁵ nai³⁵ kɤ³⁵ tsan⁵⁵ mau³⁵ fan³³ tai³⁵ san⁵⁵ niɛn¹³]

正戴三年，[tsən³⁵ tai³⁵ san⁵⁵ niɛn¹³]
补补粘粘戴三年，[pu³³ pu⁰ niɛn¹³ niɛn⁰ tai³⁵ san⁵⁵ niɛn¹³]
毡帽就难打有肥田。[tsan⁵⁵ mau³⁵ tɕiəu³⁵ nan¹³ ta³³ iəu³³ fei¹³ tʰiɛn¹³]
萝卜就打八百啊，[no¹³ pu⁰ tɕiəu³⁵ ta³³ pa¹³ pɤ¹³ a⁰]
毡谷就打一千。[tsan⁵⁵ ku¹³ tɕiəu³⁵ ta³³ i¹³ tɕʰiɛn⁵⁵]
屋顶就圆呐好多钱，[u¹³ tin³³ tɕiəu³⁵ iɛn¹³ na⁰ xau³³ to⁵⁵ tɕʰiɛn¹³]圆：存
生个儿子叫有缘，[sən⁵⁵ kɤ³⁵ ə¹³ tsʅ⁰ tɕiau³⁵ iəu³³ iɛn¹³]
有缘有缘真有缘。[iəu³³ iɛn¹³ iəu³³ iɛn¹³ tsən⁵⁵ iəu³³ iɛn¹³]
朋友们，我赚，[pʰoŋ¹³ iəu³³ mən⁰，o³³ tsuan³⁵]
我赚的就是奈个虼蚤钱奈个虼蚤钱。[o³³ tsuan³⁵ ti⁰ tɕiəu³⁵ sʅ³⁵ nai³⁵ kɤ³⁵ kɤ¹³ tsau⁰ tɕʰiɛn¹³ nai³⁵ kɤ³⁵ kɤ¹³ tsau⁰ tɕʰiɛn¹³]

意译：好笑好笑真好笑，我昨天在屋里睡午觉，一个跳蚤在我的身上咬，我就一下爬起来压倒它，我抽它的筋，刮它的皮，开它的舱啊是破它的肚，我一刮刮了三十六斤六，我换了三十六断骨，外面就一张皮，我拿着去换盐吃，我一走走到个药店，遇到一个年轻女子，她骑着个黑驴，她说她那个驴好，我说我这个跳蚤好，我就跟她交换，我一去观音桥，碰到我的那个老表，她头戴一顶烂毡帽，她说她那个毡帽好，我说我那个驴好，我又跟她俩一换，她说她那个毡帽反戴三年、正戴三年，补补黏黏就又戴三年，毡帽又肥田，萝卜就算八百啊，毡帽算一千，屋里就好多钱，生个儿子叫有缘，有缘真有缘，朋友们，我赚的就是那个跳蚤钱那个跳蚤钱。

0034 自选条目

两个哑巴睡一头——没得话说。[niaŋ³³ kɤ³⁵ a³³ pa⁰ suei³⁵ i¹³ tʰəu¹³——mei⁵⁵ tɤ⁰ xua³⁵ so¹³]

意译：两个哑巴睡一起，没话说。

0035 自选条目

驼子睡在街中心——两头翘。[tʰo¹³ tsʅ⁰ suei³⁵ tsai³⁵ kai⁵⁵ tsoŋ⁵⁵ ɕin⁵⁵——niaŋ³³ tʰəu¹³ tɕʰiau³⁵]

意译：驼子睡在街中心——两边翘。

0036 自选条目

腊月三十借甑子——不是时候。[na³⁵ ye¹³ san⁵⁵ sʅ¹³ tɕie¹³ tsən³⁵ tsʅ⁰——pu³⁵ sʅ³⁵ sʅ¹³ xəu⁰]

意译：腊月三十借甑子——不是时候。

0037 自选条目

顶起碓窝子跳加官——是人吃了亏啊，戏不好看。[tin³³ tɕʰi³³ tuei⁵⁵ o⁵⁵ tsʅ⁰ tiau³⁵ tɕia⁵⁵ kuan⁵⁵——sʅ³⁵ zən¹³ tɕʰi¹³ nʴ⁰ kʰuei⁵⁵ a⁰, ɕi³⁵ pu³⁵ xau³³ kʰan³⁵] 跳加官：戏曲里的一种表演形式

意译：顶着碓窝跳加官——人又吃亏，戏又不好看。

0038 自选条目

麻子打呵欠——全部洞圆（动员）。[ma¹³ tsʅ⁰ ta³³ xo⁵⁵ tɕʰiɛn⁰——tɕʰyɛn¹³ pu³⁵ toŋ³⁵ iɛn¹³]

意译：麻子打哈欠——全部洞圆（动员）。

0039 自选条目

黄荆条子做柱子——不是料当。[xuaŋ¹³ tɕin⁵⁵ tʰiau¹³ tsʅ⁰ tsəu³⁵ tsu³⁵ tsʅ⁰——pu³⁵ sʅ³⁵ niau³⁵ taŋ⁵⁵]

意译：黄荆条做柱子——不是好材料。

0040 自选条目

远看一匹马，近看无尾巴，[iɛn³³ kʰan³⁵ i¹³ pʰi¹³ ma³³, tɕin³⁵ kʰan³⁵ u¹³ i³³ pa⁰]
腰里活活动，口里吐黄沙。[iau⁵⁵ ni⁰ xo¹³ xo¹³ toŋ³⁵, kʰəu³³ ni⁰ tʰu³³ xuaŋ¹³ sa⁵⁵]
风斗。[foŋ⁵⁵ təu³⁵]

意译：远看一匹马，近看无尾巴，腰里活活动，口里吐黄沙。风斗。

0041 自选条目

长的少，短的多，[tsʰaŋ¹³ ti⁰ sau³³，tuan³³ ti⁰ to⁵⁵]

脚底踏，手里摸。[tɕio¹³ ti³³ tʰa¹³，səu³³ ni⁰ mo⁵⁵]

梯子。[tʰi⁵⁵ tsɿ⁰]

意译：长的少，短的多，脚底踏，手里摸。梯子。

0042 自选条目

丈夫花肚皮，妻子花肚皮，[tsaŋ³³ fu⁰ xua⁵⁵ tu³⁵ pʰi¹³，tɕʰi⁵⁵ tsɿ⁰ xua⁵⁵ tu³⁵ pʰi¹³]

肚皮对肚皮，肚脐对肚脐。[tu³⁵ pʰi¹³ tuei³⁵ tu³⁵ pʰi¹³，tu³⁵ tɕʰi³³ tuei³⁵ tu³⁵ tɕʰi³³]

磨子。[mo¹³ tsɿ⁰]

意译：丈夫花肚皮，妻子花肚皮，肚皮对肚皮，肚脐对肚脐。磨子。

0043 自选条目

四个妹子一个妈，[sɿ³⁵ kɤ³⁵ mei³⁵ tsɿ⁰ i¹³ kɤ³⁵ ma⁵⁵]

不等衣干就分家。[pu³⁵ tən³³ i⁵⁵ kan⁵⁵ tɕiəu³⁵ fən⁵⁵ tɕia⁵⁵]

瓦坯。[ua³³ pʰi⁵⁵]

意译：四个妹子一个妈，不等衣服干就分家。瓦坯。

0044 自选条目

三片瓦，盖间房，[san⁵⁵ pʰiɛn³⁵ ua³³，kai³⁵ kan⁵⁵ faŋ¹³]

里面住个白姑娘。[ni³³ miɛn³⁵ tsu³⁵ kɤ³⁵ pɤ¹³ ku⁵⁵ niaŋ⁰]

荞麦。[tɕʰiau¹³ mɤ¹³]

意译：三片瓦，盖间房，里面住个白姑娘。荞麦。

0045 自选条目

一根草，水上漂，[i¹³ kən⁵⁵ tsʰau³³，suei³³ saŋ³⁵ pʰiau⁵⁵]

开白花，结元宝。[kʰai⁵⁵ pɤ¹³ xua⁵⁵，tɕie¹³ iɛn¹³ pau³³]

菱角。[nin¹³ ko¹³]

意译：一根草，水上漂，开白花，结元宝。菱角。

0046 自选条目

四月八，雾笃笃，[sɿ³⁵ ye¹³ pa¹³，u³⁵ tu⁵⁵ tu⁰]

高山顶上都结谷。[kau⁵⁵ san⁵⁵ tin³³ saŋ³⁵ təu⁵⁵ tɕie¹³ ku¹³]
意译：四月八，雾蒙蒙，高山顶上都结稻谷。

0047 自选条目
芒种打火，夜插秧。[maŋ¹³ tsoŋ³⁵ ta³³ xo³³，ie³⁵ tsʰa¹³ iaŋ⁵⁵]
意译：芒种时节在夜晚打火把，也要把秧插好。

0048 自选条目
处暑的荞麦，白露的菜。[tsʰu³⁵ su¹³ ti⁰ tɕʰiau¹³ mɤ¹³，pɤ¹³ nu³⁵ ti⁰ tsʰai³⁵]
意译：处暑的荞麦，白露的菜。

0049 自选条目
吃哒咸萝卜，操淡心。[tɕʰi¹³ ta⁰ xan¹³ no¹³ pu⁰，tsʰau⁵⁵ tan³⁵ ɕin⁵⁵]
意译：咸吃萝卜淡操心。

0050 自选条目
屋檐水，滴旧窝。[u¹³ iɛn¹³ suei³³，ti¹³ tɕiəu³⁵ o⁵⁵]
意译：屋檐的水，点点滴旧窝。指规劝人多行孝道。

0051 自选条目
勤快人跑成槽，[tɕʰin¹³ kʰuai³⁵ zən¹³ pʰau³³ tsʰən¹³ tsʰau¹³]
懒人子压成痨。[nan³³ zən¹³ tsɿ⁰ ia⁵⁵ tsʰən¹³ nau¹³]
意译：勤快人跑成槽，懒人压成痨病。

0052 自选条目
樱桃好吃，树难栽，[in⁵⁵ tʰau¹³ xau³³ tɕʰi¹³，su³⁵ nan¹³ tsai⁵⁵]
粑粑好吃，磨难捱。[pa⁵⁵ pa⁵⁵ xau³³ tɕʰi¹³，mo¹³ nan¹³ ai¹³] 粑粑：饼。捱：推
意译：樱桃好吃，树难栽，饼子好吃，磨难推。

0053 自选条目
当面喊哥哥，背后摸家伙。[taŋ⁵⁵ miɛn³⁵ xan³³ ko⁵⁵ ko⁰，pei³⁵ xəu³⁵ mo¹³ tɕia⁵⁵ xo⁰]
意译：当面喊哥哥，背后摸家伙。

0054 自选条目

手艺不到家，不如种田打土垡。[səu³³ i³⁵ pu³⁵ tau³⁵ tɕia⁵⁵，pu³⁵ zu̩¹³ tsoŋ³⁵ tʰiɛn¹³ ta³³ tʰu³³ fa¹³]

意译：手艺不到家，不如种田打土垡。

0055 自选条目

天上无云不下雨，[tʰiɛn⁵⁵ saŋ³⁵ u¹³ in¹³ pu³⁵ ɕia³⁵ i³³]
地下无媒不成双。[ti³⁵ ɕia³⁵ u¹³ mei¹³ pu³⁵ tsʰən¹³ suaŋ⁵⁵]
意译：天上无云不下雨，地下无媒不成双。

0056 自选条目

跛子放铳，歪打正着。[po¹³ tsn̩⁰ faŋ³⁵ tsʰoŋ⁵⁵，uai⁵⁵ ta³³ tsən³⁵ tso¹³] 铳：枪
意译：跛子放铳，歪打正着。

0057 自选条目

跛子拜年，见势一歪。[po¹³ tsn̩⁰ pai³⁵ niɛn¹³，tɕiɛn³⁵ sn̩³⁵ i¹³ uai⁵⁵]
意译：跛子拜年，见势一歪。

0058 自选条目

白菜煮豆腐，一清（青）二白。[pɤ¹³ tsʰai³⁵ tsu³³ təu³⁵ fu⁰，i¹³ tɕʰin⁵⁵ ɚ³⁵ pɤ¹³]
意译：白菜煮豆腐，一清（青）二白。

0059 自选条目

穷人子不害病，只当走大运。[tɕʰioŋ¹³ zən¹³ tsn̩⁰ pu³⁵ xai³⁵ pin³⁵，tsn̩¹³ taŋ⁵⁵ tsəu³³ ta³⁵ in³⁵]

意译：穷人不生病，只当走大运。

0060 自选条目

岔路上的蛇，来路不明。[tsʰa³⁵ nu³⁵ saŋ³⁵ ti⁰ sɤ¹³，nai¹³ nu³⁵ pu³⁵ min¹³]
意译：岔路上的蛇，来路不明。

0061 自选条目

除了栎柴无好火，[tsʰu¹³ mɤ⁰ ni³⁵ tsʰai¹³ u¹³ xau³³ xo³³]

除了郎舅无好亲。［tsʰu¹³ mɤ⁰ naŋ¹³ tɕiəu³⁵ u¹³ xau³³ tɕʰin⁵⁵］
意译：除了栎柴无好火，除了郎舅无好亲。

0062 自选条目
生吃大蒜夏吃姜，［sən⁵⁵ tɕʰi¹³ ta³⁵ suan³⁵ ɕia³⁵ tɕʰi¹³ tɕiaŋ⁵⁵］
不找医生开药方。［pu³⁵ tsau³³ i⁵⁵ sən⁵⁵ kʰai⁵⁵ io¹³ faŋ⁵⁵］
意译：生吃大蒜夏吃姜，不找医生开药方。

0063 自选条目
躲得过三月三，［to³³ tɤ¹³ ko³⁵ san⁵⁵ ye¹³ san⁵⁵］
躲不过九月九。［to³³ pu³⁵ ko³⁵ tɕiəu³³ ye¹³ tɕiəu³³］
意译：躲得过三月三，躲不过九月九。

恩 施 州

恩 施

一 歌谣

0001 歌谣

推磨嘎磨，［tʰei⁵⁵mo³⁵ka³³mo³⁵］

推的粑粑甜不过。［tʰei⁵⁵ti⁰pa⁵⁵pa⁵⁵tʰiɛn³³pu³³kuo³⁵］甜不过：非常甜

隔壁老婆婆来取火，［kɛ³³pi⁰nau⁵¹pʰo³³pʰo⁰nai³³tɕy⁵¹xuo⁵¹］

把我粑粑偷两个，［pa⁵¹uo⁵¹pa⁵⁵pa⁰tʰəu⁵⁵niaŋ⁵¹kuo³⁵］

吃哒心里不好过。［tɕʰi³³ta⁰ɕin⁵⁵ni⁵¹pu³⁵xau⁵¹kuo³⁵］不好过：难受

哎哟，哎哟，疼不过。［ai⁵⁵io⁰，ai⁵⁵io⁰，tʰən³³pu³³kuo³⁵］

意译：推磨时石磨嘎嘎作响，推动石磨磨出来的米浆做的粑粑甜得不得了。隔壁老婆婆来借火，把我的粑粑偷了两个，吃了肚子难受，哎哟哎哟疼得不得了。

0002 歌谣

蒸粑粑，接家家，［tʂən⁵⁵pa⁵⁵pa⁵⁵，tɕie³³ka⁵⁵ka⁵⁵］家家：外婆

家家不吃酸粑粑。［ka⁵⁵ka⁵⁵pu³³tɕʰi³³suan⁵⁵pa⁵⁵pa⁵⁵］

推豆腐，接舅母，［tʰei⁵⁵təu³⁵fu⁰，tɕie³³tɕiəu³⁵mu⁵¹］

舅母不吃酸豆腐。［tɕiəu³⁵mu⁵¹pu³³tɕʰi³³suan⁵⁵təu³⁵fu⁰］

煮汤圆儿，接幺姨儿，［tʂu⁵¹tʰaŋ⁵⁵yə⁰，tɕie³³iau⁵⁵iə⁰］幺：最小的

幺姨儿不吃酸汤圆儿。［iau⁵⁵iə⁰pu³³tɕʰi³³suan⁵⁵tʰaŋ⁵⁵yə⁰］

意译：蒸了粑粑，接外婆来吃，外婆不吃酸粑粑。推动石磨磨出来的豆浆做豆腐，接舅妈来吃，舅妈不吃酸豆腐。煮汤圆儿，接小姨来吃，小姨不吃酸汤圆儿。

0003 歌谣

虫虫儿虫虫儿飞，[tʂʰoŋ³³ tʂʰɚ⁰ tʂʰoŋ³³ tʂʰɚ⁰ xuei⁵⁵]

虫虫儿虫虫儿飞，[tʂʰoŋ³³ tʂʰɚ⁰ tʂʰoŋ³³ tʂʰɚ⁰ xuei⁵⁵]

飞到家家去，[xuei⁵⁵ tau⁰ ka⁵⁵ ka⁵⁵ tɕʰy³⁵]

家家不赶狗，[ka⁵⁵ ka⁵⁵ pu³³ kan⁵¹ kəu⁵¹]

就咬虫虫儿手。[tɕiəu³⁵ au⁵¹ tʂʰoŋ³³ tʂʰɚ⁰ səu⁵¹]

虫虫儿虫虫儿飞，[tʂʰoŋ³³ tʂʰɚ⁰ tʂʰoŋ³³ tʂʰɚ⁰ xuei⁵⁵]

飞到家家去，[xuei⁵⁵ tau⁰ ka⁵⁵ ka⁵⁵ tɕʰy³⁵]

家家不赶狗，[ka⁵⁵ ka⁵⁵ pu³³ kan⁵¹ kəu⁵¹]

虫虫儿就飞走。[tʂʰoŋ³³ tʂʰɚ⁰ tɕiəu³⁵ xuei⁵⁵ tsəu⁵¹]

意译：虫虫飞，虫虫飞，飞到外婆家里去，外婆不赶狗，狗就会咬虫虫的手。虫虫飞，虫虫飞，飞到外婆家里去，外婆不赶狗，虫虫就飞走。

0004 歌谣

男：喝你一口茶呀，问你一句话，[xuo⁵⁵ ni⁵¹ i³³ kʰəu⁵¹ tʂʰa³³ ia⁰, uən³⁵ ni⁵¹ i³³ tɕy³⁵ xua³⁵]

你的那个爹妈噻，在家不在家？[ni⁵¹ ti⁰ na³⁵ kɤ⁰ tie⁵⁵ ma⁵⁵ sɛ⁰, tsai³⁵ tɕia⁵⁵ pu³³ tsai³⁵ tɕia⁵⁵]

女：你喝茶就喝茶呀，哪来这多话，[ni⁵¹ xuo⁵⁵ tʂʰa³³ tɕiəu³⁵ xuo⁵⁵ tʂʰa³³ ia⁰, na⁵¹ nai³³ tse³⁵ tuo⁵⁵ xua³⁵]

我的那个爹妈噻，已经八十八。[uo⁵¹ ti⁰ na³⁵ kɤ⁰ tie⁵⁵ ma⁵⁵ sɛ⁰, i⁵¹ tɕin⁵⁵ pa³³ ʂʅ³³ pa³³]

男：喝你二口茶呀，问你二句话，[xuo⁵⁵ ni⁵¹ ɚ³³ kʰəu⁵¹ tʂʰa³³ ia⁰, uən³⁵ ni⁵¹ ɚ³³ tɕy³⁵ xua³⁵]

你的那个哥嫂噻，在家不在家？[ni⁵¹ ti⁰ na³⁵ kɤ⁰ kuo⁵⁵ sau⁵¹ sɛ⁰, tsai³⁵ tɕia⁵⁵ pu³³ tsai³⁵ tɕia⁵⁵]

女：你喝茶就喝茶呀，哪来这多话，[ni⁵¹ xuo⁵⁵ tʂʰa³³ tɕiəu³⁵ xuo⁵⁵ tʂʰa³³ ia⁰, na⁵¹ nai³³ tse³⁵ tuo⁵⁵ xua³⁵]

我的那个哥嫂噻，已经分了家。[uo⁵¹ ti⁰ na³⁵ kɤ⁰ kuo⁵⁵ sau⁵⁵ sɛ⁰, i⁵¹ tɕin⁵⁵ xuən⁵⁵ niau⁰ tɕia⁵⁵]

男：喝你三口茶呀，问你三句话，[xuo⁵⁵ ni⁵¹ san⁵⁵ kʰəu⁵¹ tʂʰa³³ ia⁰, uən³⁵ ni⁵¹ san⁵⁵ tɕy³⁵ xua³⁵]

你的那个姐姐嗦，在家不在家？[ni⁵¹ ti⁰ na³⁵ kɤ⁰ tɕie⁵¹ tɕie⁵¹ sɛ⁰，tsai³⁵ tɕia⁵⁵ pu³³ tsai³⁵ tɕia⁵⁵]

女：你喝茶就喝茶呀，哪来这多话，[ni⁵¹ xuo⁵⁵ tʂha³³ tɕiəu³⁵ xuo⁵⁵ tʂha³³ ia⁰，na⁵¹ nai³³ tse³⁵ tuo⁵⁵ xua³⁵]

我的那个姐姐嗦，早已出了嫁。[uo⁵¹ ti⁰ na³⁵ kɤ⁰ tɕie⁵¹ tɕie⁵¹ sɛ⁰，tsau⁵¹ i⁵¹ tʂhu³³ niau⁰ tɕia³⁵]

男：喝你四口茶呀，问你四句话，[xuo⁵⁵ ni⁵¹ sɿ³⁵ khəu⁵¹ tʂha³³ ia⁰，uən³⁵ ni⁵¹ sɿ³⁵ tɕy³⁵ xua³⁵]

你的那个妹妹嗦，在家不在家？[ni⁵¹ ti⁰ na³⁵ kɤ⁰ mei³⁵ mei³⁵ sɛ⁰，tsai³⁵ tɕia⁵⁵ pu³³ tsai³⁵ tɕia⁵⁵]

女：你喝茶就喝茶呀，哪来这多话，[ni⁵¹ xuo⁵⁵ tʂha³³ tɕiəu³⁵ xuo⁵⁵ tʂha³³ ia⁰，na⁵¹ nai³³ tse³⁵ tuo⁵⁵ xua³⁵]

我的那个妹妹嗦，已经上学哒。[uo⁵¹ ti⁰ na³⁵ kɤ⁰ mei³⁵ mei³⁵ sɛ⁰，i⁵¹ tɕin⁵⁵ ʂaŋ³⁵ ɕio³³ ta⁰]

男：喝你五口茶呀，问你五句话，[xuo⁵⁵ ni⁵¹ u⁵¹ khəu⁵¹ tʂha³³ ia⁰，uən³⁵ ni⁵¹ u⁵¹ tɕy³⁵ xua³⁵]

你的那个弟弟嗦，在家不在家？[ni⁵¹ ti⁰ na³⁵ kɤ⁰ ti³⁵ ti³⁵ sɛ⁰，tsai³⁵ tɕia⁵⁵ pu³³ tsai³⁵ tɕia⁵⁵]

女：你喝茶就喝茶呀，哪来这多话，[ni⁵¹ xuo⁵⁵ tʂha³³ tɕiəu³⁵ xuo⁵⁵ tʂha³³ ia⁰，na⁵¹ nai³³ tse³⁵ tuo⁵⁵ xua³⁵]

我的那个弟弟嗦，还是个奶娃娃。[uo⁵¹ ti⁰ na³⁵ kɤ⁰ ti³⁵ ti³⁵ sɛ⁰，xai³³ sɿ³⁵ kɤ⁰ nai⁵¹ ua³³ ua⁰]

男：喝你六口茶呀，问你六句话，[xuo⁵⁵ ni⁵¹ nəu³³ khəu⁵¹ tʂha³³ ia⁰，uən³⁵ ni⁵¹ nəu³³ tɕy³⁵ xua³⁵]

眼前那个妹子嗦，今年有多大？[iɛn⁵¹ tɕhiɛn³³ na³⁵ kɤ⁰ mei³⁵ tsɿ⁰ sɛ⁰，tɕin⁵⁵ niɛn³³ iəu⁵¹ tuo⁵⁵ ta³⁵]

女：你喝茶就喝茶呀，哪来这多话，[ni⁵¹ xuo⁵⁵ tʂha³³ tɕiəu³⁵ xuo⁵⁵ tʂha³³ ia⁰，na⁵¹ nai³³ tse³⁵ tuo⁵⁵ xua³⁵]

眼前那个妹子嗦，今年一十八。[iɛn⁵¹ tɕhiɛn³³ na³⁵ kɤ⁰ mei³⁵ tsɿ⁰ sɛ⁰，tɕin⁵⁵ niɛn³³ i³³ sɿ³³ pa³³]

合：哟咦哟也，咦哟哟也，[io⁵⁵ i⁰ io⁵⁵ ie⁰，i³³ io⁰ io⁰ ie⁰]

眼前那个妹子嗦，今年一十八哟。[iɛn⁵¹ tɕhiɛn³³ na³⁵ kɤ⁰ mei³⁵ tsɿ⁰ sɛ⁰，tɕin⁵⁵ niɛn³³ i³³ sɿ³³ pa³³ io⁰]

意译：（男）喝你第一口茶呀，问你第一句话，你的爸妈在家不在家？（女）你喝茶就喝茶呀，哪来这么多话，我的爸妈已经八十八岁了。（男）喝你第二口茶呀，问你第二句话，你的哥哥嫂嫂在家不在家？（女）你喝茶就喝茶呀，哪来这么多话，我的哥嫂已经和父母分家独立门户了。（男）喝你第三口茶呀，问你第三句话，你的姐姐在家不在家？（女）你喝茶就喝茶呀，哪来这么多话，我的姐姐已经出嫁了。（男）喝你第四口茶呀，问你第四句话，你的妹妹在家不在家？（女）你喝茶就喝茶呀。哪来这么多话，我的妹妹已经上学了。（男）喝你第五口茶呀，问你第五句话，你的弟弟在家不在家？（女）你喝茶就喝茶呀，哪来这么多话，我的弟弟还是个奶娃娃。（男）喝你第六口茶呀，问你第六句话，眼前的这个妹子今年多大了？（女）你喝茶就喝茶呀，哪来这么多话，眼前的妹子今年十八岁。（合）哟咦哟也，咦哟哟也，眼前的这个妹子今年十八岁哟。

0005 歌谣

小和尚念经，有口无心。[ɕiau⁵¹ xuo³³ ʂaŋ⁰ niɛn³⁵ tɕin⁵⁵，iəu⁵¹ kəu⁵¹ u³³ ɕin⁵⁵]

意译：小和尚念经，有口无心。喻做事不认真不诚心。

0006 歌谣

狗屎不肥田，讨死万人嫌。[kəu⁵¹ ʂɿ⁵¹ pu³³ xuei³³ tʰiɛn³³，tʰau⁵¹ sɿ⁵¹ uan³⁵ zən³³ ɕiɛn³³] 讨嫌：令人讨厌

意译：狗屎既不能肥田，还让人讨厌。喻不中用还惹人厌的事物。

0007 歌谣

人多好种田，人少好过年。[zən³³ tuo⁵⁵ xau⁵¹ tsoŋ³⁵ tʰiɛn³³，zən³³ sau⁵¹ xau⁵¹ kuo³⁵ niɛn³³]

意译：在过去生活水平低下的环境下，人多就好一起帮忙种田，人少过年的物资消耗就少。

0008 歌谣

看戏容易演戏难，粑粑好吃磨难推。[kʰan³⁵ ɕi³⁵ zoŋ³³ i⁰ iɛn⁵¹ ɕi³⁵ nan³³，pa⁵⁵ pa⁵⁵ xau⁵¹ tɕʰi³³ mo³⁵ nan³³ tʰei⁵⁵]

意译：看戏的人容易演戏的人难，粑粑好吃但是是用磨一点点推出来的，形容一件事的背后有很多不为人知的辛苦。

0009 歌谣

豆渣糊米汤——一行糊（服）一行。[təu³⁵ tʂa⁵⁵ fu³³ mi⁵¹ tʰaŋ⁵⁵, i³³ xaŋ³³ fu³³ i³³ xaŋ³³]

意译：豆渣和米汤一起煮成糊粥，喻一种行当（职业）服从另一种行当（职业）。

二　规定故事

0021 牛郎和织女

很早很早年以前，有个小伙子。[xən⁵¹ tsau⁵¹ xən⁵¹ tsau⁵¹ niɛn³³ i⁵¹ tɕiɛn³³, iəu⁵¹ kɤ⁰ ɕiau⁵¹ xuo⁵¹ tsʅ⁰]

他的妈老汉儿都死得比较早。[tʰa⁵⁵ ti⁰ ma⁵⁵ nau⁵¹ xə⁰ təu⁵⁵ sʅ⁵¹ tɛ⁰ pi⁵¹ tɕiau³³ tsau⁵¹]

妈老汉儿：父母

家里也很穷，[tɕia⁵⁵ ni⁵¹ ie⁵¹ xən⁵¹ tɕʰioŋ³³]

没得什么值钱的东西，[mei⁵⁵ tɛ³³ ʂən³³ mo⁰ tsʅ³³ tɕʰiɛn³³ ti⁰ toŋ⁵⁵ ɕi⁰] 没得：没有

就只有一头老牛，[tɕiəu³⁵ tsʅ³³ iəu⁵¹ i³³ tʰəu³³ nau⁵¹ niəu³³]

和他在一起生活。[xuo⁵¹ tʰa⁵⁵ tsai³³ i³³ tɕʰi⁵¹ sən⁵⁵ xuo⁰]

久而久之，[tɕiəu⁵¹ ɚ³³ tɕiəu⁵¹ tsʅ⁵⁵]

村里人就叫他牛郎。[tsʰuən⁵⁵ ni⁵¹ zən³³ tɕiəu³⁵ tɕiau⁵¹ tʰa⁵⁵ niəu³³ naŋ³³]

但是这个牛郎，[tan³³ sʅ³⁵ tsɛ³⁵ kɤ⁰ niəu³³ naŋ³³]

他并不知道这头老牛，[tʰa⁵⁵ pin³⁵ pu³⁵ tsʅ⁵⁵ tau³⁵ tsɛ³⁵ tʰəu³³ nau⁵¹ niəu³³]

就是天上金牛星下凡的。[tɕiəu³⁵ sʅ³⁵ tʰiɛn⁵⁵ ʂaŋ³⁵ tɕin⁵⁵ niəu³³ ɕin⁵⁵ ɕia³⁵ xuan³³ ti⁰]

两个人相依为命在一起生活。[niaŋ⁵¹ kɤ⁰ zən³³ ɕiaŋ⁵⁵ i⁵⁵ uei³³ min³⁵ tsai³⁵ i³³ tɕʰi⁵¹ sən⁵⁵ xuo⁰]

老牛看到牛郎这个人，[nau⁵¹ niəu³³ kʰan³⁵ tau⁵¹ niəu³³ naŋ³³ tsɛ³³ kɤ⁰ zən³³]

勤劳善良，为人忠厚，[tɕʰin³³ nau³³ ʂan³⁵ niaŋ³³, uei³³ zən³³ tʂoŋ⁵⁵ xəu³⁵]

就想帮他找个媳妇儿成个家，[tɕiəu³⁵ ɕiaŋ⁵¹ paŋ⁵⁵ tʰa⁵⁵ tsau⁵¹ kɤ⁰ ɕi³³ fə⁰ tʂʰən³³ kɤ⁰ tɕia⁵⁵]

有一天这个老牛，也就是金牛星，[iəu⁵¹ i³³ tʰiɛn⁵⁵ tsɛ³⁵ kɤ⁰ nau⁵¹ niəu³³, ie⁵¹ tɕiəu³⁵ sʅ³⁵ tɕin⁵⁵ niəu³³ ɕin⁵⁵]

知道天上的仙女们，[tsʅ⁵⁵ tau³⁵ tʰiɛn⁵⁵ ʂaŋ³⁵ ti⁰ ɕiɛn⁵⁵ ny⁵¹ mən³³]

要到村东边的河里洗澡，[iau³⁵ tau³⁵ tsʰuən⁵⁵ toŋ⁵⁵ piɛn⁵⁵ ti⁰ xuo³³ ni⁵¹ ɕi⁵¹ tsau⁵¹]

于是他就跟牛郎投个梦，[y³³ ʂʅ³⁵ tʰa⁵⁵ tɕiəu³⁵ kən⁵⁵ niəu³³ naŋ³³ tʰəu³³ kɤ⁰ moŋ³⁵]

就要牛郎第二天早上，[tɕiəu³⁵ iau³⁵ niəu³³ naŋ³³ ti³⁵ ə˞³³ tʰiɛn⁵⁵ tsau⁵¹ saŋ³⁵]

天哈不亮的时候，[tʰiɛn⁵⁵ xa³³ pu³³ niaŋ³⁵ ti⁰ ʂʅ³³ xəu⁰] 哈：还

天刚麻麻儿亮的时候，[tʰiɛn⁵⁵ kaŋ⁵⁵ ma³³ mə⁰ niaŋ³⁵ ti⁰ ʂʅ³³ xəu⁰] 麻麻儿亮：天刚有些亮

就到他到村东边，[tɕiəu³⁵ tau³⁵ tʰa⁵⁵ tau³⁵ tsʰuən⁵⁵ toŋ⁵⁵ piɛn⁵⁵] 前一个"到"：发音人口误，应为"叫"

河边去看一下。[xuo³³ piɛn⁵⁵ tɕʰi³⁵ kʰan³⁵ i³³ ɕia³⁵]

"如果有仙女在里边洗澡，[zu̥³³ kuo⁵¹ iəu⁵¹ ɕiɛn⁵⁵ ny⁵¹ tsai³⁵ ni⁵¹ piɛn⁵⁵ ɕi⁵¹ tsau⁵¹]

你就把她们的衣服抱一件，[ni⁵¹ tɕiəu³⁵ pa⁵¹ tʰa⁵⁵ mən³³ ti⁰ i⁵⁵ fu⁰ pau³⁵ i³³ tɕiɛn³⁵]

不要回头，跑回到屋里。[pu³³ iau³⁵ xuei³³ tʰəu³³, pʰau⁵¹ xuei³³ tau³⁵ u³³ ni⁵¹]

你抱的那个衣服，抱的谁的，[ni⁵¹ pau³⁵ ti⁰ na³⁵ kɤ⁰ i⁵⁵ fu⁰, pau³⁵ ti⁰ suei³³ ti⁰]

二回这个女的就会是你的妻子。"[ə˞³⁵ xuei³³ tsɛ³³ kɤ⁰ ny⁵¹ ti⁰ tɕiəu³⁵ xuei³⁵ ʂʅ³⁵ ni⁵¹ ti⁰ tɕʰi⁵⁵ tsʅ⁰] 二回：将来

第二天早上牛郎就半信半疑的，[ti³⁵ ə˞³ tʰiɛn⁵⁵ tsau⁵¹ saŋ³⁵ niəu³³ naŋ³³ tɕiəu³⁵ pan³⁵ ɕin³⁵ pan³⁵ i³³ ti⁰]

也是天刚蒙蒙儿亮，[ie⁵¹ ʂʅ³⁵ tʰiɛn⁵⁵ kaŋ⁵⁵ mən³³ mə⁰ niaŋ³⁵] 蒙蒙儿亮：天刚有些亮

半信半疑的，[pan³⁵ ɕin³⁵ pan³⁵ i³³ ti⁰]

跑到村东边的河里看。[pʰau⁵¹ tau³⁵ tsʰuən⁵⁵ toŋ⁵⁵ piɛn⁵⁵ ti⁰ xuo³³ ni⁵¹ kʰan³⁵]

看了仙女们真的在河里洗澡。[kʰan³⁵ niau⁵¹ ɕiɛn⁵⁵ ny⁵¹ mən⁰ tsən⁵⁵ ti⁰ tsai³⁵ xuo³³ ni⁵¹ ɕi⁵¹ tsau⁵¹]

他就偷偷地，[tʰa⁵⁵ tɕiəu³⁵ tʰəu⁵⁵ tʰəu⁵⁵ ti⁰]

把她们的衣服抱哒一件，[pa⁵¹ tʰa⁵⁵ mən⁰ ti⁰ i⁵⁵ fu⁰ pau³⁵ ta⁰ i³³ tɕiɛn³⁵]

跑回到家里。[pʰau⁵¹ xuei³³ tau³⁵ tɕia⁵⁵ ni⁵¹]

那天半夜忽然有人轻轻地敲门。[na³⁵ tʰiɛn⁵⁵ pan³⁵ ie³⁵ fu³³ ʐan³³ iəu⁵¹ ʐən³³ tɕʰin⁵⁵ tɕʰin⁵⁵ ti⁰ tɕʰiau⁵⁵ mən³³]

牛郎起来开门一看，[niəu³³ naŋ³³ tɕʰi⁵¹ nai³³ kʰai⁵⁵ mən³³ i³³ kʰan³⁵]

果然是个美女。[kuo⁵¹ ʐan³³ ʂʅ³⁵ kɤ⁰ mei⁵¹ ny⁵¹]

这个美女实际上就是织女。[tsɛ³³ kɤ⁰ mei⁵¹ ny⁵¹ ʂʅ³³ tɕi³⁵ ʂaŋ³⁵ tɕiəu³³ ʂʅ³⁵ tsʅ³³ ny⁵¹]

于是他两个就成哒恩爱的夫妻。[y³³ ʂʅ³⁵ tʰa⁵⁵ niaŋ⁵¹ kɤ⁰ tɕiəu³⁵ tsʰən³³ ta⁰ ən⁵⁵ ai³⁵ ti⁰ fu⁵⁵ tɕʰi⁰]

转眼间三年时间过去哒，[tsuan⁵¹ iɛn⁵¹ tɕiɛn⁵⁵ san⁵⁵ niɛn³³ ʂʅ³³ tɕiɛn⁵⁵ kuo³⁵ tɕʰy³⁵ ta⁰]

牛郎和织女一起，[niəu³³ naŋ³³ xuo⁵¹ tsʅ³³ ny⁵¹ i³³ tɕʰi⁵¹]

生育哒一个男娃儿一个女娃儿。[sən⁵⁵ y³⁵ ta⁰ i³³ kɤ⁰ nan³³ uə³³ i³³ kɤ⁰ ny⁵¹ uə⁰]

日子过得非常好，［ʐʅ³³tsʅ⁰kuo³⁵tɤ⁰xuei⁵⁵tʂhaŋ³³xau⁵¹］

家庭也非常幸福美满。［tɕia⁵⁵thin³⁵ie⁵¹xuei⁵⁵tʂhaŋ³³ɕin³⁵fu⁰mei⁵¹man⁵¹］

但是这个织女是私自下凡的，［tan³⁵ʂʅ³⁵tsɛ³⁵kɤ⁰tʂʅ³³ny⁵¹ʂʅ³⁵sʅ⁵⁵tsʅ⁰ɕia³⁵xuan³³ti⁰］

玉皇大帝知道之后，［y³⁵xuaŋ³⁵ta³⁵ti³⁵tʂʅ⁵⁵tau³⁵tʂʅ⁵⁵xəu³⁵］

就赶快派天兵天将，［tɕiəu³⁵kan⁵¹khuai³⁵phai³⁵thiɛn⁵⁵pin⁵⁵thiɛn⁵⁵tɕiaŋ³⁵］

到人间去捉织女回天宫。［tau³⁵zən³³tɕiɛn⁵⁵tɕi³⁵tʂuo³³tʂʅ³³ny⁵¹xuei³³thiɛn⁵⁵koŋ⁵⁵］

就是那一天，［tɕiəu³⁵ʂʅ³⁵na³⁵i³³thiɛn⁵⁵］

天上乌云密布，雷鸣闪电。［thiɛn⁵⁵ʂaŋ³⁵u⁵⁵yn³³mi³⁵pu³⁵，nei³³min³³ʂan⁵¹tiɛn³⁵］

突然间，狂风大作，倾盆暴雨，［thu³³zan³³tɕiɛn⁵⁵，khuaŋ³³xoŋ⁵⁵ta³⁵tsuo³³，tɕhin⁵⁵phən³³pau³⁵y⁵¹］

一会儿织女就不见了。［i³³xɚ³⁵tʂʅ³³ny⁵¹tɕiəu³⁵pu³³tɕiɛn³⁵niau⁵¹］

等牛郎回来之后，没看见织女，［tən⁵¹niəu³³naŋ³³xuei³³nai³³tʂʅ⁵⁵xəu³⁵，mei⁵⁵khan³⁵tɕiɛn³⁵tʂʅ³³ny⁵¹］

只看见两个小娃儿，［tʂʅ³³khan³⁵tɕiɛn³⁵niaŋ⁵¹kɤ⁰ɕiau⁵¹uɚ⁰］

在哭着找他们的妈妈。［tsai³⁵khu³⁵tsuo⁰tsau⁵¹tha⁵⁵mən⁰ti⁰ma⁵⁵ma⁰］

牛郎急得团团转，［niəu³³naŋ³³tɕi³³tɤ³³thuan³³thuan³³tʂuan³⁵］

这时候老牛开口说话了。［tsɛ³⁵ʂʅ³³xəu³³nau⁵¹niəu³³khai⁵⁵khəu⁵¹ʂuo³³xua³⁵niau⁵¹］

老牛说："牛郎你莫得急，［nau⁵¹niəu³³ʂuo³³：niəu³³naŋ³³ni⁵¹mo³³tɤ³³tɕi³³］得急：着急

你把我头上的两只角掰下来，［ni⁵¹pa⁵¹uo⁵¹thəu³³ʂaŋ³⁵ti⁰niaŋ⁵¹tʂʅ⁵⁵kuo³³pai⁵⁵ɕia³⁵nai³³］掰：取

做成两个箩筐，［tsəu³⁵tʂhən³³niaŋ⁵¹kɤ⁰nuo³³khuaŋ⁵⁵］

把两个娃儿分别放在箩筐里，［pa⁵¹niaŋ⁵¹kɤ⁰uɚ⁰xuən⁵⁵pie³³xuaŋ³⁵tsai³⁵nuo³³khuaŋ⁵⁵ni⁵¹］

你挑着箩筐到天空去追织女。"［ni⁵¹thiau⁵⁵tsuo⁰nuo³³khuaŋ⁵⁵tau³⁵thiɛn⁵⁵khoŋ⁵⁵tɕi³⁵tsuei⁵⁵tʂʅ³³ny⁵¹］

正说话之间，［tʂən³⁵ʂuo³³xua³⁵tʂʅ⁵⁵tɕiɛn⁵⁵］

老牛的两只角掉下来哒，［nau⁵¹niəu³³ti⁰niaŋ⁵¹tʂʅ⁵⁵kuo³³tiau³⁵ɕia³⁵nai³³ta⁰］

成了两只箩筐。［tʂhən³³niau⁰niaŋ⁵¹tʂʅ⁵⁵nuo²²khuaŋ⁵⁵］

于是牛郎就把两个娃儿，［y³³ʂʅ³⁵niəu³³naŋ³³tɕiəu³⁵pa⁵¹niaŋ⁵¹kɤ⁰uɚ⁰］

分别放在箩筐里头，［xuən⁵⁵pie³³xuaŋ³⁵tsai³⁵nuo³³khuaŋ⁵⁵ni⁵¹thəu³⁵］

用扁担挑起来去追织女。［ioŋ³³piɛn⁵¹tan³⁵thiau⁵⁵tɕhi⁵¹nai³⁵tɕhi³⁵tsuei⁵⁵tʂʅ³³ny⁵¹］

追啊追，眼看就要追到哒，［tsuei⁵⁵a⁰tsuei⁵⁵，iɛn⁵¹khan³⁵tɕiəu³³iau³⁵tsuei⁵⁵tau³⁵ ta⁰〕

忽然间王母娘娘看见了，〔fu³³ ʐan³³ tɕiɛn⁵⁵ uaŋ³³ mu⁵¹ niaŋ³³ niaŋ³³ kʰan³³ tɕiɛn³⁵ niau⁵¹〕

就取下她头上的一根儿簪子，〔tɕiəu³⁵ tɕʰy⁵¹ ɕia⁵¹ tʰa⁵⁵ tʰəu³³ ʂaŋ³⁵ ti⁰ i³³ kɚ⁵⁵ tsan⁵⁵ tsɿ⁰〕

在空中那么一划，〔tsai³⁵ kʰoŋ⁵⁵ tsoŋ⁵⁵ na³⁵ mo⁰ i³³ xua³⁵〕

忽然间就成了一个烟河，〔fu³³ ʐan³³ tɕiɛn⁵⁵ tɕiəu³⁵ tʂʰən³³ niau⁰ i³³ kɤ⁰ iɛn⁵⁵ xuo³³〕烟河：银河

成了一个天河吧。〔tʂʰən³³ niau⁰ i³³ kɤ⁰ tʰiɛn⁵⁵ xuo³³ pa⁰〕

就把牛郎织女两个都隔开了。〔tɕiəu³⁵ pa⁵¹ niəu³³ naŋ³³ tsɿ⁵⁵ ny⁵¹ niaŋ⁵¹ kɤ⁰ təu⁵⁵ kɛ³³ kʰai⁵⁵ niau⁰〕

这时候喜鹊看到了，〔tʂɛ³⁵ ʂɿ³³ xəu⁰ ɕi⁵¹ tɕʰio⁰ kʰan³⁵ tau⁵¹ niau⁵¹〕

也非常同情牛郎和织女。〔ie⁵¹ xuei⁵⁵ tʂʰaŋ³³ tʰoŋ³³ tɕʰin³³ niəu³³ naŋ³³ xuo³³ tsɿ⁵⁵ ny⁵¹〕

于是每年的，古历的七月初七，〔y³³ ʂɿ³⁵ mei⁵¹ niɛn³³ ti⁰，ku⁵¹ ni³⁵ ti⁰ tɕʰi³³ ye³³ tʂu⁵⁵ tɕʰi³³〕

就有成千上万的喜鹊，〔tɕiəu³⁵ iəu⁵¹ tʂən³³ tɕʰiɛn⁵⁵ saŋ³⁵ uan³⁵ ti⁰ ɕi⁵¹ tɕʰio⁰〕

飞到那个天河也就是银河上，〔xuei⁵⁵ tau³⁵ na³⁵ kɤ⁰ tʰiɛn⁵⁵ xuo³³ ie⁵¹ tɕiəu³⁵ ʂɿ³⁵ in³³ xuo³³ ʂaŋ³⁵〕

自觉地，〔tsɿ³⁵ tɕio³³ ti⁰〕

就给他们搭起了一座鹊桥，〔tɕiəu³⁵ kɛ⁵¹ tʰa⁵⁵ mən³³ ta³³ tɕʰi⁵¹ niau⁵¹ i³³ tsuo³⁵ tɕʰio³³ tɕʰiau³³〕

这样就使牛郎和织女再次相遇了。〔tʂɛ³⁵ iaŋ³⁵ tɕiəu³⁵ ʂɿ⁵¹ niəu³³ naŋ³³ xuo³³ tsɿ⁵⁵ ny⁵¹ tsai³⁵ tsʰɿ³⁵ ɕiaŋ⁵⁵ y³⁵ niau⁵¹〕

意译：很多很多年以前，有个小伙子，他的妈妈和爸爸都死得比较早，家里也很穷，没有什么值钱的东西，只有一头老牛和他在一起生活。久而久之，村里人就叫他牛郎。但是这个牛郎，他并不知道这头老牛就是天上的金牛星下凡。两个人相依为命在一起生活。老牛看到牛郎这个人勤劳善良、为人忠厚，就想帮他找个媳妇儿，成个家。

有一天，这个老牛，也就是金牛星，知道天上的仙女们要到村东边的河里洗澡，于是他就跟牛郎投了个梦，要牛郎第二天早上，天还没亮的时候，到村东边河边去看一下。"如果有仙女在里边洗澡，你就把她们的衣服抱一件，不要回头，跑回家里。你抱的谁的衣服，以后这个衣服的主人就会是你的妻子。"

第二天早上牛郎就半信半疑的，也是天刚亮，半信半疑地跑到村东边的河里

看。看见仙女们真的在河里洗澡；他就偷偷地把她们的衣服抱了一件跑回到家里。那天半夜忽然有人轻轻地敲门，牛郎起来开门一看，果然是个美女，这个美女实际上就是织女，于是他们俩就成了恩爱的夫妻。

转眼间三年时间过去了，织女和牛郎一起生育了一个儿子和一个女儿，日子过得非常好，家庭也非常幸福美满。但是织女是私自下凡的，玉皇大帝知道后，就赶紧派天兵天将到人间去抓织女回天宫。

就是那一天，天上乌云密布，雷鸣闪电。突然间，狂风大作，倾盆暴雨，一会儿织女就不见了。等牛郎回来之后，没看见织女，只看见两个小娃儿，在哭着找他们的妈妈，牛郎急得团团转。这时候老牛开口说话了，老牛说："牛郎你别急，你把我头上的两只角掰下来，做成两个箩筐，把两个孩子分别放在箩筐里，你挑着箩筐到天空去追织女。"

正说话间，老牛的两只角掉下来了，成了两只箩筐。于是牛郎就把两个孩子分别装在箩筐里头，用扁担挑起来去追织女。追啊追，眼看就要追到了。忽然间王母娘娘看见了，就取下她头上的一根金簪，在空中一划，忽然间就成了一条银河，把牛郎和织女隔在了两边。

这时候喜鹊看到了，它们非常同情牛郎和织女的遭遇。于是每年农历的七月初七，就有成千上万只喜鹊，飞到那条银河上，自觉地给他们搭起了一座鹊桥，这样就使牛郎和织女再次相遇了。

三　其他故事

0022 其他故事

我跟大家讲一下，[uo⁵¹ kən⁵⁵ ta³⁵ tɕia⁵⁵ tɕiaŋ⁵¹ i⁰ xa⁰]

迓个八仙桌的一个传说。[ne³⁵ kɤ⁰ pa³³ ɕian⁵⁵ tʂuo⁵⁵ ti⁰ i³³ kɤ⁰ tʂʰuan³³ ʂuo³³]

也就是我们恩施，[ie⁵¹ tɕiəu³⁵ ʂʅ⁰ uo⁵¹ mən³³ ən⁵⁵ ʂʅ⁵⁵]

不管是哪个家庭，[pu³³ kuan⁵¹ ʂʅ³⁵ na⁵¹ kɤ³⁵ tɕia⁵⁵ tʰin³³]

经常用的迓个吃饭的桌子，[tɕin⁵⁵ tʂʰaŋ³³ ioŋ³⁵ ti⁵⁵ ne⁵⁵ kɤ⁰ tɕʰi³³ xuan³⁵ ti⁵⁵ tʂuo⁵⁵ tsʅ⁰]

就是那个方桌。[tɕiəu³⁵ ʂʅ⁰ na⁰ kɤ⁰ xuan⁵⁵ tʂuo³³]

为什么叫个八仙桌咧？[uei³⁵ ʂən³³ mo⁰ tɕiau⁰ kɤ⁰ pa³³ ɕiɛn⁵⁵ tʂuo³³ nei⁰]

因为是根据当时有八仙。[in⁵⁵ uei³³ ʂʅ³⁵ kən⁵⁵ tɕy³⁵ taŋ⁵⁵ ʂʅ³³ iəu⁵¹ pa³³ ɕiɛn⁵⁵]

迓是哪八仙咧？[ne³⁵ ʂʅ³⁵ na⁵¹ pa³³ ɕiɛn⁵⁵ nei⁰]

一个是张果老，[i³³ kɤ³⁵ ʂʅ³⁵ tʂaŋ³⁵ kuo⁵¹ nau⁵¹]

二一个是吕洞宾，[ə˞³⁵ i³³ kɤ³⁵ ʂʅ³⁵ ny⁵¹ toŋ³⁵ pin⁵⁵]

三一个是铁拐李，［san⁵⁵i³³kɤ³⁵ʂʅ³⁵tʰie³³kuai⁵¹ni⁵¹］

四一个咧是何仙姑，［ʂʅ³⁵i³³kɤ³⁵nei⁵⁵ʂʅ³⁵xuo³³ɕiɛn⁵⁵ku⁵⁵］

五一个咧是蓝采和，［u⁵¹i³³kɤ³⁵nei⁵⁵ʂʅ³⁵nan³³tsʰai⁵¹xuo³³］

六一个咧是汉钟离，［nəu³³i³³kɤ³⁵nei⁵⁵ʂʅ³⁵xan³³tʂoŋ⁵⁵ni³³］

七一个咧是曹国舅，［tɕʰi³³i³³kɤ³⁵nei⁵⁵ʂʅ³⁵tsʰau³³kuo³³tɕiəu³⁵］

第八咧就是韩仙子。［ti³⁵pa³³nei⁵⁵tɕiəu³⁵ʂʅ³⁵xan³³ɕiɛn⁵⁵tsʅ⁵¹］

所以就根据迩个八仙，［suo⁵¹i⁵¹tɕiəu³⁵kən⁵⁵tɕy³⁵ne³⁵kɤ⁰pa³³ɕiɛn⁵⁵］

所以诶叫八仙桌。［suo⁵¹i⁵¹ei⁰tɕiau³⁵pa³³ɕiɛn⁵⁵tʂuo³³］

再这个八仙桌的来历咧，［tsai³⁵tʂə³⁵kɤ⁰pa³³ɕiɛn⁵⁵tʂuo³³ti⁰nai³³ni⁰nei⁵⁵］

据传说是很早很早以前，［tɕy³⁵tʂʰuan³³ʂuo⁵⁵ʂʅ³⁵xən⁵¹tsau⁵¹xən⁵¹tsau⁵¹i⁵¹tɕʰiɛn³³］

迩八仙咧，［ne³⁵pa³³ɕiɛn⁵⁵nei⁵⁵］

就云游东海要经过咧许昌城。［tɕiəu³⁵yn³³iəu³³toŋ⁵⁵xai⁵¹iau³⁵tɕin⁵⁵kuo³⁵nei⁵⁵ɕy⁵¹tʂʰaŋ⁵⁵tʂʰən³³］

许昌城迩个附近咧，有个画圣。［ɕy⁵¹tʂʰaŋ⁵⁵tʂʰən³³ne³⁵kɤ⁰fu³⁵ɕin⁵⁵nei⁵⁵，iəu⁵¹kɤ⁰xua³⁵ʂən³⁵］

迩个画圣咧就叫吴道子。［ne³⁵kɤ⁰xua³⁵ʂən³⁵nei⁵⁵tɕiəu³⁵tɕiau³⁵u³³tau³⁵tsʅ⁵¹］

也就是我们现在所说的迩个画家。［ie⁵¹tɕiəu³⁵ʂʅ³⁵uo⁵¹mən⁰ɕiɛn³⁵tsai³⁵suo⁵¹ʂuo³³ti⁰ne³⁵kɤ⁰xua³⁵tɕia⁵⁵］

因为他们很多年没有见哒，［in⁵⁵uei³³tʰa⁵⁵mən⁰xən⁵¹tuo⁵⁵niɛn³³mei⁵⁵iəu⁵¹tɕiɛn³⁵ta⁰］

于是咧他们就云游到西湖这里。［y³³ʂʅ³⁵nei⁵⁵tʰa⁵⁵mən⁰tɕiəu³⁵yn³³iəu³³tau³⁵ɕi⁵⁵xu³³tʂə³⁵ni⁵¹］

西湖这里咧，就是吴道子咧，［ɕi⁵⁵xu³³tʂə³⁵ni⁵¹nei⁵⁵，tɕiəu³⁵ʂʅ³⁵u³³tau³⁵tsʅ⁵¹nei⁵⁵］

正在山洞里画画。［tʂən³⁵tsai³⁵ʂan⁵⁵toŋ³⁵ni⁵¹xua³⁵xua³⁵］

看到八仙就云游过来哒，［kʰan³⁵tau³⁵pa³³ɕiɛn⁵⁵tɕiəu³⁵yn³³iəu³³kuo³⁵nai³³ta⁰］

他咧感到非常高兴。［tʰa³⁵nei⁵⁵kan⁵¹tau³⁵xuei⁵⁵tʂʰaŋ³³kau⁵⁵ɕin³⁵］

恁么多年没见哒，［nən³⁵mən³³tuo⁵⁵niɛn³³mei⁵⁵tɕiɛn³⁵ta⁰］恁么：这么

那真的是觉得是稀客。［na³⁵tʂən⁵⁵ti⁰ʂʅ³⁵tɕio³³tɛ³⁵ʂʅ³⁵ɕi⁵⁵kʰɛ³³］

于是就把他们请到洞子里头，［y³³ʂʅ³⁵tɕiəu³⁵pa⁵¹tʰa⁵⁵mən⁰tɕʰin⁵¹tau³⁵toŋ³⁵tsʅ⁰ni⁵¹təu⁰］

坐下来啊。［tsuo³⁵ɕia³⁵nai³³a⁰］

那时好久没见哒，［na³⁵ʂʅ³⁵xau⁵¹tɕiəu³⁵mei⁵⁵tɕiɛn³⁵ta⁰］

好多话说不完，［xau⁵¹tuo⁵⁵xua⁵¹ʂuo³³pu³³uan³³］

天南海北地扯。[tʰiɛn⁵⁵ nan³³ xai⁵¹ pei³³ ti⁰ tʂʰɛ⁵¹]

诶，不知不觉咧，[ei⁵⁵, pu³³ tʂʅ⁵⁵ pu³³ tɕio³³ nei⁵⁵]

就个人天都黑哒。[tɕiəu³⁵ kuo³³ zən⁰ tʰiɛn⁵⁵ təu⁵⁵ xei³³ ta³³] 个人：自己，在这里没有实际含义，作助词

要黑哒咧，吴道子咧，[iau³⁵ xei³³ ta⁰ nei⁵⁵, u³³ tau³⁵ tsʅ⁰ nei⁵⁵]

就觉得他们很难得到一次，[tɕiəu³⁵ tɕio³³ tɛ⁵⁵ tʰa⁵⁵ mən⁵⁵ xən⁵¹ nan³³ tɛ³³ tau³⁵ i³³ tsʰʅ³⁵]

就想留他在这里吃饭。[tɕiəu³⁵ ɕiaŋ⁵¹ niəu³³ tʰa⁵⁵ tsai³⁵ tsɛ³⁵ ni⁰ tɕʰi³³ xuan³⁵]

迥时候张果老一看咧，[ne³⁵ ʂʅ³³ xəu⁰ tʂaŋ⁵⁵ kuo⁵¹ nau⁵¹ i³³ kʰan³⁵ nei⁵⁵]

他洞子里头是空野野哩滴，[tʰa⁵⁵ toŋ³⁵ tsʅ⁵¹ ni⁵¹ təu⁰ ʂʅ³⁵ kʰoŋ⁵⁵ iɛ⁵¹ iɛ⁵¹ ni³⁵ ti⁰] 空野野：空荡荡

什么东西都没得。[ʂən³⁵ mə⁰ toŋ⁵⁵ ɕi⁵⁵ təu⁵⁵ mei⁵⁵ tɛ³³] 没得：没有

他就笑倒说：[tʰa⁵⁵ tɕiəu³⁵ ɕiau³⁵ tau⁵¹ ʂuo³³]

"我们好久不来一次，[uo⁵¹ mən³³ xau⁵¹ tɕiəu⁵¹ pu³³ nai³³ i³³ tsʰʅ³⁵]

你喊我们吃饭，[ni⁵¹ xan⁵¹ uo⁵¹ mən³³ tɕʰi³³ xuan³⁵]

那我们不能就坐啊地下啊！"[na³⁵ uo⁵¹ mən³³ pu³³ nən³³ tɕiəu³⁵ tsuo³⁵ a⁰ ti³⁵ ɕia³⁵ ia⁵¹]

这时候吴道子就拿出他的神笔，[tsɛ³⁵ ʂʅ³³ xəu⁰ u³³ tau³⁵ tsʅ⁵¹ tɕiəu³⁵ na³⁵ tʂʰu³³ tʰa⁵⁵ ti⁵⁵ ʂən³³ pi³³]

马上就画哒一张桌子和四个板凳儿。[ma⁵¹ ʂaŋ⁰ tɕiəu³⁵ xua³⁵ ta⁰ i³³ tʂaŋ⁵⁵ tʂuo³³ tsʅ⁰ xuo³³ sʅ³⁵ kɤ³⁵ pan⁵¹ tə⁰]

也就是长凳子嘛，一边坐两个，[iɛ⁵¹ tɕiəu³⁵ ʂʅ³⁵ tʂʰaŋ³³ tən³⁵ tsʅ⁵¹ ma⁰, i³³ piɛn⁵⁵ tsuo³⁵ niaŋ⁵¹ kuo³⁵]

那么四方就可以坐八个。[nan³⁵ mən⁵⁵ sʅ³⁵ xuaŋ⁵⁵ tɕiəu³⁵ kʰuo⁵¹ i⁵¹ tsuo³⁵ pa³³ kuo³⁵] 四方：四个方向

好就把饭菜诶全部端上来哒。[xau⁵¹ tɕiəu³⁵ pa⁵¹ xuan³⁵ tsʰai³⁵ ei⁵⁵ tɕʰyɛn³³ pu³⁵ tuan⁵⁵ ʂaŋ³⁵ nai³³ ta⁰]

他们边吃还是边谈白。[tʰa⁵⁵ mən⁵⁵ piɛn⁵⁵ tɕʰi³³ xai³³ ʂʅ³⁵ piɛn⁵⁵ tʰan³³ pɛ³³] 谈白：聊天

迥时候吴道子诶就说哒一句：[ne³⁵ ʂʅ³³ xəu³⁵ u³³ tau³⁵ tsʅ⁵¹ ei⁵⁵ tɕiəu³⁵ ʂuo³³ ta⁰ i³³ tɕy³⁵]

"迥个桌子咧，[ne³⁵ kɤ⁰ tʂuo³³ tsʅ⁰ nei⁰]

我是专门为八仙画的，[uo⁵¹ ʂʅ³⁵ tʂuan⁵⁵ mən³³ uei³⁵ pa³³ ɕiɛn⁵⁵ xua³⁵ ti⁵⁵]

所以以后咧就把这叫作八仙桌。"[suo⁵¹ i⁵¹ i⁵¹ xəu³⁵ nei⁵⁵ tɕiəu³⁵ pa⁵¹ tsɛ³⁵ tɕiau³⁵ tsuo³³ pa³³ ɕiɛn⁵⁵ tʂuo³³]

所以这个八仙桌的传说啊，[suo⁵¹ i⁵¹ tʂɛ³⁵ kɤ⁵⁵ pa³³ ɕiɛn⁵⁵ tʂuo³³ ti⁰ tʂʰuan³³ ʂuo³³ a⁰]

大概就是恁么来的。[ta³⁵kai³⁵tɕiəu³⁵ʂʅ³⁵nən³⁵mən⁵⁵nai³³ti⁰]

意译：我给大家讲一下那个八仙桌的传说，也就是我们恩施，不管是哪个家庭，经常用的那个吃饭的桌子，就是那个方桌。为什么叫八仙桌呢？因为是根据当时有八仙。这是哪八仙呢？第一个是张果老，第二个是吕洞宾，第三个是铁拐李，第四个是何仙姑，第五个是蓝采和，第六个是汉钟离，第七个是曹国舅，第八个就是韩仙子。就根据这个八仙，所以叫八仙桌。

这个八仙桌的来历呢，据说是很早很早以前，八仙云游东海，经过许昌城。许昌城附近有个画圣。这个画圣叫吴道子，也就是我们现在所说的那个画家。因为他们很多年没有见了，于是呢，他们就云游到西湖这里。

吴道子正在山洞里画画，看到八仙云游过来，他感到非常高兴。这么多年没见了，真的觉得是稀客，于是就把他们请到山洞里坐下来。好久没见了，有说不完的话，天南海北地聊。

不知不觉天都已经黑了，吴道子觉得他们难得来一次，就想留他们在这里吃饭。这时候张果老一看，吴道子的山洞里空荡荡的，什么东西都没有。他就笑着说："我们好久没来了，你叫我们吃饭，不能就坐在地上啊！"

这时候，吴道子就拿出他的神笔，马上画了一张桌子和四条长板凳。一条长板凳可以坐两个人，桌子的四面就可以坐八个人。等饭菜全部端上来了，他们就边吃饭边聊天。这时吴道子说："这个桌子我是专门为八仙画的，所以以后就把这叫作八仙桌。"所以这个八仙桌的传说就是这么得来的。

四　自选条目

0031 自选条目

屁股上款⁼镰刀，行世弯哒。[pʰi³⁵ku⁵¹ʂaŋ³⁵kʰuan⁵¹niɛn³³tau⁵⁵，xaŋ³³ʂʅ⁰uan⁵⁵ta⁰] 款⁼：挂。行世：得意。弯：这里表示程度很深，相当于"极了"

意译：屁股后挂一把镰刀，得意极了。

0032 自选条目

腰杆上款⁼钥匙——锁管哪几行。[iau⁵⁵kan⁵¹ʂaŋ³⁵kʰuan⁵¹io³³ʂʅ⁰，suo⁵¹kuan⁵¹na⁵¹tɕi⁵¹xaŋ³³]

意译：腰上挂钥匙，锁（所）管哪几排。形容想管得很多。

0033 自选条目

瞎子打婆娘，松不得手。[ɕia³³tsʅ⁰ta⁵¹pʰo³³niaŋ³³，soŋ⁵⁵pu³³tɛ³³səu⁵¹] 婆娘：老婆

意译：瞎子打老婆，一松手就打不到了，形容办一件事不能松手。

0034 自选条目

老鼠子掉在鼓上——扑通。[nau⁵¹ ʂu⁵¹ tsʅ⁰ tiau³⁵ tsai³⁵ ku⁵¹ ʂaŋ³⁵，pu³³ toŋ⁵¹]

意译：老鼠掉在鼓上，扑通一声。用"扑通"谐音"不懂"。

0035 自选条目

癞蛤包吃天鹅肉，痴心妄想。[nai³⁵ kʰe³³ pau⁵⁵ tɕʰi³³ tʰiɛn⁵⁵ uo³³ zəu³³，tʂʰʅ⁵⁵ ɕin⁵⁵ uaŋ³⁵ ɕiaŋ⁵¹] 癞蛤包：癞蛤蟆

意译：癞蛤蟆想吃天鹅肉，痴心妄想。

0036 自选条目

人是树桩，全靠衣裳。[zən³³ ʂʅ³⁵ ʂu³⁵ tʂuaŋ⁵⁵，tɕʰyɛn³³ kʰau³⁵ i⁵⁵ ʂaŋ⁵⁵]

意译：人靠衣装，形容外在装扮的重要性。

0037 自选条目

红配绿，丑得哭。[xoŋ³³ pʰei³⁵ nu³³，tʂʰəu⁵¹ te⁰ kʰu³³]

意译：红配绿，颜色丑得让人想哭，形容特别丑。

0038 自选条目

吃得是福，喝得是禄。[tɕʰi³³ te⁰ ʂʅ³⁵ fu³³，xuo⁵⁵ te⁰ ʂʅ³⁵ nu³³]

意译：能吃是福，能喝是禄。指能吃能喝就是有福气。

0039 自选条目

吃得生，当得兵。[tɕʰi³³ te⁰ sən⁵⁵，taŋ⁵⁵ te⁰ pin⁵⁵]

意译：能吃不熟的东西，就能当兵。指能吃苦的人能够当兵。

0040 自选条目

杀猪宰羊，厨子先尝。[ʂa³³ tʂu⁵⁵ tsai⁵¹ iaŋ³³，tʂʰu³³ tsʅ⁰ ɕiɛn⁵⁵ ʂaŋ³³]

意译：杀猪宰羊，厨师先尝。

0041 自选条目

催工不催食。[tsʰuei⁵⁵ koŋ⁵⁵ pu³³ tsʰuei⁵⁵ ʂʅ³³]

意译：可以催人干活，但不要催人吃饭。

0042 自选条目

吃稀饭不要菜，走稀路要走得快。[tɕʰi³³ ɕi⁵⁵ xuan³⁵ pu³³ iau³⁵ tsʰai³⁵，tsəu⁵¹ ɕi⁵⁵ nu³⁵ iau³⁵ tsəu⁵¹ te⁰ kʰuai³⁵]

意译：喝粥可以不配菜，走泥泞的路要走得快。

0043 自选条目

人家的吃个欠，个人的吃个愿。[zən³³ tɕia⁵⁵ ti⁰ tɕʰi³³ kɤ⁰ tɕʰiɛn³⁵，kuo³³ zən³³ ti⁰ tɕʰi³³ kɤ⁰ yɛn³⁵] 欠：没吃饱

意译：吃别人的不能吃太多，要留一点念想；吃自己的是想吃多少吃多少。

0044 自选条目

冷水要人挑，热水要人烧。[nən⁵¹ ʂuəi⁵¹ iau³⁵ zən³³ tʰiau⁵⁵，ẓe³³ ʂuəi⁵¹ iau³⁵ zən³³ ʂau⁵⁵]

意译：冷水需要人来挑，热水需要人来烧。形容一个人很懒，什么事都不愿做。

0045 自选条目

屁股一抬，喝哒再来。[pʰi³⁵ ku⁵¹ i³³ tʰai³³，xuo⁵⁵ ta⁰ tsai³⁵ nai³³]

意译：形容白吃白喝。

0046 自选条目

饭后一筒烟，快活像神仙。[xuan³⁵ xəu³⁵ i³³ tan⁵⁵ iɛn⁵⁵，kʰuai³⁵ xuo³³ ɕiaŋ³⁵ sən³³ ɕiɛn⁵⁵]

意译：饭后抽一筒烟，快活得像神仙。

0047 自选条目

吃肉吃的味，喝酒喝不醉。[tɕʰi³³ ẓu³³ tɕʰi³³ ti⁰ uei³⁵，xuo⁵⁵ tɕiəu⁵¹ xuo⁵⁵ pʰu³³ tsuei³⁵]

意译：吃肉吃的是味，喝酒喝不醉。

0048 自选条目

晴带雨伞，饱带饥粮。[tɕʰin³³ tai³⁵ y⁵¹ san⁵¹，pau⁵¹ tai³⁵ tɕi⁵⁵ niaŋ³³

意译：晴天要带雨伞，吃饱了也要带粮食，以备不时之需。

0049 自选条目

大路朝天，各走半边。[ta³⁵ nu³⁵ tsʰau³³ tʰiɛn⁵⁵，kuo³³ tsəu⁵¹ pan³⁵ piɛn⁵⁵]

意译：我们各走各的路，谁也不挡谁。

0050 自选条目

走路不弯腰，进门无柴烧。[tsəu⁵¹ nu³⁵ pu³³ uan⁵⁵ iau⁵⁵，tɕin³⁵ mən³³ u³³ tsʰai³³ sau⁵⁵]

意译：走路不愿弯腰抱柴火的人，进了家门也没有柴火烧。比喻没有付出就没有收获。

0051 自选条目

金是宝，银是宝，金银赶不上手和脑。[tɕin⁵⁵ ʂʅ³⁵ pau⁵¹，in³³ ʂʅ³⁵ pau⁵¹，tɕin⁵⁵ in³³ kan⁵¹ pu³³ ʂaŋ³⁵ səu⁵¹ xuo³³ nau⁵¹]

意译：金子是宝，银子也是宝，但都比不上自己的手和脑。只有动手动脑，才能发财致富。

0052 自选条目

懒人压成痨，勤人走成槽。[nan⁵¹ zən³³ ia³⁵ tʂʰən³³ nau³³，tɕʰin³³ zən³³ tsəu⁵¹ tʂʰən³³ tsʰau³³]

意译：懒惰的人什么事都不做，反倒容易生病；勤快的人勤思考、勤锻炼，所以更加健康。

0053 自选条目

早不忙，夜慌张，半夜起来补裤裆。[tsau⁵¹ pu³³ maŋ³³，iɛ³⁵ xuaŋ⁵⁵ tʂaŋ⁵⁵，pan³⁵ iɛ³⁵ tɕʰi⁵¹ nai³³ pu⁵¹ kʰu³⁵ taŋ⁵⁵]

意译：早上不忙，晚上开始着急了，半夜里起来去补裤裆。形容爱拖延的人总是把事情拖到最后才去做。

0054 自选条目

有子不用父上前。[iəu⁵¹ tsʅ⁵¹ pu³³ ioŋ³⁵ fu³⁵ ʂaŋ³⁵ tɕʰiɛn³³]

意译：有儿子在，父亲就不用出面。

0055 自选条目

懒人瞌睡多，勤人活路多。[nan⁵¹ zən³³ kʰuo³³ ʂuei³⁵ tuo⁵⁵，tɕʰin³³ zən³³ xuo³³ nu³⁵ tuo⁵⁵] 活路：活计

意译：懒人的瞌睡多，勤快人的活计多。

0056 自选条目

米汤盆里坐，糊里糊涂过。[mi⁵¹ tʰaŋ⁵⁵ pʰən³³ ni⁵¹ tsuo⁵¹，fu³³ ni⁰ fu³³ tʰu³³ kuo³⁵]

意译：形容糊里糊涂地过日子。

0057 自选条目

人到四十四，眼睛一包刺。[zən³³ tau³⁵ sɿ³⁵ ʂɿ³³ sɿ³⁵，iɛn⁵¹ tɕin⁵⁵ i³³ pau⁵⁵ tsʰɿ³⁵]

意译：人上了年纪，看什么都不顺眼。

0058 自选条目

严父出好子，严师出高徒。[iɛn³³ fu³⁵ tʂʰu³³ xau⁵¹ tsɿ⁵¹，iɛn³³ sɿ⁵⁵ tʂʰu³³ kau⁵⁵ tʰu³³]

意译：严父出好子，严师出高徒。

0059 自选条目

小来偷针，长大偷金。[ɕiau⁵¹ nai³³ tʰəu⁵⁵ tʂən⁵⁵，tʂaŋ⁵¹ ta³⁵ tʰəu⁵⁵ tɕin⁵⁵]

意译：小时候偷针，长大了偷金。

0060 自选条目

浇花要浇根，交人要交心。[tɕiau⁵⁵ xua⁵⁵ iau³⁵ tɕiau⁵⁵ kən⁵⁵，tɕiau⁵⁵ zən³³ iau³⁵ tɕiau⁵⁵ ɕin⁵⁵]

意译：浇花要浇根部，交人要交心。

0061 自选条目

细娃儿望过年，大人望种田。[ɕi³⁵ uɚ³³ uaŋ³⁵ kuo³⁵ niɛn³³，ta³⁵ zən³³ uaŋ³⁵ tʂoŋ³³ tʰiɛn³³] 细娃儿：小孩子

意译：小孩子盼望着过年，大人盼着种田。

0062 自选条目

穿衣看袖子，讨亲看舅子。[tʂʰuan⁵⁵ i⁵⁵ kʰan³⁵ ɕiəu³⁵ tsɿ⁰，tʰau⁵¹ tɕʰin⁵⁵ kʰan³⁵ tɕiəu³⁵ tsʅ⁰] 讨亲：提亲

意译：穿衣服要看袖子合不合适，提亲要看对方的兄弟好不好相处。

0063 自选条目

嫁鸡随鸡，嫁狗随狗，嫁个扁担挑起走。[tɕia³⁵ tɕi⁵⁵ suei³³ tɕi⁵⁵，tɕia³⁵ kəu⁵¹ suei³³ kəu⁵¹，tɕia³⁵ kɤ⁰ piɛn⁵¹ tan³⁵ tʰiau⁵⁵ tɕʰi⁵¹ tsəu⁵¹]

意译：嫁鸡随鸡，嫁狗随狗。

0064 自选条目

能死当官的老子，不能死告花子娘。[nən³³ sʅ⁵¹ taŋ⁵⁵ kuan⁵⁵ ti⁰ nau⁵¹ tsʅ⁰，pu³³ nən³³ sʅ⁵¹ kau³⁵ xua⁵⁵ tsʅ⁰ niaŋ³³]

意译：当官的老子（父亲）死了不要紧，不能死叫花子娘。形容母亲对孩子的照顾远远胜于父亲。

0065 自选条目

只有瓜连籽，没有籽连瓜。[tsʅ³³ iəu⁵¹ kua⁵⁵ niɛn³³ tsʅ⁵¹，mei⁵⁵ iəu⁵¹ tsʅ⁵¹ niɛn³³ kua⁵⁵]

意译：形容只有父母牵挂孩子，没有孩子牵挂父母。

0066 自选条目

会当媳妇儿的两头瞒，不会当媳妇儿的两头传。[xuei³³ taŋ⁵⁵ ɕi³³ fə⁰ ti⁰ niaŋ⁵¹ tʰəu³³ man³³，pu³³ xuei³⁵ taŋ⁵⁵ ɕi³³ fə⁰ ti⁰ niaŋ⁵¹ tʰəu³³ tʂʰuan³³]

意译：会当媳妇儿的把两边不好听的话都瞒着不说，不会当媳妇儿的把两边的话到处传。

0067 自选条目

盘是盘，碗是碗，公公不该儿媳妇儿管。[pʰan³³ sʅ³⁵ pʰan³³，uan⁵¹ sʅ³⁵ uan⁵¹，koŋ⁵⁵ koŋ⁵⁵ pu³³ kai⁵⁵ ɚ³³ ɕi³³ fə⁰ kuan⁵¹]

意译：盘子是盘子，碗是碗，公公不该儿媳妇管。

0068 自选条目

夜晴不是好晴，夜行不是好人。[ie³⁵ tɕʰin³³ pu³³ sʅ³⁵ xau⁵¹ tɕʰin³³，ie³⁵ ɕin³³ pu³³ sʅ³⁵ xau⁵¹ zən³³]

意译：晚上晴不是好天气，晚上活动的人不是好人。

0069 自选条目
早栽秧子早打谷，早养儿子早享福。[tsau⁵¹ tsai⁵⁵ iaŋ⁵⁵ tsʅ⁰ tsau⁵¹ ta⁵¹ ku³³，tsau⁵¹ iaŋ⁵¹ ɚ³³ tsʅ⁰ tsau⁵¹ ɕiaŋ⁵¹ fu³³]
意译：早插秧就能早打谷，早养孩子就能早点享福。

0070 自选条目
田要深耕，儿要亲生。[tʰiɛn³³ iau³⁵ sən⁵⁵ kən⁵⁵，ɚ³³ iau³⁵ tɕʰin⁵⁵ sən⁵⁵]
意译：种田要深耕才行，孩子要亲生才好。

0071 自选条目
打铁的不惜炭，养儿的不惜饭。[ta⁵¹ tʰie³³ ti⁰ pu³³ ɕi³³ tʰan³⁵，iaŋ⁵¹ ɚ³³ ti⁰ pu³³ ɕi³³ xuan³⁵]
意译：打铁不要吝惜用了多少炭，养孩子不要吝惜吃了多少饭。有舍才有得。

0072 自选条目
养儿不学艺，挑断撮箕系。[iaŋ⁵¹ ɚ³³ pu³³ ɕio³³ i³⁵，tʰiau⁵⁵ tuan³⁵ tsʰuo³³ tɕi⁵⁵ ɕi³⁵]
意译：不让孩子有一技之长，将来只能干苦力。

0073 自选条目
人大分家，树大分丫。[zən³³ ta³⁵ xuən⁵⁵ tɕia⁵⁵，ʂu³⁵ ta³⁵ xuen⁵⁵ ia⁵⁵]
意译：人大了要分家，树大了要分枝丫。

0074 自选条目
男长三十慢慢儿悠，女长十八就回头。[nan³³ tʂaŋ⁵¹ san⁵⁵ ʂʅ³³ man³⁵ mɚ³⁵ iəu⁵⁵，ny⁵¹ tʂaŋ⁵¹ ʂʅ³³ pa³³ tɕiəu³⁵ xuei³³ tʰəu³³]悠：不急不慢地生长
意译：男子长到三十后身高还在慢慢地长，女子长到十八岁就不长了。

0075 自选条目
火怕烧粑粑，人怕做家家。[xuo⁵¹ pʰa³⁵ sau⁵⁵ pa⁵⁵ pa⁵⁵，zən³³ pʰa³⁵ tsuo³⁵ ka⁵⁵ ka⁵⁵]
家家：外婆

意译：做饭怕烧粑粑，做人怕做外婆。

0076 自选条目

牛皮做的文章，狗子咬不烂。[niəu³³ pʰi³³ tsuo³⁵ ti⁰ uən³³ tʂaŋ⁵⁵，kəu⁵¹ tsʅ⁰ au⁵¹ pu³³ nan³⁵]

意译：形容文章写得又臭又长。

0077 自选条目

不干不净，吃哒不生病。[pu³³ kan⁵⁵ pu³³ tɕin³⁵，tɕʰi³³ ta⁰ pu³³ sən⁵⁵ pin³⁵]

意译：不干不净，吃了不生病。

0078 自选条目

病人子不忌嘴，抓药的跑断腿。[pin³⁵ zən³³ tsʅ⁰ pu³³ tɕi³⁵ tsuei⁵¹，tsua⁵⁵ io³³ ti⁰ pʰau⁵¹ tuan³⁵ tʰuei⁵¹]

意译：病人如果不忌嘴，帮忙抓药的人就会跑断腿。

0079 自选条目

饭后百步走，活到九十九。[xuan³⁵ xəu³⁵ pɛ³³ pu³⁵ tsəu⁵¹，xuo³³ tau³⁵ tɕiəu⁵¹ ʂʅ³³ tɕiəu⁵¹]

意译：饭后走走路，有益健康长寿。

0080 自选条目

冬吃萝卜夏吃姜，不用医生开药方。[toŋ⁵⁵ tɕʰi³⁵ nuo³³ pu⁰ ɕia³⁵ tɕʰi³³ tɕiaŋ⁵⁵，pu³³ ioŋ³⁵ i⁵⁵ sən⁵⁵ kʰai⁵⁵ io³³ xuaŋ⁵⁵]

意译：冬吃萝卜夏吃姜，不用医生开药方。

0081 自选条目

聋子不怕打雷，瞎子不怕扯闪。[noŋ⁵⁵ tsʅ⁰ pu³³ pʰa³⁵ ta⁵¹ nei³³，ɕia³³ tsʅ⁰ pu³³ pʰa³⁵ tʂʰe⁵¹ ʂan⁵¹] 扯闪：闪电

意译：聋子听不见，所以不怕打雷；瞎子看不见，所以不怕闪电。

0082 自选条目

会躲的躲不过雨，会说的说不过理。[xuei³⁵ tuo⁵¹ ti⁰ tuo⁵¹ pu³³ kuo³⁵ y⁵¹，xuei³⁵ suo³³ti⁰ suo³³pu³³kuo³⁵ni⁵¹]

意译：再怎么会躲的人也躲不过下雨天，再怎么会说的人也说不过在理的人。

0083 自选条目

养儿不读书，只当喂头猪。[iaŋ⁵¹ ɚ³³ pu³³ tu³³ ʂu⁵⁵, tsɿ³³ taŋ⁵⁵ uei³⁵ tʰəu³³ tʂu⁵⁵]

意译：养孩子不教他读书，只当养了一头猪。

咸　丰

一　歌谣

0001 歌谣

咯磨嘎磨，[kɛ²² mo²⁴ ka²² mo²⁴] 咯磨嘎磨：推磨的声音

赶场卖货，[kan⁴² tsʰaŋ⁴² mai²⁴ xo²¹³] 赶场：赶集

烧饼八个，[sau⁵⁵ pin⁴² pa²² ko²⁴]

吃哒不饿。[tsʰɿ²² ta⁰ pu²² uo²⁴]

推粑粑，[tʰuei⁵⁵ pa⁵⁵ pa⁰]

接家家，[tɕiɛ²² ka⁵⁵ ka⁰] 家家：外婆

家家不吃酸粑粑；[ka⁵⁵ ka⁰ pu²² tsʰɿ²² suan⁵⁵ pa⁵⁵ pa⁰]

推豆腐，[tʰuei⁵⁵ təu²⁴ fu⁴²]

接舅母，[tɕiɛ²² tɕiəu²⁴ mu⁴²]

舅母不吃酸豆腐。[tɕiəu²⁴ mu⁴² pu²² tsʰɿ²² suan⁵⁵ təu²⁴ fu⁴²]

意译：咯磨嘎磨，赶集卖货，烧饼八个，吃了不饿。推粑粑，接外婆，外婆不吃坏粑粑；推豆腐，接舅母，舅母不吃坏豆腐。

0002 歌谣

一哭我的爷，[i²² kʰu²² ŋo⁴² ti⁰ iɛ²²]

爷孙要分离，[iɛ²² sən⁵⁵ iau²⁴ fən⁵⁵ ni²²]

爷孙分离舍不得。[iɛ²² sən⁵⁵ fən⁵⁵ ni²² sɛ⁴² pu²² tɛ⁰]

二哭我的爹，[ɚ²⁴ kʰu²² ŋo⁴² ti⁰ tiɛ⁵⁵]

今年六十一，[tɕin⁵⁵ niɛn²² nəu²² sɿ²² i²²]

盘你的冤家为哪些？[pʰan²² ni⁴² ti⁰ yɛn⁵⁵ tɕia⁵⁵ uei²⁴ na⁴² ɕiɛ⁰] 盘：费心去做某事

三哭我的妈，［san⁵⁵ kʰu²² ŋo⁴² ti⁰ ma⁵⁵］
不该盘冤家，［pu²² kai⁵⁵ pʰan²² yɛn⁵⁵ tɕia⁵⁵］
十七八岁走婆家。［sɿ²² tɕʰi²² pa²² suei²¹³ tsəu⁴² pʰo²² tɕia⁵⁵］
四哭我幺叔，［sɿ²¹³ kʰu²² ŋo⁴² iau⁵⁵ su²²］
一屋两头住，［i²² u²² niaŋ⁴² tʰəu²² tsu²¹³］
大事小务要你做。［ta²⁴ sɿ²¹³ ɕiau⁴² u²¹³ iau²⁴ ni⁴² tsu²¹³］
五哭我幺婶，［u⁴² kʰu²² ŋo⁴² iau⁵⁵ sən⁴²］
幺婶去送亲，［iau⁵⁵ sən⁴² tɕʰy²⁴ soŋ²⁴ tɕʰin⁵⁵］
把你的侄女送出门。［pa⁴² ni⁴² ti⁰ tsɿ²² ny⁴² soŋ²⁴ tsʰu²² mən²²］
六哭我哥哥，［nəu²² kʰu²² ŋo⁴² ko⁵⁵ ko⁰］
姊妹又不多，［tsɿ³³ mei²¹³ iəu²⁴ pu²² tuo⁵⁵］
逢年过节来接我。［foŋ²² niɛn²² ko²⁴ tɕiɛ²² nai²² tɕiɛ²² ŋo⁴²］
七哭我的妹，［tɕʰi²² kʰu²² ŋo⁴² ti⁰ mei²¹³］
小奴两三岁，［xiau³³ nu²² niaŋ³³ san⁵⁵ suei²¹³］
雕花绣朵没学会。［tiau⁵⁵ xua⁵⁵ ɕiɛ²⁴ tuo⁴² mei⁵⁵ ɕyo²² xuei²¹³］
八哭我兄弟，［pa²² kʰu²² ŋo⁴² ɕyoŋ⁵⁵ ti²¹³］
还在学堂里，［xai²² tai²¹³ ɕyo²² tʰaŋ²² ni⁰］
读书识字要努力。［tu²² su⁵⁵ sɿ²² tsɿ²¹³ iau²⁴ nu⁴² ni²²］
九哭我媒人，［tɕiəu⁴² kʰu²² ŋo⁴² mei²² zən²²］
媒人瞎眼睛，［mei²² zən²² ɕia²² iɛn³³ tɕin⁵⁵］
把我送进火炉儿坑。［pa³³ ŋo⁴² soŋ²⁴ tɕin²¹³ xo³³ nuəɹ⁰ kʰən⁵⁵］
十哭都哭清，［sɿ²² kʰu²² təu⁵⁵ kʰu²² tɕʰin⁵⁵］
越哭越伤心，［yɛ²² kʰu²² yɛ²² saŋ⁵⁵ ɕin⁵⁵］
把我推进蘁麻林。［pa³³ ŋo⁴² tʰuei⁵⁵ tɕin²¹³ xo²⁴ ma²² nin²²］蘁麻林：荆棘丛

意译：一哭我的爷，爷孙要分离，爷孙分离舍不得。二哭我的爹，今年六十一，操心那些冤家做什么？三哭我的妈，不该费心那些冤家，十七八岁走婆家。四哭我小叔，一屋两头住，大事小事要你做。五哭我小婶，小婶去送亲，把你的侄女送出门。六哭我哥哥，姊妹又不多，逢年过节来接我。七哭我的妹，小我两三岁，雕花绣朵没学会。八哭我兄弟，还在学校里，读书识字要努力。九哭我媒人，媒人瞎眼睛，把我送进了火炉坑。十哭都哭完了，越哭越伤心，把我推进扎人的荆棘林。

0003 歌谣

新娘落轿要起程，［ɕin⁵⁵ niaŋ²² nuo²² tɕiau²¹³ iau²⁴ tɕʰi⁴² tsʰən²²］

家先出门来送行。[tɕia⁵⁵ ɕiɛn⁵⁵ tsʰu²² mən²² nai²² soŋ²⁴ ɕin²²] 家先：父母

五谷撒地喂宝马，[u⁴² ku²² sa²² ti²¹³ uei²⁴ pau³³ ma⁴²]

四蹄起风驾祥云。[sɿ²⁴ tʰi²² tɕʰi³³ foŋ⁵⁵ tɕia²⁴ tɕʰiaŋ²² yən²²]

意译：新娘子上轿要起程，家中父母出门来送行。用五谷撒着来喂宝马，宝马奋起四蹄驾起祥云。

0004 歌谣

三百牯牛赶下河，[san⁵⁵ pɛ²² ku³³ niəu²² kan³³ ɕia²¹³ xo²²] 牯牛：公牛

好多耳朵好多角？[xau³³ tuo⁵⁵ ɚ³³ tuo⁵⁵ xau³³ tuo⁵⁵ ko²²]

好多尾巴遮屁股？[xau³³ tuo⁵⁵ uei³³ pa⁵⁵ tsɛ⁵⁵ pʰi²⁴ ku⁴²]

又有好多牛蹄壳？[iəu²⁴ iəu⁴² xau³³ tuo⁵⁵ niəu²² tʰi²² kʰo²²]

三百牯牛赶下河，[san⁵⁵ pɛ²² ku³³ niəu²² kan³³ ɕia²¹³ xo²²]

千二耳朵千二角。[tɕʰiɛn⁵⁵ ɚ²⁴ ɚ³³ tuo⁵⁵ tɕʰiɛn⁵⁵ ɚ²⁴ ko²²]

六百尾巴遮屁股，[nu²² pɛ²² uei³³ pa⁵⁵ tsɛ⁵⁵ pʰi²⁴ ku⁴²]

四千八百牛蹄壳。[sɿ²⁴ tɕʰiɛn⁵⁵ pa²² pɛ²² niəu²² tʰi²² kʰo²²]

意译：三百头公牛赶下河，有多少耳朵多少个角？多少条尾巴遮屁股？又有多少个牛蹄脚？三百头公牛赶下河，有一千两百个耳朵和牛角，六百条尾巴遮屁股，四千八百个牛蹄脚。

0005 歌谣

长年清早下绣楼，[tsʰaŋ²² niɛn²² tɕʰin⁵⁵ tsau⁴² ɕia²⁴ ɕiəu²⁴ nəu²²] 长年：长工

鞋子穿在袜子头。[xai²² tsɿ⁰ tsʰuan⁵⁵ tai²¹³ ua²² tsɿ⁰ tʰəu⁰]

放出麂子去撵狗，[faŋ²⁴ tsʰu²² tɕi³³ tsɿ⁰ tɕʰi²⁴ niɛn³³ kəu⁴²]

扯挑萝卜去打油。[tsʰɛ³³ tiau⁵⁵ nuo²² pu⁰ tɕʰi²⁴ ta³³ iəu²²]

意译：长工清早下绣楼，鞋子穿在袜里头。放出麂子去赶狗，拔扯萝卜去榨油。

0006 歌谣

看到太阳要落坡，[kʰan²⁴ tau²¹³ tʰai²⁴ iaŋ²² iau²⁴ nuo²² pʰo⁵⁵] 落坡：下山

听我唱个扯谎歌。[tʰin⁵⁵ ŋo⁴² tsʰaŋ²⁴ ko²¹³ tsʰɛ³³ xuaŋ⁴² ko⁵⁵]

四两棉花沉海底，[sɿ²⁴ niaŋ⁴² miɛn²² xua⁵⁵ tsʰən²² xai³³ ti⁰]

一扇磨子漂过河。[i²² san²¹³ mo²⁴ tsɿ⁰ pʰiau⁵⁵ ko²⁴ xo²²]

意译：看到太阳要下山，听我唱个吹牛的歌。四两棉花沉海底，一个石磨飘

过河。

0007 歌谣

清早起来去砍柴，[tɕʰin⁵⁵ tsau⁴² tɕʰi³³ nai²² tɕʰi²⁴ kʰan³³ tsʰai²²]

一匹老鹰飞过来。[i²² pʰi²² nau³³ in⁵⁵ fei⁵⁵ ko²⁴ nai²²]

老鹰叼的斑鸠肉，[nau³³ in⁵⁵ tiau⁵⁵ ti⁰ pan⁵⁵ tɕiəu⁵⁵ zu²²]

我饿起肚子上山崖。[ŋo⁴² uo²⁴ tɕʰi⁰ tu²⁴ tsɿ⁰ saŋ²⁴ san⁵⁵ ŋai²²]

意译：清早起来去砍柴，一个老鹰飞过来。老鹰叼着斑鸠肉，我饿着肚子上山头。

0008 歌谣

遭孽不过郎遭孽，[tsau⁵⁵ niɛ²² pu²² ko²¹³ naŋ²² tsau⁵⁵ niɛ²²] 遭孽：可怜

抹汗帕儿都没得。[ma²² xan²¹³ pʰa²⁴ ɚ²² təu⁵⁵ mei⁵⁵ tɛ⁰]

一双衣袖揩烂哒，[i²² suaŋ⁵⁵ i⁵⁵ ɕiəu²¹³ kʰai⁵⁵ nan²¹³ ta⁰]

还揩哒几把桐子叶。[xai²² kʰai⁵⁵ ta⁰ tɕi³³ pa⁴² tʰoŋ²² tsɿ⁰ iɛ²²]

意译：可怜不过我可怜，擦汗的帕子都没得。一双衣袖擦烂了，还擦了几把桐子叶。

0009 歌谣

姑娘采茶进茶林，[ku⁵⁵ niaŋ²² tsʰai³³ tsʰa²² tɕin²⁴ tsʰa²² nin²²]

各人兴来各人淋。[ko²² zən²² ɕin⁵⁵ nai⁰ ko²² zən⁵⁵ nin²²] 兴：起兴，即兴歌唱

山伯思想祝小姐，[san⁵⁵ pɛ²² sɿ⁵⁵ ɕiaŋ⁴² tsu²² ɕiau³³ tɕiɛ⁴²] 思想：想，想念

妹妹思想美郎君。[mei²⁴ mei⁰ sɿ⁵⁵ ɕiaŋ⁴² mei³³ naŋ²² tɕyən⁵⁵]

意译：姑娘采茶进茶林，各人都有各人的遭遇，有的淋雨，有唱歌。梁山伯思念祝英台，年轻女子想念美男子。

0010 歌谣

茶叶树儿发嫩苔，[tsʰa²² iɛ²² su²¹³ ɚ²² fa²² nən²⁴ tʰai⁵⁵]

写封书信与郎带。[ɕiɛ⁴² foŋ⁵⁵ su⁵⁵ ɕin²¹³ y⁴² naŋ²² tai²¹³]

莫让野藤挂脚背，[mo²² zaŋ²¹³ iɛ³³ tʰən²² kua²⁴ tɕyo²² pei²¹³]

为姐等你早回来。[uei²² tɕiɛ⁴² tən³³ ni⁴² tsau³³ xuei²² nai²²]

意译：茶叶树抽出了新芽，写封书信给情郎。别让野藤挂住了脚背，姐姐等你早日回来。

二 规定故事

0021 牛郎和织女

我来摆一个牛郎织女的龙门阵。[ŋo⁴² nai²² pai⁴² i²² ko²¹³ niəu²² naŋ²² tsɿ²² ny⁴² ti⁰ noŋ²² mən²² tsən²¹³]

从前哪，有户穷苦人家，[tsʰoŋ²² tɕʰiɛn²² na⁰, iəu⁴² fu²¹³ tɕʰioŋ²² kʰu⁴² zən²² tɕia⁵⁵]

嗯，老汉儿老婆婆，这嘞，[ən⁰, nau³³ xə²¹³ nau³³ pʰo²² pʰo⁰, tsɛ²¹³ nɛ⁰] 老汉儿：父亲。老婆婆：母亲

盘的一个细娃儿，叫牛郎。[pʰan²² ti⁰ i²² ko²¹³ ɕi²⁴ uə²², tɕiau²¹³ niəu²² naŋ²²]

那个老汉儿、老婆婆身体不大好，[na²⁴ ko²¹³ nau³³ xə²¹³, nau³³ pʰo²² pʰo⁰ sən⁵⁵ tʰi⁴² pu²² ta²¹³ xau⁴²]

那牛郎刚刚长成人的时候儿嘞，[na²⁴ niəu²² naŋ²² kaŋ⁵⁵ kaŋ⁵⁵ tsaŋ⁴² tsʰən²² zən²² ti⁰ sɿ²² xə²¹³ nɛ⁰]

两个老都病死哒，[niaŋ⁴² ko²¹³ nau⁴² təu⁵⁵ pin²⁴ sɿ⁴² ta⁰]

就剩下牛郎。[tɕiəu²⁴ sən²⁴ ɕia²¹³ niəu²² naŋ²²]

不过嘞，他家里喂的一个牛，[pu²² ko²¹³ nɛ⁰, tʰa⁵⁵ tɕia⁵⁵ ni²² uei²¹³ ti⁰ i²² ko²¹³ niəu²²]

那个牛嘞，也是一头老牛，[na²⁴ ko²¹³ niəu²² nɛ⁰, iɛ⁴² sɿ²¹³ i²² tʰəu²² nau³³ niəu²²]

那个老牛嘞，[na²⁴ ko²¹³ nau³³ niəu²² nɛ⁰]

就和牛郎两个相依为命。[tɕiəu²⁴ xo²² niəu²² naŋ²² niaŋ³³ ko²¹³ ɕiaŋ⁵⁵ i⁵⁵ uei²² min²¹³]

嗯，有一天晚上，[ən⁰, iəu⁴² i²² tʰiɛn⁵⁵ uan³³ saŋ²¹³]

那个老牛嘞，[na²⁴ ko²¹³ nau³³ niəu²² nɛ⁰]

就给牛郎托个梦。[tɕiəu²⁴ kei⁴² niəu²² naŋ²² tʰuo²² ko⁰ moŋ²¹³]

他说：牛郎啊，[tʰa⁵⁵ suo²²: niəu²² naŋ²² a⁰]

你嘞，有那么大岁数哒，[ni⁴² nɛ⁰, iəu⁴² na²⁴ mo⁰ ta²¹³ suei²⁴ su²¹³ ta⁰]

安个家哒，[ŋan⁵⁵ ko²¹³ tɕia⁵⁵ ta⁰]

我来帮你撮合一个婚事。[ŋo⁴² nai²² paŋ⁵⁵ ni⁴² tsʰuo²² xo²² i²² ko²¹³ xuən⁵⁵ sɿ²¹³]

那个明天早晨嘞，[na²⁴ ko²¹³ min²² tʰiɛn⁵⁵ tsau³³ sən²² nɛ⁰]

你打塘跟前去，[ni⁴² ta⁴² tʰaŋ²² kən⁵⁵ tɕʰiɛn²² tɕʰi²¹³]

看那个塘跟前嘞，嗯，[kʰan²¹³ na²⁴ ko²¹³ tʰaŋ²² kən⁵⁵ tɕʰiɛn²² nɛ⁰, ən⁰]

有一些姑娘儿她都洗澡，[iəu³³ i²² ɕiɛ⁵⁵ ku⁵⁵ niə²² tʰa⁵⁵ təu⁵⁵ ɕi³³ tsau⁴²]

她把那个衣服嘞，[tʰa⁵⁵ pa⁴² na²⁴ ko²¹³ i⁵⁵ fu²² nɛ⁰]

就挂哒树上的。[tɕiəu²⁴ kua²⁴ ta⁰ su²⁴ saŋ²¹³ ti⁰]

你就把那水红色的，[ni⁴² tɕiəu²⁴ pa⁴² na²⁴ suei³³ xoŋ²² sɛ²¹³ ti⁰]

那件那坨衣服嘞，[na²⁴ tɕiɛn²¹³ na²⁴ tʰuo⁰ i⁵⁵ fu²² nɛ⁰]

就#2 起跑，[tɕiəu²¹³ tian⁵⁵ tɕʰi⁰ pʰau⁴²] #2：抓，扯

躲到垄头等她们。[tuo³³ tau⁰ noŋ²² tʰəu⁰ tən⁴² tʰa⁵⁵ mən⁰] 垄头：田垄边

嗯，那个来找水红色衣服的那个嘞，[ən⁰, na²⁴ ko²¹³ nai²² tsau⁴² suei³³ xoŋ²² sɛ²¹³ i⁵⁵ fu²² ti⁰ na²⁴ ko²¹³ nɛ⁰]

就是你的媳妇儿，[tɕiəu²⁴ sɿ²¹³ ni⁴² ti⁰ ɕi²² fɚ⁰]

你就把她喊回来，[ni⁴² tɕiəu²¹³ pa⁴² tʰa⁵⁵ xan³³ xuei²² nai⁰]

啊，你们两个成家。[a⁰, ni⁴² mən²² nian³³ ko²¹³ tsʰən²² tɕia⁵⁵]

后来，那个梦就醒哒。[xəu²⁴ nai²², na²⁴ ko²¹³ moŋ²¹³ tɕiəu²⁴ ɕin⁴² ta⁰]

醒哒嘞，啊，[ɕin⁴² ta⁰ nɛ⁰, a⁰]

那个牛郎就觉得奇怪，[na²⁴ ko²¹³ niəu²² naŋ²² tɕiəu²¹³ tɕye²² tɛ⁰ tɕʰi²² kuai²¹³]

他哪么做恁个梦嘞，[tʰa⁵⁵ na⁴² mo⁰ tsuo²¹³ nən²⁴ ko⁰ moŋ²¹³ nɛ⁰]

他轻信不信的。[tʰa⁵⁵ tɕin⁵⁵ ɕin²¹³ pu²² ɕin²¹³ ti⁰] 轻信不信：半信半疑

原来那个那头老牛啊，[yɛn²² nai²² na²⁴ ko²¹³ na²⁴ tʰəu⁰ nau³³ niəu²² a⁰]

是天上下来的金牛星。[sɿ²¹³ tʰiɛn⁵⁵ saŋ²¹³ ɕia²⁴ nai²² ti⁰ tɕin⁵⁵ niəu²² ɕin⁵⁵]

哦，那个牛郎嘞，[o⁰, na²⁴ ko²¹³ niəu²² naŋ²² nɛ⁰]

他找不倒哦，[tʰa⁵⁵ tsau³³ pu²² tau⁰ o⁰] 找不倒：不明白，不懂，不会

他反正晓得那个牛郎那个托哒个梦，[tʰa⁵⁵ fan³³ tsən²¹³ ɕiau³³ tɛ⁰ na²⁴ ko²¹³ niəu²² naŋ²² na²⁴ ko²¹³ tʰuo²² ta⁰ ko⁰ moŋ²¹³]

是那个老牛托的梦是真的是假的，[sɿ²¹³ na²⁴ ko²¹³ nau³³ niəu²² tʰuo²² ti⁰ moŋ²¹³ sɿ²⁴ tsən⁵⁵ ti⁰ sɿ²⁴ tɕia⁴² ti⁰]

管它我去看下。[kuan⁴² tʰa⁰ ŋo⁴² tɕʰi⁰ kʰan²⁴ xa⁰]

他当真早饭吃哒，[tʰa⁵⁵ taŋ⁵⁵ tsən⁵⁵ tsau⁴² fan²¹³ tsʰɿ²² ta⁰]

他就跑到塘跟前去。[tʰa⁵⁵ tɕiəu²¹³ pʰau⁵⁵ tau⁰ tʰaŋ²² kən⁵⁵ tɕʰiɛn²² tɕʰi²¹³]

当真就，嗯，[taŋ⁵⁵ tsən⁵⁵ tɕiəu²¹³, ən⁰]

有好几个姑娘大都塘头洗澡，[iəu⁴² xau³³ tɕi⁴² ko²¹³ ku⁵⁵ niaŋ²² ta²⁴ təu⁵⁵ tʰaŋ²² tʰəu⁰ ɕi³³ tsau⁴²]

嗯，他嘞，就在树上找，[ən⁰, tʰa⁵⁵ nɛ⁰, tɕiəu²⁴ tai²¹³ su²⁴ tsaŋ⁰ tsau⁴²]

在树上找，[tai²¹³ su²⁴ saŋ⁰ tsau⁴²]

真的有一套水红色的衣服挂那儿的。[tsən⁵⁵ ti⁰ iəu⁴² i²² tʰau²¹³ suei³³ xoŋ²² sɛ²¹³ ti⁰ i⁵⁵ fu²² kua²⁴ nɚ²⁴ ti⁰]

他悄悄把那个衣服嘞，[tʰa⁵⁵ tɕʰiau⁵⁵ tɕʰiau⁰ pa⁴² na²⁴ ko²¹³ i⁵⁵ fu²² nɛ⁰]

抱起跑哒，就躲到水塘，[pau²⁴ tɕʰi⁴² pʰau⁵⁵ ta⁰, tɕiəu²⁴ tuo⁴² tau⁰ suei³³ tʰaŋ²²]

水塘塘儿旁边的垄头等。[suei³³ tʰaŋ²² tʰɚ⁰ pʰaŋ²² piɛn⁵⁵ ti⁰ noŋ³³ tʰəu⁰ tən⁴²]

一刚刚儿过后嘞，[i²² kaŋ⁵⁵ kə⁰ ko²⁴ xəu²¹³ nɛ⁰]

那个姑娘儿嘞，[na²⁴ ko²¹³ ku⁵⁵ niɚ⁰ nɛ⁰]

就洗澡洗归一哒，[tɕiəu²¹³ ɕi³³ tsau⁴² ɕi³³ kuei⁵⁵ i²² ta⁰] 归一：完毕、做好

就上岸来穿衣服，[tɕiəu²¹³ saŋ²⁴ ŋan²¹³ nai²² tsʰuan⁵⁵ i⁵⁵ fu²²]

穿衣服嘞，[tsʰuan⁵⁵ i⁵⁵ fu²² nɛ⁰]

就有其中有一个嘞就找，[tɕiəu²⁴ iəu⁴² tɕʰi²² tsʰoŋ⁵⁵ iəu⁴² i²² ko²¹³ nɛ⁰ tɕiəu²⁴ tsau⁴²]

找衣服。[tsau³³ i⁵⁵ fu²²]

她说：你们看到，姐妹们，[tʰa⁵⁵ suo²²：ni⁴² mən⁰ kʰan²⁴ tau²¹³, tɕiɛ⁴² mei²¹³ mən⁰]

你们看到我那个，[ni⁴² mən⁰ kʰan²⁴ tau²¹³ ŋo⁴² na²⁴ ko²¹³]

那件那套粉红色衣服没，[na²⁴ tɕiɛn²¹³ na²⁴ tʰau²¹³ fən³³ xoŋ²² sɛ²¹³ i⁵⁵ fu²² mɛ⁵⁵]

水红色衣服没？[suei³³ xoŋ²² sɛ²¹³ i⁵⁵ fu²² mɛ⁵⁵]

嗯，那些说"没看到啊！"[ən⁰, na²⁴ ɕiɛ⁵⁵ suo²² mɛ⁵⁵ kʰan²⁴ tau²¹³ a⁰]

"咦，哪晓得到哪去哒，[i²², na³³ ɕiau³³ tɛ⁰ tau²¹³ na³³ tɕʰi²⁴ ta⁰]

我去找下。"[ŋo⁴² tɕʰi²⁴ tsau³³ xa⁰]

她到处找，找找找，[tʰa⁵⁵ tau²⁴ tsʰu²¹³ tsau⁴², tsau⁴² tsau⁴² tsau⁴²]

就牛郎躲的那个地方，[tɕiəu²⁴ niəu²² naŋ²² tuo³³ ti⁰ na²⁴ ko²¹³ ti²⁴ faŋ⁵⁵]

一看跑到牛郎手里的。[i²² kʰan²¹³ pʰau³³ tau⁰ niəu²² naŋ²² səu³³ ni⁰ ti⁰]

啊，那个，嗯，那个牛郎就说，[a⁰, na²⁴ ko²¹³, ən⁰, na²⁴ ko²¹³ niəu²² naŋ²² tɕiəu²⁴ suo²²]

他说："你是我的媳妇儿，[tʰa⁵⁵ suo²²：ni⁴² sɿ²¹³ ŋo⁴² ti⁰ ɕi²² fɚ²¹³]

你今夜跟我走。"[ni⁴² tɕʰin⁵⁵ iɛ²¹³ kən⁵⁵ ŋo⁴² tsəu⁴²]

当然，那个织那个那个女的嘞，[taŋ⁵⁵ zan²², na²⁴ ko²¹³ tsɿ²² na²⁴ ko²¹³ na²⁴ ko²¹³ ny⁴² ti⁰ nɛ⁰]

她也明白嘞，那是都是天意，[tʰa⁵⁵ iɛ⁴² min²² pɛ²² nɛ⁰, na²⁴ sɿ²¹³ təu⁵⁵ sɿ²¹³ tʰiɛn⁵⁵ i²¹³]

她就跟着牛郎回去哒。[tʰa⁵⁵ tɕiəu²⁴ kən⁵⁵ tsuo⁰ niəu²² naŋ²² xuei²² tɕʰi²¹³ ta⁰]

嗯，回去嘞，[ən⁰, xuei²² tɕʰi²¹³ nɛ⁰]

她就跟牛郎说，她说：[tʰa⁵⁵ tɕiəu²¹³ kən⁵⁵ niəu²² naŋ²² suo²², tʰa⁵⁵ suo²²]

"我嘞，不是凡间女子，[uo⁴² nɛ⁰, pu²² sɿ²¹³ fan²² tɕiɛn⁵⁵ ny³³ tsɿ⁰]

我是天上的织女。[ŋo⁴² sɿ²¹³ tʰiɛn⁵⁵ saŋ²¹³ ti⁰ tsɿ²² ny⁴²]

嗯，那个下来嘞，[ən⁰，na²⁴ ko²¹³ ɕia²⁴ nai²² nɛ⁰]

到凡间到人间来看下来，[tau²⁴ fan²² tɕiɛn⁵⁵ tau²⁴ zən²² tɕiɛn⁵⁵ nai²² kʰan²⁴ xa⁰ nai⁰]

不，哎，不想遇到哒你。[pu²²，ai⁰，pu²² ɕiaŋ⁴² y²⁴ tau²¹³ ta⁰ ni⁴²]

嗯，你嘞，我也，[ən⁰，ni⁴² nɛ⁰，ŋo⁴² iɛ⁰]

你的身世我也晓得，[ni⁴² ti⁰ sən⁵⁵ sʅ²¹³ ŋo⁴² iɛ⁰ ɕiau³³ tɛ⁰]

你嘞，善良、勤劳，[ni⁴² nɛ⁰，san²⁴ niaŋ²²、tɕʰin²² nau²²]

孤苦伶仃的，[ku⁵⁵ kʰu⁴² nin²² tin⁵⁵ ti⁰]

嗯，我愿意和你成为夫妻。"[ən⁰，ŋo⁴² yɛn²⁴ i²¹³ xo²² ni⁴² tsʰən²² uei²² fu⁵⁵ tɕʰi⁵⁵]

嗯，他们就生活在一起哒。[ən⁰，tʰa⁵⁵ mən⁰ tɕiəu²¹³ sən⁵⁵ xo²² tai²⁴ i²² tɕʰi⁴² ta⁰]

生活在一起的嘞，没好久嘞，[sən⁵⁵ xo²² tai²⁴ i²² tɕʰi⁴² ti⁰ nɛ⁰，mei⁵⁵ xau³³ tɕiəu⁴² nɛ⁰]

就，嗯，男耕女织嘛，[tɕiəu²¹³，ən⁰，nan²² kən⁵⁵ ny³³ tsʅ²² ma⁰]

牛郎就，嗯，[niəu²² naŋ²² tɕiəu²¹³，ən⁰]

上坡种田哪，种地，[saŋ²⁴ pʰo⁵⁵ tsoŋ²⁴ tʰiɛn²² na⁰，tsoŋ²⁴ ti²¹³]

嗯，办阳春。[ən⁰，pan²⁴ iaŋ²² tsʰuən⁵⁵] 办阳春：干农活

织，织女就在屋里泡茶弄饭，[tsʅ²²，tsʅ²² ny⁴² tɕiəu²⁴ tai²¹³ u²² ni⁰ pʰau²² tsʰa²² noŋ²⁴ fan²¹³]

洗衣浆裳，嗯，[ɕi⁴² i⁵⁵ tɕiaŋ²⁴ saŋ²²，ən⁰]

把屋里搞得嘞，嗯，[pa⁴² u²² ni⁰ kau⁴² tɛ⁰ nɛ⁰，ən⁰]

像模像样的。[tɕʰiaŋ²⁴ mo²² tɕʰiaŋ²⁴ iaŋ²¹³ ti⁰]

嗯，过一段时间以后，[ən⁰，ko²⁴ i²² tuan²¹³ sʅ²² kan⁵⁵ i⁴² xəu²¹³]

那个织女嘞，[na²⁴ ko²¹³ tsʅ²² ny²² nɛ⁰]

还给牛郎生哒一儿一女。[xai²² kei⁴² niəu²² naŋ²² sən⁵⁵ ta⁰ i²² ɚ²² i²² ny⁴²]

一家人嘞，欢欢喜喜，[i²² tɕia⁵⁵ zən²² nɛ⁰，xuai⁵⁵ xuai⁵⁵ ɕi⁴² ɕi⁴²]

笑笑和和，[ɕiau²⁴ ɕiau²¹³ xo²² xo²²]

快快乐乐过哒一段时间。[kʰuai²⁴ kʰuai²¹³ nuo²² nuo²² ko²⁴ ta⁰ i²² tuan²¹³ sʅ²² kan⁵⁵]

迩个好日子嘞，过得不长，[niɛ²² ko²¹³ xau³³ zʅ²¹³ tsʅ⁰ nɛ⁰，ko²⁴ tɛ⁰ pu²² tsʰaŋ²²]

没好久嘞，那个王母娘娘啊，[mei⁵⁵ xau³³ tɕiəu⁴² nɛ⁰，na²⁴ ko²¹³ uaŋ²² mu⁴² niaŋ²² niaŋ⁰ a⁰]

就被告状哒，说，有个织女啊，[tɕiəu²⁴ pei²¹³ kau²⁴ tsuaŋ²¹³ ta⁰，suo²²，iəu³³ ko²¹³ sʅ²² ny⁴² a⁰]

搞跑到凡间去，安家的嘞，[kau⁴² pʰau³³ tau²¹³ fan²² tɕiɛn⁵⁵ tɕʰi²¹³，ŋan⁵⁵ tɕia⁵⁵ ti⁰ nɛ⁰]

思凡安家的嘞，[sɿ⁵⁵fan²²ŋan⁵⁵tɕia⁵⁵ti⁰nɛ⁰]

那个哪，王母娘娘说：[na²⁴ko²¹³na⁰，uaŋ²²mu³³niaŋ²²niaŋ⁰suo²²]

"那不得了，[na²⁴pu²¹³tɛ⁰niau⁴²]

快点儿把她捉回来惩罚她。"[kʰuai²⁴tiɚ⁴²pa⁴²tʰa⁵⁵tsuo²²xuei²²nai²²tsʰən⁴²fa²²tʰa⁵⁵]

好，于是嘞，[xau⁴²，y²²sɿ²¹³nɛ⁰]

就派天兵天将就下凡来。[tɕiəu²⁴pʰai²¹³tʰiɛn⁵⁵pin⁵⁵tʰiɛn⁵⁵tɕiaŋ²¹³tɕiəu²¹³ɕia²⁴fan²²nai²²]

下凡嘞，就把那个织女嘞，[ɕia²⁴fan²²nɛ⁰，tɕiəu²⁴pa⁴²na²⁴ko²¹³tsɿ²²ny⁴²nɛ⁰]

就弄起，捆起走哒。[tɕiəu²⁴noŋ²¹³tɕʰi⁰，kʰuən³³tɕʰi⁰tsəu³³ta⁰]

捆起走嘞，[kʰuən³³tɕʰi⁰tsəu³³nɛ⁰]

牛郎那时儿没在屋，[niəu²²naŋ²²na²⁴sɚ²²mei⁵⁵tai²⁴u²²]

在坡上做活路。[tai²⁴pʰo⁵⁵saŋ⁰tsu²⁴xo²²nu²¹³]

两个细娃儿哎，看到妈嘞，[niaŋ³³ko²¹³ɕi¹uɚ²²ai⁰，kʰan²⁴tau⁰ma⁵⁵nɛ⁰]

被一些一些，嗯，[pei²⁴i²²ɕiɛ⁵⁵i²²ɕiɛ⁵⁵，ən⁰]

天兵天将抓起走哒，就哭。[tʰiɛn⁵⁵pin⁵⁵tʰiɛn⁵⁵tɕiaŋ²¹³tsua⁵⁵tɕʰi⁰tsəu⁴²ta⁰，tɕiəu²⁴kʰu²²]

边哭边跑哦，[piɛn⁵⁵kʰu²²piɛn⁵⁵pʰau³³o⁰]

喊，喊他爸爸哦，[xan⁴²，xan³³tʰa⁵⁵pa²⁴pa⁰o⁰]

喊他老汉儿哦，他说：[xan³³tʰa⁵⁵nau³³xɚ²¹³o⁰，tʰa⁵⁵suo²²]

"老汉儿，快回来呀，"[nau³³xɚ²¹³，kʰuai²⁴xuei²²nai²²ia⁰]

他说："妈让坏人抓起走哒呀，[tʰa⁵⁵suo²²：ma⁵⁵zaŋ²¹³xuai²⁴zən²²tsua⁵⁵tɕʰi⁰tsəu³³ta⁰ia⁰]

快点儿回来呀！"[kʰuai²⁴tiɚ⁴²xuei²²nai²²ia⁰]

哦，牛郎就赶回来，[o⁰，niəu²²naŋ²²tɕiəu²¹³kan³³xuei²²nai²²]

赶回来看，[kan³³xuei²²nai²²kʰan²¹³]

当真已飞到半空中去哒。[taŋ⁵⁵tsən⁵⁵i³³fei⁵⁵tau²¹³pan²⁴kʰoŋ⁵⁵tsoŋ⁵⁵tɕʰi²⁴ta⁰]

他就，那就礌不到啊，[tʰa⁵⁵tɕiəu²¹³，na²⁴tɕiəu²¹³nuei²²pu²²tau²¹³a⁰] 礌：追赶

礌不到，那就，嗯，[nuei²²pu²²tau²¹³，na²⁴tɕiəu²¹³，ən⁰]

三爷子就抱起哭啊，[san⁵⁵iɛ²²tsɿ⁰tɕiəu²¹³pau²⁴tɕʰi⁰kʰu²²a⁰] 三爷子：爷仨

哭成一坨巴坨啊，在底下哭。[kʰu²²tsʰən²²i²²tʰuo²²pa⁵⁵tʰuo²²a⁰，tai²⁴ti³³xa⁰kʰu²²] 一坨巴坨：堆在一起

那时候儿嘞，[na²⁴sɿ²²xɚ²¹³nɛ⁰]

那个老牛就走过来哒。[na²⁴ko²¹³ nau³³niəu²² tɕiəu²⁴ tsəu³³ ko²⁴nai²² ta⁰]

它说"牛郎，你莫哭，[tʰa⁵⁵suo²²niəu²²naŋ²², ni³³mo²⁴kʰu²²]

啊，你莫哭，[a⁰, ni³³mo²⁴kʰu²²]

过几天我要帮你打主意。"[ko²⁴tɕi³³tʰiɛn⁵⁵ŋo⁴² iau²⁴paŋ⁵⁵ni⁴²ta³³tsu³³i²¹³] 打主意：出主意

哦，嗯，那个，七月，[o⁰, ən⁰, na²⁴ko²¹³, tɕʰi²²yɛ²²]

就是农历的七月初六，[tɕiəu²⁴sʅ²¹³noŋ²²ni²²ti⁰tɕʰi²²yɛ²²tsʰu⁵⁵nəu²²]

初六那天，[tsʰu⁵⁵nəu²²na²⁴tʰiɛn⁵⁵]

那个牛老牛，[na²⁴ko²¹³niəu²²nau³³niəu²²]

就帮牛郎托个梦。[tɕiau²⁴paŋ⁵⁵niəu²²naŋ²²tʰuo⁵⁵ko⁰moŋ²¹³]

它说"牛郎啊，明儿天早晨哦，[tʰa⁵⁵suo²²niəu²²naŋ²²a⁰, mə²²tʰiɛn⁵⁵tsau³³sən²²o⁰]

你把我那个角角掰下来，[ni⁴²pa³³ŋo⁴²na²⁴ko²¹³ko²²ko⁰pai⁵⁵xa⁰nai⁰]

两个角掰下来。[niaŋ³³ko²¹³ko²²pai⁵⁵xa⁰nai⁰]

嗯，掰下来有用，哦，[ən⁰, pai⁵⁵xa⁰nai⁰iəu³³yoŋ²¹³, o⁰]

掰下来变成一条箩筷，[pai⁵⁵xa⁰nai⁰piɛn²⁴tsʰən²² i²²tʰiau²²nuo²²təu⁵⁵] 箩筷：箩筐

你就把两个细娃儿，[ni⁴²tɕiəu²⁴pa³³niaŋ³³ko²¹³ɕi²⁴uɚ²²] 细娃儿：小孩

一个箩筷头装一个，[i²²ko²¹³nuo²²təu⁵⁵tʰəu⁰tsuaŋ⁵⁵i²ko²¹³]

挑起往回头走，[tʰiau⁵⁵tɕʰi⁰uaŋ³³xuei²²tʰəu⁰tsəu⁴²]

跟着鸦雀走。"[kən⁵⁵tsuo²²ia⁵⁵tɕʰyo²²tsəu⁴²]

那个牛郎，梦一醒，[na²⁴ko²¹³niəu²²naŋ²², moŋ²⁴i²ɕin⁴²]

因为头一次，[in⁵⁵uei²¹³tʰəu²²i²²tsʰʅ²¹³]

那个老牛托梦哎，[na²⁴ko²¹³nau³³niəu²²tʰuo⁵⁵moŋ²¹³ai⁰]

它它它是应验的嘞，[tʰa⁵⁵tʰa⁵⁵tʰa⁵⁵sʅ²⁴in²⁴iɛn²¹³ti⁰nɛ⁰]

啊，那他就相信哒。[a⁰, na²⁴tʰa⁵⁵tɕiɛu²¹³ɕiaŋ⁵⁵ɕin²¹³ta⁰]

第二天早晨，[ti²⁴ɚ²¹³tʰiɛn⁵⁵tsau³³sən²²]

就是七月初七嘞不是，嗯，[tɕiəu²⁴sʅ²¹³tɕʰi²²yɛ²²tsʰu⁵⁵tɕʰi²²nɛ⁰pu²²sʅ²¹³, ən⁰]

农历七月初七，[noŋ²²ni²²tɕʰi²²yɛ²²tsʰu⁵⁵tɕʰi²²]

当真那个牛郎，[taŋ⁵⁵tsən⁵⁵na²⁴ko²¹³niəu²²naŋ²²]

就把牛角掰下来哒，[tɕiəu²⁴pa³³niəu²²ko²²pai⁵⁵xa⁰nai⁰ta⁰]

掰下来，[pai⁵⁵xa⁰nai⁰]

一下就变成两只箩筷哒。[i²²xa²¹³tɕiəu²⁴piɛn²⁴tsʰən²²niaŋ³³tsʅ⁵⁵nuo²²təu⁵⁵ta⁰]

变成箩筷哎，[piɛn²⁴tsʰən²²nuo²²təu⁵⁵ai⁰]

那个牛郎，[na²⁴ ko²¹³ niəu²² naŋ²²]

刚把两个细娃儿抱起来，[kaŋ⁵⁵ pa⁴² niaŋ³³ ko²¹³ ɕi²⁴ uə²² pau²⁴ tɕʰi³³ nai⁰]

一个箩篼装一个，[i²² ko²¹³ nuo²² təu⁵⁵ tsuaŋ⁵⁵ i²² ko²¹³]

装一个扁担挑起，[tsuaŋ⁵⁵ i²² ko²¹³ piɛn³³ tan²¹³ tʰiau⁵⁵ tɕʰi⁴²]

一走出门就挡住啰，[i²² tsəu³³ tsʰu²² mən²² tɕiəu²⁴ taŋ³³ tsu²¹³ nuo⁰]

那个鸦雀哦，[na²⁴ ko²¹³ ia⁵⁵ tɕʰyo²² o⁰]

听到一群一群的，[tʰin⁵⁵ tau²¹³ i²² tɕʰyən²² i²² tɕʰyən²² ti⁰]

往同一个方向飞。[uaŋ⁴² tʰoŋ²² i²² ko²¹³ faŋ⁵⁵ ɕiaŋ²¹³ fei⁵⁵]

那个牛郎就跟到鸦雀跑，[na²⁴ ko²¹³ niəu²² naŋ²² tɕiəu²⁴ kən⁵⁵ tau⁰ ia⁵⁵ tɕʰyo²² pʰau⁴²]

跑跑跑跑跑，[pʰau⁴² pʰau⁴² pʰau⁴² pʰau⁴² pʰau⁴²]

看那鸦雀嘞都集中哒，[kʰan²⁴ na²⁴ ia⁵⁵ tɕʰyo²² nɛ⁰ təu⁵⁵ tɕi²² tsoŋ⁵⁵ ta⁰]

集中嘞搭成一座桥。[tɕi²² tsoŋ⁵⁵ nɛ⁰ ta²² tsʰən²² i²² tsuo²¹³ tɕʰiau²²]

嗯，搭成一座桥，[ən⁰, ta²² tsʰən²² i²² tsuo²¹³ tɕʰiau²²]

他就顺着那个桥就上去哒，[tʰa⁵⁵ tɕiəu²¹³ suən²⁴ tsuo⁰ na²⁴ ko²¹³ tɕʰiau²² tɕiəu²⁴ saŋ²⁴ tɕʰi⁰ ta⁰]

上上到那个半空中去的，[saŋ²⁴ saŋ²⁴ tau⁰ na²⁴ ko²¹³ pan²⁴ kʰoŋ⁵⁵ tsoŋ⁵⁵ tɕʰi²⁴ ti⁰]

看到那个织女从那边来哒。[kʰan²⁴ tau⁰ na²⁴ ko²¹³ tsʅ²² ny⁴² tsʰoŋ²² na²⁴ piɛn⁵⁵ nai²² ta⁰]

哎呀，他，他牛郎说哎呀，[ai⁵⁵ ia⁰, tʰa⁵⁵, tʰa⁵⁵ niəu²² naŋ²² suo²² ai⁵⁵ ia⁰]

说他，"细娃儿！"[suo²² tʰa⁵⁵, ɕi²⁴ uə²²]

他说"看你妈来哒，[tʰa⁵⁵ suo²² kʰan²⁴ ni³³ ma⁵⁵ nai²² ta⁰]

快点儿快点儿，我们快点儿走！"[kʰuai²⁴ tiə⁴² kʰuai²⁴ tiə⁴², ŋo⁴² mən⁰ kʰuai²⁴ tiə⁴² tsəu⁴²]

迥个时候儿嘞，那个时候儿，[niɛ²² ko⁰ sʅ²² xə²¹³ nɛ⁰, na²⁴ ko⁰ sʅ²² xə²¹³]

王母娘娘晓得这个事情哒，[uaŋ²² mu³³ niaŋ²² niaŋ⁰ ɕiau³³ tɛ⁰ tsɛ²⁴ ko⁰ sʅ²⁴ tɕʰin²² ta⁰]

王母娘娘晓得这个事情，[uaŋ²² mu³³ niaŋ²² niaŋ⁰ ɕiau³³ tɛ⁰ tsɛ²⁴ ko⁰ sʅ²⁴ tɕʰin²²]

就把脑壳上的簪子甩，[tɕiəu²⁴ pa⁴² nau³³ kʰo⁰ saŋ²¹³ ti⁰ tsan⁵⁵ tsʅ⁰ suai³³]

取下来。[tɕʰy³³ ɕia²¹³ nai⁰]

甩下去，甩下去就，[suai³³ ɕia²¹³ tɕʰi⁰, suai³³ ɕia²¹³ tɕʰi⁰ tɕiəu²⁴]

牛郎和织女中间嘞，[niəu²² naŋ²² xo²² tsʅ²² ny⁴² tsʰoŋ⁵⁵ kan⁵⁵ nɛ⁰]

变成一条大河。[piɛn²⁴ tsʰən²² i²² tʰiau²² ta²⁴ xo²²]

那个，那个就不得过去的喽，[na²⁴ ko²¹³, na²⁴ ko²¹³ tɕiəu²⁴ pu²² tɛ⁰ ko²⁴ tɕʰi²¹³ ti⁰ nəu⁰]

他两个，就隔在河两边的喽。[tʰa⁵⁵ niaŋ³³ ko²¹³, tɕiəu²⁴ kɛ²² tai²¹³ xo²² niaŋ³³ piɛn⁵⁵ ti⁰ nəu⁰〕

啊，就遥望，〔a⁰，tɕiəu²⁴iau²²uaŋ²¹³〕

你望着我哭，我望着你哭。〔ni⁴²uaŋ²⁴tsuo⁰ŋo⁴²kʰu²²，ŋo⁴²uaŋ²⁴tsuo⁰ni⁴²kʰu²²〕

那个，嗯，这就是，把那个，〔na²⁴ko²¹³，ən⁰，tsɛ²⁴tɕiəu²⁴sʅ²¹³，pa⁴²na²⁴ko²¹³〕

嗯，叫么子嘞，〔ən⁰，tɕiau²⁴mo⁵⁵tsʅ⁰nɛ⁰〕

就是就是那个河嘞，〔tɕiəu²⁴sʅ²¹³tɕiəu²⁴sʅ²¹³na²⁴ko⁰xo²²nɛ⁰〕

现在我们说的那个银河，〔ɕiɛn²⁴tsai²¹³ŋo³³mən⁰suo²²ti⁰na²⁴ko⁰in²²xo²²〕

也叫天河。〔iɛ³³tɕiau²¹³tʰiɛn⁵⁵xo²²〕

就牛郎织女，〔tɕiəu²⁴niəu²²naŋ²²tsʅ²²ny⁴²〕

被王母娘娘簪子变成天河，〔pei²¹³uaŋ²²mu⁴²niaŋ²²niaŋ⁰tsan⁵⁵tsʅ⁰piɛn²⁴tsʰən²²tʰiɛn⁵⁵xo²²〕

隔在哒两边。〔kɛ²²tai²¹³ta⁰niaŋ²²piɛn⁵⁵〕

现在你如果天晴天的话，〔ɕiɛn²⁴tsai²¹³ni⁴²zu²²ko⁴²tʰiɛn⁵⁵tɕʰin²²tʰiɛn⁵⁵ti⁰xua²¹³〕

晚上啊，你看那个银河，〔uan³³saŋ²¹³a⁰，ni⁴²kʰan²¹³na²⁴ko²¹³in²²xo²²〕

就是，天上一条白杠杠，〔tɕiəu²⁴sʅ²¹³，tʰiɛn⁵⁵saŋ²¹³i²²tʰiau²¹³pɛ²²kaŋ²⁴kaŋ²¹³〕

啊，那就是银河，哎。〔a⁰，na²⁴tɕiəu²⁴sʅ²¹³in²²xo²²，ai⁰〕

那个银河来，哎，有三颗星，〔na²⁴ko²¹³in²²xo²²nai²²，ai⁰，iəu⁴²san⁵⁵kʰo⁵⁵ɕin⁵⁵〕

一边就是一颗叫织女星，〔i²²piɛn⁵⁵tɕiəu²⁴sʅ²¹³i²²kʰo⁵⁵tɕiau²¹³tsʅ²²ny³³ɕin⁵⁵〕

河对面有两颗星，〔xo²²tuei²⁴miɛn²¹³iəu⁴²niaŋ³³kʰo⁵⁵ɕin⁵⁵〕

一颗就是牛郎星，〔i²²kʰo⁵⁵tɕiəu²⁴sʅ²¹³niəu²²naŋ²²ɕin⁵⁵〕

另一颗就是金牛星。〔nin²⁴i²²kʰo⁵⁵tɕiəu²⁴sʅ²¹³tɕin⁵⁵niəu²²ɕin⁵⁵〕

这就是我们传说中的，〔tsɛ²¹³tɕiəu²⁴sʅ²¹³ŋo³³mən⁰tsʰuan²²suo²²tsoŋ⁵⁵ti⁰〕

牛郎织女的龙门阵。〔niəu²²naŋ²²tsʅ²²ny⁴²ti⁰noŋ²²mən²²tsən²¹³〕

意译：我来讲一个牛郎织女的故事。从前有一户穷苦人家，老头老太太生了一个小孩，叫牛郎。那对老头老太太身体不太好，牛郎刚刚长成人的时候，两个人都去世了，就剩下牛郎。不过，他家里喂了一头牛，是一头老牛，那个老牛和牛郎相依为命。有一天晚上那个老牛就给牛郎托了个梦。他说"牛郎啊，你这么大岁数了，安个家吧，我来帮你撮合一个婚事。明天早上你去池塘那里，有一些姑娘在洗澡，她们把衣服挂在了树上。你就把水红色的那件衣服拿起来，跑躲到田头等她们。那个来找水红色衣服的就是你的媳妇，你就把她喊回来，你们两个成家。"后来，那个梦就醒了。牛郎就觉得奇怪，他怎么做这个梦呢，他半信半疑的。原来那头老牛是天上下凡的金牛星。牛郎不知道老牛托的梦是真的是假的，就去看看。他吃完了早饭，就去了水塘边。真的有好几个姑娘在水塘里洗澡,他在树上找,真的有一套水红色的衣服挂在那里。他悄悄地把那个衣服抱起来就跑,躲在水塘旁边的田里等。过了一会儿,姑娘们就洗澡回来了,到岸上来穿衣服,其中有一个就在找衣服。她说:"姐妹们,你们看到我那套水红色衣服没有?"其他人说:"没看到啊。""那到哪里去了?我去找一找!"

她就到处找,在牛郎躲的那个地方发现衣服在牛郎手里。牛郎就说"你是我的媳妇,你今晚跟我走。"当然,那个织女也明白这是天意,她就跟着牛郎回去了。回去后,她就跟牛郎说"我不是凡间女子,我是天上的织女。下来到凡间看看,没有想到会遇见你。我也知道你的身世,你善良、勤劳、孤苦伶仃,我愿意和你成为夫妻。"他们就生活在一起了。

生活在一起后,男耕女织,牛郎到山上种田种地。织女就在屋里泡茶做饭洗衣服,把家里弄得像模像样的。过了一段时间,那个织女还给牛郎生了一儿一女。一家人欢欢喜喜、开开心心,快快乐乐地度过了一段时间。好日子不长,没过多久,有人向王母娘娘告状,说,有个织女跑到凡间去,思凡安家了。王母娘娘就说:"那不得了了,快点把她抓回来惩罚她。"于是就派天兵天将下凡来。把织女捆起来带走了。牛郎当时没在家里,在山上干活。两个小孩儿看到妈妈被一些天兵天将抓走了。边哭边跑,喊他爸爸,说:"爸爸快回来呀,妈妈让坏人抓走了,快点回来呀!"牛郎就赶回来,回来一看,织女真的已经飞到半空中去了。三个人就抱在一起,在地上哭。这时老牛就走过来了。他说:"牛郎,你不要哭,你不要哭,过几天我帮你想主意。"农历七月初六那天,老牛就给牛郎托了个梦。他说"牛郎啊,明天早上你把我的两个角掰下来。掰下来变成箩筐,你就把两个孩子放在筐里,挑起来往回走,跟着喜鹊走。"

牛郎醒了,因为上一次老牛托梦是应验的,他就相信了。第二天早晨,也就是农历七月初七,牛郎就把牛的角掰下来,角变成两只箩筐。变成箩筐之后,那个牛郎就把两个孩子抱起来,一个筐里装一个,用扁担挑起来,一出门就被喜鹊挡住了,喜鹊一群一群地朝同一个方向飞。牛郎就跟着喜鹊跑,看到喜鹊都集中起来搭成一座桥。他就顺着桥上去,到半空中看到织女从那边过来了。他说"孩子们,快看你们妈妈来了,快点快点,我们快点走。"王母娘娘知道了这个事情,把头上的簪子取下来。甩下去,牛郎和织女中间变成一条大河。他们就过不去了,隔在河的两边了。遥望着,你看着我哭,我看着你哭。这就是那个我们现在说的银河,也叫天河。

牛郎和织女被王母娘娘簪子变成的天河隔在两边。现在你如果在天晴的晚上,会看到一条白色匹练,那就是银河。那个银河有三颗星,一边的一颗是织女星,对面有两颗星,一颗是牛郎星,另外一颗是金牛星。这就是我们传说中的牛郎织女的故事。

三　其他故事

0022 其他故事

下面我来给你们讲一个，[ɕia²⁴ miɛn²¹³ ŋo⁴² nai²² kei⁴² ni³³ mən⁰ tɕiaŋ³³ i²² ko²¹³]

那个，见面为界的石门坎，[na²⁴ ko²¹³, tɕiɛn²⁴ miɛn²¹³ uei²² kai²¹³ ti⁰ sʅ²² mən²² kʰan⁴²]

摆啊个龙门阵啊。[pai⁴² a⁰ ko²¹³ noŋ²² mən²² tsən²¹³ a⁰]

在我们咸丰和重庆的黔江区，接界的地方，[tai²⁴ ŋo⁴² mən⁰ xan²² foŋ⁵⁵ xo²² tsʰoŋ²² tɕʰin²¹³ ti⁰ tɕʰiɛn²² tɕiaŋ⁵⁵ tɕʰy⁵⁵, tɕiɛ²² kai²¹³ ti⁰ ti²⁴ faŋ⁵⁵]

有个叫做水井槽。[iəu³³ ko²¹³ tɕiau²⁴ tsu²¹³ suei³³ tɕin³³ tsʰau²²]

在水井槽附近呢，[tai²⁴ suei³³ tɕin³³ tsʰau²² fu²⁴ tɕin²¹³ nɛ⁰]

有个小地名，叫石门坎。[iəu⁴² ko²¹³ ɕiau³³ ti²⁴ min²², tɕiau²¹³ sʅ²² mən²² kʰan⁴²]

迩个石门坎是郎꞊们来的呢？[niɛ²² ko²¹³ sʅ²² mən²² kʰan⁴² sʅ²¹³ naŋ²² mən⁰ nai²² ti⁰ nɛ⁰] 郎꞊们：怎么

那下面迩个龙门阵，[na²¹³ ɕia²⁴ miɛn²¹³ niɛ²² ko²¹³ noŋ²² mən²² tsən²¹³]

就讲它的来历。[təu²¹³ tɕiaŋ⁴² tʰa⁵⁵ ti⁰ nai²² ni²²]

迩个哦，[niɛ²² ko²¹³ o⁰]

是在明朝么清朝时候儿啊。[sʅ²⁴ tai²¹³ min²² tsʰau⁵⁵ mo⁰ tɕʰin⁵⁵ tsʰau⁵⁵ sʅ²² xər²¹³ a⁰]

我们那个咸丰与黔江，[ŋo⁴² mən⁰ na²⁴ ko²¹³ xan²² foŋ⁵⁵ y⁴² tɕʰiɛn²² tɕiaŋ⁵⁵]

交界的地方，[tɕiau⁵⁵ kai²¹³ ti⁰ ti²⁴ faŋ⁵⁵]

有个赶场的地方叫水井槽，[iəu⁴² ko²¹³ kan³³ tsʰaŋ⁴² ti⁰ ti²⁴ faŋ⁵⁵ tɕiau²⁴ suei³³ tɕin³³ tsʰau²²]

啊，叫水井槽。[a⁰, tɕiau²⁴ suei³³ tɕin³³ tsʰau²²]

嗯，那个边界上呢，[ən⁵⁵, na²⁴ ko²¹³ piɛn⁵⁵ kai²⁴ saŋ⁰ nɛ⁰]

两边的人呢，喊迩喊迩。[niaŋ³³ piɛn⁵⁵ ti⁰ zən²² nɛ⁰, xan⁴² niɛ²² xan⁴² niɛ²²]

迩，黔江那边的人，[niɛ²², tɕʰiɛn²² tɕiaŋ⁵⁵ na²⁴ piɛn⁵⁵ ti⁰ zən²²]

四川那哈儿叫四川。[sʅ²⁴ tsʰuan⁵⁵ na²⁴ xər⁰ tɕiau²¹³ sʅ²⁴ tsʰuan⁵⁵]

黔江那边的人呢，[tɕʰiɛn²² tɕiaŋ⁵⁵ na²⁴ piɛn⁵⁵ ti⁰ zən²² nɛ⁰]

也住在迩边的，[iɛ⁴² tsu²⁴ tai²¹³ niɛ²² piɛn⁵⁵ ti⁰]

他田头在那边。[tʰa⁵⁵ tʰiɛn²² tʰəu⁰ tai²¹³ na²⁴ piɛn⁵⁵]

咸丰那边的人呢，[xan²² foŋ⁵⁵ na²⁴ piɛn⁵⁵ ti⁰ zən²² nɛ⁰]

诶，房子在迩边呢，[ei⁰, faŋ²² tsʅ⁰ tai²¹³ niɛ²² piɛn⁵⁵ nɛ⁰]

那个田头呢，诶，也在那边。［na²⁴ko²¹³tʰiɛn²²tʰəu⁰nɛ⁰，ei⁰，iɛ⁴²tai²¹³na²⁴piɛn⁵⁵］

有的呢是咸丰人，［iəu⁴²ti⁰nɛ⁰sʅ²¹³xan²²foŋ⁵⁵zən²²］

在黔江那边的地主家里当长工。［tai²⁴tɕʰiɛn²²tɕiaŋ⁵⁵na²⁴piɛn⁵⁵ti⁰ti²⁴tsu⁰tɕia⁵⁵ni⁰taŋ⁵⁵tsʰaŋ²²koŋ⁵⁵］

有的是黔江那边的人呢，［iəu⁴²ti⁰sʅ²⁴tɕʰiɛn²²tɕiaŋ⁵⁵na²⁴piɛn⁵⁵ti⁰zən²²nɛ⁰］

到咸丰迿边的地主当长工。［tau²⁴xan²²foŋ⁵⁵niɛ²²piɛn⁵⁵ti⁰ti²⁴tsu⁰taŋ⁵⁵tsʰaŋ²²koŋ⁵⁵］

所以说那个地方的边界，［suo³³i⁴²suo⁰na²⁴ko²¹³ti²⁴faŋ⁵⁵ti⁰piɛn⁵⁵kai²¹³］

一直呢，定不下来。［i²²tsʅ²²nɛ⁰，tin²⁴pu²²ɕia²⁴nai²²］

最后呢，两个省，［tsuei²⁴xəu²¹³nɛ⁰，niaŋ³³ko²¹³sən⁴²］

就是湖北省和四川省呢，［təu²⁴sʅ²¹³fu²²pɛ²²sən⁴²xo²²sʅ²⁴tsʰuan⁵⁵sən⁴²nɛ⁰］

迿两个省就商量，［niɛ²²niaŋ³³ko²¹³sən⁴²təu²⁴saŋ⁵⁵niaŋ²¹³］

诶，我们先呢就谈。［ei⁰，ŋo⁴²mən⁰ɕiɛn⁵⁵nɛ⁰təu²⁴tʰan²²］

谈呢，嗯，先呢，［tʰan²²nɛ⁰，ən⁵⁵，ɕiɛn⁵⁵nɛ⁰］

就把那个边界定在那个水井槽。［təu²⁴pa⁴²na²⁴ko²¹³piɛn⁵⁵kai²¹³tin²⁴tai²¹³na²⁴ko²¹³suei³³tɕin³³tsʰau²²］

隔水井槽几里远的地方，［kɛ²²suei³³tɕin³³tsʰau²²tɕi³³ni⁴²yɛn⁴²ti⁰ti²⁴faŋ⁵⁵］

啊，河、河边，叫唐崖河边。［a⁰，xo²²，xo²²piɛn⁵⁵，tɕiau²⁴tʰaŋ²²ŋai²²xo²²piɛn⁵⁵］

又叫县坝，及县坝那个河，［iəu²⁴tɕiau²¹³ɕiɛn²⁴pa²¹³，tɕi²²ɕiɛn²⁴pa²¹³na²⁴ko²¹³xo²²］

就是唐崖河为界。［təu²⁴sʅ²¹³tʰaŋ²²ŋai²²xo²²uei²²kai²¹³］

县坝的，那个唐崖河的西边呢，［ɕiɛn²⁴pa²¹³ti⁰，na²⁴ko²¹³tʰaŋ²²ŋai²²xo²²ti⁰ɕi⁵⁵piɛn⁵⁵nɛ⁰］

就属黔江管；［təu²⁴su²²tɕʰiɛn²²tɕiaŋ⁵⁵kuan⁴²］

东边呢，就归咸丰管。［toŋ⁵⁵piɛn⁵⁵nɛ⁰，təu²⁴kuei⁵⁵xan²²foŋ⁵⁵kuan⁴²］

那么一商量好哒呢，［na²⁴mo⁰i²²saŋ⁵⁵niaŋ²²xau⁴²ta⁰nɛ⁰］

一公布，一出，［i²²koŋ⁵⁵pu²¹³，i²²tsʰu²²］

那时候喊告示，［na²⁴sʅ²²xə²¹³xan⁴²kau²⁴sʅ²¹³］

一出告示黔江老百姓不干。［i²²tsʰu²²kau²⁴sʅ²¹³tɕʰiɛn²²tɕiaŋ⁵⁵nau³³pɛ²²ɕin²¹³pu²²kan²¹³］

"那不行"，他说。［na²⁴pu²²ɕin²²，tʰa⁵⁵suo²²］

好，后来又开会，［xau⁴²，xəu²⁴nai²²iəu²¹³kʰai⁵⁵xuei²¹³］

两个省又来商量，［niaŋ³³ko²¹³sən⁴²iəu²⁴nai²²saŋ⁵⁵niaŋ⁰］

嗯，郎⁼们搞呢？［ən⁰，naŋ²²mən⁰kau³³nɛ⁰］

又把那个边界定在哪哈儿呢？［iəu²⁴ pa⁴² na²⁴ ko²¹³ piɛn⁵⁵ kai²¹³ tin²⁴ tai²¹³ na³³ xɚ⁵⁵ nɛ⁰］

定在我们咸丰，［tin²⁴ tai²¹³ ŋo⁴² mən⁰ xan²² foŋ⁵⁵］

现在咸丰的哪边呢，［ɕiɛn²⁴ tsai²¹³ xan²² foŋ⁵⁵ ti⁰ na³³ piɛn⁵⁵ nɛ⁰］

叫做那个，嗯，那个青岗坝。［tɕiau²⁴ tsu²¹³ na²⁴ ko²¹³，ən⁰，na²⁴ ko²¹³ tɕʰin⁵⁵ kaŋ⁵⁵ pa²¹³］

啊，青岗坝，［a⁰，tɕʰin⁵⁵ kaŋ⁵⁵ pa²¹³］

迩个搞了咸丰人又不干，［niɛ²² ko²¹³ kau⁴² na⁰ xan²² foŋ⁵⁵ zən²² iəu²⁴ pu²² kan²¹³］

诶，咸丰人不干，都不干，［ei⁰，xan²² foŋ⁵⁵ zən²² pu²² kan²¹³，təu⁵⁵ pu²² kan²¹³］

那、那个事情搞不下来。［na²⁴、na²⁴ ko²¹³ sɿ²⁴ tɕʰin²² kau⁴² pu²² ɕia²⁴ nai²²］

迩个事情扯过去扯过来，［niɛ²² ko⁰ sɿ²⁴ tɕʰin²² tsʰɛ⁴² ko²¹³ tɕʰi²¹³ tsʰɛ⁴² ko²⁴ nai⁰］

过来，扯了好多年。［ko²⁴ nai⁰，tsʰɛ⁴² na⁰ xau⁴² tuo⁵⁵ niɛn²²］

好多年呢，那些官府，［xau⁴² tuo⁵⁵ niɛn²² nɛ⁰，na²⁴ ɕiɛ⁵⁵ kuan⁵⁵ fu⁴²］

他又找不倒是么原因，［tʰa⁵⁵ iəu²¹³ tsau⁴² pu²² tau⁰ sɿ²⁴ mo⁰ yɛn²² in⁵⁵］

后来当地有个秀才，［xəu²⁴ nai²² taŋ⁵⁵ ti²¹³ iəu⁴² ko²¹³ ɕiəu²⁴ tsʰai²²］

他又把咸丰的县官说。［tʰa⁵⁵ iəu²⁴ pa⁴² xan²² foŋ⁵⁵ ti⁰ ɕiɛn²⁴ kuan⁵⁵ suo²²］

他说呐，那个水井，［tʰa⁵⁵ suo²² na⁰，na²⁴ ko²¹³ suei³³ tɕin⁴²］

那个咸丰和湖北四川的边界，［na²⁴ ko²¹³ xan²² foŋ⁵⁵ xo²² fu²² pɛ²² sɿ²⁴ tsʰuan⁵⁵ ti⁰ piɛn⁵⁵ kai²¹³］

水井槽的边界定不下来，［suei³³ tɕin³³ tsʰau²² ti⁰ piɛn⁵⁵ kai²¹³ tin²⁴ pu²² ɕia²⁴ nai²²］

定不下来呢，你们晓得原因不？［tin²⁴ pu²² ɕia²⁴ nai²² nɛ⁰，ni⁴² mən⁰ ɕiau³³ tɛ²² yɛn⁵⁵ in⁵⁵ pu²²］

那个，那个县官说：［na²⁴ ko²¹³，na²⁴ ko²¹³ ɕiɛn²⁴ kuan⁵⁵ suo²²］

"那我找不倒哦！"［na²⁴ ŋo⁴² tsau³³ pu²² tau⁰ o⁰］

"我帮你说吧。"［ŋo⁴² paŋ⁵⁵ ni⁴² suo²² pa⁰］

他那个边界定不下来，［tʰa⁵⁵ na²⁴ ko²¹³ piɛn⁵⁵ kai²¹³ tin²⁴ pu²² ɕia²⁴ nai⁰］

争过来争过去的，［tsən⁵⁵ ko²¹³ nai²² tsən⁵⁵ ko²⁴ tɕʰi²¹³ ti⁰］

既不是为了争山，［tɕi²⁴ pu²² sɿ²¹³ uei²⁴ na⁰ tsən⁵⁵ san⁵⁵］

也不是为了争水，［iɛ⁴² pu²² sɿ²¹³ uei²⁴ na⁰ tsən⁵⁵ suei⁴²］

是争水井槽那个乡场，［sɿ²⁴ tsən⁵⁵ suei³³ tɕin³³ tsʰau²² na²⁴ ko²¹³ ɕiaŋ⁵⁵ tsʰaŋ⁴²］

都想呢，［təu⁵⁵ ɕiaŋ⁴² nɛ⁰］

把水井槽把那个乡场，［pa⁴² suei³³ tɕin³³ tsʰau²² pa⁴² na²⁴ ko²¹³ ɕiaŋ⁵⁵ tsʰaŋ⁴²］

划到他们那个地方去。［xua²² tau²¹³ tʰa⁵⁵ mən⁰ na²⁴ ko²¹³ ti⁴² faŋ⁵⁵ tɕʰi²¹³］

"哦"县官晓得，[o⁰ ɕiɛn²⁴ kuan⁵⁵ ɕiau⁴² tɛ²²]

马上就写禀帖，[ma³³ saŋ²¹³ təu²¹³ ɕiɛ⁴² pin³³ tʰiɛ²²]

和到湖北省呢，[xo²² tau²¹³ fu²² pɛ²² sən⁴² nɛ⁰]

那时候叫巡抚衙门。[na²⁴ sʅ²² xə²¹³ tɕiau²⁴ ɕyən²² fu⁴² ia²² mən²²]

四川那边的黔江县，[sʅ²⁴ tsʰuan⁵⁵ na²⁴ piɛn⁵⁵ ti⁰ tɕʰiɛn²² tɕiaŋ⁵⁵ ɕiɛn²¹³]

也把禀帖送到四川那边的，[iɛ⁴² pa⁴² pin³³ tʰiɛ²² soŋ²⁴ tau²¹³ sʅ²⁴ tsʰuan⁵⁵ na²⁴ piɛn⁵⁵ ti⁰]

诶，成都巡抚衙门。[ei⁰, tsʰən²² təu⁵⁵ ɕyən²² fu⁴² ia²² mən²²]

这样呢，过了，没过好久呢，[tsɛ²² iaŋ²¹³ nɛ⁰, ko²⁴ na⁰, mei⁵⁵ ko²¹³ xau⁴² tɕiəu³³ nɛ⁰]

那个，两个省啊，[na²⁴ ko²¹³, niaŋ³³ ko²¹³ sən⁴² a⁰]

就把迺个事情，[təu²⁴ pa⁴² niɛ²² ko²¹³ sʅ²⁴ tɕʰin²²]

重新勘定边界迺个事，[tsʰoŋ²² ɕin⁵⁵ kʰan⁵⁵ tin²¹³ piɛn⁵⁵ kai²¹³ niɛ²² ko²⁴ sʅ²¹³]

迺个办法就商量好哒。[niɛ²² ko²¹³ pan²⁴ fa²² təu²⁴ saŋ⁵⁵ niaŋ²¹³ xau⁴² ta⁰]

啊，商量好哒。[a⁰, saŋ⁵⁵ niaŋ²¹³ xau⁴² ta⁰]

这样一来呢，迺个事，[tsɛ²² iaŋ²¹³ i²² nai²² nɛ⁰, niɛ²² ko²⁴ sʅ²¹³]

郎⁼们，郎⁼们个商量的呢，[naŋ²² mən⁰, naŋ²² mən⁰ ko²¹³ saŋ⁵⁵ niaŋ²² ti⁰ nɛ⁰]

就是湖北迺边派个人，[təu²⁴ sʅ²¹³ fu²² pɛ²² niɛ²² piɛn⁵⁵ pʰai²⁴ ko⁰ zən²²]

背一块崖头，那是界碑石；[pei⁵⁵ i²² kʰuai²¹³ ŋai²² tʰəu⁰, na²⁴ sʅ²¹³ kai²⁴ pei⁵⁵ sʅ²²]

黔江那边，派个人呢，[tɕʰiɛn²² tɕiaŋ⁵⁵ na²⁴ piɛn⁵⁵, pʰai²⁴ ko²¹³ zən²² nɛ⁰]

背一块崖头。[pei⁵⁵ i²² kʰuai²¹³ ŋai²² tʰəu⁰]

两个呢，诶，[niaŋ³³ ko²¹³ nɛ⁰, ei⁰]

同时从规定地方往中间走，[tʰoŋ²² sʅ⁰ tsʰoŋ²² kuei⁵⁵ tin²¹³ ti²⁴ faŋ⁰ uaŋ⁴² tsoŋ⁵⁵ kan⁵⁵ tsəu⁴²]

就往水井槽方向走，[təu²⁴ uaŋ⁴² suei³³ tɕin³³ tsʰau²² faŋ⁵⁵ ɕiaŋ²¹³ tsəu⁴²]

黔江那里的人往东边走，[tɕʰiɛn²² tɕiaŋ⁵⁵ na²⁴ ni⁴² ti⁰ zən²² uaŋ³³ toŋ⁵⁵ piɛn⁵⁵ tsəu⁴²]

往东走；[uaŋ³³ toŋ⁵⁵ tsəu⁴²]

咸丰迺边的人呢，往西走。[xan²² foŋ⁵⁵ niɛ²² piɛn⁵⁵ ti⁰ zən²² nɛ⁰, uaŋ³³ ɕi⁵⁵ tsəu⁴²]

嗯，哪个走哪条路都说好哒，[ən⁰, na³³ ko²¹³ tsəu⁴² na³³ tʰiau²² nu¹¹ təu⁵⁵ suo²² xau³³ ta⁰]

那个地方会合。[na²⁴ ko²¹³ ti²⁴ faŋ⁵⁵ xuei²⁴ xo²²]

那会合两个人碰头的地方，[na²⁴ xuei²⁴ xo²² niaŋ³³ ko²¹³ zən²² pʰoŋ²⁴ tʰəu⁰ ti⁰ ti²⁴ faŋ⁵⁵]

就是湖北、四川两省的边界。[təu²⁴ sʅ²¹³ fu²² pɛ²²、sʅ²⁴ tsʰuan⁵⁵ niaŋ³³ sən⁴² ti⁰ piɛn⁵⁵ kai²¹³]

诶，叫做，所以叫做么子呢，[ei⁰, tɕiau²⁴tsu²¹³, suo³³i⁴²tɕiau²⁴tsu²¹³mo⁰tsɿ⁰nɛ⁰]

我们先评论说，见面为界，[ŋo⁴²mən⁰ɕiɛn⁵⁵pʰin²²nən²¹³suo²², tɕiɛn²⁴miɛn²¹³uei²²kai²¹³]

两个人背崖头的人，见面，[niaŋ³³ko²¹³zən²²pei⁵⁵ŋai²²tʰəu⁰ti⁰zən²², tɕiɛn²⁴miɛn²¹³]

那个地方就有个界，[na²⁴ko²¹³ti²⁴faŋ⁵⁵təu²⁴iəu⁴²ko²⁴kai²¹³]

就没争的哒。[təu²⁴mei⁵⁵tsən⁵⁵ti⁰ta⁰]

后来迥两个人呢，[xəu²⁴nai²²niɛ²²niaŋ³³ko²¹³zən²²nɛ⁰]

当时候儿，[taŋ⁵⁵sɿ²²xɚ²¹³]

两方的重头，[niaŋ³³faŋ⁵⁵ti⁰tsoŋ²⁴tʰəu⁰]

那就背起那个拼命跑，[na²⁴təu²¹³pei⁵⁵tɕʰi⁴²na²⁴ko²¹³pʰin⁵⁵min²¹³pʰau⁴²]

他越跑的远呢，[tʰa⁵⁵yɛ²²pʰau⁴²ti⁰yɛn⁴²nɛ⁰]

湖北省的边界就越往西边，[fu²²pɛ²²sən⁴²ti⁰piɛn⁵⁵kai²¹³təu²⁴yɛ²²uaŋ³³ɕi⁵⁵piɛn⁵⁵]

那边一，黔江那边是一样的，[na²⁴piɛn⁵⁵i²², tɕʰiɛn²²tɕiaŋ⁵⁵na²⁴piɛn⁵⁵sɿ²⁴i²²iaŋ²¹³ti⁰]

他越跑得远呢，越跑得快呢，[tʰa⁵⁵yɛ²²pʰau⁴²tɛ²²yɛn³³nɛ⁰, yɛ²²pʰau⁴²tɛ²²kʰuai²⁴nɛ⁰]

他那边就越争的多些，[tʰa⁵⁵na²⁴piɛn⁵⁵təu²¹³yɛ²²tsən⁵⁵ti⁰tuo⁵⁵ɕiɛ⁵⁵]

嗯，那个边界线就往东边划。[ən⁰, na²⁴ko²¹³piɛn⁵⁵kai²⁴ɕiɛn²¹³təu²⁴uaŋ⁴²toŋ⁵⁵piɛn⁵⁵xua²²]

所以两个，[suo³³i⁴²niaŋ³³ko²¹³]

都为了本省本地方争边界。[təu⁵⁵uei²²na⁰pən³³sən⁴²pən³³ti²⁴faŋ⁵⁵tsən⁵⁵piɛn⁵⁵kai²¹³]

那有一天，事情时间定哒，[na²⁴iəu⁴²i²²tʰiɛn⁵⁵, sɿ²⁴tɕʰin²²sɿ²²kan⁵⁵tin²⁴ta⁰]

两个人就背起碑崖呢，啊，[niaŋ³³ko²¹³zən²²təu²⁴pei⁵⁵tɕʰi⁴²pei⁵⁵ŋai²²nɛ⁰, a⁰]

那个界碑石呢，往中间跑，啊，[na²⁴ko²¹³kai²⁴pei⁵⁵sɿ²²nɛ⁰, uaŋ³³tsoŋ⁵⁵kan⁵⁵pʰau⁴², a⁰]

就是相对而行。[təu²⁴sɿ²¹³ɕiaŋ⁵⁵tuei²¹³ɚ²²ɕin²²]

现在讲行程就是相对而行，[ɕiɛn²⁴tsai²¹³tɕiaŋ⁴²ɕin²²tsʰən²²təu²⁴sɿ²¹³ɕiaŋ⁵⁵tuei²¹³ɚ²²ɕin²²]

那个咸丰那个是跑下坡路，[na²⁴ko²¹³xan²²foŋ⁵⁵na²⁴ko²¹³sɿ²⁴pʰau³³ɕia²⁴pʰo⁵⁵ nu²¹³〕

四川那边跑上坡路,〔sɿ²⁴tsʰuan⁵⁵na²⁴piɛn⁵⁵pʰau³³saŋ²⁴pʰo⁵⁵nu²¹³〕

所以咸丰迦边远五里路。〔suo³³i⁴²xan²²foŋ⁵⁵niɛ²²piɛn⁵⁵yɛn³³u³³ni⁴²nu²¹³〕

定的时候儿就定了的,〔tin²⁴ti⁰sɿ²²xɚ²¹³təu²⁴tin²⁴na⁰ti⁰〕

那,双方都同意,〔na²¹³,suaŋ⁵⁵faŋ⁵⁵təu⁵⁵tʰoŋ²²i²¹³〕

那个咸丰那个人呢,〔na²⁴ko²¹³xan²²foŋ⁵⁵na²⁴ko²¹³zən²²nɛ⁰〕

就是,大,十二点子时,〔təu²⁴sɿ²¹³,ta²¹³,sɿ²²ɚ²¹³tiɛn⁴²tsɿ³³sɿ²²〕

准时出发,两边都掐死了的。〔tsuən³³sɿ²²tsʰu²²fa²²,niaŋ³³piɛn⁵⁵təu⁵⁵kʰa²²sɿ⁴²na⁰ti⁰〕

十二点出发呢,〔sɿ²²ɚ²¹³tiɛn⁴²tsʰu²²fa²²nɛ⁰〕

咸丰那个人就背起往下坡跑,〔xan²²foŋ⁵⁵na²⁴ko²¹³zən²²təu²⁴pei⁵⁵tɕʰi⁰uaŋ³³ɕia²⁴pʰo⁵⁵pʰau⁴²〕

下坡跑呢他,他跑步呢,〔ɕia²⁴pʰo⁵⁵pʰau⁴²nɛ⁰tʰa⁵⁵,tʰa⁵⁵pʰau³³pu²¹³nɛ⁰〕

他的脚呢踢到个东西。〔tʰa⁵⁵ti⁰tɕyo²²nɛ⁰tʰi²²tau⁰ko²¹³toŋ⁵⁵ɕi⁵⁵〕

他一看呢,〔tʰa⁵⁵i²²kʰan²¹³nɛ⁰〕

是那个挖煤的那个拖船子。〔sɿ²⁴na²⁴ko²¹³ua²²mei²²ti⁰na²⁴ko²¹³tʰuo⁵⁵tsʰuan²²tsɿ⁰〕

拖船子:矿车

"呃",他说迦可以利用啊,〔iɛ⁰,tʰa⁵⁵suo²²niɛ²²kʰo³³i⁴²ni²⁴yoŋ²¹³a⁰〕

那崖头迦么重哦,〔na²⁴ŋai²²tʰəu⁰niɛ²²mo⁰tsʰoŋ²¹³o⁰〕

他把崖头就捆到那个拖船子里头,〔tʰa⁵⁵pa⁴²ŋai²²tʰəu⁰təu²¹³kʰuən⁴²tau⁰na²⁴ko²¹³tʰuo⁵⁵tsʰuan²²tsɿ⁰ni³³tʰəu⁰〕

拖起往下坡跑,拼命的跑,〔tʰuo⁵⁵tɕʰi⁰uaŋ⁴²ɕia²⁴pʰo⁵⁵pʰau⁴²,pʰin⁵⁵min²¹³ti⁰pʰau⁴²〕

跑跑跑就超过水井槽哒。〔pʰau⁴²pʰau⁴²pʰau⁴²təu²⁴tsʰau⁵⁵ko²¹³suei³³tɕin⁴²tsʰau²²ta⁰〕

他的目的就是要超过水井槽,〔tʰa⁵⁵ti⁰mu²²ti⁰təu²⁴sɿ²¹³iau²⁴tsʰau⁵⁵ko²¹³suei³³tɕin⁴²tsʰau²²〕

他一超过水井槽,〔tʰa⁵⁵i²²tsʰau⁵⁵ko²¹³suei³³tɕin⁴²tsʰau²²〕

水井槽就到咸丰来哒。〔suei³³tɕin⁴²tsʰau²²təu²⁴tau²⁴xan²²foŋ⁵⁵nai²²ta⁰〕

那黔江那边的那个,〔na²⁴tɕʰiɛn²²tɕiaŋ⁵⁵na²⁴piɛn⁵⁵ti⁰na²⁴ko²¹³〕

也是想拼命跑,〔iɛ³³sɿ²¹³ɕiaŋ⁴²pʰin⁵⁵min²¹³pʰau⁴²〕

把水,超过水井槽。〔pa³³suei⁴²,tsʰau⁵⁵ko²¹³suei³³tɕin⁴²tsʰau²²〕

但是咸丰迦个呢,〔tan²⁴sɿ²¹³xan²²foŋ⁵⁵niɛ²²ko²¹³nɛ⁰〕

他又借助了那个拖船子，[tʰa⁵⁵ iəu²¹³ tɕiɛ²⁴ tsu²¹³ na⁰ na²⁴ ko²¹³ tʰuo⁵⁵ tsʰuan²² tsɿ⁰]
跑，跑超过水井槽哒。[pʰau⁴² , pʰau⁴² tsʰau⁵⁵ ko²¹³ suei³³ tɕin⁴² tsʰau²² ta⁰]
就在离水井槽西边，[təu²⁴ tai²¹³ ni²² suei³³ tɕin⁴² tsʰau²² ɕi⁵⁵ piɛn⁵⁵]
大概一百、两百米的地方，[ta²⁴ kʰai²¹³ i²² pɛ²² 、 niaŋ³³ pɛ²² mi⁴² ti⁰ ti²⁴ faŋ⁵⁵]
不到五百米吧，啊他就，[pu²² tau²¹³ u³³ pɛ²² mi⁴² pa⁰ , a⁰ tʰa⁵⁵ təu²¹³]
那个地方，[na²⁴ ko²¹³ ti²⁴ faŋ⁵⁵]
他就碰到了，[tʰa⁵⁵ təu²¹³ pʰoŋ²⁴ tau⁰ na⁰]
黔江那个背崖头的啦。[tɕʰiɛn²² tɕiaŋ⁵⁵ na²⁴ ko²¹³ pei⁵⁵ ŋai²² tʰəu⁰ ti⁰ na⁰]
啊，两个人见面哒啦，[a⁰ , niaŋ³³ ko²¹³ zən²² tɕiɛn²⁴ miɛn²¹³ ta⁰ na⁰]
那几个定界的啦，啊，[na²⁴ tɕi³³ ko²¹³ tin²⁴ kai²¹³ ti⁰ na⁰ , a⁰]
就站那不动哒。[təu²⁴ tsan²⁴ na²¹³ pu²² toŋ²¹³ ta⁰]
啊，两个人呢，[a⁰ , niaŋ³³ ko²¹³ zən²² nɛ⁰]
就把崖头放下来，[təu²⁴ pa⁴² ŋai²² tʰəu⁰ faŋ²⁴ ɕia²¹³ nai²²]
啊，作揖打躬的，啊，[a⁰ , tsuo²² i²² ta³³ koŋ⁵⁵ ti⁰ , a⁰]
两个人是汗流浃背啊。[niaŋ³³ ko²¹³ zən²² sɿ²⁴ xan²⁴ niəu²² tɕia²² pei²¹³ a⁰]
迥个，就敬了土地，敬了山神，[niɛ²² ko²¹³ , təu²⁴ tɕin²⁴ na⁰ tʰu³³ ti²¹³ , tɕin²⁴ na⁰ san⁵⁵ sən²²]
两个就把两个崖头呢，[niaŋ³³ ko²¹³ təu²⁴ pa⁴² niaŋ³³ ko²¹³ ŋai²² tʰəu⁰ nɛ⁰]
各自背的崖头立起。[ko²² tsɿ²¹³ pei⁵⁵ ti⁰ ŋai²² tʰəu⁰ ni²² tɕʰi⁴²]
咸丰人背的迥个崖头呢，[xan²² foŋ⁵⁵ zən²² pei⁵⁵ ti⁰ niɛ²² ko²¹³ ŋai²² tʰəu⁰ nɛ⁰]
它也是两、一面，[tʰa⁵⁵ iɛ³³ sɿ²¹³ niaŋ⁴² 、 i²² miɛn²¹³]
一面写的湖北界，[i²² miɛn²¹³ ɕiɛ⁴² ti⁰ fu²² pɛ²² kai²¹³]
那边写的四川界。[na²⁴ piɛn⁵⁵ ɕiɛ⁴² ti⁰ sɿ²⁴ tsʰuan⁵⁵ kai²¹³]
黔江那个背崖头的，[tɕʰiɛn²² tɕiaŋ⁵⁵ na²⁴ ko²¹³ pei⁵⁵ ŋai²² tʰəu⁰ ti⁰]
也，那个崖头也是写客气的，[iɛ⁴² , na²⁴ ko²¹³ ŋai²² tʰəu⁰ iɛ³³ sɿ²¹³ ɕiɛ⁴² kʰɛ²² tɕʰi²¹³ ti⁰]
湖北界，四川界。[fu²² pɛ²² kai²¹³ , sɿ²⁴ tsʰuan⁵⁵ kai²¹³]
迥两个崖头背靠背，[niɛ²² niaŋ³³ ko²¹³ ŋai²² tʰəu⁰ pei²⁴ kʰau²⁴ pei²¹³]
一边，嗯，就，立到那儿，[i²² piɛn⁵⁵ , ən⁰ , təu²¹³ , ni²² tau⁰ nɚ²¹³]
立到那儿，并排立起，[ni²² tau⁰ nɚ²¹³ , pin²⁴ pʰai²² ni²² tɕʰi⁴²]
诶，并排立起。[ei⁰ , pin²⁴ pʰai²² ni²² tɕʰi⁴²]
迥立起来，两边都看得到字，[niɛ²² ni²² tɕʰi⁴² nai²² , niaŋ³³ piɛn⁵⁵ təu⁵⁵ kʰan²⁴ tɛ²² tau⁰ tsɿ²¹³]

湖北迩边的一看，啊，四川界，[fu²²pɛ²²niɛ²²piɛn⁵⁵ti⁰i²²kʰan²¹³, a⁰, sʅ²⁴tsʰuan⁵⁵kai²¹³]

湖北界，四川那边的人，[fu²²pɛ²²kai²¹³, sʅ²⁴tsʰuan⁵⁵na²⁴piɛn⁵⁵ti⁰zən²²]

看到哒，也是湖北界四川界。[kʰan²⁴tau²¹³ta⁰, iɛ³³sʅ²¹³fu²²pɛ²²kai²¹³sʅ²⁴tsʰuan⁵⁵kai²¹³]

在迩个地方呢，[tai²⁴niɛ²²ko²¹³ti²⁴faŋ⁵⁵nɛ⁰]

因为定两块界碑石日益密切，[in⁵⁵uei²²tin²⁴niaŋ³³kʰuai²¹³kai²⁴pei⁵⁵sʅ²²zʅ²²i²²mi²²tɕʰiɛ²²]

迩个地方后来就取名石门坎，[niɛ²²ko²¹³ti²⁴faŋ⁵⁵xəu²⁴nai²²təu²⁴tɕʰy³³min²²sʅ²²mən²²kʰan⁴²]

迩个石门坎就是那么来的。[niɛ²²ko²¹³sʅ²²mən²²kʰan⁴²təu²⁴sʅ²¹³na²⁴mo⁰nai²²ti⁰]

意译：下面我给你们讲一个见面为界的石门坎的故事。在我们咸丰和重庆黔江交界的地方有一个叫水井槽的地方，水井槽附近有一个小地名，叫石门坎。这个石门坎是怎么来的呢？下面这个故事就讲它的来历。

大概明朝还是清朝时候，黔江那边和咸丰这边的人错杂地居住在一起，有的黔江人田在黔江，住在咸丰；有的咸丰人，房子在咸丰，田在黔江。有的咸丰人在黔江当长工，有的黔江人则在咸丰这边地主家里当长工。所以两个地方的边界一直定不下来。

最后四川省和湖北省商量，先把边界定在了水井槽，说好以唐崖河为界，西边属黔江，东边归咸丰。这个消息一公布，两边的老百姓都不答应。于是这个事情就商量来商量去，一直没有定下来。

很多年后，有一个秀才，跑到咸丰的县衙，说之所以两地的边界一直定不下来，是因为两地都想争水井槽那个乡场。秀才出了一个主意，让两边各派一个代表，都背着界碑，同时从规定的地方往水井槽方向走，也就是黔江的人往东走，咸丰的人往西走，最后两个人碰面的地方就是边界，也就是"见面为界"。

事情定下来后，因为从咸丰到水井槽是下坡路，黔江到咸丰是上坡路，所以咸丰这边就规定多五里路。于是定好了时间，一声令下，两边代表就背着界碑出发了，都拼命地跑。咸丰那个人在半路上踢到一个东西，发现是一个小煤矿运煤炭的矿车斗，他就利用起来，把界碑放在里头，拖着跑。当然他就跑赢了，在超过了水井槽一两百米的地方遇到了黔江派出的代表。两个人都是汗流浃背，见面后又是打躬，又是作揖，敬了山神和土地，各自把界碑立在见面的地方，界碑一面写着"湖北界"，一面写着"四川界"。

黔江和咸丰因为这两块界碑也日益来往密切，后来为了纪念这个事件，就把那个地方叫石门坎。

0023 其他故事

在我们咸丰县城的那个东边，[tai²⁴ ŋo⁴² mən⁰ xan²² foŋ⁵⁵ ɕiɛn²⁴ tsʰən²² ti⁰ na²⁴ ko²¹³ toŋ⁵⁵ piɛn⁵⁵]

啊，东北边呐，[a⁰，toŋ⁵⁵ pɛ²² piɛn⁵⁵ na⁰]

有一个一口天然的山塘，[iəu⁴² i²² ko²¹³ i²² kʰəu⁴² tʰiɛn⁵⁵ zan²² ti⁰ san⁵⁵ tʰaŋ²²]

叫做杜家塘。[tɕiau²⁴ tsu²¹³ tu²⁴ tɕia⁵⁵ tʰaŋ²²]

杜就是杜甫的杜，[tu²⁴ təu²⁴ sʅ²¹³ tu²⁴ fu⁴² ti⁰ tu²¹³]

家就是家庭的家，[tɕia⁵⁵ təu²⁴ sʅ²¹³ tɕia⁵⁵ tʰin²² ti⁰ tɕia⁵⁵]

塘呢就是钱塘江的那个塘，[tʰaŋ²² nɛ⁰ təu²⁴ sʅ²¹³ tɕʰiɛn²² tʰaŋ²² tɕiaŋ⁵⁵ ti⁰ na²⁴ ko²¹³ tʰaŋ²²]

冽是一口天然的山塘。[niɛ²² sʅ²¹³ i²² kʰəu⁴² tʰiɛn⁵⁵ zan²² ti⁰ san⁵⁵ tʰaŋ²²]

这个山塘呢，[tsɛ²² ko²¹³ san⁵⁵ tʰaŋ²² nɛ⁰]

按照，按那个县志记载，[ŋan²⁴ tsau²¹³，ŋan²⁴ na²⁴ ko²¹³ ɕiɛn²⁴ tsʅ²¹³ tɕi²⁴ tsai⁴²]

它是一百六十几年前发生地震垮塌下去的，[tʰa⁵⁵ sʅ²¹³ i²² pɛ²² nu⁴² sʅ²² tɕi⁴² niɛn²² tɕʰiɛn²² fa⁵⁵ sən⁵⁵ ti²⁴ tsən²¹³ kʰua³³ tʰa²² ɕia²⁴ tɕʰi²¹³ ti⁰]

塌陷哒，最后呢又出，[tʰa²² xan²¹³ ta⁰，tsuei²⁴ xəu²¹³ nɛ⁰ iəu²⁴ tsʰu²²]

出现哒积水，[tsʰu²² ɕiɛn²¹³ ta⁰ tɕi²² suei⁴²]

也就形成了个山塘。[iɛ³³ təu²¹³ ɕin²² tsʰən²² na⁰ ko²¹³ san⁵⁵ tʰaŋ²²]

但是在民间，这个杜家塘，[tan²⁴ sʅ²¹³ tai²⁴ min²² tɕiɛn⁵⁵，tsɛ²² ko²¹³ tu²⁴ tɕia⁵⁵ tʰaŋ²²]

却有一段传奇故事，[tɕʰyo²² iəu⁴² i²² tuan²¹³ tsʰuan²² tɕi⁵⁵ ku²⁴ sʅ²¹³]

现在我呢就把冽个龙门阵，[ɕiɛn²⁴ tsai²¹³ ŋo⁴² nɛ⁰ təu²⁴ pa⁴² niɛ²² ko²¹³ noŋ²² mən²² tsən²¹³]

摆给大家听哈。[pai³³ kei⁴² ta²⁴ tɕia⁵⁵ tʰin⁵⁵ xa⁰]

那个杜家塘那个地方，[na²⁴ ko²¹³ tu²⁴ tɕia⁵⁵ tʰaŋ²² na²⁴ ko²¹³ ti²⁴ faŋ⁵⁵]

原来没得塘，是一块平地。[yɛn²² nai²² mei⁵⁵ tɛ⁰ tʰaŋ²²，sʅ²⁴ i²² kʰuai²¹³ pʰin²² ti²¹³]

平地上呢住的一家人，姓杜，[pʰin²² ti²¹³ saŋ⁰ nɛ⁰ tsu²⁴ ti⁰ i²² tɕia⁵⁵ zən²²，ɕin²⁴ tu²¹³]

是当地的一个小地主。[sʅ²⁴ taŋ⁵⁵ ti²¹³ ti⁰ i²² ko²¹³ ɕiau³³ ti²⁴ tsu⁴²]

他屋呢，也请了帮人的，[tʰa⁵⁵ u²² nɛ⁰，iɛ⁴² tɕʰin³³ na⁰ paŋ⁵⁵ zən²² ti⁰]

就说有长工，[təu²⁴ suo⁴² iəu⁴² tsʰaŋ⁵⁵ koŋ⁵⁵]

也请的有丫鬟、弄饭的啊都有。[iɛ⁴² tɕʰin³³ ti⁰ iəu⁴² ia⁵⁵ xuan⁰、noŋ²⁴ fan²¹³ ti⁰ a⁰ təu⁵⁵ iəu⁴²]

在那个离杜家塘不远的地方，[tai²¹³ na²⁴ ko²¹³ ni²² tu²⁴ tɕia⁵⁵ tʰaŋ²² pu²² yɛn⁴² ti⁰ ti²⁴ faŋ⁵⁵]

有一家人，姓刘。[iəu⁴² i²² tɕia⁵⁵ zən²²，ɕin²⁴ niəu²²]

刘家是个穷人，[niəu²² tɕia⁵⁵ sɿ²⁴ ko²¹³ tɕʰyoŋ²² zən²²]

他那个姑娘呢还小，十一二岁，[tʰa⁵⁵ na²⁴ ko²¹³ ku⁵⁵ niaŋ²² nɛ⁰ xai²² ɕiau⁴²，sɿ²² i²² ɚ²⁴ suei²¹³]

就被他大人送到杜家来。[təu²⁴ pei²¹³ tʰa⁵⁵ ta²⁴ zən²² soŋ²⁴ tau⁰ tu²⁴ tɕia⁵⁵ nai²²]

啊，当然那个是也有媒人的，[a⁰，taŋ⁵⁵ zan²² na²⁴ ko²¹³ sɿ²⁴ iɛ⁴² iəu³³ mei²² zən²² ti⁰]

在中间起作用。[tai²⁴ tsoŋ⁵⁵ kan⁵⁵ tɕʰi⁴² tsuo²² yoŋ²¹³]

当童养媳，也叫小媳妇儿。[taŋ⁵⁵ tʰoŋ²² iaŋ⁴² ɕi²²，iɛ⁴² tɕiau²⁴ ɕiau³³ ɕi²² fuɚ²¹³]

那个当童养媳……[na²⁴ ko²¹³ taŋ⁵⁵ tʰoŋ²² iaŋ⁴² ɕi²²]

杜家那个细娃儿呢，[tu²⁴ tɕia⁵⁵ na²⁴ ko²¹³ ɕi²⁴ uɚ²² nɛ⁰]

那个儿子呢才岁把两岁，[na²⁴ ko²¹³ ɚ²² tsɿ⁰ nɛ⁰ tsʰai²² suei²⁴ pa⁴² niaŋ³³ suei²¹³]

很小，他不能结婚。[xɛ³³ ɕiau⁴²，tʰa⁵⁵ pu²² nən²² tɕiɛ²² xuən⁵⁵]

那不能结婚就让她屋做事啦，[na²⁴ pu²² nən²² tɕiɛ²² xuən⁵⁵ təu²⁴ zaŋ²⁴ tʰa⁵⁵ u²² tsu²⁴ sɿ²¹³ na⁰]

就帮着一天弄饭啦。[təu²⁴ paŋ⁵⁵ tsuo⁰ i²² tʰiɛn⁵⁵ noŋ²⁴ fan²¹³ na⁰]

啊，杜家，地主家的一家人的饭，[a⁰，tu²⁴ tɕia⁵⁵，ti²⁴ tsu⁴² tɕia⁵⁵ ti⁰ i²² tɕia⁵⁵ zən²² ti⁰ fan²¹³]

那几个长工的饭，[na²⁴ tɕi³³ ko²¹³ tsʰaŋ²² koŋ⁵⁵ ti⁰ fan²¹³]

都是迩个姑娘弄。[təu⁵⁵ sɿ²¹³ niɛ²² ko²¹³ ku⁵⁵ niaŋ²² noŋ²¹³]

嗯，有一天，那个，有个雀儿，[ən⁵⁵，iəu³³ i²² tʰiɛn⁵⁵，na²⁴ ko²¹³，iəu³³ ko²¹³，tɕʰyo²² ɚ²²]

他那个杜家厨房外边，[tʰa⁵⁵ na²⁴ ko²¹³ tu²⁴ tɕia⁵⁵ tsʰu²² faŋ²² uai²⁴ piɛn⁵⁵]

有个杨柳树，[iəu³³ ko²¹³ iaŋ²² niəu²² su²¹³]

有个雀儿呢就在那树上叫，[iəu³³ ko²¹³ tɕʰyo²² ɚ²² nɛ⁰ təu²⁴ tai²¹³ na²⁴ su²⁴ saŋ⁰ tɕiau²¹³]

叫呢："杜家搬，杜家搬，[tɕiau²⁴ nɛ⁰：tu²⁴ tɕia⁵⁵ pan⁵⁵，tu²⁴ tɕia⁵⁵ pan⁵⁵]

杜家不搬着水淹。"[tu²⁴ tɕia⁵⁵ pu²² pan⁵⁵ tsuo⁰ suei⁴² ŋan⁵⁵]

水淹就是被水淹哒的意思哦。[suei⁴² ŋan⁵⁵ təu²⁴ sɿ²¹³ pei²⁴ suei⁴² iɛn⁵⁵ ta⁰ ti⁰ i²⁴ sɿ⁵⁵ o⁰]

叫了一天又一天，[tɕiau²⁴ na⁰ i²² tʰiɛn⁵⁵ iəu²⁴ i²² tʰiɛn⁵⁵]

叫了一天又一天，[tɕiau²⁴ na⁰ i²² tʰiɛn⁵⁵ iəu²⁴ i²² tʰiɛn⁵⁵]

叫啊几天哒。[tɕiau²⁴ a⁰ tɕi³³ tʰiɛn⁵⁵ ta⁰]

那个那个姑娘么她也听不懂。[na²⁴ ko²¹³ na²⁴ ko²¹³ ku⁵⁵ niaŋ²² mo⁰ tʰa⁵⁵ iɛ⁴² tʰin⁵⁵ pu²² toŋ⁴²]

哎，她听得，[ɛ⁰，tʰa⁵⁵tʰin⁵⁵tɛ⁰]
那个雀儿叫是什么意思，[na²⁴koʔ²¹³tɕʰyo²²ɚ²²tɕiau²¹³sŋ²⁴sən²²mo⁰i²⁴sŋ⁰]
她也她也没理会迥个事情。[tʰa⁵⁵iɛ⁴²tʰa⁵⁵iɛ⁴²mei²²ni³³xuei²¹³niɛ²²koʔ²¹³sŋ²⁴tɕʰin²²]
但是第四天，第四天呢，[tan²⁴sŋ²¹³ti²⁴sŋ²¹³tʰiɛn⁵⁵，ti²⁴sŋ²¹³tʰiɛn⁵⁵nɛ⁰]
她正在弄中饭，[tʰa⁵⁵tsən²⁴tai²¹³noŋ²⁴tsoŋ⁵⁵fan²¹³]
把中饭弄熟哒。[pa⁴²tsoŋ⁵⁵fan²¹³noŋ²⁴su²²ta⁰]
她把那狗子，啊，黄狗，[tʰa⁵⁵pa⁴²na²⁴kəu³³tsŋ⁰，a⁰，xuaŋ²²kəu⁴²]
她呢弄熟哒就把菜呢，[tʰa⁵⁵nɛ⁰noŋ²⁴su²²ta⁰təu²⁴pa⁴²tsʰai²⁴nɛ⁰]
一些舀到盘子里头，[i²²ɕiɛ⁵⁵iau⁴²tau²¹³pʰan²²tsŋ⁰ni³³tʰəu⁰]
舀到碗里头，[iau⁴²tau²¹³uan⁴²ni³³tʰəu⁰]
准备喊他们回来吃中饭。[tsuən³³pei²¹³xan⁴²tʰa⁵⁵mən⁰xuei²²nai²²tsʰŋ²²tsoŋ⁵⁵fan²¹³]
也正在舀的时候呢，[iɛ⁴²tsən²⁴tai²¹³iau⁴²ti⁰sŋ²²xəu²¹³nɛ⁰]
把锅铲拿在手里，[pa⁴²ko⁵⁵tsʰuan⁴²na²²tai²¹³səu³³ni⁴²]
那狗子啊，黄狗跑过来，[na²⁴kəu³³tsŋ⁰a⁰，xuaŋ²²kəu⁴²pʰau³³koʔ²¹³nai²²]
一口就把锅铲衔起跑哒。[i²²kʰəu⁴²təu²⁴pa⁴²ko⁵⁵tsʰuan⁴²xan²²tɕʰi⁰pʰau⁴²ta⁰]
她就后头礌哦，[tʰa⁵⁵təu²¹³xəu²⁴tʰəu⁰nuei⁵⁵o⁰]
礌哦礌哦礌哦，[nuei⁵⁵o⁰nuei⁵⁵o⁰nuei⁵⁵o⁰]
礌到对面山上去哒。[nuei⁵⁵tau²¹³tuei²⁴miɛn²¹³san⁵⁵saŋ²¹³tɕʰi⁰ta⁰]
礌到对面山上去哒，[nuei⁵⁵tau²¹³tuei²⁴miɛn²¹³san⁵⁵saŋ²¹³tɕʰi⁰ta⁰]
才把那锅铲礌到。[tsʰai²²pa⁴²na²⁴ko⁵⁵tsʰuan⁴²nuei⁵⁵tau⁰]
礌到呢就慢慢拿回来。[nuei⁵⁵tau⁰nɛ⁰təu²⁴man²⁴man⁰na²²xuei²²nai²²]
正在，正在礌到，[tsən²⁴tai²¹³，tsən²⁴tai²¹³nuei⁵⁵tau⁰]
拿到那个锅铲的时候呢，[na²²tau⁰na²⁴koʔ²¹³ko⁵⁵tsʰuan⁴²ti⁰sŋ²²xəu²¹³nɛ⁰]
地皮子一扯，震动，[ti²⁴pʰi²²tsŋ⁰i²²tsʰɛ⁴²，tsən²⁴toŋ²¹³]
她也找不倒是么事。[tʰa⁵⁵iɛ⁴²tsau³³pu²²tau²¹³sŋ²⁴mo⁰sŋ²¹³]
嗯，她回来一看呢，拐哒吧！[ən⁰，tʰa⁵⁵xuei²²nai²²i²²kʰan²¹³nɛ⁰，kuai³³ta⁰pa⁰]

拐哒：坏了

房子那棵杨柳树全部不在哒。[faŋ²²tsŋ⁰na²⁴kʰo⁵⁵iaŋ²²niəu³³su²¹³tɕʰyɛn²²pu²¹³pu²²tai²¹³ta⁰]
她们住那个地方，[tʰa⁵⁵mən⁰tsu²¹³na²⁴koʔ²¹³ti²⁴faŋ⁰]
变成了一个大坑，[piɛn²⁴tsʰən²²na⁰i²²koʔ²¹³ta²⁴kʰən⁵⁵]

而且那个水呀，[ɚ²² tɕʰiɛ⁴² na²⁴ ko²¹³ suei³³ ia⁰]

看倒看倒涨起来。[kʰan²⁴ tau⁰ kʰan²⁴ tau⁰ tsaŋ⁴² tɕʰi³³ nai²²]

看倒看倒涨起来，[kʰan²⁴ tau⁰ kʰan²⁴ tau⁰ tsaŋ⁴² tɕʰi³³ nai²²]

结果变成一个塘哒。[tɕiɛ²² ko⁴² piɛn²⁴ tsʰən²² i²² ko²¹³ tʰaŋ²² ta⁰]

好了么，杜家的老伴儿，[xau⁴² na⁰ mo⁰，tu²⁴ tɕia⁵⁵ ti⁰ nau³³ pɚ²¹³]

就是她的未来的丈夫，[təu²⁴ sʅ²¹³ tʰa⁵⁵ ti⁰ uei²⁴ nai²² ti⁰ tsaŋ²⁴ fu⁵⁵]

她的公婆都个陷到那个，[tʰa⁵⁵ ti⁰ koŋ⁵⁵ pʰo²² təu⁵⁵ ko²¹³ xan²⁴ tau²¹³ na²⁴ ko²¹³]

因为地陷呐，都蒙在泥巴头哒，[in⁵⁵ uei⁰ ti²⁴ xan²¹³ na⁰，təu⁵⁵ moŋ⁵⁵ tai²¹³ ni²² pa⁵⁵ tʰəu⁰ ta⁰]

都没看到。[təu⁵⁵ mei⁵⁵ kʰan²⁴ tau²¹³]

那个，那个刘家姑娘呢，[na²⁴ ko²¹³，na²⁴ ko²¹³ niəu²² tɕia⁵⁵ ku⁵⁵ niaŋ²² nɛ⁰]

那个童养媳啊，她的良心好。[na²⁴ ko²¹³ tʰoŋ²² iaŋ⁴² ɕi²² a⁰，tʰa⁵⁵ ti⁰ niaŋ²² ɕin⁵⁵ xau⁴²]

她哭哦哭哦，那个哭，[tʰa⁵⁵ kʰu⁵⁵ o⁰ kʰu²² o⁰，na²⁴ ko²¹³ kʰu²²]

哭得伤哎，死去活来。[kʰu²² tɛ²² saŋ⁵⁵ ɛ⁰，sʅ⁴² tɕʰy²¹³ xo²² nai²²]

我们那个地方呢，[ŋo⁴² mən⁰ na²⁴ ko²¹³ ti²⁴ faŋ⁵⁵ nɛ⁰]

喊她那个未来的丈夫，[xan⁴² tʰa⁵⁵ na²⁴ ko²¹³ uei²⁴ nai²² ti⁰ tsaŋ²⁴ fu⁵⁵]

因为才岁把两岁，[in⁵⁵ uei²² tsʰai²² suei²⁴ pa⁴² niaŋ³³ suei²¹³]

她喊弟娃儿，毛弟儿。[tʰa⁵⁵ xan⁴² ti²⁴ uɚ²²，mau²² tiɚ²¹³]

她"我的毛弟儿诶，我的，诶……"[tʰa⁵⁵ ŋo⁴² ti⁰ mau²² tiɚ²¹³ ei⁰，ŋo⁴² ti⁰，ei⁰]

她喊她未来的公婆她喊爹，[tʰa⁵⁵ xan⁴² tʰa⁵⁵ uei²⁴ nai²² ti⁰ koŋ⁵⁵ pʰo²² tʰa⁵⁵ xan⁴² tiɛ⁵⁵]

哦，那个伯娘，伯伯、伯娘，[o⁰，na²⁴ ko²¹³ pɛ²² niaŋ²²，pɛ²² pɛ⁰、pɛ²² niaŋ²²]

"我的伯伯、伯娘诶……"[ŋo⁴² ti⁰ pɛ²² pɛ⁰、pɛ²² niaŋ²² ei⁰]

就迗么哭哦，哭得死去活来。[təu²¹³ niɛ²² mo⁰ kʰu⁰ o⁰，kʰu²² tɛ²² sʅ³³ tɕʰy²¹³ xo²² nai²²]

哪个喊喊不住劝也劝不住。[na³³ ko²¹³ xan⁴² xan⁴² pu²² tsu²¹³ tɕʰyɛn²⁴ iɛ⁴² tɕʰyɛn²⁴ pu²² tsu²¹³]

最后过来个老汉儿，他说啊：[tsuei²⁴ xəu²¹³ ko²⁴ nai²² ko⁰ nau³³ xɚ⁰，tʰa⁵⁵ suo²² a⁰]

"姑娘啊，你听我说，啊，[ku⁵⁵ niaŋ²² a⁰，ni⁴² tʰin⁵⁵ ŋo⁴² suo²²，a⁰]

他说迗个事情是天意，啊。[tʰa⁵⁵ suo²² niɛ²² ko⁰ sʅ²⁴ tɕʰin²² sʅ²⁴ tʰiɛn⁵⁵ i²¹³，a⁰]

前几天你听那个雀儿叫，[tɕʰiɛn²² tɕi³³ tʰiɛn⁵⁵ ni⁴² tʰin⁵⁵ na²⁴ ko²¹³ tɕʰyo²² ɚ²² tɕiau²¹³]

叫'杜家搬，杜家搬，[tɕiau²⁴ tu²⁴ tɕia⁵⁵ pan⁵⁵，tu²⁴ tɕia⁵⁵ pan⁵⁵]

杜家不搬着水淹'，[tu²⁴ tɕia⁵⁵ pu²² pan⁵⁵ tsuo²² suei⁴² ŋan⁵⁵]

那个就是和你递信呢，[na²⁴ ko²¹³ təu²⁴ sʅ²¹³ xo²² ni⁴² ti²⁴ ɕin²¹³ nɛ⁰]

就说迥个地方着水淹呢。[təu²⁴ suo²² niɛ²² ko²¹³ ti²⁴ faŋ⁵⁵ tsuo²² suei⁴² ŋan⁵⁵ nɛ⁰]

那么那个雀儿啊，郎⁼们递信呢？[na²⁴ mo⁰ na²⁴ ko²¹³ tɕʰyo²² ɚ²² a⁰，naŋ²² mən⁰ ti²⁴ ɕin²¹³ nɛ⁰]

你迥个人良心好，啊。[ni⁴² niɛ²² ko²¹³ zən²² niaŋ²² ɕin⁵⁵ xau⁴²，a⁰]

你屋那个老辈儿呢，[ni⁴² u²² na²⁴ ko²¹³ nau³³ pɚ²¹³ nɛ⁰]

那个你屋那，[na²⁴ ko²¹³ ni⁴² u²² na²¹³]

那个那个杜家那个地主啊，[na²⁴ ko²¹³ na²⁴ ko²¹³ tu²⁴ tɕia⁵⁵ na²⁴ ko²¹³ ti²⁴ tsu⁴² a⁰]

就是克扣长工的工资，[təu²⁴ sʅ²¹³ kʰɛ²² kʰəu²¹³ tsʰaŋ²² koŋ⁵⁵ ti⁰ koŋ⁵⁵ tsʅ⁵⁵]

做生意呢大秤进小秤出，[tsu²⁴ sən⁵⁵ i²¹³ nɛ⁰ ta²⁴ tsʰən²⁴ tɕin²¹³ ɕiau³³ tsʰən²¹³ tsʰu²²]

大斗进小秤出，搞剥削！[ta²⁴ təu⁴² tɕin²¹³ ɕiau³³ tsʰən²¹³ tsʰu²²，kau⁴² po²² ɕyo⁵⁵]

啊，像做生意是奸商，诶，[a⁰，tɕʰiaŋ²⁴ tsu²⁴ sən⁵⁵ i²¹³ sʅ²⁴ tɕiɛn⁵⁵ saŋ⁵⁵，ei⁰]

当地主是糜末地主。[taŋ⁵⁵ ti²⁴ tsu⁴² sʅ²⁴ mi²² mo²² ti²⁴ tsu⁴²] 糜末地主：专搞剥削的地主

诶，他那他们就是，[ei⁰，tʰa⁵⁵ na²¹³ tʰa⁵⁵ mən⁰ təu²⁴ sʅ²¹³]

当时迥个地方垮哒，[taŋ⁵⁵ sʅ²² niɛ²² ko²¹³ ti²⁴ faŋ⁵⁵ kʰua³³ ta⁰]

没哪个告诉他，[mei⁵⁵ na³³ ko²¹³ kau²⁴ su²¹³ tʰa⁵⁵]

那雀儿告诉你，[na²⁴ tɕʰyo²² ɚ²² kau²⁴ su²¹³ ni⁴²]

你又听不懂。[ni⁴² iəu²⁴ tʰin⁵⁵ pu²² toŋ⁴²]

雀儿帮，帮忙又没帮像，[tɕʰyo²² ɚ²² paŋ⁵⁵，paŋ⁵⁵ maŋ²² iəu²¹³ mei⁵⁵ paŋ⁵⁵ tɕʰiaŋ²¹³]

赶忙呢狗子又来哒，你看呐。[kan⁴² maŋ²² nɛ⁰ kəu³³ tsʅ⁰ iəu²¹³ nai²² ta⁰，ni⁴² kʰan²⁴ na⁰]

那些扁毛啊，[na²⁴ ɕiɛ⁵⁵ piɛn³³ mau²² a⁰] 扁毛：鸟

那些动物啊、家畜啊，[na²⁴ ɕiɛ⁵⁵ toŋ²⁴ u²² a⁰、tɕia⁵⁵ tsʰu²² a⁰]

都帮你帮忙诶，[təu⁵⁵ paŋ⁵⁵ ni⁴² paŋ⁵⁵ maŋ²² ei⁰]

那都是都是你迥个人良心好啊，[na²⁴ təu⁵⁵ sʅ²¹³ təu⁵⁵ sʅ²¹³ ni⁴² niɛ²² ko⁰ zən²² niaŋ²² ɕin⁵⁵ xau⁴² a⁰]

哎它们来搭救你啊！[ɛ⁰ tʰa⁵⁵ mən⁰ nai²² ta²² tɕiəu²¹³ ni⁴² a⁰]

所以你莫哭哒。[suo³³ i⁴² ni⁴² mo²² kʰu²² ta⁰]

啊，我晓得你，[a⁰，ŋo⁴² ɕiau³³ tɛ²² ni⁴²]

你在杜家屋啊生活迥么多年哒，[ni⁴² tai²¹³ tu²⁴ tɕia⁵⁵ u²² a⁰ sən⁵⁵ xo²² niɛ²² mo⁰ tuo⁵⁵ niɛn²² ta⁰]

对他们有感情，啊，[tuei²⁴ tʰa⁵⁵ mən⁰ iəu⁴² kan³³ tɕʰin²²，a⁰]

但是迥个没得法，天意不可违。[tan²⁴ sʅ²¹³ niɛ²² ko²¹³ mei⁵⁵ tɛ²² fa²²，tʰiɛn⁵⁵ i²¹³ pu²² kʰo⁴² uei²²]

　　那你，反正你屋呢，[na²¹³ ni⁴²，fan³³ tsən²¹³ ni³³ u²² nɛ⁰]

　　家还在，父母亲还在，[tɕia⁵⁵ xai²² tai²¹³，fu²⁴ mu⁴² tɕʰin⁵⁵ xai²² tai²¹³]

　　那个，你还有个去处，有退路，[na²⁴ ko²¹³，ni⁴² xai²² iəu⁴² ko²¹³ tɕʰy²⁴ tsʰu⁰，iəu⁴² tʰuei²⁴ nu²¹³]

　　不要紧的，啊。[pu²² iau²⁴ tɕin⁴² ti⁰，a⁰]

　　你呢二天还是啊，多做善事。[ni⁴² nɛ⁰ ɚ²⁴ tʰiɛn⁵⁵ xai²² sɿ²¹³ a⁰，tuo⁵⁵ tsu²⁴ san²⁴ sɿ²¹³]

二天：以后

　　老天爷看到起的，多做善事"。[nau³³ tʰiɛn⁵⁵ iɛ²² kʰan²⁴ tau⁰ tɕʰi⁴² ti⁰，tuo⁵⁵ tsu²⁴ san²⁴ sɿ²¹³]

　　好，那个姑娘听他迿么说么，[xau⁴²，na²⁴ ko²¹³ ku⁵⁵ niaŋ²² tʰin⁵⁵ tʰa⁵⁵ niɛ²² mo⁰ suo²² mo⁰]

　　那些长工哦，就把她扶起哦。[na²⁴ ɕiɛ⁵⁵ tsʰaŋ²² koŋ⁵⁵ o⁰，təu²⁴ pa⁴² tʰa⁵⁵ fu²² tɕʰi⁴² o⁰]

　　都喜欢她，大家都劝她，[təu⁵⁵ ɕi³³ xuai⁵⁵ tʰa⁵⁵，ta²⁴ tɕia⁵⁵ təu⁵⁵ tɕʰyɛn²⁴ tʰa⁵⁵]

　　那你还是回去啊。[na²⁴ ni⁴² xai²² sɿ²¹³ xuei²² tɕʰi⁰ a⁰]

　　你要我们送不，不要我们送呢，[ni⁴² iau²⁴ ŋo³³ mən⁰ soŋ²⁴ pu²²，pu²² iau²¹³ ŋo³³ mən⁰ soŋ²⁴ nɛ⁰]

　　我们，你们就个人回去。[ŋo³³ mən⁰，ni³³ mən⁰ təu²⁴ ko²⁴ zən²² xuei²² tɕʰi²¹³]

　　于是呢那个刘家姑娘，[y²² sɿ²¹³ nɛ⁰ na²⁴ ko²¹³ niəu²² tɕia⁵⁵ ku⁵⁵ niaŋ²²]

　　就告别了那些长工，[təu²¹³ kau²⁴ piɛ²² na⁰ na²⁴ ɕiɛ⁵⁵ tsʰaŋ²² koŋ⁵⁵]

　　告别了那个老汉儿和那个黄狗，[kau²⁴ piɛ²² na⁰ na²⁴ ko²¹³ nau³³ xɚ⁰ xo²² na²⁴ ko²¹³ xuaŋ²² kəu⁴²]

　　就往她娘家走去哒。[təu²⁴ uaŋ⁴² tʰa⁵⁵ niaŋ²² tɕia⁵⁵ tsəu³³ tɕʰi⁰ ta⁰]

　　意译：在咸丰县城东边，有一个天然的山塘，叫杜家塘，根据《县志》记载，它是一百六十几年前当地发生地震陷下去后积水形成的山塘。在民间，杜家塘有一段传奇的故事。

　　杜家塘所在的地方，之前是一块平地，住着一个姓杜的地主。他家请了长工，也有丫鬟、佣人。附近有一个姓刘的穷苦人家，女儿十一二岁的时候就被送到了杜家做童养媳。每天照顾只有两岁的丈夫，还要给地主一家人以及长工们做饭。

　　有一天，杜家厨房外一棵柳树上，有个鸟儿不停地叫"杜家搬，杜家搬，杜家不搬被水淹"，叫了三天。但是这个小姑娘并不能听懂鸟的叫声。第四天的时候，她正做好午饭，突然一条狗跑出来把她的锅铲叼走了。她就赶紧去追，追着追着就追到对面山上去了。等她把锅铲拿回来往回走的时候，突然地面一震，她就昏过去了。

等她醒来，回到家一看，那个地方已经不见了，变成了一个大坑，眼看着那个水从坑底不断地冒上来。杜家的人都被埋在里头了。姑娘良心很好，哭啊，哭啊，非常的伤心。最后来了一个老人，对他说，前几天听到的那个鸟的叫声，就是提醒你这个地方要被水淹了。你家地主公公克扣长工的工资，做生意欺骗别人，剥削别人，所以要被水淹的。你心肠好，所以鸟来报信，发现你听不懂呢，就让狗把你引出去了。

最后呢，这个姑娘就告别了长工、黄狗和那个老人，回到了自己的娘家。

四　自选条目

0031 自选条目

二月清明你莫忙，[ɚ²⁴ yɛ²² tɕʰin⁵⁵ min²² ni⁴² mo²² maŋ²²]
三月清明早下秧。[san⁵⁵ yɛ²² tɕʰin⁵⁵ min²² tsau⁴² ia²⁴ iaŋ⁵⁵]
意译：二月清明你别忙，三月清明早下秧。

0032 自选条目

芒种栽苕斤打斤，[maŋ²² tsoŋ²¹³ tsai⁵⁵ sau²² tɕin⁵⁵ ta³³ tɕin⁵⁵] 苕：番薯
夏至栽苕光筋筋。[ɕia²⁴ tsʅ²¹³ tsai⁵⁵ sau²² kuaŋ⁵⁵ tɕin⁵⁵ tɕin⁵⁵]
意译：芒种种番薯产量高，论斤产出，夏至种番薯产量低，光秃秃的。

0033 自选条目

桐子打得鼓，[tʰoŋ²² tsʅ⁰ ta³³ tɛ⁰ ku⁴²] 桐子：油桐树的果子
包谷才下土；[pau⁵⁵ ku⁴² tsʰai²² ɕia²⁴ tʰu⁴²] 包谷：玉米
要得包谷大，[iau²⁴ tɛ⁰ pau⁵⁵ ku⁴² ta²¹³]
横竖一锄把。[xuən²² su²¹³ i²² tsʰu²² pa⁰]
意译：桐子长成鼓锤大小，包谷才好下种；想要包谷丰收，要经常除草培土。

0034 自选条目

石头冒汗，[sʅ²² tʰəu⁰ mau²⁴ xan²¹³]

等水煮饭。[tən³³ suei⁴² tsu³³ fan²¹³]

意译：石头上像冒汗一样潮湿的时候，（马上就会下雨）可以等着雨水煮饭。

0035 自选条目

九月重阳，[tɕiəu³³ yɛ²² tsʰoŋ²² iaŋ²²]

移火进堂。[i²² xo⁴² tɕin²⁴ tʰaŋ²²]

意译：九月重阳节的习俗，要把火种引进家中取暖驱邪。

0036 自选条目

太阳打反照，[tai²⁴ iaŋ²² ta⁴² fan³³ tsau²¹³] 反照：指太阳刚落山时，由于光线反射而发生的天空中短时发亮的现象

晒得变鬼叫。[sai²⁴ tɛ⁰ piɛn²⁴ kuei³³ tɕiau²¹³]

意译：太阳如果出现打反照的现象，来日一定炎热异常。

0037 自选条目

十月打雷小阳春。[sɿ²² yɛ²² ta³³ nuei²² ɕiau³³ iaŋ²² tsʰuən⁵⁵]

意译：十月如果有打雷的天象，就会出现温暖如春的小阳春天气。

0038 自选条目

穷不丢猪，[tɕʰyoŋ²² pu²² tiəu⁵⁵ tsu⁵⁵]

富不丢书。[fu²¹³ pu²² tiəu⁵⁵ su⁵⁵]

意译：再穷也要养头猪，再富也不能丢掉书。

0039 自选条目

大人过生吃尕尕，[ta²⁴ zən²² ko²⁴ sən⁵⁵ tsʰɿ²² ka⁵⁵ ka⁰] 尕尕：肉

细娃儿过生一餐打。[ɕi²⁴ uə⁰ ko²⁴ sən⁵⁵ i²² tsʰan⁵⁵ ta⁴²] 细娃儿：小孩

意译：成人过生日吃肉，小孩子过生日遭打。指小孩顽皮，过生日常常疯玩，最后不是惹祸，就是磕伤，被家长责罚。

0040 自选条目

马桑树儿长不高，[ma³³ saŋ⁵⁵ su²⁴ ɚ²² tsaŋ⁴² pu²² kau⁵⁵] 马桑树：落叶乔木，低矮长不高

长到三尺就弯腰。[tsaŋ³³ tau²¹³ san⁵⁵ tsʰɿ²² tɕiəu²⁴ uan⁵⁵ iau⁵⁵]

意译：马桑树长不高，长到三尺就弯曲下来。暗喻没用、不招人喜欢又生命

力极强的人或物。

0041 自选条目

怕骗匠不怕瓦匠。[pʰa²⁴ san⁵⁵ tɕiaŋ²¹³ pu²² pʰa²¹³ ua³³ tɕiaŋ²¹³]

意译：怕骗匠不怕瓦匠。骗匠与瓦匠都用刀，骗匠刀小是真刀，瓦匠刀大却是假刀。

0042 自选条目

半夜吃桃子，[pan²⁴ iɛ²¹³ tsʰɿ²² tʰau²² tsɿ⁰]

摸到汎的捏。[mo²² tau⁰ pʰa⁵⁵ ti⁰ niɛ²²] 汎：软

意译：半夜吃桃子，专门拣软的捏。

0043 自选条目

心中有鬼心中怯，[ɕin⁵⁵ tsoŋ⁵⁵ iəu³³ kuei⁴² ɕin⁵⁵ tsoŋ⁵⁵ tɕʰyɛ²²]

心中无事硬如铁。[ɕin⁵⁵ tsoŋ⁵⁵ u²² sɿ²¹³ ŋən²⁴ zu²² tʰiɛ²²]

意译：心中有鬼心中胆怯，心中无事坚硬如铁。

0044 自选条目

落雨躲到堰塘头。[nuo²² y⁴² tuo³³ tau²¹³ iɛn²⁴ tʰaŋ²² tʰəu⁰] 堰塘：水塘、池塘

意译：下雨的时候躲在水塘里头。比喻事情更糟。

0045 自选条目

学人不学艺，[ɕyo²² zən²² pu²² ɕyo²² ni²¹³]

挑断箩篼系。[tiau⁵⁵ tuan²¹³ nuo²² təu⁵⁵ ɕi²¹³] 系：绳索

意译：模仿别人不用心学人家的技艺，只能做肩挑手扛的粗活。

0046 自选条目

慢工出细活，[man²⁴ koŋ⁵⁵ tsʰu²² ɕi²⁴ xo²²]

三天出个牛打脚。[san⁵⁵ tʰiɛn⁵⁵ tsʰu²² ko²¹³ niəu²² ta³³ tɕyo²²] 牛打脚：犁铧上连接纤绳和犁铧的牵引横木。

意译：花三天工夫才加工出来一根工艺简单的打脚木，何来细活一说。指偷工减料、偷懒不勤快。

0047 自选条目

睁起眼睛跳崖。[tsən⁵⁵ tɕʰi⁰ iɛn³³ tɕin⁵⁵ tʰiau²⁴ ŋai²²]

意译：睁着眼睛跳崖，比喻明知危险，依然只能硬着头皮干下去。

0048 自选条目

盘儿不盘书，[pʰan²² ɚ²² pu²² pʰan²² su⁵⁵] 盘：辛劳地做某事

则若盘个猪。[tsɛ²² zuo²² pʰan²² ko²¹³ tsu⁵⁵] 则若：不如

意译：养孩子如果不让他认真读书，就跟养头猪没区别。

0049 自选条目

白天白说，[pɛ²² tʰiɛn⁵⁵ pɛ²² suo²²]

黑哒黑说。[xɛ²² ta⁰ xɛ²² suo²²]

意译：白天说白话，黑天说黑话。指当面一套，背后一套。

0050 自选条目

木脑壳下水——不沉（成）。[mu²² nau⁴² kʰo²² ɕia²⁴ suei⁴²——pu²² tsʰən²²]

意译：木脑袋放水里——沉（成）不了。

0051 自选条目

夜蚊子咬菩萨——认错了人。[iɛ²⁴ uən²² tsɿ⁰ ŋau⁴² pʰu²² sa²²——zən²⁴ tsʰuo²¹³ na⁰ zən²²] 夜蚊子：当地管蚊子、苍蝇皆为蚊子，蚊子为夜蚊子，苍蝇为饭蚊子。

意译：蚊子咬菩萨——认错了人。

0052 自选条目

顶起碓窝舞狮子——费力不讨好。[tin³³ tɕʰi⁰ tuei²⁴ uo⁵⁵ u⁴² sɿ⁵⁵ tsɿ⁰——fei²⁴ ni⁰ pu²² tʰau³³ xau⁴²] 碓窝：石臼

意译：顶着碓窝舞狮子——吃力不讨好。

0053 自选条目

一个头发遮得住脸——翻脸不认人。[i²² ko²¹³ tʰəu²² fa²² tsɛ⁵⁵ tɛ⁰ tsu²¹³ niɛn⁴²——fan⁵⁵ niɛn⁴² pu²² zən²¹³ zən²²]

意译：一根头发能把脸遮住——翻脸不认人。

0054 自选条目

韭菜炒青椒——青（亲）上加青（亲）。[tɕiəu³³ tsʰai²¹³ tsʰau⁴² tɕʰin⁵⁵ tɕiau⁵⁵——tɕʰin⁵⁵ saŋ²¹³ tɕia⁵⁵ tɕʰin⁵⁵]

意译：韭菜炒青椒——青（亲）上加青（亲）。

0055 自选条目

驼背子翻筋斗——两头不落实。[tʰuo²² pei²¹³ tsʅ⁰ fan⁵⁵ tɕin⁵⁵ təu⁰——niaŋ³³ tʰəu⁰ pu²² nuo²² sʅ⁰]

意译：驼背翻筋斗——两头都落不到地。

0056 自选条目

两个老鼠子打架——争一颗儿米。[niaŋ³³ ko²¹³ nau³³ su⁴² tsʅ⁰ ta³³ tɕia²¹³——tsən⁵⁵ i²² kʰuə⁰ mi⁴²]

意译：两个老鼠打架——只争一颗米。指为了一点点利益大打出手。

0057 自选条目

怪相怪相，[kuai²⁴ ɕiaŋ²¹³ kuai²⁴ ɕiaŋ²¹³]

鼻子生在背上。[pi²² tsʅ⁰ sən⁵⁵ tai²¹³ pei²⁴ saŋ²¹³]

意译：怪相怪相，鼻子长在背上。谜底是茶罐。

0058 自选条目

黄牛毛，[xuaŋ²² niəu²² mau²²]

虼蚤骨，[kɛ²² tsau⁴² ku²²] _{虼蚤：跳蚤}

小小谜儿猜得哭。[ɕiau³³ ɕiau⁴² mi²² ɚ²² tsʰai⁵⁵ tɛ⁰ kʰu²²]

意译：黄牛毛，跳蚤骨，猜这个谜语你要猜得哭。谜底是猕猴桃。

0059 自选条目

红朝门，[xoŋ²² tsʰau²² mən²²]

白粉墙，[pɛ²² fən⁴² tɕʰiaŋ²²]

里头住的个耍二郎。[ni³³ tʰəu⁰ tsu²⁴ ti⁰ ko²¹³ sua³³ ɚ²¹³ naŋ²²]

意译：一个人住的地方，是红色的大门（嘴唇），白色的墙（牙齿）。谜底是舌头。

0060 自选条目

老鼠子巴门枋，[nau³³ su⁴² tsʅ⁰ pa⁵⁵ mən²² faŋ⁵⁵] 巴：爬

搂屁股一火枪。[nəu⁵⁵ pʰi²⁴ ku⁴² i²² xo³³ tɕʰiaŋ⁵⁵]

意译：老鼠爬到门上，对着屁股就是一枪。谜底是老式挂锁。

0061 自选条目

穿起鞋子睡，[tsʰuan⁵⁵ tɕʰi⁰ xai²² tsʅ⁰ suei²¹³]

脱了鞋子行。[tʰuo²² na⁰ xai²² tsʅ⁰ ɕin²²]

走了几多弯弯路，[tsəu⁴² na⁰ tɕi³³ tuo⁵⁵ uan⁵⁵ uan⁵⁵ nu²¹³]

遇到几多读书人。[y²⁴ tau²¹³ tɕi³³ tuo⁵⁵ tu²² su⁵⁵ zən²²]

意译：穿上鞋子睡觉，脱了鞋子行走。走了很多弯弯曲曲的路，碰到了很多读书人。谜底是毛笔。

0062 自选条目

雨打沙洲地，[y³³ ta⁴² sa⁵⁵ tsəu⁵⁵ ti²¹³]

钉鞋踩烂泥。[tin⁵⁵ xai²² tsʰai³³ nan²⁴ ni²²]

意译：雨打沙洲地，钉鞋踩烂泥。这些都会留下小坑坑。谜底是麻子。

0063 自选条目

财谜猜，穿红鞋。[tsʰai²² mi²² tsʰai⁵⁵, tsʰuan⁵⁵ xoŋ²² xai²²] 财谜：谜语

早晨去，黑哒来。[tsau³³ tsʰən²² tɕʰi²¹³, xɛ²² ta⁰ nai²²]

意译：猜谜猜，穿红鞋。早晨出去，晚上回来。谜底是鞋子。这属于假谜，谜底就在谜面里头。

建　始

一　歌谣

0001 歌谣

说日白，就日白，[ʂo²² zʅ²² pɛ²², tɕiəu³⁵ zʅ²² pɛ²²] 日白：吹牛

日起白来了不得。[zʅ²² tɕʰi⁰ pɛ²² nai²² niau⁵¹ pu² tɛ²²]

弯刀能杀猪，筛子来接血。[uan⁴⁵ tau⁴⁵ nən²² ʂa²² tʂu⁴⁵, ʂai⁴⁵ tsʅ⁰ nai²² tɕie²² ɕye²²]

筛子：筛米的工具

灯草捆水牯，气都出不得。[tən⁴⁵ tsʰau⁵¹ kʰuən⁵¹ ʂuei⁵¹ ku⁵¹，tɕʰi³⁵ təu⁴⁵ tʂʰu²² pu²² te²²] 水牯：公水牛

铁链子拴鸡子，挣断七八截。[tʰie²² niɛn³⁵ tsʅ⁰ ʂuan⁴⁵ tɕi⁴⁵ tsʅ⁰，tsən³⁵ tuan³⁵ tɕʰi²² pa²² tɕie²²]

瞎子满山跑，哑巴会日白。[ɕia²² tsʅ⁰ man⁵¹ ʂan⁴⁵ pʰau⁵¹，ia⁵¹ pa⁰ xuei³⁵ zʅ²² pɛ²²]

五花六月下大雪，[u⁵¹ xua⁴⁵ nu²² ye²² ɕia³⁵ ta³⁵ ɕye²²]

冬九腊月割大麦。[tuŋ⁴⁵ tɕiəu⁵¹ na²² ye²² ko²² ta³⁵ mie²²]

晚上太阳晒死人，[uan⁵¹ ʂan³⁵ tʰai³⁵ iaŋ²² ʂai³⁵ sʅ⁵¹ zən²²] 晒死人：形容阳光特别晒

白天到处黢麻黑。[pɛ²² tʰiɛn⁴⁵ tau³⁵ tʂʰu³⁵ tɕʰy⁴⁵ ma⁴⁵ xɛ²²] 黢麻黑：黑黢黢，漆黑

意译：说吹牛，就吹牛，吹起牛来了不得。弯刀能杀猪，筛子能接（猪）血。灯草能捆公水牛，（牛）气都出不了。铁链拴着鸡，鸡能挣断成七八截。瞎子满山跑，哑巴会吹牛。夏天下大雪，腊月割大麦。晚上太阳特别晒，白天到处黑黢黢。

0002 歌谣

跟倒我学，变麻雀。[kən⁴⁵ tau⁵¹ o⁵¹ ɕyo²²，piɛn³⁵ ma²² tɕʰyo²²]

麻雀飞，变乌龟。[ma²² tɕʰyo²² fei⁴⁵，piɛn³⁵ u⁴⁵ kuei⁴⁵]

乌龟爬，变粑粑。[u⁴⁵ kuei⁴⁵ pʰa²²，piɛn³⁵ pa⁵¹ pa⁰]

粑粑臭，变黄豆。[pa⁵¹ pa⁰ tsʰəu³⁵，piɛn³⁵ xuaŋ²² təu³⁵]

黄豆香，变机枪。[xuaŋ²² təu³⁵ ɕiaŋ⁴⁵，piɛn³⁵ tɕi⁴⁵ tɕʰiaŋ⁴⁵]

机枪打得远，这个娃儿不要脸。[tɕi⁴⁵ tɕʰiaŋ⁴⁵ ta⁵¹ tɛ²² yɛn⁵¹，tʂɛ³⁵ kə⁰ uɚ²² pu²² iau³⁵ niɛn⁵¹]

机枪打得近，这个娃儿不要命。[tɕi⁴⁵ tɕʰiaŋ⁴⁵ ta⁵¹ tɛ²² tɕin³⁵，tʂɛ³⁵ kə⁰ uɚ²² pu²² iau³⁵ min³⁵]

意译：跟着我学，变麻雀。麻雀飞，变乌龟。乌龟爬，变粑粑。粑粑臭，变黄豆。黄豆香，变机枪。机枪打得远，这个孩子不要脸。机枪打得近，这个孩子不要命。

0003 歌谣

男：黄啊四姐儿欸，[xuaŋ²² a⁰ sʅ³⁵ tɕiɚ⁴⁵ ei⁰]

女：你喊啥子嘛？[ni⁵¹ xan⁵¹ sa²² tsʅ⁰ ma⁰]

男：我给你送一根丝帕子欸。[o⁵¹ kɛ³¹ ni⁵¹ suŋ³⁵ i²² kən⁴⁵ sʅ⁴⁵ pʰa³⁵ tsʅ⁰ ei⁰] 丝帕子：丝

手绢

女：我要你一根丝帕子干啥子儿嘛？[o⁵¹iau³⁵ni⁵¹i²²kən⁴⁵sʅ⁴⁵pʰa³⁵tsʅ⁰kan³⁵sa²²tsɚ⁰ma⁰]

男：啊戴在妹儿头上啊，[a⁰tai³⁵tsai³⁵mɚ³⁵tʰəu²²ʂaŋ³⁵a⁰]

行路又好看哪，[ɕin²²nu²²iəu³⁵xau⁵¹kʰan³⁵na⁰]

走路有人瞧舍我的个娇娇儿。[tsəu⁵¹nu²²iəu⁵¹ʐən²²tɕʰiau²²ʂɛ⁰o⁵¹ti⁰kɤ⁰tɕiau⁴⁵tɕiɚ⁰]

伊儿呀儿哟呀儿伊儿哟，[i⁴⁵ɚ⁰ia²²ɚ⁰yo⁴⁵ia²²ɚ⁰i⁴⁵ɚ⁰yo⁴⁵]

走路有人瞧舍我的个娇娇儿。[tsəu⁵¹nu²²iəu⁵¹ʐən²²tɕʰiau²²ʂɛ⁰o⁵¹ti⁰kɤ⁰tɕiau⁴⁵tɕiɚ⁰]

男：黄啊四姐儿欵，[xuaŋ²²a⁰sʅ³⁵tɕiɚ⁴⁵ei⁰]

女：你喊啥子嘛？[ni⁵¹xan⁵¹sa²²tsʅ⁰ma⁰]

男：我给你送一对玉镯子儿欵。[o⁵¹kɛ³¹ni⁵¹suŋ³⁵i²²tuei³⁵y²⁴tʂo²²tsɚ⁰ei⁰]

女：我要你一对玉镯子干啥子儿嘛？[o⁵¹iau³⁵ni⁵¹i²²tuei³⁵y²⁴tʂo²²tsʅ⁰kan³⁵sa²²tsɚ⁰ma⁰]

男：啊戴在妹儿手上啊，[a⁰tai³⁵tsai³⁵mɚ³⁵ʂəu⁵¹ʂaŋ³⁵a⁰]

行路又好看哪，[ɕin²²nu²²iəu³⁵xau⁵¹kʰan³⁵na⁰]

走路有人瞧舍我的个娇娇儿。[tsəu⁵¹nu²²iəu⁵¹ʐən²²tɕʰiau²²ʂɛ⁰o⁵¹ti⁰kɤ⁰tɕiau⁴⁵tɕiɚ⁰]

伊儿呀儿哟呀儿伊儿哟，[i⁴⁵ɚ⁰ia²²ɚ⁰yo⁴⁵ia²²ɚ⁰i⁴⁵ɚ⁰yo⁴⁵]

走路有人瞧舍我的个娇娇儿。[tsəu⁵¹nu²²iəu⁵¹ʐən²²tɕʰiau²²ʂɛ⁰o⁵¹ti⁰kɤ⁰tɕiau⁴⁵tɕiɚ⁰]

男：黄啊四姐儿欵，[xuaŋ²²a⁰sʅ³⁵tɕiɚ⁴⁵ei⁰]

女：你喊啥子嘛？[ni⁵¹xan⁵¹sa²²tsʅ⁰ma⁰]

男：我给你送一双丝光袜子儿欵。[o⁵¹kɛ³¹ni⁵¹suŋ³⁵i²²ʂuaŋ⁴⁵sʅ⁴⁵kuaŋ⁴⁵ua²²tsɚ⁰ei⁰] 丝光袜子：丝袜

女：我要你一双丝光袜子干啥子儿嘛？[o⁵¹iau³⁵ni⁵¹i²²ʂuaŋ⁴⁵sʅ⁴⁵kuaŋ⁴⁵ua²²tsʅ⁰kan³⁵sa²²tsɚ⁰ma⁰]

男：穿在妹儿脚上啊，[tʂʰuan⁴⁵tsai³⁵mɚ³⁵tɕyo²²ʂaŋ³⁵a⁰]

行路又好看哪，[ɕin²²nu²²iəu³⁵xau⁵¹kʰan³⁵na⁰]

走路有人瞧舍我的个娇娇儿。[tsəu⁵¹nu²²iəu⁵¹ʐən²²tɕʰiau²²ʂɛ⁰o⁵¹ti⁰kɤ⁰tɕiau⁴⁵tɕiɚ⁰]

伊儿呀儿哟呀儿伊儿哟，[i⁴⁵ɚ⁰ia²²ɚ⁰yo⁴⁵ia²²ɚ⁰i⁴⁵ɚ⁰yo⁴⁵]

走路有人瞧舍我的个娇娇儿。[tsəu⁵¹ nu²² iəu⁵¹ ʐən²² tɕʰiau²² ʂɛ⁰ o⁵¹ ti⁰ kɤ⁰ tɕiau⁴⁵ tɕiɚ⁰]

女：哎呀我的哥啊，[ai⁴⁵ ia⁰ o⁵¹ ti⁰ ko⁴⁵ a⁰]

你送上这么多啊，[ni⁵¹ suŋ³⁵ ʂaŋ³³ tʂe³⁵ mo⁰ to⁴⁵ a⁰]

男：东西呀个少些啥，[tuŋ⁴⁵ ɕi⁰ ia⁰ ko⁰ ʂau⁵¹ ɕie⁴⁵ ʂa⁰]

莫要这么说！[mo²² iau³⁵ tʂe³⁵ mo⁰ ʂo²²]

女：你初一来不来嘛？[ni⁵¹ tsʰu⁴⁵ i²² nai²² pu⁰ nai²² ma⁰]

男：初一我不来欸！[tsʰu⁴⁵ i²² uo⁵¹ pu²² nai²² ei⁰]

女：你初二来不来嘛？[ni⁵¹ tsʰu⁴⁵ ɚ³⁵ nai²² pu²² nai²² ma⁰]

男：初二也不来哟！[tsʰu⁴⁵ ɚ³⁵ ie⁵¹ pu²² nai²² yo⁰]

女：那你几时来嘛？[na³⁵ ni⁵¹ tɕi⁵¹ ʂʅ²² nai²² ma⁰] 几时：什么时候

男：今天不得空，我明天要砍柴，[tɕin⁴⁵ tʰiɛn⁴⁵ pu²² tɛ²² kʰuŋ³⁵，uo⁵¹ min²² tʰiɛn⁴⁵ iau³⁵ kʰan⁵¹ tʂʰai²²] 不得空：没空，没时间

后天才到幺妹儿家里来。[xəu³⁵ tʰiɛn⁴⁵ tsʰai²² tau³⁵ iau⁴⁵ mɚ³⁵ tɕia⁴⁵ ni⁰ nai²²] 幺妹：小妹

后天才到——幺妹儿家里来。[xəu³⁵ tʰiɛn⁴⁵ tsʰai²² tau³⁵——iau⁴⁵ mɚ³⁵ tɕia⁴⁵ ni⁰ nai²²]

合：欸——[ei⁴⁵]

意译：这是一首男女对唱的情歌。

男：黄四姐欸——

女：你喊什么呢？

男：我给你送一根丝手绢。

女：我要你一根丝手绢干啥呢？

男：戴在妹头上，走路真好看！大家都在看我的娇妹妹哟。伊儿呀儿哟，都在看我的娇妹妹哟。

男：黄四姐欸——

女：你喊什么呢？

男：我给你送一对玉镯子。

女：我要你一对玉镯子干啥呢？

男：戴在妹手上，走路真好看！大家都在看我的娇妹妹哟。伊儿呀儿哟，都在看我的娇妹妹哟。

男：黄四姐欸——

女：你喊什么呢？

男：我给你送一双丝袜。

女：我要你一双丝袜干啥呢？

男：穿在妹脚上，走路真好看！大家都在看我的娇妹妹哟。伊儿呀儿哟，都在看我的娇妹妹哟。

女：哎呀我的哥，你送这么多东西干啥呢？

男：东西送得少了些，你别这么说！

女：你初一来不来？

男：初一我不来。

女：你初二来不来？

男：初二也不来哟！

女：那你什么时候来？

男：今天没有空，明天要砍柴，后天才能到小妹家里来。

合：欸——

二　规定故事

0021 牛郎和织女

在很久很久以前，[tsai³⁵ xən⁵¹ tɕiəu⁵¹ xən⁵¹ tɕiəu⁵¹ i⁵¹ tɕʰiɛn²²]

有这样一个村子。[iəu⁵¹ tʂɛ³⁵ iaŋ³⁵ i̯²² kɤ⁰ tsʰuan⁴⁵ tsʅ⁰]

村里有个年轻娃儿，[tsʰuan⁴⁵ ni⁰ iəu⁵¹ kɤ⁰ niɛn²² tɕʰin⁴⁵ uə²²]

他的父母都去世了，[tʰa⁴⁵ ti⁰ fu³⁵ mu⁵¹ təu⁴⁵ tɕʰy³⁵ ʂʅ³⁵ niau⁰]

留下他一个人孤苦伶仃。[niəu²² ɕia³⁵ tʰa⁴⁵ i²² kɤ⁰ zən²² ku⁴⁵ kʰu⁵¹ nin²² tin⁴⁵]

幸好他的家里还有一头老牛与他相依相伴，[ɕin³⁵ xau⁵¹ tʰa⁴⁵ ti⁰ tɕia⁴⁵ ni⁰ xai²² iəu⁵¹ i²² tʰəu²² nau⁵¹ niəu²² y⁵¹ tʰa⁴⁵ ɕiaŋ⁴⁵ i⁴⁵ ɕiaŋ⁴⁵ pan³⁵]

因此村里的人都叫他"牛郎"。[in⁴⁵ tsʰʅ⁵¹ tsʰuan⁴⁵ ni⁰ ti⁰ zən²² təu⁴⁵ tɕiau³⁵ tʰa⁴⁵ niəu²² naŋ²²]

牛郎每天拉着老牛，[niəu²² naŋ²² mei⁵¹ tʰiɛn⁴⁵ na⁴⁵ tʂo⁰ nau⁵¹ niəu²²]

到处跟别人犁田以维持生计。[tau³⁵ tʂʰu³⁵ kən⁴⁵ pie²² zən²² ni²² tʰiɛn²² i⁵¹ uei²² tʂʰʅ²² sən⁴⁵ tɕi⁰]

日子虽然过得很清贫，[zʅ²² tsʅ⁰ suei⁴⁵ zan²² ko³⁵ tɛ²² xən⁵¹ tɕʰin⁴⁵ pʰin²²]

但是牛郎每天活得很快活。[tan³⁵ ʂʅ³⁵ niəu²² naŋ²² mei⁵¹ tʰiɛn⁴⁵ xo²² tɛ²² xən⁵¹ kʰuai³⁵ xo²²]

老牛是看在眼里，喜在心里，[nau⁵¹ niəu²² ʂʅ³⁵ kʰan³⁵ tsai³⁵ iɛn⁵¹ ni⁵¹, ɕi⁵¹ tsai³⁵ ɕin⁴⁵ ni⁵¹]

一心一意要给牛郎找个媳妇，[i²²ɕin⁴⁵ i²¹ i³⁵ iau³⁵ kɛ⁴⁵ niəu²² naŋ²² tʂau⁵¹ kɤ⁰ ɕi²² fu⁰]
成个家。[tʂʰən²² kɤ⁰ tɕia⁴⁵]

原来老牛是天上的金牛星下凡。[yɛn²² nai²² nau⁵¹ niəu²² ʂʅ³⁵ tʰiɛn⁴⁵ ʂaŋ³⁵ ti⁰ tɕin⁴⁵ niəu²² ɕin⁴⁵ ɕia³⁵ fan²²]

一天，金牛星打听到，[i²² tʰiɛn⁴⁵，tɕin⁴⁵ niəu²² ɕin⁴⁵ ta⁵¹ tʰin⁴⁵ tau³⁵]

天上的七仙女要到村东头山脚下的那个湖里洗澡。[tʰiɛn⁴⁵ ʂaŋ³⁵ ti⁰ tɕʰi²² ɕiɛn⁴⁵ ny⁵¹ iau³⁵ tau³⁵ tsʰuən⁴⁵ tuŋ⁴⁵ tʰəu²² ʂan⁴⁵ tɕyo²² ɕia³⁵ ti⁰ na³⁵ kɤ⁰ xu²² ni⁵¹ ɕi⁵¹ tsau⁵¹]

他半夜时候给牛郎托梦。[tʰa⁴⁵ pan³⁵ iɛ³⁵ ʂʅ²² xəu⁰ kɛ⁴⁵ niəu²² naŋ²² tʰo²² muŋ³⁵]

要牛郎第二天早晨到湖边去，[iau³⁵ niəu²² naŋ²² ti³⁵ ɚ³⁵ tʰiɛn⁴⁵ tsau⁵¹ ʂən²² tau³⁵ xu²² piɛn⁴⁵ tɕʰy³⁵]

趁七仙女洗澡的时候，[tʂʰən³⁵ tɕʰi²² ɕiɛn⁴⁵ ny⁵¹ ɕi⁵¹ tsau⁵¹ ti⁰ ʂʅ²² xəu⁰]

取下仙女挂在树枝上的一件衣服，[tɕʰy⁵¹ ɕia³⁵ ɕiɛn⁴⁵ ny⁵¹ kua³⁵ tsai³⁵ ʂu³⁵ tʂʅ⁴⁵ ʂaŋ³⁵ ti⁰ i²² tɕiɛn³⁵ i⁴⁵ fu⁰]

把衣服抱回家。[pa⁵¹ i⁴⁵ fu⁰ pau³⁵ xuei²² tɕia⁴⁵]

这样，他就会得到一位漂亮的仙女做老婆。[tʂɛ³⁵ iaŋ³⁵，tʰa⁴⁵ tɕiəu³⁵ xuei³⁵ tɛ²² tau³⁵ i²² uei³⁵ pʰiau³⁵ niaŋ³⁵ ti⁰ ɕiɛn⁴⁵ ny⁵¹ tso³⁵ nau⁵¹ pʰo²²]

第二天早晨，[ti²² ɚ³⁵ tʰiɛn⁴⁵ tsau⁵¹ ʂən²²]

牛郎抱着试下看的心情来到湖边。[niəu²² naŋ²² pau³⁵ tʂo⁰ ʂʅ³⁵ xa⁰ kʰan³⁵ ti⁰ ɕin⁴⁵ tɕʰin²² nai²² tau³⁵ xu²² piɛn⁴⁵]

他躲进草丛里。[tʰa⁴⁵ to⁵¹ tɕin³⁵ tsʰau⁵¹ tsʰuŋ²² ni⁰]

过了一会儿，[ko³⁵ nə⁰ i²² xuɚ³⁵]

湖里传来仙女戏水的声音。[xu²² ni⁰ tʂʰuan²² nai²² ɕiɛn⁴⁵ ny⁵¹ ɕi³⁵ ʂuei⁵¹ ti⁰ ʂən⁴⁵ in⁴⁵]

牛郎扒开草一看，[niəu²² naŋ²² pa⁴⁵ kʰai⁴⁵ tsʰau⁵¹ i²² kʰan³⁵]

果然有七位仙女在湖中戏水。[ko⁵¹ zan²² iəu⁵¹ tɕʰi²² uei³⁵ ɕiɛn⁴⁵ ny⁵¹ tsai³⁵ xu²² tʂuŋ⁴⁵ ɕi³⁵ ʂuei⁵¹]

湖边树枝上挂着仙女们的衣服。[xu²² piɛn⁴⁵ ʂu³⁵ tʂʅ⁴⁵ ʂaŋ³⁵ kua³⁵ tʂo⁰ ɕiɛn⁴⁵ ny⁵¹ mən²² ti⁰ i⁴⁵ fu⁰]

他赶紧悄悄儿梭过去，[tʰa⁴⁵ kan⁵¹ tɕin⁵¹ tɕʰiau⁴⁵ tɕʰiɚ⁰ so⁴⁵ ko³⁵ tɕʰie⁰] 梭：跑，溜

从树上取下一件粉红色的衣服，[tsʰuŋ²² ʂu³⁵ ʂaŋ³⁵ tɕʰy⁵¹ ɕia³⁵ i²² tɕiɛn³⁵ fən⁵¹ xuŋ²² sɛ²² ti⁰ i⁴⁵ fu⁰]

抱着衣服他就跑回了个人屋里。[pau³⁵ tʂo²² i⁴⁵ fu⁰ tʰa⁴⁵ tɕiəu³⁵ pʰau⁵¹ xuei²² nə⁰ ko²² zən²² u²² ni⁰] 个人：自己

被牛郎拿走衣服的那个仙女就是织女。[pei³⁵ niəu²² naŋ²² na²² tsəu⁵¹ i⁴⁵ fu⁰ ti⁰ na³⁵ kɤ⁰ ɕiɛn⁴⁵ ny⁵¹ tɕiəu³⁵ ʂʅ³⁵ tʂʅ²² ny⁵¹]

当天晚上，织女找到牛郎的屋里。[taŋ⁴⁵ tʰiɛn⁴⁵ uan⁵¹ ʂaŋ³⁵，tʂʅ²² ny⁵¹ tʂau⁵¹ tau³⁵ niəu²² naŋ²² ti⁰ u²² ni⁰]

这样，两个人相识了，[tʂɛ³⁵ iaŋ³⁵，niaŋ⁵¹ kɤ⁰ zən²² ɕiaŋ⁴⁵ ʂʅ²² niau⁰]

相亲相爱了，结成了恩爱夫妻。[ɕiaŋ⁴⁵ tɕʰin⁴⁵ ɕiaŋ⁴⁵ ai³⁵ niau⁰，tɕie²² tʂʰən²² niau⁰ ən⁴⁵ ai³⁵ fu⁴⁵ tɕʰi⁴⁵]

一眨眼，[i²² tʂa⁵¹ iɛn⁵¹]

牛郎和织女成家三年多了。[niəu²² naŋ²² xo²² tʂʅ²² ny⁵¹ tʂʰən²² tɕia⁴⁵ san⁴⁵ niɛn²² to⁴⁵ niau⁰]

两口子已经有了一个儿子一个女儿。[niaŋ⁵¹ kʰəu⁵¹ tsʅ⁰ i⁵¹ tɕin⁴⁵ iəu⁵¹ niau⁰ i²² kɤ⁰ ɚ²² tsʅ⁰ i²² kɤ⁰ ny⁵¹ ɚ²²]

儿女双全，[ɚ²² ny⁵¹ ʂuaŋ⁴⁵ tɕʰyɛn²²]

一家人生活得开开心心。[i²² tɕia⁴⁵ zən²² sən⁴⁵ xo²² tɛ²² kʰai⁴⁵ kʰai⁴⁵ ɕin⁴⁵ ɕin⁴⁵]

就在这个时候，[tɕiəu³⁵ tsai²² tʂɛ³⁵ kɤ⁰ ʂʅ²² xəu⁰]

玉皇大帝知道了织女私自下凡，[y³⁵ xuaŋ²² ta³⁵ ti³⁵ tʂʅ⁴⁵ tau³⁵ niau⁰ tʂʅ²² ny⁵¹ sʅ⁴⁵ tsʅ³⁵ ɕia³⁵ fan²²]

结婚成家的消息。[tɕie²² xuən⁴⁵ tʂʰən²² tɕia⁴⁵ ti⁰ ɕiau⁴⁵ ɕi²²]

玉帝大怒。[y³⁵ ti³⁵ ta³⁵ nu³⁵]

派出天兵天将，[pʰai³⁵ tʂʰu²² tʰiɛn⁴⁵ pin⁴⁵ tʰiɛn⁴⁵ tɕiaŋ³⁵]

前来捉拿织女回天庭问罪。[tɕʰiɛn²² nai²² tʂo²² na²² tʂʅ²² ny⁵¹ xuei²² tʰiɛn⁴⁵ tʰin²² uən³⁵ tsuei³⁵]

天兵天将一到，[tʰiɛn⁴⁵ pin⁴⁵ tʰiɛn⁴⁵ tɕiaŋ³⁵ i²² tau³⁵]

天上就下起了倾盆大雨。[tʰiɛn⁴⁵ ʂaŋ³⁵ tɕiəu³⁵ ɕia³⁵ tɕʰi⁵¹ niau⁰ tɕʰyn⁴⁵ pʰən²² ta³⁵ y⁵¹]

又打闪又打雷，风吹得呜呜叫。[iəu³⁵ ta⁵¹ ʂan⁵¹ iəu³⁵ ta⁵¹ nuei²²，fuŋ⁴⁵ tʂʰuei⁴⁵ tɛ²² u⁴⁵ u⁴⁵ tɕiau³⁵]

在风雨中，织女被捉住了。[tsai³⁵ fuŋ⁴⁵ y⁵¹ tʂuŋ⁴⁵，tʂʅ²² ny⁵¹ pei³⁵ tʂo²² tʂu³⁵ niau⁰]

织女抓走后，[tʂʅ²² ny⁵¹ tʂua⁴⁵ tsəu⁵¹ xəu³⁵]

她的一个儿子一个女儿找不到妈妈，[tʰa⁴⁵ ti⁰ i²² kɤ⁰ ɚ²² tsʅ⁰ i²² kɤ⁰ ny⁵¹ ɚ²² tʂau⁵¹ pu²² tau³⁵ ma⁴⁵ ma⁰]

是又哭又闹。[ʂʅ³⁵ iəu³⁵ kʰu²² iəu³⁵ nau³⁵]

牛郎急得团团转，[niəu²² naŋ²² tɕi²² tɛ²² tʰuan²² tʰuan²² tʂuan³⁵]

不晓得哪门搞哒。[pu²² ɕiau⁵¹ tɛ²² nan⁵¹ mən²² kau⁵¹ ta⁰] 哪门搞：怎么办

这时，金牛星变的那头老牛突然开口说话了。[tʂɛ³⁵ ʂʅ²²，tɕin⁴⁵ niəu²² ɕin⁴⁵ piɛn³⁵

ti⁰na³⁵tʰəu²²nau⁵¹niəu²²tʰu²²ẓan²²kʰai⁴⁵kʰəu⁵¹ṣo²²xua³⁵niau⁰]

他说:"牛郎啊,你不要难过了,[tʰa⁴⁵ṣo²²:niəu²²naŋ²²a⁰,ni⁵¹pu²²iau³⁵nan²²ko³⁵niau⁰]

织女已经被天兵天将抓走啦,[tṣɿ²²ny⁵¹i⁵¹tɕin⁴⁵pei³⁵tʰiɛn⁴⁵pin⁴⁵tʰiɛn⁴⁵tɕiaŋ³⁵tṣua⁴⁵tsəu⁵¹na⁰]

正在回天宫的路上。[tṣən³⁵tsai³⁵xuei²²tʰiɛn⁴⁵kuŋ⁴⁵ti⁰nu³⁵ṣaŋ³⁵]

你赶快把我脑壳上的两只角取下来,[ni⁵¹kan⁵¹kʰuai³⁵pa⁵¹o⁵¹nau⁵¹kʰo²²ṣaŋ³⁵ti⁰niaŋ⁵¹tṣɿ⁴⁵ko²²tɕʰy⁵¹ɕia³⁵nai²²] 脑壳:头

带上两个娃儿上天去找织女吧!"[tai³⁵ṣaŋ³⁵niaŋ⁵¹kɤ⁰ua²²ɚ⁰ṣaŋ³⁵tʰiɛn⁴⁵tɕʰy³⁵tṣau⁵¹tṣɿ²²ny⁵¹pa⁰]

说时迟那时快,[ṣo²²ṣɿ²²tṣʰɿ²²na³⁵ṣɿ²²kʰuai³⁵]

金牛星的话音刚落,[tɕin⁴⁵niəu²²ɕin⁴⁵ti⁰xua³⁵in⁴⁵kaŋ⁴⁵no²²]

两只角就掉在地上,[niaŋ⁵¹tṣɿ⁴⁵ko²²tɕiəu³⁵tiau³⁵tsai³⁵ti³⁵ṣaŋ³⁵]

变成了两只箩筐。[piɛn³⁵tṣʰən³⁵niau⁰niaŋ⁵¹tṣɿ⁴⁵no²²kʰuaŋ⁴⁵]

牛郎一看,[niəu²²naŋ²²i²²kʰan³⁵]

赶紧地把两个娃儿放到箩筐里,[kan⁵¹tɕin⁵¹ti⁰pa⁵¹niaŋ⁵¹kɤ⁰ua²²ɚ²²faŋ³⁵tau³⁵no²²kʰuaŋ⁴⁵ni⁰]

用扁担挑起来。[ioŋ³⁵piɛn⁵¹tan³⁵tʰiau⁴⁵tɕʰi⁵¹nai²²]

谁知扁担一上牛郎的肩膀,[ṣuei²²tṣɿ⁴⁵piɛn⁵¹tan³⁵i²²ṣaŋ³⁵niəu²²naŋ²²ti⁰tɕiɛn⁴⁵paŋ⁵¹]

牛郎和担子就呼地一下飞到了半天云里,[niəu²²naŋ²²xo²²tan³⁵tṣɿ⁰tɕiəu³⁵xu⁵¹ti⁰i²²ɕia³⁵fei⁴⁵tau³⁵niau⁰pan³⁵tʰiɛn⁴⁵yn²²ni⁰]

腾云驾雾地向天宫飞去。[tʰən²²yn²²tɕia³⁵u³⁵ti⁰ɕiaŋ³⁵tʰiɛn⁴⁵kuŋ⁴⁵fei⁴⁵tɕʰy³⁵]

飞着飞着,[fei⁴⁵tṣo²²fei⁴⁵tṣo²²]

眼看着就要追上织女了,[iɛn⁵¹kʰan³⁵tṣo²²tɕiəu³⁵iau³⁵tṣuei⁴⁵ṣaŋ³⁵tṣɿ²²ny⁵¹niau⁰]

此情此景正好被王母娘娘看见了。[tsʰɿ⁵¹tɕʰin²²tsʰɿ⁵¹tɕin⁵¹tṣən³⁵xau⁵¹pei³⁵uaŋ²²mu⁵¹niaŋ²²niaŋ²²kʰan³⁵tɕiɛn³⁵niau⁰]

她拔下头上的一根金钗,[tʰa⁴⁵pa²²ɕia³⁵tʰəu²²ṣaŋ³⁵ti⁰i²²kən⁴⁵tɕin⁴⁵tṣʰa⁴⁵]

在牛郎和织女中间一划,[tsai³⁵niəu²²naŋ²²xo²²tṣɿ²²ny⁵¹tṣuŋ⁴⁵tɕiɛn⁴⁵i²²xua³⁵]

天空上出现了一条又宽又长的银河,[tʰiɛn⁴⁵kʰuŋ⁴⁵ṣaŋ³⁵tṣʰu²²ɕiɛn³⁵niau⁰i²²tʰiau²²iəu³⁵kʰuan⁴⁵iəu³⁵tṣʰaŋ²²ti⁰in²²xo²²]

正好把织女和牛郎隔在了河的两边。[tṣən³⁵xau⁵¹pa⁵¹tṣɿ²²ny⁵¹xo²²niəu²²naŋ²²kɛ²²tsai³⁵niau⁰xo²²ti⁰niaŋ⁵¹piɛn⁴⁵]

年复一年，月复一月，日复一日，[niɛn²² fu²² i²² niɛn²², ye²² fu²² i²² ye²², ʐɿ²² fu²² i²² ʐɿ²²]

牛郎和织女只能隔河相望。[niəu²² naŋ²² xo²² tʂɿ²² ny⁵¹ tʂɿ²² nən²² kɛ²² xo²² ɕiaŋ⁴⁵ uaŋ³⁵]

鸦鹊子知道牛郎和织女的故事后，[ia⁴⁵ tɕʰyo²² tsɿ⁰ tʂɿ⁴⁵ tau³⁵ niəu²² naŋ²² xo²² tʂɿ²² ny⁵¹ ti⁰ ku³⁵ ʂɿ³⁵ xəu³⁵] 鸦鹊子：喜鹊

非常同情他们两口子的遭遇。[fei⁴⁵ tʂʰaŋ²² tʰuŋ²² tɕʰin²² tʰa⁴⁵ mən⁰ niaŋ⁵¹ kʰəu⁵¹ tsɿ ti⁰ tsau⁴⁵ y³⁵]

每年阴历七月初七，[mei⁵¹ niɛn²² in⁴⁵ ni²² tɕʰi²² ye²² tʂʰu⁴⁵ tɕʰi²²]

鸦鹊子飞到天河上，[ia⁴⁵ tɕʰyo²² tsɿ⁰ fei⁴⁵ tau³⁵ tʰiɛn⁴⁵ xo²² ʂaŋ³⁵]

一只咬着另一只的尾巴，[i²² tʂɿ⁴⁵ au⁵¹ tʂo²² nin³⁵ i²² tʂɿ⁴⁵ ti⁰ uei⁵¹ pa⁰]

连成一条长长的鹊桥，[niɛn²² tʂʰən²² i²² tʰiau²² tʂʰaŋ²² tʂʰaŋ²² ti⁰ tɕʰyo²² tɕʰiau²²]

让牛郎和织女过桥相会。[ʐaŋ³⁵ niəu²² naŋ²² xo²² tʂɿ²² ny⁵¹ ko³⁵ tɕʰiau²² ɕiaŋ⁴⁵ xuei³⁵]

这就是牛郎和织女的故事。[tʂɛ³⁵ tɕiəu³⁵ ʂɿ³⁵ niəu²² naŋ²² xo²² tʂɿ²² ny⁵¹ ti⁰ ku³⁵ ʂɿ³⁵]

意译：在很久以前，有这样一个村子。村里有个年轻人，他的父母都去世了。只剩下一头老牛与他相依为伴，因此村里的人都叫他"牛郎"。牛郎每天拉着老牛耕田来维持生计，日子虽然过得很清贫，但牛郎却很快活。老牛看在眼里，喜在心里，一心想给牛郎找个媳妇成个家。老牛其实是天上的金牛星下凡。一天，金牛星打听到天上的七仙女要到村东头山脚下的湖里洗澡。他半夜给牛郎托梦，要牛郎第二天早晨去湖边，趁七仙女洗澡的时候，取下仙女挂在树枝上的一件衣服，把衣服抱回家，这样，他就会得到一位漂亮的仙女做老婆。

第二天早晨，牛郎抱着试试看的心情来到湖边。他躲进草丛里，过了一会儿，湖里传来仙女戏水的声音。牛郎扒开草一看，果然有七位仙女在湖中戏水。湖边树枝上挂着仙女们的衣服。他赶紧悄悄钻过去，从树上取下一件粉红色的衣服，抱着衣服就往家里跑。被牛郎拿走衣服的那个仙女就是织女。当天晚上，织女找到牛郎的家里。两个人就这样相识了，相亲相爱，结成了恩爱夫妻。一眨眼，牛郎和织女成家三年多了，生了一儿一女，一家人生活得开开心心。

就在这个时候，玉皇大帝知道织女私自下凡、结婚成家的消息。玉帝大怒，派出天兵天将前来捉拿织女回天庭问罪。天兵天将一到，天上下起了倾盆大雨。织女被抓走了。她的孩子找不到妈妈，又哭又闹。牛郎急得团团转，不知道该怎么办。这时，金牛星变的那头老牛突然开口说话了，他说："牛郎，你不要难过了，织女已经被天兵天将抓走了，正在回天宫的路上。你赶紧把我头上的两只角取下来，带上两个孩子上天去找织女吧！"

金牛星的话音刚落，两只角就掉在地上变成了两只箩筐。牛郎一看，赶紧把

两个孩子放到箩筐里，用扁担挑起来。谁知扁担一上牛郎的肩膀，牛郎和担子就"呼"地一下飞到半空中，腾云驾雾地朝天宫飞去。飞着飞着，眼看着就要追上织女了。此情此景正好被王母娘娘看见了，她拔下头上的一根金钗，往牛郎和织女中间一划，天空中就出现了一条又长又宽的银河，正好把牛郎和织女隔在了河的两边。

年复一年，月复一月，日复一日，牛郎和织女只能隔河相望。喜鹊知道牛郎和织女的故事后，非常同情他们的遭遇。每年的七月初七，喜鹊便飞到银河上，一只含着另一只的尾巴，连成一条长长的鹊桥，让牛郎和织女过桥相会，这就是牛郎和织女的故事。

三　其他故事

0022 其他故事

下面我给大家讲一个"比穷"的故事。[ɕia³⁵miɛn³⁵o⁵¹kɛ⁴⁵ta³⁵tɕia⁴⁵tɕiaŋ⁵¹i²²kɤ⁰pi⁵¹tɕʰioŋ²²ti⁰ku³⁵sʅ³⁵]

从前有甲乙丙三个秀才，[tsʰuŋ²²tɕʰiɛn²²iəu⁵¹tɕia²²i²²pin⁵¹san⁴⁵kɤ⁰ɕiəu³⁵tsʰai²²]

因为顶着秀才的名，[in⁴⁵uei²²tin⁵¹tʂo²²ɕiəu³⁵tsʰai²²ti⁰min²²]

从来不做任何事，[tsʰuŋ²²nai²²pu⁴⁵tsu³⁵zən³⁵xo²²sʅ³⁵]

没有一分钱的收入，[mei²²iəu⁵¹i²²fən⁴⁵tɕʰiɛn²²ti⁰ʂəu⁴⁵zu²²]

结果是一年比一年穷。[tɕie²²ko⁵¹sʅ³⁵i²²niɛn²²pi⁵¹i²²niɛn²²tɕʰioŋ²²]

每天忍饥挨饿，没得饭吃。[mei⁵¹tʰiɛn⁴⁵zən⁵¹tɕi⁴⁵ai⁰o³⁵, mei²²te²²fan³⁵tʂʰʅ²²]

一天，甲秀才在家里突然想到，[i²²tʰiɛn⁴⁵, tɕia²²ɕiəu³⁵tsʰai²²tsai³⁵tɕia⁴⁵ni⁰tʰu⁴⁵zan²²ɕiaŋ⁵¹tau³⁵]

好久没有看到乙和丙两位秀才了，[xau⁵¹tɕiəu⁵¹mei²²iəu⁵¹kʰan³⁵tau³⁵i²²xo²²pin⁵¹niaŋ⁵¹uei³⁵ɕiəu³⁵tsʰai²²niau⁰]

他们是不是找到什么好吃的东西，[tʰa⁴⁵mən⁰sʅ³⁵pu²²sʅ³⁵tsau⁵¹tau³⁵ʂən²²mo⁰xau⁵¹tʂʰʅ²²ti⁰tuŋ⁴⁵ɕi⁴⁵]

躲着我呢？[to⁵¹tʂo²²o⁵¹nɛ⁰]

与此同时，[y⁵¹tsʰʅ⁵¹tʰuŋ²²sʅ²²]

乙和丙两位秀才也抱着和甲秀才一样的心思。[i²²xo²²pin⁵¹niaŋ⁵¹uei³⁵ɕiəu³⁵tsʰai²²ie⁵¹pau³⁵tʂo²²xo²²tɕia²²ɕiəu³⁵tsʰai²²i²²iaŋ³⁵ti⁰ɕin⁴⁵sʅ⁴⁵]

三位秀才不约而同地从家里出来，[san⁴⁵uei³⁵ɕiəu³⁵tsʰai²²pu²²yo²²ɚ²²tʰuŋ²²ti⁰tsʰuŋ²²tɕia⁴⁵ni⁵¹tʂʰu⁴⁵nai²²]

朝对方的家里走去。[tʂʰau²² tuei³⁵ faŋ⁴⁵ ti⁰ tɕia⁴⁵ ni⁵¹ tsəu⁵¹ tɕʰy³⁵]

在一个三岔路口，[tsai³⁵ i²² kɤ⁰ san⁴⁵ tʂʰa³⁵ nu³⁵ kʰəu⁵¹]

三位秀才相见了。[san⁴⁵ uei³⁵ ɕiəu³⁵ tsʰai²² ɕiaŋ⁴⁵ tɕiɛn³⁵ niau⁰]

大家看看对方的脸色和勒紧裤腰带的动作，[ta³⁵ tɕia⁴⁵ kʰan³⁵ kʰan³⁵ tuei³⁵ faŋ⁴⁵ ti⁰ niɛn⁵¹ sɛ²² xo²² nɛ²² tɕin⁵¹ kʰu³⁵ iau⁴⁵ tai³⁵ ti⁰ tuŋ³⁵ tso²²]

心里什么都明白了。[ɕin⁴⁵ ni⁵¹ ʂən³⁵ mo⁰ təu⁴⁵ min²² pɛ²² niau⁰]

三位秀才默默无语地同道而行。[san⁴⁵ uei³⁵ ɕiəu³⁵ tsʰai²² mo²² mo²² u²² y⁵¹ ti⁰ tʰuŋ²² tau³⁵ ɚ²² ɕin²²]

这时，三位秀才看见路上有一块碎银子，[tʂɛ³⁵ ʂʅ²²，san⁴⁵ uei³⁵ ɕiəu³⁵ tsʰai²² kʰan³⁵ tɕiɛn³⁵ nu³⁵ ʂaŋ³⁵ iəu⁵¹ i²² kʰuai⁵¹ suei³⁵ in²² tsʅ⁰]

于是同声大叫道："那是什么？"[y²² ʂʅ³⁵ tʰuŋ²² ʂən⁴⁵ ta³⁵ tɕiau³⁵ tau³⁵：na³⁵ ʂʅ³⁵ ʂən²² mo⁰]

"啊，那是一块碎银子。"[a⁰，na³⁵ ʂʅ³⁵ i²² kʰuai⁵¹ suei³⁵ in²² tsʅ⁰]

三位秀才同时扑上去，[san⁴⁵ uei³⁵ ɕiəu³⁵ tsʰai²² tʰuŋ³⁵ ʂʅ²² pʰu²² ʂaŋ³⁵ tɕʰy³⁵]

六只手在地上乱哈，[nu²² tsʅ⁴⁵ ʂəu⁵¹ tsai³⁵ ti³⁵ ʂaŋ³⁵ nan³⁵ xa²⁵] 哈：扒拉

来争抢那块碎银子。[nai²² tsən⁴⁵ tɕʰiaŋ⁵¹ nai³⁵ kʰuai⁵¹ suei³⁵ in²² tsʅ⁰]

正在争抢的时候，[tʂən³⁵ tsai³⁵ tsən⁴⁵ tɕʰiaŋ⁵¹ ti⁰ ʂʅ²² xəu⁰]

耳边响起一声吆喝：[ɚ⁵¹ piɛn⁴⁵ ɕiaŋ⁵¹ tɕʰi⁵¹ i²² ʂən⁴⁵ iau⁴⁵ xo⁰]

"县官巡查，众人回避！"[ɕiɛn³⁵ kuan⁴⁵ ɕyn²² tʂʰa²²，tʂuŋ³⁵ zən²² xuei²² pi³⁵]

三位秀才不予理会，继续争抢。[san⁴⁵ uei³⁵ ɕiəu³⁵ tsʰai²² pu²² y⁵¹ ni⁵¹ xuei³⁵，tɕi³⁵ su²² tsən⁴⁵ tɕʰiaŋ⁵¹]

衙役再次呵道：[ia²² y²² tsai³⁵ tsʰʅ³⁵ xo⁴⁵ tau³⁵]

"再不回避，乱棍打死！"[tsai³⁵ pu²² xuei²² pei²²，nan³⁵ kuən³⁵ ta⁵¹ sʅ⁵¹]

三位秀才无奈，[san⁴⁵ uei³⁵ ɕiəu³⁵ tsai²² u²² nai³⁵]

只好起身站在路边。[tʂʅ⁵¹ xau⁵¹ tɕʰi⁵¹ ʂən⁴⁵ tʂan³⁵ tsai³⁵ nu³⁵ piɛn⁴⁵]

衙役走过去，[ia²² y²² tsəu⁵¹ ko³⁵ tɕʰy³⁵]

将路上那块碎银子捡起来，[tɕiaŋ⁴⁵ nu³⁵ ʂaŋ³⁵ na³⁵ kʰuai⁵¹ suei³⁵ in²² tsʅ⁰ tɕiɛn⁵¹ tɕʰi⁵¹ nai²²]

交到坐在轿子里的县官手上。[tɕiau⁴⁵ tau³⁵ tso³⁵ tsai³⁵ tɕiau³⁵ tsʅ⁵¹ ni⁵¹ ti⁰ ɕiɛn³⁵ kuan⁴⁵ ʂəu⁵¹ ʂaŋ³⁵]

县官问："前方何人，[ɕiɛn³⁵ kuan⁴⁵ uən³⁵：tɕʰiɛn²² faŋ⁴⁵ xo²² zən²²]

为何阻挡本官去路？"[uei³⁵ xo²² tsu⁵¹ taŋ⁵¹ pən⁵¹ kuan⁴⁵ tɕʰy³⁵ nu³⁵]

三位秀才答：[san⁴⁵ uei³⁵ ɕiəu³⁵ tsʰai²² ta²²]

"是小人正在地上抢银子。"［ʂʅ³⁵ ɕiau⁵¹ zən²² tʂən³⁵ tsai³⁵ ti³⁵ ʂaŋ³⁵ tɕʰiaŋ⁵¹ in²² tsʅ⁰］

县官又问："银子从何而来？"［ɕiɛn³⁵ kuan⁴⁵ iəu³⁵ uən³⁵：in²² tsʅ⁰ tsʰuŋ²² xo²² ɚ²² nai²²］

秀才答道："回大老爷的话，［ɕiəu³⁵ tsʰai²² ta²² tau³⁵：xuei²² ta³⁵ nau⁵¹ ie⁵¹ ti⁰ xua³⁵］

银子是别人掉下的。"［in²² tsʅ⁰ ʂʅ³⁵ pie²² zən²² tiau³⁵ ɕia³⁵ ti⁰］

县官问："既然是掉下的，［ɕiɛn³⁵ kuan⁴⁵ uən³⁵：tɕi³⁵ zan²² ʂʅ³⁵ tiau³⁵ ɕia³⁵ ti⁰］

为何还要争抢？"［uei³⁵ xo²² xai²² iau³⁵ tsən⁴⁵ tɕʰiaŋ⁵¹］

秀才答道："因为小人有三个，［ɕiəu³⁵ tsʰai²² ta²² tau³⁵：in⁴⁵ uei²² ɕiau⁵¹ zən²² iəu⁵¹ san⁴⁵ ko³⁵］

银子只有一块。"［in²² tsʅ⁰ tsʅ⁵¹ iəu⁵¹ i²² kʰuai⁵¹］

县官问："争抢银子做什么？"［ɕiɛn³⁵ kuan⁴⁵ uən³⁵：tsən⁴⁵ tɕʰiaŋ⁵¹ in²² tsʅ⁰ tsu³⁵ ʂən²² mo⁰］

秀才答道：［ɕiəu³⁵ tsʰai²² ta²² tau³⁵］

"争抢银子去买东西吃。"［tsən⁴⁵ tɕʰiaŋ⁵¹ in²² tsʅ⁰ tɕʰy³⁵ mai⁵¹ tuŋ⁴⁵ ɕi⁴⁵ tʂʰʅ²²］

县官老爷看看三位秀才的脸色，［ɕiɛn³⁵ kuan⁴⁵ nau⁵¹ ie²² kʰan³⁵ kʰan³⁵ san⁴⁵ uei³⁵ ɕiəu³⁵ tsʰai²² ti⁰ niɛn⁵¹ sɛ²²］

心中明白了。［ɕin⁴⁵ tʂuŋ⁴⁵ min²² pɛ²² niau⁰］

于是县官说道：［y²² ʂʅ³⁵ ɕiɛn³⁵ kuan⁴⁵ ʂo²² tau³⁵］

"本官现在给你们一个题目，［pən⁵¹ kuan⁴⁵ ɕiɛn³⁵ tsai³⁵ kɛ⁴⁵ ni⁵¹ mən⁰ i²² kɤ⁰ tʰi²² mu²²］

谁答得好，［ʂuei²² ta²² tɛ²² xau⁵¹］

本官将这块银子判给谁。［pən⁵¹ kuan⁴⁵ tɕiaŋ⁴⁵ tʂɛ³⁵ kʰuai⁵¹ in²² tsʅ⁰ pʰan³⁵ kɛ⁴⁵ ʂei²²］

本官的要求就是，［pən⁵¹ kuan⁴⁵ ti⁰ iau⁴⁵ tɕʰiəu²² tɕiəu³⁵ ʂʅ³⁵］

谁将自己说得最穷，［ʂuei²² tɕiaŋ⁴⁵ tsʅ³⁵ tɕi⁵¹ ʂo²² tɛ²² tsuei³⁵ tɕʰioŋ²²］

谁就有机会得到这块银子。［ʂuei²² tɕiəu³⁵ iəu⁵¹ tɕi⁴⁵ xuei³⁵ tɛ²² tau³⁵ tʂɛ³⁵ kʰuai⁵¹ in²² tsʅ⁰］

叙说自己穷的要用诗来叙述。"［ɕy³⁵ ʂo²² tsʅ³⁵ tɕi⁵¹ tɕʰioŋ²² ti⁰ iau³⁵ ioŋ³⁵ ʂʅ⁴⁵ nai²² ɕy³⁵ ʂu³⁵］

甲秀才首先说：［tɕia²² ɕiəu³⁵ tsʰai²² ʂəu⁵¹ ɕiɛn⁴⁵ ʂo²²］

"县老爷听好了，［ɕiɛn³⁵ nau⁵¹ ie²² tʰin⁴⁵ xau⁵¹ niau⁰］

小人是'茅屋见青天，［ɕiau⁵¹ zən²² ʂʅ³⁵ mau²² u²² tɕiɛn³⁵ tɕʰin⁴⁵ tʰiɛn⁴⁵］ 茅屋：茅草屋

灶里断炊烟。［tsau³⁵ ni⁵¹ tuan³⁵ tsʰuei⁴⁵ iɛn⁴⁵］

日无鸡啄米，夜无鼠耗粮。'"［zʅ²² u²² tɕi⁴⁵ tʂo²² mi⁵¹，ie³⁵ u²² ʂu⁵¹ xau³⁵ niaŋ²²］

县官说:"秀才确实很穷了,[ɕiɛn³⁵kuan⁴⁵ʂo²²:ɕiəu³⁵tsʰai²²tɕʰyo²²ʂʅ²²xən⁵¹tɕʰioŋ²²niau⁰]

但是还有两位秀才没说,[tan³⁵ʂʅ³⁵xai²²iəu⁵¹niaŋ⁵¹uei³⁵ɕiəu³⁵tsʰai²²mei²²ʂo²²]

请先站一边。"[tɕʰin⁵¹ɕiɛn⁴⁵tʂan³⁵i²²piɛn⁴⁵]

乙秀才接着说:[i²²ɕiəu³⁵tsʰai²²tɕie²²tʂo²²ʂo²²]

"饥饿整一年,林中隐清钱。[tɕi⁴⁵o³⁵tʂən⁵¹i²²niɛn²²,nin²²tʂuŋ⁴⁵in⁵¹tɕʰin⁴⁵tɕʰiɛn²²]

老爷若不信,当场剖腹看。"[nau⁵¹ie²²zo²²pu²²ɕin³⁵,taŋ⁴⁵tʂʰaŋ⁵¹pʰo⁵¹fu²²kʰan³⁵]

县官大惊道:[ɕiɛn³⁵kuan⁴⁵ta³⁵tɕin⁴⁵tau³⁵]

"切开肚子你不是死了吗?"[tɕʰie²²kʰai⁴⁵tu⁵¹tsʅ⁵¹ni⁵¹pu²²ʂʅ³⁵sʅ⁵¹niau⁰ma⁰]

乙秀才说:[i²²ɕiəu³⁵tsʰai²²ʂo²²]

"老爷啊,小人是要钱不要命。"[nau⁵¹ie²²a⁰,ɕiau⁵¹zən²²ʂʅ³⁵iau³⁵tɕʰiɛn²²pu²²iau³⁵min³⁵]

县官答道:"你的精神固然可嘉,[ɕiɛn³⁵kuan⁴⁵ta²²tau³⁵,ni⁵¹ti⁰tɕin⁴⁵ʂən²²ku³⁵zan²²kʰo⁵¹tɕia⁴⁵]

但是还有一位秀才没说,[tan³⁵ʂʅ³⁵xai²²iəu⁵¹i²²uei³⁵ɕiəu³⁵tsʰai²²mei²²ʂo²²]

你且站一边。"[ni⁵¹tɕʰie⁵¹tʂan³⁵i²²piɛn⁴⁵]

丙秀才接着说:[pin⁵¹ɕiəu³⁵tsʰai²²tɕie²²tʂo²²ʂo²²]

"天地是我屋,月亮当蜡烛。[tʰiɛn⁴⁵ti³⁵ʂʅ³⁵uo⁵¹u²²,ye²²niaŋ³⁵taŋ³⁵na²²tʂu²²]

盖的肚囊皮,垫的背脊骨。"[kai³⁵ti⁰tu⁵¹naŋ²²pʰi²²,tiɛn³⁵ti⁰pei³⁵tɕi²²ku²²]肚囊皮:肚皮

县官说:"你确实太穷了,[ɕiɛn³⁵kuan⁴⁵ʂo²²:ni⁵¹tɕʰyo²²ʂʅ²²tʰai³⁵tɕʰioŋ²²niau⁰]

但是你们有三个人,[tan³⁵ʂʅ³⁵ni⁵¹mən⁰iəu⁵¹san⁴⁵kɤ⁰zən²²]

银子只有一块,怎么判呢?[in²²tsʅ⁰tʂʅ⁵¹iəu⁵¹i²²kʰuai⁵¹,tsən⁵¹mo⁰pʰan³⁵nɛ⁰]

现在本官也有一首诗送给你们——[ɕiɛn³⁵tsai³⁵pən⁵¹kuan⁴⁵ie⁵¹iəu⁵¹i²²ʂəu⁵¹ʂʅ⁴⁵suŋ³⁵kɛ⁵¹ni⁵¹mən⁰]

千里来当官,为的是吃穿。[tɕʰiɛn⁴⁵ni⁵¹nai²²taŋ⁴⁵kuan⁴⁵,uei²²ti⁰ʂʅ³⁵tʂʰʅ²²tʂʰuan⁴⁵]

银子一小块,判谁都为难。[in²²tsʅ⁰i²²ɕiau⁵¹kʰuai⁵¹,pʰan³⁵ʂuei²²təu⁴⁵uei²²nan²²]

现银归本官,本案已判完。"[ɕiɛn³⁵in²²kuei⁴⁵pən⁵¹kuan⁴⁵,pən⁵¹an³⁵i⁵¹pʰan³⁵uan²²]

说完县官大呵道:"起轿回府!"[ʂo²²uan²²ɕiɛn³⁵kuan⁴⁵ta³⁵xo⁴⁵tau³⁵:tɕʰi⁵¹tɕiau³⁵xuei²²fu⁵¹]

众衙役齐声和道:[tʂuŋ³⁵ia²²y²²tɕʰi²²ʂən⁴⁵xo²²tau³⁵]

"县官巡查,众人回避!"[ɕiɛn³⁵kuan⁴⁵ɕyn²²tʂʰa²²,tʂuŋ³⁵zən²²xuei²²pi³⁵]

意译：下面我给大家讲一个"比穷"的故事。从前有甲乙丙三个秀才，因为他们顶着秀才的名号，从来不做任何事，所以也没有任何收入，结果是一年比一年穷。每天都忍饥挨饿，没有饭吃。一天，甲秀才在家里突然想，好久没看到乙和丙两位秀才了，他们是不是找到了什么好吃的东西，在躲着我呢？与此同时，乙和丙两位秀才也抱着和甲秀才同样的想法。他们不约而同地从自己家里出来，朝对方家里走去。在一个三岔路口，三位秀才相遇。大家看看对方的脸色和勒紧裤腰带的动作，心里什么都明白了。

三位秀才默默无语地同道而行。这时，他们看见路上有一块碎银子，于是同声大叫道："那是什么？""哦，那是一块碎银子。"三位秀才同时扑上去，六只手在地上扒拉，来争抢那块碎银子。

正在争抢的时候，耳边响起一声吆喝："县官巡查，众人回避！"三位秀才不予理会，继续争抢。衙役再次呵斥道："再不回避，乱棍打死！"三人无奈之下，只好起身站在路边。衙役走过去，将路上那块碎银子捡起来，交到坐在轿子里的县官手上。

县官问："前方何人？为何阻挡本官的去路？"三位秀才答："是小人正在地上抢银子。"县官又问："银子从何而来？"秀才答道："回大老爷的话，银子是别人掉下来的。"县官问："既然是掉下的，为什么还要争抢？"秀才又答道："因为小人有三个，银子只有一块。"县官问："争抢银子做什么？"秀才答道："争抢银子去买东西。"县官老爷看看三位秀才的脸色，心中明白了。于是县官说："本官现在给你们一个题目，谁答得好，本官就将这块银子判给谁。要求是，谁将自己说得最穷，谁就有机会得到这块银子，而且要用诗来叙说。"

甲秀才首先说："县老爷听好了，小人是'茅屋见青天，灶里断炊烟。日无鸡啄米，夜无鼠耗粮。'"县官说："秀才确实很穷，但是还有两位秀才没说，请先站一边。"乙秀才接着说："饥饿一整年，林中隐清钱。老爷若不信，当场剖腹看。"县官大惊道："切开肚子你不是死了吗？"乙秀才说："老爷啊，小人是要钱不要命。"县官答道："你的精神固然可嘉，但是还有一位秀才没说，你且站一边。"丙秀才接着说："天地是我屋，月亮当蜡烛。盖的肚囊皮，垫的背脊骨。"县官说："你确实太穷了，但是你们有三个人，银子只有一块，怎么判呢？现在本官也有一首诗送给你们——千里来当官，为的是吃穿。银子一小块，判谁都为难。现银归本官，本案已判完。"说完县官大呵道："起轿回府！"众衙役齐声和道："县官巡查，众人回避！"

0023 其他故事

下面我给大家讲一个土家族"再来一皮鞋"的这个故事。[ɕia³³miɛn³⁵o⁵¹kɛ⁵¹

ta³⁵ tɕia⁴⁵ tɕiaŋ⁵¹ i²² kɤ⁰ tʰu⁵¹ tɕia⁴⁵ tsʰu⁵¹ tsai³⁵ nai²² i²² pʰi²² xai²² ti⁰ tʂɛ³³ kɤ⁰ ku³⁵ sɿ⁰〕

土家人喝酒，〔tʰu⁵¹ tɕia⁴⁵ zən²² xo⁴⁵ tɕiəu⁵¹〕

第二杯酒叫"再来一皮鞋"。〔ti²² ɚ³⁵ pei⁴⁵ tɕiəu⁵¹ tɕiau³⁵ tsai³⁵ nai²² i²² pʰi²² xai²²〕

这句话有个来历。〔tʂɛ³⁵ tɕy³⁵ xua³⁵ iəu⁵¹ kɤ⁰ nai²² ni²²〕

现在我就把这个来历讲一遍。〔ɕiɛn³³ tsai³⁵ o⁵¹ tɕiəu³⁵ pa⁵¹ tʂɛ³⁵ kɤ⁰ nai²² ni²² tɕiaŋ⁵¹ i²² piɛn³⁵〕

从前有一个县官，〔tsʰuŋ²² tɕʰiɛn²² iəu⁵¹ i²² kɤ⁰ ɕiɛn³⁵ kuan⁴⁵〕

到一个地方任职。〔tau³⁵ i²² kɤ⁰ ti³⁵ faŋ⁴⁵ zən³⁵ tʂɿ²²〕

他任职后审的第一个案，〔tʰa⁴⁵ zən³⁵ tʂɿ²² xəu³⁵ ʂən⁵¹ ti⁰ ti³⁵ i²² kɤ⁰ an³⁵〕

就是个强盗盗窃案。〔tɕiəu³⁵ ʂɿ³⁵ kɤ⁰ tɕʰiaŋ²² tau³³ tau³⁵ tɕʰie²² an³⁵〕

有一个强盗，〔iəu⁵¹ i²² kɤ⁰ tɕʰiaŋ²² tau⁰〕

大白天跑到别人屋里偷东西，〔ta³⁵ pɛ²² tʰiɛn⁴⁵ pʰau⁵¹ tau⁰ pie²² zən²² u²² ni⁰ tʰəu⁴⁵ tuŋ⁴⁵ ɕi⁰〕

被主人家当场捉住。〔pei³⁵ tʂu⁵¹ zən²² tɕia⁴⁵ taŋ⁴⁵ tʂʰaŋ⁵¹ tʂo²² tʂu⁰〕

捆绑以后，把他送县衙，〔kʰuən⁵¹ paŋ⁵¹ i⁵¹ xəu³⁵，pa⁵¹ tʰa⁴⁵ suŋ³⁵ ɕiɛn³⁵ ia²²〕

到县衙治罪。〔tau³⁵ ɕiɛn³⁵ ia²² tʂɿ³³ tsuei³⁵〕

县官升堂。〔ɕiɛn³⁵ kuan⁴⁵ ʂən⁴⁵ tʰaŋ²²〕

"台下何人？报上名来！"〔tʰai⁵¹ ɕia³⁵ xo²² zən²²？pau³⁵ ʂaŋ⁴⁵ min²² nai⁰〕

"回老爷的话，小人是强盗。"〔xuei²² nau⁵¹ ie²² ti⁰ xua³⁵，ɕiau⁵¹ zən²² ʂɿ³⁵ tɕʰiaŋ²² tau³⁵〕

"所偷何物？"〔so⁵¹ tʰəu⁴⁵ xo²² u²²〕

"回老爷的话，小人只偷白银。"〔xuei²² nau⁵¹ ie²² ti⁰ xua³⁵，ɕiau⁵¹ zən²² tʂɿ²² tʰəu⁴⁵ pɛ²² in²²〕

"盗得白银多少？"〔tau³⁵ tɛ⁰ pɛ²² in²² to⁴⁵ ʂau⁰〕

"回老爷的话，〔xuei²² nau⁵¹ ie²² ti⁰ xua³⁵〕

昨晚只盗得白银五千两。"〔tso²² uan⁵¹ tʂɿ²² tau³⁵ tɛ⁰ pɛ²² in²² u⁵¹ tɕʰiɛn⁴⁵ niaŋ⁵¹〕

"啊！一晚上你就偷白银五千两啊！"〔a³⁵！i²² uan⁵¹ ʂaŋ³⁵ ni⁵¹ tɕiəu³⁵ tʰəu⁴⁵ pɛ²² in²² u⁵¹ tɕʰiɛn⁴⁵ niaŋ⁵¹ a⁰〕

"平时所偷何物？〔pʰin²² ʂɿ²² so⁵¹ tʰəu⁴⁵ xo²² u²²〕

从实招来！不然大刑伺候！"〔tsʰuŋ²² ʂɿ²² tʂau⁴⁵ nai⁰！pu²² zan²² ta³⁵ ɕin²² tsʰɿ³⁵ xəu³⁵〕

"回老爷的话，小人只偷白银。"〔xuei²² nau⁵¹ ie²² ti⁰ xua³⁵，ɕiau⁵¹ zən²² tʂɿ⁵¹ tʰəu⁴⁵ pɛ²² in²²〕

"你一年偷白银多少？"［ni⁵¹ i²² niɛn²² tʰəu⁴⁵ pɛ²² in²² to⁴⁵ ṣau⁰］

"小人一年只盗得白银十万两。"［ɕiau⁵¹ zən²² i²² niɛn²² tʂʅ²² tau³⁵ tɛ⁰ pɛ²² in²² ʂʅ²² uan³⁵ niaŋ⁵¹］

"哎呀！你一年偷的白银比本老爷当十年官的俸禄还要多啊！"［ai⁵¹ ia⁰！ ni⁵¹ i²² niɛn²² tʰəu⁴⁵ ti⁰ pɛ²² in²² pi⁵¹ pən⁵¹ nau⁵¹ ie²² taŋ⁴⁵ ʂʅ²² niɛn²² kuan⁴⁵ ti⁰ fuŋ³⁵ nu²² xai²² iau³⁵ to⁴⁵ a⁰］

老爷就动了心思。［nau⁵¹ ie²² tɕiəu³⁵ tuŋ³⁵ nə⁰ ɕin⁴⁵ sʅ⁴⁵］

当场说到："众衙役退出庭外！"［taŋ⁴⁵ tʂʰaŋ⁵¹ ṣo²² tau³⁵：tʂuŋ³⁵ ia²² y²² tʰuei³⁵ tʂʰu²² tʰin²² uai³⁵］

待所有的衙役走后，［tai³⁵ so⁵¹ iəu⁵¹ ti⁰ ia²² y²² tsəu⁵¹ xəu³⁵］

大庭上只剩下县官和那个强盗。［ta³⁵ tʰin²² ṣaŋ³⁵ tʂʅ²² ṣən³⁵ ɕia³⁵ ɕiɛn³⁵ kuan⁴⁵ xo²² na³⁵ kɤ⁰ tɕʰiaŋ²² tau⁰］

县官对强盗说：［ɕiɛn³⁵ kuan⁴⁵ tuei³⁵ tɕʰiaŋ²² tau⁰ ṣo²²］

"如果你收我做徒弟，［zu²² ko⁰ ni⁵¹ ṣəu⁴⁵ o⁵¹ tso³⁵ tʰu²² ti⁰］

跟倒你学习偷东西，［kən⁴⁵ tau⁰ ni⁵¹ ɕyo²² ɕi⁰ tʰəu⁴⁵ tuŋ⁴⁵ ɕi⁰］跟倒：跟着

本官判你无罪，当庭无罪释放。"［pən⁵¹ kuan⁴⁵ pʰan³⁵ ni⁵¹ u²² tsuei³⁵，taŋ⁴⁵ tʰin²² u²² tsuei³⁵ sʅ³³ faŋ³⁵］

强盗一听，天下哪有这样的好事啊！［tɕʰiaŋ²² tau⁰ i²² tʰin⁴⁵，tʰiɛn⁴⁵ ɕia³⁵ na⁵¹ iəu⁵¹ tʂɛ³³ iaŋ³⁵ ti⁰ xau⁵¹ sʅ³⁵ a⁰］

马上就答应了。［ma⁵¹ ṣaŋ³⁵ tɕiəu³⁵ ta²² in²² niau⁰］

这样县官白天在大堂上升堂审案，［tʂɛ³³ iaŋ³⁵ ɕiɛn³⁵ kuan⁴⁵ pɛ²² tʰiɛn⁴⁵ tsai³⁵ ta³⁵ tʰaŋ²² ṣaŋ⁰ ṣən⁴⁵ tʰaŋ²² ṣən⁵¹ an³⁵］

晚上跟着强盗到处偷东西。［uan⁵¹ ṣaŋ⁰ kən⁴⁵ tṣo⁰ tɕʰiaŋ²² tau⁰ tau³⁵ tʂʰu³⁵ tʰəu⁴⁵ tuŋ⁴⁵ ɕi⁰］

一天晚上，［i²² tʰiɛn⁴⁵ uan⁵¹ ṣaŋ⁰］

师徒俩来到一个酒厂偷东西。［sʅ⁴⁵ tʰu²² niaŋ⁵¹ nai²² tau⁰ i²² kɤ⁰ tɕiəu⁵¹ tʂʰaŋ⁵¹ tʰəu⁴⁵ tuŋ⁴⁵ ɕi⁰］

敲开酒厂的柜子，［tɕʰiau⁴⁵ kʰai⁴⁵ tɕiəu⁵¹ tʂʰaŋ⁵¹ ti⁰ kuei³⁵ tsʅ⁰］

把钱财全部偷出来之后，［pa⁵¹ tɕʰiɛn²² tsʰai²² tɕʰyɛn²² pu⁰ tʰəu⁴⁵ tʂʰu²² nai²² tʂʅ⁴⁵ xəu³⁵］

强盗师傅对县官说，［tɕʰiaŋ²² tau⁰ sʅ⁴⁵ fu⁰ tuei³⁵ ɕiɛn³⁵ kuan⁴⁵ ṣo²²］

"师傅口渴了，找点水喝吧！"［sʅ⁴⁵ fu⁰ kʰəu⁵¹ kʰo²² niau⁰，tṣau⁵¹ tiɛn⁵¹ ṣuei⁵¹ xo⁴⁵ pa⁰］

县官到处看，最后没找到。[ɕiɛn³⁵kuan⁴⁵tau³⁵tʂʰu³⁵kʰan³⁵，tsuei³⁵xəu⁴⁵mei⁴⁵tsau⁵¹tau⁰]

他就说："报告师傅，[tʰa⁴⁵tɕiəu³⁵ʂo²²，pau³⁵kau³⁵sʅ⁴⁵fu⁰]

一无茶，二无水，没得办法解决。"[i²²u²²tʂʰa²²，ɚ³⁵u²²ʂuei⁵¹，mei⁴⁵tɛ⁰pan³⁵fa²²kai⁵¹tɕye²²]

强盗师傅对县官说：[tɕʰiaŋ²²tau⁰sʅ⁴⁵fu⁰tuei³⁵ɕiɛn³⁵kuan⁴⁵ʂo²²]

"你这个傻徒弟啊！[ni⁵¹tʂɛ³⁵kɤ⁰xa⁵¹tʰu²²ti³⁵a⁰]

酒不是可以解渴吗？[tɕiəu⁵¹pu²²sʅ⁰kʰo⁵¹i⁰kai⁵¹kʰo²²ma⁰]

县官一听是啊，[ɕiɛn³⁵kuan⁴⁵i²²tʰin⁴⁵sʅ³⁵a⁰]

可是弄什么东西来喝呢？[kʰo⁵¹sʅ⁰nuŋ⁴⁵ʂən²²mo⁰tuŋ⁴⁵ɕi⁰nai²²xo⁴⁵nɛ⁰]

他低头一看自己的脚，[tʰa⁴⁵ti⁴⁵tʰəu²²i²²kʰan³⁵tsʅ³⁵tɕi⁰ti⁰tɕyo²²]

忽然有了灵感。[xu²²zan²²iəu⁵¹nə⁰nin²²kan⁵¹]

他就取下脚里穿的两只皮靴，[tʰa⁴⁵tɕiəu³⁵tɕʰy⁵¹ɕia⁵¹tɕyo²²ni⁰tʂʰuan⁴⁵ti⁰niaŋ⁵¹tsʅ⁴⁵pʰi²²ɕye⁴⁵]

一只递给强盗，一只拿在自己手里。[i²²tsʅ⁴⁵ti³⁵kɛ⁰tɕʰiaŋ²²tau⁰，i²²tsʅ⁴⁵na²²tsai⁰tsʅ³⁵tɕi⁰ʂəu⁵¹ni⁰]

于是他们就用这两只皮靴，[y²²sʅ⁰tʰa⁴⁵mən⁰tɕiəu⁰ioŋ³⁵tʂɛ³⁵niaŋ⁵¹tsʅ⁴⁵pʰi²²ɕye⁴⁵]

从酒缸里舀了两皮靴酒。[tsʰuŋ²²tɕiəu⁵¹kaŋ⁴⁵ni⁵¹iau⁰nə⁰niaŋ⁵¹pʰi²²ɕye⁴⁵tɕiəu⁵¹]

师徒俩开始对饮。[sʅ⁴⁵tʰu²²niaŋ⁰kʰai⁴⁵sʅ⁵¹tuei³⁵in⁵¹]

一皮靴酒全部喝到肚子里以后，[i²²pʰi²²ɕye⁴⁵tɕiəu⁵¹tɕʰyɛn²²pu⁰xo⁴⁵tau⁰tu⁵¹tsʅ⁰ni⁰i³³xəu³⁵]

县官喝得已经有些快要醉了。[ɕiɛn³⁵kuan⁴⁵xo⁴⁵tɛ⁰i⁵¹tɕin⁴⁵iəu⁵¹ɕie⁴⁵kʰuai³⁵iau³⁵tsuei³⁵niau⁰]

他以为自己还在大堂上，[tʰa⁴⁵i⁵¹uei²²tsʅ³⁵tɕi⁰xai³³tsai³⁵ta³⁵tʰaŋ²²ʂaŋ³⁵]

忘记了自己正在当强盗。[uan²²tɕi²²niau⁰tsʅ³⁵tɕi⁰tʂən³⁵tsai³⁵taŋ⁴⁵tɕʰiaŋ²²tau⁰]

他一巴掌拍在大胯上，[tʰa⁴⁵i²²pa⁴⁵tʂaŋ⁵¹pʰie²²tsai³⁵ta³⁵kʰua⁵¹ʂaŋ³⁵] 大胯：大腿

大呵一声说：[ta³⁵xo⁴⁵i²²ʂən⁴⁵ʂo²²]

"众衙役——再来一皮鞋！"[tʂuŋ³⁵ia²²y²²——tsai³⁵nai²²i²²pʰi²²xai²²]

意译：下面我给大家讲一个土家族"再来一皮鞋"的故事。土家人喝酒，第二杯酒叫"再来一皮鞋"，这句话有个来历。现在我就把这个来历讲一遍。

从前有一个县官，到一个地方任职。他任职后审的第一个案子就是一桩盗窃案。有一个强盗，大白天跑到别人家里偷东西，被主人家当场抓住。捆绑以后，把他送到县衙治罪。县官升堂，问道："台下何人？报上名来！""回老爷的话，

小人是强盗。""所偷何物?""回老爷的话,小人只偷白银。""盗得白银多少?""回老爷的话,昨晚只盗得白银五千两。""啊!一晚上你就偷白银五千两啊!平时所偷何物?从实招来!不然大刑伺候!""回老爷的话,小人只偷白银。""你一年偷白银多少?""小人一年只盗得白银十万两。""哎呀!你一年偷的白银比本老爷当十年官的俸禄还要多啊!"县官想到这,突然动了心思。他当场说到:"众衙役,退出庭外!"

待所有的衙役走后,大庭上只剩下县官和那个强盗。县官对强盗说:"如果你收我做徒弟跟你学习偷东西,本官就判你无罪,当庭释放。"强盗一听,天下哪有这样的好事啊!马上就答应了。这样县官白天在大堂上升堂审案,晚上就跟着强盗到处偷东西。

一天晚上,师徒俩来到一个酒厂偷东西。敲开酒厂的柜子,把钱财全部偷出来之后,强盗师傅对县官说:"师傅口渴了,快给我找点水喝吧!"县官到处看,没有找到。他就说:"报告师傅,一无茶,二无水,没有办法解决。"强盗师傅对县官说:"你这个傻徒弟啊!酒不是可以解渴吗?"县官一听,是啊,可是用什么东西来喝呢?他低头一看自己的脚,忽然有了灵感。他取下脚上穿的两只皮靴,一只递给强盗,一只拿在自己手里。于是他们就用这两只皮靴从酒缸里舀了两皮靴酒。师徒俩开始对饮。一皮靴酒全部喝到肚子里以后,县官喝得已经有些快要醉了。他以为自己还在大堂上,忘记了自己正在当强盗。他一巴掌拍在大腿上,大喝一声说:"众衙役——再来一皮鞋!"

四 自选条目

0031 自选条目

猪头就过年,项圈就种田。[tʂu⁴⁵tʰəu⁰tɕiəu³⁵ko³⁵niɛn²², xaŋ³⁵tɕʰyɛn⁴⁵tɕiəu³⁵tʂuŋ³⁵tʰiɛn²²] 项圈:猪颈部的肉

意译:当地土家族过年要吃猪头肉,寓意"有头有尾";种田要吃猪颈肉,吃了猪颈肉好有力气耕种。

0032 自选条目

腰里别把短挖锄,水来便开沟。[iau⁴⁵ni⁰pie⁴⁵pa⁵¹tuan⁵¹ua²²tsʰu⁰, ʂuei⁵¹nai²²piɛn³⁵kʰai⁴⁵kəu⁴⁵] 挖锄:锄头

意译:腰里别一把短锄头,看到有水就可以挖沟。

0033 自选条目

半天云里吹唢呐——呐（哪）里呐（哪）。[pan³⁵tʰiɛn⁴⁵yn²²ni⁰tʂʰuei⁴⁵sa⁵¹no²²——na⁵¹ni⁰na⁵¹] 半天云：半空中

意译：在空中吹唢呐，喻一件事情无边无影，不可信。

0034 自选条目

半天云里撒锅麻烟子——黑啊天。[pan³⁵tʰiɛn⁴⁵yn²²ni⁰sa⁵¹ko⁴⁵ma²²iɛn⁴⁵tsɿ⁵¹——xɛ²²a⁰tʰiɛn⁴⁵] 半天云：半空中。锅麻烟子：锅底灰

意译：往半空中撒锅底灰，天都黑了。"天都黑了"在方言中是一种夸张的说法，喻一件很小的事，说话人用夸张的语气放大，实际上没有这么严重。

0035 自选条目

半天云里放炮竹儿——响（想）得高。[pan³⁵tʰiɛn⁴⁵yn²²ni⁰faŋ³⁵pʰau³⁵tsuə²²——ɕiaŋ⁵¹tɛ²²kau⁴⁵] 半天云：半空中

意译：在半空中放鞭炮，声音响得很高很远。喻做事好高骛远、不切实际。

0036 自选条目

半天云里葛绳子——没得你的轮子。[pan³⁵tʰiɛn⁴⁵yn²²ni⁰ko²²ʂən²²tsɿ⁰——mei³⁵tɛ²²ni⁵¹ti⁰nən²²tsɿ⁰] 半天云：半空中。葛：指搓绳子。没得：没有。轮子：机会

意译：在半空中搓绳子，喻根本没有机会或资格（轮不到你）。

0037 自选条目

半天云里吊和尚——悬僧（玄孙）。[pan³⁵tʰiɛn⁴⁵yn²²ni⁰tiau³⁵xo²²ʂaŋ⁰——ɕyɛn²²sən⁴⁵] 半天云：半空中

意译：半空中吊着个和尚（悬僧），用谐音指称重孙。

0038 自选条目

扁担揩屁股——大刮一顿。[piɛn⁵¹tan³⁵kʰai⁴⁵pʰi³⁵ku⁵¹——ta³⁵kua²²i²²tən³⁵] 揩：擦

意译：用扁担擦屁股，使劲刮。喻做事尽占别人的便宜。

0039 自选条目

扁担上睡瞌睡——想得宽。[piɛn⁵¹tan³⁵ʂaŋ³⁵ʂuei³⁵kʰo²²ʂuei³⁵——ɕiaŋ⁵¹tɛ²²

kʰuan⁴⁵］睡瞌睡：睡觉

意译：在扁担上睡觉，想得宽。喻人凡事想得开，不在意细节。

0040 自选条目

瘪瘪歪歪，千年不坏。［pie⁵¹pie⁵¹uai⁴⁵uai⁴⁵，tɕʰiɛn⁴⁵niɛn²²pu²²xuai³⁵］

意译：形容一件物品外表看起来不怎么样，但却十分耐用。

0041 自选条目

跛子的屁股——翘（俏）货。［pai⁴⁵tsɿ⁵¹ti⁰pʰi³⁵ku⁵¹——tɕʰiau³⁵xo³⁵］跛子：瘸子

意译：用谐音形容事物或人很紧俏、很受欢迎。

0042 自选条目

驼子过门槛——人不上前嘴上前。［tʰo²²tsɿ⁰ko³⁵mən²²kʰan⁵¹——zən²²pu²²ʂaŋ³⁵tɕʰiɛn²²tsuei⁵¹ʂaŋ³⁵tɕʰiɛn²²］

意译：驼子过门槛，人还没上前嘴先上前。形容一个人嘴上说得好听，但没实际行动，或光说不做。

0043 自选条目

裁缝掉啊剪子——只有尺（吃）哒。［tsʰai²²fuŋ³⁵tiau³⁵a⁰tɕiɛn⁵¹tsɿ⁰——tsɿ²²iəu⁵¹tʂʰɿ²²ta⁰］

意译：裁缝掉了剪子，只剩尺了。用"尺"谐音"吃"，表示没有其他办法，只有吃了。

0044 自选条目

顶起碓窝子唱戏，人又吃啊亏，戏又不好看。［tin⁵¹tɕʰi⁰tuei³⁵o⁴⁵tsɿ⁰tʂʰaŋ³³ɕi³⁵，zən²²iəu³⁵tʂʰɿ²²a⁰kʰuei⁴⁵，ɕi³⁵iəu³⁵pu²²xau⁵¹kʰan³⁵］碓窝子：臼，舂米的器具

意译：顶着臼去唱戏，人也吃力，戏又不好看。喻做事吃力不讨好。

0045 自选条目

豁嘴唇吃油粉——松不得劲。［xo⁴⁵tsuei⁵¹tʂʰuən²²tʂʰɿ²²iəu²²fən⁵¹——suŋ⁴⁵pu²²tɛ²²tɕin³⁵］豁嘴唇：指称有兔唇的人

意译：喻做事要一鼓作气，不能松劲。

0046 自选条目

吃人的嘴软，拿人的手短。[tṣʰɿ²² zən²² ti⁰ tsuei⁵¹ zuan⁵¹，na²² zən²² ti⁰ ṣəu⁵¹ tuan⁵¹]

意译：吃了别人的东西，必要时就得说人的好话；得了别人的好处，就得受制于人。

0047 自选条目

出得你的手，进得我的门。[tṣʰu²² tɛ²² ni⁵¹ ti⁰ ṣəu⁵¹，tɕin³⁵ tɛ²² o⁵¹ ti⁰ mən²²]

意译：既然你送得出手，那我也就收下了。略带调侃的语气，实际是嫌礼太少。

0048 自选条目

进门送恭贺，出门叫多谢。[tɕin³⁵ mən²² suŋ³⁵ kuŋ⁴⁵ xo³³，tṣʰu²² mən²² tɕiau³⁵ to⁴⁵ ɕie⁰]

意译：到别人家拜访进门时要说恭贺祝福的话，离开时要向主人致谢，这是为人处事的基本礼节。

0049 自选条目

穿钉鞋上瓦屋——把稳着实。[tṣʰuan⁴⁵ tin⁴⁵ xai²² ṣaŋ³⁵ ua⁵¹ u²²——pa⁵¹ uən⁵¹ tṣo²² ʂɿ²²] 瓦屋：瓦房

意译：穿着钉鞋上瓦房，踩得稳当。喻做事讲究方法，稳当可靠。

0050 自选条目

大哥莫说二哥，灯盏莫说碓窝。[ta³⁵ ko⁴⁵ mo²² ṣo²² ɚ³⁵ ko⁴⁵，tən⁴⁵ tṣan⁵¹ mo²² ṣo²² tuei³⁵ o⁴⁵] 碓窝：臼

意译：喻情况都差不多，谁也别说谁的不是。

0051 自选条目

大门上挂蓑衣，别人不披（批）个人披（批）。[ta³⁵ mən²² ṣaŋ⁰ kua³⁵ so⁴⁵ i⁴⁵，pie²² zən⁰ pu²² pʰei⁴⁵ ko²² zən⁰ pʰei⁴⁵] 蓑衣：用草编织而成的可以穿在身上遮雨的雨具。个人：自己

意译："披"谐音"批"，喻如果别人不批准或不同意，我就自己做。

0052 自选条目

戴起斗笠帽谈恋爱——亲不倒嘴。[tai³⁵ tɕʰi⁵¹ təu⁵¹ ni²² mau³⁵ tʰan²² niɛn³⁵ ai³⁵——

tɕʰin⁴⁵ pu²² tau⁵¹ tsuei⁵¹]

意译：戴着斗笠帽谈恋爱，亲不到嘴。喻做一件事不讲方法，就做不成。

0053 自选条目

低头接媳妇儿，抬头嫁姑娘。[ti⁴⁵ tʰəu⁰ tɕie²² ɕi²² fə⁰，tʰai⁴⁵ tʰəu⁰ tɕia³⁵ ku⁴⁵ niaŋ⁰]
媳妇儿：儿媳妇。姑娘：女儿。

意译：男方家要低着头恭恭敬敬地迎娶儿媳妇过门，女方家要抬着头风风光光地把女儿嫁出去。这体现了当地婚恋嫁娶的观念，认为男方要充分尊重女方。

0054 自选条目

冬天莫挡别人的火，热天莫挡别人的风。[tuŋ⁴⁵ tʰiɛn⁴⁵ mo²² taŋ⁵¹ pie²² zən²² ti⁰ xo⁵¹，zɛ²² tʰiɛn⁴⁵ mo²² taŋ⁵¹ pie²² zən²² ti⁰ fuŋ⁴⁵] 热天：夏天。

意译：冬天不要挡住别人烤火，夏天不要挡住别人吹风。喻做任何事都要顾及他人，不要损害他人的利益。

0055 自选条目

狗子拜祭杀猪佬——好的这一口。[kəu⁵¹ tsɹ̩⁰ pai³⁵ tɕi⁰ ʂa²² tʂu⁴⁵ nau⁵¹ ——xau³⁵ ti⁰ tʂɛ³⁵ i²² kʰəu⁵¹] 杀猪佬：专门宰杀猪的人。

意译：拿狗去拜祭杀猪佬，喻做事投其所好。

0056 自选条目

瓜儿是吊大的，娃儿是打大的。[kua⁴⁵ ɚ⁰ ʂɹ̩³⁵ tiau³⁵ ta³⁵ ti⁰，ua²² ɚ⁰ ʂɹ̩³⁵ ta⁵¹ ta³⁵ ti⁰]

意译：瓜是吊着长大的，孩子是打着长大的，不打不成器。

0057 自选条目

闺女娃子打亲家——空口说空话。[kuei⁴⁵ ny⁵¹ ua²² tsɹ̩⁰ ta⁵¹ tɕʰin⁴⁵ tɕia⁴⁵ ——kʰuŋ⁴⁵ kʰəu⁵¹ ʂo²² kʰuŋ⁴⁵ xua³⁵] 打亲家：说亲事。

意译：两个闺女要说亲事，说的是空话。喻说一些不可能实现的事。

0058 自选条目

瘫子赶仗——坐倒吼。[tʰan⁴⁵ tsɹ̩⁰ kan⁵¹ tʂaŋ³⁵ ——tso³⁵ tau⁵¹ xəu⁵¹] 瘫子：腿脚不能动的人。赶仗：赶集。

意译：让腿脚不能动的人去赶集，只能坐着吆喝了。形容有的人光嘴上说，没有实际行动。

0059 自选条目

好心讨不倒好报，黄泥巴打不倒好灶。[xau⁵¹ ɕin⁴⁵ tʰau⁵¹ pu⁰ tau⁵¹ xau⁵¹ pau³⁵, xuaŋ²² ni²² pa⁰ ta⁵¹ pu⁰ tau⁵¹ xau⁵¹ tsau³⁵] 打不倒：打不了

意译：好心得不到好报，用黄泥巴打不了好灶。

0060 自选条目

见人说人话，见鬼说鬼话。[tɕiɛn³⁵ zən²² ʂo²² zən²² xua³⁵, tɕiɛn³⁵ kuei⁵¹ ʂo²² kuei⁵¹ xua³⁵]

意译：审时度势，见什么人说什么话。

0061 自选条目

姜是老的辣，醋是陈的酸。[tɕiaŋ⁴⁵ ʂʅ³⁵ nau⁵¹ ti⁰ na²², tsʰu³⁵ ʂʅ³⁵ tʂʰən²² ti⁰ suan⁴⁵]

意译：喻人和事要经历长年累月的积累，才会更有经验或变得更好。

0062 自选条目

正月十五玩龙灯，越玩越转去。[tʂən⁴⁵ ye²² ʂʅ²² u⁵¹ uan²² nuŋ²² tən⁴⁵, ye²² uan²² ye²² tʂuan⁵¹ kʰɛ³⁵] 转去：倒退

意译：正月十五玩龙灯，越玩越倒退。喻一个人越来越退步。

0063 自选条目

告花子背不起三斗米——自讨的。[kau³⁵ xua⁴⁵ tsʅ⁰ pei⁴⁵ pu²² tɕʰi⁰ san⁴⁵ təu⁵¹ mi⁵¹——tsʅ³⁵ tʰau⁵¹ ti⁰] 告花子：叫花子

意译：叫花子背不动三斗米，都是自讨的。喻自讨苦吃。

0064 自选条目

告花子过六月——享天福。[kau³⁵ xua⁴⁵ tsʅ⁰ ko³⁵ nu²² ye²²——ɕiaŋ⁵¹ tʰiɛn⁴⁵ fu²²] 告花子：叫花子

意译：叫花子过六月，天气舒服，不用担心没衣服穿，享老天的福。喻人有福气，受老天眷顾。

0065 自选条目

六月间爹皴口——哪门奢开啊的。[nu²² ye²² tɕiɛn⁴⁵ tʂa⁴⁵ tsʰən⁴⁵ kʰəu⁵¹——na⁵¹ mən²² sɛ⁴⁵ kʰai⁴⁵ a⁰ ti⁰〕麦：裂开。皴口：手上裂开的口子。哪门：怎么。奢：张开，裂开

意译：喻事情本就不合理，怎么好意思提出这样不合理的要求，带有讽刺的意味。

0066 自选条目

洋虹虹吃尾巴——个人吃个人。〔iaŋ²² tin⁴⁵ tin⁰ tṣʰʅ²² uei⁵¹ pa⁰——ko²² zən²² tṣʰʅ²² ko²² zən²²〕洋虹虹：蜻蜓。个人：自己

意译：蜻蜓尾巴长，将其尾绕至嘴边，看似自己吃自己。比喻自己吃的自己支付。

0067 自选条目

齆鼻子吹海螺——里（你）喎。〔uŋ³⁵ pi²² tsʅ⁰ tṣʰuei⁴⁵ xai⁵¹ no²²——ni⁵¹ aŋ²²〕齆鼻子：因鼻孔堵塞而发音不清的人。喎：喊叫

意译：喻你自己看着办，你自己想清楚。

0068 自选条目

杉树刺烤火——一哄而散。〔ṣa⁴⁵ ṣu³⁵ tsʰʅ³⁵ kʰau⁵¹ xo⁵¹——i²² xuŋ⁵¹ ɚ²² san³⁵〕

意译：喻事情还没开始，人们就一哄而散。喻人心不齐，做事不成。

0069 自选条目

稻谷草织背篓——蔫劲。〔tau³⁵ ku²² tsʰau⁵¹ tsʅ²² pei³⁵ nəu⁵¹——iaŋ⁴⁵ tɕin³⁵〕蔫劲：希望不大

意译：用稻草织背篓，不牢靠。喻做一件事实现的可能性不大。

0070 自选条目

聋子的耳朵——摆设。〔nuŋ⁴⁵ tsʅ⁰ ti⁰ ɚ⁵¹ to⁰——pai⁵¹ ṣe²²〕

意译：形容人或物起不到实际作用，只是一个摆设。

0071 自选条目

猫儿绊泼饭甑子——替狗子搞啊一场。〔mau⁴⁵ ɚ⁰ pan⁴⁵ pʰo²² fan³⁵ tsən³⁵ tsʅ⁰——tʰi³⁵ kəu⁵¹ tsʅ⁰ kau⁰ a⁰ i²² tṣʰaŋ⁵¹〕饭甑子：装饭的器皿

意译：猫把吃饭的容器打翻了，狗就来吃现成的。形容一个人辛苦做事，到最后却都是替别人做的，白忙活一场，自己什么都得不到。

0072 自选条目

磨拐子摘啊屁股里——拐啊大肠。[mo³⁵kuai⁵¹tsʅ⁰tʂʰʅ⁴⁵a⁰pʰi³⁵ku⁵¹ni⁰——kuai⁵¹a⁰ta³⁵tʂʰaŋ²²] 磨拐子：磨子的推杆。摘：伸

意译：喻做一件事遇到了大麻烦。

0073 自选条目

柴隔十里，柴在屋里；[tʂʰai²²kɛ²²sʅ²²ni⁰, tʂʰai²²tsai³⁵u²²ni⁰]

柴隔半里，柴在锅里。[tʂʰai²²kɛ²²pan³⁵ni⁰, tʂʰai²²tsai³⁵ko⁴⁵ni⁰]

意译：越是麻烦的事，反而会尽快去做；越是简单的事，却迟迟懒得去做。

0074 自选条目

吊颈鬼涂脂抹粉，死都还要这张脸。[tiau³⁵tɕin⁵¹kuei⁵¹tʰu²²tsʅ⁵¹mo⁴⁵fən⁵¹, sʅ⁵¹təu⁴⁵xai²²iau³⁵tʂɛ³⁵tʂaŋ⁴⁵niɛn⁵¹] 吊颈鬼：吊死鬼

意译：吊死鬼还在脸上涂脂抹粉，死了都要这张脸好看。喻人爱面子爱到极致。

0075 自选条目

来客不倒茶，倒装三根烟。[nai²²kʰɛ²²pu²²tau³⁵tʂʰa²², tau³⁵tʂuaŋ⁴⁵san⁴⁵kən⁴⁵iɛn⁴⁵] 装烟：递烟

意译：客人到家，主人不倒茶，反倒让客人来递烟。形容主人待客不周。

0076 自选条目

癞蛤包被牛踩啊一脚——浑身都是伤。[nai³⁵kʰɛ²²pau⁴⁵pei³⁵niəu²²tsʰai⁵¹a⁰i²²tɕyo²²——xuən²²ʂən⁴⁵təu⁴⁵sʅ³⁵ʂaŋ⁴⁵] 癞蛤包：癞蛤蟆

意译：癞蛤蟆被牛踩了一脚，浑身都是伤。喻实力悬殊，损失惨重。

0077 自选条目

癞蛤包吃豇豆——不得下肠。[nai³⁵kʰɛ²²pau⁴⁵tʂʰʅ²²kaŋ⁴⁵təu³⁵——pu²²tɛ²²ɕia³⁵tʂʰaŋ²²] 癞蛤包：癞蛤蟆

意译：癞蛤蟆吃豇豆，下不了肠。喻事情做不下来或问题无法得到解决。

0078 自选条目

癞蛤包打呵欠——好大的口气。[nai³⁵kʰɛ²²pau⁴⁵ta⁵¹xo⁴⁵ɕiɛn⁴⁵——xau⁵¹ta³⁵ti⁰

$k^həu^{51}\ tɕ^hi^0$] 癞蛤包：癞蛤蟆。呵欠：哈欠

意译：癞蛤蟆打哈欠，好大的口气。喻一个人能力不大，但说话口气不小。

0079 自选条目

老鼠子拖葫芦——大头在后头。[$nau^{51}\ ʂu^{51}\ tsɿ^0\ t^ho^{45}\ xu^{22}\ nu^0$ —— $ta^{35}\ t^həu^{22}\ tsai^{35}\ xəu^{35}\ t^həu^{22}$] 后头：后面

意译：喻重要的在后面。

0080 自选条目

老鼠子吃大麦——不顺须。[$nau^{51}\ ʂu^{51}\ tsɿ^0\ tʂʰɿ^{22}\ ta^{35}\ mie^{22}$ —— $pu^{22}\ ʂuən^{35}\ ɕy^{45}$]

意译：喻做事不顺利。

0081 自选条目

老鼠子爬啊秤钩上——个人称个人。[$nau^{51}\ ʂu^{51}\ tsɿ^0\ p^ha^{22}\ a^0\ tʂʰən^{35}\ kəu^{45}\ ʂaŋ^{35}$ —— $ko^{22}\ zən^{22}\ tʂʰən^{45}\ ko^{22}\ zən^{22}$] 个人：自己

意译：喻自己夸赞（炫耀）自己。

0082 自选条目

脸无四两肉，做事很刮毒。[$niɛn^{51}\ u^{22}\ sɿ^{35}\ niaŋ^{51}\ zu^{22}$, $tsu^{35}\ sɿ^{35}\ xən^{51}\ kua^{22}\ tu^{22}$] 刮毒：心狠、绝情

意译：一般脸上没肉的人，做事都比较心狠。

0083 自选条目

卤水点豆腐，一物降一物。[$nu^{51}\ ʂuei^{51}\ tiɛn^{51}\ təu^{35}\ fu^0$, $i^{22}\ u^{22}\ ɕiaŋ^{22}\ i^{22}\ u^{22}$]

意译：正如卤水可以点豆腐一样，事物之间存在着相互制衡的关系。

0084 自选条目

萝卜白菜，各有所爱。[$no^{22}\ pu^0\ pɛ^{22}\ tsʰai^{35}$, $ko^{22}\ iəu^{51}\ so^{51}\ ai^{35}$]

意译：喻每个人都有自己的喜好。

0085 自选条目

麻子打呵欠——全体动员。[$ma^{22}\ tsɿ^0\ ta^{51}\ xo^{45}\ ɕiɛn^{45}$ —— $tɕʰyɛn^{22}\ tʰi^{51}\ tuŋ^{35}\ yɛn^{22}$] 麻子：脸上长满雀斑的人。呵欠：哈欠

意译：喻全体动员，团结合作。

0086 自选条目

麻子照镜子——个人观点。[ma^{22} tsʅ^0 tʂau^{35} tɕin^{35} tsʅ^0——ko^{35} zən^{22} kuan^{45} tiɛn^{51}] 麻子：脸上长满雀斑的人

意译：脸上长满雀斑的人照镜子，自己看自己脸上的"麻点"（点），用"个人观点"既是谐音，又是一语双关。

0087 自选条目

麻子做报告——群众观点。[ma^{22} tsʅ^0 tsu^{35} pau^{35} kau^{35}——tɕʰyn^{22} tʂuŋ^{35} kuan^{45} tiɛn^{51}] 麻子：脸上长满雀斑的人

意译：脸上长满雀斑的人当着大家做报告，群众都看（观）得到他的"麻点"（点），谐音"群众观点"。

0088 自选条目

癞子跟着月亮走——沾光。[nai^{35} tsʅ^0 kən^{45} tʂo^{22} ye^{22} niaŋ^0 tsəu^{51}——tʂan^{45} kuaŋ^{45}] 癞子：头上长黄癣的人

意译："沾光"一词一语双关，喻做事沾别人的光。

0089 自选条目

活茅草揩屁股——过不得经。[xo^{22} mau^{22} tsʰau^{51} kʰai^{45} pʰi^{35} ku^{51}——ko^{35} pu^{22} tɛ^{22} tɕin^{45}] 揩：擦。过不得经：不知道怎么办好

意译：形容事情困难重重，毫无办法。

0090 自选条目

米汤盆里坐，糊里糊涂过。[mi^{51} tʰaŋ^{45} pʰən^{22} ni^0 tso^{35}，xu^{22} ni^0 xu^{22} tʰu^{22} ko^{35}]

意译：喻糊里糊涂地过日子。

0091 自选条目

木匠屋里栽=架子床，医生屋里病婆娘。[mu^{22} tɕiaŋ^{35} u^{22} ni^0 tsai^{45} tɕia^{35} tsʅ^0 tʂʰuaŋ^{22}，i^{45} sən^{45} u^{22} ni^0 pin^{35} pʰo^{22} niaŋ^0] 栽=：歪歪斜斜的。架子床：木床。婆娘：媳妇

意译：木匠家里的木床大多是歪歪斜斜的，医生的媳妇往往病病歪歪。调侃做某一行当的人往往忙于工作，对家庭和家人疏于照顾。

0092 自选条目

穷灶门，富火坑。[tɕʰioŋ²² tsau³⁵ mən²², fu³⁵ xo⁵¹ kʰən⁴⁵]

意译：灶门周围尽量不放柴火，以防起火；而火坑边上要多放柴火，以便随时添火。

0093 自选条目

人穷志短，马瘦毛长。[zən²² tɕʰioŋ²² tʂʅ³⁵ tuan⁵¹, ma⁵¹ səu³⁵ mau²² tʂʰaŋ²²]

意译：马瘦就显得毛长，人穷就容易因现实的困难而妥协，即一分钱难倒英雄汉。

0094 自选条目

人生三节草，不知哪节好。[zən²² sən⁴⁵ san⁴⁵ tɕie²² tsʰau⁵¹, pu²² tʂʅ⁴⁵ na⁵¹ tɕie²² xau⁵¹]

意译：人生分青年、中年和老年三个阶段，每个阶段都有不同的困惑和烦恼，说不清哪个阶段更好。

0095 自选条目

人无千日好，花无百日红。[zən²² u²² tɕʰiɛn⁴⁵ zʅ²² xau⁵¹, xua⁴⁵ u²² pɛ²² zʅ²² xuŋ²²]

意译：花不可能永远娇艳，人也不可能一直顺利，喻美好的事物不可能旷日持久。

0096 自选条目

三百斤的野猪，只有一张嘴。[san⁴⁵ pɛ²² tɕin⁴⁵ ti⁰ ie⁵¹ tʂu⁴⁵, tʂʅ²² iəu⁵¹ i²² tʂaŋ⁴⁵ tsuei⁵¹]

意译：形容一个人只会嘴上吹嘘，没有什么实际本事。

0097 自选条目

杀猪杀屁股，一个师傅一个刀法。[ʂa²² tʂu⁴⁵ ʂa²² pʰi³⁵ ku⁵¹, i²² kɤ⁰ sʅ⁴⁵ fu⁰ i²² kɤ⁰ tau⁴⁵ fa²²]

意译：杀猪从猪屁股切刀，每个师傅都有不同的刀法。喻每个人做事的方法都不一样。

0098 自选条目

摘手打人，缩手不认。[tʂʰʅ⁴⁵ ʂəu⁵¹ ta⁵¹ zən²², su²² ʂəu⁵¹ pu²² zən³⁵] 摘：伸

意译：伸手打了人，缩手就不认了。喻刚刚做了坏事却不承认。

0099 自选条目

塌鼻子戴眼镜——无搁落。[tʰa²² pi²² tsʅ⁰ tai³⁵ iɛn⁵¹ tɕin³⁵——u²² kʰo³⁵ no²²] 塌鼻子：鼻梁塌的人。搁落：搁置

意译：鼻梁塌的人戴眼镜，眼镜搁不住容易滑。喻事情定不下来。

0100 自选条目

脱起裤子撵老虎——不要脸又不要命。[tʰo²² tɕʰi⁰ kʰu³⁵ tsʅ⁰ niɛn⁵¹ nau⁵¹ xu⁰——pu²² iau³⁵ niɛn⁵¹ iəu³⁵ pu²² iau³⁵ min³⁵] 撵：追赶

意译：脱了裤子去追老虎，形容一个人做事，既不顾脸面又不顾安全。

巴　东

一　歌谣

0001 歌谣

张大铁，李大铁，[tsaŋ⁴⁵ ta²⁴ tʰie²², ni⁵¹ ta²⁴ tʰie²²] 大铁：打铁匠

打把花剑送姐姐。[ta⁵¹ pa⁵¹ xua⁴⁵ tɕiɛn²⁴ soŋ²⁴ tɕie⁵¹ tɕie⁰]

姐姐留我歇，我不歇。[tɕie⁵¹ tɕie⁰ niəu²² uo⁵¹ ɕie²², uo⁵¹ pu²² ɕie²²] 歇：留宿、休息

我要回去打毛铁。[uo⁵¹ iau²⁴ xuei²² kʰɤ²⁴ ta⁵¹ mau²² tʰie²²] 毛铁：生铁

毛铁打得个二斤半，[mau²² tʰie²² ta⁵¹ tɤ²² kɤ⁰ ɚ²⁴ tɕin⁴⁵ pan²⁴]

哥哥嫂嫂都来看。[kuo⁴⁵ kuo⁰ sau⁵¹ sau⁰ təu⁴⁵ nai²² kʰan²⁴]

意译：张铁匠，李铁匠，打了把花剑送姐姐。姐姐要留我过夜，我不住，我要回去打生铁。生铁打了两斤半，哥哥嫂嫂都来看。

0002 歌谣

推推磨，拐拐磨，[tʰuei⁴⁵ tʰuei⁴⁵ mo²⁴, kuai⁵¹ kuai⁵¹ mo²⁴] 拐：往回推磨的动作

推个粑粑甜不过。[tʰuei⁴⁵ kə⁰ pa⁴⁵ pa⁴⁵ tʰiɛn²² pu²² kuo²⁴] 粑粑：米粑

家家不开门，[ka⁴⁵ ka⁴⁵ pu²² kʰai⁴⁵ mən²²] 家家：外婆

黄狗儿咬死人。［xuaŋ²² kəu⁵¹ ɚ⁰ au⁵¹ sʐ⁵¹ zən²²］咬死人：形容狗汪汪直叫，很凶的样子
黄狗儿黄狗儿你莫咬，［xuaŋ²² kəu⁵¹ ɚ⁰ xuaŋ²² kəu⁵¹ ɚ⁰ ni⁵¹ mo²² au⁵¹］
把个粑粑你过早。［pa⁵¹ kə²⁴ pa⁴⁵ pa⁴⁵ ni⁵¹ kuo²⁴ tsau⁵¹］把：给。过早：吃早餐

意译：用磨子磨米浆，做的米粑甜得很。给外婆送米粑，外婆不在家，家里的黄狗汪汪叫。黄狗黄狗你别咬，给你个米粑当早餐。

0003 歌谣

螃蟹子螃蟹子多又多。［pʰaŋ²² xai²² tsʐ⁰ pʰaŋ²² xai²² tsʐ⁰ tuo⁴⁵ iəu²⁴ tuo⁴⁵］
一个螃蟹子八只脚，［i²² kə⁰ pʰaŋ²² xai²² tsʐ⁰ pa²² tsʐ⁴⁵ tɕio²²］
两个哩大夹夹，［niaŋ⁵¹ kə⁰ ni⁵¹ ta²⁴ tɕia²² tɕia⁰］夹夹：螃蟹前面的两个大钳子，学名叫"螯"
还有一个硬壳壳。［xai²² iəu⁵¹ i²² kə²⁴ ən²⁴ kʰuo²² kʰuo²²］

意译：螃蟹数量多又多。一只螃蟹八只脚，前面两个大钳子，身上还有一个硬壳壳。这是一首教小孩识螃蟹和识数的童谣。

0004 歌谣

桌子角角板凳角，［tsuo²² tsʐ⁰ kuo²² kuo²² pan⁵¹ tən²⁴ kuo²²］
半夜里起来摸茶喝。［pan²⁴ ie²² ni⁵¹ tɕʰi⁵¹ nai²² mo⁴⁵ tsʰa²² xo⁴⁵］
东一摸，西一摸，［toŋ⁴⁵ i²² mo⁴⁵，ɕi⁴⁵ i²² mo⁴⁵］
桌子搒倒我的后脑壳。［tsuo²² tsʐ⁰ pʰaŋ⁵¹ tau⁵¹ uo⁵¹ ti⁰ xəu²⁴ nau⁵¹ kʰuo²²］搒：碰、撞。后脑壳：后脑勺

意译：桌子角和板凳角，半夜起来我找茶喝。东一摸，西一摸，后脑勺碰到了桌子角。

0005 歌谣

虫虫儿虫虫儿飞哒，［tsʰoŋ²² tsʰoŋ²² ɚ²² tsʰoŋ²² tsʰoŋ²² ɚ²² fei⁴⁵ ta⁰］
飞到家家园子里去哒。［fei⁴⁵ tau²⁴ ka⁴⁵ ka⁴⁵ yɛn²² tsʐ⁰ ni⁰ kʰɤ²⁴ ta⁰］家家：外婆
屙把尖尖儿屎，［uo⁴⁵ pʰa⁵¹ tɕiɛn⁴⁵ tɕiɚ⁴⁵ sʐ⁵¹］屙：排泄（小便、大便）
给舅妈剔牙齿。［kɤ⁴⁵ tɕiəu²⁴ ma⁴⁵ tʰi⁴⁵ ia²² tsʰʐ⁵¹］

意译：一首逗小孩的童谣。虫子飞走了，飞到外婆的菜园里去了。拉一把尖尖的屎，好给舅妈剔牙齿。

0006 歌谣

女：正月里是新春哪，［tsən⁴⁵ ye²² ni⁰ sʐ²⁴ ɕin⁴⁵ tsʰuən⁴⁵ na⁰］

风吹就叶儿顺哪。[xoŋ⁴⁵ tsʰuei⁴⁵ tɕiəu²⁴ ie²² ɚ²² suən²⁴ na⁰]

今儿我坐在那斜对门哪，[tɕin⁴⁵ ɚ²² uo⁵¹ tsuo²⁴ tsai²⁴ na²⁴ ɕie²² tuei²⁴ mən²² na⁰] 对门：对面

伙计伙计喂喂，[xuo⁵¹ tɕi⁰ xuo⁵¹ tɕi⁰ uei⁰ uei⁰]

我不是女光棍哪。[uo⁵¹ pu²² sɿ²⁴ ny⁵¹ kuaŋ⁴⁵ kuən²⁴ na⁰]

男：二月里是花朝啊，[ɚ²⁴ ye²² ni⁵¹ sɿ²⁴ xua⁴⁵ tsʰau²² a⁰]

伸手把姐捞⁼啊。[ʂən⁴⁵ ʂəu⁵¹ pa⁵¹ tɕie⁵¹ nau⁴⁵ a⁰] 捞⁼：牵（手）

二人哩个挽手上高桥啊，[ɚ²⁴ zən²² ni⁰ kə⁰ uan⁵¹ ʂəu⁵¹ ʂaŋ²⁴ kau⁴⁵ tɕʰiau²² a⁰]

伙里伙计喂喂，[xuo⁵¹ ni⁰ xuo⁵¹ tɕi⁰ uei⁰ uei⁰]

歪锅就对瘪灶啊。[uai⁴⁵ kuo⁴⁵ tɕiəu²⁴ tei²⁴ pie⁵¹ tsau²⁴ a⁰] 歪锅对瘪灶：一句民间谚语，指什么样的人或物就匹配什么样的人和物

女：三月是清明哪，[san⁴⁵ ye²² sɿ²⁴ tɕʰin⁴⁵ min²² na⁰]

劝哥嘴要稳哪。[tɕʰyɛn²⁴ kuo⁴⁵ tsuei⁵¹ iau²⁴ uən⁵¹ na⁰]

刀子那个嘴那么豆腐心哪，[tau⁴⁵ tsɿ⁵¹ na²⁴ kə⁰ tsuei⁵¹ na²⁴ mo²² təu²² fu⁵¹ ɕin⁴⁵ na⁰]

伙计伙计喂喂，[xuo⁵¹ tɕi⁰ xuo⁵¹ tɕi⁰ uei⁰ uei⁰]

说话就莫伤人哪。[ʂuo²² xua²⁴ tɕiəu²⁴ mo²² saŋ⁴⁵ zən²² na⁰]

男：四月里是立夏呀，[sɿ²⁴ ye²² ni⁰ sɿ²⁴ ni²² ɕia²⁴ ia⁰]

情妹娃儿要出嫁呀。[tɕʰin²² mei²⁴ uɚ²⁴ iau²⁴ tʂʰu²² tɕia²⁴ ia⁰] 妹娃儿：妹妹

莫把你个情哥哥忘记哒呀，[mo²² pa⁵¹ ni⁵¹ kə⁰ tɕʰin²² kuo⁴⁵ kuo⁴⁵ uaŋ²⁴ tɕi⁵¹ ta⁰ ia⁰]

伙里伙计喂喂，[xuo⁵¹ ni⁰ xuo⁵¹ tɕi⁰ uei⁰ uei⁰]

时时要牵挂呀。[sɿ²² sɿ²² iau²⁴ tɕʰiɛn⁴⁵ kua²⁴ ia⁰]

女：五月是端阳啊，[u⁵¹ ye²² sɿ²⁴ tuan⁴⁵ iaŋ²² a⁰]

美酒就兑雄黄啊，[mei⁵¹ tɕiəu⁵¹ tɕiəu²⁴ tuei²⁴ ɕioŋ²² xuaŋ²² a⁰]

双手那个端在郎面前哪，[ʂuaŋ⁴⁵ ʂəu⁵¹ na²⁴ kə⁰ tuan⁴⁵ tsai²⁴ naŋ²² miɛn²⁴ tɕʰiɛn²² na⁰]

伙计伙计喂喂，[xuo⁵¹ tɕi⁰ xuo⁵¹ tɕi⁰ uei⁰ uei⁰]

情哥哥尝一尝。[tɕʰin²² kuo⁴⁵ kuo⁴⁵ tsʰaŋ²² i²² tsʰaŋ²²]

男：六月里三伏热呀，[nu²² ye²² ni⁵¹ san⁴⁵ fu²² zɤ²² ia⁰]

扇子儿你借不得呀，[ʂan²⁴ tsɚ²² ni⁵¹ tɕie²⁴ pu²² tɤ²² ia⁰]

虽说你我二人就也还好呀，[suei⁴⁵ ʂuo²² ni⁵¹ uo⁵¹ ɚ²⁴ zən²² tɕiəu²⁴ ie⁵¹ xai²² xau⁵¹ ia⁰]

伙里伙计喂喂，[xuo⁵¹ ni⁰ xuo⁵¹ tɕi⁰ uei⁰ uei⁰]

你热我也热呀。[ni⁵¹ zɤ²² uo⁵¹ ie⁵¹ zɤ²² ia⁰]

女：七月是月半哪，[tɕʰi²² ye²² sɿ²⁴ ye²² pan²⁴ na⁰] 月半：中元节

阳雀子回家乡啊，[iaŋ²² tɕʰio²² tsɿ⁰ xuei²² tɕia⁴⁵ ɕiaŋ⁴⁵ a⁰] 阳雀子：杜鹃鸟

你看那个阳雀儿喊三年哪，[ni⁵¹ kʰan²⁴ na²⁴ kə⁰ iaŋ²² tɕʰiɚ² xan⁵¹ san⁴⁵ niɛn²² na⁰]

伙计伙计喂喂，[xuo⁵¹tɕi⁰xuo⁵¹tɕi⁰uei⁰uei⁰]

还是那个乖乖儿样哪。[xai²²ʂʅ²⁴na²⁴kə⁰kuai⁴⁵kuə⁰iaŋ⁴⁵na⁰]

男：八月里绣八纱呀，[pa²²ye²²ni⁵¹ɕiəu²⁴pa²²ʂa⁴⁵ia⁰]

辰时里姐绣花呀，[ʂən²²ʂʅ²⁴ni⁵¹tɕie⁵¹ɕiəu²⁴xua⁴⁵ia⁰]

你看那个几多子风流汉哪，[ni⁵¹kʰan²⁴na²⁴kə⁰tɕi⁵¹tuo⁴⁵tsʅ⁵¹foŋ⁴⁵niəu²²xan²⁴na⁵¹]

几多：多少

伙里伙计喂喂，[xuo⁵¹ni⁰xuo⁵¹tɕi⁰ue⁰ue⁰]

就死在那花树下呀。[tɕiəu²⁴sʅ⁵¹tsai²⁴na²⁴xua⁴⁵ʂu²⁴ɕia²⁴ia⁰]

女：九月是重阳，[tɕiəu⁵¹ye²²ʂʅ²⁴tsʰoŋ²²iaŋ²²]

情哥哥要来玩，[tɕʰin²²kuo⁴⁵kuo⁴⁵iau²⁴nai²²uan²²]

又打那个豆腐又熬糖，[iəu²⁴ta⁵¹na²⁴kə⁰təu²⁴fu⁵¹iəu²⁴au²²tʰaŋ²²]

伙计伙计喂喂，[xuo⁵¹tɕi⁰xuo⁵¹tɕi⁰ue⁰ue⁰]

我鞋袜儿就做两双。[uo⁵¹xai²²uə²²tɕiəu²⁴tsuo²⁴niaŋ⁵¹ʂuaŋ⁴⁵]

合：十月小阳春，[ʂʅ²²ye²²ɕiau⁵¹iaŋ²²tsʰuən⁴⁵]

情哥哥表真情，[tɕʰin²²kuo⁴⁵kuo⁴⁵piau⁵¹tʂən⁴⁵tɕʰin²²]

今生那个今世就不丢你啊，[tɕin⁴⁵ʂən⁴⁵na²⁴kə⁰tɕin⁴⁵ʂʅ²⁴tɕiəu²⁴pu²²tiəu⁴⁵ni⁵¹a⁰]

伙计伙计喂喂，[xuo⁵¹tɕi⁰xuo⁵¹tɕi⁰ue⁰ue⁰]

同枕鸳鸯枕哪。[tʰoŋ²²tʂən⁵¹yɛn⁴⁵iaŋ²²tʂən⁵¹na⁰]

意译：这是一首巴东有名的男女对唱的情歌——《十月小阳春》。男女借10个节气来对唱，表达对彼此的情谊，同时也展现了巴东的民风民俗。

女：正月是新春，风一吹叶儿顺。今天我坐在你家斜对门，我不是女光棍啊。

男：二月是花朝，伸手把姐牵。我和姐二人挽手上高桥。你和他条件都不好，所以才配到一起啊。

女：三月是清明，我劝哥哥嘴要稳当啊。刀子嘴豆腐心，你说话不要伤人哦。

男：四月是立夏，情妹妹就要出嫁了。你别把情哥哥忘记啦，时常要牵挂呀。

女：五月是端阳，美酒兑雄黄。我双手把美酒端在哥哥面前，请情哥哥尝一尝。

男：六月里三伏天热啊，扇子你别借给别人啊，虽然你们二人关系还好，你热我也热啊。

女：七月是月半，杜鹃鸟要归家。你看那个杜鹃鸟，一喊就是三年，还是那个乖乖样啊。

男：八月绣八纱，姐姐在绣花，有多少男儿倾倒在姐姐的石榴裙下啊。

女：九月是重阳，情哥哥要来玩，我是又打豆腐又熬糖，做鞋袜也做两双。

合：十月是小阳春，情哥哥表真心，今生今世我就选定你，二人恩爱到白头。

0007 歌谣

女：郎在高坡放早牛喂，［naŋ²² tsai²⁴ kau⁴⁵ pʰo⁴⁵ xuaŋ²⁴ tsau⁵¹ niəu²² uei⁰］

妹在那园中梳早头啊。［mei²⁴ tsai²⁴ na²⁴ yɛn²² tsoŋ⁴⁵ su⁴⁵ tsau⁵¹ tʰəu²² ua⁰］

郎在高坡招一招手啊，［naŋ²² tsai²⁴ kau⁴⁵ pʰo⁴⁵ tsau⁴⁵ i⁰ tsau⁴⁵ səu⁵¹ ua⁰］

我的哥哥喂，［uo⁵¹ ti⁰ kuo⁴⁵ kuo⁰ uei⁰］

妹在园中显一点头啊嚯喂嚯喂。［mei²⁴ tsai²⁴ yɛn²² tsoŋ⁴⁵ ɕiɛn⁵¹ i²² tiɛn⁵¹ tʰəu²² ua⁰ xuo⁰ uei⁰ xuo⁰ uei⁰］

男：太阳一出红似火哎，［tʰai²⁴ iaŋ²² i²² tʂʰu²² xoŋ²² sʅ²⁴ xuo⁵¹ ei⁰］

晒得我小妹儿无处躲啊，［ʂai²⁴ te⁰ uo⁵¹ ɕiau⁵¹ məɻ²⁴ u²² tʂʰu⁵¹ tuo⁵¹ a⁰］

小郎我心中实难过呀，［ɕiau⁵¹ naŋ²² uo⁵¹ ɕin⁴⁵ tsoŋ⁴⁵ sʅ²² nan²² kuo²⁴ ia⁰］

我的妹妹也，［uo⁵¹ ti⁰ mei²⁴ mei⁰ ie⁰］

甩一顶草帽你戴着哟嚯喂哟喂。［ʂuai⁵¹ i²² tin⁵¹ tsʰau⁵¹ mau²⁴ ni⁵¹ tai²⁴ tsuo²² io⁴⁵ xuo⁰ uei⁰ io⁰ uei⁰］甩：扔

女：斑鸠无窝满天飞也，［pan⁴⁵ tɕiəu⁴⁵ u²² uo⁴⁵ man⁵¹ tʰiɛn⁴⁵ xuei⁴⁵ ie⁰］

好久没有在一堆哪。［xau⁵¹ tɕiəu⁵¹ mei⁴⁵ iəu²² tsai²⁴ i²⁴ tuei⁴⁵ na⁰］

说不完的知心话哟，［ʂuo²² pu²² uan²² ti⁰ tʂʅ⁴⁵ ɕin⁴⁵ xua²⁴ io⁰］

我的哥哥哎，［uo⁵¹ ti⁰ kuo⁴⁵ kuo⁰ ei⁰］

流不完的眼流水呀嚯喂嚯喂。［niəu²² pu²⁴ uan²² ti⁰ iɛn⁵¹ niəu²² ʂuei⁵¹ ia⁰ xuo⁰ uei⁰ xuo⁰ uei⁰］眼流水：眼泪

男：对河对岸斜对门哪，［tei²⁴ xuo²² tei²⁴ an²⁴ ɕie²² tei²⁴ mən²² na⁰］

望到我小妹儿长成人啦。［uaŋ²⁴ tau⁰ uo⁵¹ ɕiau⁵¹ məɻ²⁴ tʂaŋ⁵¹ tʂʰən²² zən²² na⁰］

早盼爹妈去下聘哪，［tsau⁵¹ pʰan²⁴ tie⁴⁵ ma⁴⁵ tɕʰy²⁴ ɕia²⁴ pʰin²⁴ na⁰］下聘：提亲时男方去女方家下聘礼

我的妹妹也，［uo⁵¹ ti⁰ mei²⁴ mei⁰ ie⁰］

晚盼爹妈请媒人哪嚯喂哟喂。［uan⁵¹ pʰan²⁴ tie⁴⁵ ma⁴⁵ tɕʰin⁵¹ mei²² zən²² na⁰ xuo⁰ uei⁰ io⁰ uei⁰］

女：铜盆清米用手搓呐，［tʰoŋ²² pʰən²² tɕʰin⁴⁵ mi⁵¹ ioŋ²⁴ ʂəu⁵¹ tsʰuo⁴⁵ ne⁰］

事事难为我亲哥哥啊。[ʂʅ²⁴ʂʅ²⁴nan²²uei²²uo⁵¹tɕin⁴⁵kuo⁴⁵kuo⁰a⁰]
本想请郎吃顿饭哪，[pən⁵¹ɕiaŋ⁵¹tɕʰin⁵¹naŋ²²tʂʰʅ²²tən²⁴fan²⁴na⁰]
我的哥哥哎，[uo⁵¹ti⁰kuo⁴⁵kuo⁰ei⁰]
合：筛子关门眼睛多哟嚯喂哟喂。[ʂai⁴⁵tsʅ⁰kuan⁴⁵mən²²iɛn⁵¹tɕin⁴⁵tuo⁴⁵io⁰xuo⁰uei⁰io⁰uei⁰]筛子关门眼睛多：筛子上窟眼很多，用来关门挡不住视线。比喻人多嘴杂，闲言碎语

意译：这是巴东县一首很有名的土家族情歌《筛子关门眼睛多》，又名《郎在高坡放早牛》。因为现实的阻碍，相爱的男女不能在一起，所以用情歌对唱来表达对彼此的深情和思念。

女：郎在高坡放早牛，妹在园中梳早头。郎在高坡招一招手啊，我的哥哥啊，妹在园中显一显头。

男：太阳一出红似火，晒得我小妹无处躲。小郎我心中很难过啊，我的妹妹啊，扔一顶草帽你戴着。

女：斑鸠无窝满天飞，好久没有在一起了。说不完的知心话，我的哥哥呀，流不完的眼泪呀。

男：对河对岸斜对门，看着我小妹已长大成了人。我的妹妹啊，我早盼爹娘去你家下聘礼，晚盼爹娘请媒人去说亲。

女：铜盆里淘米用手搓，事事难为我亲哥哥。本想留哥哥吃顿饭哪，我的哥哥哎。

合：又怕被人看见，背后遭人议论。

二　规定故事

0021 牛郎和织女

在很久很久以前，[tsai²⁴xən⁵¹tɕiəu⁵¹xən⁵¹tɕiəu⁵¹i⁵¹tɕʰiɛn²²]
在一个偏远的小山村里，[tsai²⁴i²²kə⁰pʰiɛn⁴⁵yɛn⁵¹ti⁰ɕiau⁵¹ʂan⁴⁵tsʰuən⁴⁵ni⁵¹]
住着一个牛郎。[tʂu²⁴tʂuo⁰i²²kə⁰iəu²²naŋ²²]
他就跟一个老牛相依为命，[tʰa⁴⁵tɕiəu²⁴kən⁴⁵i²²kə⁰nau⁵¹iəu²²ɕiaŋ⁴⁵i⁴⁵uei²²min²⁴]
跟别人耕田，以此为生。[kən⁴⁵pie²²ʐən²²kən⁴⁵tʰiɛn²²，i⁵¹tsʰʅ⁵¹uei²²sən⁴⁵]
生活过得相当清苦。[sən⁴⁵xuo²²kuo²⁴tɤ²²ɕiaŋ⁴⁵taŋ⁴⁵tɕʰin⁴⁵kʰu⁵¹]
有一天，迥个老牛就想给牛郎说一个媳妇子。[iəu⁵¹i²²tʰiɛn⁴⁵，ne²⁴kə⁰nau⁵¹iəu²²tɕiəu²⁴ɕiaŋ⁵¹kɤ⁵¹iəu²²naŋ²²ʂuo²²i²²kə⁰ɕi²²fu²⁴tsʅ⁵¹]说：介绍
他就给他报梦。[tʰa⁴⁵tɕiəu²⁴kɤ⁴⁵tʰa⁴⁵pau²⁴moŋ²⁴]报梦：托梦
其实迥个老牛是天上的金牛星下凡的。[tɕʰi²²ʂʅ²²ne²⁴kə⁰nau⁵¹iəu²²ʂʅ²⁴tʰiɛn⁴⁵

ṣaŋ²⁴ti⁰tɕin⁴⁵iəu²²ɕin⁴⁵ɕia²⁴fan²²ti⁰]

他就给迩个牛郎报梦。[tʰa⁴⁵tɕiəu²⁴kɤ⁴⁵ne²⁴kə⁰iəu²²naŋ²²pau²⁴moŋ²⁴]

他说，在明天的中界时候儿以后，[tʰa⁴⁵ṣuo²²，tsai²⁴min²²tʰiɛn⁴⁵ti⁰tṣoŋ⁴⁵kai⁴⁵ṣʅ²² xə²²i⁵¹xəu²⁴]中界时候：中午

天上要下来几个仙女，[tʰiɛn⁴⁵ṣaŋ²⁴iau²⁴ɕia²⁴nai²²tɕi⁵¹kə⁰ɕyɛn⁴⁵ny⁵¹]

要在迩个湖水里洗澡。[iau²⁴tsai²⁴ne²⁴kə⁰xu²²ṣuei⁵¹ni⁵¹ɕi⁵¹tsau⁵¹]

你看中哒哪一个，[ni⁵¹kʰan²⁴tṣoŋ²⁴ta⁰nai⁵¹i²²kuo²⁴]

你就把她的衣服拿哒就往回跑，[ni⁵¹tɕiəu²⁴pa⁵¹tʰa⁴⁵ti⁰i⁴⁵fu²²na⁰ta⁰tɕiəu²⁴uaŋ⁵¹ xuei²²pʰau⁵¹]

莫回头。[mo²²xuei²²tʰəu²²]

结果到哒第二天，[tɕie²²kuo⁵¹tau²⁴ta⁰ti²⁴ɚ²⁴tʰiɛn⁴⁵]

牛郎就到时候悄悄儿地躲到迩个草扒扒里，[iəu²²naŋ²²tɕiəu²⁴tau²⁴ṣʅ²²xəu⁰ tɕʰiau⁴⁵tɕʰiə⁰ti⁰tuo⁵¹tau²⁴ne²⁴kə⁰tsʰau⁵¹pʰa²⁴pʰa²⁴ni⁵¹]草扒扒：草丛

就把迩个湖中看倒。[tɕiəu²⁴pa⁵¹ne²⁴kə⁰xu²²tṣoŋ⁴⁵kʰan²⁴tau⁵¹]

隐隐乎乎地，[in⁵¹in⁵¹xu⁴⁵xu⁴⁵ti⁰]

就看到天上果然飘下来哒几个仙女。[tɕiəu²⁴kʰan²⁴tau²⁴tʰiɛn⁴⁵ṣaŋ²⁴kuo⁵¹zan²² pʰiau⁴⁵ɕia²⁴nai²²ta⁰tɕi⁵¹kuo²⁴ɕyɛn⁴⁵ny⁵¹]

他就慢慢地顺倒草扒扒里就梭过去哒。[tʰa⁴⁵tɕiəu²⁴man²⁴man⁰ti⁰ṣuən²⁴tau⁵¹ tsʰau⁵¹pʰa²²pʰa²²ni⁰tɕiəu²⁴suo⁴⁵kuo²⁴kʰɤ²⁴ta⁰]顺倒：顺着。草扒扒：草丛。梭：溜

梭到一个树底下，[suo⁴⁵tau²⁴i²²kə⁰ṣu²⁴ti⁵¹ɕia²⁴]

就拿哒一件红色的衣服，[tɕiəu²⁴na²²ta⁰i²²tɕiɛn²⁴xoŋ²²sɤ²²ti⁰i⁴⁵fu²²]

就往回煞⁼。[tɕiəu²⁴uaŋ⁵¹xuei²²sa²²]煞⁼：跑

拼命地跑，就回去哒。[pʰin⁴⁵min²⁴ti⁰pʰau⁵¹，tɕiəu²⁴xuei²²kʰɤ²⁴ta⁰]

到哒几个仙女把澡洗完哒以后，[tau²⁴ta⁰tɕi⁵¹kə⁰ɕyɛn⁴⁵ny⁵¹pa⁵¹tsau⁵¹ɕi⁵¹uan²²ta⁰ i⁵¹xəu²⁴]

都来拿衣服来穿的时候，[təu⁴⁵nai²²na²²i⁴⁵fu²²nai²²tsʰuan⁴⁵ti⁰ṣʅ²²xəu⁰]

结果其中一个仙女，[tɕie²²kuo⁵¹tɕʰi²²tṣoŋ⁴⁵i²²kə⁰ɕyɛn⁴⁵ny⁵¹]

她没得衣服就回不倒天。[tʰa⁴⁵mei²²tɤ²²i⁴⁵fu²²tɕiəu²⁴xuei²²pu²²tau⁵¹tʰiɛn⁴⁵]没得：没有

她们要把衣服穿哒才能回到天上去。[tʰa⁴⁵mən⁰iau²⁴pa⁵¹i⁴⁵fu²²tsʰuan⁴⁵ta⁰tsʰai²² nən²²xuei²²tau²⁴tʰiɛn⁴⁵ṣaŋ²⁴kʰe²⁴]

结果织女她的衣服没得哒，[tɕie²²kuo⁵¹tṣʅ²²ny⁵¹tʰa²²ti⁰i⁴⁵fu²²mei²²tɤ²²ta⁰]

她就不能回天上。[tʰa⁴⁵tɕiəu²⁴pu²²nən²²xuei²²tʰiɛn⁴⁵ṣaŋ⁴⁵]

后来她就在半夜的时候找到牛郎门上。[xəu²⁴ nai²² tʰa⁴⁵ tɕiəu²⁴ tsai²⁴ pan²⁴ ie²⁴ ti⁰ ʂʅ²² xəu⁰ tʂau⁵¹ tau²⁴ iəu²² naŋ²² mən²² ʂaŋ²⁴]

就拍开他的门,[tɕiəu²⁴ pʰɤ²² kʰai⁴⁵ tʰa⁴⁵ ti⁰ mən²²]

两个人就这样就组成了一个家庭,[niaŋ⁵¹ kə⁰ zən²² tɕiəu²⁴ tse²⁴ iaŋ²⁴ tɕiəu²⁴ tsu⁵¹ tʂʰən²² nə⁰ i²² kə⁰ tɕia⁴⁵ tʰin²²]

就成哒家。[tɕiəu²⁴ tʂʰən²² ta⁰ tɕia⁴⁵]

成家以后他们非常恩爱,[tʂʰən²² tɕia⁴⁵ i⁵¹ xəu²⁴ tʰa⁴⁵ mən⁰ fei⁴⁵ tʂʰan²² ən⁴⁵ ai²⁴]

也非常勤奋。[ie⁵¹ fei⁴⁵ tʂʰan²² tɕʰin²² fən²⁴]

一晃就是三年。[i²² xuaŋ⁵¹ tɕiəu²⁴ ʂʅ²⁴ san⁴⁵ niɛn²²]

三年当中他们生哒两个儿女,[san⁴⁵ niɛn²² taŋ⁴⁵ tʂoŋ⁴⁵ tʰa⁴⁵ mən⁰ sən⁴⁵ ta⁰ niaŋ⁵¹ kə⁰ ɚ²² ny⁵¹]

一个儿娃子,一个姑娘娃儿。[i²² kə⁰ ɚ²² ua²² tsʅ⁰ , i²² kə⁰ ku⁴⁵ niaŋ²² uɚ²²] 儿娃子:儿子。姑娘娃儿:女孩儿

生活也过得很幸福。[sən⁴⁵ xuo²² ie⁵¹ kuo²⁴ tɤ²² xən⁵¹ ɕin²⁴ fu²²]

但是天上就不一样哒。[tan²⁴ ʂʅ²⁴ tʰiɛn⁴⁵ ʂaŋ⁰ tɕiəu²⁴ pu²² i²² iaŋ²⁴ ta⁰]

人间三年,天上就是三天。[zən²² tɕiɛn⁴⁵ san⁴⁵ niɛn²² , tʰiɛn⁴⁵ ʂaŋ⁰ tɕiəu²⁴ ʂʅ²⁴ san⁴⁵ tʰiɛn⁴⁵]

在迩个三天当中,[tsai²⁴ ne²⁴ kə⁰ san⁴⁵ tʰiɛn⁴⁵ taŋ⁴⁵ tʂoŋ⁴⁵]

天上天宫的云彩就稀薄哒。[tʰiɛn⁴⁵ ʂaŋ²⁴ tʰiɛn⁴⁵ koŋ⁴⁵ ti⁰ yn²² tsʰai⁵¹ tɕiəu²⁴ ɕi⁴⁵ po²² ta⁰]

因为织女是专门织云彩的,[in⁴⁵ uei²² tʂʅ²² ny⁵¹ ʂʅ²⁴ tʂuan⁴⁵ mən²² tʂʅ²² yn²² tsʰai⁵¹ ti⁰]

把天宫托起来的。[pa⁵¹ tʰiɛn⁴⁵ koŋ⁴⁵ tʰuo²² tɕʰi⁵¹ nai²² ti⁰]

三天以后,云彩稀薄哒,[san⁴⁵ tʰiɛn⁴⁵ i⁵¹ xəu²⁴ , yn²² tsʰai⁵¹ ɕi⁴⁵ po²² ta⁰]

玉皇大帝发现哒,[y²⁴ xuaŋ²² ta²⁴ ti²⁴ fa²² ɕiɛn²⁴ ta⁰]

就要下面追查原因。[tɕiəu²⁴ iau²⁴ ɕia²⁴ miɛn²⁴ tsuei⁴⁵ tʂʰa²² yɛn²² in⁴⁵]

王母娘娘她管的是后宫的,[uaŋ²² mu⁵¹ niaŋ²² niaŋ²² tʰa⁴⁵ kuan⁵¹ ti⁰ ʂʅ²⁴ xəu²⁴ koŋ⁴⁵ ti⁰]

她就晓得她们出哒问题。[tʰa⁴⁵ tɕiəu²⁴ ɕiau⁵¹ tɤ²² tʰa⁴⁵ mən⁰ tʂʰu²² ta⁰ uən²⁴ tʰi²²] 晓得:知道

她就下去一查,[tʰa⁴⁵ tɕiəu²⁴ ɕia²⁴ kʰe²⁴ i²² tʂʰa²²]

才晓得是织女私自下凡哒。[tsʰai⁵¹ ɕiau⁵¹ tɤ²² ʂʅ²⁴ tʂʅ²² ny⁵¹ sʅ⁴⁵ tsʅ²⁴ ɕia⁴⁵ fan²² ta⁰]

这下王母娘娘就搞火哒。[tse²⁴ xa⁵¹ uaŋ²² mu⁵¹ niaŋ²² niaŋ²² tɕiəu²⁴ kau⁵¹ xuo⁵¹ ta⁰] 搞火:发火

天上的仙女是不能和凡人结合的。[tʰiɛn⁴⁵ ʂaŋ²⁴ ti⁰ ɕyɛn⁴⁵ ny⁵¹ ʂʅ²⁴ pu²² nən²² xuo²² fan²² zən²² tɕie²² xuo²² ti⁰]

就赶忙（她）就下界，［tɕiəu²⁴kan⁵¹man²²（tʰa⁴⁵）tɕiəu²⁴ɕia²⁴kai²⁴］赶忙：赶紧。下界：下到凡间

结果就找到牛郎家里，［tɕie²²kuo⁵¹tɕiəu²⁴tʂau⁵¹tau²⁴iəu²²naŋ²²tɕia⁴⁵ni⁰］

把织女就带走哒。［pa⁵¹tʂʅ²²ny⁵¹tɕiəu²⁴tai²⁴tsəu⁵¹ta⁰］

那织女她也不敢多说，就带走哒。［na²⁴tʂʅ²²ny⁵¹tʰa⁴⁵ie⁵¹pu²²kan⁵¹tuo⁴⁵ʂuo²²,tɕiəu²⁴tai²⁴tsəu⁵¹ta⁰］

就把两个小娃儿也丢开哒。［tɕiəu²⁴pa⁵¹niaŋ⁵¹kə⁰ɕiau⁵¹uə⁰ie⁵¹tiəu⁴⁵kʰai⁴⁵ta⁰］

那是没得办法的事。［na²⁴ʂʅ²⁴mei²²tɤ²²pan²⁴fa²²ti⁰ʂʅ²⁴］

牛郎就感到蛮凄苦，也蛮愁。［iəu²²naŋ²²tɕiəu²⁴kan⁵¹tau²⁴man²²tɕʰi⁴⁵kʰu⁵¹，ie⁵¹man²²tsʰəu²²］愁：发愁

到后来金牛星就跟他讲，［tau²⁴xəu²⁴nai²²tɕin⁴⁵iəu²²ɕin⁴⁵tɕiəu²⁴kən⁴⁵tʰa⁴⁵tɕiaŋ⁵¹］

金牛星就开口讲话哒。［tɕin⁴⁵iəu²²ɕin⁴⁵tɕiəu²⁴kʰai⁴⁵kʰəu⁵¹tɕiaŋ⁵¹xua²⁴ta⁰］

他说那你莫着急，［tʰa⁴⁵ʂuo²²na²⁴ni⁵¹mo²²tʂau²²tɕi²²］

你把我的角取下来，［ni⁵¹pa⁵¹uo⁵¹ti⁰kuo²²tɕʰy⁵¹ɕia²⁴nai²²］

取哒以后，［tɕʰy⁵¹ta⁰i⁵¹xəu²⁴］

你就可以升天去追他们。［ni⁵¹tɕiəu²⁴kʰuo⁵¹i⁵¹ʂən⁴⁵tʰiɛn⁴⁵kʰe²⁴tsuei⁴⁵tʰa⁴⁵mən⁰］

话一说完，［xua²⁴i²²ʂuo²²uan²²］

它的两个角就掉下来哒，［tʰa⁴⁵ti⁰niaŋ⁵¹kə⁰kuo²²tɕiəu²⁴tiau²⁴ɕia²⁴nai²²ta⁰］

就变成哒两个箩筐。［tɕiəu²⁴piɛn²⁴tsʰən²²ta⁰niaŋ⁵¹kə⁰nuo²²kʰuaŋ⁴⁵］

他就把两个小娃儿就一头一个，［tʰa⁴⁵tɕiəu²⁴pa⁵¹niaŋ⁵¹kə⁰ɕiau⁵¹uə²²tɕiəu²⁴i²²tʰəu²²i²²kuo²⁴］

就放到两个箩筐里头。［tɕiəu²⁴xuaŋ²⁴tau²⁴niaŋ⁵¹kə⁰nuo²²kʰuaŋ⁴⁵ni⁵¹tʰəu²²］

扁担一穿，［piɛn⁵¹tan²⁴i²²tʂʰuan⁴⁵］

这个时候，［tse²⁴kə⁰ʂʅ²²xəu⁰］

就腾云驾雾地就飞起来哒。［tɕiəu²⁴tʰən²²yn²²tɕia²⁴u²⁴ti⁰tɕiəu²⁴fei⁴⁵tɕʰi⁵¹nai²²ta⁰］

跑得很快，［pʰau⁵¹tɤ²²xən⁵¹kʰuai²⁴］

看倒看倒就要撵倒哒。［kʰan²⁴tau⁵¹kʰan²⁴tau⁵¹tɕiəu²⁴iau²⁴niɛn⁵¹tau⁵¹ta⁰］撵：追赶

正在迥个时候儿，［tʂən²⁴tsai²⁴ne²⁴kə⁰ʂʅ²²xə⁰］

王母娘娘回头看倒哒。［uaŋ²²mu⁵¹niaŋ²²niaŋ²²xuei²²tʰəu²²kʰan²⁴tau⁵¹ta⁰］

她就把头上的金簪子取下来，［tʰa⁴⁵tɕiəu²⁴pa⁵¹tʰəu²²ʂaŋ⁴⁵ti⁰tɕin⁴⁵tsuan⁵¹tsʅ⁰tɕʰy⁵¹ɕia²⁴nai²²］

就往身后一划，［tɕiəu²⁴uaŋ⁵¹ʂən⁴⁵xəu²⁴i²²xua²⁴］

就出现哒一条天河。［tɕiəu²⁴tʂʰu²²ɕiɛn²⁴ta⁰i²²tʰiau²²tʰiɛn⁴⁵xuo²²］

  结果就把牛郎和织女就隔到河的两岸去哒。[tɕie²² kuo⁵¹ tɕiəu²⁴ pa⁵¹ iəu²² naŋ²² xuo²² tʂʅ²² ny⁵¹ tɕiəu²⁴ kɤ²² tau²⁴ xuo²² ti⁰ niaŋ⁵¹ an²⁴ kʰɤ²⁴ ta⁰]

  根本就见不倒面，[kən⁴⁵ pən⁵¹ tɕiəu²⁴ tɕiɛn²⁴ pu²² tau⁵¹ miɛn²⁴]

  只能是隔河相望。[tʂʅ⁵¹ nən²² ʂʅ²⁴ kɤ²² xuo²² ɕiaŋ⁴⁵ uaŋ²⁴]

  结果迥个事情就被鸦鹊子晓得哒。[tɕie²² kuo⁵¹ ne²⁴ kə⁰ sʅ²⁴ tɕʰin²² tɕiəu²⁴ pei²⁴ ia⁴⁵ tɕʰio²² tsʅ⁰ ɕiau⁵¹ tɤ²² ta⁰] 鸦鹊子：喜鹊

  鸦鹊子是非常有灵性的，[ia⁴⁵ tɕʰio²² tsʅ⁰ sʅ²⁴ fei⁴⁵ tʂʰan²² iəu⁵¹ nin²² ɕin²⁴ ti⁰]

  就号召所有天下的鸦鹊子上天去搭鹊桥。[tɕiəu²⁴ xau²⁴ tʂau⁴⁵ suo⁵¹ iəu⁵¹ tʰiɛn⁴⁵ ɕia²⁴ ti⁰ ia⁴⁵ tɕʰio²² tsʅ⁰ ʂaŋ²⁴ tʰiɛn⁴⁵ kʰɤ²⁴ ta²² tɕʰio²² tɕʰiau²²]

  一个嘴里含倒另一个的尾巴，[i²² kuo²⁴ tsuei⁵¹ ni⁵¹ xan²² tau⁰ nin²⁴ i²² kuo²⁴ ti⁰ uei⁵¹ pa⁰]

  就搭成哒一座天桥。[tɕiəu²⁴ ta²² tʂʰən²² ta⁰ i²² tsuo²⁴ tʰiɛn⁴⁵ tɕʰiau²²]

  牛郎织女就通过迥个天桥，[iəu²² naŋ²² tʂʅ²² ny⁵¹ tɕiəu²⁴ tʰoŋ⁴⁵ kuo²⁴ ne²⁴ kə⁰ tʰiɛn⁴⁵ tɕʰiau²²]

  每年的七月初七，[mei⁵¹ niɛn²² ti⁰ tɕʰi²² ye²² tsʰu⁴⁵ tɕʰi²²]

  通过鹊桥去相会。[tʰoŋ⁴⁵ kuo²⁴ tɕʰio²² tɕʰiau²² kʰɤ²⁴ ɕiaŋ⁴⁵ xuei²⁴]

  这个优美的传说故事就叫牛郎织女的故事。[tse²⁴ kə⁰ iəu⁴⁵ mei⁵¹ ti⁰ tʂʰuan²² ʂuo²² ku²⁴ sʅ²⁴ tɕiəu²⁴ tɕiau²⁴ iəu²² naŋ²² tʂʅ²² ny⁵¹ ti⁰ ku²⁴ sʅ²⁴]

  意译：在很久以前，在一个偏远的小山村里，住着一个放牛郎。他跟一头老牛相依为伴，靠耕田为生，生活过得相当清苦。一天，老牛想给牛郎介绍一个媳妇，它就给他托梦。其实这头老牛是天上的金牛星下凡。它给牛郎托梦说，在明天中午以后，天上要下来几个仙女在湖里洗澡，你看中了哪一个，就把她的衣服拿回去，别回头。

  到了第二天，牛郎悄悄躲在草丛里，看到湖中真有几个天上飘下来的仙女。于是，他慢慢地顺着草丛溜过去，钻到一棵树底下，拿了一件红色的衣服就往回跑，拼命地跑，不敢回头。等几个仙女洗完澡以后，其中一个仙女突然发现自己的衣服没了，回不了天上了。于是，她在半夜时找到了牛郎门上，敲开他的门，发现衣服就在牛郎家里。两人就这样相识了，并很快就成了家。成家以后俩人非常恩爱，也非常勤奋。

  一晃就是三年，三年中他们生了一儿一女，生活过得很幸福。人间三年，天上就是三天。织女在天上是专门织云彩的，在她消失的三天里，天上的云彩越来越稀薄。玉皇大帝发现织女不在了，要下去追查原因。管后宫的王母娘娘知道出了问题，她下去一查，发现织女私自下凡，娘娘大怒。天上的仙女是不能和凡人

结合的，王母娘娘赶紧下界，找到牛郎家里，把织女就带走了。织女不敢多说，只能跟着王母娘娘回天上，把两个小孩丢在一边，没有办法。

牛郎感到非常凄苦，也非常忧愁，不知道该怎么办。后来金牛星突然开口讲话了，它跟牛郎说：“你别着急，你把我的两只角取下来，然后你就可以升天去追他们了。”话音刚落，金牛星的两只角就掉下来，变成了两个箩筐。牛郎把两个孩子放在两个箩筐里，一边一个，挑着扁担就腾云驾雾地飞起来了。飞得很快，看着看着就要追上了。谁知这时，王母娘娘回头看到了，她把头上的金钗取下来，往身后一划，就出现了一条天河，把牛郎和织女隔在了河的两岸。于是他们只能隔河相望。

这件事被天上的喜鹊知道了，它们非常有灵性，号召所有的喜鹊一起去搭鹊桥。一只嘴里衔着另一只的尾巴，搭成了一座天桥。牛郎织女在每年的七月初七，就通过这座鹊桥去相会。这个优美的传说故事就叫"牛郎织女的故事"。

三 其他故事

0022 其他故事

《豆干的故事》［təu²⁴ kan⁴⁵ ti⁰ ku²⁴ sʅ²⁴］

在我们巴东，［tsai²⁴ uo⁵¹ mən⁰ pa⁴⁵ toŋ⁴⁵］

有一种最有名的特产，［iəu⁵¹ i²² tsoŋ⁵¹ tsuei²⁴ iəu⁵¹ min²² ti⁰ tʰɤ²² tʂʰan⁵¹］

就是五香豆干。［tɕiəu²⁴ sʅ²⁴ u⁵¹ ɕiaŋ⁴⁵ təu²⁴ kan⁴⁵］

这个豆干，［tse²⁴ kə⁰ təu²⁴ kan⁴⁵］

从清朝末期就开始在巴东发展哒。［tsʰoŋ²² tɕʰin⁴⁵ tʂʰau²² mo²² tɕʰi⁴⁵ tɕiəu²⁴ kʰai⁴⁵ sʅ⁵¹ tsai²⁴ pa⁴⁵ toŋ⁴⁵ fa²² tʂan⁵¹ ta⁰］

它是江西来的一家姓朱的，［tʰa⁴⁵ sʅ²⁴ tɕiaŋ⁴⁵ ɕi⁴⁵ nai²² ti⁰ i²² tɕia⁴⁵ ɕin²⁴ tʂu⁴⁵ ti⁰］

他的名字就叫朱天香。［tʰa⁴⁵ ti⁰ min²² tsʅ²⁴ tɕiəu²⁴ tɕiau²⁴ tʂu⁴⁵ tʰien⁴⁵ ɕiaŋ⁴⁵］

当时做的豆干，［taŋ⁴⁵ sʅ²² tsu²⁴ ti⁰ təu²⁴ kan⁴⁵］

在顺长江，上至重庆，［tsai²⁴ ʂuən²⁴ tʂʰaŋ²² tɕiaŋ⁴⁵, ʂaŋ²⁴ tʂʅ²⁴ tʂʰoŋ²² tɕʰin²⁴］

下至湖广，都是有名的。［ɕia²⁴ tʂʅ²⁴ xu²² kuaŋ⁵¹, təu⁴⁵ sʅ²⁴ iəu⁵¹ min²² ti⁰］

因为它价廉物美，又非常好吃，［in⁴⁵ uei²² tʰa⁴⁵ tɕia²⁴ nien²² u²² mei⁵¹, iəu²⁴ fei⁴⁵ tʂʰaŋ²² xau⁵¹ tʂʰʅ²²］

所以就顺长江带到上下。［suo⁵¹ i⁵¹ tɕiəu²⁴ ʂuən²⁴ tʂʰaŋ²² tɕiaŋ⁴⁵ tai²⁴ tau²⁴ ʂaŋ²⁴ ɕia²⁴］

顺长江上下的城市都知道巴东豆干儿。［ʂuən²⁴ tʂʰaŋ²² tɕiaŋ⁴⁵ ʂaŋ²⁴ ɕia²⁴ ti⁰ tʂʰən²² sʅ²⁴ təu⁴⁵ tʂʅ⁴⁵ tau²⁴ pa⁴⁵ toŋ⁴⁵ təu²⁴ kəɻ⁴⁵］

一直到现在都还是蛮有名。［i²²tʂʅ²²tau²⁴ɕiɛn²⁴tsai²⁴təu⁴⁵xai²²ʂʅ²⁴man²²iəu⁵¹min²²］

当时，迯个朱天香迯家豆干铺，［taŋ⁴⁵ʂʅ²²，ne²⁴kə⁰tʂu⁴⁵tʰiɛn⁴⁵ɕiaŋ⁴⁵ne²⁴tɕia⁴⁵təu²⁴kan⁴⁵pʰu²⁴］

他们是从江西迁到巴东来的。［tʰa⁴⁵mən⁰ʂʅ²⁴tsʰoŋ²²tɕiaŋ⁴⁵ɕi⁴⁵tɕʰiɛn⁴⁵tau²⁴pa⁴⁵toŋ⁴⁵nai²²ti⁰］

来到巴东以后，［nai²²tau²⁴pa⁴⁵toŋ⁴⁵i⁵¹xəu²⁴］

就住在当时的朱家巷子。［tɕiəu²⁴tʂu²⁴tsai²⁴taŋ⁴⁵ʂʅ²²ti⁰tʂu⁴⁵ka⁴⁵xaŋ²⁴tsʅ⁵¹］

迯个巷子也因他的豆干而得名，［ne²⁴kə⁰xaŋ²⁴tsʅ⁰ie⁵¹in⁴⁵tʰa⁴⁵ti⁰təu²⁴kan⁴⁵ɚ²²tɤ²²min²²］

叫"朱家巷儿"。［tɕiau²⁴tʂu⁴⁵tɕia⁴⁵xɚ²⁴］

他们在这里做豆干儿咧，［tʰa⁴⁵mən⁰tsai²⁴tʂe²⁴ni⁵¹tsu²⁴təu²⁴kə⁴⁵ne⁰］

就请哒有十多个帮工。［tɕiəu²⁴tɕʰin⁵¹ta⁰iəu⁵¹ʂʅ²²tuo⁴⁵kə⁰paŋ⁴⁵koŋ⁴⁵］

一家人生意也还是做得红红火火的。［i²²tɕia⁴⁵ʐən²²sən⁴⁵i²⁴ie⁵¹xai²²ʂʅ²⁴tsu²⁴tɤ²²xoŋ²²xoŋ²²xuo⁵¹xuo⁵¹ti⁰］

他们在做豆干儿的同时，［tʰa⁴⁵mən⁰tsai²⁴tsu²⁴təu²⁴kə⁴⁵ti⁰tʰoŋ²²ʂʅ²²］

他们朱家的夫人，［tʰa⁴⁵mən⁰tʂu⁴⁵tɕia⁴⁵ti⁰fu⁴⁵ʐən²²］

有一天就突然有身孕哒。［iəu⁵¹i²²tʰiɛn⁴⁵tɕiəu²⁴tʰu²²ʐan²²iəu⁵¹ʂən⁴⁵yn²⁴ta⁰］

当时在巴东的江北面，［taŋ⁴⁵ʂʅ²²tsai²⁴pa⁴⁵toŋ⁴⁵ti⁰tɕiaŋ⁴⁵pɤ²²miɛn²⁴］

有一个镇江寺。［iəu⁵¹i²²kə⁰tʂən²⁴tɕiaŋ⁴⁵ʂʅ²⁴］

镇江寺也是规模宏大，［tʂən²⁴tɕiaŋ⁴⁵ʂʅ²⁴ie⁵¹ʂʅ²⁴kuei⁴⁵mo⁴⁵xoŋ²²ta²⁴］

但是后来抗日战争才把它炸毁哒。［tan²⁴ʂʅ²⁴xəu²⁴nai²²kʰaŋ²⁴ʐʅ²²tʂan²⁴tsən⁴⁵tsʰai²²pa⁵¹tʰa⁴⁵tʂa²⁴xuei⁵¹ta⁰］

镇江寺里也有个得道的高僧，［tʂən²⁴tɕiaŋ⁴⁵ʂʅ²⁴ni⁰ie⁵¹iəu⁵¹kə⁰tɤ²²tau²⁴ti⁰kau⁴⁵sən⁴⁵］

一个长老和尚。［i²²kə⁰tʂaŋ⁵¹nau⁵¹xuo²²ʂaŋ²⁴］

他是通晓天文的。［tʰa⁴⁵ʂʅ²⁴tʰoŋ⁴⁵ɕiau⁵¹tʰiɛn⁴⁵uən²²ti⁰］

他每天早晨起来做早课的时候，［tʰa⁴⁵mei⁵¹tʰiɛn⁴⁵tsau⁵¹ʂən⁴⁵tɕʰi⁵¹nai²²tsu²⁴tsau⁵¹kʰuo²⁴ti⁰ʂʅ²²xəu⁰］

就突然看倒，［tɕiəu²⁴tʰu²²ʐan²²kʰan²⁴tau⁵¹］

迯个做豆干的朱天香家里的屋顶上，［ne²⁴kə⁰tsu²⁴təu²⁴kan⁴⁵ti⁰tʂu⁴⁵tʰiɛn⁴⁵ɕiaŋ⁴⁵tɕia⁴⁵ni⁵¹ti⁰u²²tin⁵¹ʂaŋ²⁴］

就盘着一条青龙，［tɕiəu²⁴pʰan²²tʂuo⁰i²²tʰiau²²tɕʰin⁴⁵noŋ²²］

上下翻腾，游去游来。[ʂaŋ²⁴ɕia²⁴fan⁴⁵tʰən²², iəu²²kʰe²⁴iəu²²nai²²]

一直过哒几个月以后，[i²²tʂʅ²²kuo²⁴ta⁰tɕi⁵¹kuo²⁴ye²²i⁵¹xəu²⁴]

迥条青龙就不在哒。[ne²⁴tʰiau²²tɕʰin⁴⁵noŋ²²tɕiəu²⁴pu²⁴tsai²⁴ta⁰]

有天迥个长老和尚就突然过江来哒。[iəu⁵¹tʰiɛn⁴⁵ne²⁴kə⁰tʂaŋ⁵¹nau⁵¹xuo²²ʂaŋ²⁴tɕiəu²⁴tʰu⁰zʅan²²kuo²⁴tɕiaŋ⁴⁵nai²²ta⁰]

朱家的也就添哒一个公子，[tʂu⁴⁵tɕia⁴⁵ti⁰ie⁵¹tɕiəu²⁴tʰiɛn⁴⁵ta⁰i²²kə⁰koŋ⁴⁵tsʅ⁵¹]

是个儿子。[ʂʅ²⁴kə⁰ɚ²²tsʅ⁵¹]

长老和尚过江以后，[tʂaŋ⁵¹nau⁵¹xuo²²ʂaŋ²⁴kuo²⁴tɕiaŋ⁴⁵i⁵¹xəu²⁴]

到朱家里来，进门就道喜。[tau²⁴tʂu⁴⁵tɕia⁴⁵ni⁵¹nai²², tɕin²⁴mən²²tɕiəu²⁴tau²⁴ɕi⁵¹]

朱家的就感到蛮奇怪。[tʂu⁴⁵tɕia⁴⁵ti⁰tɕiəu²⁴kan⁵¹tau²⁴man²²tɕʰi²²kuai²⁴]

他就说：“我们得儿子，[tʰa⁴⁵tɕiəu²⁴ʂuo²²：uo⁵¹mən⁰tɤ²²ɚ²²tsʅ⁰]

因为我们是外地来的，[in⁴⁵uei²²uo⁵¹mən⁰ʂʅ²⁴uai²⁴ti²⁴nai²²ti⁰]

也没有通知任何人，[ie⁵¹mei²²iəu⁰tʰoŋ⁴⁵tsʅ⁴⁵zən²⁴xuo²²zən²²]

你怎么晓得我们家里得哒儿子哎？”[ni⁵¹tsən⁵¹mo⁰ɕiau⁵¹tɤ²²uo⁵¹mən⁰tɕia⁴⁵ni⁵¹te²²ta⁰ɚ²²tsʅ⁰ei⁰]

长老和尚就把他拉倒后头屋里，[tʂaŋ⁵¹nau⁵¹xuo²²ʂaŋ²⁴tɕiəu²⁴pa⁵¹tʰa⁴⁵na⁴⁵tau⁵¹xəu²⁴tʰəu⁰u²²ni⁵¹]

就跟他讲，[tɕiəu²⁴kən⁴⁵tʰa⁴⁵tɕiaŋ⁵¹]

说你迥个公子就不简单，[ʂuo²²ni⁵¹ne²⁴kə⁰koŋ⁴⁵tsʅ⁰tɕiəu²⁴pu²⁴tɕiɛn⁵¹tan⁴⁵]

以后是辅佐乱世的一个大臣，是个大将。[i⁵¹xəu²⁴ʂʅ²⁴fu⁵¹tsuo⁵¹nan²⁴ʂʅ²⁴ti⁰i²²kə⁰ta²⁴tʂʰən²², ʂʅ²⁴kə⁰ta²⁴tɕiaŋ²⁴]

就比皇帝小不倒好多。[tɕiəu²⁴pi⁵¹xuaŋ²²ti²⁴ɕiau⁵¹pu²²tau⁵¹xau⁵¹tuo⁴⁵] 好多：多少

你个儿子就是青龙下世。[ni⁵¹kə⁰ɚ²²tsʅ⁰tɕiəu²⁴ʂʅ²⁴tɕʰin⁴⁵noŋ²²ɕia²⁴ʂʅ²⁴]

古代有狄青，[ku⁵¹tai²⁴iəu⁵¹ti²²tɕʰin⁴⁵]

狄青是安邦定国的大将。[ti²²tɕʰin⁴⁵ʂʅ²⁴an⁴⁵paŋ⁴⁵tin²⁴kuo²²ti⁰ta²⁴tɕiaŋ²⁴]

他也是青龙下界。[tʰa⁴⁵ie⁵¹ʂʅ²⁴tɕʰin⁴⁵noŋ²²ɕia²⁴kai²⁴]

现在你个屋上，[ɕiɛn²⁴tsai²⁴ni⁵¹kə²⁴u²²ʂaŋ²⁴]

我已经观察半年多哒。[uo⁵¹i⁵¹tɕin⁴⁵kuan⁴⁵tʂʰa²²pan²⁴niɛn²²tuo⁴⁵ta⁰]

看到这个青龙一直盘在你屋上，[kʰan²⁴tau²⁴tse²⁴kə⁰tɕʰin⁴⁵noŋ²²i²²tsʅ²²pʰan²²tsai²⁴ni⁵¹u²²ʂaŋ²⁴]

突然就不见哒。[tʰu²²zʅan²²tɕiəu²⁴pu²²tɕiɛn²⁴ta⁰]

我就晓得你屋里得哒贵公子。[uo⁵¹tɕiəu²⁴ɕiau⁵¹tɤ²²ni⁵¹u²²ni⁰tɤ²²ta⁰kuei²⁴koŋ⁴⁵ tsʅ⁰]

所以我就跟你说。[suo⁵¹ i⁵¹ uo⁵¹ tɕiəu²⁴ kən⁴⁵ ni⁵¹ ʂuo²²]

凡是有定国安邦的迯种的大将出世的话，[fan²² ʂʅ²⁴ iəu⁵¹ tin²⁴ kuo²² an⁴⁵ paŋ⁴⁵ ti⁰ ne²⁴ tʂoŋ⁵¹ ti⁰ ta²⁴ tɕiaŋ²⁴ tʂʰu²² ʂʅ²⁴ ti⁰ xua²⁴]

必然要多磨难。[pi²² zan²² iau²⁴ tuo⁴⁵ mo²² nan²⁴]

你们要隐姓埋名，[ni⁵¹ mən⁰ iau²⁴ in⁵¹ ɕin²⁴ mai²² min²²]

到异地去把他养大，[tau²⁴ i²⁴ ti²⁴ kʰɤ²⁴ pa⁵¹ tʰa⁴⁵ iaŋ⁵¹ ta²⁴]

就不能在本地把他养大。[tɕiəu²⁴ pu²⁴ nən²² tsai²⁴ pən⁵¹ ti²⁴ pa⁵¹ tʰa⁴⁵ iaŋ⁵¹ ta²⁴]

因为怕别人也看出你迯个屋顶上迯个青龙的情况，[in⁴⁵ uei²² pʰa²⁴ pie²² zən²² ie⁵¹ kʰan²⁴ tʂʰu²² ni⁵¹ ne²⁴ kə⁰ u⁴⁵ tin⁵¹ ʂaŋ²⁴ ne²⁴ kə⁰ tɕʰin⁴⁵ noŋ²² ti⁰ tɕʰin²² kʰuaŋ²⁴]

也还有通晓天机的人。[ie⁵¹ xai²² iəu⁵¹ tʰoŋ⁴⁵ ɕiau⁵¹ tʰiɛn⁴⁵ tɕi⁴⁵ ti⁰ zən²²]

迯个朱天香他就听从了他的劝导。[ne²⁴ kə⁰ tʂu⁴⁵ tʰiɛn⁴⁵ ɕiaŋ⁴⁵ tʰa⁴⁵ tɕiəu⁴⁵ tʰin⁴⁵ tsʰoŋ²² nə⁰ tʰa⁴⁵ ti⁰ tɕʰyɛn²⁴ tau²⁴]

在一天深夜以后，[tsai²⁴ i²² tʰiɛn⁴⁵ ʂən⁴⁵ ie²⁴ i⁵¹ xəu²⁴]

就没跟他们家里伙计啊，什么长工啊，[tɕiəu²⁴ mei⁴⁵ kən⁴⁵ tʰa⁴⁵ mən⁰ tɕia⁴⁵ ni⁵¹ xuo⁵¹ tɕie⁰ a⁰，ʂən²² mo⁰ tʂʰaŋ²² koŋ⁴⁵ a⁰] 伙计：做事的人

什么帮忙的，管账先生哪，[ʂən²² mo⁰ paŋ⁴⁵ maŋ²² ti⁰，kuan⁵¹ tʂaŋ²⁴ ɕiɛn⁴⁵ sən⁴⁵ na⁰]

一概的都没讲。[i²² kʰai²² ti⁰ təu⁴⁵ mei²² tɕiaŋ⁵¹]

就是一家三口人，[tɕiəu²⁴ ʂʅ²⁴ i²² tɕia⁴⁵ san⁴⁵ kʰəu⁵¹ zən²²]

带的个长老和尚，[tai²⁴ ti⁰ kə⁰ tʂaŋ⁵¹ nau⁵¹ xuo²² ʂaŋ²⁴]

一起就不在哒。[i²² tɕʰi⁵¹ tɕiəu²⁴ pu²⁴ tsai²⁴ ta⁰]

第二天早晨一开门，[ti²⁴ ɚ²⁴ tʰiɛn⁴⁵ tsau⁵¹ ʂən²² i²² kʰai⁴⁵ mən²²]

伙计啊，长工啊，[xuo⁵¹ tɕi⁰ a⁰，tʂʰaŋ²² koŋ⁴⁵ a⁰]

账房先生找不到老板儿哒，[tʂaŋ²⁴ xuaŋ²² ɕiɛn⁴⁵ sən⁴⁵ tʂau⁵¹ pu²² tau²⁴ nau⁵¹ pɚ⁵¹ ta⁰]

工也做不成哒。[koŋ⁴⁵ ie⁵¹ tsəu²⁴ pu²² tʂʰən²² ta⁰]

最后他们才分析，[tsuei²⁴ xəu²⁴ tʰa⁴⁵ mən⁰ tsʰai²² fən⁴⁵ ɕi⁴⁵]

就是迯个老和尚来哒以后，[tɕiəu²⁴ ʂʅ²⁴ ne²⁴ kə⁰ nau⁵¹ xuo²² ʂaŋ²⁴ nai²² ta⁰ i⁵¹ xəu²⁴]

也有偷听到他们谈话的，[ie⁵¹ iəu⁵¹ tʰəu⁴⁵ tʰin⁴⁵ tau²⁴ tʰa⁴⁵ mən⁰ tʰan²² xua²⁴ ti⁰]

就晓得他们到四川去哒。[tɕiəu²⁴ ɕiau⁵¹ tɤ²² tʰa⁴⁵ mən⁰ tau²⁴ sʅ²⁴ tʂʰuan⁴⁵ kʰɤ²⁴ ta⁰]

从那儿起，过哒好多年以后，[tsʰoŋ²² nə²⁴ tɕʰi⁵¹，kuo²⁴ ta⁰ xau⁵¹ tuo⁴⁵ niɛn²² i⁵¹ xəu²⁴]

中国就出现哒一个朱德。[tʂoŋ⁴⁵ kue²² tɕiəu²⁴ tʂʰu²² ɕiɛn²⁴ ta⁰ i²² kə⁰ tʂu⁴⁵ tɤ²²]

这就是朱德的传说。[tʂe²⁴ tɕiəu²⁴ ʂʅ²⁴ tʂu⁴⁵ tɤ²² ti⁰ tʂʰuan²² ʂuo²²]

意译：在我们巴东有一种最有名的特产，就是五香豆干。这个豆干从清朝末期就开始在巴东发展。它是江西一家姓朱的，名叫朱天香的人带来的。当时做的豆干，上至重庆，下至湖广，都非常有名。因为这个豆干物美价廉，所以顺长江带到许多地方，很多地方都知道巴东豆干有名。一直到现在都很有名气。

当时朱天香从江西迁到巴东，住在一个巷子里，后来这个巷子也因他而得名，叫"朱家巷子"。他们请了十多个帮工，一家人生意做得红红火火。有一天，朱家的夫人突然有了身孕。当时在巴东的江北面有一个镇江寺，镇江寺规模宏大，直到后来抗日战争时期才被炸毁。镇江寺里有个得道高僧，是个老和尚。他通晓天文，他有天早上起来练功的时候，就突然看到朱家屋顶上盘着一条青龙，上下翻腾，游来游去。一直过了几个月后，这条青龙就突然不在了，而朱家也就添了一位公子。

这天，老和尚过江来到朱家，一进门就道喜。朱家人感到很奇怪。朱天香说："我们是外地来的，没有通知任何人得公子的事，你怎么知道我们家得了一个儿子？"老和尚把朱天香拉到后面的房间里跟他说："你们这个公子不简单，以后肯定是辅佐皇帝的一个大臣。他就是青龙下世。古代有狄青，是安邦定国的大将，也是青龙下界。我观察了你家屋顶半年多了，看到这条青龙一直盘在你家屋顶上，有一天突然就不见了，我就知道你家里得了一位贵公子。古代凡是有这种情况，必定是要出一名定国安邦的大将，必然要多磨难。你们一家要隐姓埋名，最好是去外地把他养大，不能在本地把他养大。因为还有其他通晓天机的人，他们也可能看出你家屋顶上有青龙的情况。"

朱天香听从了长老和尚的劝导。在一天深夜以后，他们一家三口，带着长老和尚，一起偷偷逃走了。没有跟家里的伙计、长工、账房先生等透露任何情况。第二天早上一开门，家里的伙计、长工和账房先生都找不到老板一家去哪儿了，也不能做工了。最后他们猜测，与这个长老和尚有关。有人偷听了他们的谈话，知道他们去了四川。从那以后，过了很多年，中国就出了一个朱德，这就是朱德的传说。

0023 其他故事

《白鹿的故事》[pɤ²² nu²² ti⁰ ku²⁴ ʂʅ⁰]

我们巴东是一座有着悠久历史文化的名城，[uo⁵¹ mən⁰ pa⁴⁵ toŋ⁴⁵ ʂʅ²⁴ i²² tsuo²⁴ iəu⁵¹ tʂuo⁰ iəu⁴⁵ tɕiəu⁵¹ ni²² ʂʅ⁵¹ uən²² xua²⁴ ti⁰ min²² tʂʰən²²]

背山邻水。[pei²⁴ ʂan⁴⁵ nin²² ʂuei⁵¹]

在北宋时期，[tsai²⁴ pɤ²² soŋ²⁴ ʂʅ²² tɕʰi⁴⁵]

寇准在巴东任县令的时候，［kʰəu²⁴ tʂuən⁵¹ tsai²⁴ pa⁴⁵ toŋ⁴⁵ ʐən²⁴ ɕiɛn²⁴ nin²⁴ ti⁰ ʂʅ²² xəu⁰］

他非常关心巴东人民的疾苦，［tʰa⁴⁵ fei⁴⁵ ʂaŋ⁰ kuan⁴⁵ ɕin⁴⁵ pa⁴⁵ toŋ⁴⁵ ʐən²² min²² ti⁰ tɕi²² kʰu⁵¹］

经常到农村里访贫问苦。［tɕin⁴⁵ ʂaŋ²² tau²⁴ noŋ²² tsʰən⁴⁵ ni⁰ faŋ⁵¹ pʰin²² uən²⁴ kʰu⁵¹］

也经常到江南的后面山上，［ie⁵¹ tɕin⁴⁵ ʂaŋ²² tau²⁴ tɕiaŋ⁴⁵ nan²² ti⁰ xəu²⁴ miɛn²⁴ ʂan⁴⁵ ʂaŋ⁰］

去跟一个老和尚两个人谈经论诗。［tɕʰy²⁴ kən⁴⁵ i²² kə⁰ nau⁵¹ xuo²² ʂaŋ⁰ niaŋ⁵¹ kə⁰ ʐən²² tʰan²² tɕin⁴⁵ nən²⁴ ʂʅ⁴⁵］

因为当时的文化名人，［in⁴⁵ uei²² taŋ⁴⁵ ʂʅ²² ti⁰ uən²² xua²⁴ min²² ʐən²²］

也只有迩个半山坡上的凉水寺的老和尚，［ie⁵¹ tʂʅ²² iəu⁵¹ ne²⁴ kə⁰ pan²⁴ ʂan⁴⁵ pʰo⁴⁵ ʂaŋ²⁴ ti⁰ niaŋ²² ʂuei⁵¹ sʅ²⁴ ti⁰ nau⁵¹ xuo²² ʂaŋ⁰］

他最有学问。［tʰa⁴⁵ tsuei²⁴ iəu⁵¹ ɕio²² uən⁰］

他每次就跟他两个人谈诗论文。［tʰa⁴⁵ mei⁵¹ tsʰʅ²⁴ tɕiəu²⁴ kən⁴⁵ tʰa⁴⁵ niaŋ⁵¹ kə⁰ ʐən²² tʰan²² ʂʅ⁴⁵ nən²⁴ uən²²］

谈诗论文高兴的时候呢，［tʰan²² ʂʅ⁴⁵ nən²⁴ uən²² kau⁴⁵ ɕin⁴⁵ ti⁰ ʂʅ²² xəu⁰ ne⁰］

两个人就手舞足蹈的。［niaŋ⁵¹ kə⁰ ʐən²² tɕiəu²⁴ ʂəu⁵¹ u⁵¹ tsu²² tau²⁴ ti⁰］

他就感到有一个事很奇怪。［tʰa⁴⁵ tɕiəu²⁴ kan⁵¹ tau²⁴ iəu⁵¹ i²² kə⁰ sʅ²⁴ xən⁵¹ tɕʰi²² kuai²⁴］

他就说，［tʰa⁴⁵ tɕiəu²⁴ ʂuo²²］

他每次还没有到凉水寺来拜访老和尚的时候，［tʰa⁴⁵ mei⁵¹ tsʰʅ²⁴ xai²² mei⁴⁵ iəu²² tau²⁴ niaŋ²² ʂuei⁵¹ sʅ²⁴ nai²² pai²⁴ faŋ⁵¹ nau⁵¹ xuo²² ʂaŋ⁰ ti⁰ ʂʅ²² xəu⁰］

老和尚就已经备好清茶等倒他，［nau⁵¹ xuo²² ʂaŋ⁰ tɕiəu²⁴ i⁵¹ tɕin⁴⁵ pei²⁴ xau⁵¹ tɕʰin⁴⁵ tʂʰa²² tən⁵¹ tau⁰ tʰa⁴⁵］

并且还在迩个山门外迎接他。［pin²⁴ tɕʰie⁵¹ xai²² tsai²⁴ ne²⁴ kə⁰ ʂan⁴⁵ mən²² uai²⁴ in²² tɕie²² tʰa⁴⁵］

他就感到很奇怪，［tʰa⁴⁵ tɕiəu²⁴ kan⁵¹ tau²⁴ xən⁵¹ tɕʰi²² kuai²⁴］

就问迩个老和尚。［tɕiəu²⁴ uən²⁴ ne²⁴ kə⁰ nau⁵¹ xuo²² ʂaŋ⁰］

他说："是怎么回事，［tʰa⁴⁵ ʂuo²²：ʂʅ²⁴ tsən⁵¹ mo⁰ xuei²² sʅ²⁴］

我每次没有来，［uo⁵¹ mei⁵¹ tsʰʅ²⁴ mei⁴⁵ iəu⁵¹ nai²²］

你就知道我要来？"［ni⁵¹ tɕiəu²⁴ tʂʅ⁴⁵ tau²⁴ uo⁵¹ iau²⁴ nai²²］

迩个老和尚就说（他说）：［ne²⁴ kə⁰ nau⁵¹ xuo²² ʂaŋ⁰ tɕiəu²⁴ ʂuo²²（tʰa⁴⁵ ʂuo²²）］

"你迩个人咧有天官之分，［ni⁵¹ ne²⁴ kə⁰ ʐən²² ne⁰ iəu⁵¹ tʰiɛn⁴⁵ kuan⁴⁵ tʂʅ⁴⁵ fən²⁴］

将来不可限量。［tɕiaŋ⁴⁵ nai⁰ pu²² kʰuo⁵¹ ɕiɛn²⁴ niaŋ⁵¹］

可以做到一人之下，［kʰuo⁵¹ i⁰ tsəu²⁴ tau²⁴ i²² zən²² tʂʅ⁴⁵ ɕia²⁴］

万人之上怎么大的官。［uan²⁴ zən²² tʂʅ⁴⁵ ʂaŋ²⁴ nən²⁴ mən⁰ ta²⁴ ti⁰ kuan⁴⁵］

（他说）所以你每回要来咧，［（tʰa⁴⁵ ʂuo²²）suo⁵¹ i⁰ ni⁵¹ mei⁵¹ xuei²² iau²⁴ nai²² ne⁰］

我迺个凉水寺旁边有一个洞，［uo⁵¹ ne²⁴ kə⁰ niaŋ²² ʂuei⁵¹ sʅ²⁴ pʰaŋ²² piɛn⁴⁵ iəu⁵¹ i²² kə⁰ toŋ²⁴］

叫白鹿洞。［tɕiau²⁴ pɤ²² nu²² toŋ²⁴］

洞里就住着两匹白鹿，［toŋ²⁴ ni⁵¹ tɕiəu²⁴ tsu²⁴ tʂuo⁰ niaŋ⁵¹ pʰi⁰ pɤ²² nu²²］

是白色的马鹿。［sʅ²⁴ pɤ²² se²² ti⁰ ma⁵¹ nu²²］

它们是非常通灵性的。［tʰa⁴⁵ mən⁰ sʅ²⁴ fei⁴⁵ ʂaŋ²² tʰoŋ⁴⁵ nin²² ɕin²⁴ ti⁰］

所以你每次要来，［suo⁵¹ i⁰ ni⁵¹ mei⁵¹ tsʰʅ²⁴ iau²⁴ nai²²］

它们就在洞外叫唤。［tʰa⁴⁵ mən⁰ tɕiəu²⁴ tsai²⁴ toŋ²⁴ uai²⁴ tɕiau²⁴ xuan⁰］

它一叫唤我就知道你要来。［tʰa⁴⁵ i²² tɕiau²⁴ xuan⁰ uo⁵¹ tɕiəu²⁴ tʂʅ⁴⁵ tau²⁴ ni⁵¹ iau²⁴ nai²²］

只要你从县衙动身，［tʂʅ⁵¹ iau²⁴ ni⁵¹ tsʰoŋ²² ɕiɛn²⁴ ia²² toŋ²⁴ ʂən⁴⁵］

它们就叫唤。"［tʰa⁴⁵ mən⁰ tɕiəu²⁴ tɕiau²⁴ xuan⁰］

这个寇准他就明白哒。［tse²⁴ kə⁰ kʰəu²⁴ tʂuan⁵¹ tʰa⁴⁵ tɕiəu²⁴ min²² pɤ⁰ ta⁰］

他说："既然迺个牲畜，［tʰa⁴⁵ ʂuo²²：tɕi²⁴ zan²² ne²⁴ kə⁰ sən⁴⁵ tsʰu²²］

它就恁门通灵性，［tʰa⁴⁵ tɕiəu²⁴ noŋ²⁴ moŋ²² tʰoŋ⁴⁵ nin²² ɕin⁰］恁门：这么

那我就一定要去拜访它。"［na²⁴ uo⁵¹ tɕiəu²⁴ i²² tin²⁴ iau²⁴ tɕʰy²⁴ pai⁴⁵ faŋ⁵¹ tʰa⁴⁵］

结果有一天，［tɕie²² kuo⁵¹ iəu⁵¹ i²² tʰiɛn⁴⁵］

他就没给迺个长老和尚说，［tʰa⁴⁵ tɕiəu²⁴ mei²⁴ kɤ⁴⁵ ne²⁴ kə⁰ tsaŋ⁰ nau⁵¹ xuo²² ʂaŋ⁰ ʂuo²²］

他就自己去拜访它。［tʰa⁴⁵ tɕiəu²⁴ tsʅ²⁴ tɕi⁰ kʰɤ²⁴ pai⁴⁵ faŋ⁵¹ tʰa⁴⁵］

哪晓得他一拜，［na⁵¹ ɕiau⁵¹ te⁰ tʰa⁴⁵ i²² pai²⁴］

哪怕迺个马鹿它是通灵性的，［na⁵¹ pʰa²⁴ ne²⁴ kə⁰ ma⁵¹ nu²² tʰa⁴⁵ sʅ²⁴ tʰoŋ⁴⁵ nin²² ɕin²⁴ ti⁰］

但是它毕竟是牲畜。［tan²⁴ sʅ⁰ tʰa⁴⁵ pi²⁴ tɕin²⁴ sʅ²⁴ sən⁴⁵ tsʰu⁰］

一拜咧，迺两匹马鹿受不住他的拜，［i²² pai²⁴ ne⁰，ne⁰ niaŋ⁵¹ pʰi²² ma⁵¹ nu²² ʂəu²⁴ pu²² tsu⁰ tʰa⁴⁵ ti⁰ pai²⁴］

因为他有天官之分。［in⁴⁵ uei²² tʰa⁴⁵ iəu⁵¹ tʰiɛn⁴⁵ kuan⁴⁵ tʂʅ⁴⁵ fən²⁴］

两匹马鹿就跑哒，就跑出洞外。［niaŋ⁵¹ pʰi²² ma⁵¹ nu²² tɕiəu²⁴ pʰau⁵¹ ta⁰，tɕiəu²⁴ pʰau⁵¹ tʂʰu²² toŋ²⁴ uai²⁴］

一匹就顺山往上跑，［i²² pʰi²² tɕiəu²⁴ ʂuan²⁴ ʂan⁴⁵ uaŋ⁵¹ ʂaŋ²⁴ pʰau⁵¹］

顺迗个迎大路往上跑。[ʂuən²⁴ne²⁴kə⁰in²²ta²⁴nu²²uaŋ⁵¹ʂaŋ²⁴pʰau⁵¹]
跑到迗个后面一个大水池，[pʰau⁵¹tau⁰ne²⁴kə⁰xəu²⁴miɛn⁰i²²kə⁰ta²⁴ʂuei⁵¹tʂʅ²²]
就跳进去哒。[tɕiəu²⁴tʰiau²⁴tɕin²⁴kʰɤ⁴⁵ta⁰]
所以到现在迗个地方还叫马鹿池。[suo⁵¹i⁰tau²⁴ɕiɛn²⁴tsai⁰ne²⁴kə⁰ti²⁴faŋ⁴⁵xai²²tɕiau²⁴ma⁵¹nu²⁴tʂʅ²²]
有一匹呢，[iəu⁵¹i²²pʰi²²ne⁰]
就还是顺迗条路就往下跑，[tɕiəu²⁴xai²²ʂʅ²⁴ʂuən²⁴tʰiau²²nu²⁴tɕiəu²⁴uaŋ⁵¹ɕia²⁴pʰau⁵¹]
一直跑到长江里。[i²²tʂʅ²²pʰau⁵¹tau²⁴tʂʰaŋ²²tɕiaŋ⁴⁵ni⁰]
跑到长江边，[pʰau⁵¹tau²⁴tʂʰaŋ²²tɕiaŋ⁴⁵piɛn⁴⁵]
就跳进长江里头去哒，[tɕiəu²⁴tʰiau²⁴tɕin²⁴tʂʰaŋ²²tɕiaŋ⁴⁵ni⁵¹tʰəu⁰kʰɤ⁰ta⁰]
就一直游到四川去哒。[tɕiəu²⁴i²²tʂʅ²²iəu²²tau²⁴sʅ²⁴tʂʰuan⁴⁵kʰɤ²⁴ta⁰]
从此以后呢，迗个地方，[tsʰoŋ²²tsʰʅ⁵¹i⁵¹xəu²⁴ne⁰，ne²⁴kə⁰ti²⁴faŋ⁰]
迗个巷子就叫马鹿口。[ne²⁴kə⁰xaŋ²⁴tsʅ⁰tɕiəu²⁴tɕiau²⁴ma⁵¹nu²⁴kʰəu⁵¹]
但是现在呢，[tan²⁴ʂʅ⁰ɕiɛn²⁴tsai²⁴ne⁰]
迗个巷子已经被水淹哒。[ne²⁴kə⁰xaŋ²⁴tsʅ⁰i⁵¹tɕin⁴⁵pei²⁴ʂuei⁵¹iɛn⁴⁵ta⁰]
已经为了三峡库区蓄水，[i⁵¹tɕin⁰uei²²niau⁰san⁴⁵ɕia²²kʰu²⁴tɕʰy⁴⁵ɕy²²ʂuei⁵¹]
涨到175米，已经不存在哒。[tʂaŋ⁵¹tau⁰i²²pe²²tɕʰi²²sʅ²²u⁵¹mi⁵¹，i⁵¹tɕin⁰pu²²tsʰuən²²tsai²⁴ta⁰]
但是迗个故事一直在民间流传，[tan²⁴ʂʅ⁰ne²⁴kə⁰ku²⁴sʅ⁰i²²tʂʅ²²tsai²⁴min²²tɕiɛn⁴⁵niəu²²tsʰuan²²]
非常优美动听。[fei⁴⁵ʂaŋ²²iəu⁴⁵mei⁵¹toŋ²⁴tʰin⁴⁵]

意译：我们巴东是一座有着悠久历史文化的名城，背山邻水。在北宋时期，寇准在巴东任县令时，他非常关心巴东人民的疾苦，经常到农村里访贫问苦，也经常去江南边后面的山上跟一个老和尚谈经论诗。因为当时的文化名人，也只有半山坡上凉水寺里的老和尚最有学问。寇准每次跟他谈诗论文。谈得高兴时，两个人就手舞足蹈。

寇准觉得有一件事很奇怪。他心想，每次他还没到凉水寺来拜访老和尚时，老和尚就已经备好清茶等着他，并且还在山门外迎接他。他就问这个老和尚："为什么我每次还没有来，你就知道我要来呢？"老和尚说："你这人有天官之分，将来不可限量，可以做到一人之下、万人之上的大官。我们这凉水寺旁边有一个洞，叫白鹿洞。洞里住着两匹白鹿，是白色的马鹿。它们非常通灵性。你每次要来的时候，它们就在洞外叫唤。它们一叫唤我就知道你要来。只要你从县衙动身，它们就叫唤。"

这么一说寇准就明白了。他想既然这两匹牲畜这么通灵性，那一定要去拜访它们。有一天，寇准没跟老和尚说，自己跑去拜访这两匹白鹿。谁知他一拜，虽然马鹿通灵性，但它们毕竟是牲畜。寇准一拜，两匹马鹿受不住他的跪拜，就都跑出洞外。一匹马鹿顺着山坡沿大路往上跑，跑到一个大水池，跳了进去，因此现在这个地方就叫"马鹿池"。另一匹白鹿顺着马路往下跑，一直跑到长江里，跳进长江，一直游到四川去了。从此以后，这条巷子就叫"马鹿口"。但是现在这条巷子已经被水淹了。因为为了三峡库区蓄水，涨到175米，所以这个地方已经不存在了。但这个故事还一直在民间流传，非常优美动听。

四　自选条目

0031　自选条目

癞蛤包送祝米——充人数。[nai^{24}kʰe^{22}pau^{45}soŋ^{24}tʂu^{22}mi^{51}——tsʰoŋ^{45}zən^{22}su^{24}]

癞蛤包：癞蛤蟆。祝米：女方生小孩后，女方父母在满月时会去送祝米，表示祝福和恭贺

意译：喻安排一个不相关或不合适的人去做某件事，只是为了充个人数而已。

0032　自选条目

癞蛤包戴眼镜儿——假充斯文。[nai^{24}kʰe^{22}pau^{45}tai^{24}iɛn^{51}tɕiɚ^{0}——tɕia^{51}tsʰoŋ^{45}si^{45}uən^{22}]　癞蛤包：癞蛤蟆

意译：喻一个人没有什么文化，却假装斯文的样子。

0033　自选条目

猫儿吃糍粑，脱不倒爪爪。[mau^{45}ɚ^{0}tʂʰʅ^{22}tsʅ^{22}pa^{0}，tʰuo^{22}pu^{0}tau^{51}tʂau^{51}tʂau^{0}]

意译：给猫吃糍粑，糍粑黏在猫爪上，怎么扯也扯不断。喻某人和某事脱不了关系。

0034　自选条目

癞蛤包吃炒面——干吹。[nai^{24}kʰe^{22}pau^{45}tʂʰʅ^{22}tʂʰau^{51}miɛn^{24}——kan^{45}tʂʰuei^{45}]　癞蛤包：癞蛤蟆。炒面：当地用黄豆、芝麻等五谷杂粮混在一起磨成的粉，冲泡成糊状后可当饭吃

意译：喻一个人只知道吹牛，没有真本事。

0035 自选条目

癞蛤包吃豇豆儿——下不倒肠。[nai²⁴kʰe²²pau⁴⁵tʂʰʅ²²kaŋ⁴⁵tə⁰——ɕia²⁴pu²²tau⁵¹tʂʰaŋ²²] 癞蛤包：癞蛤蟆

意译：癞蛤蟆吃豇豆，消化不了。喻事情做不下来或问题无法得到解决。

0036 自选条目

老鼠子舔猫鼻子——咬死。[nau⁵¹su⁵¹tsʅ⁰tʰiɛn⁵¹mau⁴⁵pi²²tsʅ⁰——au⁵¹sʅ⁵¹]

意译：老鼠去舔猫鼻子，咬死。喻非要去做危险的事。

0037 自选条目

瞎子吃汤圆儿——心中有数。[ɕia²²tsʅ⁰tsʰʅ²²tʰaŋ⁴⁵yə²²——ɕin⁴⁵tsoŋ⁴⁵iəu⁵¹su²⁴]

意译：瞎子吃汤圆，眼睛看不见但心中有数。喻做事心中有数。

0038 自选条目

瞎子坐天坑——已作是已作。[ɕia²²tsʅ⁰tsuo²⁴tʰiɛn⁴⁵kʰən⁴⁵——i⁵¹tsuo²²ʂʅ²⁴i⁵¹tsuo²²] 以作：已然这样

意译：瞎子坐在天井里，喻事情已经这样了，就接受现状，顺其自然好了。

0039 自选条目

擀面杖吹火——一窍不通。[kan⁵¹miɛn²⁴tsaŋ²⁴tsʰuei⁴⁵xuo⁵¹——i²²tɕʰiau²⁴pu²²tʰoŋ⁴⁵]

意译：用擀面杖来吹火，完全不懂方法。喻对事情的原理或方法完全不懂。

0040 自选条目

麻子打呵欠——全部总动员。[ma²²tsʅ⁰ta⁵¹xuo⁴⁵tɕʰiɛn⁴⁵——tɕʰyɛn²²pu²⁴tsoŋ⁵¹toŋ²⁴yɛn²²] 麻子：脸上长满雀斑的人。呵欠：哈欠

意译：形容全员出动。

0041 自选条目

屋檐上挂粪桶——臭名在外。[u²²iɛn²²ʂaŋ²⁴kua²⁴fən²⁴tʰoŋ⁵¹——tʂʰəu²⁴min²²tsai²⁴uai²⁴]

意译：在屋檐上挂粪桶，臭气熏天。形容一个人臭名在外。

0042 自选条目

和尚打伞——无发（法）无天。[xuo²² ʂaŋ²⁴ ta⁵¹ san⁵¹——u²² fa²² u²² tʰiɛn⁴⁵]

意译：形容做事肆意妄为，无视法规。

0043 自选条目

哑巴吃黄连——心中有苦说不出。[ia²⁴ pa⁴⁵ tʂʰɿ²² xuaŋ²² niɛn²²——ɕin⁴⁵ tʂoŋ⁴⁵ iəu⁵¹ kʰu⁵¹ ʂuo²² pu²² tʂʰu²²]

意译：形容心中有苦说不出来。

0044 自选条目

眨巴眼儿看太阳——一手遮天。[tʂa⁵¹ pa⁴⁵ iə⁵¹ kʰan²⁴ tʰai²⁴ iaŋ²²——i²² ʂəu⁵¹ tʂe⁴⁵ tʰiɛn⁴⁵] 眨巴眼儿：眼睛不停眨的人

意译：形容一个人有绝对的权威和话语权。

0045 自选条目

茶壶里煮饺子——心里有货倒不出来。[tʂʰa²² xu²² ni⁵¹ tʂu⁵¹ tɕiau⁵¹ tsɿ⁰——ɕin⁴⁵ ni⁵¹ iəu⁵¹ xuo²⁴ tau²⁴ pu²² tʂʰu²² nai²²]

意译：形容一个人虽然懂得很多知识，却表达不出来。

0046 自选条目

两口子养个癞娃娃，别人不夸自己夸。[niaŋ⁵¹ kʰəu⁵¹ tsɿ⁰ iaŋ⁵¹ kə⁰ nai²⁴ ua²² ua⁴⁵, piɛ²² ʐən⁰ pu²² kʰua⁴⁵ tsɿ²⁴ tɕi⁰ kʰua⁴⁵] 癞：傻

意译：形容自己夸自己。

0047 自选条目

蚂蚁子爬筲箕——路子多。[ma⁵¹ iɛn⁵¹ tsɿ⁵¹ pʰa²² ʂau⁴⁵ tɕi⁰——nu²⁴ tsɿ⁵¹ tuo⁴⁵]

意译：喻条条大路通罗马，办法总比困难多。

0048 自选条目

孔夫子搬家——光书（输）。[kʰoŋ⁵¹ fu⁴⁵ tsɿ⁰ pan⁴⁵ tɕia⁴⁵——kuaŋ⁴⁵ ʂu⁴⁵]

意译："书"谐音"输"，原义为孔夫子搬家，家里全是书。后比喻做事总是失败或打牌总是输钱。

0049 自选条目

矮子上楼梯——步步高升。[ai⁵¹ tsʅ⁰ saŋ²⁴ nəu²² tʰi⁴⁵——pu²⁴ pu²⁴ kau⁴⁵ sən⁴⁵]

意译：喻人的工作或生活步步高升，日子越来越好。

0050 自选条目

爹妈把的这张脸——就是这个样儿。[tie⁴⁵ ma⁴⁵ pa⁵¹ ti⁰ tʂe²⁴ tʂaŋ⁴⁵ niɛn⁵¹——tɕiəu²⁴ sʅ²⁴ tse²⁴ kə⁰ iə˞²⁴] 把：给

意译：父母生的这张脸，就是这个样子。喻天生就是这样，管你喜欢不喜欢。

0051 自选条目

黄连树下弹琵琶——苦中作乐。[xuaŋ²² niɛn²² ʂu²⁴ ɕia²⁴ tʰan²² pʰi²² pʰa²²——kʰu⁵¹ tʂoŋ⁴⁵ tsuo²² nuo²²]

意译：在黄连树下弹琵琶，喻人苦中作乐。

0052 自选条目

墙头上的草，风吹二面倒。[tɕʰiaŋ²² tʰəu²² ʂaŋ²⁴ ti⁰ tsʰau⁵¹，fəŋ⁴⁵ tʂʰuei⁴⁵ ə˞²⁴ miɛn²⁴ tau⁵¹]

意译：喻一个人立场不坚定，哪边有利就偏向哪边。

0053 自选条目

芝麻开花节节儿高。[tsʅ⁴⁵ ma²² kʰai⁴⁵ xua⁴⁵ tɕie²² tɕiə²² kau⁴⁵]

意译：形容工作步步高升，生活越来越好。

0054 自选条目

狗子进茅厕，闻进闻出（文进文出）。[kəu⁵¹ tsʅ⁰ tɕin²⁴ mau²² sʅ⁰，uən²² tɕin²⁴ uən²² tʂʰu²²] 茅厕：厕所

意译：狗在自家厕所里闻进闻出，用谐音讽刺在自己人面前还故意卖弄文采。

0055 自选条目

顶起碓窝子唱戏——人也累死哒，戏也不好看。[tin⁵¹ tɕʰi⁰ tei²⁴ uo⁴⁵ tsʅ⁰ tʂʰaŋ²²

çi²⁴——zən²²ie⁵¹nei²⁴ʂʅ⁵¹ta⁰，çi²⁴ie⁵¹pu²²xau⁵¹kʰan²⁴］碓窝子：臼

意译：头上顶着臼唱戏，人也累，戏也不好看。喻费力不讨好。

0056 自选条目

马上打屁——两不分明。［ma⁵¹ʂaŋ²⁴ta⁵¹pʰi²⁴——niaŋ⁵¹pu²²fən⁴⁵min²²］

意译：在马上放屁，说不清到底是人放的还是马放的，喻出了事说不清是谁的责任和问题。

0057 自选条目

黄泥巴掉进裤裆里——不是屎也是屎。［xuaŋ²²ni²²pa⁴⁵tiau²⁴tçin²⁴kʰu²⁴taŋ⁴⁵ni⁵¹——pu²²ʂʅ²⁴ʂʅ⁵¹ie⁵¹ʂʅ²⁴ʂʅ⁵¹］

意译：黄泥巴掉进裤裆里，不是屎也是屎了。喻本不是自己做的事，但却发生在自己身上，怎么也解释不清。

0058 自选条目

瞎子拉胡琴——瞎扯。［çia²²tsʅ⁰na⁴⁵xu²²tçʰin²²——çia²²tsʰɚ⁵¹］

意译：喻胡说八道。

0059 自选条目

屁爬虫打喷嚏——一张臭嘴。［pʰi²⁴pʰa²²tsʰoŋ²²ta⁵¹fən²⁴tʰi²²——i²²tʂaŋ⁴⁵tʂʰəu²⁴tsuei⁵¹］屁爬虫：臭屁虫

意译：形容一个人嘴里吐不出好话，说话不中听。

0060 自选条目

进厕所不带纸——想不揩（开）。［tçin²⁴tsʰɤ²²suo⁵¹pu²²tai²⁴tsʅ⁵¹——çiaŋ⁵¹pu²²kʰai⁴⁵］揩：擦

意译："揩"谐音"开"，喻遇事想不开。

0061 自选条目

打起电筒进厕所——亮出屎来。［ta⁵¹tçʰi⁵¹tiɛn²⁴tʰoŋ²²tçin²⁴tsʰɤ²²suo⁵¹——niaŋ²⁴tʂʰu²²ʂʅ⁵¹nai²²］电筒：手电筒

意译：形容肮脏丑恶的一面被揭露出来。

0062 自选条目

皮影子歇栈房，人多不去饮食。[pʰi²² in⁵¹ tsʅ⁰ ɕie²² tʂan²⁴ faŋ⁴⁵，zən²² tuo⁴⁵ pu²² kʰe²⁴ in⁵¹ ʂʅ²²] 皮影子：皮影戏里的木偶。歇：休息。栈房：旅舍

意译：看似有很多人在，实际上却没有能帮上忙的。

0063 自选条目

两个闺女娃子打亲家，空口说白话。[niaŋ⁵¹ kə⁰ kuei⁴⁵ ny⁵¹ ua²² tsʅ⁰ ta⁵¹ tɕʰin⁴⁵ tɕia⁴⁵，kʰoŋ²⁴ kʰəu⁵¹ ʂuo²² pɤ²² xua²⁴]

意译：形容一件事不可能实现，只是一句空话。

0064 自选条目

铁匠的围腰子——遮护皮。[tʰie²² tɕiaŋ²⁴ ti⁰ uei²² iau⁴⁵ tsʅ⁰——tʂɤ⁴⁵ xu²⁴ pʰi²²] 围腰子：围裙

意译：喻某物只起一个表面作用。

0065 自选条目

裁缝掉啊剪子——只晓得尺（吃）。[tsʰai²² foŋ²² tiau²⁴ a⁰ tɕiɛn⁵¹ tsʅ⁰——tʂʅ⁵¹ ɕiau⁵¹ te⁰ tʂʰʅ²²] 晓得：知道

意译：裁缝掉了剪子，只有尺了。用"尺"谐音"吃"，意思是除了吃，也没有其他办法。

0066 自选条目

公公穿错媳妇儿的鞋——错打错处来。[koŋ⁴⁵ koŋ⁴⁵ tʂʰuan⁴⁵ tʂʰuo²⁴ ɕi²² fɚ⁰ ti⁰ xai²²——tsʰuo²⁴ ta⁵¹ tsʰuo²⁴ tʂʰu²⁴ nai²²]

意译：公公错穿了媳妇的鞋。明知是错的，却还故意犯错，喻不走正道。

0067 自选条目

吃不穷，穿不穷，不会划算一世穷。[tʂʰʅ²² pu²² tɕʰioŋ²²，tʂʰuan⁴⁵ pu²² tɕʰioŋ²²，pu²² xuei²⁴ xua²² suan²⁴ i²² ʂʅ²⁴ tɕʰioŋ²²] 划算：规划

意译：吃不穷，穿不穷，但过日子不会规划的人一辈子都穷。

0068 自选条目

行得正，坐得稳，大伯子怀里打得滚。[ɕin²² te²² tʂən²⁴，tsuo²⁴ te²² uən⁵¹，ta²⁴

pe²²tsʅ⁰xuai²²ni⁰ta⁵¹te⁰kuən⁵¹] 大伯子：弟媳对丈夫哥哥的背称

意译：行得正，坐得稳，喻没做亏心事，就不怕别人说闲话。

0069 自选条目

太阳当顶旋一旋，三天不见面。[tʰai²⁴iaŋ²²taŋ⁴⁵tin⁵¹ɕyɛn²⁴i²²ɕyɛn²⁴，san⁴⁵tʰiɛn⁴⁵pu²²tɕiɛn²⁴miɛn²⁴] 旋：出现

意译：天气谚语。指春夏时节，在下雨的日子里，中午云层裂开，太阳露一露脸，接下来的三天都要下雨。

0070 自选条目

温毒子太阳晒死人，闷心子婆娘害死人。[uən⁴⁵tu²²tsʅ⁰tʰai²⁴iaŋ⁰sai²⁴sʅ⁵¹zən²²，mən⁴⁵ɕin⁴⁵tsʅ⁰pʰo²²niaŋ²²xai²⁴sʅ⁵¹zən²²] 温毒子：不刺眼的。闷心子：闷着不说话。婆娘：女人

意译：看着不刺眼的太阳反而更晒，闷着不说话的女人心反而更狠。

0071 自选条目

天黄有雨，人黄有病。[tʰiɛn⁴⁵xuaŋ²²iəu⁵¹y⁵¹，zən²²xuaŋ²²iəu⁵¹pin²⁴]

意译：天色变黄预示要下雨，人脸发黄预示人要生病。

0072 自选条目

山高一尺，水冷三分。[ʂan⁴⁵kau⁴⁵i²²tʂʰʅ²²，ʂuei⁵¹nən⁵¹san⁴⁵fən⁴⁵]

意译：随着海拔的增高，温度会逐渐降低。

0073 自选条目

冰冻三尺非一日之寒。[pin⁴⁵toŋ²⁴san⁴⁵tʂʰʅ²²fei⁴⁵i²²zʅ²²tʂʅ⁴⁵xan²²]

意译：冰冻了三尺，并不是一天的寒冷所能达成的效果。喻一种情况的形成，需要经过长时间的积累和酝酿。

0074 自选条目

有钱自己打酒喝，莫听瞎子打胡说。[iəu⁵¹tɕʰiɛn²²tsʅ²⁴tɕi⁰ta⁵¹tɕiəu⁵¹xuo⁴⁵，mo²²tʰin⁴⁵ɕia²²tsʅ⁰ta⁵¹xu²²ʂuo²²]

意译：如果有条件，就应该亲自去尝试，不要道听途说，否则就不了解真实的情况。

0075 自选条目

早晨烧霞，等水烧茶。[tsau⁵¹ ʂən²² ʂau⁴⁵ ɕia²² , tən⁵¹ ʂuei⁵¹ ʂau⁴⁵ tʂʰa²²]

晚上烧霞，干死蛤蟆。[uan⁵¹ ʂaŋ⁰ ʂau⁴⁵ ɕia²² , kan⁴⁵ sɹ̩⁵¹ kʰɤ²² ma⁰] 蛤蟆：青蛙

意译：天气谚语。如果早上有朝霞，当天会下雨；如果晚上有晚霞，那第二天还是晴天。

0076 自选条目

未雨先刮风，有雨也落空。[uei²⁴ y⁵¹ ɕiɛn⁴⁵ kua²² foŋ⁴⁵ , iəu⁵¹ y⁵¹ ie⁵¹ nuo²² kʰoŋ⁴⁵] 落空：事情不会发生

意译：天气谚语。还没下雨就先刮风，有雨多半也下不长。

0077 自选条目

太阳反照，晒倒鬼叫。[tʰai²⁴ iaŋ²² fan⁵¹ tʂau²⁴ , ʂai²⁴ tau⁵¹ kuei⁵¹ tɕiau²⁴]

意译：天气谚语。太阳在落下去的时候，天上被云遮蔽，此时太阳光照到天顶的密云，再反射到地面，就是太阳反照的现象。如果出现这种现象，第二天一定还是晴天。

0078 自选条目

喂猪无巧，干窝食饱。[uei²⁴ tʂu⁴⁵ u²² tɕʰiau⁵¹ , kan⁴⁵ uo⁰ sɹ̩²² pau⁵¹]

意译：喂猪没有别的技巧，保持窝干燥，食物充足即可。

0079 自选条目

养儿不读书，如同喂个猪。[iaŋ⁵¹ ɚ²² pu²² tu²² ʂu⁴⁵ , zu²² tʰoŋ²² uei²⁴ kə²⁴ tʂu⁴⁵]

意译：养孩子如果不培养他读书，就跟喂猪没区别。

0080 自选条目

人要忠心，火要空心。[zən²² iau²⁴ tʂoŋ⁴⁵ ɕin⁴⁵ , xuo⁵¹ iau²⁴ kʰoŋ⁴⁵ ɕin⁴⁵]

意译：柴火要架空才能烧得旺；做人要忠诚才能使人信服。

0081 自选条目

欺老莫欺少，三年就赶到。[tɕʰi⁴⁵ nau⁵¹ mo²² tɕʰi⁴⁵ ʂau²⁴ , san⁴⁵ niɛn²² tɕiəu²⁴ kan⁵¹ tau²⁴]

意译：千万不要欺负年轻人，因为要不了几年就轮到他们当权了。

0082 自选条目

人老心多，树老根多。[zən²² nau⁵¹ ɕin⁴⁵ tuo⁴⁵，ʂu²⁴ nau⁵¹ kən⁴⁵ tuo⁴⁵]

意译：树老根枝多，人老心思多。

0083 自选条目

脚大江山稳，手大挣乾坤。[tɕio²² ta²⁴ tɕiaŋ⁴⁵ ʂan⁴⁵ uən⁵¹，ʂəu⁵¹ ta²⁴ tsən²⁴ tɕʰiɛn²² kʰuən⁴⁵]

意译：脚大的人能走四方，做事稳健踏实；手大的人能聚财，往往会挣钱。这是民间一种看相的口诀。

0084 自选条目

男子嘴大吃四方，女子嘴大持家当。[nan²² tsɿ⁰ tsuei⁵¹ ta²⁴ tʂʰɿ²² sɿ²⁴ faŋ⁴⁵，ny⁵¹ tsɿ⁰ tsuei⁵¹ ta²⁴ tʂʰɿ²² tɕia⁴⁵ taŋ⁰]

意译：男子嘴大往往能走南闯北，女子嘴大多半会持家。这是民间一种看相的口诀。

0085 自选条目

一行服一行，青菜服米汤。[i²² xaŋ²² fu²² i²² xaŋ²²，tɕʰin⁴⁵ tsʰai²⁴ fu²² mi⁵¹ tʰaŋ⁴⁵]

意译：喻一物降一物。

0086 自选条目

早酒三盅，一天的威风。[tsau⁵¹ tɕieu⁵¹ san⁴⁵ tʂoŋ⁴⁵，i²² tʰiɛn⁴⁵ ti⁰ uei⁴⁵ foŋ⁴⁵]

意译：早上喝三盅酒，一天干活都精神抖擞。

0087 自选条目

屋檐水点点滴，点点滴在臼窝里。[u²² iɛn²² ʂuei⁵¹ tiɛn⁵¹ tiɛn⁰ ti²²，tiɛn⁵¹ tiɛn⁰ ti²² tsai²⁴ tɕieu²⁴ uo⁴⁵ ni⁵¹]

意译：喻父母对孩子的言传身教，就像屋檐水一样慢慢浸润在孩子的心中。

0088 自选条目

人多无好汤，猪多无好糠。[zən²² tuo⁴⁵ u²² xau⁵¹ tʰaŋ⁴⁵，tʂu⁴⁵ tuo⁴⁵ u²² xau⁵¹ kʰaŋ⁴⁵]

意译：猪多了就没有好糠吃，人多了就得不到好汤喝。喻好资源有限，瓜分的人多了，就所剩无几了。

0089 自选条目

嘴里讲古，手里摇橹。[tsuei⁵¹ni⁵¹tɕiaŋ⁵¹ku⁵¹，ʂəu⁵¹ni⁵¹iau²²nu⁵¹] 讲古：讲故事，多半是传说故事。摇橹：划桨

意译：巴东一带过去有许多艄公，艄公喜欢讲一些奇闻轶事，这里是形容艄公手里边摇船桨，嘴里边讲故事的样子。

0090 自选条目

行人饱，坐人饥，睡倒吃得几筲箕。[ɕin²²zən²²pau⁵¹，tsuo²⁴zən²²tɕi⁴⁵，ʂuei²⁴tau⁰tʂʰɿ²²te⁰tɕi⁵¹ʂau⁴⁵tɕi⁴⁵]

意译：行路的人不觉得饿，坐着不动的人却喊饿，睡着的人可以吃几筲箕的东西。形容越勤快的人越不觉得饿，越懒惰的人越能吃。

0091 自选条目

人是铁，饭是钢，一顿不吃饿得慌。[zən²²ʂɿ²⁴tʰie²²，fan²⁴ʂɿ²⁴kaŋ⁴⁵，i²²tən²⁴pu²²tʂʰɿ²²uo²⁴tɤ²²xuaŋ⁴⁵]

意译：人要吃饱饭，才有力气去做事。

0092 自选条目

有吃饱饱胀，无吃逗火向。[iəu⁵¹tʂʰɿ²²pau⁵¹pau⁵¹tʂaŋ²⁴，u²²tʂʰɿ²²təu²⁴xuo⁵¹ɕiaŋ²⁴] 逗火向：生火

意译：有得吃就吃饱，没得吃就生火去做。喻人在不同境遇下都要学会过好生活。吃不穷，穿不穷，不会划算过日子就会一辈子穷。

0093 自选条目

麻雀子虽小，五脏俱全。[ma²²tɕʰio²²tsɿ⁰suei⁴⁵ɕiau⁵¹，u⁵¹tsaŋ²⁴tɕy²⁴tɕʰyɛn²²]

意译：麻雀身形虽小，但它的五脏六腑都是全的。喻事物的体积或规模虽小，但它具备的内容却是齐全的。

0094 自选条目

家和万事兴，人和子孙旺。[tɕia⁴⁵xuo²²uan²⁴ʂɿ²⁴ɕin⁴⁵，zən²²xuo²²tsɿ⁵¹sən⁴⁵uaŋ²⁴]

意译：只有家庭和睦，子孙后代才能兴旺发达。

0095 自选条目

小葱拌豆腐——一青（清）二白。[ɕiau⁵¹tsʰoŋ⁴⁵pan²⁴təu²⁴fu⁰——i²²tɕʰin⁴⁵ɚ²⁴pɤ²²]

意译：比如做事清清白白。

0096 自选条目

懒人有懒人的福，勤快人给懒人子啄奴。[nan⁵¹zən²²iəu⁵¹nan⁵¹zən²²ti⁰fu²², tɕʰin²²kʰuai²⁴zən²²kɤ⁴⁵nan⁵¹zən²²tsʅ⁰tʂua²²nu²²] 啄奴：当仆人

意译：懒人有懒人的福气，勤快人常常看到事就做了，懒人就不用再做了。

0097 自选条目

吃得苦中苦，方为人上人。[tʂʰʅ²²tɤ²²kʰu⁵¹tsoŋ⁴⁵kʰu⁵¹, faŋ⁴⁵uei²²zən²²ʂaŋ²⁴zən²²]

意译：只有吃得千辛万苦，才能出人头地，获取功名富贵。

0098 自选条目

秀才不出门，能知天下事。[ɕiəu²⁴tsʰai²²pu²²tʂʰu²²mən²², nən²²tsʅ⁴⁵tʰiɛn⁴⁵ɕia²⁴sʅ²⁴]

意译：读书人闭门苦读，从书中便能知天下大事。

0099 自选条目

比上不足，比下有余。[pi⁵¹ʂaŋ²⁴pu²²tsu²², pi⁵¹ɕia²⁴iəu⁵¹y²²]

意译：跟高的比不了，跟低的比还有超过之处，指处于中等状态。也寓意人要学会知足，不要总跟他人攀比。

0100 自选条目

米汤盆里坐，糊里糊涂过。[mi⁵¹tʰaŋ⁴⁵pʰən²²ni⁵¹tsuo²⁴, xu²²ni⁰xu²²tʰu²²kuo²⁴]

意译：喻糊里糊涂地过日子。

鹤　峰

一　歌谣

0001 歌谣

下边呢，就讲一讲我们，[ɕia³⁵ pian⁵⁵ nei⁰，tɕiəu³⁵ tɕiaŋ⁵³ i¹² tɕiaŋ⁵³ uo⁵³ mən⁰]

当地那个农村那种，[taŋ⁵⁵ ti³⁵ na³⁵ kɤ⁰ noŋ¹² tsʰən⁵⁵ na³⁵ tʂoŋ⁵³]

哄娃儿的那种谎话。[xoŋ⁵³ uə¹² ti⁰ na³⁵ tʂoŋ⁵³ xuaŋ⁵³ xua³⁵]

推磨，拐磨，推的粑粑甜不过，[tʰei⁵⁵ mo⁵⁵，kuai³⁵ mo⁵⁵，tʰei⁵⁵ ti⁰ pa⁵⁵ pa⁰ tʰian¹² pu⁰ kuo³⁵]

推粑粑，接家家，[tʰei⁵⁵ pa⁵⁵ pa⁰，tɕiɛ¹² ka⁵⁵ ka⁰]家家：外婆

家家不吃酸粑粑。[ka⁵⁵ ka⁰ pu¹² tɕʰi¹² san⁵⁵ pa⁵⁵ pa⁰]

推豆腐，接舅舅，[tʰei⁵⁵ təu³⁵ fu⁰，tɕiɛ¹² tɕiəu³⁵ tɕiəu⁰]

舅舅不吃酸豆腐。[tɕiəu³⁵ tɕiəu⁰ pu¹² tɕʰi¹² san⁵⁵ təu³⁵ fu⁰]

推豆渣，接舅妈，[tʰei⁵⁵ təu³⁵ tʂa⁵⁵，tɕiɛ¹² tɕiəu³⁵ ma⁵⁵]

舅妈不吃酸豆渣。[tɕiəu³⁵ ma⁵⁵ pu¹² tɕʰi¹² san⁵⁵ təu³⁵ tʂa⁵⁵]

推馍馍，接婆婆，[tʰei⁵⁵ mo¹² mo⁰，tɕiɛ¹² pʰo¹² pʰo⁰]婆婆：奶奶

婆婆不吃酸馍馍。[pʰo¹² pʰo⁰ pu¹² tɕʰi¹² san⁵⁵ mo¹² mo⁰]

推合渣，接磨架，[tʰei⁵⁵ xuo¹² tʂa⁵⁵，tɕiɛ¹² mo³⁵ ka⁵⁵]合渣：当地特色菜。磨架：石磨

磨架不吃酸合渣。[mo³⁵ ka⁵⁵ pu¹² tɕʰi¹² san⁵⁵ xuo¹² tʂa⁵⁵]

意译：当地农村的儿歌。推磨，拐磨，推的粑粑甜不过。推粑粑，接外婆，外婆不吃酸粑粑。推豆腐，接舅舅，舅舅不吃酸豆腐。推豆渣，接舅妈，舅妈不吃酸豆渣。推馍馍，接奶奶，奶奶不吃酸馍馍。推合渣，接磨架，磨架不吃酸合渣。

0002 歌谣

这是一种，嗯，[tʂɛ³⁵ ʂʅ³⁵ i¹² tʂoŋ⁵³，ən⁰]

还有一种也是哄娃儿们的，[xai¹² iəu⁵³ i¹² tʂoŋ⁵³ iɛ⁵³ ʂʅ³⁵ xoŋ⁵³ uə¹² mən⁰ ti⁰]

就是，嗯，边摇椅子，比如，[tɕiəu³⁵ ʂʅ³⁵，ən⁰，pian⁵⁵ iau¹² i⁵³ tsʅ⁰，pi⁵³ ʐu¹²]

就嘴巴边讲，那就哪么讲呢，[tɕiəu³⁵ tsei⁵³ pa⁵⁵ pian⁵⁵ tɕiaŋ⁵³，na³⁵ tɕiəu³⁵ na⁵³ mən⁰ tɕiaŋ⁵³ ŋɛ⁰]

抓米官，抓个鹌，[tʂua¹² mi⁵³ kuan⁵⁵，tʂua¹² kɤ⁰ ŋan⁵⁵]

生个蛋，过秤称，二斤半。［sən⁵⁵ kɛ⁰ tan³⁵，kuo³⁵ tʂʰən¹² tʂʰən⁵⁵，ə˞³⁵ tɕin⁵⁵ pan³⁵］

娘要吃，儿要看，老子要留起过月半。［niaŋ¹² iau³⁵ tɕʰi¹²，ə˞¹² iau³⁵ kʰan³⁵，nau⁵³ tsɿ⁰ iau³⁵ niəu¹² tɕʰi⁰ kuo³⁵ yɛ¹² pan³⁵］

意译：当地农村的儿歌，一般是边摇椅子边讲：抓米官，抓个鹤，生个蛋，用秤称，二斤半，娘要吃，儿要看，老子要留着过月半。

二　规定故事

0021 牛郎和织女

古时候，有一个小伙子，［ku⁵³ ʂɿ¹² xəu⁰，iəu⁵³ i¹² kuo³⁵ ɕiau⁵³ xuo⁵³ tsɿ⁰］

他的那个父母啊都去世得比较早，［tʰa⁵⁵ ti⁰ na³⁵ kɛ⁰ fu³⁵ mu¹² a⁰ təu⁵⁵ tɕʰy³⁵ ʂɿ³⁵ tɛ⁰ pi⁵³ tɕiau¹² tsau⁵³］

家里就是那么一头老黄牛，［tɕia⁵⁵ ni⁰ tɕiəu¹² ʂɿ¹² na³⁵ mo¹² i¹² tʰəu¹² nau⁵³ xuaŋ¹² niəu¹²］

他也就跟老黄牛相依为命，［tʰa⁵⁵ iɛ⁵³ tɕiəu¹² xuo¹² na¹² tʰəu¹² nau⁵³ xuaŋ¹² niəu¹² ɕiaŋ⁵⁵ i⁵⁵ uei¹² min³⁵］

周边的人都叫这个小伙子牛郎，［tʂəu⁵⁵ pian⁰ ti¹² ʐən¹² təu⁵⁵ tɕiau³⁵ tʂɛ³⁵ kuo⁰ ɕiau⁵³ xuo⁵³ tsɿ⁰ niəu¹² naŋ¹²］

这个老黄牛实际上是天上的一个金牛星，［tʂɛ³⁵ kuo¹² nau⁵³ xuaŋ¹² niəu¹² ʂɿ¹² tɕi⁵³ ʂaŋ⁰ ʂɿ³⁵ tʰian⁵⁵ ʂaŋ³⁵ ti⁰ i¹² kuo³⁵ tɕin⁵⁵ niəu¹² ɕin⁵⁵］

那个老牛实际上是想帮他成一个家。［na³⁵ kuo¹² nau⁵³ niəu¹² ʂɿ¹² tɕi¹² ʂaŋ⁰ ʂɿ¹² ɕiaŋ⁵³ paŋ⁵⁵ tʰa⁵⁵ tʂʰən¹² i¹² kuo³⁵ tɕia⁵⁵］

有一天，也就是那头老牛，［iəu⁵³ i¹² tʰian⁵⁵，iɛ⁵³ tɕiəu³⁵ ʂɿ³⁵ na³⁵ tʰəu¹² nau⁵³ niəu¹²］

他晓得仙女们要下凡来，［tʰa⁵⁵ ɕiau⁵³ tɛ⁰ ɕian⁵⁵ ny⁵³ mən⁰ iau³⁵ ɕia³⁵ xuan¹² nai¹²］

他们就要到山脚下大湖里洗澡，［tʰa⁵⁵ mən⁰ tɕiəu³⁵ iau³⁵ tau³⁵ ʂan⁵⁵ tɕio³⁵ ɕia⁰ ta³⁵ fu¹² ni⁰ ɕi⁵³ tsau⁵³］

这头老牛跟他托一个梦，［tʂɛ³⁵ tʰəu³⁵ nau⁵³ niəu¹² kən⁵⁵ tʰa⁵⁵ tʰuo¹² i¹² kuo³⁵ məŋ³⁵］

在梦里头老牛对他讲，［tsai³⁵ məŋ³⁵ ni⁵³ tʰəu¹² nau⁵³ niəu¹² tei³⁵ tʰa⁵⁵ tɕiaŋ⁵³］

他说，牛郎，第二天早晨到湖边去，［tʰa⁵⁵ ʂuo¹²，niəu¹² naŋ¹²，ti³⁵ ə˞¹² tʰian⁵⁵ tsau⁵³ sən¹² tau³⁵ fu¹² pian⁵⁵ tɕʰy³⁵］

湖边有几位仙女在那边洗澡，［fu¹² pian⁵⁵ iəu⁵³ tɕi⁵³ uei¹² ɕian⁵⁵ ny⁵³ tsai³⁵ na³⁵ pian⁵⁵ ɕi⁵³ tsau⁵³］

你要趁他们在洗澡的时候，［ni⁵⁵ iau³⁵ tʂʰən¹² tʰa⁵⁵ mən⁰ tsai³⁵ ɕi⁵³ tsau⁵³ ti¹² ʂɿ¹² xəu⁰］

把仙女的衣服拿一件，［pa⁵³ ɕian⁵⁵ ny⁵³ ti⁰ i⁵⁵ fu¹² na¹² i¹² tɕian³⁵］

叫他把衣服拿起来抱起来就跑，［tɕiau³⁵ tʰa⁵⁵ pa⁵³ i⁵⁵ fu⁰ na¹² tɕʰi⁵³ nai⁰ pau³⁵ tɕʰi⁵³ nai⁰ tɕiəu³⁵ pʰau⁵³］

这样呢，牛郎就会得到一位仙女当他的妻子。［tʂɛ³⁵ iaŋ³⁵ nɛ⁰，niəu¹² naŋ¹² tɕiəu³⁵ xuei³⁵ tɛ¹² tau³⁵ i¹² uei¹² ɕian⁵⁵ ny⁵³ taŋ⁵⁵ tʰa⁵⁵ ti⁰ tɕʰi⁵⁵ tsʅ⁰］

牛郎半信半疑来到山脚下，［niəu¹² naŋ¹² pan³⁵ ɕin³⁵ pan³⁵ i¹² nai¹² tau³⁵ ʂan⁵⁵ tɕio³⁵ ɕia⁰］

看到有那么七个仙女，［kʰan¹² tau³⁵ iəu⁵³ na⁵³ mo¹² tɕʰi¹² kuo¹² ɕian⁵⁵ ny⁵³］

马上跑到树边取下一件粉红色的衣服，［ma⁵³ ʂaŋ⁰ pʰau⁵³ tau³⁵ ʂu³⁵ pian⁵⁵ tɕʰy⁵³ ɕia¹² tɕian³⁵ xuən⁵³ xoŋ¹² sɛ¹² ti⁰ i⁵⁵ fu⁰］

这个被抢走衣服的仙女，［tʂɛ³⁵ kuo¹² pei³⁵ tɕʰiaŋ⁵³ tsəu⁵³ i⁵⁵ fu⁰ ti⁰ ɕian⁵⁵ ny⁵³］

其实就是七仙女，［tɕʰi¹² ʂʅ¹² tɕiəu⁵³ ʂʅ¹² tɕʰi¹² ɕian⁵⁵ ny⁵³］

她就悄悄把牛郎的门打开了，［tʰa⁵⁵ tɕiəu³⁵ tɕʰiau⁵⁵ tɕʰiau⁰ pa⁵³ niəu¹² naŋ¹² ti⁰ mən¹² ta⁵³ kʰai⁵⁵ na⁰］

把门打开了之后，［pa⁵³ mən¹² ta⁵³ kʰai⁵⁵ tsʅ⁵⁵ xəu³⁵］

牛郎喜出望外，［niəu¹² naŋ¹² ɕi⁵³ tʂʰu¹² uaŋ³⁵ uai³⁵］

两个人就做了恩爱的夫妻哒。［niaŋ⁵³ kɛ⁰ zən¹² tɕiəu³⁵ tsəu³⁵ niau⁰ ŋən⁵⁵ ŋai³⁵ ti⁰ fu⁵⁵ tɕʰi⁵⁵ ta⁰］

有一天，他们又生了两个孩子，［iəu⁵³ i¹² tʰian⁵⁵，tʰa⁵⁵ mən⁰ iəu⁰ sən⁵⁵ niau⁰ niaŋ⁵³ kuo³⁵ xai¹² tsʅ⁰］

没想到七仙女私自下凡的事情被玉皇大帝晓得哒，［mei¹² ɕiaŋ⁵³ tau³⁵ tɕʰi¹² ɕian⁵⁵ ny⁵³ sʅ¹² tsʅ³⁵ ɕia³⁵ xuan¹² ti⁰ sʅ³⁵ tɕʰin¹² pei³⁵ y³⁵ xuaŋ¹² ta³⁵ ti³⁵ ɕiau⁵³ tɛ⁰ ta⁰］晓得：知道

好景不长，［xau⁵³ tɕin⁵³ pu¹² tʂʰaŋ¹²］

没得娘子了我的生活怎么过，［mei¹² tɛ⁰ niaŋ¹² tsʅ⁰ ta⁰ uo⁵³ ti⁰ sən⁵⁵ xuo¹² tsən⁵³ mo⁰ kuo³⁵］

他正在急的不得了的时候，［tʰa⁵⁵ tʂən³⁵ tsai⁰ tɕi¹² tɛ⁰ pu¹² tɛ¹² niau⁵³ ti⁰ ʂʅ¹² xəu⁰］

那头老牛它突然开口说话哒，［na¹² tʰəu¹² nau⁵³ niəu¹² tʰa⁵⁵ tʰəu⁰ zan¹² kʰai⁵⁵ kʰəu⁵³ ʂuo¹² xua³⁵ ta⁰］

他就安慰这个牛郎，［tʰa⁵⁵ tɕiəu³⁵ ŋan⁵⁵ uei⁰ tʂɛ³⁵ kuo⁰ niəu¹² naŋ¹²］

他就说，牛郎呀你，［tʰa⁵⁵ tɕiəu³⁵ ʂuo¹²，niəu¹² naŋ¹² ia⁰ ni⁵³］

不要难过，你把我的牛角，［pu¹² iau³⁵ nan¹² kuo³⁵，ni⁵³ pa⁵³ uo⁵³ ti⁰ niəu¹² tɕio¹²］

拿下来就可以变成两个箩筐，［na¹² ɕia³⁵ nai¹² tɕiəu³⁵ kʰuo⁵³ i¹² pian³⁵ tʂʰən¹² niaŋ⁵³ kuo³⁵ nuo¹² kʰuaŋ⁰］

然后你把两个娃就装在箩筐里，［zan¹² xəu³⁵ ni⁵³ pa⁵³ niaŋ⁵³ kuo³⁵ uə¹² tɕiəu³⁵ tʂuaŋ⁵⁵ tsai³⁵ nuo¹² kʰuaŋ⁵⁵ ni⁰〕

就可以把他挑起来，〔tɕiəu³⁵ kʰuo⁵³ i⁰ pa⁵³ tʰa⁵⁵ tʰiau⁵⁵ tɕʰi⁵³ nai¹²〕

到天宫去找织女。〔tau¹² tʰian⁵⁵ koŋ⁵⁵ tʰi¹² tsau⁵³ tʂʅ⁵⁵ ny⁵³〕

王母娘娘就把她头上的花簪子，〔uaŋ¹² muº niaŋ¹² niaŋº tɕiəu¹² pa⁵³ tʰa⁵⁵ tʰəu¹² ṣaŋ¹² tiº xua⁵⁵ tsan⁵⁵ tsʅ⁰〕

就把它拔下来，〔tɕiəu³⁵ pa⁵³ tʰa⁵⁵ pa¹² ɕia³⁵ nai¹²〕

就一划马上出现一条天河，〔tɕiəu³⁵ i¹² xua³⁵ ma⁵³ ṣaŋ³⁵ tṣʰu¹² ɕian³⁵ i¹² tʰiau¹² tʰian⁵⁵ xuo¹²〕

就把牛郎织女从中间分开哒，〔tɕiəu³⁵ pa⁵³ niəu¹² naŋ¹² xuo¹² tʂʅ⁵⁵ ny⁵³ tsʰoŋ¹² tsoŋ⁵⁵ tɕian⁵⁵ xuən⁵⁵ kʰai⁵⁵ taº〕

他的这种情况，感动了天上的喜鹊，〔tʰa⁵⁵ tiº tsɛ³⁵ tsoŋ⁵³ tɕʰin¹² kʰuaŋº，kan⁵³ toŋ³⁵ naº tʰian⁵⁵ ṣaŋ³⁵ tiº ɕi⁵³ tɕʰio¹²〕

每年七月初七，〔mei⁵³ nian¹² tɕʰi¹² yɛ¹² tsʰəu⁵⁵ tɕʰi¹²〕

就让牛郎和织女，〔tɕiəu³⁵ zaŋ³⁵ niəu¹² naŋ¹² xuoº tʂʅ⁵⁵ ny⁵³〕

能够相会，能够团聚，〔nən¹² kəu¹² ɕiaŋ⁵⁵ xuei³⁵，nən¹² kəu¹² tʰan¹² tɕy³⁵〕

使他们夫妻儿女能够团聚。〔ʂʅ⁵³ tʰa⁵⁵ mənº fu⁵⁵ tɕʰi⁵⁵ ɚ¹² ny⁵³ nən¹² kəu³⁵ tʰan¹² tɕy³⁵〕

意译：古时候，有一个小伙子，他的父母都去世得比较早，家里有一头老黄牛，他跟老黄牛相依为命，周边的人都叫这个小伙子牛郎。老黄牛实际上是天上的金牛星，想帮他成一个家。

有一天，那头老牛知道仙女们要下凡来，到山脚下的大湖里洗澡。老牛就跟牛郎托了一个梦，让牛郎第二天早晨到仙女洗澡的湖边去，趁仙女们洗澡的时候，拿一件仙女的衣服，牛郎就会得到一位仙女做他的妻子。

牛郎半信半疑地来到山脚下，果然看到有七个仙女，就跑到树边上取下一件粉红色的衣服。这个被取走衣服的仙女，就是七仙女。她悄悄把牛郎的门打开，牛郎喜出望外，两个人就做起了恩爱夫妻。

他们生了两个孩子，没想到有一天，七仙女私自下凡的事情被玉皇大帝知道了。好景不长，没了娘子的牛郎很难过。正在牛郎急的不得了的时候，那头老牛突然开口说话了，他安慰牛郎说：牛郎呀，你不要难过，你把我的牛角，拿下来就可以变成两个箩筐，然后把两个娃装在萝筐里，就可以把他们挑起来，到天宫去找织女。王母娘娘把她头上的花簪子拔下来，就地一划马上出现一条天河，把牛郎织女从中间分开了。他的这种情况，感动了天上的喜鹊。每年七月初七，喜鹊就让牛郎和织女，夫妻儿女能够相会团聚。

三　其他故事

（无）

四　自选条目

0031 自选条目

给大家讲一个这个，［kei⁵⁵ ta³⁵ tɕia⁵⁵ tɕian⁵³ i¹² kuo³⁵ tʂɛ³⁵ kuo³⁵］

农村接媳妇开货的，［noŋ¹² tsʰən¹² tɕie¹² ɕi¹² fu⁰ kʰai⁵⁵ xuo³⁵ ti⁰］

那么一个口碑啊。［na³⁵ mo⁰ i¹² kuo³⁵ kʰəu⁵³ pei⁵⁵ a⁰］口碑：唱辞

啊，这口碑就是这么讲的啊，［a⁰，tʂɛ³⁵ kʰəu⁵³ pei⁵⁵ tɕiəu³⁵ ʂʅ³⁵ tʂɛ³⁵ mo⁰ tɕian⁵³ ti⁰］

啊，东边一朵红云起，［a⁰，toŋ⁵⁵ pian⁵⁵ i¹² to⁵³ xoŋ¹² yn¹² tɕʰi⁵³］

西边一朵紫云开，［ɕi⁵⁵ pian⁵⁵ i¹² to⁵³ tsʅ⁵³ yn¹² kʰai⁵⁵］

红云起，紫云开，［xoŋ¹² yn¹² tɕʰi⁵³，tsʅ⁵³ yn¹² kʰai⁵⁵］

主家接我开货来，［tʂu⁵³ tɕia⁵⁵ tɕiɛ¹² uo⁵³ kʰai⁵⁵ xuo³⁵ nai¹²］

一开天长地久，［i¹² kʰai⁵⁵ tʰian⁵⁵ tʂʰaŋ¹² ti³⁵ tɕiəu⁵³］

二开地久天长，［ɚ³⁵ kʰai⁵⁵ ti³⁵ tɕiəu⁵³ tʰian⁵⁵ tʂʰaŋ¹²］

三开荣华富贵，［san⁵⁵ kʰai⁵⁵ zoŋ¹² xua¹² fu¹² kui³⁵］

四开金银满堂。［sʅ³⁵ kʰai⁵⁵ tɕin⁵⁵ in¹² man⁵³ tʰaŋ¹²］

意译：这是开货时说唱的一段唱辞。开货是当地娶媳妇的一个礼节中的一个环节。这段唱辞是：东边一朵红云起，西边一朵紫云开。红云起，紫云开，主家接我开货来，一开天长地久，二开地久天长，三开荣华富贵，四开金银满堂。

0032 自选条目

农村接媳妇，［noŋ¹² tsʰən⁵⁵ tɕiɛ¹² ɕi¹² fu⁰］

这个，铺床的那么一个口碑啊。［tʂɛ³⁵ kɛ⁰，pʰu⁵⁵ tʂʰuaŋ¹² ti⁰ na³⁵ mo⁰ i¹² kuo³⁵ kʰəu⁵³ pei⁵⁵］口碑：唱辞

铺床呢是，送亲婆和原亲婆，［pʰu⁵⁵ tʂʰuaŋ¹² ŋɛ⁰ ʂʅ³⁵，soŋ³⁵ tɕʰin⁵⁵ pʰo¹² xuo⁰ yan¹² tɕʰin⁵⁵ pʰo¹²］

两个在跟新人，边铺边讲的，［nian⁵³ ŋɚ⁰ tsai³⁵ kən⁵⁵ ɕin⁵⁵ zən¹²，pian⁵⁵ pʰu⁵⁵ pian⁵⁵ tɕian⁵³ ti⁰］

那门四句句儿话，那就是这门讲的，［na³⁵ mən⁰ sʅ³⁵ tɕy³⁵ tɕyɚ⁰ xua³⁵，na³⁵ tɕiəu³⁵ ʂʅ¹²tʂɛ³⁵mən⁰tɕiaŋ⁵³ti⁰]

嗯，铺床铺床，一对鸳鸯，[ən⁰, pʰu⁵⁵tʂʰuaŋ¹²pʰu⁵⁵tʂʰuaŋ¹², i¹²tei³⁵yan⁵⁵iaŋ¹²]

先生儿子，后生姑娘，嘿嘿。[ɕian⁵⁵sən⁵⁵ə¹²tsʅ⁰, xəu³⁵sən⁵⁵ku⁵⁵niaŋ⁰, xei⁰xei⁰]

意译：这是农村娶媳妇礼节中，铺床环节中的一段唱辞。铺床，是嫁娶习俗中由送亲婆和原亲婆为新人布置新床的一个礼节。唱辞是：铺床铺床，一对鸳鸯，先生儿子，后生姑娘。

0033 自选条目

三魂渺渺归了阴啊，[san⁵⁵xuən¹²miau⁵³miau⁵³kuei⁵⁵niau⁵³in⁵⁵na⁰]

七魄悠悠啊，又还魂啊，[tɕʰi¹²pʰo¹²iəu⁵⁵iəu⁵⁵a⁰, iəu³⁵xuan¹²xuən¹²na⁰]

猛然睁开啊，眼花昏啊，[moŋ⁵³zan¹²tʂən⁵⁵kai⁵⁵a⁰, ian⁵³xua⁵⁵xuən⁵⁵na⁰]

又见小姐啊，那边存啊。[iəu³⁵tɕian³⁵ɕiau⁵³tɕie⁵³a⁰, na³⁵pian⁵⁵tsʰən¹²na⁰]

意译：三魂渺渺归了阴啊，七魄悠悠啊又还魂啊，猛然睁开啊眼花昏啊，又见小姐啊那边存啊。（柳子戏戏词）

0034 自选条目

梅花啊落尽，桃花啊啊，红哦，[mei¹²xua⁵⁵a⁰nuo³⁵tɕin³⁵, tʰau¹²xua⁵⁵a⁰a⁰, xoŋ¹²əu⁰]

梅花呀落尽啊，桃花红啊，[mei¹²xua⁵⁵ia⁰nuo³⁵tɕin³⁵a⁰, tʰau¹²xua⁵⁵a⁰xoŋ¹²ŋa⁰]

杜鹃声声春意浓啊，[tu¹²tɕyan⁵⁵ʂən⁵⁵ʂən⁵⁵tʂʰuən⁵⁵i¹²noŋ¹²ŋa⁰]

茶姑相邀啊，茶山去呀，[tʂʰa¹²ku⁵⁵ɕian⁵⁵iau⁵⁵a⁰, tʂʰa¹²ʂan⁵⁵tɕʰy³⁵ia⁰]

踏歌盈盈，乐融啊融。[tʰa³⁵kuo⁰o⁰in¹²in¹², nuo³⁵zoŋ¹²ŋa⁰zoŋ¹²ŋa⁰a⁰]

意译：梅花啊落尽桃花啊啊红哦，梅花呀落尽啊桃花红啊，杜鹃声声春意浓啊，茶姑相邀啊茶山去呀，踏歌盈盈乐融啊融啊。（柳子戏戏词）

0035 自选条目

多谢，娘子，细叮咛啊，[to⁵⁵ɕiɛ³⁵, niaŋ¹²tsʅ⁰, ɕi³⁵tin⁵⁵nin¹²na⁰]

句句言语记在呀心啊，[tɕy³⁵tɕy⁰ian¹²y⁵³tɕi³⁵tsai³⁵ia⁰ɕin⁵⁵na⁰]

卑人嗯，今日日进京去啊，[pei⁵⁵zən¹²ən⁰, tɕin⁵⁵ʐʅ¹²ʐʅ³⁵tɕin³⁵tɕin⁵⁵tɕʰy³⁵a⁰]

家中之事你操心啊，[tɕia⁵⁵tʂoŋ⁵⁵tʂʅ⁵⁵ʂʅ³⁵ni⁵³tsʰau⁵⁵ɕin⁵⁵na⁰]

万贯家财你自掌，[uan³⁵kuan³⁵tɕia⁵⁵tsʰai¹²ni⁵³tsʅ³⁵tʂaŋ⁵³]

千斤重担，你担承，[tɕʰian⁵⁵tɕin³⁵tʂoŋ³⁵tan³⁵, ni⁵³tan³⁵tsʰən¹²]

一双儿女，交与你，[i⁵⁵ʂuaŋ⁵⁵ə¹²ny⁵³, tɕiau⁰y³⁵ni⁵³]

我妻总总，要操心，[uo⁵³ tɕhi⁵⁵ tsoŋ³⁵ tsoŋ³⁵，iau³⁵ tshau⁵⁵ ɕin⁵⁵]

虽然不是，亲生养啊，[sei⁵⁵ zan¹² pu¹² ʂʅ¹²，tɕhin⁵⁵ sən⁵⁵ iaŋ⁵³ a⁰]

要把儿女当亲生啊。[iau³⁵ pa⁵³ ɚ¹² ny⁵³ taŋ³⁵ tɕhin⁵⁵ sən⁵⁵ na⁰]

意译：多谢娘子细叮咛啊，句句言语记在呀心啊。卑人今天进京去啊，家中之事你操心啊，万贯家财你自掌，千斤重担你担承，一双儿女交与你，我妻总要操心，虽然不是亲生养啊，要把儿女当亲生啊。（柳子戏戏词）

0036 自选条目

手提银瓶把斟酒唉，[ʂəu⁵³ thi¹² in¹² phin¹² pa⁵³ tʂən⁵⁵ tɕiəu⁵³ ɛ⁰]

我与东人来践行啊，[uo⁵³ y⁵³ toŋ⁵⁵ zən¹² nai¹² tɕian³⁵ ɕin¹² na⁰]

东人饮干啊杯中酒唉，[toŋ⁵⁵ zən¹² in³⁵ kan⁵⁵ a⁰ pei⁵³ tʂoŋ⁵⁵ tɕiəu⁵³ ɛ⁰]

略表老奴一片心啊，[nio¹² piau⁵³ nau⁵³ nəu¹² i¹² phian³⁵ ɕin⁵⁵ na⁰]

有劳秦南把酒斟，[iəu⁵³ nau⁵³ tɕhin¹² nan¹² pa⁵³ tɕiəu⁵³ tʂən⁵⁵]

卑人言来你是听，[pei⁵⁵ zən¹² ian¹² nai¹² ni⁵³ ʂʅ⁵³ thin⁵⁵]

命你去把马房进啊，[min³⁵ ni⁵³ tɕhy³⁵ pa⁵³ ma⁵³ xuaŋ¹² tɕin³⁵ a⁰]

送我上京求功名啊。[soŋ³⁵ uo⁵³ ʂaŋ³⁵ tɕin⁵⁵ tɕhiəu¹² koŋ⁵⁵ min¹² na⁰]

意译：手提银瓶把斟酒唉，我与东人来践行啊，东人饮干啊杯中酒唉，略表老奴一片心啊，有劳秦南把酒斟，卑人言来你是听，命你去把马房进啊，送我上京求功名啊。（柳子戏戏词）

0037 自选条目

款款啊沿溪映碧水，[khuan⁵³ khuan⁵³ na⁰ ian¹² ɕi⁵⁵ in³⁵ pi³⁵ ʂuei⁵³]

映影低首就装拢啊，[in³⁵ in⁵³ ti⁵⁵ ʂəu⁵³ tɕiəu³⁵ tʂuaŋ⁵⁵ noŋ⁵³ ŋa⁰ a⁰]

斜插野花惹蝶飞，[ɕiɛ¹² tʂha⁵⁵ iɛ⁵³ xua⁵⁵ zɚ⁵³ tiɛ¹² xuei⁵⁵]

一路芳草柳唉柳唉柳摇风啊摇风啊，[i¹² nəu³⁵ xuaŋ⁵⁵ tshau⁵³ niəu⁵³ ɛ⁰ niəu⁵³ ɛ⁰ niəu⁵³ iau³⁵ xoŋ⁵⁵ a⁰ iau³⁵ xoŋ⁵⁵ a⁰]

意译：款款啊沿溪映碧水，映影低首就装拢啊，斜插野花惹蝶飞，一路芳草柳唉柳唉柳摇风啊摇风啊。（柳子戏戏词）